普通高校"十三五"规划教材·管理学系列

运营管理
（第二版）

潘春跃　杨晓宇 ◎ 主　编
钟　可　叶一军 ◎ 副主编

U0367896

清华大学出版社
北　京

内 容 简 介

运营是企业生存和发展的基础，运营管理是企业最基本的管理职能。本书再版发行之际重新对书的内容进行了修改完善。本书主要内容包括：运营管理概述；运营系统分析、设计与构建；运行计划体系、计划模式与方法；进度控制、库存控制、成本控制；运营系统维护与改进；先进运营管理模式；等等。内容适中，体系合理，难度适当，案例充分，既具有理论性，又具有可读性。

本书配备多媒体课件及习题答案等信息化教学支持系统，既适用于本科生和研究生教学，又可作为运营管理实践人员掌握基本理论的学习资料。

图书在版编目（CIP）数据

运营管理/潘春跃，杨晓宇主编. —2 版. —北京： 清华大学出版社，2017（2022.7重印）
（普通高校"十三五"规划教材. 管理学系列）
ISBN 978-7-302-45249-2

Ⅰ.①运…　Ⅱ.①潘…　②杨…　Ⅲ.①企业管理－运营管理－高等学校－教材　Ⅳ.①F273

中国版本图书馆 CIP 数据核字（2016）第 244066 号

责任编辑：杜　星
封面设计：汉风唐韵
责任校对：宋玉莲
责任印制：宋　林

出版发行：清华大学出版社
　　　　　网　　　址：http://www.tup.com.cn, http://www.wqbook.com
　　　　　地　　　址：北京清华大学学研大厦 A 座　　　　邮　　编：100084
　　　　　社 总 机：010-83470000　　　　　　　　　邮　　购：010-62786544
　　　　　投稿与读者服务：010-62776969，c-service@tup.tsinghua.edu.cn
　　　　　质量反馈：010-62772015，zhiliang@tup.tsinghua.edu.cn
印 装 者：天津鑫丰华印务有限公司
经　　销：全国新华书店
开　　本：185mm×260mm　　　印　　张：28.5　　　字　　数：718 千字
版　　次：2012 年 9 月第 1 版　　2017 年 8 月第 2 版　　印　　次：2022 年 7 月第 6 次印刷
定　　价：59.00 元

产品编号：069473-02

第 2 版 前言

运营管理（又称为生产与运作管理、运作管理，目前国内外统一用 "Operations Management" 作为课程名称）已经成为管理类和工程类各专业本科生及研究生教学的核心专业基础课或专业课。引导学生入门，帮助学生准确认识和理解企业的生产经营活动是如何进行的，树立现代运营管理理念，掌握现代运营管理技能，培养学生分析和解决企业生产实际问题的综合能力。进入 21 世纪，我国已发展成为世界工厂，但和发达国家相比，我国企业的运营管理水平还有相当大的差距。我国是典型的制造大国，而非制造强国。要实现由制造大国向制造强国的转变，亟须大量理论基础扎实、动手能力强、掌握必要的管理技能、综合素质高的优秀运营管理人才。因此，培养面向 21 世纪的高水平、复合型运营管理专门应用型人才，对于提升国家核心竞争力具有重要的理论和现实意义。为此，我们对本教材进行了修订和完善，提供了最新知识，使学生能了解学科的最前沿。

本教材这次修订再版，有针对性地适应现代企业运营管理实际需要，实用性强、质量高，并将课题组承担的教育部 "使用信息技术工具改造课程" 项目子项目的研究成果充分反映在教材中，有利于在教学中不断提高教学效果。本教材内容适中，体系合理，难度适当，案例充分，既具有理论性又具有实践性，既具有逻辑性又具有可读性，既有基础性又有前沿性，既能激发学生学习兴趣，又有利于教师讲解使用。

在教材修订过程中，广泛收集有关高校教材使用情况的信息，对教材进行了修订和完善：鉴于教学对象缺乏对运营过程及运营管理的感性认识，理解能力有限等问题，对教材体系进行了优化，形成合理的教材体系；增加引导案例、案例讨论，甚至网上学习材料链接等，体现教材的可阅读性和知识性，做到人性化。

本教材的主要特色如下。

（1）教材编写框架合理。根据运营管理的内容分为四大模块：第一模块运营管理基础知识；第二模块运营系统设计；第三模块运营系统运行与控制；第四模块运营系统维护与改进。

（2）注重教材的更新。在现有的教材中，比较注重知识的传承、理论体系的完整性和成熟性，而对学科的前沿性与实践性关注不够，相当多的学者编写的运营管理教材内容仍然属于 21 世纪之前的管理思想、理论和理念，而对最新的运营管理理论体现不多。本次教材修订除保留了诸如全球化运营、学习型组织、流程再造、柔性运营系统、知识管理等学科发展的最新成果外，还将信息技术发展的前沿动态也编进了教材，在案例选取上更加注重本土化案例。

（3）增加实践性内容。运营管理既是研究各类组织运营过程的基本规律和一般方法的科学，它以一般组织的运营过程为研究对象，探讨和研究运营管理的基本概念、原理、方法和程序，同时又是实践性很强的学科。学生通过该课程的学习，能在工作中综合运用管理学的基本理论和方法，并分析和解决运营管理的实际问题，提高在运营管理工作中的管理能力和管理绩效。注重学生参与性、启发性内容的编写，在教材编写时多选取实用知识，多设计参与、启发和练习性的内容，培养学生的实际管理能力。

（4）优化课程内容。合理处理课程内容中与其他课程的交叉重复部分，不追求内容的宽泛，集成最能反映运营管理课程核心内容的知识，清晰划分运营管理和其他课程的内容界限，避免过多介绍数学知识、管理知识等。同时，信息技术的发展为运营管理实践带来了革命性的变革，在教材内容中适当增加运用信息技术工具解决运营管理问题的相关内容。

（5）注重教材的人性化。运营管理既是一门独立的学科，有其自身完整的理论体系，又是和社会、生活息息相关的知识。在编写上注重教材的形式，力争做到图文并茂，通俗易懂，充分提高阅读者学习的便利性，增强学生对组织营运过程和运营管理的感性认识，激发学习兴趣。

全书由潘春跃统稿和主审，杨晓宇协助审稿。编写分工如下：第1章、第4章、第10章、第14章由潘春跃和李雨静编写；第2章、第5章、第6章由杨晓宇编写；第7章由杨晓宇和陈愚编写；第3章、第9章、第11章、第13章由钟可编写；第8章、第15章、第16章由叶一军编写；第12章由曾霁编写。

本书由四川理工学院2015年"精品资源共享课程"项目（川理工[2015]67号）资助。本书在编写过程中参阅了大量文献资料和研究成果，在此，谨向国内外有关成果的贡献者、著作者深表谢意！书中难免还有许多错误和不妥之处，敬请读者提出批评指正，以便不断完善。

编　者

2017年4月21日于四川理工学院管理学院

前　言

运营（生产）是任何企业（组织）生存和发展的基础，运营管理（又称为生产与运作管理、运作管理，目前国内外统一用 Operations Management 作为课程名称）是企业最基本的管理职能，企业的运营管理水平是国家核心竞争力的重要组成部分。运营管理已经成为管理类各专业本科及研究生教学的核心课程之一，在引导学生入门及帮助学生准确认识和理解企业行为，树立现代运营管理理念，掌握运营管理技能，培养学生分析问题、解决问题的能力，提高综合管理素质等方面具有重要作用。随着经济全球化和信息化的发展，运营管理的课程体系设置、教学内容和方法等发生了重大的变革。在由"制造大国"向"制造强国"发展的过程中，在内容上迫切要求向读者提供运营管理的最新知识，使其能了解学科理论和实践的最前沿。在教学方法和手段上，要求具有科学性、先进性、新颖性、实践性、多样性，使学生在接受大量基本理论的同时，着重培养学生的运营管理技能。高水平的运营管理教材正是实现教学内容和教学方法、手段转变的有力保障。

本书集编写组成员多年运营管理实践经验和长期教学过程积累之大成，并将教育部"使用信息技术工具改造课程"项目子项目等教改、科研项目的研究成果充分反映在教材中，形成内容适中，体系合理，难度适当，案例丰富，既具有理论性、又具有实践性，既具有逻辑性、又具有可读性，既有基础性、又有前沿性，充分体现教育部"使用信息技术工具改造课程"子项目研究成果，既能激发学生的学习兴趣，又有利于教师讲解使用的教材。

在本书的编写上，注重综合性和科学性相结合，注重理论与实践相结合，注重专业性和人性化相结合，注重教学实践的总结和学科发展的前沿相结合。在编写过程中，根据教学实践的总结，广泛征集教学单位的意见，并针对教学对象缺乏对运营过程及运营管理的感性认识，理解能力有限的特点，对课程体系进行优化，增加了引导案例、案例分析和讨论、阅读材料，甚至网上学习材料链接等，体现教材的可读性、知识性和人性化。本书既适合本科及研究生教学使用，又可作为运营管理实践人员掌握基本理论，培养、提升运营管理基本技能的学习材料。本书具有以下特点。

（1）体例科学合理。本书有效解决了国内运营管理教材编写上框架相近、内容雷同的问题，打破传统的运营管理教材编写中采用的"理论知识→小结→思考题→练习题"的内容组织框架，尝试引入"引导案例→理论知识→内容小结→思考题→练习题→案例分析"。在内容中穿插阅读资料或网络链接，使学生学习过程更加完善、丰富。

（2）内容的前沿性和针对性。自 20 世纪 90 年代以来，运营管理实践活动和国外的运营管理理论创新速度加快，运营管理学科发展日新月异，新的理论、方法和实践成果不断涌现。本书将学科发展的最新成果诸如全球化运营、学习型组织、流程再造、柔性运营系统、知识管理等充分反映在本书的各个内容模块之中。

（3）本书不追求内容的宽泛，而是集成最能反映运营管理课程核心内容的知识，清晰划分运营管理和其他课程的内容界限，避免过多介绍数学知识、管理知识等。同时，适当增加了运用信息技术工具解决运营管理问题的相关内容。

（4）本土化和实践性。在本书编写中，增加本土化、时效性强的案例和实作性练习，并根据教材四年来的使用情况，在修订中增加了最新的案例，培养学生的实际管理能力。注重学生参与性、启发性内容的编写，在教材编写时多选取实用知识，多设计参与、启发和练习性的内容。

（5）注重教材的人性化。运营管理既是一门独立的学科，有其自身完整的理论体系，又是和社会、生活息息相关的知识。本书在编写上力求做到图文并茂，通俗易懂，充分提高阅读者学习的便利性，增强读者对组织运营过程和运营管理的感性认识，能有效激发读者的学习兴趣。

全书框架由潘春跃确定并统稿和主审，杨晓宇协助审稿。编写分工如下： 第 1 章、第 4 章由潘春跃编写；第 2 章、第 5 章、第 6 章由杨晓宇编写；第 3 章、第 9 章、第 11章、第 13 章由钟可编写；第 10 章、第 14 章由潘春跃和李雨静编写；第 7 章由杨晓宇和陈愚编写；第 8 章、第 15 章、第 16 章由叶一军编写；第 12 章由曾霁编写。

本书由四川理工学院 2015 年《运营管理》精品资源共享课程项目［川理工（2015）67 号］资助。本书在编写过程中参阅了大量文献资料和研究成果，为本书顺利完成提供了很大帮助和支持，同时在编写过程中参考和引用了一些优秀著者的内容和观点及案例资料等，由于客观条件限制不能及时征得这些作者的同意，深表歉意。在此，谨向国内外有关成果的贡献者、著作者和资料的提供者表示衷心的感谢！

由于编者水平有限，书中难免有错误和不妥之处，恳请读者批评指正，以便不断修改和完善。

编 者

2012 年 5 月 25 日于四川理工学院

目 录

第1模块 运营管理基础知识

第 2 模块　运营系统设计

第 3 模块　运营系统运行与控制

第4模块　运营系统维护与改进

第 1 模块

运营管理基础知识

运营是人类社会赖以生存和发展的基本活动，是创造人类社会财富的唯一源泉，是任何企业（或组织）生存和发展的基础，没有运营活动，企业（或组织）就不能存在。企业（或组织）中的大部分人力、物力和财力都投入运营活动中，为人们的生活提供各式各样的商品或服务来满足人们的各种需求，运营管理改变和影响着人们的生活。本书将介绍企业（或组织）的运营活动是如何进行的。按照运营管理的过程，将运营管理的内容分为 4 大部分：第 1 篇运营管理基础知识；第 2 篇运营系统设计；第 3 篇运营系统运行与控制；第 4 篇运营系统维护与改进。本篇将介绍运营管理的基本概念、运营系统的构成、运营管理研究的内容、运营战略和运营管理的发展历程，以及精益生产、最优生产技术与约束理论、敏捷制造等先进生产方式。

第 **1** 章

运营管理导论

"褚橙"的运营

1. "褚橙"的创始人

褚时健，红塔集团原董事长，曾经是有名的"中国烟草大王"。

1994年，褚时健被评为全国"十大改革风云人物"。褚时健使红塔山成为中国名牌，使玉溪卷烟厂成为亚洲第一、世界前列的现代化大型烟草企业。

2002年，与妻子承包荒山开始种橙，"褚橙"大规模进入北京市场。

2012年11月，褚时健种植的"褚橙"通过电商开始售卖。

2014年12月18日，褚时健荣获由人民网主办的第九届人民企业社会责任奖特别致敬人物奖。

2. "褚橙"是什么

"褚"是褚时健的"褚"，曾因将一个即将破败的地方小厂打造亚洲第一个烟草企业（红塔集团）被誉为烟王。2002年，75岁的褚时健开始包山种橙，为云南特产橙类，实为冰糖橙。商业品牌：云冠橙，由于它是为褚时健所种，又结合他不同常人的经历，又叫它励志橙。

"褚橙"的生长环境如下。

（1）阳光。整个橙园有240多人，主要工作就是把枝条搞好，每月修剪树枝。一棵树从生长到结果几乎要砍掉1/3的枝叶，才能让果子得到充足的光照和通风。

（2）肥料。充足的农家肥料和含高钾高钠混合而成的有机肥，是褚橙的独家秘诀。

橙树不但能得到充足的营养，还可保证果实的稳定性。

（3）水。为了寻找合适的水源，褚时健用了7年的时间修建了20个水坝，保证整个橙园都用上国家森林公园石缝中流出来的水，这些水经过细沙过滤，比市场上的矿泉水还干净。

（4）环境。橙园完全置于热河谷气候的环境中，日照充足和最佳温差，充分积累糖分，达到最合适的甜酸比。

3."褚橙"的推广策略

与本来生活网合作，推广人群锁定为媒体行业、商业（企业家）、财经领域；邀请媒体报道、媒体官网发布、媒体官微发内容、赠尝高端人群、利用褚橙赞助商界、企业、媒体、年会等。

4."褚橙"的营销分析

（1）"褚橙"进京。2012年10月7日，一家官方媒体发布《褚橙进京》的文章，24小时内转发7 000多条，其中多包括业界的领航者，王石引用巴顿将军的一句话评价："衡量一个人的成功标志，不是看他登到的顶峰的高度，而是看他跌到谷底的反弹力。"随后，各界知名人士纷纷写下微博，表达对褚时健的佩服与支持。

（2）昔日烟王种橙子。"褚橙"是传奇企业家褚时健出狱后再创业的结果。褚时健从昔日红塔山的"缔造者"，到后来因经济案的无期徒刑，跌入人生谷底，再到如今涅槃重生，跨界涉足农业领域，创造"褚橙"。"褚橙"的诞生本就是充满传奇色彩和励志精神的过程，对这个品牌来说，这种精神和问话符号，本身就是一个很好的营销爆点。

（3）"褚橙"成为"励志橙"。85岁的褚时健在与时间赛跑，10年前75岁的他二次创业，开荒山种果园。85岁的他现仍然在奋斗，经过媒体的争相报道以及大家的微博传播，褚时健的果橙都被大家称为"励志橙"。

（4）个性化包装。2013年，褚时健再出新招。将"褚橙"送给微博红人，通过独特的标签巧妙互动，有趣的定制化包装，又将本来已经趋于平静的"励志橙"，成了时尚的代名词。

5."褚橙"引爆点事件

（1）个别人物法则。昔日烟王75岁再创业。

（2）附着力因素。媒体报道后，各界名人相互转发，引发群众热议。

（3）环境威力法则。"褚橙"上线时间，是在电商"双十一"购物节前后，正是购物的大热潮；同时，年底宏观环境的紧张氛围，"褚橙"的励志故事也给消费者带来了不一样的色彩。

6. 启示

从"褚橙"的运营模式中可以得到启示：如何创造好的价值，能够被消费者甚至名人都希望去主动传播的内容很重要，内容可以从个性化包装、社会热点、引起大家共鸣的网络语言等入手。

（资料来源：百度文库）

问题

1. 褚时健昔日"烟王"今日"橙王"的传奇人生，你从中得到什么启示？

2. "褚橙"获得了"励志橙"的美誉，成为了中国互联网时代第一个标志性农产品，成功的关键是什么？

人们在每天的日常工作、生活中都会接触到各式各样的商品或服务，这些商品或服务都是企业（或组织）生产运营所提供的，如计算机、冰箱、迪士尼过山车、食品、化妆品、矿泉水、火腿肠等，无论顾客在哪里、什么时候需要，公司都将顾客需要的产品送到他们的手中，如双汇集团每年生产大量的火腿肠满足顾客的需要。

正是基于这些高效的运营系统的成功设计，为我们的生活提供各式各样的商品或服务，满足我们各种需求，改变着我们的生活品质，运营管理改变和影响着我们的生活。本书将介绍企业的运营是如何进行的。通过运营管理的学习，你将获得全世界很多优秀企业正在使用的一些概念和方法，正是基于这些概念和方法，这些企业实施了有效率、有效果的运营。

运营效率越高，产品在市场的竞争力就越强，反之越低。企业（或组织）如果没有良好的运营就不可能在市场竞争中求得生存和发展。生产是人类社会赖以生存和发展的基本活动，是创造人类社会财富的唯一源泉，是任何企业（或组织）生存和发展的基础，没有运营活动，企业（或组织）就不能存在。运营则是企业（或组织）最基本的职能。本章将介绍运营管理的基本概念、职能、研究内容，以及运营管理的发展历程。

1.1　运营管理系统

1.1.1　广义的生产概念

经济学家将经济的发展分为三个阶段，即前工业社会、工业社会和后工业社会。在前工业社会，人们主要从事农业和采掘业，从自然界直接获取生存所需的物品，利用体力、兽力和简单的工具，以家庭为基本单位进行生产，劳动生产率极低。在工业社会，人们主要从事制造业，通过物理或化学的方法，改造自然界的物质，生产人们需要的物品，并通过劳动分工，提高了劳动技能，机器的发明使劳动生产率大幅度提高。在后工业社会，社会分工越来越细，原来附属于生产过程的一些业务、服务过程相继分离，独立出来，形成了专门的流通、零售、金融等服务行业。随着经济和信息化时代的到来，大量的生产要素转移到服务领域，促使服务业迅速崛起，提供各种各样的服务，如业务服务包括咨询、财务、金融、银行等；贸易服务包括批发、零售业、进出口贸易等；基础设施服务包括交通运输、通信等；社会服务包括餐饮、旅店、保健等；公共服务包括教育、公共事业、政府等。服务业经济活动的比例逐步上升，这是社会生产力发展的必然结果，服务业已成为现代社会不可缺少的有机组成部分，是社会生产力发展水平的一个重要标志。世界经济的重心已经从制造业转向服务业，全球竞争的焦点已经逐步从商品转向服务。世界一些发达国家 GDP 增长的 70% 来自服务业的增长，服务业吸纳了 70% 的就业人员。因此，随着服务业的兴起，传统制造业从事有形产品生产的概念已经不能反映和概括服务业所表现出来的生产运营形式，生产的概念进一步扩大，不再只是制造业从事的有形产品的生产，而是把服务业的无形产品产出过程也纳入生产管理的范畴，即生产的概念包括服务业无形产品的提供。

一般地讲，生产是指物质资料的生产，将原材料转化为特定的有形产品，因此，过去西方学者把与工厂联系在一起的有形产品的生产称为"production"，相关学科称为"生产管理学"（production management），提供服务的活动称为"operation"，二者结合起来为"production and operation"，表示它的统一性，我国学者将它们译做"生产与运营"，表示包括制造业和非制造业，同时又表示二者之间有一定区别，现在常将二者统称为"operation"，它表示生产与运作，或生产运作，或运营，或运作，把生产和服务都看作为社会创造财富的过程，因此运营，或称生产与运作，就是指将人力、物料、设备、技术、信息、能源等生产要素转换为有形产品或无形服务的过程，或指一系列的输入按照特定的要求转化为一定输出的过程，即为"投入→转换→产出"这样一个运作过程，生产就是制造商品或提供服务。

1.1.2　运营系统的构成

运营系统是运营过程和管理过程的有机结合体，运营过程提供将资源转换成产品或服务的功能；管理过程则提供为运营过程制订目标和计划，并对计划的实现进行组织和控制，使之不断适应动态变化的环境的功能，这两个过程有机结合，运营系统才能正常运行，实现预定目标。运营活动包括三个基本要素：投入、转换、产出，即运营活动是指输入一定的资源，经过一系列多种形式的转换，实现价值增值，最后以某种形式的输出（有形产品或无形服务）提供给社会的过程。无论是制造业还是服务业，其运营系统都是由投入、转换、产出、管理、供应商和用户六个部分组成，每个组成部分都发挥其特有的功能，如图 1-1 所示。任何一个系统与其他系统的差别仅仅在于投入的要素、转换的形式和产出的产品或服务等内容上的差异。

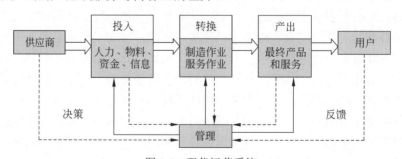

图 1-1　现代运营系统

1．投入——资源要素

（1）人力。人力是具有一定智力和体力的劳动者，是运营管理系统的主体要素，其数量和整体综合素质是企业运营的根本。

（2）物料。物料包括设备、材料、工具、土地、能源与技术等，是运营系统的物质基础，是企业的劳动手段和劳动对象，制约着产出的规模、品种、质量和成本。

（3）资金。资金的数量、构成、周转速度等直接影响着企业的运营活动的能力，企业需要合理地占有资金，有效地利用资金，以确保企业的运营活动顺利进行。

（4）信息。信息泛指市场顾客的需求、政策、法规、计划、图表、标准、方法、制度、操作规程、统计报表等，是企业管理的依据，又是管理的手段。

2．转换——变换过程

这个过程既是劳动过程，也是管理过程；既是物质变换过程，也是价值增值过程；这个过程既是产品形成过程，也是人力、物力和财力等资源消耗的过程。因此，必须采取最为经济合理的方式设计这个过程，并对整个过程进行周密计划、协调、监督与控制。

3．产出——产品和服务

输出包括有形产品和无形产品，即服务。如汽车、机床、电视机、化工产品、计算机等是有形产品；又如银行的金融服务、邮局的邮递服务、物流公司的物流服务、美容美发服务等是无形产品。产品的品种、质量、交货期、价格是顾客最关注的，因此，必须在"需要的时候，以适宜的价格和品种，向顾客提供具有适当质量的产品和服务"。同时在输出产品和服务的时候，也输出了废弃物，受到社会、环境与政府的监督和制约，是目前国际上清洁生产与绿色环保关注的热点和难点问题。

4．管理——指挥和控制组织协调的活动

管理是通过对运营系统的战略决策的计划、组织、指挥、实施、协调和控制活动，实现系统的物质变换和价值增值的过程。

5．供应商——生产要素的生产者和提供者

供应商能否按时制造和交付质量合格的材料和零部件对所有后续活动有着重要的影响，因此，生产厂家也要把供应商视为运营系统的一部分，与供应商建立起相互信任和利益共享的长期合作关系。供应商按生产厂家的日程计划供应物料，甚至参与产品的开发和设计过程，管理生产厂家的库存，共同努力缩短产品的生命周期。

6．用户——产品需求信息的提供者

用户信息的输入和反馈，对企业进行产品的设计和改进至关重要，因此，把用户作为运营系统的组成部分，尽最大的努力进行市场调查、研究，根据用户的需求进行产品的设计和生产。

生产要素的投入、转换和产品的产出是物料的流动，物料从供应方开始，沿着工艺顺序逐个环节地向需求方流动，伴随着物料的流动产生信息的流动，信息流包括销售合同、生产计划、物料明细、生产指令等生产信息，即随着物料的流动在生产过程中形成信息流。信息流在很大程度上代表需求，在运营系统中是需求的信息流驱动着物流的流动；同时还有一部分信息代表的是供应方，如库存资料、完工报告、发运单等反映了物流的实际进度，传递可供物料的信息。管理过程将利用这两个相反方向的信息流指导和控制生产过程，因此，管理过程是管理部门通过信息流管理物流的过程。信息流的质量和速度决定了运营系统的管理效率。

运营系统还要从外部环境取得信息，如市场需求的变化、竞争对手的情况、新技术的发展以及社会经济的发展动态等，根据外部信息，企业必须调整运营系统以适应外部环境的变化。运营系统举例如表 1-1 所示。

表 1-1　运营系统举例

生产系统	主 要 输 入	转换子系统	输 　 出
存储部门	建筑物、显示器、购货车、设备、库存商品、职员、供给品、公用事业品、顾客	吸引顾客、存储商品、出售商品（交换）	上市商品
会计师事务所	供给品、职员、信息、计算机、建筑物、办公设备、器械、公用事业品	吸引顾客、提供数据、提供管理信息、计算税收（私人服务）	管理信息、税收服务、财务审计报告
汉堡包专卖店	肉、面包、蔬菜、调味料、供给品、职员、公用事业品、设备、纸盒、餐巾纸、建筑物、饥饿的顾客	原料向快餐产品及打包食品转换	满意的顾客和快餐食品
汽车工厂	购买的部门、原材料、供给品、工具、设备、职员、建筑物、公用事业品	通过加工和装配运营将原材料转换为成品汽车	汽车
货运公司	卡车、职员、建筑物、能源、要运输的货物、包装供应、公用事业品	包装、将货物从货源地运往目的地	到站货物
汽车修理厂	受损汽车、颜料、供给品、设备、职员、公用事业品	将受损汽车修复	修好的汽车
大学	学生、书籍、供给品、职员、建筑物、公用事业品	传授信息、增长技术和知识	受教育的人
百货商店	购买者、售货员、货柜、橱窗	引导顾客、推销商品	购物离去的顾客

1.2　运营管理研究的内容

1.2.1　运营管理的概念

运营管理，或称生产与运作管理，就是指关于企业（组织）运营系统的战略决策、设计、运行、维护和改进的过程。也可以理解为运营管理就是对运营过程的计划、组织、实施和控制，是与产品生产和服务创造密切相关的各项管理工作的总称。或者说运营管理就是对组织向社会提供产品或服务整个流程的计划、设计、组织和控制。运营管理就是将投入转化为产出并创造价值的一系列活动，这些价值体现为商品和服务。所以，一切组织都存在创造商品和服务的活动。在制造业企业中运营活动非常明显，人们一提到生产，总是和制造业联系起来，比如制造业企业生产的产品有电视机、冰箱、汽车等；在服务业，生产过程就没有那么明显，甚至顾客可能根本看不到运营活动，如银行、医院、学校、航空公司等。运营经理（Operations manager），或称运营管理者，就是设计、管理和改进组织工作过程的人。运营管理的一个主要方面就是要关注流程，流程就是工作的过程，运营管理者经常运用各种方法、技术分析流程。运营管理由运营的四个"P"构成，这四个"P"为：政策（Policies）、实践（Practices）、流程（Processes）和绩效（Performance），4P 之间的关系如图 1-2 所示。

学习运营管理可以使我们学会运用一些方法和分析工具去分析组织是如何运营的，并为组织未来的竞争做好准备，使组织赢得竞争的胜利和持续发展。因此，本书所介绍的方法和理论适用于一切组织。

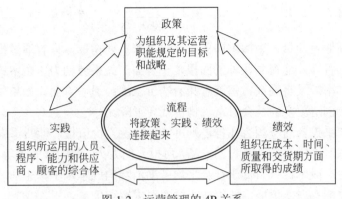

图 1-2　运营管理的 4P 关系

1.2.2　运营管理的对象

运营管理，或称生产与运作管理的对象，就是运营过程和生产与运营系统，即本门课程研究的对象。

运营过程是一个投入、转换、产出的过程。运营过程是运营管理的首要对象。完成输入到输出的转换过程需要一个物质基础和管理过程，这就是运营系统，简称"生产系统"或"生产与运作系统"，即运营系统包括一个物质系统和一个管理系统。物质系统是一个实体系统，主要由各种设施、机械、运输工具、仓库、信息传递媒介等组成，如化工厂的化学反应罐和各种各样的管道，又如一个经营连锁快餐店，它的实体系统分散在不同的地区或不同的地点，所以运营系统是指与实现规定的生产目标有关的生产单位的集合，是一个人造的、开放的、动态的系统。管理系统是指运营系统的计划、组织和控制系统，以及物质系统的设计、配置等问题。其中主要内容是信息的收集、传递、控制和反馈，运营系统是运营管理的第二大对象，运营管理应当考虑如何对运营系统进行设计、改造和升级。

1.2.3　运营管理的目标

运营管理的目标或称生产与运营管理的目标，是建立一个科学的运营系统，高效、低耗、灵活、准时、清洁地生产合格产品和提供满意服务。

高效就是要以较高的生产效率满足用户的需求。提高效率就是提高生产率，生产率为产出（产品或服务）除以投入（资源要素）的比值。运营过程是一个"投入→转换→产出"的过程，越有效地实现这种转换，就意味着投入越少产出越大，创造更大的价值。生产率计算公式如下：

$$生产率 = \frac{产出}{投入}$$ （1-1）

由上式可以看出提高生产率有三种方式：一是保持产出不变而减少投入；二是保持投入不变而增加产出；三是减少投入的同时增加产出，使生产率大幅度提高，这种方式

是最理性的，即

$$生产率\uparrow=\frac{产出\rightarrow}{投入\downarrow}, \qquad 生产率\uparrow=\frac{产出\uparrow}{投入\rightarrow}, \qquad 生产率\uparrow\uparrow=\frac{产出\uparrow}{投入\downarrow} \qquad (1\text{-}2)$$

生产率的高低是衡量一个国家国民生活水平的重要指标，只有通过提高生产率，劳动力、资本及其管理才能得到额外的回报，一方面，如果劳动力、资本或者管理的回报增加了，而生产率却没有提高，那就意味着物价上涨；另一方面，如果生产率提高了，同样的资源就会创造更多的社会财富，物价就会下降。

在上式中如果投入的资源有几种，则可统一转换为价值量，即货币来计算。

低耗是指生产同样数量和质量的产品，所投入的人力、物力和资本等资源消耗最少，低耗才能降低生产成本，只有低于社会平均劳动消耗的成本水平，企业才能获得更多的利润；低成本才能实现低价格，低价格才能实现价格竞争。

灵活是指能快速适应市场的变化，生产不同的品种和开发新产品或提供不同的服务和开发新的服务。要能快速适应市场的变化，需要提高生产系统的柔性。生产系统的柔性是指处理环境变化的能力，即指企业应能够快速改变产品设计、产品组合以及产品批量生产的能力。生产系统的柔性由与企业运作过程设计直接相关的两个方面构成：一是企业为客户提供多种产品和服务的能力。最大的柔性意味着提供顾客化的产品和服务的能力，以满足客户个性化的需求，常被称为"大规模定制"，如戴尔电脑的大规模定制；二是企业快速转换工艺装备生产新产品的能力或快速转换服务流程的能力，如丰田生产方式。

准时是指在用户需要的时间，按用户需要的数量，提供用户需要的产品和满意的服务。

清洁是指清洁生产，绿色制造。在产出产品和服务的同时也排出废弃物，即废渣、废液、废气（统称为"三废"），给我们生活的环境造成污染，或者是产品在使用过程中给环境造成污染。要淘汰有毒、有害、高耗能、高污染产品的生产，减少"三废"排放。在生产过程中，按照"减量化、再利用和资源化"的循环经济 3R 原则组织生产，创造可持续发展的生态经济。减量化原则就是指在生产和服务过程中，尽可能地减少资源消耗和废弃物的排放，尽量节约资源，合理使用资源，最大限度地提高资源的利用率；再利用原则就是指产品的多次回收利用或修复、翻新或再制造使用，延长产品的使用寿命；资源化原则就是指最大限度地将生产和消费中的废弃物转化为资源再利用。当今，环境保护已经成为人类所面临的一个重大问题，国际标准化组织已于 1996 年颁布了有关环境管理的 ISO 14000 系列标准，以推动和促进企业在环境管理和人类可持续发展方面负起责任。企业是否取得了 ISO 14000 认证已经成为企业能否走向国际市场的又一个"绿色通行证"。

1.2.4　运营管理的基本问题

运营管理的根本任务就是如何实现运营管理的目标，而运营过程是一个"投入→转换→产出"的过程，由此引申出运营管理的三大基本问题：产出要素管理、资源要素管理和环境要素管理。

1. 产出要素管理

产出要素管理主要包括：质量、时间、成本、柔性和服务，而产出是一切运营活动的最根本的目的，企业之间的竞争主要体现在产品的质量、时间、成本、柔性和服务方面的竞争，因此，运营管理需要解决的关键问题就是："质量、时间、成本、柔性和服务。"

质量——如何保证和提高产品质量，产品质量包括产品的使用功能、操作性能、社会性能和保全性能。其中，社会性能指产品的安全性能、环保性能和空间性能；保全性能指可靠性、修复性和日常保养性能。要实现产品的质量特性和功能，就归结为质量管理问题（quality management），包括产品的设计质量、制造质量和服务质量的综合管理。

时间——如何保证适时适量地将产品投放市场。产品的时间价值体现为按规定的数量准时生产和准时交货，要在规定的交货期内按规定的数量交付产品，这就归结为进度计划管理问题。

成本——如何才能使产品的价格既为顾客所接受，又为企业带来一定利润。只有努力降低产品成本，才能使产品在市场上有价格竞争力，要降低产品成本必须提高运营效率，减少人力、物料、设备、能源、土地等资源的耗费，这就归结为成本管理问题。

柔性——如何长期高效地适应市场需求的变化，运营系统能长期适应市场需求的变化，这种能力就是柔性，这是现代运营系统的基本要求，它包括两个方面：一方面是产品和服务的柔性，能够根据市场需求的变化，快速开发出新产品或服务，在品种上满足顾客需求，为顾客提供多种产品和服务的能力，这就要求企业具有较强的新产品开发能力；另一方面是产品或服务数量的柔性，能够根据市场需求变化迅速调整和改变工艺装备、生产新产品的能力或快速转换服务流程的能力，这就要求企业要具有较强的工艺技术的研发能力或流程的设计能力。因此，运营系统要具有柔性，就要求企业具有先进的技术和研发能力，这就归结为技术管理问题。

服务——如何为顾客提供增值服务。随着科学信息技术的发展，产品的技术含量、知识含量等也越来越高，顾客在使用产品的过程中就需要提供更多的增值服务，企业开始为顾客提供更多的、独具特色的增值服务，正如范德墨菲说："市场力来源于服务，因为服务可以增加客户的价值。"

2. 资源要素管理

资源要素管理即投入要素管理，其中主要包括设施设备管理、物料管理、人员管理、信息管理。

设施设备管理——决定了现代企业提供产品和服务的能力，因此，运营管理中设施设备管理的主要目的是保持足够、完好和灵活的运营能力。设备的选购原则：技术上先进、经济上合理、生产上可行。注意设备的合理使用与维护保养，做好设备的日常检查、定期检查和重点检查，严格执行设备维修制度。

物料管理——物料管理的主要目标是以最经济的方法保证及时充足的物料供应。物料是指企业制造产品，提供服务所需的原材料、辅助材料、燃料、动力、零部件和其他物品等。

人员管理——在运营过程中各个环节如何有效、高效地配置和使用人力资源，做好人力资源管理。

信息管理——信息管理的主要目的是及时准确地收集、传递和处理必要的信息。信息流是指生产活动中将其有关的原始记录和数据，按照需要加以收集、处理并使之朝着一定方向流动的数据集合。所谓数据集合，包括客户订单、产品图纸、生产指令、原始凭证、台账、会计报表、统计报表、各种规章制度等。

3. 环境要素管理

随着世界经济一体化的发展，当今企业所处的商业、政治、经济、社会、技术等环境非常复杂，外部环境的变化对企业的生存与发展至关重要，可以为企业带来发展机遇，也可以为企业带来毁灭性的灾难，因此，企业的发展战略与环境密切相关，分析企业所处的环境非常重要。环境可以划分为宏观环境、中观环境和微观环境，其中宏观环境和中观环境属于企业外部环境，企业外部环境是对企业外部的政治环境、社会环境、技术环境、经济环境等的总称；微观环境属于企业内部环境。宏观环境是指能影响某一特定社会中一切企业的外在环境，对企业的影响比较间接；中观环境是指产业或行业的竞争环境，能更直接地影响某个企业的发展。企业微观环境，包括运营能力、市场营销能力、研究开发能力、财务、供应等综合协调的全面管理能力。

1.2.5 运营管理是企业管理的五大基本职能之一

企业管理按照职能分工，最基本的职能分为：财务管理、技术管理、运营管理、市场营销和人力资源管理五项职能，它们相互独立又相互依赖，相互配合才能实现企业的经营目标。企业的经营活动就是这五大基本职能有机联系在一起的一个周而复始、循环往复的过程。为实现企业经营目标，首先要制定经营方针，决定经营什么。经营方针确定之后，需要准备资金——进行财务活动，这就是财务管理职能；需要设计开发产品和生产工艺流程——进行技术活动，这就是技术管理职能；需要购买原材料等物料，加工制造产品或提供服务——进行运营活动，这就是运营管理职能；需要将产品或服务推向市场——进行市场营销活动，这就是市场营销职能，而使这一切活动得以顺利进行离不开人的活动——进行企业人力资源管理活动，这就是人力资源管理职能。这五项职能是企业进行正常生产经营活动必不可少的核心职能，这五项职能的目标最终都要通过一个共同的媒介体——产品，来实现价值。因此，这五项职能称为企业管理的五项基本职能，其中，运营管理是企业管理的五大基本职能之一，这是本书主要研究的内容。五大基本职能的关系如图 1-3 所示。

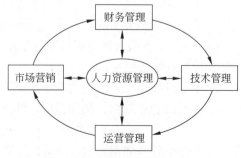

图 1-3　企业管理五大基本职能

1.2.6　运营管理的过程及内容

现代运营管理的内涵决定了生产与运营管理的过程及内容包括：生产与运营战略的制定、生产与运营系统的设计、生产与运营系统的运行与控制和生产与运营系统的维护与改进。本书所指的生产与运作系统，或称生产系统为广义的概念，即运营系统，包括服务业的运作系统，因为对于提供无形产品的非制造企业来说，运营过程的核心是业务活动或服务活动，对于当今市场需求多样化、技术进步和信息技术飞速发展的国际化环境，同样面临着不断推出新产品和提供多样化的服务，因此也不断面临着运营系统和服务提供方式的选择等新问题，所以无论是制造业还是服务业，运营管理的职能都在扩大，故本书所研究的理论和观点同样适用于服务业，有时就不再强调和严格地区别。

（1）生产与运营战略的制定。主要是制定生产与运营系统及其子系统的目标、行动基本方针、发展方向和重点、基本步骤与原则等。具体包括产品战略决策、竞争策略制定、生产组织方式的选择与设计、纵向集成度和供应链结构设计等问题。

（2）生产与运营系统的设计。在运营战略制定好以后，就是运营战略的执行与实施，实施运营战略需要有一个物质基础——运营系统。运营系统的设计具体包括产品和服务的选择和设计、运营流程的设计、生产能力规划、生产运营系统选址和设施布置、服务交付系统设计和工作设计等。

（3）生产与运营系统的运行和控制。根据运营战略及运营系统的设计，搞好运营系统的日常运行与控制管理，包括运营计划管理、主生产计划控制、作业计划控制、生产进度控制、库存管理、质量管理、物流控制、成本控制、信息系统管理以及供应链管理、人力资源管理等，主要是使运营系统如何满足市场需求的变化，输出合格的产品和提供满意的服务，实现运营管理的目标。

（4）生产与运营系统的维护和改进。根据运营系统的运行情况和企业内部、外部环境的动态变化，对系统进行维护与改进，使运营系统的运行更加协调、生产效率更高，以适应企业的发展和市场竞争的需要。运营系统的维护与改进包括系统的升级换代、设备管理与可靠性、生产现场管理和生产组织方式的改进、管理规章制度完善等。

运营管理的过程及内容如图 1-4 所示，本书各章节将基本按照这四个环节展开讨论。

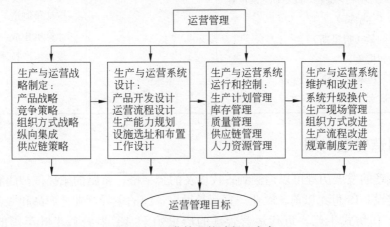

图 1-4　运营管理的过程及内容

上述四个环节的内容构成了生产与运营管理的"运营战略制定→运营系统设计→运营系统运行与控制→运营系统维护与改进"的螺旋循环链，以实现高效、低耗、灵活、准时、清洁地生产合格产品和提供满意服务的运营管理目标。运营管理螺旋循环链每螺旋循环一次，运营系统的管理水平就向一个新的高度发展。运营系统就这样周而复始地运行，源源不断地产出产品和提供服务。

1.3　运营管理的发展历程

自从人类有了生产活动，就开始了运营管理的发展历程，伴随着无数的生产劳动里程碑事件的发展，带来了运营管理革命，推动着运营管理科学不断地由低级向高级发展，尤其是近年来信息技术的突飞猛进，给企业所面临的环境和运营方式带来了前所未有的变化。在运营管理的历史长河中有许多精彩的重要时期和事件，这里我们大致将运营管理的发展历程分为制造管理时期、科学管理时期、大规模生产时期、精益生产时期和大规模定制时期五个阶段来描述。运营管理发展历程中的代表性事件如表 1-2 所示。

表 1-2　运营管理的发展历程

成 本 导 向	质 量 导 向	客 户 导 向
1. 制造管理时期（1776—1880 年） 　劳动分工（亚当·斯密、查尔斯·巴贝奇） 　机器与制造业的经济学（查尔斯·巴贝奇） 　标准件（艾利·惠特尼） 2. 科学管理时期（1880—1910 年） 　甘特图（亨利·甘特） 　动作与时间研究（弗兰克·吉尔布雷斯） 　流程分析（弗雷德里克·泰勒） 　排队论（爱尔朗） 3. 大规模生产时期（1910—1980 年） 　流水装配线（亨利·福特、查尔斯·索伦森） 　统计抽样（休哈特） 　经济订货批量（哈里斯） 　霍桑试验（梅奥） 　线性规划、PERT/CPM（杜邦） 　物料需求计划	4. 精益生产时期（1980—1995 年） 　准时制 　计算机辅助设计 　电子数据交换 　全面质量管理 　鲍里奇奖 　看板管理 　工厂自动化（CIM、EMB、CAD、CAM 以及机器人）	5. 大规模定制时期（1995—现在） 　全球化 　互联网 　企业资源计划 　学习型组织 　国际质量标准 　有限调度 　供应链管理 　敏捷制造 　电子商务 　按订单制造 　计算机集成制造系统 　最优生产技术和约束理论

1.3.1　制造管理时期

运营管理的发展历程可以追溯到古代埃及的金字塔、希腊的帕提侬神庙和中国的万里长城的建设。18 世纪以前，农业一直都是世界各国的主导产业，产品和服务的组织形式都是手工作坊式生产。近代运营管理的历史始于 18 世纪后半叶英国的工业革命

（Industrial revolution）。1776 年，英国人詹姆斯·瓦特（James Watt）发明了蒸汽机，为制造业提供了机器动力（Machine power），机器动力的进步对人力的广泛取代和现代工厂体系的建立推动了工业的发展，使机器生产代替了手工劳动，手工作坊制度转变成工厂制度，将制造业推进到工厂化时代。由于大量采用机器生产，生产过程更加紧密复杂，机器生产要求操作者紧密配合和协调，遵守劳动纪律和操作规程。为实现大批量生产，需要预测市场需求，并合理采购原材料，增加产量，降低成本消耗。由于大量工人被招进工厂，需要合理组织工人进行生产，于是劳动分工的思想出现了。由于这一时期产业的发展以制造业为龙头，运营活动主要以制造活动为主，所以这一时期称为"制造管理时期"，这一阶段的代表国家是英国，主要代表人物有亚当·斯密、查尔斯·巴贝奇、艾利·惠特尼等。

（1）亚当·斯密的劳动分工。亚当·斯密（Adam Smith）1776 年发表了《国富论》（*The Wealth of Nations*），不仅对古典经济学说作出了重要贡献，而且是在微观管理研究中第一个从理论上提出"劳动分工理论"的人，劳动分工（Division of labor）也就是专业化劳动（Specialization of labor），就是将一件工作分成若干部分，由多人来完成，这样就将产品的生产过程细化，给生产线上工人分配了专门的工序，以提高劳动生产率。他以制钉为例来说明分工的合理性，制钉产业在当时是非常重要的产业。他指出劳动分工可以提高工作效率的三个原因：①工人的技能随着工作经验的增长而增加；②减少了由于变换工作而损失的时间；③专用工具和机器的使用。18 世纪以后的工厂不仅生产设备改进了，而且计划以及控制工人工作的方式也得到了革新。

（2）查尔斯·巴贝奇的机器与制造业的经济学。继亚当·斯密之后，英国剑桥大学数学教授查尔斯·巴贝奇又进一步研究和发展了关于劳动分工的管理思想。1832 年，他出版了《论机器和制造业的经济学》一书，论述了专业分工与机器、工具使用的关系。他认为应按照工人的技巧水平进行分工，而专业分工之所以能提高生产效率，是因为可以缩短工人学会操作的时间，节约变换工序和更换工作所消耗的时间，促使工人技术熟练，促使专用工具和设备的发展等。他根据对制造程序和工作时间的研究成果，提出了以专业技能作为工资与奖金基础的原理，作为付酬的依据，是先于泰勒倡导科学管理的先行者。

（3）艾利·惠特尼的标准件。工业革命从英国传到了其他欧洲国家，也传到了美国。1790 年，美国的发明家艾利·惠特尼（Eli Whitney）发展了通用部件（Interchangeable parts）的概念，通过标准化和质量管理实现零部件互换。零部件标准化思想起源于武器的制造。1801 年，艾利·惠特尼首次将零部件标准化应用于武器的制造。艾利·惠特尼为美国政府设计了滑膛枪（rifles），在装配线上进行生产，每一部分精确度达到一次性装配成功。这种生产方式替代了以前的生产方式。旧的生产方式要么在所有零部件中寻找合适的配件，要么对一个部件进行修改加工而得到适合的配件。由于零部件的互换性，惠特尼的步枪售价比其他武器承包商的高，但他仍然获得了美国政府 10 000 支步枪的合同。

1.3.2 科学管理时期

随着美国南北战争的结束、奴隶制度的废除，农场的劳动力流向城市，为城市工业的迅猛发展创造了良好的条件，美国进入了一个新的产业时代。以股份制公司的建立为标志的现代资本组织形式开始出现，使得一部分雇主变成了纯粹的资本所有者，同时经理阶层也变成了资本所有者的雇员，职业经理人出现了，与此同时，大型企业也纷纷组建，如摩根（J.P.Mogan）、吉尔德（Jay Gould）和范德比尔特（Cornelius Vanderbilt）等企业家创建了他们的产业帝国。正是这些企业家和资本的巨大积累为世纪之交的美国经济发展提供了动力支持。此外，美国西部大量的移民涌现引发了对产品及运输的需求，大量的铁路开始修建，运输系统进入运营状态。随着美国新的产业时代的来临，社会经济环境的变化给企业带来了新的挑战，科学管理应运而生。企业为满足巨大的市场需求，增加大型设备，扩大生产规模，但生产率却极低，跟不上快速扩大的生产规模。弗雷德里克·泰勒（Frederick Winslow Taylor）被称为科学管理之父，他在宾夕法尼亚州的米得威钢铁公司工作的六年期间，科学地研究了工厂管理中存在的问题，进行了大量的科学调研，通过科学观察、记录和分析进行工时和动作研究，他的科学管理方法大大提高了工人的劳动效率，节约了劳动力成本。他积累了大量的管理实践经验，于 1911 年出版了《科学管理原理》，这标志着生产管理结束了经验管理时代，走上了科学管理时代。由于这一时期的生产组织和管理系统是弗雷德里克·泰勒提出、发展和完善的，所以这个系统又叫作"泰勒主义"。泰勒和他的同事，包括亨利·甘特、弗兰克·吉尔布雷斯和莉莲·吉尔布雷斯夫妇，都是系统地寻求最优生产方法的先驱。

1.3.3 大规模生产时期

现代生产系统产生的标志是 1913 年福特汽车公司流水装配线的建立。亨利·福特（Henry Ford，1863—1947）第一个发现把产品以便宜的价格卖给大众而不是只卖给少数有钱人所具有的巨大市场潜力。彼得·德鲁克（Peter Drucker）把这种革命性的战略称为在实现产量最大化的同时使生产成本最小化，从而实现利润的最大化。福特和查尔斯·索伦森结合他们在肉类加工业和邮购业的准装配线上的零件标准化知识，重新定义了装配线这一概念，即物料在装配线上移动，而工人则在旁边站立不动。福特设计了在流水装配线上生产的"T 型"福特汽车。福特公司用于大规模生产单一产品的生产系统具有生产效率高、生产连续性好、生产标准化程度高的特点，为大规模生产、大批量销售的运营模式树立了榜样。福特的大量生产方式是美国福特汽车公司的生产管理，由此开始了大规模生产、大批量销售的现代企业运营模式。福特所创立的"产品标准化原理""作业单纯化原理"和"移动装配法原理"对运营管理做出了重要贡献。在该装配线建立之前，一个工人完成一辆汽车底盘的装配需要 12.5 小时，汽车装配流水线建立之后，由于应用了专业分工和底盘可以自由移动，每个底盘的平均装配时间缩短为 93 分钟。福特公司的汽车销售量从 1903—1904 年的 1 700 辆到 1913—1914 年的 248 307 辆，继而到 1920—1921 年的 933 720 辆。

在这一时期的代表事件还有梅奥的霍桑试验。从泰勒时代开始，数学和统计方法在运营管理中处于支配地位，只有一个例外，这就是霍桑试验。试验开始于 1924 年，结束于 1930 年，哈佛大学的埃尔顿·梅奥教授等人在西方电气设备公司的霍桑工厂进行一项试验，研究工厂环境对工作效率的影响，研究结果出人意料，他们发现人的因素要比以前理论工作者想象的重要得多，尊重工人比只靠增加工资要有用得多。他们认为，工人的态度和行为取决于个人和社会作用的发挥，组织和社会对工人的尊重与关心是提高劳动生产率的重要条件。梅奥在霍桑试验的基础上，于 1933 年发表了《工业文明中人的问题》一书，标志着人际关系说的创立。霍桑试验极大地推动了行为科学理论的发展。

在这一时期运筹学（管理科学）取得了长足的发展。运筹学的产生源于第二次世界大战时期的欧洲战役使用了大量的人力、供应品、飞机、船舶、材料，以及其他必须能在极其紧张环境下调配的物质，在研究战争物质的合理调配中，以定量的优化方法为主要内容的运筹学迅速发展，运筹学（Operations Research，OR）小组在所有军事服务部门成立，这些小组运用了当时许多学科知识。1951 年，美国的莫尔斯和舍布尔总结了第二次世界大战的经验，合著了《运筹学方法》一书，这些研究成果在战后的 20 世纪五六十年代被广泛地应用到工厂等领域，库存论、数学规划方法、网络分析技术、价值工程等一系列定量分析方法运用于生产管理，这标志着运营管理进入了现代管理的新阶段。同时，随着企业生产管理活动的日趋复杂和细化、生产规模的不断扩大，计划管理、物料管理、设备管理、质量管理、库存管理、作业管理等各个单项管理逐步建立起来，并且形成了相应的管理职能部门。

1.3.4 精益生产时期

20 世纪 80 年代，管理哲学和技术上的成就当属准时制生产（Just In Time，JIT），它是由日本丰田汽车公司的大野耐一开创的"丰田生产方式"（Toyota production system，TPS），是战后日本汽车工业遭到的"资源稀缺"和"多品种、少批量"的市场制约的产物。它是从丰田相佐诘开始，经丰田喜一郎及大野耐一等人的共同努力，直到 20 世纪 60 年代才逐步完善而形成的。到 20 世纪 70 年代，丰田公司的大野耐一运用精益生产方式，大大提高了公司的交货期和产品品质，由此精益生产方式广为推广。这种生产方式的高效性是日本汽车工业迅速崛起的主要原因之一。它是一种针对市场需求向多样化发展，如何有效地组织多品种、中小批量生产而创造出来的高质量、低成本，并富有柔性的新的生产方式。20 世纪 70 年代是丰田汽车公司飞速发展的黄金时期，进入 20 世纪 80 年代，丰田汽车公司的产销量仍然直线上升，开始了全面走向世界的国际战略，先后在美国、英国以及东南亚建立独资或合资企业，并将汽车研究发展中心合建在当地，实施当地研究开发设计生产的国际化战略。到 20 世纪 90 年代初，丰田汽车公司年产汽车接近 500 万辆，击败福特汽车公司，汽车产量名列世界第二。

丰田的基本理念是："为客户提供更好的产品"，它包含两层意思，一是要"提供给客户高品质的产品"；二是要以"满意的价格"为客户提供产品。其采取的措施主要包括以下两点：一是采用不使次品流入到下一个流程的系统，各个流程均保证产品质量，从而保证得到高品质的产品；二是通过不断改善（排除不必要的程序），以降低产品成本，确保产品拥有一个顾客满意的价格。这两点便是丰田生产方式（TPS）的精髓所在。精益生产方式是 TPS 的重要组成部分，精益生产（Lean Production，LP）是美国麻省理工学院国际汽车计划组织（IMVP）的专家对日本丰田准时化生产 JIT（Just In Time）生产方式的赞誉称呼。精，即少而精，不投入多余的生产要素，只是在适当的时间生产必要数量的市场急需的产品或下道工序急需的产品；益，即所有经营活动都要有益有效，具有经济效益。JIT 生产方式的基本思想即"只在需要时，按需要的量，生产所需的产品"，它的核心是追求一种零库存、零浪费、零不良、零故障、零灾害、零停滞的较为完美的生产系统。无库存或库存达到最小，用最少的库存生产最多的产品，并且将全面质量管理（Total Quality Management，TQM）的思想也融入这种生产方式中，实现了零缺陷生产。JIT 生产方式以准时生产为出发点，首先暴露出生产过量和其他方面的浪费，然后对设备、人员等进行淘汰、调整，达到降低成本、简化计划和提高控制的目的。并为此开发了包括看板在内的一系列生产现场控制技术方法。它将传统生产过程中前道工序向后道工序送货，改为后道工序根据"看板"向前道工序取货，看板系统是 JIT 生产现场控制技术的核心。传统的生产方式采用"推进式"控制系统，容易造成中间产品的积压，而 JIT 生产方式采用"拉动式"控制系统，能使物流和信息流有机地结合起来，避免人为的浪费。

1.3.5　大规模定制时期

20 世纪 90 年代，随着全球经济一体化发展，市场竞争更加激烈，消费者需求更加个性化，企业要生存和发展必须满足消费者个性化需求，需要改变生产方式，大规模定制生产方式应运而生。大规模定制又可称为大量定制，是指以大规模生产的成本和速度，为单个客户或单件（或小批量）多品种的市场定制加工任意多数量的产品，是为了适应消费者需求个性化、提升企业竞争力而发展成的一种全新的生产经营模式，以大规模生产的效益即低成本和短交货期，进行定制产品的生产。1993 年 B.约瑟夫·派恩二世（B.Joseph Pine Ⅱ）在《大规模定制——企业竞争的新前沿》（*Mass Customization—The New Frontier in Business Competition*）一书中提出了大规模定制的概念，对大规模定制模式的理论进行了比较详尽的论述。但当时的技术限制了大规模定制的产品、市场和相应企业组织的出现。目前，随着制造技术、信息技术尤其是 Internet 的普及和推广，大规模定制成为可能。1997 年大卫 M.安德森（David M. Anderson）和 B.约瑟夫·派恩二世在《大量定制生产的敏捷产品开发》一书中进一步论述了如何为单个客户开发易于定制的产品。随着经济全球化的发展，市场竞争日趋激烈，企业要抢占市场就必须满足顾客的个性化需求，大规模定制是企业满足顾客的个性化需求必须采用的策略。大规模定制生产方式成功的典范有戴尔公司。自 1984 年创立以来，戴尔独创的"直销模式"以及根据客户订单生产电脑，在美国等市场培养了数量庞大的忠实客户群，使戴尔在短短十几年内成为全球最大的电脑制造商。"每台电脑都是按订货生产，但从打电话到装上车只需36 小时。"——这就是迈克·戴尔最后为自己找到的竞争法宝。戴尔公司每年生产数百万台个人计算机，每台都是根据客户的具体要求组装的。戴尔公司让用户按照自己的爱好配置个人计算机和服务器，用户可以从戴尔公司的网址上选定他们所需要的声卡、显像卡、显示器、喇叭以及内存容量。戴尔公司的后勤服务软件非常全面和先进，因此，它能够以较低的成本开展大规模定制服务。戴尔大规模定制模式的成功在于：一是因为它充分利用了当代先进的网络技术；二是公司拥有一整套进行大规模定制生产的技术装备；三是公司采用了先进的后勤管理软件。戴尔公司大规模定制的原理：①顾客需求采集能力；②生产过程的柔性；③敏捷供应链系统；④企业组织结构的改进。

在这一时期，信息技术及其他先进的管理技术和方法也得到了很大的发展。

1. 基于供应链的运营

20 世纪 80 年代中期，企业面对全球变化迅速且无法预测的买方市场，传统的生产模式对市场变化的响应速度越来越迟缓，而且纵向一体化模式巨额的投资与实际取得的效果并不理想。人们认识到纵向一体化模式的弊端，在工业发达国家近 80% 的企业放弃了纵向一体化模式，选择供应链管理模式。20 世纪 80 年代末提出了供应链的概念，90 年代供应链在制造业管理中迅速推广，成为一种新的管理模式。供应链管理是通过前馈的信息流和反馈的物料流及信息流，将供应商、制造商、分销商、零售商直到最终用户连成一个整体的模式，是对一个企业内部的各种职能和它的整个供应链进行战略性的协调，目的是整合供应与需求管理。供应链管理的基本思想就是"横向一体化"，即把原来由企业自己生产的零部件外包出去，充分利用外部资源，跟这些企业形成一种水平关系，以最低的成本、最快的速度来满足顾客的需求。外包是供应链管理的原动力，外包深层次的解析是管理模式的转变。

2. 信息技术与运营

从 20 世纪 80 年代开始至今，计算机和通信技术迅速发展，极大地推动了运营管理科学技术的飞跃发展，计算机和软件对企业管理及运营方式产生了重要影响。计算机集成制造系统、企业资源计划等软件，使运营方式发生了根本性的变革。计算机集成制造系统（Computer Integrated Manufacturing System，CIMS）是美国的约瑟夫·哈林顿（Joseph Harrington）博士于 1974 年在其《计算机集成制造》（*Computer Integrated Manufacturing*）一书中首次提出的概念，并同时提出了两个基本观点：

（1）企业生产的各个环节，即从市场分析、产品设计、加工制造、经营管理到售后服务的全部生产活动是一个不可分割的整体，要紧密连接、统一考虑。

（2）整个生产过程实质上是一个数据的采集、传递和加工处理的过程，最终形成的产品可以看作数据的物质表现。

从上述两个观点可以看出，CIM 是信息技术和生产技术的综合应用。从生产技术的观点来看，CIM 包含了一个企业的全部生产经营活动，是生产的高度柔性自动化，它比传统的加工自动化的范围要大得多；从信息技术的观点来看，CIM 是信息系统在整个企业范围内的集成，主要体现在以信息集成为特征的技术集成、组织集成和人的集成。因此，CIM 是组织现代化生产的一种哲理、思想和方法，而 CIMS 便是这种哲理的实现。当一个企业按照 CIM 哲理组织整个企业的生产活动时，就构成了计算机集成制造系统（CIMS）。哈林顿博士根据计算机在工业生产中的应用实践，并预见其必然的发展趋势提出了 CIM 的概念，这一概念在进入 20 世纪 80 年代以后受到了企业界和学术界的广泛关注，并把它作为制造业的新一代生产方式。

计算机集成制造系统（Computer Integrated Manufacturing System，CIMS），是随着计算机辅助设计与制造的发展而产生的，是在信息技术、自动化技术与制造技术的基础上，通过计算机技术把分散在产品设计及制造过程中各种孤立的自动化子系统有机地集成起来，形成适用于多品种、小批量生产，实现整体效益的集成化和智能化制造系统，集成了市场预测、产品设计、加工制造、检验、销售和售后服务等全过程的管理技术和方法。CIMS 被预言为 21 世纪制造业的主流技术，改变了人们对企业经营活动的传统观念，使运营管理进入了信息化时代发展的新时期。

企业资源计划（Enterprise Resource Planning，ERP）系统是集企业管理理念、业务流程、基础数据、人力物力、计算机硬件和软件于一体的企业资源管理系统。ERP 系统是建立在信息技术基础上，以系统化的管理思想，为企业决策层及员工提供决策运行手段的管理平台。ERP 系统覆盖了从产品设计、原材料采购、产品制造、分销到交付给最终消费者的物流、信息流和资金流的全过程，集成了客户关系管理（Customer Relationship Management，CRM）、JIT 管理、实验室管理、全面质量管理、电子数据交换（Electronic Data Interchange，EDI）、电子商务等众多管理技术与方法，为实现企业间的虚拟动态联盟提供了强大的信息支持。

20 世纪 90 年代后期，互联网迅速普及，对企业产生了巨大的影响，正在创造新的产业。越来越多的企业用互联网开展电子商务活动。电子商务是指通过计算机网络进行的生产、营销、销售和流通活动，不仅可以在互联网上进行交易活动，而且还可以利用信息技术来降低商务成本。

在《哈佛商业评论》（*Harvard Business Review*）的一篇附录上列出了 20 世纪八九十年代影响运营管理发展的因素：

- 机器人技术和数字控制技术（Robotics and Numerical Control）；
- 计算机辅助设计（Computer-Assisted Design，CAD）；
- 质量的统计进程控制（全面质量管理）[Statistcal Process Control for Quality（Total Quality Management）]；
- 精益（准时制）生产 [Lean（Just-In-Time）Manufacturing]；
- 定点超越（Benchmarking）；
- ISO 标准（ISO Standards）；
- 基于时间的竞争（Time-Based Competition）；
- 流程再造（Process Reengineering）；
- 外包（Outsourcing）；
- 供应链管理（Supply Chain Management）；
- "虚拟"组织（"Virtual" Organization）。

除了以上因素外，还有其他一些因素正在与历史的发展相融合，形成了管理生产系统的方式。

3. 最优生产技术与约束理论

约束理论（Theory of Constraints，TOC）是以色列物理学家、企业管理顾问高德拉特博士（Dr. Eliyahu M. Goldratt）在他开创的最优生产技术（optimized production technology，OPT）基础上进一步发展起来的管理哲学。约束理论提出了在制造业运营管理活动中定义和消除制约因素的一些规范化方法，首先要识别系统的约束，即瓶颈资源；其次要想方设法开发利用瓶颈资源，使其系统高效运营；其次要使系统的其他资源支持系统的运行；最后打破系统的约束，如此周而复始地进行，以使系统持续改进。约束理论是继 MRPⅡ/ERP 和 JIT 之后出现的又一先进的运营新方式，它吸收了 MRPⅡ/ERP 和 JIT 的优点，并且提供了一种全新的管理思想，不仅如此，还出现了软件公司开发基于约束理论的企业生产优化系统，一些咨询公司还利用基于约束理论的工具对企业开展咨询活动，约束理论在企业生产管理中的运用已取得了显著的成绩。

OPT 的目标：OPT 认为任何制造企业的真正目标只有一个，即在现在和将来都能赚钱。衡量一个企业是否能赚钱，通常采用的财务指标为：净利润（net profit，NP）、投资收益率（return on investment，ROI）和现金流量（cash flow，CF）。为实现上述目标，按照 OPT 的观点，衡量生产系统效率的指标为：产销率（throughput，T）、库存（inventory，I）和运行费（operating expenses，OE）。如果从货币角度考虑，T 是要进入系统的钱，I 是存放在系统中的钱，而 OE 是将 I 变成 T 而付出的钱。

OPT 认为，对于任何一个由多阶段构成的系统，如果其中一个阶段的产出取决于前面一个或几个阶段的产出，则产出率最低的环节决定了整个系统的产出水平。换句话说，一条链条的强度是由它最薄弱的环节，即瓶颈来决定的。OPT 的基本思想就是将所管理的对象抽象成一条链，系统管理的关键是系统中最薄弱的环节即瓶颈，系统中的一切优化活动都应该围绕这些最薄弱的环节来开展。按 OPT 的定义，所谓瓶颈（或瓶颈资源），指的是实际生产能力小于或等于生产负荷的资源，这一类资源限制了生产系统的产出速度。其余的资源则为非瓶颈资源。瓶颈可以来源于企业内部，也可以来源于企业外部。一般来说，瓶颈可分为三种类型：资源（Resources）、市场（Markets）和法规制度（Policies）。管理好瓶颈是实施有效管理的关键。

4. 敏捷制造

进入 20 世纪 90 年代，随着信息技术、自动化技术以及全球经济一体化的发展，企业之间的全球化竞争更加激烈。制造业是一个国家的支柱产业，制造技术已成为一个国家在市场竞争中取胜的支柱，也是衡量一个国家综合实力和科技发展水平的重要标志之一。在 20 世纪 90 年代以精益生产方式为代表的日本制造技术赶超美国的制造技术，美国意识到必须夺回在制造业上的优势，才能保持在国际上的领先地位。于是美国向日本学习精益生产方式，但由于文化背景和各种社会条件的差异，其实施效果不尽如人意，于是美国政府把制造业发展战略目标瞄向 21 世纪，1991 年美国国会提出要为国防部拟定一个较长期的制造技术规划，要能同时体现工业界和国防部的共同利益。美国国防部投入 500 万美元，委托里海（Lehigh）大学的亚科卡（Iacocca）研究所主持了一项关于 21 世纪发展战略的研究。亚科卡研究所邀请了国防部、工业界和学术界的代表，建立了以 13 家大公司为核心的、100 多家公司参加的联合研究项目组。该项目组花费了 7 500 多人时，分析研究了美国工业界近期的 400 多篇优秀报告，于 1994 年年底完成了著名的《21 世纪制造企业发展战略》报告。报告提出了既能体现国防部与工业界各自特殊利益，又能获取它们共同利益的一种新的制造模式——敏捷制造（Agile Manufacturing，AM）。目的是促进美国制造业的发展，使美国能重新恢复其在制造业中的领导地位。

敏捷制造目前尚无统一定义，敏捷制造是指制造企业采用现代通信技术，通过动态联盟（又称虚拟企业）、先进柔性生产技术和高素质人员的全面集成，广泛利用各种信息及全球可利用的资源，充分发挥企业各方面优势，采用先进的设计思想、方法和手段，以有效和协调的方式响应客户需求，实现制造的敏捷性。敏捷制造面对的是全球化激烈竞争的买方市场，以动态联盟为基础，在全球范围内、更高程度集成各种优势资源，采用可以快速重构的生产单元构成的扁平组织结构模式，以充分自治的、分布式的协同工作来最大限度地满足市场客户需求。敏捷制造强调基于互联网的信息开放、共享和集成。动态联盟（Virtual Organization）是敏捷制造的组织模式，具有开发某种新产品所需的不同知识和技术的不同组织（企业）组成的一个阶段性的组织（企业）联盟，以联盟企业的整体优势共同应对市场挑战和竞争。在动态联盟企业中，每个企业都将自己的核心优势贡献出来，创建一个"一切都是最优秀"的虚拟公司。虚拟公司就像专门完成特定计划的一家公司一样，只要市场机会存在，它就存在；市场机会消失，它就消失，共担风险，共同获利。

5. 工业 4.0（Industrie 4.0）

工业 4.0（Industrie 4.0）起源于 2011 年汉诺威工业博览会，目的是想通过物联网等媒介提高德国的制造业水平。在 2013 年 4 月的汉诺威工业博览会上，由"产官学"组成的德国"工业 4.0 工作组"发表了题为《德国工业 4.0 战略计划实施建议》，称物联网和制造业服务化宣告着第四次工业革命到来。工业 4.0 是德国政府《高技术战略 2020》确定的十大未来项目之一，旨在支持德国工业领域新一代革命性技术的研发与创新。

工业 4.0 包含了由集中式控制向分散式增强型控制的基本模式转变，以智能制造为主导的革命性的生产方法，目标是建立一个高度灵活的个性化和数字化的产品与服务的生产模式。在这种模式中，传统的行业界限将消失，产业链分工将被重组。

1.4　现代运营管理的主要特征及其发展趋势

从 20 世纪 90 年代以来，随着信息技术和全球经济一体化的发展，企业生产经营所面临的环境发生了巨大变化，产品的技术密集、知识密集程度不断提高，产品的生产和服务过程越来越复杂，市场需求呈现出多样化、多变化的趋势，企业之间的竞争更加国际化，面对这样的环境变化，企业的生产经营方式也在不断地发展变化，呈现出以下主要特征及发展趋势。

1. 运营管理全球化

随着通信技术和交通的发展，通信和交通成本不断下降使得市场变得日趋全球化。同时生产要素等资源也逐步变得全球化，全球生产、全球采购、产品全球流动的趋势正在加剧。面对这样的全球化竞争环境，企业要生存、发展必须考虑新的运营方式，因此，"全球化运营"成为现代企业运营管理的一个新趋势。

2. 生产经营一体化

面对激烈的市场竞争，为快速响应客户需求，提高管理的集成度，实现生产经营一体化已成为企业运营的新趋势。企业的经营活动与生产活动，经营管理与生产管理的界限变得越来越模糊，企业的生产职能与营销职能、财务职能等其他职能活动相互之间的内在联系将更加紧密，相互渗透，并朝着一体化的方向发展，形成一个完整的生产与经营的有机整体，这样的运营系统能更好地实现运营目标。

3. 多品种小批量混合型生产方式成为主流

随着 21 世纪经济的发展，人们生活水平的提高，消费者需求个性化的趋势更加明显，市场需求日益多样化、多变化，因此，多品种、中小批量混合型生产方式成为主流。以福特制为代表的少品种、大量生产方式正在逐步被多品种、中小批量混合型生产方式所取代，生产方式的这种转变使得在大量生产方式下靠增大批量、降低成本的方法不再奏效，运营管理面临着多品种、中小批量生产与降低成本之间的矛盾的新挑战，从而要求从运营系统的"硬件"设备（柔性生产设备）和"软件"系统（计划与控制系统、工作组织方式和人的技能多样化）两个方面去探讨新的运营方式。丰田生产方式为多品种、中小批量混合型生产方式提供了成功的典范。快速响应客户的需求和灵活的应变能力已经成为现代企业生存和发展的关键。

4. 追求绿色制造

自工业革命以来，伴随着工业的发展进步、社会经济的腾飞，人类可利用的自然资源也大量消耗，日益枯竭，生态环境遭到严重破坏和污染，已造成森林、草原被破坏，气候恶化，水土流失，沙尘暴频袭，河流断流。大量的工业垃圾和生活垃圾被随意排入大气和江河湖泊，造成了严重的水污染和空气污染，因此，如何保护环境和合理利用自然资源已成为人类所面临的一个重要问题。传统的高耗能、高污染的运营方式受到严峻挑战。绿色制造是一种综合考虑环境影响和资源效率的现代制造模式，其目标是使产品从设计、制造、运输、使用到报废的整个产品生命周期中对环境的负面影响最小，资源利用效率最高。绿色制造的概念和内容还处于探索阶段，有的研究者提出：由绿色资源、绿色生产过程、绿色商品这三项主要内容，物料转化和产品生命周期全过程这两个过程，环境保护和资源优化利用这两个目标，构成绿色制造的体系结构。绿色资源包括绿色原材料和绿色能源。绿色原材料应是具有丰富的来源，便于利用和回收的材料。绿色能源应是耗能少、环保性好、储量丰富和可再生的能源。绿色生产过程包括绿色设计、绿色生产设备、绿色生产工艺、绿色物料和绿色生产环境。绿色商品应具有的特点是：节省能源、节省物料、保护环境、便于回收利用、符合人机工程。绿色制造使企业更加关注保护生态环境和自然资源，使企业更加关注自己的社会责任，企业只有向消费者提供绿色环保产品才能可持续发展，增强核心竞争力，绿色制造已成为运营的发展趋势。

思考与练习

1. 为什么需要学习运营管理？
2. "运营"的含义是什么？
3. 运营系统是如何构成的？
4. 运营管理的目标是什么？
5. 如何测量生产率？提高生产率有哪些方式？
6. 运营管理的基本问题是什么？
7. 企业管理的五项基本职能是什么？

8. 运营管理的内容有哪些？

9. 制造业与服务业有何不同？

10. 简述运营管理的发展历程，并评价四位对运营管理的理论和技术有贡献的人。

11. 简述现代运营管理的主要特征及其发展趋势。

浙江吉利控股集团运营管理

1. 集团简介

浙江吉利控股集团是中国汽车行业十强企业。自 1997 年进入轿车领域以来，凭借灵活的经营机制和持续的自主创新，取得了快速的发展，现资产总值超过 1 000 亿元（含沃尔沃），连续九年进入中国企业 500 强,连续七年进入中国汽车行业十强，被评为首批国家"创新型企业"和"国家汽车整车出口基地企业"。浙江吉利控股集团总部设在杭州，在浙江临海、宁波、路桥，上海，兰州，湘潭，济南，成都等地建有汽车整车和动力总成制造基地，在澳大利亚拥有 DSI 自动变速器研发中心和生产厂。现有帝豪、全球鹰、英伦等三大品牌 30 多款整车产品，拥有 1.0L-2.4L 全系列发动机及相匹配的手动/自动变速器。

2. 核心价值理念

秉承"快乐人生，吉利相伴"的核心价值理念，浙江吉利控股集团将坚持走自主创新的道路，发挥团队智慧，依靠全体员工，为中国汽车工业自主品牌的崛起，为实现"造最安全、最环保、最节能的好车，让吉利汽车走遍全世界"的美丽追求而奋斗！

3. 吉利品牌

吉利推出的三大子品牌，分别是全球鹰、帝豪、英伦，代表了不同的品牌诉求。其中吉利控股著名汽车品牌沃尔沃（只是沃尔沃轿车不是沃尔沃集团）。全球鹰，英文是Gleagle，传递"活力、突破、精彩"的品牌内涵，已上市车型是熊猫、GX2、新远景和新自由舰。即将上市的车型为 GC7 和 GX7。英伦汽车，英文是 Englon Automobile,传递"底蕴、信赖、关爱"的品牌内涵，已上市车型包括英国经典出租车 TX4 和英伦 SC7 系、SC5-RV、金鹰 cross、英伦金刚和金刚 2 代。帝豪，英文是 Emgrand，传递"卓越、稳健、尊崇"的品牌内涵，已上市车型包括帝豪 EC7 系（帝豪 EC718、EC715），EC7-RV系和 EC8。2011 年新上市车型：2012 款 EC7。

4. 营销

浙江吉利控股集团在国内建立了完善的营销网络,拥有近千家品牌 4S 店和近千个服务网点；在海外建有近 200 个销售服务网点；投资数千万元建立国内一流的呼叫中心，为用户提供 24 小时全天候快捷服务；率先实施了基于 SAP 的销售 ERP 管理系统和售后服务信息系统，实现了用户需求的快速反应和市场信息快速处理；率先实现汽车 B2B、B2C 电子商务营销，开创汽车网络营销新渠道。截至 2011 年年底，吉利汽车累计社会保有量超过 220 万辆，吉利商标被认定为中国驰名商标。

5. 员工

浙江吉利控股集团现有员工 18 000 余人，其中工程技术人员 2 300 余人。拥有院士三名、外国专家数十名、博士数十名、硕士数百名，高级工程师及研究员级高级工程师数百名，在吉利各条战线发挥了重大作用，成为吉利汽车后来居上的重要保障。浙江吉利控股集团投资数亿元建立的北京吉利大学、海南大学三亚学院、浙江汽车职业技术学院等高等院校，在校学生超过 4 万人；每年有近万名毕业生走上工作岗位，为中国汽车工业和社会输送了宝贵人才；受中国汽车工程学会委托，投资建立的浙江汽车工程学院，是中国首个专门培养汽车车辆工程硕士、博士的研究生院，2011 年 11 月，首批研究生已正式毕业。

6. 教育产业

由中国汽车工程学会委托，吉利集团投资建立的浙江汽车工程学院和附属的汽车营销学院、工商管理学院已经开学，首批近百名汽车车辆工程硕士、博士和 EMBA 学员带着研发项目和管理课题正式入学就读；2007 年 5 月"吉利—同济汽车工程研究院"的成立，创造了民营企业与高等学府联合开发、联合办学的新模式。

7. 企业使命

造最安全，最环保、最节能的好车，让吉利汽车走遍全世界。

安全是人类生命的根本保障；环保是人类生活的基本诉求；节能是人类生存的必要条件。

关注安全、环保、节能已成为业界的共识，社会进步的航标。

吉利人以此为己任，以此为责任，为此而奋斗。

8. 收购沃尔沃

2010 年 3 月 28 日，浙江吉利集团与福特汽车在瑞典正式签署最终股权收购协议，吉利集团出资 18 亿美元，成功收购后者旗下沃尔沃轿车公司 100% 的股权。吉利集团希望借此一改生产廉价车的形象，跻身豪华车阵营。

9. 新动态

财富中文网全球发布 2012 年《财富》世界 500 强排行榜，浙江吉利控股集团首次上榜，跻身第 475 位，由去年的第 688 位蹿升至 213 位，成为继浙江物产集团后第二家上榜的浙江企业。

10. 掌握核心技术

吉利集团董事长李书福深知，只有掌握核心技术、把握行业发展趋势才能赢得未来。于是一些世界级的汽车专家都被聘请入吉利集团，从事吉利汽车的自主创新、自主研发，进入吉利的研究院以及吉利的各个工厂和各有关方面。而在做好低端市场之后，投入精力进军中高端车市场，也是吉利的发展策略重点。吉利紧锣密鼓实施"技术战略"，要求在传统技术上解决国内与国外的差距，在前沿技术上要寻求突破，制造出真正和中级市场匹敌的车型。

11. 勇于创新

吉利的成功，是一个勇敢挑战者的成功，也是一个敢于突破自我的中国企业的成功。松下幸之助造出第一个开关时，没有人会想到要去买他的开关；福特造出黑色 T 型车时，没有人认为已经有了马车、这世界还需要"汽车"这种东西；在李书福的吉利汽车上路之前，没有人认为中国私营企业可以造出能上路跑的轿车。这些层次不同、背景不同的创业者虽然做了不一样的事情，但其成功的核心点都是一样的，那就是事在人为，勇于创新。

（资料来源：百度文库）

问题

1. 吉利有哪几大品牌？这些品牌传递的内涵是什么？
2. 吉利的核心价值理念是什么？
3. 吉利为提高企业竞争力采取了那些营销手段？
4. 为提高企业的产品开发能力在人才培养方面采取了哪些措施？
5. 吉利是如何创新发展的？结合企业实际谈谈你的体会和建议。

第 2 章

企业运营战略

学习目标

通过本章的学习使读者掌握企业战略、运营战略等基本概念；理解企业环境对企业经营管理活动的影响、总体战略和运营战略的相互关系、战略过程框架的内涵；了解企业环境的特点和变化趋势、运营竞争维度的演变过程、制造业和服务业运营战略过程的区别和联系以及运营战略决策内容。

关键概念

企业环境；企业战略；运营战略；运营竞争维度；订单赢得要素；订单资格要素；运营战略过程

索尼公司需要战略转型

成立于 1946 年的索尼公司（Sony Corporation）是世界上民用/专业视听产品、通信产品和信息技术等领域的领导企业之一，它在音乐、影视和计算机娱乐运营业务方面的成就也使其成为全球最大的综合娱乐公司之一。其运营模式在 20 世纪后期被全球制造业奉为典范：独有的技术、独特的差异化产品与高价格定位，依靠独有的技术资源主导市场。进入 21 世纪后，全球电子产业环境发生了重大变化，全球化及信息技术的发展给社会带来了新的巨大的商业机会，促进技术快速商业化的资本孵化体系快速发展，持续的技术创新和成果的价值实现速度已成为竞争的焦点。技术的日新月异使电子产品的需求特征发生了变化，产品更新换代的速度加快，消费者更倾向于把电子产品视作为易耗品而非永久相伴的耐用消费品。同时，行业内的竞争加剧，运营成本较低的韩国、中国（含台湾地区）的电子产品制造商给索尼公司带来了强大的竞争压力，公司的竞争优势逐渐丧失。2011 年 11 月 1 日，索尼把旗下电视业务分成三个部门，分别负责 LCD 电视、外包和下一代电视机业务。同时，索尼将持有的液晶显示器合资企业 S-LCD 将近 50% 股份出售给合资方三星。但是，这依然没有扭转索尼公司的经营颓势。2011 年，索尼公司预计亏损 29 亿美元。面对严峻的挑战，索尼公司需要制定新的战略实现转型。索尼在公布 2011 年第三季度财务报告公布的当天任命平井一夫为总裁兼首席执行官。

　　2012 年，平井一夫上任伊始便提出了 "ONE SONY" 的概念，对索尼的业务和组织架构进行全面改革，消除保守势力对各个产品线的把控能力，放弃一些巨额亏损业务，同时开启了日本企业历史上少有的大裁员。2013 年，为了应对财政危机，索尼公司卖掉了多处房产，其中包括以 11 亿美元出售位于麦迪逊大道 550 号的美国总部大楼，并在全球裁员 10 000 人。2014 年，索尼公司将 VAIO 电脑业务和品牌出售给 JIP，今后将不再规划、设计、制造PC产品。同时，分拆剥离电视业务，摆脱了电视业务长期不盈利的困境。与此同时，索尼公司一致实施电子产品振兴计划，将数码产品、游戏以及移动设备作为电子产品业务的重点，并在这些领域集中投入大量的资金和技术开发资源。2015 财年，索尼公司实现了自 2008 财年亏损以来的首次盈利，实净利润 13.08 亿美元，并在 2016 年 6 月 29 日的 2016 财年企业战略会议上将索尼公司 2015—2017 财年确定为公司从主要聚焦于业务重组的阶段过渡至 "创造利润并为了增长而投资" 的新阶段。对于未来的发展举措，索尼公司表示，将继续发展电子、娱乐和金融服务三大支柱业务，在寻求这些业务增长的同时拓展新的业务领域。同时，索尼公司还将利用优势推进新业务发展，例如，把视频和音频技术、传感器和机械电子，与人工智能、机器人、通信和其他元素结合起来。未来，索尼公司还将在机器人和人工智能技术领域进行拓展与探索，并关注这些技术在生产流程和物流领域等方面的应用。

　　（资料来源：纽约时报，2005.03.09；中国商报，2012.02.13；日经商务周刊，2012.02.21；http://www.pcpop.com/doc/0/999/999564_2.shtml；http://www.ccidnet.com/2016/0708/10155758.shtml）

　　问题

　　1. 为什么索尼公司在 2008 财年开始亏损？2015 财年为什么会盈利？

　　2. 如果您是索尼公司的 CEO，在公司战略转型过程中，怎样保证总体战略得到有效实施？

2.1　企业环境

　　最先提出组织环境并强调其重要性的是以切斯特·巴纳德（Chester I.Barnard）、卡斯特（Fremontv E.Kast）、罗森茨威格（James E.Rosenzweig）和米勒（J.G.Miller）为代表的系统管理学派。企业和一切社会组织一样，是一个开放系统，总是存在于比它更大的系统即外部环境中，而且同外部环境进行着物质、能量和信息的交换。没有适应外部环境及其变化的交换，企业将无法生存和发展。

　　企业环境（business environment）是相互依存、互相制约、不断变化，对企业活动及其绩效产生影响的各种现实因素的集合，构成一个完整的系统。按照对企业影响的方式可分为宏观环境（又称一般环境）和微观环境（又称特定环境），微观环境直接影响企业并包括企业自身，宏观环境通过作用于微观环境间接影响企业；按照企业边界可以划分为外部环境和内部环境（又称为内部条件或状况）。企业环境构成要素如图 2-1所示。

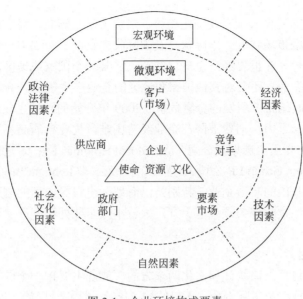

图 2-1　企业环境构成要素

2.1.1　企业外部环境

1. 宏观环境

宏观环境（macro environment）又称一般环境（general environment），是指全球、国家或地区范围内对一切企业的经营管理活动产生影响的因素或力量。它是企业无力控制而只能去适应的，其影响存在两种可能：或者对企业发展提供机会，或者对企业发展产生威胁。企业宏观环境一般包括政治法律、经济、社会文化、技术、自然等主要因素。

1）政治法律因素

不管是实行市场经济体制的国家，还是实行计划经济体制的国家，都会借助政治法律手段对经济实行宏观调控。政治法律因素就是政府通过方针政策、法律法规、规划、计划、决定等手段，从宏观上调控国民经济运行，影响社会发展的行为。其内容主要包括三个方面：一是各个国家、地区及各级政府为规范市场经营主体资格、经营行为和市场经营秩序的法律法规，如公司法、劳动法、劳动合同法、合同法、产品质量法、消费者权益保护法、反不正当竞争法等；二是国家和地区的产业政策，如我国的各主要产业的"十三五"规划；三是政策的稳定程度和变化趋势，如有的发展中国家和欠发达国家政局动荡、战乱频繁，使该地区企业的风险增加。这些因素中有的起着鼓励、支持作用，有的起着约束、限制的作用。例如 2011 年 3 月，中国国家发展和改革委员会根据《促进产业结构调整暂行规定》发布的《产业结构调整指导目录（2011 年本）》中的鼓励类项目，为相应企业提供了发展机会；而其中的限制类和淘汰类项目，对相应企业而言，就构成了威胁。

2）经济因素

经济因素主要包括经济发展水平和国民经济增长速度、社会总需求和总供给水平及构成、居民个人可支配收入水平及变化趋势、消费水平及倾向、财政政策及财政收支状况、金融政策及金融市场状况、国际贸易及国际收支状况、劳动力市场及物价水平、外汇市场及税率水平等。在世界经济全球化的今天，某一个国家或地区的经济因素的变化不仅影响本地区的企业，还会对其他国家和地区的企业产生影响。例如，2008 年由美国次贷危机（subprime crisis）引发的金融危机、2009 年开始的欧洲主权债务危机，使这些国家和地区经济增长乏力，消费下降，企业经营困难，失业率居高不下，北电网络公司（Nortel Networks）、曼氏全球期货公司（MF Global Holdings Ltd.）、通用汽车公司（GM）等申请破产保护，Sem Group LP 公司、雷曼兄弟控股公司（Lehman Brothers Holdings Inc.）等破产。同时，对我国的制造企业，特别是沿海地区出口导向型的制造企业造成了极大的威胁，订单剧减，货款拖欠额急速上升，大量小微企业处于停产、半停产状态，部分企业甚至破产。

3）社会文化因素

社会文化因素包括人口统计和文化两个方面。前者主要指一个国家或地区的人口数量及增长率、平均预期及实际寿命、人口结构（年龄、性别、民族、地域等）、受教育程度等。后者主要指一个国家或地区的宗教信仰、价值观念、风俗习惯、伦理道德、审美观点等。社会文化因素中的人口统计特征会影响企业产出的数量水平，宗教信仰、风俗习惯会禁止或抵制某些活动的进行，价值观念、伦理道德、审美观点会影响企业员工对企业本身、企业目标和活动的认可或否定，形成特定的职业道德水平和职业素养。特别是由不同文化特质的人员构成的企业，还会由于文化差异过大导致冲突产生，这就要求企业正视文化因素的影响，注重跨文化管理。

4）技术因素

任何企业的活动都是在一定的物质条件下进行的，这些物质条件反映了对应的技术水平。技术因素主要包括全球范围内同类产业和企业的技术水平、技术手段、技术装备以及技术获取、储备、运用和持续创新能力等。"科学技术是第一生产力"，技术因素也是构成企业核心竞争力的重要组成部分。企业之间的竞争，很大程度上在于对技术因素的准确把握，及时并持续不断地形成、运用在全球范围内领先的技术。美国英特尔公司（Intel）在半导体领域中凭借其技术优势，称霸电脑处理器市场数十年。2015 年，该公司营业收入 553.55 亿美元，利润高达 114.2 亿美元。20 世纪 80 年代成立的华为技术有限公司（HUAWEI TECHNOLOGIES Co.，LTD.）和中兴通讯股份有限公司（ZTE CORPORATION），近三十年来，密切关注行业技术发展前沿，始终通过技术进步培育企业核心竞争力，推动企业持续、高速发展，成为全球领先的信息与通信解决方案供应商和综合通信解决方案提供商。其中，华为技术有限公司在 2016 年《财富》世界 500 强中排名 129 位。在 2015 年，华为技术有限公司和中兴通讯股份有限公司国际专利申请数分别为 3 898 项和 2 155 宗，在全球企业排名第 1 位和第 3 位。忽视技术环境变化而导致企业失败的事例也比比皆是。2012 年，创立于 1880 年的世界最大的影像产品及相关服务生产和供应商——美国伊士曼柯达公司（Eastman Kodak Company），是胶卷的研发者并生产出第一台为非专业人士使用的相机，在胶卷时代，鼎盛时期的柯达公司占据全球 2/3 的市场份额。1976 年，柯达公司首先开发了数字相机技术，并将数字影像技术用于航天领域。但是，柯达公司由于担心其胶卷销量受到影响，一直没有大力发展数字相机技术和相关业务，曾经的技术创新者和领先者逐渐丧失了数字相机技术优势，自 1997 年起开始亏损，2012 年申请破产保护。

技术因素的研究，除了及时考察和把握与所处领域直接相关的技术水平及其发展变化趋势以外，还应关注国家鼓励科学技术创新的政策及支持重点、竞争对手的技术发展动态、专利及其保护情况等，特别是技术转移及技术成果产业化的状况。

5）自然因素

自然因素是企业宏观环境中最稳定的因素，主要包括企业所在地区和主要目标市场区域的地理位置、地形地貌、气候条件、环境条件、资源禀赋、交通通信及能源供应等基础设施条件。这些因素对企业的运营活动及员工生活都有很大影响，是企业在选址时应认真考虑的因素。同时，国家的污染防治、环境保护及改善政策也是企业面临的自然因素的重要内容。

2. 微观环境

微观环境（micro environment）又称特定环境（specific environment），是指同企业密切联系、直接影响企业经营管理活动的各种因素或力量。企业研究微观环境的目的在于就某具体企业而言，从产业角度看，机会和威胁何在；从竞争态势看，企业的优势和劣势各有哪些，以及企业应采取怎样的应对之策。

1）客户（市场）

客户是购买企业产品或服务的个人或组织，是企业生存和发展的基础。企业只有为客户创造比竞争对手更高的让渡价值，才具有核心竞争力和较强的竞争优势。失去了客户，企业必然要破产。因此，任何企业都应清楚自己的客户何在？其需求特征及变化趋势怎样？市场、产品（服务）、技术怎样有机结合。

2）供应商

供应商是企业运营过程需要各种物质资源（包括机器设备、原材料、能源、工具、仪器仪表等）的提供者。它们供应的物质资源的质量、数量、及时性、稳定性及价格，对企业的运营过程能否顺利进行及其经营绩效有直接影响。现代企业竞争不仅仅是企业个体之间的竞争，更是企业与其供应商所形成的供应链之间的竞争。企业不仅仅是在多个供应商之间进行评价、选择，更要通过多种形式（产权关系、信息共享、技术支持、资金融通等）与供应商建立起战略联盟，共同参与市场竞争，应对市场风险。

3）竞争对手

竞争对手是指现实的或潜在的提供与本企业相同或可相互替代的产品和服务的企业，与本企业争夺资源与客户。美国学者迈克尔·波特（Michael Porter）认为，企业立足于行业的竞争结构及其强度由行业内的现实厂商、潜在竞争者、替代品生产者、供应商、客户五个因素决定，直接影响企业的当期获利水平和远期发展。随着经济全球化时期的到来，企业面对的竞争不仅仅来自国内市场，还包括国际市场，竞争程度愈加激烈。企业只有清楚地知道自己有哪些竞争对手，与竞争对手相比优势、劣势何在，并密切关注其动向，及时采取相应对策，才能获得并长期保持竞争优势。

4）要素市场

要素市场是为企业提供劳动力、资金、土地等生产要素使用权的市场。劳动力市场是企业生产经营活动所需劳动力的来源，该市场供给的劳动力数量、质量和工资水平，直接影响企业的运营过程，影响企业的劳动力成本高低和经营绩效水平。中国劳动力资源丰富，但已处于老龄化阶段，人口红利期逐渐消失，有效劳动力供给减少导致工资水平上升，企业不可能长期依靠低劳动力成本保持竞争优势。同时，劳动力素质普遍不高，供给结构和需求结构错位的状况依然存在，是企业顺利进行生产经营活动必须面对的问题。金融市场是企业生产经营活动所需资金的来源，其规模、融资条件和成本、融资速度直接影响企业运营过程和经营绩效水平。企业应密切关注国际国内金融市场的变化，合理设计筹资方案，降低财务成本和金融风险水平。土地市场的供求状况直接影响企业设立和扩大再生产，同时，企业获得使用权的土地状况还可能对企业经营活动带来长期的影响。

5）政府部门

政府部门是政府为调控宏观经济，规范市场经济秩序，贯彻国家方针政策、法律法规，履行经济管理职能而设立的对企业进行指导、服务、检查监督的机构。在我国，这些机构主要有工商行政管理、质量技术监督、税务、人力资源和社会保障、公安消防、卫生、海关、环保、国土资源等部门。特别是对于通过行政许可或批准而获得经营资格的企业，相关政府部门的规制行为对企业生产经营活动影响更大。企业应对相关政府的行为深入了解，仔细分析研究，按照国家有关规定自觉接受政府相关部门的指导、服务、检查和监督行为。

企业面对的宏观环境（一般环境）基本一致，但是不同企业面对的微观环境（特定环境）却不尽相同。例如手机制造企业和汽车制造企业、服装生产企业和互联网运营商面对的客户、供应商、竞争对手、要素市场和政府部门不完全一样。所以，企业微观环境比宏观环境更加具体，更具有针对性。

企业在进行外部环境研究时，最大的困扰就是外部环境具有不确定性（uncertainty），它是影响企业决策的驱动力量。汤普森（James D.Thompson）认为外部环境的不确定性程度应当从两个维度进行衡量：环境的变化程度和环境的同质性程度。环境的变化程度指的是环境因素的相对稳定性或相对动态性及可预测性。如相对稳定，易于预测，就称为稳定环境（stable environment）；反之，如动态性较强，难以预测，则称为不稳定环境（unstable environment）。环境的同质性程度指的是环境构成要素的多少以及相似程度。如环境因素较少，比较相似，就称为同质环境（homogeneous environment）；如环境因素较多，差异较大，则称为异质环境（heterogeneous environment）。由环境不同的变化程度和同质性水平所决定的不确定性层次如图 2-2 所示。

2.1.2　企业内部环境

企业内部环境存在于企业内部，对其生产经营、管理活动及绩效具有直接的影响。与企业外部环境相比较，企业内部环境具有可控性。企业内部环境包括哪些因素？迄今尚无统一看法。目前，能为多数人接受的看法是企业内部环境一般包括使命、资源和文

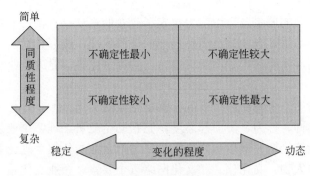

图 2-2　环境动态性、复杂性和不确定性

资料来源：J D Thompson. Organizations in action[M]. The McGraw-Hill Companies，Inc.，1967.

化三个基本因素。

1. 使命

使命（mission）指企业在社会经济发展中所应扮演的角色和承担的责任、任务及自愿为社会做出的贡献，表明企业存在的价值和理由。企业使命指导和规范企业全部活动，为企业战略制定与目标确立提供依据。企业目标衍生于企业使命，是其使命的具体体现。不同的企业对自身使命的界定各不相同：全球电子商务的领导者——阿里巴巴集团的使命是"让天下没有难做的生意，促进'开放、透明、分享、责任'的新商业文明"，英特尔（中国）有限公司的使命是"责任，以技术创新推动社会创新"，松下电器公司的使命是"鼓励进步，增进社会福利，并致力于世界文化的进一步发展"，通用电气公司的使命是"以科技及创新改善生活品质"，索尼公司的使命是"体验发展技术造福大众的快乐"，联想集团的使命则是"为客户利益而努力创新"。企业具有清晰的、符合社会发展趋势的使命，并落实贯彻于企业的战略、目标、计划以及具体活动中，企业就会持续稳定发展。如果使命模糊，不能准确界定企业对于社会的价值，必然导致企业员工缺失方向，无法形成实现企业目标的一致性行为，从而导致企业发展受挫。

2. 资源

企业要进行生产经营活动，实现其使命和目标，必须拥有并合理配置、充分使用各种资源。传统意义上企业资源包括人力资源、物力资源和财力资源三项。人力资源是企业生产经营活动中使用的劳动力的数量、质量、结构；物力资源包括各类劳动手段（机器设备、工具、仪器仪表等）、劳动对象（原材料等）和劳动条件（土地、厂房等）；财力资源是企业生产经营活动所需的资金，表现为货币资金、生产资金和商品资金形态，并处于不断的循环过程中。

随着科学技术的发展，人们认识自然、改造自然的手段不断丰富，对客观对象的价值认识不断深入和全面，企业资源的范畴也越来越广泛。除传统意义上的人、物、财资源外，信息、知识（含技术）、时间、无形资源（工业产权、品牌、关系等）也被认为是企业生产经营活动中必不可少的资源，其重要性越来越明显。甚至有学者认为资源的识别、获取、配置运用能力本身就是企业资源的重要组成部分。

资源对企业的生产经营活动具有决定性的影响。资源数量决定了不同的企业规模，使企业的竞争战略和策略可能不尽相同，运营、管理活动也可能存在较大差别；企业资源，特别是人力资源的质量及运用能力决定了企业的素质，直接影响企业运营、管理活动选择和经营绩效水平。企业只有清楚自己的资源状况，选择合适的发展战略，充分发挥各类资源的作用，才能获得并不断巩固自己的竞争优势，促进企业发展。

3. 文化

企业内部环境中一个重要的组成部分就是企业的文化。企业文化（Corporate culture）是一组价值观、信仰、行为、习惯和态度，它帮助企业员工理解企业的立场、行为方式和所关心的问题。特伦斯·迪尔和阿伦·肯尼迪把企业文化整个理论系统概述为企业环境、价值观、英雄人物、文化仪式和文化网络五个要素。企业文化是一种无形的概念，无法进行测量或观察。然而，企业文化是企业内部环境的基础，在塑造企业行为方面扮演着重要角色。

文化决定着企业的"感觉"。美洲银行的形象是正规的、工作纪律严格并且着装保守的公司，微软公司的形象是人们穿着随便但工作时间很长，西南航空公司则是追求快乐和兴奋，而得州仪器公司喜欢谈论它的"只穿衬衣"，经理们大多不穿外套，不系领带。当然，企业内部的不同部门的文化可能不尽相同。例如，在同一企业的营销部门、制造部门和技术部门能够感知到不同的文化氛围。不管怎样，文化是企业中一种强大的力量，决定着企业的整体效率和长期的成功。能够发展和保持强大文化的企业，像惠普公司和宝洁公司，往往比那些无法发展和保持文化的企业更有效能，如凯马特。

企业环境分析方法有很多，最常用的是由麦肯锡咨询公司提出的 SWOT 分析法。通过对企业的优势（Strengths）、劣势（Weaknesses）、机会（Opportunities）和威胁（Threats）进行分析，将对企业内外部条件各方面内容进行综合和概括，帮助企业清晰识别优劣势、面临的机会和威胁，促使企业把资源和行动聚集在自己的强项和有最多机会的地方。

中国制造业的寒冬

2012 年之于中国的制造业来说，可能将是一个比 2008 年还要残酷的冬天。从外部环境来看，世界经济形势不确定因素增多：欧洲已经比较深地陷入危机当中，难寻解决方案，美国经济效率很高，自我修复能力很强，而负债率太高，政府所能采取的措施有限，以往依靠欧洲和美国拉动的企业，在今年会遇到问题；在国内市场，制造业面临的市场增速放缓、增长停滞、产能过剩、劳动力成本上升、产业需要升级、家电下乡、以旧换新、节能惠民政策的逐步退出等不确定因素增加。当这些问题一起摆在企业面前时，企业家如何抉择？

2011 年年底，家电巨头美的集团进行了裁员行动。"在年底进行裁员，主要是我们预计 2012 年，整个家电行业将会出现销售非常低迷的情况。我们只是提早进行裁员的动作。"美的制冷集团内部某高层管理人员向本报表示，"预计 2012 年家电行业在国内、国际市场都将面临一定幅度的下降，要想在未来继续取得稳健快速成长，中国企业必须顺应时势，在商业模式和战略转型等方面有所变化。"

　　裁员仅仅是制造业企业面对不确定未来的一种艰难抉择，但并不是唯一。接受本报记者调查的制造企业几乎发出同样的判断："2012 年，制造业的日子比 2011 年还要难过！"而应对的方式，企业的选择各不相同，有的企业推迟了生产线的开工时间、有的将生产线从沿海地区转到成本更低的内陆、有的直接从传统制造业领域退出并转型、有的根据判断剥离了国外市场，转作内销……

　　据《德勤中国竞争力调查报告 2011》数据显示，目前大部分东南亚国家的人力成本约为中国的 50%。而且，中国工人的平均工资还处于上升通道之中，更加使得中国在劳动密集型的产业领域竞争优势下降。另一个数据是，2003 年中国制造业产品的成本平均比美国要低 22%，但到 2008 年年底已收窄至只剩下 5.5%，2008 年之后更逐渐下降。其主要原因就是人民币大幅升值超过三成，以及工资和房价上涨导致成本持续上升。

　　目前欧洲、日本在中国投资的企业，都有将制造业订单转移到东南亚等地的趋势。长期以来，中国制造业是依靠廉价的劳动力成本，占领的仅是中低端市场，而高端市场仍是被美国、欧洲的制造业占领。商务部研究员梅新育称，在高端领域，中国将受到欧美阻击，在低端领域，越南和印度虎视眈眈，中国制造业面临被前后夹击的巨大隐忧。

　　除了劳动力成本上涨，原材料价格的飙升也是"中国制造"风光不再的一大主因。纵观 2011 年以来主要的原材料价格上涨幅度，煤炭涨幅为 40%、棉纱涨幅为 40%、木材涨幅为 15%、纸浆涨幅为 50%、有色金属涨幅为 30%、原油涨幅为 32%、铁矿石涨幅为 90%、农产品的价格涨幅亦达到 26%。原材料价格的上涨，亦正在蚕食制造业的微薄利润。首钢总公司董事长朱继民日前表示，大中型钢铁企业的销售收入利润率已经从 2007 年的 7.26% 下滑到 2010 年的 2.91%。中国制造业受原材料价格上涨、环境压力加大、劳动力成本上升和人民币升值的影响，利润不断下滑。

　　而金融市场上，对人民币 2012 年升值预期也在加大。荷兰国际集团经济学家 Tim Condon 预计 2012 年人民币将升值 3%，他预计因欧洲对中国出口品的需求下降，将加剧中国政府收紧财政政策所引发的消费支出下滑趋势。而对于人民币升值的预期，市场普遍给出的区间是 3% 到 4%。人民币升值的压力加大，也将对 2012 年的制造业形成巨大压力。

　　产品和服务的创新能力，是维持制造业竞争力的最大挑战。为此政府提出了一系列的产业发展目标，并要求大型企业每年至少将营业收入的 3% 投入到研发中。在制造业转型的关键时刻，美的集团亦在 2011 年提出将加大研发投入，开始"从重视规模到重视利润的转型"。一直以创新为荣的格力集团总裁董明珠，也一直声称对研发的投入不设上限，并将每年营收的 10% 以上投入到研发体系。华为、中兴亦是中国技术创新的典范。不过，据《德勤中国竞争力调查报告 2011》反映在执行层面，大型制造业研发投入的有效性缺乏具体的考核目标，在其调查团队与企业高管访谈的过程中了解到，部分企业只把研发基金用来买样机，做外围测试，而对真正的核心技术体系则涉及甚少，因此，部分企业的研发有效性和技术转化率十分低下。与中国部分企业对研发的相对漠视相比，在全球范围来看，全球大公司研发的投入在 2011 年增长了 4%。

　　产业转移也将是在 2012 年挽救制造业的一个法宝。在德勤近期访问的 150 家中国制造业企业中，有 12% 的企业家表示了到海外投资建厂的意愿，并且投资地区主要集中在人力成本更加便宜的越南、印度、柬埔寨、印度尼西亚等国家。其中，消费制品的海外投资意愿相对比较强烈，有 20% 接受调查的消费制品企业计划到海外投资建厂。同时，中国的制造业企业，也正在积极地向产业链的上游发展，越来越多的中国公司通过海外并购，获得先进的技术和品牌。

根据 ChinaVenture 投中集团的数据显示，2011 年，中国企业出境并购完成规模 306 亿美元。其中，6 月联想集团斥资 2.31 亿欧元，收购德国电子厂商 Medion AG 36.66% 的股份，弥补了其在西欧消费业务领域的空白。11 月 15 日，华为宣布与赛门铁克达成协议，以 5.3 亿美元收购赛门铁克，成立合资公司华为赛门铁克，将其创新安全和存储技术与华为的企业产品整合在一起，将加强华为在云计算上的领先地位。而据统计，2011 年上半年中国制造业海外并购数量 32 桩，与 2008 年相比，增长了近 1 倍。把国内劳动力密集型、低附加值产业转移到低成本国家，从发达国家引入资本、技术双密集型的产业，高技术含量和高附加值的产业，正是目前这些转型中的制造业企业正在进行的动作。长江证券分析师魏国表示，今后国家和全球都会回归制造业，制造业才是创造财富、解决就业、科技创新的根本。

进入 2012 年政府的一个举措对制造业来说或许是个好消息：在 1 月 6 日举行的全国金融工作会议上，温家宝总理强调要坚持金融服务于实体经济。业内专家认为，今年中国制造业融资困局将可能打破，融资环境、发展环境将得到改善。

（资料来源：石俊. 2012 年中国制造业面临寒冬[N]. 经济观察报，2012-01-30）

讨论题：

1. 中国制造企业的环境在 2012 年可能发生的变化中哪些是机会？哪些是威胁？
2. 如果您是某制造企业的 CEO，您的企业应怎样应对这种变化？

2.2　运营战略概述

现代企业所处的环境由于科学技术突飞猛进地发展、经济全球化进程的加快以及顾客需求多样化且变化迅速，其同质化程度不断下降，而变化程度不断上升导致环境更加开放和动荡，不确定性增加，企业之间竞争变得空前激烈，经营风险增大。企业竞争力被竞争对手超越、竞争优势丧失的可能性呈上升趋势，长期稳定持续发展变得十分困难。每年不仅有大量的中、小、微企业倒闭，一些历史悠久的著名大公司也破产，就像曾经的《财富》世界 500 强企业世界通讯、环球电讯、安然、宝丽来、安达信、凯马特、伊士曼柯达等。缺乏企业战略、不重视战略管理或错误的战略选择是其主要原因之一。未来学家托夫勒指出："对没有战略的企业来说，就像是在险恶气候中飞行的飞机，始终在气流中颠簸，在暴风雨中沉浮，最后很可能迷失方向，即使飞机不坠毁，也不无耗尽燃料之虞。"20 世纪 60 年代开始，战略思想广泛应用于商业领域，战略管理理论不断发展、丰富，日趋完善，代表人物有伊戈尔·安索夫（Higor Ansoff）、亨利·明茨伯格（Henry Mintzberg）、迈克尔·波特（Michael Porter）、艾尔弗雷德·钱德勒（Alfred.D.Chandler）、安德鲁斯（K.Andrews）、魁因（J.B.Quinn）、J. 霍普兰德（J.Hopland）和罗杰·奈杰尔（R.Nigel）等。

2.2.1　运营战略的含义

"战略"一词源于希腊语"Strategos",后演变为英语"Strategy",在我国古代的《左传》和《史记》中已有对"战略"一词的描述。战略原是军事术语,其含义是"'将军'指挥军队的艺术和科学"。美国经济学家切斯特·巴纳德(Chester.I.Barnard)于 1938 年在《经理的职能》一书中首次从管理角度提出战略概念,并把战略观念引入企业管理中。1965 年,美国著名的战略学家安索夫在其著作《企业战略》一书中开始使用战略管理一词,将战略从军事领域拓展至经济管理活动。

关于"战略"的定义,可谓仁者见仁,智者见智。《中国大百科全书》中的定义是:"战略是指导战争全局的方略。"《简明不列颠百科全书》中的解释是:"在战争中利用军事手段达到战争目的的科学和艺术。"《辞海》对战略的定义为"军事名词。对战争全局的筹划和指挥。它依据敌对双方的军事、政治、经济、地理等因素,照顾战争全局的各方面,规定军事力量的准备和运用。"　艾尔弗雷德·钱德勒(Alfred.D.Chandler)认为战略是决定企业基本目标与目的,选择企业达到这些目标所遵循的途径,并为实现目标与途径而对企业重要资源进行分配。日本学者伊丹敬之则将战略定义为:决定公司活动的框架,并对协调活动提供指导,以使公司能应付并影响不断变化的环境。魁因(J.B.Quinn)认为战略是一种模式或计划,它是将一个组织的主要目的、政策与活动,按照一定顺序结合成的一个紧密整体。综上所述,企业战略是面向未来、长期的、全局性的,涉及企业资源获得和有效营运,建立并持续保持竞争优势的谋划和韬略。它应该充分反映企业使命,通过在目标、资源和环境三者之间建立动态平衡,描述企业想要怎样为它的股东和顾客创造并且保持价值。企业战略具有全局性、长期性、系统性、风险性、灵活性、资源性和竞争性的特点。企业战略和运营活动密不可分。迈克尔·波特(Michael Porter)认为"运营效益并不是战略,但是运营效益是必要的,而且战略是建立在独特的运营活动之上的。战略的实质存在于运营活动中选择不同于竞争对手的运营活动,或不同于竞争对手的活动实施方式。战略就是创造一种独特的、有利的定位,涉及不同的运营活动。"在未来要想使你的组织获得竞争优势,不仅要有很独特的战略定位以满足特定消费群体的需要,而且更需要在运营的有效性和利润率上胜过竞争对手。

运营战略是运营管理中最重要的一部分,传统企业的运营管理并未从战略的高度考虑运营管理问题,但是在今天,企业的运营战略具有越来越重要的作用和意义,关于运营战略的研究相当丰富。

施罗德(Schroeder)、安德森(Anderson)和克莱沃兰德(Cleverland)将运营战略定义为四个部分:宗旨、特有能力、目标和策略,并认为这四部分有助于确定运营应该完成哪些目标和如何达到这些目标,帮助指导运营各部分的决策。

海斯(Hayes)和威尔瑞特(Wheelwright)认为运营战略是在运营决策中应一致遵从的模式,强调运营战略的结果——决策模式的一致性,认为这些决策的一致性越好,对企业战略的支持程度就越高。

斯金纳(Skinner)从运营决策和企业战略关联关系的角度指出:当运营和企业战略步调不一致时,运营决策实际上常常是不一致和短期的,导致运营与企业经营相分离,与企业战略的联系相割裂。他认为改进这种状况的办法是从公司战略中发展运营战略，因为公司战略定义了运营的目标和主要任务，以及指导决策的运营政策。

黑尔（Hill）从方法的角度指出了应怎样连接运营决策和市场战略。这是一种客户导向的方法，强调运营要满足客户要求，要根据客户的需求来进行质量、工艺过程、能力、存货以及劳动力的决策。

奈杰尔·斯莱克（Nigel Slack）和迈克尔·刘易斯（Michael Lewis）把运营战略分解为内容和过程来进行研究。运营战略内容是指那些用来界定公司作用、目标和活动的特定决策和行为，运营战略的过程是指用来制定这些特定"内容"的决策方式。运营战略内容包括四个观点：①运营战略是对企业未来目标的一种自上而下的反映：公司要求运营系统做什么？②运营战略是因运营改善的累积而自下而上发生的一个活动：日常经验建议运营系统做什么？③运营战略是将市场需求转化为运营决策的一个过程：运营目标与市场需求要素怎样匹配？④运营战略是关于企业如何在选定的市场中充分发挥运营资源能力的决策：运营系统的资源能做什么？

综合这些关键性的研究，运营战略的概念可表述为：在总体战略的统领下，对包括销售、研发、设计、加工、交货、物流等环节在内的运营全过程中各种资源获取、运用和配置，以实现竞争战略的政策和计划。它是企业为支持竞争战略而在运营领域长期的、整体的，关于运营目标、产出结果、能力、实现方式、资源获得和投入使用等方面的筹划，通过在一般运营竞争维度框架中确定企业的竞争重点，培育核心能力，保持竞争优势。运营战略在企业经营活动中具有承上启下的地位，将企业战略和具体的运营活动有机联系起来，将经营战略细化、具体化，使整个运营系统和运营活动与企业的总体战略之间协调、平衡，有效支持经营战略目标的实现。运营战略具有从属性（从属于企业总体战略）、相关性（和企业的营销战略、财务战略密切相关，相辅相成）和长期性（时间跨度较长）特点。

运营战略可以被视为协调运营目标和企业经营目标的计划过程的决策指导，作为固定条件或限制条件影响企业运营的长期有效性，但并不是说就会一成不变。随着企业环境的变化，企业战略及经营目标也会发生变化，运营战略的改变也成为必然。第二次世界大战后，美国企业面对市场爆发的极大消费需求强调生产大量产品满足需求，对产量的追求成为运营战略的重点。20 世纪 70 年代开始，面对日本企业咄咄逼人的竞争态势，运营战略的重点又转向为对产品质量的高度关注上。21 世纪以来，由于顾客对产品及服务响应速度的要求越来越高，基于时间的竞争又成了企业运营战略的重点。因此，不同的企业，或同一企业在不同时期，为保持竞争力的竞争重点不尽相同。运营战略成功的关键在于明确竞争重点是什么，并适时进行调整。

2.2.2　运营竞争维度

运营战略必须始于顾客和竞争者，与企业的营销活动密不可分。牛津大学的德瑞·黑尔（Terry Hill）教授提出了订单赢得要素（order winner）和订单资格要素（order qualifier）来描述对于竞争具有重要意义的市场取向维度。订单赢得要素指企业的产品/服务区别于其他企业的评价标准。根据不同情况，这些要素可以是产品的成本（价格）、产品质量及可靠性或其他特点。订单资格要素是指允许一家企业的产品/服务参与竞争的资格筛选标准，即企业可以获得订单必须具备的最基本的各项资格。黑尔教授认为企业应该在经营过程中不断评估由于市场因素和竞争态势改变所引起的订单赢得要素向订单资格要素的变化，并重新制定运营战略以获得竞争优势。企业运营状态一般可以用运营效率进行衡量，运营管理任务之一就是确保运营效率持续提高。运营效率直接与企业的订单赢得要素相关，以此形成了企业运营竞争维度。

1. 成本（Cost）

成本是企业经营过程中发生的各种耗费，运营成本一般包括原材料成本、劳动力成本和管理费用，它与企业的盈利水平密切相关。尤其重要的是单位成本水平是企业产品或服务价格的基础，是价格的起点。价格低廉的产品（服务）总是有竞争优势的，但是，没有哪一个企业能够以低于成本的价格水平长期参与市场竞争。企业面对的最大困难是在一个产品或服务差异化程度极低的竞争激烈的市场上，只能有一个企业以最低价格生产产品或提供服务，而且通常是由它来决定该市场上该种产品和服务的交易价格，顾客难以接受高于此水平的价格。企业要维持价格竞争优势，必须以高效率的运营过程降低产品或服务的成本水平。沃尔玛（Wal-Mart）在与凯马特（Kmart）的长期竞争中，高效的运营系统使其运营成本始终比凯马特低 2～2.5 个百分点，构成了保证和维持其低成本以作为核心竞争力所带来竞争优势的基础，真正实现了成本领先的经营战略。在凯马特破产的同时，沃尔玛发展为全球零售业的超级巨人，后来多次排名《财富》世界 500 强榜首。企业降低成本的方法和途径很多。近年来，在工作研究、库存控制、线性规划、技术进步、流水线生产等传统方法的基础上，供应链管理、流程重组、战略联盟、精益生产、敏捷制造、大规模定制、企业资源计划（ERP）等领域的研究成果和实践应用，为企业有效降低运营成本提供了全新视角和途径。

2. 质量（Quality）

提高生产效率是社会生产的永恒主题。而只有产出符合质量要求，才能有真正意义上的高效率。企业的产品和服务的质量不能满足顾客的要求，就不能在市场上实现其价值，其运营过程就是低效率或无效的。要正确、全面理解质量的概念，必须立足于用户的观点界定质量。美国著名质量管理权威朱兰（J.M.Juran）认为"质量就是适用性"，ISO 9000 系列质量管理标准中，对于质量的定义是"一组固有特性满足要求的程度。"特性是指"可区分的特征"，一般以质量指标来表示。要求是指"明示的、通常隐含的或必须履行的需求或期望"。质量在不同的运营系统有不同的度量标准和表现形式。对于有形产品，通常以性能、可靠性、维修性、安全性、适应性和经济性等作为衡量质量的指标。如在轿车的制造过程中，具体表现为按照有关技术标准研发设计、按设计工艺规范制造和装配、性能可靠、易于维修、安全性高，能达到多种行驶环境要求，从完整寿命周期角度的使用和报废处置成本低；对无形产品，即服务而言，通常用功能性、经济性、安全性、时间性、舒适性和文明性等作为衡量质量的指标。例如在超级市场中，服务质量具体体现为提供的商品符合相关技术标准要求、能满足顾客需要，陈列摆放科学、易于顾客选购，购物环境布局合理、整洁卫生、装饰得体、照明通风良好、消防安全设施齐备、温度适宜，服务人员热情大方、用语文明、业务熟练，顾客挑选和排队结算交款等待时间短。随着社会对环境问题越来越关注，环保性也逐渐成为衡量产品和服务质量的重要指标。企业的运营过程就是产品质量的形成过程，覆盖产品从设计研发到报废处理的完整寿命周期。人们逐渐以建立稳定的质量保证体系替代通过事后检验的方式来保证产品的质量，这也是 ISO 9000 系列标准认证被越来越多的企业或其他组织重视的重要原因之一。

3. 时间（Time）

对时间的重视古已有之，特别是在军事领域尤甚，故有"军情十万火急"的说法。运营竞争维度中的"时间"一般以产品或劳务的交付速度及其可靠性进行度量。20 世纪 70 年代以来，时间在运营竞争维度中的重要性日益增强，很多企业开始在时间维度上打造企业的竞争优势。海尔集团董事局主席及首席执行官张瑞敏说："我们与跨国公司比，论技术不如人家，论资金不如人家，我们唯一能比的就是速度。"在发展过程中，海尔集团先后形成"迅速反应，马上行动""人单合一，速决速胜"的作风，强调工作行动"要以秒为计算单位"。基于时间的竞争价值取向，比竞争对手更快的交付速度成为海尔创造比较优势、赢得市场的重要原因。

对于某些企业的运营过程而言，时间上的竞争体现为快速交付，即收到订单到交付的时间越短越好，比如医院的急救服务、救生员的野外搜救以及消防部门的救灾行为。而有些体现为准时交付，即只在顾客需要的时间交付，既不能晚，也不能早，这也称为交付可靠性。对某些市场而言，交付可靠性是企业竞争战略的基石，如快餐业中的送餐服务。实际上有些制造企业对交付的可靠性也有很高的要求，如丰田汽车公司（Toyota Motor Corporation）要求其配件供应商不能延后交货，而提前交货的也不提供卸车服务，只能在厂区外等待。20 世纪 80 年代以来，企业通过减少库存来降低成本的做法，使企业越来越重视交付可靠性，并以此作为选择和评价供应商的重要标准之一。先进的时间管理方法成为企业强大竞争优势的来源，不仅使公司降低了成本，还使它们具备了提供众多产品种类、覆盖更多细分市场、提升产品技术质量的能力，如日本的丰田汽车公司。

基于时间的竞争还反映在进入市场的时间和速度上。当今，科学技术发展日新月异，产品寿命周期越来越短，更新换代速度不断加快，新产品开发及进入市场的速度变得至关重要。早进入、速度快的企业具有先占优势，使后进入者（跟随者）面临技术标准或规范、经济规模、市场影响力等进入壁垒（entry barrier）而加大经营难度。这种状况在迅猛发展的高新技术产业领域尤其突出。

4. 柔性（Flexible）

柔性是指改变的能力，这种改变包括产品/服务的种类、产出数量以及交付时间的调整和变化，表现为企业为适应环境变化对运营系统的结构、活动内容（包括品种、方式和时间）或运营机制进行的相应改变或调整。高柔性企业的这种变化能力能更好地适应顾客的个性化需求以及需求量的波动，从而使企业获得竞争优势。常见的柔性有：①品种柔性，产出不同产品/服务或调整产品/服务系列组合的能力；②数量柔性，调整输出水平，生产不同数量的产品/服务的能力；③时间柔性，改变运营周期，提供产品/服务可变交付时间的能力。

虽然各类企业都将柔性作为运营竞争维度，但比较而言，采取单件小批生产方式的企业比采用大批量生产方式的企业柔性更大，订货型生产的企业比备货型生产的企业更加强调柔性。这也给大批量生产的企业提供了获得竞争优势的新视角，即将高效率、低成本的大批量生产和满足顾客个性化需求的高柔性生产有机整合，如戴尔公司（Dell Inc.）以类似于标准化和大规模生产的成本和时间，提供满足客户个性化特定需求的产品和服务的大规模定制（Mass Customization，MC）。1994 年，美国在《21 世纪制造企业战略》中提出的"敏捷制造"（Agile manufacturing），就是通过对迅速改变的市场需求和市场进度做出快速响应来提高美国制造企业的竞争能力，而由日本丰田公司首创的精益生产（Lean production），又称 JIT（Just In Time）也将柔性制造作为核心内容。柔性需要设备、人员和运营组织及管理模式来提供保证，多数情况下还与供应商的合作密不可分。戴维•阿普顿（David Upton）的研究表明：柔性更多地依赖人而不是依赖任何技术因素，虽然综合的计算机水平可以在质量、成本的竞争中提供突出的优势，但决定柔性的基本因素是工厂的操作人员以及管理者给他们的培养、交流程度。

在不同的企业，柔性的具体表现和衡量维度不同。在计算机制造厂，品种柔性是指不断地推出新机型，可以提供不同种类、规格、型号的计算机，数量柔性是指能够根据需求量的变化调整各种计算机的生产能力，交付柔性是指按照顾客要求改变生产顺序；对于医院而言，品种柔性意味着诊断和治疗手段及方法的持续创新，能提供多种不同的诊治方案，数量柔性意味着调整各类患者的诊治能力，交付柔性意味着可以改变诊治时间。

5. 服务（Service）

服务是指增加或保持产品价值有关的各种活动。在 ISO 9000 系列标准中表述为"为满足顾客的需要，在同顾客的接触中，供方的活动和供方活动的结果。"企业通过对产品和服务的整合，可以更好、更全面地满足客户需求而获得竞争优势。美国哈佛商学院著名战略学家迈克尔•波特（Michael Porter）提出的"价值链分析模型"（Value chain model）中将服务作为企业价值活动中的基本活动之一，服务对于企业获得竞争优势的重要性被越来越多的不论是提供产品还是服务的企业所认同。正如范德•墨菲（Vander Murphy）所言，"市场力来源于服务，因为服务可以增加客户的价值。"如美国 CTI 低温技术公司是真空泵制造业的领导者，其产品用于计算机芯片制造。客户在芯片生产过程中，如果真空泵出现故障或损坏，就会影响计算机芯片生产设备的正常工作，会给客户的生产带来巨大损失。因此，公司不仅向客户提供优质的真空泵，而且还建立了及时保障服务程序，客户可以随时通过公司准备的 800 免费服务电话与技术人员联系，及时诊断故障，24 小时内发出所需的维修件，使计算机芯片生产尽快恢复，将客户的停工时间减少到最短。通常提供特别服务的目的就是增加产品的销量。这些服务包括：①技术联系和支持：顾客往往希望供应商为产品研发提供技术支持，特别是在设计和制造的前期阶段，这在提供顾客化（customization）产品/服务的订货型企业十分普遍。②售后服务：企业售后服务能力也是一个重要方面，它包括零部件的供应、安装及调试、维修及故障排除、顾客培训、产品改进及性能拓展、报废处置等。丽兹•卡尔顿（Ritz Carlton）连锁酒店通过有效地利用信息技术，为顾客提供高品质的个性化服务而发展为世界上最成功的豪华连锁酒店之一。万科企业股份有限公司（Vanke Co.，Ltd.）在房屋销售以后为顾客提供高品质的物业服务，是其竞争力的重要组成部分。瑞典 SKF 公司是世界上最大的滚动轴承制造商之一，在向客户提供优质球形轴承的同时，还提供各种售后服务，如备件管理、培训、安装及采用更好的预防性维护方法以延长轴承的使用寿命。

6. 环保（Environment）

近年来，随着资源和环境状况的加速恶化，人类社会对环境的关注程度越来越高，环保有成为竞争维度的明显趋势。消费者对环境敏感性的提高促使他们更倾向于购买环境友好型的产品和服务，社会公众不仅关注企业在成本、质量、时间、响应速度和服务方面的状况，还关注企业运营过程及产品和服务的使用过程对环境的影响程度，并将其作为企业肩负的社会责任的重要内容。环保产品的广泛应用可能给一些企业提供良好的发展机会，也可能成为另一些企业的竞争优势所在。越来越多的企业意识到绿色制造、清洁生产、低碳发展对提高自身利益的竞争机制的深远意义。成立于 2008 年的贝立德能源科技有限公司（BLD Solar）通过生产绿色、环保的清洁能源——太阳能发电设备组件，而成为一家高成长性的公司。麦当劳（McDonald's Corporation）早在 20 世纪 90 年代通过与环境防卫基金会（environmental defense fund，EDF）合作，主动放弃长期使用的对环境影响较大的"保丽龙"贝壳式包装，代之以更加环保的夹层纸包装。2009 年德国和奥地利的麦当劳公司正式使用绿底色的标志，启动绿色革命，宣示麦当劳对环境价值的尊重。

2.2.3　变化和权衡

基于运营竞争维度而言，运营战略的本质就是从战略角度分析企业与竞争对手之间的差异，将运营资源聚集于可能形成竞争优势的运营竞争维度上。这可能是企业固有的优势，也可能是企业比竞争对手先认识到的领域。在企业竞争发展历史中，企业的运营竞争维度也在发生变化，原来的订单赢得要素逐渐演变为订单资格要素。例如，在我国企业取得 ISO 9000 质量体系认证就曾作为订单赢得要素而使企业获得竞争优势，随着行业内取得认证的企业数量增多，取得 ISO 9000 质量体系认证就逐渐变成企业参与某一市场竞争的资格筛选标准而成为订单资格要素。在不同的市场区域这种情况也存在，如在欧盟市场销售的家电产品的电磁干扰（electro magnetic interference，EMI）应达到欧洲 CE（EN55022）标准要求，在欧洲家电市场，达到 CE 标准要求就是订单资格要素，而在其他新兴经济体家电市场可能就是订单赢得要素。从时间维度进行考察，也能发现使企业获得竞争优势的运营竞争维度变化的清晰轨迹。20 世纪六七十年代以前，成本是首要的运营竞争维度。但是当越来越多的企业具备提供低成本产品/服务的能力时，企业开始寻求能使其产品具有差异化的方法，运营竞争维度增加了质量，20 世纪七八十年代，企业通过提升产品/服务的质量来赢得竞争优势。当企业普遍能向客户提供在预期可接受价格范围内的高质量产品/服务时，这种竞争优势被弱化，于是企业开始通过快速交货、及时响应客户需求以及交付的可靠性来与对手竞争并获得明显的竞争优势。20 世纪八九十年代，企业纷纷将运营资源用于缩短获得订单到交付的周期，基于时间的竞争明晰化，交付速度成为企业竞争的关键运营竞争维度。这时运营竞争维度的演进、变化依然没有停止，当大多数企业的交付时间有效缩短以后，企业又开始通过新的途径获得竞争优势，代表企业满足个性化需求能力的柔性又成为运营竞争维度之一。进入 21 世纪以后，顾客对服务的期望不断提高，社会对环境保护的关注程度越来越高，导致企业将关注的目光转向服务和环保，市场可能需要集低成本、高质量、快速交货、客户定制化、高水平服务以及环保的产品/服务于一体，运营竞争维度存在进一步扩大的可能性。

运营竞争维度的变化使企业不可避免地会面临权衡的问题。从理论上讲，在所有运营竞争维度上做到最优的企业无可争议地具有绝对的竞争优势。但实际上，这几乎是不可能的，例如，一个关注交货速度的企业就不太可能提供多种产品/服务，其品种柔性可能不会很高；同样，追求低成本的企业可能难以做到高度柔性和灵活性，以及快速交付和高质量，其服务水平也可能不会太高。这时，管理者必须要权衡以确定企业成功的关键运营竞争维度是哪些？怎样集中资源去实现它们？对于那些已有大型制造设备的企业，威克汉姆·斯金纳（Wickham Skinner）于 1974 年提出了通过厂中厂（plant within aplant，PWP）的聚焦方式进行权衡的观点，其含义是在工厂内不同地方设置不同的生产线，将设备、工序、人员单独配置和管理，每条生产线拥有不同的运营战略，各自生产针对明确的、特殊的细分市场和相对窄的产品组合，根据顾客的不同需求侧重于不同的运营竞争维度，有的生产线注重交付速度，有的强调低成本，而其他的生产线可能是柔性和灵活性超过竞争对手。在 PWP 概念下，有效避免了多运营战略导致的混淆。目前，企业关于运营战略的权衡还延伸到更加宽泛的范畴，如自制与外包、成本和批量、质量和成本、技术进步和现有运营系统、品种和柔性之间的权衡等。在运营竞争维度进一步增加的趋势下，这样的权衡依然存在。正如斯金纳 1995 年在美国生产与库存管理学会（APICS，2004 年改名为美国运营管理协会）早餐会上所言："权衡永远存在"。

2.2.4　运营战略体系

1. 企业战略体系

企业战略体系由不同层次、不同方面的战略构成，对运营战略的地位及其作用的思考应在公司整体战略框架下进行。一般而言，企业的战略体系分为总体战略和职能战略两个部分。总体战略是企业使命的体现，揭示企业如何为顾客创造价值。它是关系企业整体、长期的战略行为，起统率全局的作用，从根本上影响企业生存和未来的发展道路。大型企业集团总体战略层次一般包括公司战略（Corporate strategy）、子/分公司战略（Subsidiary/Branch strategy）以及事业部战略（SBU Strategy），中小型企业可能仅存在其中的一两个层次。企业总体战略的实现需要在运营、财务、营销等职能领域内获得竞争优势，由此在这些职能领域内为支持和配合总体战略而建立并实施的活动和决策的规则、政策及模式就是职能战略（Functional strategy）。运营战略属于企业职能战略的范畴，是职能战略的重要组成部分，是总体战略在运营领域的具体化和落实，受不同层次的总体战略的统领和制约，为支持和完成总体战略服务。企业各层次总体战略之间、相同层次的总体战略和职能战略之间、不同领域的职能战略之间存在上下继承、相互配合和制约的关系，从而形成一个不可分割的战略体系，如图 2-3 所示。

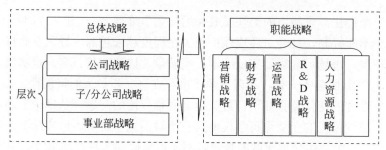

图 2-3　企业战略体系示意图

资料来源：陈心德，吴忠. 生产运营管理[M]. 北京：清华大学出版社，2005.

2. 运营战略的内容

作为企业职能战略的核心部分，运营战略包括的内容十分广泛。运营战略一般由结构性战略（又称运营流程设计）和基础性战略（又称支持流程的基础设计）两部分构成。结构性战略主要包括产品/服务选择、选址和设施布置、运营能力及技术水平确定、运营集成和流程选择等长期性的战略决策问题；基础性战略主要包括运营职能机构设置、运营计划和控制、过程组织形式、质量保证和控制方法、劳动力数量和质量及薪酬结构等时间跨度相对较短的决策问题。因此，为切实有效实现运营战略目标，必须在运营战略范畴内建立若干不同方面的子战略或策略。它们之间相互配合，形成一个不可分割的战略体系，共同有效支持运营战略目标的实现，如图 2-4 所示。需要说明的是，运营战略体系中各子战略（策略）之间是相互联系的，每一个子战略（策略）决策都会受到其他子战略（决策）的影响。如工艺选择和水平直接影响产品/服务的质量水平及稳定性，所以，在质量保证与控制策略选择时必须考虑工艺策略的决策结果。

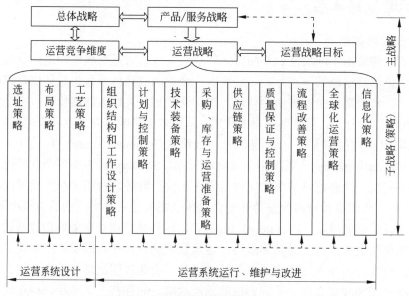

图 2-4　企业运营战略结构示意图

2.3　运营战略过程

2.3.1　战略过程框架

运营战略过程就是运营战略制定的方法和程序框架，现在相对成熟的分析框架有如下四种。

1. 黑尔框架

德瑞·黑尔（Terry Hill）提出了运营战略决策的五步骤程序框架，将运营战略制定划分为依次递进的五个环节。

（1）确认公司目标：运营系统必须理解公司长期目标，清楚为实现公司目标运营系统应做什么？明白公司的战略对运营系统有何要求？以保证最终的营销战略能有效支持这些目标的实现。

（2）理解营销战略：运营系统充分了解公司为实现长期战略目标制定了怎样的营销战略，包括目标市场的状况、需提供的产品/服务品种范围以及产品/服务应具备的特征或属性、产品/服务的数量、客户的定制化期望程度等。

（3）选择运营竞争维度：将营销战略转化成运营竞争要素，分析不同的运营竞争维度（成本、质量、时间、柔性、服务和环保）中哪些属于订单赢得要素？哪些属于订单资格要素？

（4）运营结构战略决策：重新审视公司运营系统的选址、布局、工艺过程选择，做出是否需要改变和怎样改变的决策。

（5）运营基础战略决策：确定运营系统的基础性特征，选择支持运营战略，并与运营结构战略相匹配的运营子战略（策略），包括运营职能机构设置、运营计划和控制、采购、库存与运营准备、质量保证与控制等，

2. 普拉茨-格雷戈里框架

该框架将运营战略过程分为三个阶段：第一阶段，公司在对外部环境进行分析、评估的基础上，了解公司在市场中的位置，关注环境变化带来的机会和威胁。将运营系统的实际绩效和客户期望的水平相比较，找出运营战略必须设法克服的差距并明确、具体表示出来。第二阶段，评估运营资源和能力，找出与主要竞争对手之间的优势和劣势，搞清楚在当前的状况下，实现市场期望运营绩效目标水平的可能性。第三阶段，制定新的运营战略。通过对各种可行方案的审查评估，挑选出既能实现运营战略绩效目标，又具有可行性的方案实施。

3. SAC 框架

根据施罗德（Schroeder）、安德森（Anderson）和克莱沃兰德（Cleverland）对运营战略的定义可以总结出运营战略框架，并命名为 SAC 框架，如图 2-5 所示。宗旨、特有能力、目标和策略构成运营战略核心，在企业战略的引导下形成连贯性决策模式，并指导各运营子战略（策略）的决策，其他与之相联系的内容（企业战略、环境及条件分析、子战略的战术决策等）作为运营战略过程的输入和输出。

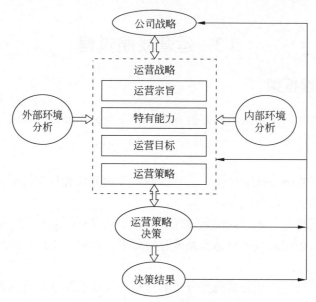

图 2-5　SAC 运营战略框架示意图

（1）内部/外部环境分析：在制定企业运营战略时，首先要对企业的内外部环境进行分析。外部环境通常包括一般环境（经济、政治法律、社会文化、技术和自然）和特定环境（市场、供应商、竞争对手、要素市场和政府部门），企业应重点分析这些环境因素中与运营活动相关的内容，识别企业运营的机会和威胁。内部环境包括企业使命、资源和文化，企业可将影响运营能力的资源状况作为分析重点，并与竞争对手进行比较，从而识别企业的优势和劣势。运营战略就是要把握机会，回避威胁，增强优势，克服劣势。

（2）运营宗旨：运营宗旨表明和企业使命、战略相关的运营系统需要实现的目的，应说明运营战略规划期内运营竞争维度的优先顺序，以及企业运营资源的聚焦点。

（3）特有能力：运营特有能力是存在于企业运营活动中，能在竞争中为企业带来竞争优势，对手难以模仿或赶超的能力。特有能力是与竞争对手相比较的运营优势所在，能有效支持运营宗旨。它也是实现与对手间差异的能力，会形成企业的竞争优势。所以，它是运营战略的核心。

（4）运营目标：运营目标是为实现企业战略，对运营系统在规划期应达到的产出结果水平的界定，又称为运营绩效目标。运营目标要反映运营系统利益相关者的期望，不同的利益相关者对运营系统产出期望各不相同，有时甚至是相互冲突的。例如股东希望运营系统带来投资收益最大化，而客户希望物美价廉、交货及时、服务完善的产品/服务。管理者必须在企业战略目标统领下，权衡各利益主体对运营系统的期望，确定相应的度量指标。运营目标应用明确的数字和可以度量的文字来描述，并遵从 SMART 原则。

① 明确性（Specific）：用具体的语言清楚地说明运营系统要达成的行为标准。

② 衡量性（Measurable）：运营目标要做到"能量化的量化，不能量化的质化"，具有统一、标准、清晰的可度量的标尺。

③ 实现性（Attainable）：运营目标要建立在充分的内部/外部环境分析基础上，并根

据环境变化适时调整。同时，运营目标还要立足于企业实际，具有可行性，能为运营系统认可和接受。

④ 相关性（Relevant）：运营目标要与企业战略相关，恰当反映各利益相关者的诉求。

⑤ 时限性（Time-based）：运营目标要有时限性，有明确的时间要求。

（5）运营策略：运营策略属于运营战略体系中的子战略，属于战术决策范畴。运营策略规定了运营战略如何实施和运营目标怎样实现，包括运营系统设计策略、运营维护及改进策略，一般具体化为选址、布局、工艺选择、运营组织结构、计划与控制、采购-库存及运营准备、质量保证和控制、供应链、流程改善等方面。

4. 产品寿命周期战略框架

美国哈佛大学教授雷蒙德·弗农（Raymond Vernon）1966 年提出产品寿命周期（product life cycle，PLC）理论以来，在企业经营的多个领域得到了广泛应用。该理论认为：产品和人的生命一样，在市场上都要经过导入期、成长期、成熟期和衰退期四个阶段，不同阶段的市场需求状况和产品营销、盈利表现不同，从而寿命周期的不同阶段具有不同的关键任务，需要不同的运营战略与之匹配，如表 2-1 所示。

表 2-1　基于产品寿命周期的运营战略框架

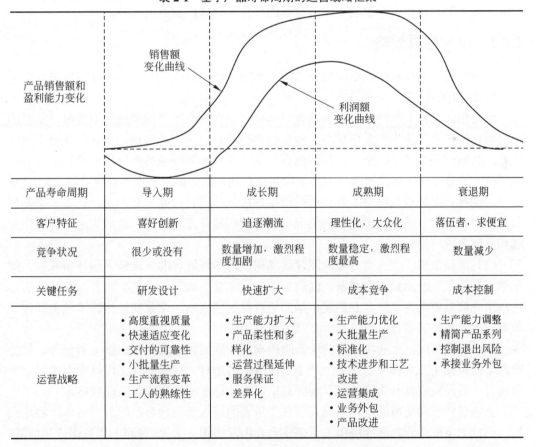

产品寿命周期	导入期	成长期	成熟期	衰退期
客户特征	喜好创新	追逐潮流	理性化，大众化	落伍者，求便宜
竞争状况	很少或没有	数量增加，激烈程度加剧	数量稳定，激烈程度最高	数量减少
关键任务	研发设计	快速扩大	成本竞争	成本控制
运营战略	• 高度重视质量 • 快速适应变化 • 交付的可靠性 • 小批量生产 • 生产流程变革 • 工人的熟练性	• 生产能力扩大 • 产品柔性和多样化 • 运营过程延伸 • 服务保证 • 差异化	• 生产能力优化 • 大批量生产 • 标准化 • 技术进步和工艺改进 • 运营集成 • 业务外包 • 产品改进	• 生产能力调整 • 精简产品系列 • 控制退出风险 • 承接业务外包

导入期：这一阶段是产品建立市场注意的关键时期，产品的研发设计无疑是重中之

重，强调产品性能对目标市场客户需求的满足程度以及研发设计的调整，追求产品的快速定型。运营战略应以支持小批量、高频率、快速变化、交货的及时性和质量的稳定为导向。

成长期：成长期是快速增加市场份额、提高市场占有率的最佳时期。这一时期，产品技术参数和质量标准基本定型，工艺已经比较成熟，由于"学习曲线"效应，运营过程逐渐趋于稳定。迅速形成较大生产能力，扩大产品组合成为企业的关键任务。运营战略倾向于产出水平的快速提高和运营过程的有效延伸，如增加服务保证和加强分销环节。

成熟期：该阶段的市场需求趋于饱和，竞争趋于白热化，竞争对手数量达到最高点，市场上充斥着各种各样来自不同公司的同质化或差异化的产品，顾客购买行为日趋理性化，因此，竞争焦点逐渐集中在价格上，企业的关键任务是提高产品的成本竞争力。运营战略指向生产能力的优化组合，通过标准化、自动化、运营集成、产品改进等方式降低单位产品的运营成本。

衰退期：伴随产品市场份额的萎缩和盈利能力的下降，企业产品战略发生改变，其重心往往向新研制的成功投放市场的产品倾斜，企业关键任务演变为产品转型和控制成本。运营战略侧重于生产能力的调整，提高对新产品的支持能力；对老产品而言，注重削减产品系列，停止生产盈利少或不盈利的产品，有效控制退出风险。

2.3.2　运营集成战略

企业运营集成战略包括纵向集成、横向集成和虚拟集成三种可供选择的形式。

1. 纵向集成

纵向集成又称为纵向一体化或垂直一体化。企业在生产产品或提供服务时，所需的原材料、能源及其他生产条件都不可能全部由企业自己生产或提供，企业总是处于产业链或产品链的某个环节，企业必须考虑自己的运营过程要覆盖哪些阶段或产品的哪些组成部分，对此进行的延伸和改变就是纵向集成问题。纵向集成本质上是企业的自制/外购决策，选择纵向集成战略意味着公司自行生产投入，或自行处理其产出，也就是自制部分增加而外购部分减少。按照纵向集成中运营流程延伸方向不同，纵向集成分为前向集成和后向集成两类。

（1）前向集成：企业将目前的运营活动向接近最终顾客的供应链下游环节发展。如压缩机制造厂生产冰箱或空调器，面粉加工厂建立食品加工厂、甚至再开设食品商店。前向集成被看做是为支持企业拓展市场的进攻性运营战略，企业要注意技术储备和技术积累、运营系统的整合能力以及原有产品的市场影响力。

（2）后向集成：企业将目前的运营阶段向接近原始供应商的供应链上游延伸。如生产汽车的企业生产零部件，甚至生产零部件所需的钢材，肉食品加工厂设立养殖场。一般而言，后向集成被看作降低成本或提高生产条件稳定性的防御性运营战略。

企业选择纵向集成战略可以提高潜在竞争者的进入障碍和资产的利用效率，将原来与供应链上下游企业之间的协作关系变成企业内部的统一指挥，有利于质量保证和控制，便于运营组织和计划与控制。但是，当供应链上存在专业化程度较高的低成本产品供应商或服务提供商时，纵向集成会导致企业成本较高。同时，在行业或产业链的技术环境变化剧烈或市场需求变动较大时，企业纵向一体化的投资会成为包袱，削弱企业的应变能力，使企业的风险加大。

2. 横向集成

横向集成又称为横向一体化或水平集成，一般表示企业内部处于同一层次，具有相同或相近的工作细化程度和密切工作联系的不同部门围绕运营全过程的并行工程。如果跨出企业边界进行考察，横向集成就是企业运营过程或部分环节通过产权或非产权形式进行的整合。典型的非产权横向集成就是业务外包，主要的产权横向集成就是提供同种产品/服务的企业之间兼并或收购。

由于变化速度加快，很少有公司能够在所有领域都保持领先地位，业务外包成为普遍的选择并呈现出快速发展的趋势。企业将非核心业务外包给该领域具有优势的供应商会降低成本、提高效率和技术水平，从而提升产品/服务的价值。在市场具有较大不确定性时还能提高企业的灵活性和抗风险能力。通过非核心业务外包能促使每个企业只保留核心业务，将有限的运营资源用于自己最擅长的环节，在最有优势的领域经营而获得竞争优势。这样，原来同为竞争对手的企业变成了合作关系，并可发展为战略联盟共同参与市场竞争，每个企业都可能获得超过独立参与市场竞争的优势。企业为了取得竞争优势，往往通过产权交易实施并购，将从事相同业务的企业合并，而不是将供应链环节上的企业合并（纵向集成）。为了在与空中客车公司（Airbus S.A.S.）、洛克希德·马丁公司（LMT Corporation）等公司的竞争中取得优势，波音公司（Boeing Corporation）兼并麦克唐纳-道格拉斯公司（McDonnell-Douglas Corporation）后成为世界上最大的航空制造业巨头，2015 年主营业务收入 961.14 亿美元，在《财富》排行榜中排名 61 位；德国大众汽车集团（Volkswagen Group）通过收购保时捷汽车公司（Porsche Automobile Company）成为一家拥有十大品牌的年产 640 万辆的汽车集团，这将有效巩固大众集团的竞争优势。

3. 虚拟集成

虚拟集成是相对于通过产权形式或长期业务关系进行的运营集成而言的。选择虚拟集成运营战略的企业不需要拥有大量的设备，也不需要拥有大量的专业技术人才和操作工人，而是在外部环境特别是市场环境发生变化时，敏锐捕捉市场机会，准确把握客户需求，根据客户在产品研发、加工装配或物流配送等方面的具体订单需求随时寻找外部资源，与外部资源形成一种任务导向的合作关系。一旦任务完成，这种合作关系就结束。选择虚拟集成战略的企业一般要同时具备两方面的条件：一是拥有的客户资源和外部运营资源信息足够多，能根据每次任务的特征在足够多的供应商网络中形成最佳组合；二是具有很强的供应链整合能力，确保短期内快速形成的合作关系能够正常运转，顺利完成任务。成立于 1906 年的香港利丰集团（Li & Fung Group）就是一个典型的采用虚拟集成战略的公司，被称作没有工厂的"生产商"。它没有自己的生产场地、设备设施、研发设计机构、物流系统等，但与全球超过 15 000 家生产商、研发机构、设计公司、运输商，甚至是市场营销公司等企业有密切合作关系。这些利丰的供应商网络平时各行其是，一旦利丰有需求，它们立即响应，构成利丰供应链的环节。利丰集团通过订单控制、协助供应商升级和日常监控等方式有效控制从接受订单→研发设计产品→原材料采购→产品加工制造→运输配送的全过程，使各个环节都做到专业化、高效率和低成本，自己则充当"网络协调员"的角色，在全球分解和重组价值链。

2.3.3　制造业运营战略

制造业是产出有形产品的企业，理查德·B.蔡斯（Richard B. Chase）等人提出的制造业运营战略框架如图 2-6 所示。它从纵向和横向两个维度定义了制造业运营战略的制定维度，表明制造业运营战略是怎样把市场需求和企业资源联系起来、怎样由市场需求转变为企业产出的。在纵向角度，运营战略首先要考虑市场需求，经过产品研发、物料采购、加工制造、物流配送直至销往市场；在横向角度，运营战略制定应扩展到企业其他职能部门，做到与其他职能战略协调一致。制造业运营战略具有决策、规划和控制三大职能，制定中应把握如下关键点。

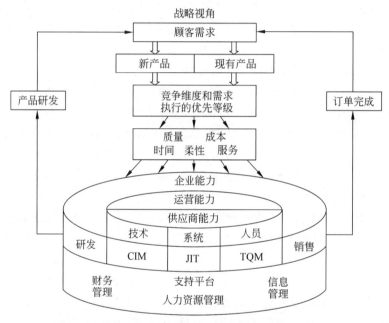

图 2-6　制造业运营战略框架：从客户需求到完成订单

（1）竞争维度和需求的权衡：在全面深入分析客户需求基础上，确定竞争维度的重点内容，即执行的优先等级，明确运营资源投入的重点领域和方向。

（2）企业能力的界定：一般而言，企业能力泛指企业在日常经营管理活动中满足企业生存、成长和发展的系统方法与综合过程的表现水平。在运营战略制定中，重点关注企业与竞争对手相比较的特有能力。目前，一般的看法是企业能力既包括企业本身所具有的运营能力，还应在供应链视角下，高度重视供应商的能力。

（3）概念和工具：战略框架中的 CIM（计算机集成制造）、JIT（精益生产方式）和 TQM（全面质量管理）表示企业在技术、系统、人员方面（注意：非一一对应关系）各自所需要用到的概念和工具，共同构成企业能力的基础。

（4）支持平台：支持平台中的财务管理、人力资源管理、信息管理既是运营战略制定的限制条件，又是其实现的保证，表明运营战略制定过程中水平方向的扩展。

2.3.4　服务业运营战略

与制造业相比，服务业具有自身不同的性质和特点，表 2-2 中列出了两者之间典型的极端区别。事实上，很多企业的特点介于这些极端差别之间，也有很多差别仅仅是程度上的差别。20 世纪 80 年代以来，越来越多的传统制造业企业都在同时提供与其有形产出有关的服务，部分企业甚至正处于向服务企业转型的过程中，其产出价值中服务的比重越来越大，有形产品的价值比重逐渐降低，如 IBM 公司。同样，很多服务企业也为顾客提供有形产品，如快餐店在提供服务的同时也出售食物，超市在提供服务的同时也出售商品。尽管如此，我们在讨论制造业运营战略时所提出的概念和框架也同样适用于服务企业，如威克汉姆·斯金纳（Wickham Skinner）提出的厂中厂（PWP）概念不仅在大型制造企业适用，也同样适用于服务企业。当一家百货公司规模不断扩大时，组织结构上会有相应变化，其服装部可能细分为男装部、女装部、童装部等独立的事业部单元，关注不同的业务侧重点。一家医院更是如此，可以将内科改组成心血管科、消化道科、呼吸道科、泌尿科、神经科和血液科等，其结果当然是更好地满足了患者需要，增强了竞争优势。在制造业中所使用的先进设计手段、加工手段和数据管理手段，也在服务业中得到了广泛应用，如最早使用 POS 机的商场和银行具有明显的竞争优势，如沃尔玛和美洲银行。同样，订单赢得要素和订单资格要素同样适用于服务业。对于银行业来说，订单资格标准可能是优越的地点、柜台服务和贷款的便利性以及 ATM 服务，订单赢得标准可能包括银行与顾客的关系和以顾客为导向的服务时间。

表 2-2　服务业和制造业的区别

序号	制　造　业	服　务　业
1	产出有形，可触摸的，耐久的	产出无形，不可触摸的
2	产出可储存	产出不可储存
3	产出及过程较稳定	产出及过程具有可变性
4	客户与运营系统极少接触，生产与消费可分	客户与运营系统接触频繁，生产与消费不可分
5	顾客期望需求响应周期较长	顾客期望需求响应周期较短
6	设施规模较大	设施规模较小
7	过程及产出质量易于度量	过程及产出质量不易度量
8	运营效率容易测定	运营效率不易测定
9	进入壁垒较高	进入壁垒较低

对于大多数服务企业来说，服务交付系统就是企业的全部业务。因此，任何战略决策都要考虑运营的需要，服务企业的运营战略通常与企业总体战略不可分割。服务运营战略过程一般包括以下内容。

1. 服务运营竞争维度

近年来，全球范围内服务业呈现出快速发展的势头，与此同时，服务企业面对的市场竞争也更加激烈。服务企业要赢得竞争优势必须依赖于价格、质量、安全高效、便利以及对顾客需求的快速响应等多个方面。服务企业制定运营战略首先要确定运营的核心，这些核心就是服务企业竞争的焦点，它们包括：

（1）友好地对待顾客并对他们提供帮助；

（2）服务的速度；

（3）服务的质量；

（4）服务的可变性；

（5）作为服务的中心或伴随服务提供的有形产品的质量；

（6）构成服务的特殊技能。

服务企业在竞争焦点上的表现受服务运营竞争维度的影响。一般而言，服务运营竞争维度包括结构要素和管理要素两方面，可以分别称为服务企业的"硬件"和"软件"，两者共同决定服务企业的市场竞争力。

1）结构要素

（1）选址：确定服务运营的地理特征，包括服务地址和场所特征。例如自选超市要设立在有足够顾客和需求的地点，同时还要考虑顾客购买便利性、竞争对手的状况及区域商业定位等因素。选址具有极高的刚性，一旦确定后，对企业运营会产生长期的影响。优秀的服务企业都十分重视选址，如麦当劳公司。

（2）设施布局：指服务设施的规模和空间布局。如自选超市通道的布置、商品陈列区的划分和商品摆放。设施布局应在充分考虑顾客的消费习惯基础上充分有效利用场地，并符合安全性、美学、心理学等的要求。

（3）传递系统：服务在企业和顾客之间交互作用的体系或流程，由前台、后台、顾客参与或自动服务构成。如自选超市通过顾客存放物品→进入商品陈列区挑选商品→促销人员介绍或推荐商品→结账付款的服务传递系统，将为顾客提供的服务交付给顾客。

（4）能力规划：包括服务能力的确定和服务能力和需求的平衡，这关系到服务规模的大小、服务人员的配置以及服务设施的投放、改进和更新。例如，银行通过排队/叫号系统最大限度缩短顾客等候排队的时间，降低等候的盲目性。春运期间，铁路公司增加临时售票窗口、扩大候车区域、增开线路或车次等来提高服务能力。

2）管理要素

（1）服务接触：对顾客与服务系统的交付过程中对服务系统（包括人员）的要求。例如，航空公司对飞机的定期安全性检查要求，对航空服务人员的行为、语言规范和着装仪表的要求。

（2）质量：包括标准、测评、监督、期望和感知、服务保证等。顾客对服务质量的评价结果是影响其愿意承担的价格水平的重要因素，也决定了顾客是否会重复消费。

（3）能力与需求管理：服务企业在需求和服务能力不一致时，实现两者平衡的政策、程序、规则、策略和方法，是服务企业运营管理水平高低的重要标志之一。

（4）信息：对顾客个体特征、服务运营系统特征及运行状况的把握程度，尤其是对信息的开发利用能力。例如，沃尔玛公司通过对商品销售信息的全面收集和数据的深度挖掘来决定商品的摆放位置，使顾客更加方便地挑选商品。

2. 服务运营类型和方式

服务运营类型可以有多种划分方法。理查德·B.蔡斯（Richard B. Chase）按照服务过程中与顾客接触程度高低，将服务分为"高接触服务"和"低接触服务"。约翰·C.基利亚（John C. Killeya）也提出过类似观点，即服务分为"硬服务"和"软服务"。"硬服务"提供过程强调机器与机器之间，以及人与机器之间的相互作用，"软服务"则强调人与人之间的相互作用。按服务过程中是否提供有形产品可将服务划分为纯服务和一般服务。纯服务过程不提供任何有形产品，如咨询、教育、理发等；一般服务过程则提供有形产品，如批发、零售、邮政、运输、仓储、设备租赁等。在各种分类方法中，最典型、最有代表意义的分类是按照运营流程的特点进行分类，即按照服务运营过程劳动（或资本）密集程度的高低与顾客接触程度和服务顾客化程度的高低形成的二维复合分类组合，将服务分为四类：服务工厂（service factory，又称为大量资本密集服务）、大量服务（mass service，又称大量劳动密集服务）、服务车间（service shop，又称专业资本密集服务）和专业服务（professional service，又称专业劳动密集服务）。如图 2-7 所示。

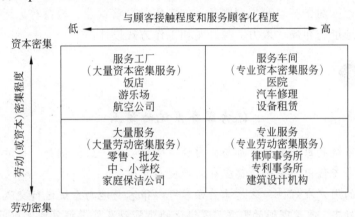

图 2-7　按劳动（资本）密集程度和与顾客接触程度服务分类组合

　　服务企业在制定运营战略时，应准确识别服务运营类型，高度关注不同服务类型的变化趋势，及时对企业的服务类型进行调整和变革。例如，在餐饮业中，传统的餐厅有较高的顾客化服务水平和顾客接触程度，与顾客的交互作用较强，可以划归为服务车间类型，雅致的美食餐厅甚至属于专业服务类型。但是随着快餐业的发展，顾客化服务水平和顾客接触程度逐渐降低，顾客交互作用减弱，服务提供过程的资本投入量增加，而劳动投入量减少，逐渐演变为服务工厂。传统的零售业属于典型的大量服务，但是随着仓储商店、折扣商店的出现，这些商店提供比百货商店更少的服务，从而使服务提供过程的劳动密集程度大大降低，更加接近服务工厂类型。但是，专卖店的出现又引起了反向的变化，在其运营过程中具有较高的顾客化服务水平和顾客接触程度，与顾客的交互作用较强，其服务提供过程的劳动密集程度上升，呈现出明显的专业服务特征。

　　服务运营方式首先取决于服务的行业性质。如客运、医疗、美容、教育等服务过程必须有顾客参与才能完成，而维修、保洁、仓储、货运等服务过程则不需要顾客亲临现场就能完成。即使是在同一行业提供相同的服务项目，企业也可以通过创造性的思维来确定更受顾客欢迎或兼顾各类顾客偏好的服务运营方式，从而赢得竞争优势。服务运营方式的决策一般要考虑服务传递过程中对场地和设施的依赖程度以及是否需要顾客参与、顾客期望的定制服务程度、所提供服务的供给与需求的调节方式、是否采取连锁服务运营等因素。

3. 服务运营战略侧重点

对于不同服务运营类型而言，其运营战略的侧重点各不相同。对于通用型服务，如邮电、交通、银行等，由于其运营过程具有共性且比较规范，顾客只介入前台服务过程，顾客化服务水平和顾客接触程度较低，其运营战略的重点是考虑规模效益；而定制型服务，如医院、律师、建筑设计、心理咨询等，顾客化服务水平和顾客接触程度较高，需根据顾客的特殊需要提供服务，没有统一的标准或只有指导性的标准规范，其运营战略重点主要考虑服务的灵活性、质量与时间效应、判定顾客需要的专业技能；对于技术密集型服务，如航空业、通信业、游乐场等，其服务过程需要使用大量的设施、设备，投入的资金量大，该类服务的运营战略重点是有效平衡设施能力与需求、资金投入进度的控制和风险防范；对于劳动密集型服务，如零售业、餐饮业、教育等，运营战略的重点是服务场所的选址与布局、人力资源开发和工作方式设计。

优秀服务系统的特点

（1）服务系统的每一个要素都与公司的运营核心相一致。例如，当运营的核心为服务速度时，服务流程中的每一项都应有助于提高速度。

（2）系统的用户友好性。这意味着顾客可以很容易地与系统进行交流，即在服务流程中有明确的标志、便于理解的形式、逻辑化的步骤以及能够解答顾客疑问的服务人员。

（3）系统的稳定性。即它能有效地应付需求的变化和资源的变化，例如，服务系统中的电脑如果出现故障，有效的后备系统将立即到位以保证服务能够继续进行。

（4）系统的结构化。即员工的任务是可行的，技术支持是可靠且有益的，从而保证服务人员和系统能提供一致性的服务。

（5）系统为后台和前台之间提供有效的联系，从而保证在运营期间不出现错误。用足球术语来说就是"没有传球失误"。

（6）系统服务质量的证明，从而使顾客了解到系统所提供服务的价值。很多服务需要在后台做大量工作，却不能为顾客所了解，尤其是当改进了服务质量时。除非系统能保证并促进顾客通过与系统的交流，意识到服务已经得到改善，否则改善工作就不能获得最大的效果。

（7）成本有效性。即在传递服务的过程中需要花费最少的时间和资源。否则，即使服务的结果非常令人满意，顾客也不会选择一家效率很低的公司。

思考与练习

1. 什么是战略？什么是运营战略？

2. 简述企业战略与运营战略的区别和联系。

3. 请举例说明什么是订单赢得要素？什么是订单资格要素？

4. 什么是运营竞争维度？请分析主要的运营竞争维度。

5. 黑尔战略框架的内容有哪些？普拉茨-格雷戈里战略框架的内容有哪些？

6. SAC 战略框架的内容有哪些？产品寿命周期战略框架的内容有哪些？

7. 简述制造业运营战略框架各组成部分的含义及相互关系。

8. 服务运营竞争维度包括哪些要素？

9. 简述企业运营战略与竞争优势的关系。

10. 从近三个月的《经济观察报》《中国经营报》或《中国商报》等报刊上，找出 1～2 个运营良好或不好的案例，并从运营战略的角度进行分析。

11. 调查一家企业，说明其运营战略的形成过程。

联合包裹速递服务公司的运营战略

成立于 1907 年的联合包裹速递服务公司（United Parcel Service Inc.，UPS）是世界上最大的快递承运商与包裹递送公司之一，同时也是专业的运输、物流、资本与电子商务服务的领导性的提供者。2011 年营业收入 495.45 亿美元，利润总额 34.88 亿美元。2012 年 3 月，UPS 收购欧洲快递巨头 TNT，不仅扩大了公司在欧洲市场的影响，也使其成为营业收入排在首位的快递公司。每天，UPS 的 425 300 名员工在世界上 200 多个国家和地域管理着物流、资金流与信息流。UPS 通过结合货物流、信息流和资金流，不断开发物流、供应链管理和电子商务的新领域。其主要竞争对手有美国邮政服务（USP）、联邦快递（FDX）和敦豪快递业务集团（DHL）。成立之初，UPS 明确了自己的企业宗旨："在邮运业中办理最快捷的运送"，并提出了"谦恭待客、诚实可靠、全天候服务与低廉的价格"的原则，这些原则被归纳为以下口号："最好的服务，最低的价格"，至今仍指导着 UPS，并使公司稳步发展。

早在 1922 年，UPS 就实施了"普通承运人服务"战略，结合了零售商店递送服务的许多特色和经营原则，包括每日自动取件电话、对货到付款的发货人接受支票、额外递送尝试、自动返还无法递送的包裹以及简化记录每周付款等，使 UPS 能以与包裹邮政相当的价格提供更广泛的服务，深刻影响了公司未来的发展。20 世纪 80 年代，为适应美国航空业的变化，UPS 选择了运营系统的纵向集成，进入隔夜空运业务领域。到 1985 年，UPS 在 48 个州和波多黎各开展了隔天空运服务，随后阿拉斯加与夏威夷也加入进来。UPS 航空公司是 FAA 历史上发展最快的航空公司，在不到一年的时间内就形成了包括所有必要的技术与支持系统的运营系统。如今，UPS 航空公司是全美十大航空公司之一，拥有一些世界上最先进的信息系统，比如能为航班的计划、调度与装载处理提供信息的计算机化运作监控、计划与调度系统（COMPASS）。该系统可用来提前多达六年来安排最佳航班时间表，这在业界是独一无二的。

1993 年，UPS 每天为超过一百万的固定客户递送 1 150 万件包裹与文档。如此巨大的量使得 UPS 必须运用新技术改进运营过程才能保持效率和有竞争力的价格，同时提供新的客户服务。这种改造覆盖了令人难以置信的范围，从小型手持设备、专门设计的包裹递送车，到全球计算机与通信系统。每名 UPS 驾驶员均携带手持的速递资料收集器（delivery information acguisition device，DIAD），这种设备是为向 UPS 网络快速记录和上载递送信息而开发的。DIAD 的信息甚至包括收件人签名的数字图片，这样就向客户提供了关于他们货件的实时信息。这种专有的设备也让驾驶员与他们的总部保持持续的联系，使得更改取件时间表、交通方式与其他重要消息能够保持同步。在技术领域的另一端，UPSnet 是一种全球电子数据通信网络，可以为国际包裹处理与递送提供信息处理渠道。UPSnet 使用超过 500 000 英里的通信线路和一颗专用卫星来连接 46 个国家或地区的 1 300 多个 UPS 配送站，每天追踪 821 000 个包裹。这些改进的目的是提高效率并扩展客户服务。1994 年，消费者对运输中包裹的信息需求剧增，UPS 建立了自己的网站（UPS.com），使得客户能够追踪运输中的包裹。

现代商业是物流、信息流、资金流的综合，把握这三者就能把握商业世界的未来。20 世纪 90 年代末的 UPS 处于另一个转变期，管理当局根据公司在运输和包裹追踪方面的专长将它定位为变成全球商业的促成者，并成为组成商业的三股流动力量（物流、信息流和资金流）的服务性企业。UPS 通过收购和创建探索以新的方式来向它的客户提供服务。1995 年，UPS 成立了 UPS 物流集团，根据客户的个别需要提供全球供应链管理解决方案和咨询服务。同年 UPS 收购 SonicAir 公司，成为第一个提供"当天、下一航班服务和有担保的上午 8 点连夜递送服务"的公司。结合物流和信息技术的发展，UPS 又将业务触角深入金融领域。1998 年，UPS 资本公司（UPS Capital Corp.）成立，为客户提供包括代理收取到付货款（Cash On Delivery，COD）、抵押贷款、设备租赁、国际贸易融资等金融服务。UPS 资本公司提供的国际贸易融资服务使制造商或工厂的资金调度将更加灵活，接单力也将大幅增加，综合提升了客户的竞争能力。高科技产品制造者在装箱交运的同时，就可以凭提单向 UPS 资本公司拿到货款。而通过传统的国际贸易电汇或放账交易方式，从出货装箱到真正拿到货款，至少需要 45～60 天，营运周转的资金压力极其沉重。UPS 资本的创新财务服务是现代商业结算的一项革命性做法。而 UPS 供应链解决方案业务部则是流线型的组织，由 UPS 资本公司、UPS 物流集团、UPS 货运服务公司、UPS 邮件业务创新公司与 UPS 咨询公司共同向客户提供供应链解决方案，以提高客户的业务表现并改进客户的全球供应链。

UPS 在其发展过程中，保持了极高的运营效率。为了提高运营效率，UPS 首创了"枢纽加辐射的网络结构"作为业务基础，UPS 的运营中心收集来自用户的包裹并将其送到枢纽，枢纽在集中了许多运营中心送来的包裹后对它们进行分类，然后分配到其他运营中心或枢纽，最终到达目的地。UPS 的管理当局系统地培训员工，使他们以尽可能高的效率从事工作。UPS 的工业工程师们对每一位司机的行驶路线都进行了时间研究，并对每种送货、暂停和取货活动都设立了标准。这些工程师们记录了红灯、通行、按门铃、穿过院子、上楼梯、中间休息喝咖啡的时间，甚至上厕所的时间，将这些数据输入计算机中，从而给出每位司机每天中工作的详细时间标准。司机们必须严格遵循工程师设定的程序：当他们接近发送站时，他们松开安全带，按喇叭，关发动机，拉起紧急制动，为送货完毕的启动离开做好准备，这一系列动作严丝合缝；然后，司机从驾驶室来到地面上，右臂夹着文件夹，左手拿着包裹，右手拿着车钥匙；他们看一眼包裹上的地址把它记在脑子里，然后以每秒钟 3 英尺的速度快步走到顾客的门前，先敲一下门以免浪费时间找门铃；送货完毕后，他们在回到卡车上的路途中完成登录工作。这些努力使 UPS 在联邦快运公司平均每人每天取送包裹数不超过 80 件时达到了惊人的 130 件。人们普遍认为 UPS 的高效率运营对其净利润产生了积极的影响。

（资料来源：http://baike.baidu.com/view/832867.htm；http://wiki.mbalib.com/wiki/ UPS%E5%85%AC%E5%8F%B8）

问题

1. 在 UPS 公司发展的不同时期，其运营战略各是什么？

2. 这些运营战略使 UPS 公司具有哪些竞争优势？是怎样支持公司的总体战略的？

3. 运用 SWOT 分析方法对 UPS 公司在中国市场的运营战略环境进行分析，并提出运营战略建议。

第 2 模 块

运营系统设计

　　运营系统是运营活动的物质基础。运营系统的设计是实现运营战略的第一步，直接影响着运营系统建成后的效率，因此，对企业运营战略的实施至关重要。要将企业的战略定位转换成企业价值，就必须在战略定位的基础上构建一个与之相匹配的运营系统。运营系统设计的内容包括产品研究与开发、运营系统设施选址与布置、流程规划与设计、工作设计与工作测量。

第 3 章

产品研究与开发

学习目标

通过本章的学习，理解产品生命周期理论、认识新产品开发对企业发展的战略意义、掌握新产品开发过程、熟悉新产品开发的组织方法。

关键概念

产品生命周期；新产品；产品设计；工艺设计；并行工程

 引 导 案 例

通用电气公司的新产品开发

通用电气公司（General Electric Company，GE）是世界上最大的电器和电子设备制造公司，它的产值占美国电工行业全部产值的 1/4 左右。通用电气公司由多个多元化的基本业务集团组成，如果单独排名，有 13 个业务集团可名列《财富》杂志 500 强。这家公司的电工产品技术比较成熟，产品品种繁多，据称有 25 万多种品种规格。它除了生产消费电器、工业电器设备外，还是一个巨大的军火承包商，制造宇宙航空仪表、喷气飞机引航导航系统、多弹头弹道导弹系统、雷达和宇宙飞行系统等。美国《工业研究》杂志举办的 1977 年度一百种新产品的评选中，通用电气公司的新产品获奖最多。闻名于世的可载原子弹和氢弹头的阿特拉斯火箭、"雷神号"火箭就是这家公司生产的。

通用电气的发展主要基于使用新技术、开发新产品。该公司是托马斯·爱迪生在 1878 年发明了电灯泡后创建的，自创建后一些具有里程碑意义的产品开发如下：

1895 年　建成了重 90 吨的世界上第一个蒸汽机车；

1905 年　发明了电烤箱；

1915 年　发明了冰箱；

1932 年　开发了洗碟机；

1942 年　为了战争需要生产出了飞机引擎；

1954 年　提出了第一个飞机汽轮发动机的概念；

1978 年　在日本建成了最大的核电站；

1986 年　开发了电视网络；

1987 年   与法国汤姆森进行一笔交易之后进入了医学影像领域。

今天，通用电气在以下领域处于世界领先地位：生产电动发动机、建造火车机车和铁路、航空发动机、医学影像及诊断仪、汽轮发动机和核电热电厂、工业控制系统、各种产业的塑料产品、信息网络系统、信贷金融服务。这些不断推出的新产品保证了通用电气公司的百年基业。

（资料来源：［法］Derek L Waller. 运营管理——一种供应链方法[M]. 北京：清华大学出版社，2003）

问题

1. 通用电气公司的产品发展特点是什么？

2. 通用电气公司的新产品开发策略对你有何启示？

3. 通用电气公司能够历经 130 多年而发展至今，你认为它的成功之处是什么？

大多数产品具有类似生物生命周期一样的产品生命周期，为了保持企业的长期生命力，企业必须进行新产品研究与开发工作，另外，市场竞争加剧也要求企业应该具有产品开发的意识和能力。产品设计与开发是企业生产经营活动的前提与基础。本章重点讨论产品生命周期理论、新产品的相关理论、产品开发过程、产品开发的组织方式。

3.1　引　言

3.1.1　产品生命周期理论

人有从出生到幼年、青年、中年、老年至死亡的生命周期。大多数产品也是如此，经历从产生到在市场上停留一段时间后，退出市场，逐渐消亡，产品显现出与人的生命周期相似的产品生命周期。

对于公司而言，管理者深刻理解产品生命周期的重要性在于：管理者应该知道生命周期中的各个阶段应该采取什么样的措施和策略，并且知道公司中某些产品何时将要"死亡"，并做出合适的计划新产品来代替这些产品。使得公司不断有新的产品推向市场，并不断结束一些产品的生产。

产品生命周期大致分为开发期、导入期、成长期、成熟期、衰退期五个阶段，如表 3-1 所示，产品生命周期中各主要阶段的产品销售收入、成本、利润的变化趋势如图 3-1 所示。

表 3-1　产品生命周期的主要阶段

阶次	阶段	人类与之相对应的阶段	阶次	阶段	人类与之相对应的阶段
1	开发期	怀孕	4	成熟期	成年至退休
2	导入期	新生儿	5	衰退期	退休至体质衰弱直至死亡
3	成长期	青少年			

1. 开发期

开发期是产品在商业化之前经历的时期，是从有了开发产品的设想到产品制造出来

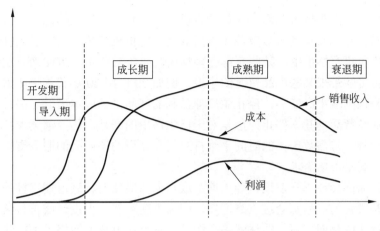

图 3-1 产品生命周期

为止这段时期。在这一时期,产品要经过设计、试验、测试、不断改进。在这一阶段主要需要研究与设计人员。在这一阶段没有收入,只有成本,投资不断增加。

2. 导入期

导入期是产品商业化并投入市场后消费者开始看见产品的时期。在初期消费者熟悉并接受这一产品需要时间,因而销售缓慢,为了扩展销路,需要大量的促销费用,对产品进行宣传。在这一阶段,由于技术方面的原因,产品不能大批量生产,因而生产成本高。另外,产品也有待进一步完善,研发投入仍然较大。加之销售额增长缓慢、销售收入少、成本高,所以企业不但得不到利润,反而可能亏损。这一阶段为生产出产品以满足预期的市场需要大量的经营人员,研发工作仍然非常关键。不同的国家、不同的时期处于导入期的产品有所不同,比如现在国内处于导入期的产品有:有机食品、国外旅游度假、电视会议、某些计算机产品等。

3. 成长期

成长期是产品在市场上被广为接受的时期。这时大量的新顾客开始购买产品,市场逐步扩大,销售收入快速增长。产品大批量生产,生产成本相对降低,利润迅速增长。这一阶段,经营管理起着举足轻重的作用,它必须保证产品的生产步伐能够满足消费者的需求,市场销售是关键,企业应该树立产品形象,强化市场能力,扩大生产能力,生产工艺流程标准化,进行批量生产。这一时期的产品例子有国内的旅游度假、个人电脑、高速火车、人寿保险。

4. 成熟期

市场需求趋向饱和,潜在的顾客已经很少,销售额增长缓慢直至转而下降,标志着产品进入了成熟期。成熟期这一阶段的产品是最多的,虽然利润受市场上其他竞争产品的影响,但是企业利润仍然不断来源于这一阶段。这一阶段经营管理占至关重要的位置,由于竞争激烈,降低成本是关键,同时应该加大市场促销力度。国内处于成熟期的产品有冰箱、彩电等家用电器,液态奶等。

5. 衰退期

这一时期是产品达到它的生命终点并最终消失的时期。产品退出市场的原因是多方面的，首先可能是因为技术革新，例如录音机和盒式录像带被压缩磁盘所代替、打字机被文字处理器替代、双翼飞机被单翼飞机所取代、电报机被传真及电子邮件取代等；其次，由于法律和政府禁止生产某些有毒有害物质，如含铅汽油、DDT 等；另外，时尚和潮流的变化也可能带来某些产品暂时的衰退，例如 20 世纪 80 年代的喇叭裤。在这一阶段中，企业应该削减生产能力，停止生产非盈利的产品，使成本最低。另外，在衰退阶段，虽然企业经营活动基本停止，但是对于已生产出的产品，仍要继续保持一定量的零配件库存，而且经常需数十年的时间来维持对仍在使用的该产品的服务支持，以提高售后服务水平，满足市场需求。

大多数产品都会经历开发期、导入期、成长期、成熟期、衰退期这样的产品生命周期，但是不是所有的产品都会进入衰退期，因为不断革新、再设计或再包装，有些产品可以一直保持在成熟期，阿司匹林就是个例子，它已在市场上销售了 100 年，至今仍是非处方药中销量最多的药品。

3.1.2 新产品开发的重要性

由于大多数产品都具有产品生命周期，因此，企业为了长期的持续发展，就必须进行企业产品规划，也就是常说的"生产一代，推出一代，储备一代，研制一代，规划一代"，不断使企业有新品推向市场，归纳总结后，这样做的重要意义在于以下几个方面。

1. 有利于增强企业的市场竞争力

企业要在激烈的市场竞争当中不断取得生存和发展，就需要不断保持自己的市场竞争力，其中最重要的就是根据不断变化的市场要求提供相应的新产品或者新服务。比如，家用放映设备，VCD 取代了盒式录像带，而 DVD 又取代了 VCD，现在高清蓝光 DVD 又取代了普通 DVD，企业只有在产品和服务上不断推陈出新才能保持企业的竞争能力。

2. 有利于企业保持并扩大市场份额

客户的需求是多样化和变化的，企业只有通过不断推出新的产品才能够更好地满足客户需求，从而可以获得更大的市场份额。比如空调企业，为了巩固和扩大自己的市场份额都不断在产品上下功夫，引入新的概念，比如节能、绿色环保、静音、除尘、除甲醛等，通过不断推出更新的产品，强调新的优势，来试图赢得更好的销售和份额。

3. 满足个性化需求的需要

进入 20 世纪 90 年代以后，用户对产品质量和服务质量的要求越来越高。用户已不满足从市场上买到标准化生产的产品，他们希望得到按照自身要求定制的产品或服务，这就要求企业要有很强的产品开发能力，来使个性化的定制生产得以实现。曾经有位消费者别出心裁地向青岛海尔冰箱事业部订购一台右开门的冰箱，要求七天内交货，海尔冰箱事业部就迅速组织技术部门进行右开门冰箱的开发，四天后生产出了这种冰箱，如期地送到了顾客手中。

4. 产品更新换代的需要

大多数产品都有产品生命周期，都有可能最终退出市场，逐渐消亡。并且随着科技的发展和消费者需求多样化的发展，产品的生命周期呈现着一个越来越短的趋势，这就意味着多数产品在市场上存留的时间越来越短，这样的情况下就要求企业有很强的产品研发能力来延长产品的生命周期，甚至能够不断地推出新的产品，使企业不断有产品能够处于产品的成长期或成熟期，来给企业带来更多的利润，使企业获得长足的发展。

3.1.3　新产品开发概述

新产品是指与老产品相比，在产品结构、性能、材质等方面（或仅一方面）具有新的改进的产品。新产品是一个相对的概念，在不同的时间、地点和条件下具有不同的含义。新产品具有相对性、时间性和空间性等特性。

1. 新产品的分类

常见的新产品分类方法主要有以下几种。

（1）按新产品的新颖程度可分为全新产品、改进产品和换代新产品。全新产品是指利用全新的技术和原理生产出来的产品，一般具有新原理、新结构、新技术和新材料等特征，比如世界上研制成功的第一部移动电话，在当时来说就是一种全新产品；改进新产品是指对原有产品性能、型号和花色进行局部改进而制成的产品，包括在基型产品基础上派生出来的变型产品，改进新产品因其开发难度较小而成为企业常用的新产品开发方式，比如彩色电视机的不同系列、不同规格型号均是其基型的改进产品；换代新产品是指产品的基本原理不变，部分地采用新技术、新结构或新材料，从而使产品的功能、性能或经济指标有显著改变的产品，比如，研制成功的全自动洗衣机在当时就是半自动洗衣机的换代新产品。

（2）按照新产品的地域特征可分为国际新产品、国家新产品、地区或企业新产品。国际新产品是指在世界范围内首次生产和销售的产品；国家新产品是指国外已有，但在国内是首次生产和销售的产品；地区或企业新产品是指在国内其他地区或企业已经生产但本地区或本企业初次生产和销售的产品。

2. 新产品开发的方向

新产品开发首先需要对产品进行需求分析，明确自己服务的客户对象，准确确定自己的产品开发定位，把有限的人、财、物资源准确地集中应用到需要开发的新产品项目中，提高效率和效益。由于市场的开放性，产品竞争异常激烈，为满足消费者多样化和个性化的需求，新产品开发呈现出多能化、高能化、微型化、环保化、多样化、节能化、标准化等发展方向。

企业在选择新产品开发方向时应考虑以下几点。

（1）准确进行新产品设计及定位。企业进行新产品开发之初，需要了解新产品的市场环境及定位，如果产品定位不准确，产品将来研发出来不被市场接受，成为失败的设计；或者设计不够先进，出来之日就是淘汰之时。因此需要在设计开始就要考虑替代产品、竞争品的技术含量和设计，确保新产品开发设计准确。

（2）考虑成本和市场容量。企业在产品设计时，需要了解市场容量，从而进行相应的成本设计，比如通过采用标准化、系列化、多样化的产品设计，可以实现基础部件通用的同时，推出系列产品，满足多样化需求，从而降低产品成本，实现成本、销量之间的有机统一。

（3）了解消费者的需求方向及国际政策环境变化方向。随着人们生活水平的提高，人们对于未来的消费要求是满足个性化需求，因此，在产品开发上要快速跟上消费者的要求。同时国家和社会的政策会对市场需求产生影响，比如现在对于节能、绿色生活方式的提出，要求产品设计需要满足这样的特征。只有这样，满足了用户及反映未来潮流的设计才能是一个成功的设计。

（4）企业自身产品设计创新的能力。企业的产品设计开发能力是一定的，是有方向性的，因此，企业在设计的时候不能不顾企业自身的条件，而去设计可能市场机会很好，而自身不具备条件的产品；或者提出超过了自身能力的产品设计。

企业根据自身技术力量储备条件，充分考虑消费者需求变化速度和变化方向，考虑产品性质和用途以及产品价格和销售量，从而制定出有阶段目标、长远要求的新产品开发规划，以指导行动。

3. 新产品的开发方式

针对不同的新产品和企业的研究和开发能力，可以选择不同的开发方式。一般有以下几种可供选择的开发方式。

1）独立开发

这是一种独创性的开发方式。企业自行独立开发新产品，要求企业具备较强的科研能力、雄厚的技术力量和保持一定的技术储备。

2）联合开发

联合开发是指与有关大中专院校、科研院所或其他企业合作进行新产品开发的方式。采用这种方式的企业，自身有一定的研发能力，但尚不具备独立开发的能力，或者采用独立开发方式可能会导致开发费用高，开发周期长。但是联合开发具有一定的风险。在联合开发中，技术诀窍将不可避免地泄露给合作伙伴，而后者在将来可能会变成竞争对手。联合开发意味着要与陌生的伙伴在一起工作，要适应新的工作方法，这将花费一定的时间，也会产生文化方面的冲突，发生额外的协调费用。最后，在联合开发协议中，不可避免地存在不明确的授权要求，当面对具有清晰的决策界限、采取内部开发战略的对策时，这就可能变成一种劣势。

3）委托开发

委托开发是指委托有关大中专院校、科研院所或其他企业合作进行新产品开发的方式。采用这种方式的企业自身不具备开发能力和条件，或者采用其他开发方式可能会导致开发费用高，开发周期长。但是这种方式可能技术上会受制于人。

3.2 产品开发过程

一般产品开发过程由产品构思、产品设计、工艺设计、新产品试制与鉴定这几个阶段构成。

3.2.1 产品构思

产品开发过程开始于产品构思，而构思源于调查研究和预测分析。通过调查可以了解：市场的难题在哪里？谁会购买企业的产品或服务？产品或服务的潜在市场规模有多大？企业的定价水平是怎样的？如此等等，通过调查可以明确新产品开发的方向。产品开发的调查研究与预测包括两个方面：一个是对市场的调研和预测；另一个是对技术的调查和预测。市场方面是了解消费者们对产品的一些要求，包括对产品的性能、价格这些方面有些什么要求，通过调查可以帮助企业确定开发什么新产品；技术方面，企业要调研有关要开发的这个新产品的技术现状、未来发展趋势。在进行调查研究之后，掌握市场需求信息及发展趋势，根据企业自身条件提出产品的构思创意。

构思创意可能来源于企业内部或者企业外部。内部来源主要包括研发部门、营销部门和企业的高层管理部门。外部来源主要包括顾客、经销商、供应商、竞争对手。对于工业品，大多数的构思创意来源于企业内部，因为工业品的专业的特殊性，外部人员难以获得相应的认识，也就难以提出产品构思。对于生活消费品，很多的构思创意来源于企业外部。产品开发中构思创意的模式主要有两种：一种是技术推动型；另一种是需求拉动型。技术推动型是通过技术创新和变革，通过开拓性研发和运营进行技术创新和变革，并确定可以使技术和市场相匹配的产品开发方案。需求拉动型，也叫市场拉动型，它是根据顾客的要求提出新产品的设想。

3.2.2　产品设计

产品设计过程指包括从明确设计任务开始，到确定产品的具体结构为止的一系列活动。产品设计阶段决定了产品的性能、质量和成本。因此，产品设计阶段决定了产品的前途和命运，一旦设计出了错误或设计不合理，会给后序的工艺制定和产品的生产带来很多麻烦。产品设计的基本内容包括编制技术任务书、总体设计、技术设计和工作图设计。

1. 编制技术任务书

技术任务书是产品在初步设计阶段内，由设计部门向上级对计划任务书提出体现产品合理设计方案的改进性和推荐性意见的文件。经上级批准后，作为产品技术设计的依据。技术任务书的主要内容包括：设计和试制该新产品的依据，确定产品用途及使用范围，确定产品基本参数及主要技术性能指标，概括地做出总体布局及确定主要部件的结构，叙述产品工作原理及系统，分析比较国内外同类产品。

2. 总体设计

这是产品设计的选型阶段。通过市场需求分析，确定产品的性能、设计原则和技术参数，概略计算产品的技术经济指标和进行产品设计方案的经济效果分析。

3. 技术设计

技术设计是产品的定型阶段。它将对产品进行全面的技术规划，确定零部件结构、尺寸、配合关系以及技术条件等。技术设计阶段是产品设计工作中最重要的一个阶段，产品结构的合理性、工艺性、经济性、可靠性等，都取决于这一设计阶段。

技术设计的主要内容包括：完成设计过程中必需的试验研究；做出产品设计计划书；画出产品总体尺寸图、产品主要零部件图，并校准；运用价值工程，对产品中造价高、结构复杂、体积笨重、数量多的主要零部件的结构、材质精度等选择方案进行成本与功能关系的分析，并编制技术经济分析报告；绘出各种系统原理；提出特殊元件、外购件、材料清单；对产品进行可靠性、可维修性分析。

4. 工作图设计

根据技术设计阶段确定的结构布置和主要尺寸，进一步做结构的细节设计，逐步修改和完善，绘制全套工作图样，编制必要的技术文件，为产品制造和装配提供确定的依据。

通过编制技术任务书、总体设计、技术设计和工作图设计这些工作，产品设计完成。产品设计结果应经过企业总工程师审批，然后转入下一个设计阶段。若为用户订货的非标准产品，还应征求用户意见并取得用户的同意。

3.2.3　工艺设计

工艺设计是按产品设计的要求，规划出从原材料加工成产品所需要的一系列加工过程、工时消耗、设备和工艺装备需求等的说明。

工艺过程是产品设计过程和制造过程之间的桥梁，它把产品的结构数据转化为面向制造的指令性数据。工艺过程联系了产品设计工程师和生产工程师，他们在工艺过程进行沟通，实现最后的产品。产品设计工程师通常倾向于希望设计出最完美的产品，而生产工程师则倾向于能够以最低的成本、最高的效率生产出产品，这时他们之间有冲突，而通过工艺过程可以进行良好的沟通。工艺过程的结果，一方面反馈给产品设计部门用以改造产品设计；另一方面工艺过程的结果作为生产实施的依据。工艺设计的基本内容包括：产品图纸的工艺分析和审查，拟定工艺方案，编制工艺规程，工艺装备的设计与制造。

1. 产品图纸的工艺分析和审查

产品图纸的工艺分析和审查，是保证产品工艺性的重要措施。作为一个新产品开发的工艺人员，第一步就是对产品设计师所设计的产品结构图从工艺上进行分析和审查，主要从下面几个方面进行分析：产品结构是否与生产类型相适应，是否充分地利用了已有的工艺标准，零件的形状尺寸和配合是否合适，所选用的材料是否适宜，以及在企业现有设备、技术力量等条件下的加工可能性和方便程度。

2. 拟定工艺方案

为了保证工艺准备的质量和合理性，需要先拟定出工艺方案。工艺方案是工艺设计和准备的指导文件，是工艺准备工作的总纲。它将指出产品制造的技术关键及其解决办法，并规定了工艺工作应遵循的基本原则。工艺方案的主要内容有：规定新产品试制及过渡到成批或大量大批生产后应达到的生产指标，如质量、生产率、材料利用率等；规定工艺制定的原则，例如，是采用专用设备还是采用通用设备、工序是集中还是分散等；规定工艺装备的设计原则及工艺装备系数；提出工艺关键的解决方案及有关的试验研究问题；工艺路线的安排及生产组织形式的确定；工艺方案的经济分析；工艺准备工作量的估计和工作进度计划。

3. 编制工艺规程

一个要求相同的零件，可以采用几种不同的工艺过程来加工，但其中总有一种工艺过程在给定的条件下是最合理的，人们把工艺过程的有关内容用文件的形式固定下来，用以指导生产，这个文件称为工艺规程。工艺规程是指导施工的技术文件。一般包括以下内容：零件加工的工艺路线，各工序的具体加工内容、切削用量、工时定额以及所采用的设备和工艺装备等。

工艺规程是直接指导工人操作的生产法规，是工厂进行生产准备工作的主要依据，是组织生产的指导性文件。工艺规程编制的质量对保证产品质量起着重要作用。为编制出高质量的工艺规程，应遵循以下原则：所设计的工艺规程必须保证机器零件的加工质量和机器的装配质量，达到设计图样上规定的各项技术要求；工艺过程应具有较高的生产效率，使产品能尽快投放市场；尽量降低制造成本；注意减轻工人的劳动强度，保证生产安全。

4. 工艺装备的设计与制造

工艺装备在工厂里简称"工装"，是指为实现工艺规程所需的各种刃具、夹具、量具、模具、辅具、工位器具等的总称。使用工艺装备的目的：有的是为了制造产品所必不可少的，有的是为了保证加工的质量，有的是为了提高劳动生产率，有的则是为了改善劳动条件。工艺装备的设计与制造对于产品的加工质量，以及提高生产效率和保证工艺方案的顺利实施都很重要。

3.2.4　新产品的试制与鉴定

在完成产品设计和工艺设计后，还不能正式批量生产，需要试制，并且检验试制的结果是否能够达到设计和预想的一些性能和参数，合格后才能批量投入生产，如果测试结果达不到要求，就要进行产品和工艺的设计改进工作。

1. 新产品试制

试制一般分为样品试制和小批试制两个阶段。样品试制是指根据设计图纸、工艺文件和少数必要的工装，由试制车间试制出一件或数十件样品，然后按要求进行试验，借以检验产品结构、性能，检验设计图的工艺性，考核图样和设计文件的质量。此阶段完全在研究所内进行。

小批试制是在样品试制的基础上进行的，它的主要目的是考核产品工艺性，验证全部工艺文件和工艺装备，并进一步校正和审验设计图纸。此阶段以研究所为主，由工艺科负责工艺文件和工装设计，试制工作部分扩散到生产车间进行。

在样品试制和小批试制结束后，应分别对考核情况进行总结，并且编制试制总结、试验报告、试用（运行）报告。

2. 新产品鉴定

新产品鉴定是指对试制出来的产品从技术上、经济上做全面的评价，以确定是否可以正式投产，它是对企业、社会及用户负责，要求严肃认真和公正地进行。鉴定分为样品试制后的样品鉴定和小批试制后的小批试制鉴定。

新产品鉴定主要内容和要求是：经检验测试、装机、试用，达到原定技术性能指标，质量稳定、安全可靠；工艺稳定，成品率达到规定要求；具有满足批量生产或大量生产需要的工艺装备、专用设备、测试设备；符合环保、安全、卫生等规定；具备必要的技术文件（技术总结报告、全套工艺文件、全套图纸、设计文件等）；具有性能测试报告或例行试验报告；具有标准化审查报告、成本核算报告；具有质量分析报告等。

3.3 产品开发的组织方式

3.3.1 串行工程

在第二节中提到的产品开发过程的基本步骤都是必要的，但是，这些步骤的组织顺序并不一定是固定的。在传统的产品开发的组织模式上，从需求分析、产品设计、工艺设计一直到加工制造和装配是一步步在各部门之间顺序进行，这就是"串行工程"方式。

串行的产品开发的工作流程是首先由熟悉顾客需求的市场人员提出产品构想；再由产品设计人员完成对产品的精确定义；之后交工艺人员确定工艺过程；最后由生产人员负责组织生产，质检人员负责检验。如图 3-2 所示。

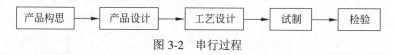

图 3-2   串行过程

串行工程模式是以职能部门为基础来组织产品开发过程的，每个部门各干各的事，各个职能部门之间因为没有同期的沟通和及时的反馈，阻碍了产品开发的速度和质量。例如顾客需求难以被产品设计师在设计过程中加以综合考虑，造成时间延误或者设计的产品不能满足顾客需求；不合理的产品设计问题有可能到工艺设计阶段才被发现，从而不得不再次返回产品设计部门；工艺设计不合理，到生产阶段才发现，从而不得不重新进行工艺设计等。由此可以看到，串行工程方式下各个职能部门所具有的知识难以综合实施和应用，使产品开发过程在设计、试制、生产、检验这些阶段多次重复循环，从而导致产品设计改动频繁，开发周期长，开发成本高，产品开发整体过程效率低。

3.3.2 并行工程

1. 并行工程的概念

1988 年美国国家防御分析研究所（IDA）完整地提出了并行工程（Concurrent Engineering，CE）的概念，也称同步工程、并行设计或同时工程，相对传统的"串行工程"而言，并行工程是集成地、并行地设计产品及其相关过程（包括制造过程和支持过程）的系统方法。这种方法要求产品开发人员在一开始就考虑产品整个生命周期中从概念形成到产品报废的所有因素，包括质量、成本、进度计划和用户要求。并行的产品设计方法能够并行地集成市场、设计、制造以及服务等资源，解决了串行工程的弊端，缩短新产品上市时间、降低新产品开发成本、保证新产品的质量、提高新产品的竞争力，使企业适应快速多变的市场需求。如图 3-3 所示。

并行的产品开发流程是：当初步的需求规格确定后，以产品设计人员为主，其他专业领域的人员为辅，共同进行产品的概念设计，概念设计方案作为中间结果为所有开发人员（包括市场销售部门的人员、产品结构设计部门的人员、工艺设计部门的人员、生产部门的人员、检测部门的人员）共享。开发人员以此作为基础展开对应的概念设计，

比如工艺过程概念方案、后勤支持概念方案等。每一专业领域所输出的中间结果既包括

方案，又包括建议的修改意见。所有的中间结果经协调后，达成一致的认识，并根据修改意见完善概念方案，然后逐步进入初步设计阶段，最后进入详细设计阶段。

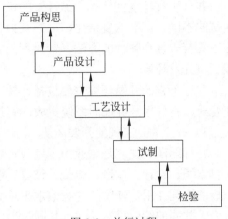

图 3-3　并行过程

并行工程是一种强调各阶段领域专家共同参加的系统化产品设计方法。目的在于将产品的设计和产品的可制造性、可维护性、质量控制等问题同时加以考虑，以减少产品早期设计阶段的盲目性，尽可能早地避免因为产品设计阶段不合理因素对产品开发后续阶段的影响，减少返工次数，缩短研发周期，降低研发费用。

2. 并行工程的特征

（1）设计时同时考虑产品生命的所有因素（用户需求、可靠性、可制造性、成本等）。传统的串行工程方法是基于两百多年前英国政治经济学家亚当·斯密的劳动分工理论，该理论认为分工越细，工作效率越高。因此串行方法是把整个产品开发全过程细分为很多步骤，每个部门和个人都只做其中的一部分工作，而且是相对独立进行的，工作做完以后把结果交给下一部门。他们的工作是以职能和分工任务为中心的，不一定存在完整、统一的产品概念。而并行工程则强调设计要面向整个过程或产品对象，因此它特别强调设计人员在设计时不仅要考虑设计，还要考虑这种设计的工艺性、可制造性、可生产性、可维修性等，工艺部门的人也要同样考虑其他过程，设计某个部件时要考虑与其他部件之间的配合。从串行到并行，是观念上的很大转变。

（2）产品设计过程中各活动并行交叉进行。需要注意的是，并行工程强调各种活动并行交叉，并不是也不可能违反产品开发过程必要的逻辑顺序和规律，不能取消或越过任何一个必经的阶段，而是在充分细分各种活动的基础上，找出各自活动之间的逻辑关系，将可以并行交叉的尽量并行交叉进行。

（3）高效率的组织结构。产品的开发过程需要涉及所有职能部门的活动，通过建立跨职能的产品开发小组，能够打破部门间壁垒，降低产品开发过程中各职能部门之间的协调难度。不同领域的技术人员全面参与和协同工作，实现产品生命周期中所有因素在设计阶段的集成，实现技术、资源、过程在设计中的集成。

3. 并行工程实施步骤及重点

1）强化运用并行工程的思想意识

并行工程最为重要的一方面在于它代表了一种不同的文化，而不仅仅是一个方法或技术。事实上，一些组织已经在他们对并行工程的定义中承认了这一点。改变文化是不容易的，主要方法是通过教育培训。从高层管理部门开始，组织中所有成员都要意识到并行工程方法的好处以及它需要的条件。组织中的每一个成员都必须完全意识到什么是并行工程。

2）建立并行工程的开发环境

并行工程环境使参与产品开发的每个人都能瞬时地相互交换信息，以克服由于部门、地域的不同，产品的复杂化，缺乏互换性的工具等因素造成的各种问题。在开发过程中应以具有柔性和弹性的方法，针对不同的产品开发对象，采用不同的并行工程手法，逐步调整开发环境。

并行工程的开发环境主要包括：统一的产品模型；一套高性能的计算机网络；一个交互式、良好用户界面的系统集成，有统一的数据库和知识库。

3）成立并行工程的开发团队

并行团队的建立是企业为了完成特定的产品开发任务而组成的多功能型团队，包括来自市场、设计、制造、检验、维修、服务的代表。通过团队成员的共同努力能够产生积极的协同作用，使团队的绩效水平远大于个体成员的绩效总和。团队成员技能互补，致力于共同的绩效目标，并且共同承担责任。

4）选择开发工具及信息交流方法

选择一套合适的产品数据管理（Product Data Management，PDM）系统，PDM 是集数据管理能力、网络通信能力与过程控制能力于一体的数据管理技术的集成，能够跟踪保存和管理产品设计过程。PDM 系统是实现并行工程的基础平台。它将所有与产品有关的信息和过程集成于一体，将有效地管理从概念设计、计算分析、详细设计、工艺流程设计、制造、销售、维修直至产品报废的整个生命周期相关的数据，使产品数据在整个产品生命周期内保持最新、一致、共享及安全。PDM 系统应该具有电子仓库、过程和过程控制、配置管理、查看、扫描和成像、设计检索和零件库、项目管理、电子协作、工具和集成件等。产品数据管理系统对产品开发过程的全面管理，能够保证参与并行工程协同开发小组人员间的协调活动能正常进行。

5）确立并行工程的开发实施方案

首先，把产品设计工作过程细分为不同的阶段；其次，当出现多个阶段的工作所需要的资源不可共享时，可以采用并行工程方法；最后，后续阶段的工作必须依赖于前阶段的工作结果作为输入条件时，可以先对前阶段工作做出假设，二者才可并行。其间必须插入中间协调，并用中间的结果做验证，其验证的结果与假定的背离是后续阶段工作调整的依据。

3.3.3　反向工程

反向工程是从他人的产品入手，进行分解剖析和综合研究，在广泛搜集产品信息的基础上，通过对尽可能多的同类产品的解体和破坏性研究，运用各种科学测试、分析和研究手段，反向求索该产品的开发思想、设计结构、制造方法和原材料特性，从而达到从原理到制造，由结构到材料全面系统地掌握产品的设计和开发方法。在积极遵守知识产权保护法规的前提下，合法地反向设计别人的产品，这样做既可以减少产品开发的风险，又可以减少研究开发费用，缩短产品开发周期。例如，在 20 世纪六七十年代，日本大量引进美国和西欧的先进技术，通过反向工程，成功地开发出的新产品，比原来引进的产品质量更好、功能更强，价格更便宜，大大拓展了日本产品的国际市场。

3.3.4　协同产品商务

随着经济一体化与全球化市场的发展，企业为了适应新经济竞争环境、增强国际竞争力，越来越趋向于采取全球化、外包和协作等策略，通过全球资源的优化配置来开发推出最具有竞争力的产品，应用 Internet 技术的发展，在并行工程的基础上建立跨企业的产品开发网络，寻求有效的开发合作伙伴，协同创造产品竞争优势。因此，美国一家著名的咨询公司提出了协同产品商务的概念，从管理上说，协同产品商务是一组经济实体（制造商、供应商、合作伙伴、顾客）的动态联盟，共同开拓市场机会并创造价值的活动的总称。通过 Internet 技术把在产品商业化过程中承担不同角色、使用不同工具、处于不同地理位置的个体联系起来，使它们能够协作地完成产品的开发、制造以及对产品的整个生命周期进行管理，协同产品商务能带来产品更快的上市时间、更大的市场份额和更高的利润。

协同产品商务蕴含以下一些核心的管理思想：

（1）价值链的整体优化。协同产品商务从产品创新、上市时间、总成本的角度追求整体经营效果，而不是片面地追求诸如采购、生产和分销等功能的局部优化。

（2）以敏捷的产品创新为目的。迅速捕获市场需求，并且进行敏捷的协作产品创新，是扩大市场机会、获取高利润的关键。

（3）以协作为基础。协同产品商务的每个经济实体发挥自己最擅长的方面，实现强强联合，以获得更低的成本、更快的上市时间和更好地满足顾客需求。顾客参与到产品设计过程，可以保证最终的产品是顾客确实需要的。

（4）以产品设计为中心进行信息的聚焦和辐射。产品设计是需求、制造、采购、维护等信息聚焦的焦点，也是产品信息向价值链其他各环节辐射的起源。只有实现产品信息的实时、可视化共享，才能保证协作的有效性。

思考与练习

1. 讨论新产品开发在企业发展战略中的重要地位。

2. 什么是产品生命周期？企业管理者在产品生命周期的各个阶段的策略和管理重点是什么？

3. 举例说明适应企业环境的新产品开发方式。

4. 什么是工艺规程？一份详尽的工艺规程中应该有哪些主要内容？

5. 举例说明适应动态竞争环境的产品开发组织方式。

6. 什么是并行工程？其实施步骤和重点是什么？

7. 比较并行工程与传统的产品开发组织方式的差别。

8. 请上微信搜寻，上海静靖服饰有限公司的著名牌品"LaReine 莱芮"在产品开发及定位，以及市场营销方面是如何获得成功的？你了解自媒体这种营销模式吗？谈谈你的体会和看法？（微信号：LaReineLR）

柯 达 末 路

　　2012 年 1 月 10 日，柯达公司的股价为 58 美分，此时已是连续一个多月低于 1 美元。在它巅峰时代的 1999 年 1 月，柯达股价曾达 78 美元。1 月 19 日，柯达及其美国子公司向美国破产法院提出破产保护申请和业务重组申请。此时的柯达，其账上有 58 亿美元资产，而负债却达 68 亿美元。有 130 多年历史的胶片巨头柯达，就此走到了穷途末路。在柯达的鼎盛时期，柯达相机和柯达胶片占据着美国本土市场 85% 和 90% 的份额，柯达胶片曾一度占据全球三分之二的市场份额。20 世纪末，民用胶片市场发展达到了顶峰。也就是在这一年，数码相机在主流市场开始迅速普及。而此时的柯达，仍然对利润丰厚的胶片业务一往情深。

　　其实，柯达并非没有意识到数码技术的潮流。恰恰相反，全球第一部数码相机就是由柯达制造出来的。早在 1975 年，柯达工程师史蒂芬森·萨松就研制出了全球第一部数码相机。这部相机重约 3.6 千克，曝光时间为 23 秒。当时的柯达管理层看到这个产品之后说："很漂亮，但不要让任何人知道。"

　　1979 年，为柯达工作了 20 年的老雇员、罗彻斯特大学商学院教授拉里·马特森提醒老东家，胶片市场将逐渐被数码产品取代。但随后 20 年的故事表明，柯达管理层无异于躺在胶片上数着现金流过日子。好日子很快就到了头。从 2000 年开始，彩色胶片业务以每年 25% 的速度迅速下滑。2009 年，柯达宣布停止生产 Kodachrome 彩色胶片，并裁撤传统胶片部门。柯达之所以迟迟未能坚定地向数码业务转型，一个重要的原因是，公司的决策层不希望新兴的数码技术过快地影响现有的胶片业务。柯达并没有放松对数码技术的研发，但将他们的数码技术成果秘而不宣，也不积极地将这些技术转化为应用。这样做的意图是，尽可能地延缓数码相机的发展速度，从而延长传统胶片业务的生命周期。等到后来柯达如梦方醒推出自己的数码相机产品时，已经难以在这个火热的市场中占据有利位置。

　　来自惠普的空降兵彭安东（从 2005 年任 CEO 至今）将柯达的发展方向定位为打印机，彭安东的设想是进入数码印刷领域，生产为用户打印照片的打印机，保持新业务与柯达摄影业务的联系。但在打印机领域，柯达并不掌握核心技术，迟迟不能打开市场。

　　在近 20 年的时间内，并不是说柯达的历任 CEO 都没有能够做出任何正确的决策。遗憾的是，不能保持战略连续性，从而导致柯达的业务发展"厄运循环"。比如说，费舍尔在任期间曾发布过一款能够在线发布与分享照片功能的数码相机，如今社交媒体的成功证明了这一决策是有远见的；邓凯达在任时也为转型时期的柯达业务多元化指出过一条不错的发展道路，邓凯达推广"复兴计划"，提倡将照片集结成画册，而不是单张照片冲印，但邓凯达 2005 年的离任导致"复兴计划"没有持续进行。现在柯达被认为是从一项利润丰厚且能有效地带动产品销售的生意中抽身，转而投入到一项"盈利难度非常大"的行当——打印设备。打印机业务显然偏离了数字化发展趋势，与费舍尔提出的在线发布与分享计划也明显背离。用户对打印照片的需求，不足以支撑有着庞大身躯的柯达恢复盈利。

（资料来源：21 世纪经济报道）

问题

1. 柯达新产品开发为什么止步不前？

2. 从上面柯达的案例中，我们如何看待新产品开发？

3. 结合柯达案例说说新产品开发对于企业发展的战略意义。

第 **4** 章

运营系统设施选址与布置

学习目标

通过学习运营系统设施选址与布置，使读者了解设施选址与布置的概念、影响设施选址的因素，掌握设施选址与布置的方法，尤其是定量分析的评价方法和利用现代信息技术工具进行计算，能进行科学的选址与布置。

关键概念

设施选址；设施布置；影响因素；评价方法

冷库选址分析

目前 95%以上冷库投资是以经营为主要目的，因此，冷库库址的选择尤其重要。一般在地理位置比较有利、交通比较发达的地段，地价都较高。所以，按多层冷库的设计较为合理。但是，考虑到多层冷库基础及结构投资的增多，以及今后制冷及管理等方面的便利，建议多层冷库应以 3～4 层，总高度不超过 20 米为宜。传统的冷库设计每层高度一般在 5 米左右，但是，在实际操作中，该高度的冷库利用率非常低，货物堆叠的高度一旦达到 3.2 米时就难以继续堆叠上去，物品因受压导致了质量的不断下降，安全性也受到了威胁，特别是外包装容易变形的物品，经常出现外包装破裂、物品倾斜甚至倒塌等现象。

再者，经营性冷库货物品种多、同品种数量少、堆叠高度低、占地面积大，给冷库的操作管理带来诸多不便。为了提高冷库的利用率，保证物品的质量及安全，实际操作中往往采取每层中间增设隔架层的处理办法，但是，这样做不仅会增加二次投资，而且运作空间太小。因此，在今后的冷库设计中，为了进一步提高冷库的利用率，充分发挥隔架层的作用，节省冷库的总体投资，设计冷库每层的高度时应该适当增大。

在完成选址之后，在冷库建造之前，首要问题是做好地面平整的工作，由于冷库的多数设备，例如库板之类的都是成型物品，如地面没有完全符合要求的情况下安装施工，会造成冷库设备的严重变形损坏。

（资料来源：http://www.shhfzl.cn）

问题

1. 你知道冷库与我们日常生活哪些食品有关吗？
2. 冷库选址有何要求？你认为应如何选址？应该考虑哪些因素？

设施选址是实现运营战略的重要环节，是建立运营系统的先决条件，无论是建立新企业还是老企业改造都需要进行设施选址。正确的选址决策会促进企业的发展，相反，如果企业选址失误，会给企业带来无法弥补的经济损失。因此，设施选址在运营管理中有非常重要的地位和作用。本章将先讨论设施选址的概念、影响因素；然后讨论设施选址的方法；最后讨论设施布置。

4.1　设施选址概述

4.1.1　设施选址的概念

选址问题的研究可以追溯到人类祖先对居住的洞穴的选择问题，以及中国古代对风水问题的研究。德国经济学家韦伯（Weber）是第一个研究制造活动选址问题的学者。到了 20 世纪 80 年代，随着全球经济一体化的发展，跨国公司纷纷将生产设施选在国外，在国外投资建厂。所谓设施选址就是指如何运用科学的方法决定设施的地理位置，使之与企业的经营战略相符合，以便有效、经济地实现企业的经营目标。通常有四种情况需要进行设施选址：一是新建企业需要进行设施选址；二是老企业由于生产经营的发展需要进行设施改造或扩建，需要另选新址或在原地扩建厂房；三是由于种种原因企业需要搬迁，另选一个合适的厂址；四是企业兼并和重组。

4.1.2　设施选址的重要性

1. 选址影响着企业的竞争力

设施选址的地理位置和环境的不同，对设施建成后的生产经营效果产生非常重大的影响，设施选址正确与否直接影响到产品和服务的成本，如当地工资水平、税率和汇率、运输成本、原材料价格、劳动生产率等对企业的成本都有很大的影响，因而影响到产品的价格和市场竞争力。对于制造业来说，其选择的地理位置的不同决定着某些直接成本的高低，如原材料和产品的运输成本、劳动力成本及其他辅助设施的成本等。若生产服务设施建在了远离原材料供应地或远离市场的地方，原材料或产品的运输成本就会很高。对于服务业来说，选址的不同将直接影响到供求关系、客流量和营业额等。同时选址还影响到供应链上下游企业的相互关联，只有供应链上各个节点企业的效益实现最大化才能使整个供应链的效益最大化。此外，不同的选址还会影响到企业对员工的吸引力，所选地址能否为员工提供良好的社区居住环境，学校、医院、银行等社会配套设施是否齐全等都会影响到员工生活和工作的积极性。

2. 选址影响着企业的投资

设施选址一旦被选定，企业的不动资产也就被固定下来了，企业所处的外部环境就无法改变，对设施布局和企业投资都有重大的影响，同时经营费用也就基本确定了。生产设施的建立对企业来说是一笔大的永久性的投资，如果选址先天不足，一旦设施已经建成，不易轻易搬迁，异地重建设施将会给企业带来巨大的投资损失。

3. 选址影响着企业的发展战略

由于选址是决定企业成本的重要因素，如果设施选址失误，就会造成企业经营状况不佳，对企业发展战略的实现带来严重影响，企业可能就会调整发展战略，这将给企业造成极大的经济损失，对企业的发展带来不利的影响。

4. 选址影响着企业的创新

当企业把创新、创造力、研发和投资作为运营战略的关键要素时，选址直接影响到企业所处的科学技术环境，从而影响企业的创新能力和水平，这时选址要考虑的因素不再只是成本问题，而必须考虑以下四种影响企业整体竞争力和创新的因素。

（1）拥有高质量和专业技术的资源，如科学技术人才。

（2）鼓励投资和允许与本土企业竞争的大环境。

（3）来自当地成熟市场的压力和洞察力。

（4）当地有相关支持产业。

在选址时许多企业放弃了低成本的地点，如摩托罗拉放弃了低成本的地点，因为那些地点不能为其他重要战略因素提供支持。摩托罗拉在选址分析报告中指出，那些地点的基础设施和教育水平不足以支持其专业的生产技术，即使那里的成本很低，该公司还是放弃了。

4.1.3 设施选址的难度

设施选址对企业的发展至关重要，在选址时需要考虑的因素多且错综复杂，给设施选址决策带来了一定的难度，主要体现在以下几个方面。

（1）选址因素多且相互矛盾。设施选址时通常要考虑的因素很多，但这些因素往往又是互相矛盾的，如考虑离原材料地点近，可以减少原材料运输费用，但往往又离市区或市场较远，或者又无法获取高素质的劳动力资源等，因此，这些因素条件相互矛盾，不能同时满足。

（2）不同因素的相对重要程度难以度量。在进行设施选址时通常要考虑的因素很多，而且这些因素错综复杂、相互矛盾，在决定取舍时难以确定各因素相对的重要程度。

（3）选址方案的时效性有限。任何一种选址方案都不能保证永远适用。随着经济全球化进程的加快，各国、各地区之间的比较优势也在发生变化，比如，当前具有劳动力资源廉价的国家和地区，随着经济的发展，很可能在几年之后失去了这种优势，因此，会对选址的结果产生很大的影响，给选址决策增加了难度。

（4）不同决策部门利益不同，所追求的目标不同。企业内部各个部门在进行选址决策时往往出于各自利益的角度出发进行决策。由于各部门所追求的目标利益不同，因此，为取得科学的选址决策方案增加了难度。

（5）选址判别的标准会发生变化。不同的经济发展时期选址因素的重要程度不同，因此，选址判别标准会随着经济的不同发展时期而发生变化。

由此可见，设施选址因素多，工作非常复杂，难度大，在选址时要充分做好调查研究，从长远的观点来进行科学的分析和规划。

4.1.4　设施选址的分类

设施选址的分类，一是按照设施数量的多少进行分类，可分为单一设施选址和复合设施选址或称为多设施选址。单一设施选址即为一个独立的设施选择最佳地址；复合设施选址是指为多个设施或一个企业的若干部门或分厂等选择最佳地址，目的是使整个设施网络系统达到最优。二是按照设施性质进行分类，可分为生产设施选址和服务设施选址。

4.1.5　设施选址的基本原则

设施选址要考虑的因素很多，这些因素关系复杂，往往不能同时满足，因此，成功的设施选址应将定性分析与定量评价方法相结合，定性分析是定量评价方法的前提。无论是制造业还是服务业在进行设施选址时都应遵循的基本原则如下。

1. 费用最低原则

企业建设初期的固定费用、投入运行后的可变费用、产品销售以后的年销售收入和利润都与选址有关，对企业的经济效益都有很大的影响。因此，合理的设施选址应使设施建设初期的固定费用，以及设施建成投入运行后的可变费用最小。如攀钢集团有限公司在攀枝花市建厂，离原材料供应地近，建成后投入运行的费用最低，就可以给企业运营带来更大的经济效益。

2. 接近用户原则

对于服务业来说，如银行、医院、学校、餐馆、商店等，服务设施只有建在消费市场附近，接近用户，才能方便顾客消费，同时降低运费和各种损耗，企业才能生存和发展。一些制造业企业选址靠近目标市场，可以及时地了解消费者的需求和产品的市场状况，同时可以降低运输费用。

3. 聚集人才原则

人才是企业的宝贵资源，企业拟选地的生活、文化、经济等环境条件对企业留住人才影响很大，选址要有利于吸引人才，留住人才，否则，设施拟选地的环境条件不利于员工生活等会导致员工及人才的大量流失。

4. 战略发展原则

设施选址是一项战略性决策，必须要有长远的战略发展意识，考虑到企业未来的长远发展战略和变化，同时还要考虑是否与当地的经济社会发展规划相协调。随着全球经济一体化的发展，设施选址还要考虑利用全球的资源优势，开拓国际市场，增强国际竞争力。

5. 分散与集中相结合原则

设施选址分散与集中要适度，符合本地区的工业整体布局。有时需要集中布点，以形成规模经济；有时需要适度分散，以形成最佳的经济结构，总之分散与集中要根据企业的实际情况，既要考虑市场占有率又要考虑企业整体经济利益最大化，绝不能盲目扩张。

6. 专业化分工与协作原则

打破大而全、小而全的区域观念，建立在分工基础上的相互协作机制，实行业务外包，要考虑拟选地址能否建立起良好的供应链以及与供应商的配套能力是否协调，积极培育自身的核心竞争力。

4.2　设施选址的程序和影响因素

4.2.1　设施选址的程序

随着生产运营全球化的发展，设施选址也变得日益复杂，选址问题已经超越了国界。设施选址的程序通常包括选择国家、选择区域和选择地点。设施选址的程序和关键影响因素如图4-1所示。

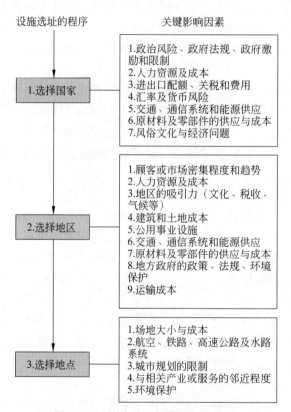

图 4-1　设施选址的程序和影响因素

首先，企业必须决定设施选址是在国内还是国外。20世纪80年代前一般很少考虑在国外建厂，而今随着经济全球化的发展，企业选址程序首先要考虑设施建在哪个国家，即选择国家。选择国家最基本的原则就是要考虑有利于企业实现核心竞争力的优势要素，如该国的政策法规、人力资源、进出口配额、关税、汇率及货币风险等。其次，在国家选定之后就要确定设施建在这个国家的哪个地区，即选择地区。在选择地区时主要考虑该地区顾客或市场密集程度和趋势、建筑和土地成本、公用事业设施、交通运输、通信系统、能源供应，以及地方政府的政策、法规、环境保护等优势要素。最后，在选定的地区内具体选择一个特定的地点建立设施，即选择地点。企业所选择的设施地点必须考虑场地的大小、地形地貌、分区规划及成本、公用事业设施、交通运输以及相关产业或服务的邻近程度等。

4.2.2　设施选址的影响因素

企业设施选址所涉及的因素多且复杂，这些因素对企业未来的发展和运营效果将产生直接和间接的影响。因此，企业只有了解和认真分析这些影响因素，才能确定最佳的选址方案。影响设施选址的主要因素大致可以分为四大类。

1. 经济方面的因素

1）原材料供应地的接近程度

原材料成本占产品成本比重很大或对原材料供应有严格要求，这样的企业就应该选择离原材料较近的地区建厂，可以降低运输成本和生产成本，保证原材料供应和质量。

（1）原材料笨重而价格低廉的企业，特别是原材料的重量和体积较大的企业，如钢铁冶炼厂、制糖厂、砖瓦厂、水泥厂、玻璃厂和木材厂等。

（2）原材料易腐烂变质的企业，如水果、蔬菜罐头厂等。

（3）原材料运输不便的企业，如屠宰场、井矿盐生产等。

2）能源供应与成本

水、电、气等能源资源供应是否充足，对于耗能大的企业，如电解铝厂，应考虑供电充足地区；矿泉水厂、水力发电厂应考虑水力资源供应充足地区；钢铁、火力发电厂耗能较大，应接近燃料、动力供应地。同时还要考虑获得这些能源资源的成本因素，是否可以立即获得还是需要经过再开采或再加工等。

3）接近目标销售市场

设施选址应尽可能接近目标市场，尤其是消费类产品的生产企业更应该尽可能接近产品的目标市场，有利于产品的迅速投放市场和降低运输成本，同时还有利于及时了解目标客户及市场的需求信息。大多数服务业，如商店、医院、消防队、银行、酒店等都选择建在目标消费群体集中的地区，如家乐福选址所有的店都选在十字路口，目的是为了接近目标市场；又如许多国外的电子信息产品生产企业选择在中国投资建厂，目的就是为了占领中国这个潜力巨大的电子信息产品消费市场。

4）交通运输条件与成本

现代企业的物流运输成本通常在企业的成本费用中占有很大的比例，良好的交通运输条件能保证物料和产品的运输便捷，还可以节约时间和运输成本。在选址时要考虑航空、铁路、公路和水路运输是否便捷，或第三方物流服务是否方便，一般来说航空运费最高，公路次之，铁路较低，水路运输最低，应进行分析比较和权衡，注意缩短运输距离、尽量减少运输环节中的装卸次数。生产粗大笨重的产品的工厂选址，应靠近铁路、公路、码头等交通设施方便的地方，如列车厂、大型锅炉厂、造船厂等。出口产品企业，厂址或仓储中心要靠近口岸。同时还要考虑所选地址的通信是否方便。

5）供应链因素

企业作为供应链的一个节点，在运营中要考虑与供应链上其他节点企业的生产能力是否协调，所选地址能否建立起良好的供应链以及与供应商的配套能力是否协调，良好的供应链管理必然增强企业的竞争力，为企业创造更大的价值。如丰田设施选址，其中一个重要因素就是考虑接近零部件供应商。

6）接近竞争对手

有一些企业往往在竞争对手附近选址，常常出现在拥有某些重要资源的地区，目的是接近竞争对手、占领市场或者是为了获取某种重要资源，这种趋势称为集群（clustering），这些资源包括自然资源、信息资源、风险资本资源及人才资源。如美国的硅谷是软件公司云集的地方，拥有科学技术领域的优秀人才资源，靠近风险资本；索尼、惠普、摩托罗拉及松下等全世界知名的电子企业都在墨西哥北部选址，集群原因是北美自由贸易区，出口美国免关税，全世界24%的电视机在该地区生产。

2. 政治方面的因素

政治方面的因素包括政局和治安是否稳定、政策和法律法规是否健全、税负是否公平等。

1）政局和治安

政治局面稳定是发展经济的前提条件，尤其在国外建厂是必须考虑的因素。在一个动荡不安、战争不断的国家投资建厂风险很大。

2）政策和法律法规

拟选地政府的政策、法律法规，以及环境保护方面的法律法规的现状、连续性和稳定性。如果政策、法律法规不稳定，资本权益得不到保障，不宜建厂。对环境有污染的工厂不能建在法规不允许的地方。

3）税费负担

不同国家和地区的税率与税种各不相同，计税时间和纳税方法也不同，税率水平越高，企业的盈利水平就越低，因此，设施选址时一定要考虑当地的税收情况。若税负不合理或太重，使企业财务负担太重，就会增加企业投资成本和投资风险，不宜建厂。相反，一些国家和地区为了吸引外资来投资，制定了税收优惠政策或地价优惠政策，保障外商合法权益，提供良好的投资环境。

3. 社会方面的因素

1）人力资源与成本

不同国家、地区的劳动力资源、工资水平和受教育程度不同，在选址时企业要考虑劳动力资源的获取性、受教育程度、劳动技能水平和劳动力成本，要与企业的生产运营活动需要相匹配。现代生产运营活动越来越复杂，对员工的工作技能和业务能力要求也越来越高，这直接影响到产品的质量、数量和完工日期。对于劳动力密集型企业，劳动力成本占产品成本的比重较大，应考虑在劳动力资源丰富、工资低廉的地区建厂。如国外跨国公司纷纷在中国建厂，因为中国的劳动力资源丰富而且劳动力成本低廉。

2）社区环境

社区环境包括学校、幼儿园、商店、医院、图书馆等公共设施配套情况，良好的生活居住环境有利于稳定员工队伍，吸引高素质人才，保障员工身心健康。如果社区环境不好，公共设施不配套，由企业负担建设就会增加企业投资负担。

　　3）科学技术环境

　　科学技术环境包括大专院校、科研院所的数量和水平等。尤其是产品科技含量高的企业必须选择教育水平高的地区建厂，企业可获得职业道德素质水平高的员工，同时文化教育水平高的地区有利于吸引更多的优秀人才。

　　4）风俗文化

　　风俗文化包括民族、文化、宗教信仰和风俗习惯等，企业在当地建厂必须考虑这些因素。若企业生产的产品或产品的生产过程与当地的宗教信仰不符，就会遭到当地公众的谴责和抵制，产品没有销路，企业的生产运营活动就不能正常进行，甚至招不到员工。

　　4. 自然环境方面的因素

　　1）土地资源

　　土地资源包括土地的水文、地理位置、地形地貌、土地价格，这些因素都直接影响到投资建设成本。如在平地建厂造价低于丘陵地区，在地震活动频繁区建厂，则建筑设施要达到更高的抗震要求，必然增加建设成本。在选址时土地价格也是必须考虑的一个重要因素，城市土地价格高，郊区较低，农村更低，还要考虑发展有无扩展余地。近年来许多企业纷纷迁往郊区建厂，主要原因就是郊区的土地廉价，且具有扩展余地。

　　2）气候条件

　　气候条件包括气温、湿度、风向、灾害等。气温条件将直接影响员工的健康和工作效率，根据美国制造业协会的资料，气温在 15℃～22℃，人们的工作效率是最高的。气温影响厂房、办公室的设计，需增加取暖设备或降温设备，将增加企业的成本。有些设施对气候有特殊的要求，在设施选址时要考虑与之相适应的气候条件，温度、湿度、降雨量、风向等对某些产品的制造工艺环境有直接影响，对气温特别寒冷的地区还要考虑冰冻和积雪对建筑物基础设施的影响。如电子工业企业、纺织厂、乐器厂等就要考虑湿度较低的地区。

　　3）水资源

　　企业耗水量大，应考虑靠近水资源丰富的地区，如水电站、造纸厂、钢铁厂等。同时耗水量大的企业给水质造成的污染也大，在选址时还要考虑当地环境保护的有关政策法规，并要建立污水处理的设施装备。有些企业还要考虑水质问题，如矿泉水厂、啤酒厂等。同时，企业在选址时还要考虑废品、废渣、废液、废气等废弃物的处理问题，注意保护生态环境。

　　特别要注意的是，制造业选址分析的重点是使成本最小化。而服务业选址的重点是收入最大化。因为制造业选择不同的地址建立生产设施对成本的影响非常大，而服务业选址对于收入的影响远大于成本的影响。因此，服务业选址的重点取决于业务量和服务价格。一般的服务业选址的影响因素有：

　　（1）商圈内消费者的购买力。这是影响服务业企业选址的首要因素，因此，在设施选址时要对商圈内的交通流量、人口数量、收入水平等进行统计分析，这些因素直接影响消费者的购买力，从而影响服务业企业的经济效益。

（2）服务业企业的聚集程度。服务业企业的聚集程度越高，对市场和商业中心的形成作用就越大，对市场的聚集效应和引领功能也就越强，既可以给服务业企业带来更多的商机和收益，也可以给消费者购物带来更多方便及降低购买成本。

（3）服务与消费者接触的程度。与消费者接触程度高的服务机构选址应靠近消费人群集中的地区，如商店、医院、银行、餐馆等；与消费者接触程度低的服务机构应选择交通便利的地区，如咨询机构、律师事务所等。

从以上因素分析可以看出，设施选址要考虑的影响因素很多，而企业在实际的选址过程中所涉及的因素有时远远超过上述因素，而且有些因素是相互矛盾的，不能同时满足，因此，我们必须注意以下选址技巧。

（1）分清主次，抓住关键。必须权衡所列出的全部因素，分析哪些因素与设施位置有关，哪些与企业经营活动有关，以便在决策时分清主次，抓住关键，做出正确的决策。

（2）结合实际，灵活运用。在实际选址中，要根据具体问题所涉及的因素，结合实际，灵活运用，绝不可生搬硬套原理，也不可模仿照搬他人的经验做出决策。比如，在 20 世纪 80 年代，美国的 GM 公司在决策一个新车装配厂的地址时，共列举了近 60 个影响因素，考虑到了分布于 20 多个州的多达 1 000 个可能的地址，最后在田纳西州找到了合适的地址，而在决策中公司把"当地工会的态度"列为重要影响因素，甚至排在了运输成本与现有零部件供应商的相对位置及生活条件等因素之上。

（3）定性分析和定量分析相结合。设施选址依据的因素很多，关系复杂，大量成功的案例和经验表明，在实际选址时要定性分析和定量分析相结合，但定性分析更重要，是定量分析的前提。

4.3　设施选址的评价方法

4.3.1　单一设施选址的方法

1. 因素评分法

因素评分法是一种常用的简单评分法，在选址时要考虑的因素有很多，这些因素既有定性的因素，又有定量的因素。若一些因素的重要程度比其他因素更加重要，则可以通过权重来决定它们的重要程度。

因素评分法的步骤。

（1）列出相关因素清单；

（2）为每个因素分配权重，以反映各因素的相对重要程度；

（3）制定分值范围，即评分标准（如 1～10 分，或 1～100 分）；

（4）为每个拟选地址的所有因素打分；

（5）用每个因素的得分分别乘以各自的权重，再计算每个地点的总分；

（6）根据得分多少得出选址建议。

【例 4-1】 某企业要建一新工厂，现有 A、B 两个备选地址可供选择，其相关因素及权重如表 4-1 所示，专家给出了每个备选地址的分数，请问哪个备选地址最优？

表 4-1　因素评分表

选址因素	权重	得分		加权得分	
		A	B	A	B
燃料的可获性	0.20	40	30	0.20×40=8	0.20×30=6
水源供应	0.18	30	35	0.18×30=5.4	0.18×35=6.3
人力资源供应	0.15	30	25	0.15×30=4.5	0.15×25=3.75
生活条件	0.15	40	45	0.15×40=6	0.15×45=6.75
交通运输	0.10	15	30	0.10×15=1.5	0.10×30=3
土地费用与建造成本	0.10	20	20	0.10×50=5	0.10×20=2
环境污染法规	0.05	20	25	0.05×20=1	0.05×25=1.25
税费负担	0.07	10	15	0.07×10=0.7	0.07×15=1.05
合　　计				32.1	30.1

A 厂址得分 32.1 高于 B 厂址得分，故应选择 A 厂址建造新工厂。

2. 量本利分析法

量本利分析法又叫盈亏平衡点分析法，是指通过成本-产量分析，并用图形来表示其固定成本和变动成本的变化规律，从而对各备选地址进行分析比较，选出最优方案。优点可以通过图形比较直观地表示各备选地址在哪个产量范围内可取。

量本利分析法的步骤。

（1）确定每个备选地址的固定成本和变动成本；

（2）把每个备选地址的成本曲线绘制在坐标图中；

（3）为预期产量选择总成本最低的方案或利润最大的方案。

【例 4-2】 某一机动汽化器制造商考虑将新建一处生产制造厂，在 A、B、C 三个城市进行选择，成本等资料如表 4-2 所示。

表 4-2　各厂址资料

方案 .	固定成本/元	单位变动成本/元	预测销量/个	预计销售价格/元
A	300 000	750	2 000	1 200
B	600 000	450	2 000	1 200
C	1 100 000	250	2 000	1 200

解　计算各方案总成本：

$$TC_A=300\,000+750×2\,000=1\,800\,000（元）$$

$$TC_B=600\,000+450×2\,000=1\,500\,000（元）$$

$$TC_C=1\,100\,000+250×2\,000=1\,600\,000（元）$$

B 方案可获利润：

$$L_B=1\,200×2\,000-1\,500\,000=900\,000（元）$$

B 方案利润最大，为最优方案。

盈亏平衡点计算：令 $TC_A=TC_B$

$$300\ 000+750Q=600\ 000+450Q$$

得盈亏平衡点

$$Q_1=1\ 000\ 个$$

令 $TC_A=TC_C$

$$300\ 000+750Q=1\ 100\ 000+250Q$$

得盈亏平衡点

$$Q_2=1\ 600\ 个$$

令 $TC_B=TC_C$

$$600\ 000+450Q=1\ 100\ 000+250Q$$

得盈亏平衡点

$$Q_3=2\ 500\ 个$$

绘制出选址盈亏平衡分析图，如图 4-2 所示。预测销量为 2 000 个，所以选 B 方案为最优方案。从图 4-2 中还可以看出，如果预测销量小于 1 000 个，则选 A 方案为最优方案；如果预测销量大于 2 500 个，则选 C 方案为最优方案。

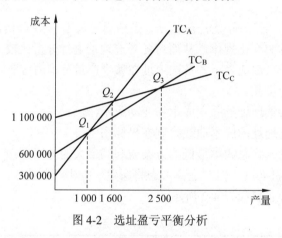

图 4-2　选址盈亏平衡分析

4.3.2　网络设施选址的方法——运输问题

随着企业的发展，有供求关系的企业生产设施形成网络体系，不仅如此，随着生产规模的进一步扩大，企业还往往面临着在设施网络中选择新址的问题，使得设施网络中的生产运营效果最优，这就是设施网络中如何选择新址的问题，即复合设施选址，如对于一个公司下设有多个工厂、多个分销中心的选址问题，可以归结为运输问题，用线性规划的方法求解。

1. 运输问题的数学模型

运输问题的一般形式为：

某种物资有 m 个产地 A_1，A_2，…，A_m，供应量分别为 a_1，a_2，…，a_m 个单位，联合供应 n 个销地 B_1，B_2，…，B_n，需求量分别为 b_1，b_2，…，b_n 个单位。从产地 A_i 向销地 B_j 运输一个单位物资的费用为 c_{ij}，从产地 A_i 到销地 B_j 的运输量为 x_{ij}，称为决策变量，

对于这样一个运输网络怎样调运物资才能使总运输费用最少？

运输问题的数学模型如下。

（1）如果（总发量）$\sum\limits_{i=1}^{m}a_i = \sum\limits_{j=1}^{n}b_j$（总收量），有如下线性规划问题。

目标函数：

$$\min Z = \sum_{i=1}^{m}\sum_{j=1}^{n}c_{ij}x_{ij}$$

约束条件：

$$\text{s.t.}\begin{cases}\sum\limits_{j=1}^{n}x_{ij} = a_i & (i=1,2,\cdots,m) \\ \sum\limits_{i=1}^{m}x_{ij} = b_j & (j=1,2,\cdots,n) \\ x_{ij} \geqslant 0 & (i=1,2,\cdots,m, j=1,2,\cdots,n)\end{cases}$$

称为产销平衡的运输问题的数学模型。

（2）当（总发量）$\sum\limits_{i=1}^{m}a_i > \sum\limits_{j=1}^{n}b_j$（总收量）时，即产大于销时，由于总的产量大于销量，就要考虑每个产地的多余物资就地储存的问题。这可以理解为将所有产地的剩余物资运送到一个假想的销地 B_{n+1}，其单位运费为 0，这时的总费用与没有假想之前的总费用是一致的，即 $\min Z = \min Z'$。

因此，解决这种问题的办法是增加一个假想的销地 B_{n+1}，它的需求量是 $\sum\limits_{i=1}^{m}a_i - \sum\limits_{j=1}^{n}b_j$，就可以将产大于销的问题转化为产销平衡的运输问题，其数学模型如下。

目标函数：

$$\min Z = \sum_{i=1}^{m}\sum_{j=1}^{n}c_{ij}x_{ij}$$

约束条件：

$$\text{s.t.}\begin{cases}\sum\limits_{j=1}^{n+1}x_{ij} = a_i & (i=1,2,\cdots,m) \\ \sum\limits_{i=1}^{m}x_{ij} = b_j & (j=1,2,\cdots,n) \\ x_{ij} \geqslant 0 & (i=1,2,\cdots,m, j=1,2,\cdots,n+1)\end{cases}$$

（3）当（总发量）$\sum\limits_{i=1}^{m}a_i < \sum\limits_{j=1}^{n}b_j$（总收量）时，即销大于产时，类似地增加一个虚拟的产地 A_{m+1}，它的产量为 $\sum\limits_{j=1}^{n}b_j - \sum\limits_{i=1}^{m}a_i$，该产地到各个销地的单位运费为 0，这样得到的

目标函数和最优解与没有虚拟之前是一致的，因而也可以将它转化为产销平衡的运输问题，其数学模型如下。

目标函数：

$$\min Z = \sum_{i=1}^{m} \sum_{j=1}^{n} c_{ij} x_{ij}$$

约束条件：

$$\text{s.t.} \begin{cases} \sum_{j=1}^{n} x_{ij} = a_i & (i=1,2,\cdots,m) \\ \sum_{i=1}^{m+1} x_{ij} = b_j & (j=1,2,\cdots,n) \\ x_{ij} \geqslant 0 & (i=1,2,\cdots,m+1, j=1,2,\cdots,n) \end{cases}$$

通过上述分析可知，对于产销不平衡的运输问题，总是可以通过增加假想的销地和虚拟的产地将其转化为产销平衡的运输问题。因此，只要解决了产销平衡的运输问题的求解，也就可以解决产销不平衡的运输问题的求解。

2. 利用 Excel 求解运输问题

运输问题是一种特殊的线性规划问题，特殊在它的约束条件具有特殊的结构，即系数矩阵是全部为 0 和 1 的矩阵，因而可以用单纯形法来求解，又因为它具有特殊的结构，因此，它还可以用比单纯形法更为简便的解法——表上作业法求解。当然，这些解法利用手工计算是比较烦琐的。随着信息技术的发展和计算机的普及，这里我们专门介绍利用 Excel 求解运输问题，方便快捷。

【例 4-3】 美国的阿尔法公司在中西部地区有三个生产厂，在未来的五年经营计划中，埃文斯维里厂每年需要原料供应 200 批，利克率顿厂每年需要原料供应 300 批，福特·威恩厂每年需要原料供应 400 批。现在阿尔法公司已有两个原料供应商，一个是地处芝加哥的供应商，每年能供应 300 批货；另一个是地处肯塔基州的路易斯维里，每年能供应 400 批货。这样，原料供应还有很大的空缺不能满足各厂计划的需要。阿尔法公司初步规划，筛选出了两个较好的方案：一是由俄亥俄州的哥伦布每年供应 200 批货；二是由密苏里州的圣路易斯每年供应 200 批货。各供应地到各厂每批原料的单位运费如表 4-3 所示。如果你是决策者，请问应选择哪个方案来满足阿尔法公司未来五年生产

表 4-3 原料供应地、生产厂所在地和运输费用

供应地＼生产厂	埃文斯维里厂	利克率顿厂	福特·威恩厂	供应量
芝加哥	200/美元	300/美元	200/美元	300/批
路易斯维里	100/美元	100/美元	300/美元	400/批
哥伦布	300/美元	200/美元	100/美元	200/批
圣路易斯	100/美元	300/美元	400/美元	200/批
需求量	200/批	300/批	400/批	

经营发展的需要？

解　这是产销平衡的运输问题。

方案一：将哥伦布纳入现有供应网络，求其最低费用。如表 4-4 所示。

表 4-4　方案一运输费用

生产厂 供应地	埃文斯维里厂	利克率顿厂	福特·威恩厂	供应量
芝加哥	200/美元	300/美元	200/美元	300/批
路易斯维里	100/美元	100/美元	300/美元	400/批
哥伦布	300/美元	200/美元	100/美元	200/批
需求量	200/批	300/批	400/批	

第一步，建立数学模型如下。

目标函数：

$$minZ = 200x_{11} + 300x_{12} + 200x_{13} + 100x_{21} + 100x_{22} +$$
$$300x_{23} + 300x_{31} + 200x_{32} + 100x_{33}$$

约束条件：

$$\text{s.t.} \begin{cases} x_{11} + x_{12} + x_{13} = 300 \\ x_{21} + x_{22} + x_{23} = 400 \\ x_{31} + x_{32} + x_{33} = 200 \\ x_{11} + x_{21} + x_{31} = 200 \\ x_{12} + x_{22} + x_{32} = 300 \\ x_{13} + x_{23} + x_{33} = 400 \\ x_{ij} \geqslant 0 \ (i = 1, 2, 3; j = 1, 2, 3) \end{cases}$$

第二步，计算操作。

首先，需要加载 Excel 的规划求解包，在 Excel 2003 中，首先打开 Excel 文档，单击工具→加载宏，将规划求解安装上去。在 Excel 2007 中，首先打开 Excel 文档，在加载项边上右击（如加载项未出现，在视图按钮旁边右击）出现提示框→单击选择自定义快速访问工具栏→在 Excel 选项中选择加载宏，在页面最下面单击转到→选择规划求解加载项；在工具栏中单击数据，将在最右边出现规划求解加载项，便可以启用。

其次，建立电子模型，即在 Excel 中的基本形式如图 4-3 所示。

第三步，连接数据之间的关系，在合计栏单元格 F4、F5、F6 分别填入 SUM（C4:E4）、SUM（C5:E5）、SUM（C6:E6）；在 C7、D7、E7 分别填入 SUM（C4:C6）、SUM（D4:D6）、SUM（E4:E6）。

第四步，设置目标单元格，单击全部函数，选中函数 SUMPRODUCT，在目标单元格 B16 填入 SUMPRODUCT（C4:E6，C12:E14）。如图 4-4 所示。

第五步，启动规划求解，单击工具→选加载宏→启动规划求解菜单。

设置目标单元格，单击 "$B$16"；

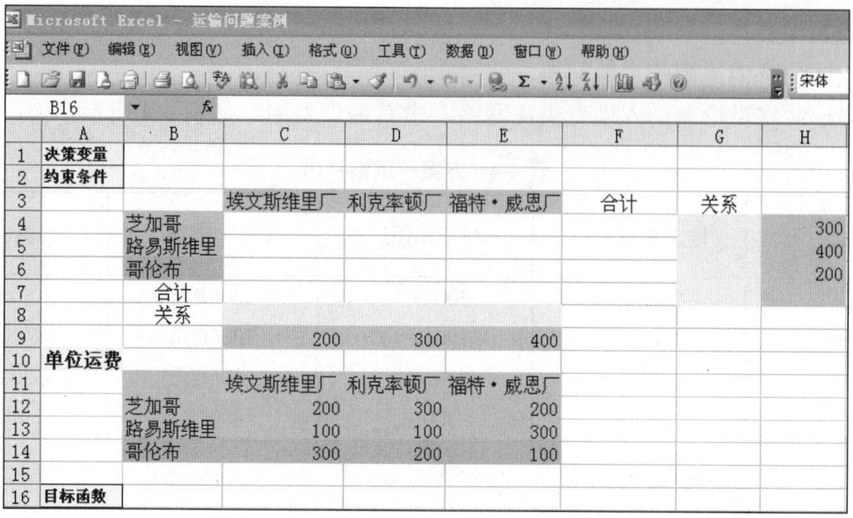

图 4-3　电子模型基本形式

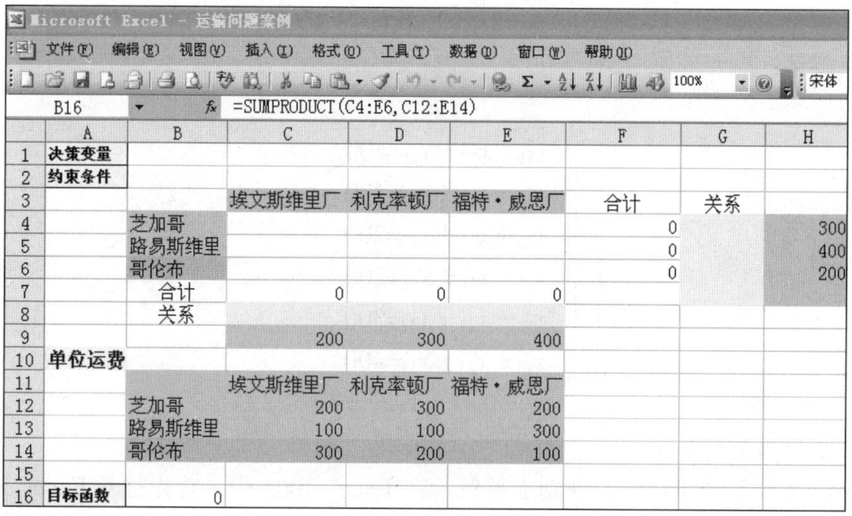

图 4-4　设置目标单元格示意图

目标函数选最小值；

可变单元格填"$C\$4:\$E\$6$"；

添加约束条件：单击添加→单元格引用位置添"$\$F\$4$"，关系选等于"="，约束值填"$\$H\$4$"→单击确定。从而得到六个约束值：C7=C9, D7=D9, E7=E9, F4=H4, F5=H5, F6=H6。如图 4-5 所示。

在选项中选中：采用线性模型，假定非负。如图 4-6 所示。

然后，单击求解，则得结果。如图 4-7 所示。计算结果为年运费总额 120 000 美元。

方案二：将圣路易斯纳入现有供应网络，求其最低费用。如表 4-5 所示。

仿照上面方案一的方法与步骤，可以计算出方案二年运费总额为 140 000 美元，所以，方案一为最优方案，即新的原料供应地应选哥伦布为最优方案，总运费最低为 120 000 美元。

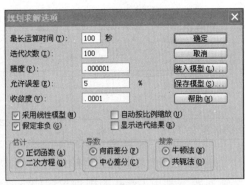

图 4-5　添加约束条件示意图　　　　　　图 4-6　设置选型示意图

	A	B	C	D	E	F	G	H
			=SUMPRODUCT(C4:E6,C12:E14)					
1	决策变量							
2	约束条件							
3			埃文斯维里厂	利克率顿厂	福特·威恩厂	合计	关系	
4		芝加哥	100	0	200	300		300
5		路易斯维里	100	300	0	400		400
6		哥伦布	0	0	200	200		200
7		合计	200	300	400			
8		关系						
9			200	300	400			
10	单位运费							
11			埃文斯维里厂	利克率顿厂	福特·威恩厂			
12		芝加哥	200	300	200			
13		路易斯维里	100	100	300			
14		哥伦布	300	200	100			
15								
16	目标函数	120 000						

图 4-7　哥伦布纳入现有供应网络计算结果

表 4-5　方案二运输费用

生产厂 供应地	埃文斯维里厂	利克率顿厂	福特·威恩厂	供应量
芝加哥	200/美元	300/美元	200/美元	300/批
路易斯维里	100/美元	100/美元	300/美元	400/批
圣路易斯	100/美元	300/美元	400/美元	200/批
需求量	200/批	300/批	400/批	

【例 4-4】　某公司现有三个工厂 A、B 和 C 位于不同的城市，有两个仓库 P 和 Q 也位于不同的城市。每个仓库每月需供应市场 2 100 吨产品。为满足市场需求，该公司决定再新建一个仓库。现有 X 和 Y 两个地址可以建立新仓库。各工厂到每个仓库的单位运费如表 4-6 所示。试问选择哪个新址建立新仓库最优？

解　方案一：假设选择 X 地址建立新仓库，计算运输网络的总费用。

表 4-6　各工厂到各仓库的单位运费　　单位：元

仓库 工厂	仓库 P	仓库 Q	拟建仓库 X	拟建仓库 Y	生产能力/吨
A	15	27	48	51	2 400
B	27	12	24	27	2 400
C	45	24	9	15	1 800
需求量合计/吨	2 100	2 100	2 100	2 100	

这是一个产大于销的运输问题，则虚拟一个仓库，其运费为 0，转化成产销平衡的运输问题，利用 Excel 的规划求解如下。

第一步，建立电子模型，即在 Excel 中的基本形式如图 4-8 所示。

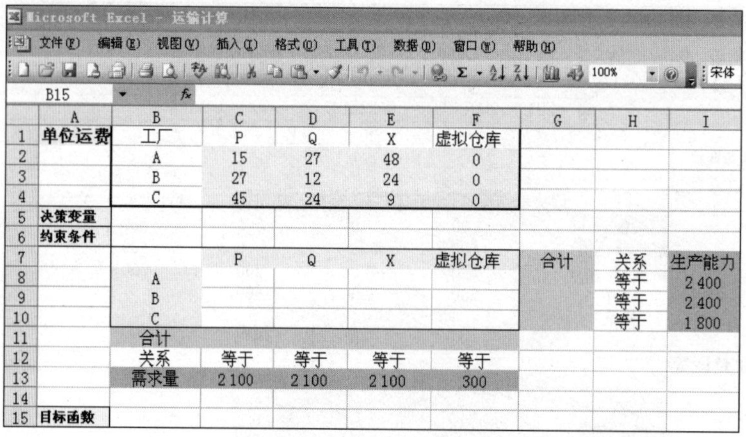

	A	B	C	D	E	F	G	H	I
1	单位运费	工厂	P	Q	X	虚拟仓库			
2		A	15	27	48	0			
3		B	27	12	24	0			
4		C	45	24	9	0			
5	决策变量								
6	约束条件								
7			P	Q	X	虚拟仓库	合计	关系	生产能力
8		A						等于	2 400
9		B						等于	2 400
10		C						等于	1 800
11		合计							
12		关系	等于	等于	等于	等于			
13		需求量	2 100	2 100	2 100	300			
14									
15	目标函数								

图 4-8　建立电子模型

第二步，连接数据之间的关系，即将合计单元格填入求和函数。G8 填入"SUM（C8:F8）"，其他合计单元格只需拖动鼠标复制即可。

第三步，设置目标单元格，单击全部函数，选中函数 SUMPRODUCT，在目标单元格 B15 填入 SUMPRODUCT（C2:F4，C8:F10）。如图 4-9 所示。

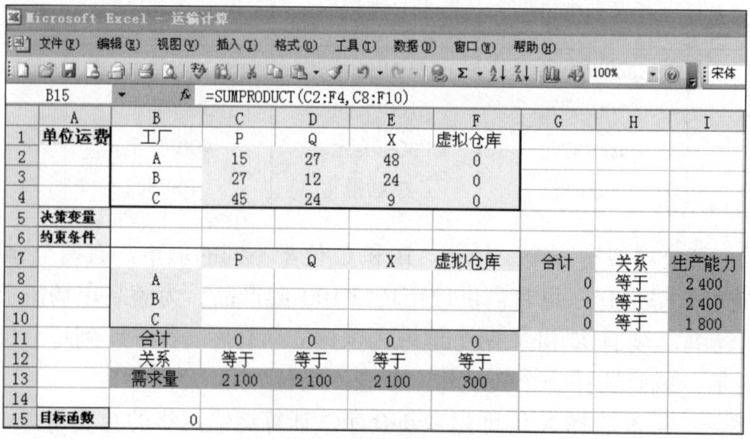

	A	B	C	D	E	F	G	H	I
1	单位运费	工厂	P	Q	X	虚拟仓库			
2		A	15	27	48	0			
3		B	27	12	24	0			
4		C	45	24	9	0			
5	决策变量								
6	约束条件								
7			P	Q	X	虚拟仓库	合计	关系	生产能力
8		A					0	等于	2 400
9		B					0	等于	2 400
10		C					0	等于	1 800
11		合计	0	0	0	0			
12		关系	等于	等于	等于	等于			
13		需求量	2 100	2 100	2 100	300			
14									
15	目标函数	0							

图 4-9　设置目标单元格

第四步，启动规划求解：单击工具→选加载宏→启动规划求解菜单，如图 4-10 所示。

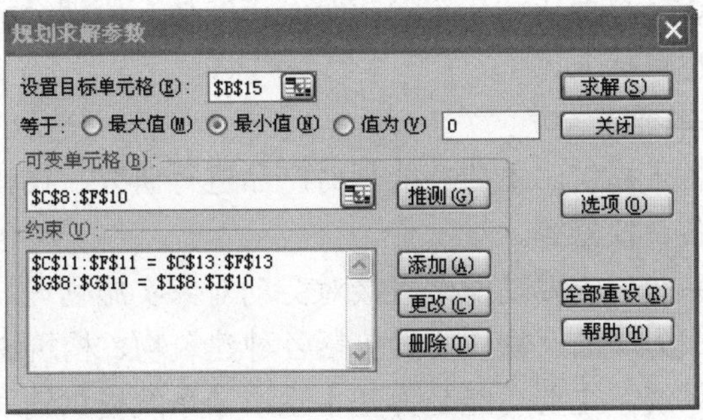

图 4-10　启动规划求解

最后，单击求解，则得结果，运输总费用为 80 100 元，如图 4-11 所示。

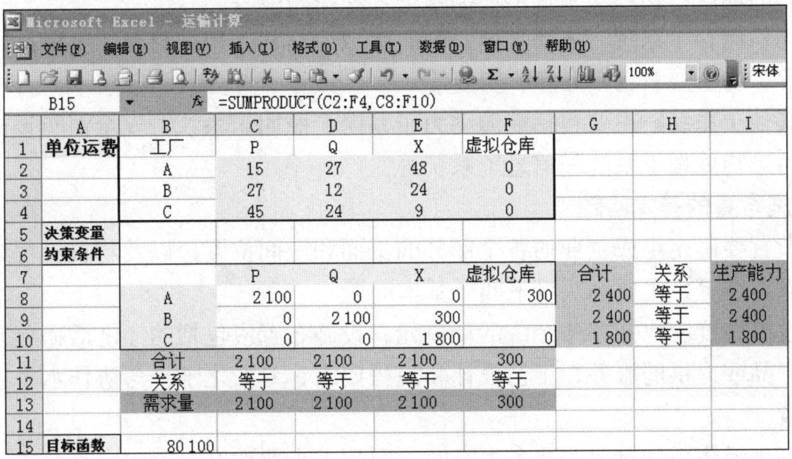

	A	B	C	D	E	F	G	H	I
1	单位运费	工厂	P	Q	X	虚拟仓库			
2		A	15	27	48	0			
3		B	27	12	24	0			
4		C	45	24	9	0			
5	决策变量								
6	约束条件								
7			P	Q	X	虚拟仓库	合计	关系	生产能力
8		A	2 100	0	0	300	2 400	等于	2 400
9		B	0	2 100	300		2 400	等于	2 400
10		C	0	0	1 800	0	1 800	等于	1 800
11		合计	2 100	2 100	2 100	300			
12		关系	等于	等于	等于	等于			
13		需求量	2 100	2 100	2 100	300			
14									
15	目标函数	80 100							

图 4-11　假设选择 X 地址建立新仓库计算结果

方案二：假设选择 Y 地址建立新仓库，类似地，仿照方案一的计算方法与步骤，可以计算出运输网络的总费用为 91 800 元。故选择方案一最优，即应选择 X 地址建立新仓库。

4.4　设 施 布 置

在设施选址确定之后，接下来要考虑的就是设施布置问题。设施布置是决定企业运营效率的先天因素，因为设施布置一旦确定就难以变动。高效的设施布置可以提高企业运营效率，从而给企业带来竞争优势，还有助于企业实施差异化、低成本和及时响应客户需求的策略。

4.4.1　设施布置概述

1. 设施布置的概念

设施布置是指在一个给定的设施范围内，安排各个经济活动单元的位置，即对构成运营系统的各种要素进行位置安排，组成一定的空间形式，目的是为运营系统的有效性、安全性、经济性提供必要的条件和保证。所谓给定的设施范围就是指一个运营系统，如一个工厂、一个车间、一个商店、一个餐馆等经济实体。所谓经济活动单元是指需要占据空间的任何实体，也包括人。

2. 设施布置的基本要素

（1）生产技术准备子系统。主要功能是对产品进行研究、设计、试制等。物质要素包括各种建筑物、设备、仪器等。

（2）基本生产子系统。主要功能是直接对劳动对象实施物理、化学或生物的作用，进行加工制造，使之成为产品。物质要素包括各种建筑物、构筑物、生产设备等。

（3）辅助生产子系统。主要功能是为基本生产子系统提供辅助产品和劳务。物质要素包括各种建筑物、辅助生产设施设备等。

（4）物料运输子系统。主要功能是将原材料和辅助材料及在制品运送到需要的地方或暂时存放的地方。物质要素包括运输设备、运输路线等。

（5）物料储存子系统。主要功能是临时存放原材料、辅助材料、半成品、产成品和工装夹具等。物质要素包括仓库、货场等。

（6）其他子系统。主要包括能源动力子系统、照明子系统、安全消防设施子系统、废弃物或污染物处理子系统和信息子系统等。

3. 设施布置的基本问题

设施布置要确定组成企业的各个部分的平面和空间位置，以及物料流程形式、运输方式和运输路线等，主要解决以下四个基本问题。

（1）设施布置应包括哪些经济活动单元。设施布置应包括的经济活动单元取决于企业生产的产品或提供的服务、工艺设计和流程要求、专业化水平与协作水平、企业规模等多种因素。

（2）每个经济活动单元需要多大空间。空间大小要适度，空间太小可能会影响生产率，影响工作人员的活动，甚至会带来安全隐患；空间太大造成浪费，同样会影响生产率，可能还会影响工作人员之间的交流。

（3）每个经济活动单元的空间形式。每个经济活动的空间大小、形式及组成应如何考虑，如一个生产单元应包括几台机床、如何排列、占用空间大小需要综合考虑，统筹安排。

（4）每个经济活动单元在设施范围内的位置。一是要考虑每个经济活动单元的绝对位置；二是要考虑每个经济活动单元的相对位置。如上道工序与下道工序相邻的两道工序的相对位置应相邻布置，缩短物料的运输路线，节约运输费用和时间。

4. 设施布置的基本要求

如何建立一个高效、低耗的物质系统，以保证企业运营战略的实现，为此，设施布置应满足以下基本要求。

（1）满足运营过程的要求，按照生产流程的流向和工艺顺序布置设施，生产运营联系和关系密切的生产运营单位应靠近布置，尽量使加工对象呈直线运动，路线最短。避免相互交叉、迂回运输，从而缩短生产周期，节约生产费用。尽可能采用先进的运输方式，如自动运输线等，提高运输效率，降低运输成本。同时还要注意改善信息、物料、人员的流动。

（2）合理划分区域，按照生产运营性质、消防、废弃物处理、卫生条件、动力需求以及物料周转量，分别把同类性质的生产运营单位和建筑物布置在一个区域内。同时还要注意提高空间、设备和人员的利用率。

（3）设施布置应尽可能紧凑，在确保运营空间的基础上减少占地面积，提高建筑系数（指厂房、建筑物占地面积在全厂总面积中所占的比重），节约投资和生产运营费用。

（4）充分利用城市现有的运输条件，包括航空、铁路、公路、水路等条件，要与内部的运输系统结合起来，满足物料运输的要求。

（5）考虑企业未来技术与生产能力发展需要，留有扩建余地。企业的运营活动是一个发展变化的动态过程，因此，在设施布置时除了要具有柔性的设施布置外，还要为企业未来的发展留有扩建的余地。

（6）设施布置应与周围社区环境相协调。如地处历史文化名城或风景区，设施布置就要考虑建筑物风格的协调性。

（7）考虑多机床看管工人作业的方便，安排适宜、良好的巡回路线。

（8）设施布置应具有柔性。一是在设施设备选型方面应具有柔性，充分考虑未来运营变化的需要；二是在布置时应具有柔性，以便适应未来设施布置改变的需要。

（9）营造一个良好的工作环境。设施布置应充分考虑到防火、防盗、防爆、防毒等安全生产要求，工作地要有足够的照明和通风，减少粉尘、噪声和震动，认真处理好"三废"排放问题，充分美化、绿化运营环境，符合生态环保要求，营造一个良好的工作环境。

4.4.2 设施布置的基本类型

1. 物料流程形式

设施布置时应选择物料的流程形式，以便使物流成本最低，有效、合理地利用空间。流程形式的选择应与生产工艺和场地的空间形式相适应。流程形式分为水平和垂直两种。如果所有的设施设备在同一个车间里，应按水平方式布置；如果生产作业是在多个楼层周转时，应按垂直方式布置。常见的流程布置形式如图4-12所示。

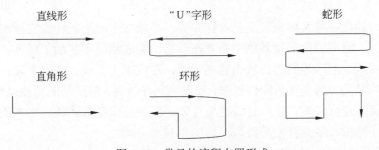

图4-12 常见的流程布置形式

直线形：常用形式，优点是排列简单、组织容易、流程畅通；缺点是运输路线长。

蛇形：适用于厂房宽度较大、长度较短的情况，可缩短纵深流程，经济地利用空间，但交叉和迂回现象可能较多。

"U"字形：常用形式，适用于受场地限制、材料进口与成品出口必须置于同一侧的情况。

直角形：适用于类似于直角形场地的情况，物料只有一个进出口。缺点是运输路线长。

环形：适用于辅助工具、容器、运输工具必须周而复始地送回起点的情况，如超市的购物车要不断地送回顾客入口处。

2. 设施布置的基本类型

设施布置的基本类型取决于企业运营系统的组织形式，主要有以下四种。

1）固定式布置

固定式布置指加工对象位置固定，生产工人和设备都随加工产品所在的某一位置而转移。因此，设备及材料等按工序关系的先后及移动困难程度围绕产品做同心圆式布置。这种布置适用于大型产品的装配过程，单件小批量的生产类型，如船舶、内燃机车、飞机、重型机床等，由于体积、重量都很大，制造时不便于移动。

2）按产品（对象）专业化布置

按产品（对象）专业化布置是指按产品（或服务）加工过程（或提供服务）的工艺流程安排生产单元或设备的布置方式。常见的流水生产线、产品装配线、生产单元或设备是按照某种产品的加工路线或加工顺序排列布置的。这种布置使生产过程在空间上紧密衔接，缩短运输距离，减少在制品搬运，节约生产面积，易于管理，适合于大批量、连续生产类型，如福特大批量生产单一品种的 T 型车生产线就是这种布置。这种布置一经设计，机器设备装置就固定了，将较长时间进行特定的运作，生产单一品种的产品，如图 4-13 所示。这种布置也有其缺点，对品种变换的适应能力差，如果要生产其他产品，需要花费大量的成本进行生产线的改造。

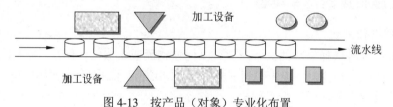

图 4-13　按产品（对象）专业化布置

3）按工艺专业化布置

按工艺专业化布置又称为按工艺过程布置，是指按生产工艺特点安排生产单元或设备的布置方式。将同类机器设备集中布置在一起，完成相同工艺加工任务，如机械制造厂将车床、铣床、磨床等同类设备布置在一起，形成车工工段、铣工工段、磨工工段，这种布置对产品品种的变化适应性很强，设备利用率较高，但产品的物流运输比较复杂，运输路线交叉、迂回较多，生产过程连续性差，在制品库存量较高，生产周期较长，因此，适合于小批量、多品种生产类型，如图 4-14 所示。

4）按成组制造单元布置

成组技术（group technology，GT）是按照产品或零件在形状、加工工艺、加工路线或其他某种特征方面的相似性，把它们进行分类和编码，把工艺相似的零件组成一个零件组，确定出零件组的典型工艺流程，这样就可以把进行某一类相似制品的加工设备布置在一起，形成加工单元，如图 4-15 所示。将数量较少、达不到组成生产线的产品，通过工艺的相似性把零件汇集起来，提高零件加工的数量，根据相似的工艺布置设备组成

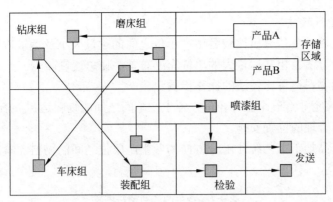

图 4-14 按工艺专业化布置

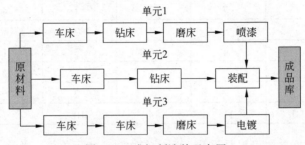

图 4-15 成组制造单元布置

成组单元生产，提高多品种、中小批量生产的效率。它类似于按产品专业化布置的小生产线，但不是只生产一种制品，而是生产所有相似的制品。同时它又具有按工艺专业化布置的优点，是有效地组织多品种、中小批量生产的组织方式。当企业的产品有一定的批量，但不足以形成单一的生产线大批大量生产时，适合采用成组制造单元布置。实际上，大多数企业很少按单一类型的设施布置，而是上述基本布置类型的混合。

4.4.3 设施布置的定量分析法

1973 年理查德·缪瑟提出了系统布置设计方法，该方法提出了作业单位相互关系的等级表示方法，对设施布置方法产生了很大影响，使设施布置方法由定性阶段发展到定量阶段，下面将讨论设施布置广泛采用的一些定量方法。

1. 物料流向图法

物料流向图法是按照生产过程中物料加工顺序流向布置的一种方法，即原材料进厂、零部件加工、产品装配等环节的工艺流程和物料的流向来布置企业各车间、仓库和设备，并绘制出物料流向图。该方法简单易行，适用于运输路线不复杂的工厂总平面布置，如图 4-16 所示。

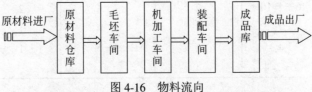

图 4-16 物料流向

2．物料运量比较法

物料运量比较法就是分析比较各生产单位之间的运量大小及运输次数来进行工厂总平面布置的一种方法。相互运量大的单位靠近布置，使总运量减少。

现举例说明物料运量比较法的操作步骤。

【例 4-5】某企业有五个生产车间，各生产车间之间的物料运量如表 4-7 所示。试对这五个车间做出合理的位置安排。

（1）根据产品加工工艺统计出分方向的各生产单位之间的物料流量，绘制物料运量表，如表 4-7 所示。

表 4-7　各车间之间物料运量

从　　　　　至	01	02	03	04	05	合计
01		7	2	1	4	14
02			6	2		8
03		4		5	1	10
04		6			2	8
05				2		2
合计	0	11	14	10	7	

表 4-7 中的数据单位可以是重量、运送车次数或货币单位，总之可根据实际情况便于度量，采用统一的单位。

表 4-7 称为从至表，表的列为起始生产单位，行为终止生产单位，对角线右上方数字表示物料的流向为正向，对角线左下方数字表示物料的流向为逆向，由此可以看出，两个生产单位之间物料的流向分为正向和逆向两个方向。

（2）统计各生产单位之间的物料运量，将两个生产单位之间的物料运量相加（即两个生产单位之间的物料运量不分方向，直接求和）。

（3）对各生产单位之间的物料运量排序，并对运量分等级，如表 4-8 所示。

（4）根据各车间物料运量等级，从高到低，优先安排运量最大的车间，然后将与它流量最大车间靠近布置，以此类推。绘制出各车间邻近关系图，如图 4-17 所示。

（5）最后，考虑其他因素进行改进和调整。根据各车间邻近关系图、各车间所需面积大小及形状要求，以及场地形状等实际情况进行调整，便可以进行工厂总平面布置。如图 4-18 所示。

表 4-8　各车间之间物料运量排序

生产单位之间	物料运量	级别	生产单位之间	物料运量	级别
3—4	5+6=11	1	1—3	2	5
2—3	6+4=10	2	2—4	2	5
1—2	7	3	1—4	1	6
1—5	4	4	3—5	1	6
4—5	2+2=4	4			

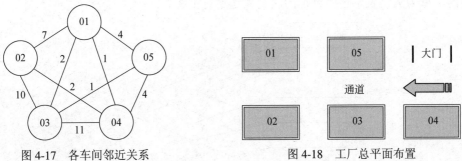

图 4-17　各车间邻近关系　　　　　　　　图 4-18　工厂总平面布置

3. 作业相关图法

影响企业设施布置的因素很多，物料运量大小并不是唯一的因素，还有其他非物质的因素。如果一个企业的原材料或零部件运输量很少，其他因素相对于物料运量而言就显得更加重要。如电子信息产品企业、精密机械加工厂或物料主要采用管道运输的化工厂等。作业相关图法就是通过图解，对各部门之间的关系密切程度进行定量分析，然后根据密切程度进行设施布置的方法。

作业相关图法是根据企业各个部门之间的活动关系密切程度布置其相互位置。首先，将关系密切程度划分为：A、E、I、O、U、X 六个等级，其意义如表 4-9 所示。然后，列出导致不同关系密切程度的原因，如表 4-10 所示。根据关系密切程度等级及分类表和不同关系密切程度的原因表，对待布置的部门分析出它们关系密切的原因，确定出各部门密切的程度。根据关系密切程度，从高到低，安排相邻布置。

表 4-9　关系密切程度等级及分类

代号	密切程度等级及分类	代号	密切程度等级及分类
A	绝对重要	O	一般
E	特别重要	U	不重要
I	重要	X	不予考虑

表 4-10　不同关系密切程度的原因

编号	密切程度原因	编号	密切程度原因
1	使用共同的原始记录	6	工作流程连续
2	共用人员	7	做类似的工作
3	共用场地	8	共用设备
4	人员接触频繁	9	其他
5	文件交换频繁		

【例 4-6】　某快餐店欲布置其生产和服务设施。该快餐店共分六个部分，计划布置在 2×3 的区域内。这六个部门间的作业密切程度如图 4-19 所示。试对快餐店做出一个合理布置的方案。

图 4-19 中表示了每个部门与其他五个部门的关系。每个部门与其他部门的关系通过这两个部门所在的四条平行线相交成菱形中的字母表示，如部门 1 与部门 2 相交成菱形，

其中的字母为 A，表示这两个部门的关系是绝对重要。

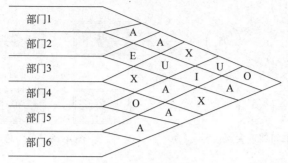

图 4-19　作业相关图

第一步，列出关系密切程度（A，X）。

$$A：1{\rightarrow}2，1{\rightarrow}3，2{\rightarrow}6，$$
$$3{\rightarrow}5，4{\rightarrow}6，5{\rightarrow}6。$$
$$X：1{\rightarrow}4，3{\rightarrow}4，3{\rightarrow}6。$$

第二步，编制主联系簇。如图 4-20 所示。

第三步，考虑其他与 A 联系的部门。如图 4-21 所示。

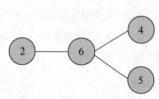

图 4-20　主联系簇

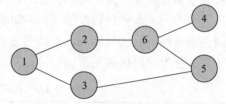

图 4-21　绘制其他与 A 联系的部门

第四步，画出 X 关系图。如图 4-22 所示。

第五步，安置各部门。如图 4-23 所示。

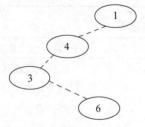

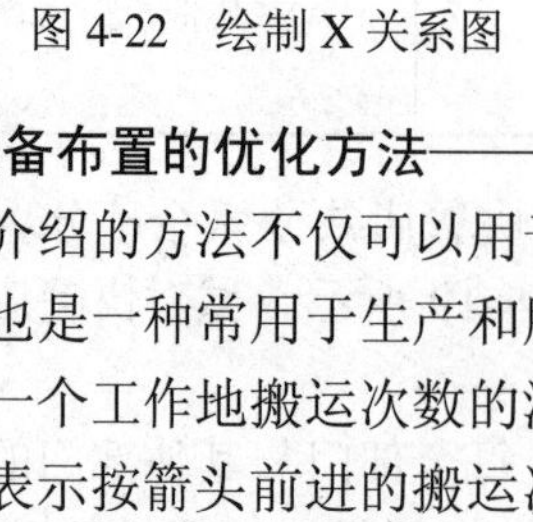

图 4-22　绘制 X 关系图

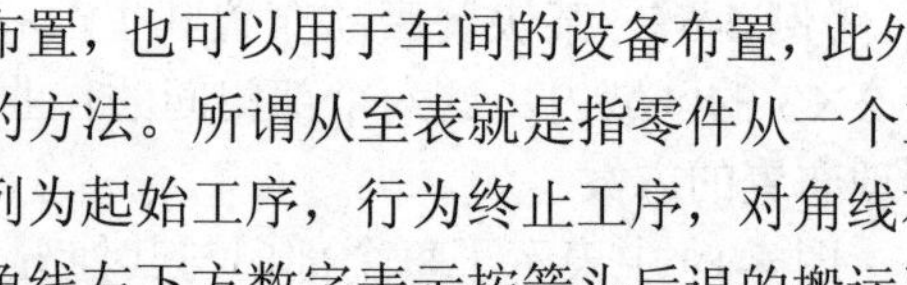

1	2	6
3	5	4

图 4-23　各部门安置示意图

4. 设备布置的优化方法——从至表法

前面介绍的方法不仅可以用于工厂的平面布置，也可以用于车间的设备布置，此外，从至表法也是一种常用于生产和服务设备布置的方法。所谓从至表就是指零件从一个工作地到另一个工作地搬运次数的汇总表。表的列为起始工序，行为终止工序，对角线右上方数字表示按箭头前进的搬运次数之和，对角线左下方数字表示按箭头后退的搬运次数之和。在从至表中格子越靠近对角线，格子中所填从至数的运输距离越短；反之越长。

因此，在从至数一定（受产品工艺路线约束）的条件下，最优的设备布置方案是使较大的从至数向对角线靠近，而较小的从至数向从至表的左下角和右上角分散。因而不能一次求得最佳方案，要通过多次试算比较、调整才能找到较优的方案。从至表法是一种按工艺专业化布置的方法，工艺专业化布置的方法缺点是运输路线长，物流效率低，因此，它适合于多品种、小批量生产类型的布置。

【例 4-7】　某车间加工四种零件，零件的生产工艺流程路线如图 4-24 所示。绘制出初始从至表，假定表中相邻两个设备之间距离相等，均为一个长度单位。试确定车间各设备之间的最佳布置方案。

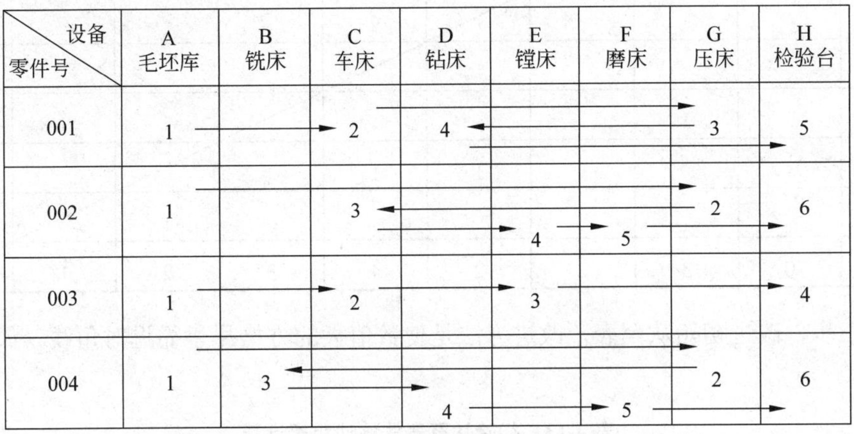

设备\零件号	A 毛坯库	B 铣床	C 车床	D 钻床	E 镗床	F 磨床	G 压床	H 检验台
001	1	2	4				3	5
002	1		3	4	5		2	6
003	1	2		3				4
004	1	3	4		5		2	6

图 4-24　零件的工艺路线

从至表法分为以下四个步骤。

第一步，绘制各种零件经过各工作地的顺序图或加工路线图，如图 4-24 所示。

第二步，根据加工路线图编制初始从至表，如表 4-11 所示。

表 4-11　初始从至表

从＼至	A	B	C	D	E	F	G	H	小计
A			2				2		4
B				1					1
C					2		1		3
D						1		1	2
E						1		1	2
F								2	2
G		1	1	1					3
H									0
小计	0	1	3	2	2	2	3	4	17　17

总移动距离为 52，同理可计算出改进从至表总移动距离为 36，零件的移动距离减少了 16 个单位。

表 4-12　改进从至表

从＼至	A	C	E	F	H	G	D	B	小计
A		2				2			4
C			2			1			3
E				1	1				2
F					2				2
H									0
G		1					1	1	3
D				1	1				2
B							1		1
小计	0	3	2	2	4	3	2	1	17　17

第三步，改进初始从至表，改进方法是使数值大的方格尽量靠近对角线，如表 4-13 所示。

表 4-13　初始从至表总移动距离计算

方案	对角线右上方（正向从至）离开对角线的格数×次数之和	对角线左下方（逆向从至）离开对角线的格数×次数之和
初始方案	1×1＝1 2×（2＋1＋2＋1＋2）＝16 3×1＝3 4×（1＋1）＝8 6×2＝12	3×1＝3 4×1＝4 5×1＝5
小计	40	12
总移动距离：40＋12＝52		

第四步，进一步改进。比较每次改进前后零件移动的总距离，直到得到满意的从至表为止，如表 4-14 所示。

进一步改进后的从至表零件移动的总距离为 32。

移动的距离减少了 4 个单位，优于前一个方案，还可以进一步改进。一般来说，从至表法很难得到最优方案，经多次调整，反复试算，使方案进一步优化。

本例所列举的从至表法，适合于所加工零件的数量和重量相差不大的情况，否则，应对从至表中各从至数分别按不同零件的数量和重量给予修正。

表 4-14　进一步改进的从至表

从＼至	A	C	E	G	H	F	D	B	小计
A		2		2					4
C			2	1					3
E					1	1			2
G		1					1	1	3
H									0
F					2				2
D					1	1			2
B							1		1
小计	0	3	2	3	4	2	2	1	17　17

5. 仓库布置

仓库内的各种物资需要在不同地点（单元）之间移动，布置不合理会增加运输费用。典型的仓库布置问题是使总搬运量最小。

仓库布置的原则：在充分利用存储空间的同时维持尽可能低的物料运输成本。

下面举一个简单的例子来说明仓库布置的常用方法。

【例 4-8】　某公司的家电用品仓库有 14 个货区，分别储存 7 种家电，仓库有一个出入口，进出仓库的货物都要经过该口，每种物品每周存取次数如表 4-15 所示。应如何布置使总运量最小？

表 4-15　家电用品仓库资料

物品种类	搬运次数	占用面积	物品种类	搬运次数	占用面积
A. 冰箱	280	1	E. 电视机	800	4
B. 空调	160	2	F. 洗衣机	150	1
C. 微波炉	360	1	G. 热水器	100	2
D. 音响	375	3			

这种仓库布置只需考虑货区在出入口与货区之间的搬运，而不必考虑各个货区之间的搬运。现分两种情况讨论：

（1）各种物品所需货区面积相同，只需把搬运次数最多的物品货区布置在靠近出入口处，即可得到最小的总负荷数；

（2）各种物品所需货区面积不同，则计算某物品搬运次数与所需货区面积的比值，取比值最大者靠近出入口布置，从高到低，以此类推排列。

该公司的家电用品仓库布置属于第二种情况。

方法：计算各物品进出次数与所需货区面积之比，将比值大的物品靠近出入口布置。

各物品进出次数与所需货区面积之比计算结果如下。

C：360；A：280；E：200；F：150；D：125；B：80；G：50。

首先将比值大的物品靠近出入口布置，从高到低，以此类推，布置结果如图 4-25 所示。

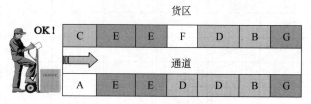

图 4-25　仓库平面布置示意图

思考与练习

1. 通过学习，你认为企业的设施选址有何重要意义？

2. 设施选址的程序是什么？

3. 影响设施选址的主要因素有哪些？

4. 某公司要新建一个卖场，现有 A、B、C 三个备选地址，各位专家对 A、B、C 三个备选地址的评分如表 4-16 所示。请问你觉得选择哪个最合适？

表 4-16　备选地址评分

选址因素 （每项总分 100 分）	权重	备 选 地 址		
		A	B	C
便利设施	0.15	80	70	60
停车场	0.20	72	76	92
场地形状	0.18	88	90	90
交通条件	0.27	94	86	80
运营成本	0.10	98	90	82
客流量	0.10	96	85	75
	1.00			

5. 要新建一座工厂，现有 A、B、C 三个备选厂址，相关数据如表 4-17 所示，请问选择哪个厂址较好？

表 4-17　备选厂址成本资料

有关因素	厂址 A	厂址 B	厂址 C
单位可变成本/（元/台）	18.00	20.00	19.50
年固定成本/元	1 500 000.00	3 000 000	4 000 000.00
单价/（元/台）	30.00	30.00	30.00
年产量/（台/年）	300000	250 000	325 000

6. 某公司现有三个原料供应地 M_1、M_2、M_3 和两个加工厂 A 和 B，根据公司经营发

展需要，计划新建一个加工厂，现有 X 地区和 Y 地区两处可供建厂的新址选择，有关单位运费资料如表 4-18 所示，试求最佳选址方案。

表 4-18　单位运费资料

原料供应地	从原料供应地到各厂的单位运费/元				原料供应量
	A	B	X	Y	
M_1	18	36	27	30	1 000
M_2	27	24	24	21	1 000
M_3	33	27	27	21	1 000
需求量	600	500	550	550	

7. 设施布置的基本要求是什么？

8. 设施布置的基本类型有哪些？

9. 根据作业活动相关图，如图 4-26 所示，将 9 个部门安排在一个 3×3 的区域内，要求把部门 5 安排在左下角的位置上。

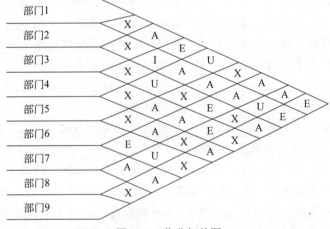

图 4-26　作业相关图

家乐福选址实例：速度＋规模＝家乐福模式

Carrefour 的法文意思就是十字路口，而家乐福的选址也不折不扣地体现这一个标准——所有的店都开在了路口，巨大的招牌 500 米开外都可以看得一清二楚。而一个投资几千万元的店，当然不会是拍脑袋想出的店址，其背后精密和复杂的计算常令行业外的人士大吃一惊。

根据经典的零售学理论，一个大卖场的选址需要经过几个方面的详细测算。

第一，就是商圈内的人口消费能力。中国目前并没有现有的资料（GIS 人口地理系统）可资利用，所以店家不得不借助市场调研公司的力量来收集这方面的数据。有一种做法是以某个原点出发，测算 5 分钟的步行距离会到什么地方，然后是 10 分钟步行会到什么地方，最后是 15 分钟会到什么地方。根据中国的本地特色，还需要测算以自行车出发的小片、中片和大片半径，最后是以车行速度来测算小片、中片和大片各覆盖了什么区域。如果有自然的分隔线，如一条铁路线，或是另一个街区有一个竞争对手，商圈的覆盖就需要依据这种边界进行调整。

然后，需要对这些区域进行进一步的细化，计算这片区域内各个居住小区的详尽的人口规模和特征的调查，计算不同区域内人口的数量和密度、年龄分布、文化水平、职业分布、人均可支配收入等许多指标。家乐福的做法还会更细致一些，根据这些小区的远近程度和居民可支配收入，再划定重要销售区域和普通销售区域。

第二，就是需要研究这片区域内的城市交通和周边的商圈的竞争情况。如果一个未来的店址周围有许多的公交车，或是道路宽敞，交通方便。那么销售辐射的半径就可以大为放大。上海的大卖场都非常聪明，例如家乐福古北店周围的公交线路不多，家乐福就干脆自己租用公交车定点在一些固定的小区间穿行，方便这些离得较远的小区居民上门一次性购齐一周的生活用品。

当然未来潜在销售区域会受到很多竞争对手的挤压，所以家乐福也会将未来所有的竞争对手计算进去。传统的商圈分析中，需要计算所有竞争对手的销售情况、产品线组成和单位面积销售额等情况，然后将这些估计的数字从总的区域潜力中减去，未来的销售潜力就产生了。但是这样做并没有考虑到不同对手的竞争实力，所以有些商店在选址时索性把其他商店的短板摸个透彻，以打分的方法发现它们的不足之处，比如环境是否清洁、哪类产品的价格比较高、生鲜产品的新鲜程度如何等。

当然一个商圈的调查并不会随着一个门店的开张大吉而结束。家乐福自己的一份资料指出，顾客中有 60% 的顾客在 34 岁以下，70% 是女性，然后有 28% 的人走路，45% 通过公共汽车而来。所以很明显，大卖场可以依据这些目标顾客的信息来微调自己的商品线。最能体现家乐福用心的是，家乐福在上海的每家店都有小小的不同。在虹桥门店，因为周围的高收入群体和外国侨民比较多，其中外国侨民占到了家乐福消费群体的 40%，所以虹桥店里的外国商品特别多，如各类葡萄酒、各类泥肠、奶酪和橄榄油等，而这都是家乐福为了这些特殊的消费群体特意从国外进口的。南方商场的家乐福因为周围的居住小区比较分散，干脆开了一个迷你 SHOPPINGMALL，在商场里开了一家电影院和麦当劳，增加自己吸引较远处的人群的力度。青岛的家乐福做得更到位，因为有 15% 的顾客是韩国人，干脆就做了许多韩文招牌。

高流转率与大采购超市零售业的一个误区是，总以为大批量采购压低成本是大卖场修理其他小超市的法宝，但是这其实只是"果"而非"因"。商品的高流通性才是大卖场真正的法宝。相对而言，大卖场的净利率非常低，一般来说只有 2%～4%，但是大卖场获利不是靠毛利高而是靠周转快。而大批量采购只是所有商场商品高速流转的集中体现而已。而体现高流转率的具体支撑手段就是实行品类管理（category management），优化商品结构。根据沃尔玛与宝洁的一次合作，品类管理的效果是销售额上升 32.5%，库存下降 46%，周转速度提高 11%。

家乐福选择商品的第一项要求就是要有高流转性。比如，如果一个商品上了货架走得不好，家乐福就会把它 30 厘米的货架展示缩小到 20 厘米。如果销售数字还是上不去，陈列空间再缩小 10 厘米。如果没有任何起色，那么宝贵的货架就会让出来给其他的商品。家乐福这些方面的管理工作全部由电脑来完成，由 POS 机实时收集上来的数据进行统一的汇总和分析，对每一个产品的实际销售情况，单位销售量和毛利率进行严密的监控。这样做使得家乐福的商品结构得到充分的优化，完全面向顾客的需求，减少了很多资金的搁置和占用。

现在，家乐福在中国的 15 座城市里拥有 27 个商场。沃尔玛经典的"以速度抢占市场"哲学（Speed to market），被家乐福抢了先机。

（资料来源：http://www.8168168.com/html/200502/3/20050203091956.html）

问题

1. 家乐福是怎样测算商圈内的人口消费能力的？

2. 家乐福是如何方便离得较远的小区居民购物的？

3. 为什么要进行商圈调查？商圈调查应包括哪些内容？家乐福是怎样进行商圈调查的？

4. 为什么家乐福在上海的每家店都有小小的不同？

5. 家乐福竞争的法宝是什么？

6. 家乐福选择商品的首要条件是什么？

7. 通过学习该案例，你有何体会？

第 5 章

流程规划与设计

学习目标

通过本章的学习使读者掌握流程、运营流程、作业等流程规划和设计的基本概念；理解运营流程的构成要素、类型以及运营流程设计内容，产品-流程矩阵和服务流程设计矩阵的内涵，制造流程时间组织，流水线时间分析和负荷分析的方法，单一品种流水线的组织设计；了解企业运营流程设计的影响因素，多品种流水线的组织设计，服务运营流程的设计方法，以及运营流程分析与改进的方法和工具。

关键概念

运营流程；工艺；工序；单件运营；成批运营；大量运营；工艺专业化；对象专业化，流程设计；产品-流程矩阵；流水线，节拍

摩托车配件生产的困境

GR 厂建于 20 世纪 60 年代，是国家定点生产一、二、三类压力容器的专业厂家，工厂经过几十年的发展，拥有成熟的化工、化肥设备生产技术和完备的检验、检测体系，产品在市场上享有很高声誉。由于用户对产品的个性化需求程度高，该厂一直采用单件小批运营流程，各种通用设备（设施）按工艺专业化原则进行布置。20 世纪 90 年代中期，我国摩托车行业进入了快速发展时期，市场对摩托车配件的需求十分旺盛，并呈现出高速增长的势头。为充分发挥企业雄厚的技术实力和较强加工能力的作用，决定为摩托车制造厂生产关键配件——连杆和曲轴。于是，GR 厂添置了必要的设备，组建了摩托车配件分厂进行摩托车配件的生产。分厂实行自主经营，独立核算，享有相当大的生产经营自主权。同时，分厂生产工人在全厂范围内择优录用，实行高于工厂平均水平的激励性薪酬制度。当连杆和曲轴样品生产出来后，经用户检验完全满足技术要求，质量上乘，于是与该厂签订了连杆和曲轴的长期供货协议，要求每月交货量保持在 10 000 件以上。

在第一批 2 000 件曲轴和 1 000 件连杆按期交货后，就一直无法按用户要求的数量和

时间交货。由于该企业仍然采用单件小批的运营方式，曲轴、连杆的加工过程要在五个以上的工作地多次运输，导致加工周期过长。频繁更换加工场地也使产品质量波动较大，加工成本上升，小批量生产使每月的完工数量远远达不到用户要求的数量。与其他生产同类摩托车配件的企业相比，生产周期要长 20% 左右，单位成本要高 30%~40%；特别是无法按期交货会严重影响摩托车制造厂的运营过程。虽然该厂也做了不懈努力，但这种状况依然没有得到根本性改观，最后以损失 300 多万元的代价放弃了摩托车配件的生产，丧失了一次良好的发展机遇。

问题

1. 什么是运营流程？

2. 该企业生产摩托车配件为什么会失败？

3. 如果您是该厂厂长，在做出生产摩托车配件的决策后，还要解决哪些问题？

5.1 运营流程概述

研发、设计客户满意的产品/服务是一门艺术，将该产品/服务制造出来提供给市场就是一门科学，将设计转化为顾客需要的产品/服务并稳定提供市场就是运营流程管理。ISO 9000 系列标准将流程（process）定义为"一组将输入转化为输出的相互关联或相互作用的活动"。运营流程，就是一个组织将输入转化为输出，并实现价值增值的任何一个环节的组合。这些环节被称为工艺阶段，它由工序构成。工序就是在一个工作地上进行的产品加工（或服务提供）的全过程。一个足够简单的运营流程，可能直接由工序构成。如果运营流程的工序数量比较多时，技术性质相同或相近的工序就组成为工艺阶段。当然，相对复杂的工序内部还可以划分为不同的工艺步骤，简称为工步。当我们观察任何一家企业，可以通过对其工艺阶段或工序的描述来直观地界定它们的运营流程。例如，一汽-大众汽车有限公司（FAW-Volkswagen Automotive Co.，Ltd）在位于四川省成都市的轿车三厂里进行捷达、速腾、宝来等汽车的装配，通过使用劳动力、设备、能源以及包括冲压、焊装、涂装、总装四个工艺阶段的生产线，将零部件组装为整车；中国国际航空公司（Air China）通过使用飞机、地面设施、机组人员、地勤人员、票务人员和燃料，经过接受订票→登机→飞行→离机等环节将乘客运送到世界各地。不管是生产有形产品还是提供服务的企业，满足顾客的关键因素就是要拥有一个相当好的运营流程。世界一流的优秀企业如海尔、IBM、GM、富士康、沃尔玛、麦当劳、华为等都十分重视运营流程的设计、分析和持续改进，并以此帮助企业赢得竞争优势。

运营流程的规划设计、分析改进是企业运营管理的核心内容之一，也是一个经常性的问题。在很多情况下管理者都必须面对这一问题，这些情况包括：

（1）新产品/服务研发时；

（2）重点运营竞争维度发生变化时；

（3）产品/服务的需求量发生变化时；

（4）现有运营绩效不理想时；

（5）竞争对手通过使用新技术对运营流程进行重新设计或优化改进而提高了竞争

力时；

（6）资源的成本或可获得性发生变化时。

……

5.1.1　运营流程要素

不管是生产有形产品的企业，还是提供服务的企业；不管是规模庞大的跨国公司，还是小微企业，其运营流程尽管由于生产条件、产品/服务性质各异而有所不同，但任何企业的运营流程构成要素都是相同的，由作业（或操作）、检验、运输和停滞（或队列）构成。

1. 作业（操作）

作业在有形产品的制造中是指有目的地改变一个物体的任何物理或化学性质，或改变与其他物体的结合方式（如装配、拆分等），或为另一个作业、运输、检验或库存的完成所进行的安排或准备，或接发信息、计划或核算工作等。每项作业都在完成输入向所期望的输出转换，如汽车制造企业中的切削、研磨、剪断、锻造、冲压、焊接、铆接、油漆、酸洗、钝化、热处理、总装等。作业在服务的提供中又可称为操作，是指针对服务对象的信息沟通（包括语言沟通和非语言沟通）、服务对象状态（可能是顾客本身，也可能是物体）的改变或显化、服务对象空间位置的变化、物品所有权的转移、物质载体的形成和交付等，当然也包括为另一个作业、运输、检验或库存的完成所进行的安排或准备，或接发信息、计划或核算工作等。如医生询问病人的病情、理发的顾客发型的改变、公共交通汽车的乘客从甲站到乙站的移动、超市中顾客对商品的购买、会计师事务所出具验资报告等。

2. 检验

检验是利用一定的技术手段、对比标准或要求，对作业（操作）结果进行的检查和验证，并对其后流程做出引导和选择。根据检验内容不同，可以分为质量检验和数量检验。质量检验又分为外观质量检验和内在质量检验。外观质量检验主要是判断加工对象的外在特征（是否有损坏、脏污、锈蚀等），或服务操作的外在表现（是否热情周到、大方得体等）是否符合标准要求；内在质量检验主要是对加工对象的物理性质（几何尺寸、力学性能等）和化学性质（元素含量、可燃性、稳定性、酸碱性、氧化性、还原性、络合性等），或服务操作的准确性、时间性、安全性、舒适性、文明性等是否达到标准要求的判断。同时，检验还可以按照不同的划分标准进行分类：按检验人员不同可分为自检（由作业者或操作者进行检验）和他检（由其他主体进行检验）；按检验时间不同分为首件检验（对作业或操作的第一次结果进行的检验）、中途检验（对作业或操作的非首次结果进行的检验，一般适用于大量运营时的过程质量控制）和成品检验（在产品/服务完成后进行的检验）；按照检验数量可以分为普遍检验和抽样检验；按照检验的地点可以分为现场检验和送站检验，也可分为集中检验与巡回检验。

3. 运输

运输是在运营流程中作业（操作）对象在空间上的转换，即将运营对象在规定的时间内，以经济而安全的方式运至需要的地方。常用的方式有车辆运输、传送带运输、对象滚动或滑动、搬动等，在服务企业中大多数运输过程是通过服务对象的行走实现的。

4. 停滞

停滞表现为库存，是指运营流程中作业（操作）对象在形态、特征等方面，以及空间位置不发生改变，仅有时间的变化。在服务运营过程中，停滞更多地表现为服务对象的等待队列。停滞可能是由于运营流程的能力与产品/服务需求之间的不平衡，或作业、检验、运输之间的能力不平衡，或工序之间的能力不平衡引起的。停滞一方面具有稳定运营、调节时间差异缓冲的积极作用；另一方面也有使运营时间延长、增加资金占用和保管费从而导致成本上升的消极影响。

5.1.2 流程图

由于现代企业的运营过程是一个复杂的程序，同时每个企业的运营流程都是通过各种具体的设施、设备、工装、工具以及相互之间的联系体现出来的，导致人们仅凭直觉难以准确识别和界定运营流程所包含的工序（或工艺阶段）以及相互之间的内在联系。作为一种简单实用的工具，流程图通过使用一组统一定义的符号，可以将运营流程的概念直观、清晰地表示出来，如图 5-1 所示。

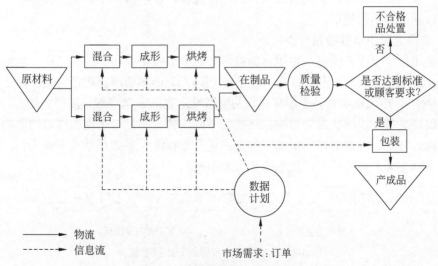

图 5-1　运营流程图：面包制作

图 5-1 描述了一个食品厂的面包制作流程，图 5-1 中各种符号的含义如表 5-1 所示。从图 5-1 中能够很清楚地看出，该食品厂的面包运营流程包括两条并行的生产线，每条生产线有三项主要任务或操作，分别在三个工序进行：原料（面粉、水、酵母和食糖等）混合、成形（发酵和揉制）、烘烤。这三项任务之间的箭头线表示出这三项任务只能依次完成而不能并行完成，两条生产线共用包装工序。包装工序前的在制品库存表示烘烤完成后的面包可能需要在此等候进行质量检验，根据检验结果引导选择不同的后续流程：如果达到标准或顾客要求，面包（在制品）进入包装工序，完成包装后就被移到完成品放置区（产成品库存），准备发运到食品商店；如果没有达到标准或顾客要求，则选择"不合格品处置"任务。

表 5-1　运营流程图的一般符号

序号	符号样式	含　义
1	▢	作业或操作：流程中有助于产品/服务形成的行动
2	▽	库存或队列：原材料、在制品和完成品的停滞与存储或顾客等候队列
3	○	检查或判断：确认任务或操作是否被有效地执行
4	◇	决策点：引导和选择其后流程的不同路径
5	——→	物流（加工对象或服务对象）流向
6	-----→	信息流流向

5.1.3　运营流程分类

对运营流程最简单的分类是按照运营产出的性质不同，将其分为制造有形产品的生产（或制造）流程和提供无形服务的服务流程。需要注意的是，现实中制造企业的运营流程中可能存在服务流程，如空调制造厂的售后服务流程；而服务企业的运营流程中也可能有产品的制造流程，如快餐店的食品制作流程。按照其他不同的分类标准，运营流程还可以划分为不同类型。

1. 按照流程中步骤数量分类

按照流程中步骤多少可以将运营流程划分为单步骤流程和多步骤流程，如图 5-2 所示。单步骤流程是整个流程中只有一项任务（操作），而多步骤流程则包括了两个以上的任务（操作）。相比较而言，多步骤流程的复杂性远远高于单步骤，流程的能力、效率和时间不仅要受每一步骤状况的影响，还要受不同步骤之间是否平衡和协调的影响，其设计、维护、分析、改进的难度更高。现实的运营流程绝大多数都是多步骤流程，即使是单步骤流程在大多数情况下也能够细分为多步骤。

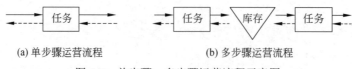

(a) 单步骤运营流程　　　　　　(b) 多步骤运营流程

图 5-2　单步骤、多步骤运营流程示意图

2. 按照运营流程的性质和作用分类

企业生产的产品或提供的服务，按其专业特点和使用对象的不同可以划分为基本产品/服务、附属产品/服务和辅助产品/服务。与此相对应，按照运营流程的性质和作用不同可以将运营流程划分为基本运营流程、附属运营流程、辅助运营流程和运营准备流程。

基本运营流程是企业生产基本产品或提供基本服务的，其能力和效率在很大程度上决定了企业的运营水平。基本产品/服务是代表企业专业方向并满足市场需求的产品/服务，例如，飞机制造厂生产的飞机、航空公司提供的航班服务、酒店提供的餐饮和住宿服务、医院为病人的诊断和治疗等。

附属运营流程是企业生产附属产品或提供附属服务的，是企业依附其基本运营流程而建立的。附属产品/服务是企业生产或提供的虽不代表企业的专业方向，但用于满足市场需求的产品/服务，如飞机制造厂生产的铝制品、航空公司提供的出售零食服务、酒店提供的健身服务、医院的体检服务等。

辅助运营流程是提供各种辅助性产品/服务的流程，包括工具和工装的制造、设备的检修、运输、物料的堆放和保管、理化试验、检测检验等。辅助产品/服务是企业用于保证基本运营流程的正常进行，而不是满足市场所需。如飞机制造厂生产的自用工装和压缩空气、航空公司的飞机检修、酒店客房和餐厅的清扫、医院对药品的检查等。

运营准备流程由产品/服务正式投产以前的所有准备工作构成，主要有技术资料准备、技术装备准备和物料准备。例如，飞机制造厂的产品开发和设计、工艺设计、工时定额制定、设备购置和调试、原材料和辅助材料的购买等。

3. 按照产品/服务的专业化程度分类

产品/服务的专业化程度可以通过产品/服务的品种数多少、同一品种的产出量大小、运营过程的稳定性和重复程度来衡量。显然，产品/服务的品种数越多，每一品种的产出量越少，运营过程的重复性和稳定程度越低，则产品/服务的专业化程度越低；反之，专业化程度越高。按照产品/服务的专业化程度不同，可以将运营流程分为大量运营、单件运营和成批运营。三种运营流程的特征比较详见表 5-2 所示。

表 5-2　大量、单件、成批运营流程特征比较

特征	大量运营	单件运营	成批运营
产品种类	单一	很多	较多
每批次产出量	大	1 单位	2 单位~较大
运营重复性	高	基本不重复	周期性重复
工人技能要求	较低	高	一般
技术装备通用性	专用	通用	通用或专用
工作地专业化	高	低	一般
运营组织形式	对象专业化	工艺专业化	对象或工艺专业化
单位成本	低	高	较高
柔性	差	好	较好
运营管理复杂程度	较简单	复杂	较复杂

大量运营的产品/服务的品种极少且相对固定，可能仅仅是一种产品/服务。每种产品/服务产出量大，运营的重复性和稳定性高。通常情况下，每个工作地都固定完成一道或几道工序，不同批次的产出在同一工作地的技术要求相同或极其相近，可以采用自动化程度高的专用设备、设施和工装、工具，对工人的操作技能水平要求不高，运营效率和专业化程度高。一般而言，提供通用化、标准化产品/服务的运营流程都属于该种类型，如美国福特汽车公司（Ford Motor）的 T 型车生产、九寨沟风景区提供的景区旅游服务、秦山核电厂的电力生产。

单件运营是与大量运营相对立的一种极端类型，产品/服务的品种繁多，每一种的产量仅有一个单位，运营过程重复程度和稳定性低。每种产品在同一工作地的技术要求可能各不相同，一般采用通用设备、设施和工装、工具，对工人的操作技能水平要求高，

运营效率和专业化程度低。一般而言提供专用化、非标准的产品/服务的运营流程属于该种类型，如酒店根据顾客的要求研发新菜品、法庭上律师的辩护、理发店的发型设计。

成批运营是介于大量运营和单件运营之间的运营类型，产品/服务的品种不止一种又不够繁多，每一种都有一定的批量，运营过程具有一定的重复程度和稳定性。工作地是成批地、定期或不定期地进行轮番作业，品种转换时，设备、设施和工装、工具要进行适当调整，具有一定的专业性。

在企业的运营实践中，绝对的大量运营（只产出一种产品或服务）和绝对的单件运营都比较少，普遍都是成批运营。按照每批次产出量（批量）不同，又可将其划分为大批运营、中批运营和小批运营三种，不同行业中大批、中批、小批的数量标准不同。由于大批运营与大量运营的特点相近，因此，习惯上合称为"大量大批运营"。而小批运营的特点和单件运营相近，所以习惯上合称为"单件小批运营"。对于品种较多的企业而言，不同产品的批量差别也很大，习惯上称为"多品种中小批量运营"，如图 5-3 所示。

图 5-3　按产品/服务专业化程度划分的运营流程

值得注意的是，就某一个企业而言，我们称其为单件运营或大量运营，只是表示这种运营形式在该企业中占很大比重，而绝不是唯一的运营类型。在现实中经常见到的是单件营运的企业中也有大量运营或成批运营流程存在，比如在建筑公司修建一座大楼中的混凝土的搅拌和输送。反之，在大量运营的企业中也存在单件运营流程，如汽车制造厂中自用模具的生产，基础化工企业中设备、设施维修用零件的生产。

4. 按运营组织形式分类

按照不同的运营组织形式可以将运营流程划分为按产品（product-focused）进行的运营流程、按加工路线（process-focused）进行的运营流程和按项目（project）进行的运营流程。

按产品进行的运营流程就是以产品或提供的服务为对象，按照不同产品/服务的生产技术要求，组织相应的生产设备或设施，形成流水线般的运营过程，有时又称为流水线（flow line）运营。连续型运营企业一般都是按产品组织运营过程的，如炼油厂、基础化工厂等，相当部分的离散型运营企业也是采取这种方式组织运营过程，如汽车制造厂的汽车装配线、酒店对普通顾客和 VIP 顾客设置不同的服务流程等。在国内，按产品进行的运营流程又称为对象专业化形式，适合于大批量运营类型。

按加工路线进行的运营流程是以产品/服务形成过程中要完成的工艺内容为依据构建的运营流程。在多品种产品/服务提供过程中，每一种产品/服务的技术要求可能不完全相同，因此，运营过程中的工艺路线和工艺要求也可能各不相同，设备、实施和工装、工具以及人力只能按相同或相近的工艺内容组织成一个运营单位。不同产品/服务在运营过程中经过的运营单位组合不尽相同，即使经过同一个运营单位，不同产品/服务的工艺技术要求也可能完全不同。在国内，按加工路线进行的运营流程又称为工艺专业化形式，适合于单件或多品种中小批量运营类型。

按项目进行的运营流程是基于提供非重复的、一次性的特定产品/服务而形成的，如拍一部电视剧、生产一辆汽车、组织一场音乐会，或盖一座大楼、修建一条铁路，或一项新产品的研发等。这些产品/服务具有项目的特点，即任务的一次性（具有明显的起点和终点）、独特性（不同的产品/服务之间有明显的差别）、目标的确定性（时间性目标、成果性目标、约束性目标和其他需满足的要求）、活动的整体性（产出过程存在多种活动并相互关联，形成一个整体）、临时性和开放性（组织处于变化中，采取矩阵式结构，任务完成后重新组合）、结果的不可挽回性（运营过程具有较大的不确定性和较高的风险性）。在按项目进行的运营流程中，所有的工序或作业环节都按一定秩序依次进行，有些工序可以并行作业，有些工序又必须顺序作业。在企业运营实际中，一个明显的趋势是更多的订货型运营企业倾向于以订单为项目来组织相应的运营流程。三种运营流程的特征比较详见表 5-3 所示。

表 5-3　按产品、加工路线和项目进行的运营流程特征比较

	特征标识	按产品/服务进行	按加工路线进行	按项目进行
产品	订货类型	订货量大	订货量较大	单件、单项定制
	流程形式	流水线型	跳跃型	无
	产品/服务稳定性	高	中等	低
	市场类型	顾客化程度低	顾客化程度较高	顾客化程度高
	批量大小	大	中等	小
劳动者	技能要求	低	高	高
	任务类型	重复性	无固定形式	无固定形式
	工资水平	低	较高	高
资本	投资	大	中等	小
	库存	低	高	中等
	设备	专用设备	通用或专用设备	通用设备
目标	柔性	低	中等	高
	成本	低	中等	高
	质量	稳定	较稳定	不够稳定
	响应速度	快	中等	慢
运营控制	进度控制	容易	困难	困难
	质量控制	容易	困难	困难
	库存控制	容易	困难	困难

5. 按运营产出的类型分类

这种分类方法充分考虑运营流程和产品/服务类型的相关性，根据产品/服务的市场特征对运营流程进行分类。事实上，生命周期很长的产品/服务和生命周期很短的产品/服务对运营流程的要求是截然不同的。根据产品/服务生命周期的长短可以将产品/服务划分为两类：革新类和功能类。革新类产品/服务的生命周期很短，需求变化快，难以预测且误

差较大，市场扩大过程中的利润率很高。相反，在市场萎缩时，其价格下降快，利润率很低，容易造成积压与报废，其市场竞争焦点是时间和应变能力，如时装、保健品等。与之相反，功能类产品/服务的生命周期较长，市场需求稳定，易于预测且误差较小，利润率较低，其市场竞争重点是质量和成本，如煤炭、钢材、汽车等。与此相对应，运营流程也可以划分为两种类型：市场导向和效率导向的运营流程。市场导向的运营流程重视市场需求的变化，强调流程的柔性和时间性，适合于革新类产品的生产或服务的提供；效率导向的运营流程重视运营效率和资源利用率，倾向于减少一切不创造价值的活动，追求产出的高质量和低成本及生产率的提高，适合于功能类产品的生产或服务的提供。

5.1.4　运营流程评价维度

不管是生产有形产品，还是提供服务的运营流程，要进行规划、设计和分析改进，应先建立运营流程的评价维度，以此来评价流程合理与否。应从哪些方面来衡量运营流程，不同的学者有不同的观点，但是比较一致的看法是运营流程评价维度应包括时间性、连续性、平行性、均衡性、比例性和适应性。

1. 时间性

运营流程可以理解为以时间为横坐标的一系列活动或任务的组合。时间性是指运营流程能以足够短的时间和较高的效率完成产品的加工或服务的提供，一般用流程时间、生产率和效率等指标来衡量。

1）流程时间

流程时间是指产品/服务在运营流程中从开始到结束所需的时间。与运营流程由作业（或操作）、检验、运输和停滞（或队列）要素构成相对应，流程时间也由作业时间、检验时间、运输时间和停滞时间组成，习惯上又将检验时间、运输时间和停滞时间之和称为辅助时间。由于作业（操作）在运营过程中发挥着重要作用，导致管理者重点关注作业时间，在流程的时间性评价时，仅仅考虑直接作业时间的长短，从而忽视辅助时间。但是，令人吃惊的是，现实情况恰恰与之相反。20世纪60年代，对美国、德国和日本的机械制造企业的流程时间进行研究后发现，在流程时间的构成中，占最大比例的并不是直接作业时间，而是辅助时间，其中尤其是停滞时间所占比例很大。后来，上海工程技术大学的学者通过调查也证明了我国机械制造企业也存在这种情况。德国、日本、中国机械制造企业运营时间构成的调查数据详见表5-4所示。实际上，这种情况在其他类型的企业，包括服务企业也存在。由此可见，大部分的流程时间不是作业时间，而是停滞时间。毫不夸张地说，流程速度主要是由停滞时间的长短决定的。这就说明运营管理不能单独着眼于作业效率的提高和改进，更重要的是要提高运输效率、控制库存水平、缩短等待时间，尽量减少非正常停滞出现的频率，以提高设备、设施的利用效率。

2）生产率、效率和利用率

生产率是运营流程产出和投入之间的比值，如计算机制造厂中每位工人每天（或每月、每年）能生产多少台计算机？它是度量运营流程绩效的重要指标之一。效率是指与一些标准相比较，流程实际产出的比值。如一台饮料灌装机的设定产出水平是1 000瓶/小时，如果在一段时间中，实际产出为1 200瓶/小时，那么该饮料灌装机的效率就是

表 5-4 德国、日本、中国机械制造企业流程时间构成表

时间项目	时间构成比例/%		
	德国	日本	中国
加工时间	10	30.35	3.34
运输时间	2	2.1	0.36
检验时间	3	1.8	1.91
停滞时间	85	65.75	94.39
合　　计	100	100	100

资料来源：陈心德，吴忠. 生产运营管理[M]. 北京：清华大学出版社，2005.

注：德国机械制造企业调查样本为威斯特法伦州中小型机械制造企业；日本机械制造企业调查样本数为 9 家，表中数据为两次调查数据的平均数。

120%；如果产出为 800 瓶/小时，则效率为 80%。在比较过程中，如果采用时间为比较的参数，就形成了利用率指标。利用率是资源实际使用时间与其可以使用时间的比值，经常用来衡量某些资源的使用情况，比如直接劳动力或设备的利用率。假设前述的饮料灌装机每台班可以使用的时间为 8 小时，如果某一台班实际使用时间为 6 小时，该设备的利用率就是 75%，即使这 6 小时中其产出水平达到 1000 瓶/小时。在运营流程的分析评价中，生产率、效率和利用率各自反映的侧重点不同。生产率反映运营流程将投入的资源转化为产品/服务的能力，效率反映的是转化的状态，利用率反映转化过程中各种资源的使用情况。三者之间总体上呈现出正相关关系，但有些时候又是不完全一致的。运营管理就是要在提高流程效率及资源利用率基础上，缩短运营时间，从而不断提高生产率。

2. 连续性

所谓运营的连续性，是指运营对象一旦进入运营过程，就能连续地经过各个环节或阶段，或是处于作业（操作）状态，或是在被检验，或是在被运输，没有或很少出现不必要的停顿、等待或长距离的运输现象。

当企业的运营流程实现了连续性时，则可以减少或消除不必要的停顿和间断，从而加快物流速度，减少库存和在制品数量，加速资金周转，减少资金占用，提高资源利用率，降低运营成本，缩短运营流程时间。要提高流程的连续性，需要企业在多个方面进行努力。首先，要以一定的技术条件作为基础，对运营流程的各工序进行科学合理的布置，相互之间保持尽可能短的距离；还要使移动对象（可能是加工对象或服务对象，也可能是技术装备）空间上的运输过程符合工艺流向，减少或消除迂回和往返交叉运输，尽量消除或减少无效运输行为。其次，要加强运营过程管理，采用合理的组织形式，避免由于管理失误而导致流程中断。再次，要加强流程控制，特别是运营过程的现场控制，及时发现影响流程连续性的问题并立即解决。最后，要注意基本运营流程、附属运营流程、辅助运营流程和运营准备流程之间的衔接配合，杜绝由于技术准备工作、检验、设备管理、物料供应等方面的失误而影响基本运营流程连续性的现象。

3. 平行性

运营流程的平行性是指流程的各个环节、阶段和工序同时进行作业，它是影响流程

时间性的重要因素，也是保证连续性的必要条件。具体可以体现为以下三种情况。

1）同一产品/服务的不同组成部分的平行作业

相对复杂的产品都是由多个零部件构成的，如汽车、电脑、轮船等。同样，相对复杂的服务都是由相对独立的部分组合而成的，如酒店提供的就餐服务、航空公司的客运服务等。一般情况下，为缩短运营时间、提高运营效率和资源的利用率，这些零部件和服务的组成部分应同时在不同的工作地或工序上进行作业，平行进行而不是顺序进行。如构成电脑的主板、CPU、内存、硬盘、显示器等零部件应同时进行加工；在酒店的就餐服务中，为缩短顾客等待时间，就餐环境整理、餐具摆放、饮料提供、食品烹制等作业也应同时进行。

2）同批次产品/服务的平行作业

在成批运营中，每一批次的产出量都是多个单位，同批次中的每件或每组产品/服务也应该同时在不同的工作地或工序上进行作业。例如，在批量为 4 000 台的电脑的制造中，同一时刻进行观察会发现，其中 1 000 台可能处于主板安装工段，1 000 台正在安装内存，1 000 台在进行性能测试，还有 1 000 台在完成包装作业。这种情况也存在于提供服务的企业中，如在医院接受诊疗服务的三个病人（甲、乙、丙）中，同一时刻甲在挂号、乙在进行仪器检查、丙在结算付款。

3）不同产品/服务的平行作业

对于进行多品种产品/服务运营（这在现实中极其普遍）的企业而言，不仅要考虑同一产品/服务的不同组成部分的平行作业和同批次的产品/服务的平行作业，还应重视不同产品/服务的平行作业。当企业的产品/服务种类较多时，平行地进行各种产品的生产或各种服务的提供，可以更好地满足市场和顾客对多种产品的需求。例如美国的明尼苏达矿务及制造业公司（Minnesota Mining and Manufacturing，3M）的运营流程能同时平行生产六万多种产品，而一家综合性的医院能同时为不同的顾客提供多种诊疗服务。

4．均衡性

运营流程的均衡性又称为节奏性，是指整个运营过程从投入、作业到产品/服务的产出都是按计划有节奏地进行，在相等的时间间隔，如每日、每周、每旬或每月等，产出量水平大致相等或稳定上升。使设备、设施和人员能够经常达到均匀负荷，均衡地完成运营任务。均衡的运营能够提高各种资源的利用率，增强运营流程的稳定性，有利于保证和提高产品/服务的质量，缩短运营周期，降低运营成本，还能有效减少或杜绝安全事故的发生。企业运营的均衡性要求不仅限于基本运营流程，还包括附属运营流程、辅助运营流程和运营准备流程的均衡性，即企业所有运营流程的所有环节都应保持相同或相近的节奏。

5．比例性

运营流程的比例性是指不同运营流程之间以及同一运营流程的各阶段、各工序之间，在运营能力的配置上要与产品/服务的产出要求相匹配，即运营流程之间以及流程内各环节之间的能力要保持恰当的比例，避免出现能力"瓶颈"，以保证运营过程协调进行。显而易见，缺乏比例性的运营流程经常由于能力"瓶颈"的出现导致运营对象在某一工段或工序停滞而无法继续作业，使后续工段或工序的设备（设施）和人力等资源的能力放空，利用率下降。所以，比例性也是实现流程连续性和时间性的必要条件。要做到运营流程的比例性，就应在运营流程建立的时候，首先应根据市场需求状况确定企业产品/服务的方向以及产出量要求，然后据此确定不同流程（基本运营流程、辅助运营流程及运营准备流程）之间以及流程内各环节运营能力的比例性。管控运营流程的比例性是一个动态的过程，原因在于随着市场变化导致需要的产品/服务的产出量发生变化，或产品/服务的技术要求发生变化，或制造产品及提供服务的工艺方法、工艺手段发生改变，或人员的技能水平提高等，都会使原来成比例的能力配置的比例性下降，变得不成比例了。因此，要经常针对运营流程的能力配置进行监控和调整，采取措施不断消除能力"瓶颈"，建立新的平衡以适应情况的变化，稳定保持流程的比例性。

6. 适应性

运营流程的适应性又称为柔性，是指运营流程对市场需求变化的适应能力，是运营流程灵活性、可变性和可调整性的综合反映。柔性大的运营流程能够生产多种产品，或提供多种服务，并能在短期内以低成本方式完成产品/服务种类的转换或产出量水平的调整。运营流程的柔性包括品种柔性、产量柔性和时间柔性三个方面。在市场竞争日益激烈，顾客个性化需求程度及可变性越来越高的今天，企业只有不断提高运营流程的柔性，才能适应以需求多样化和快速变化为特征的高不确定性的多变环境。为此，理论界和实务界都进行了很多研究和实践，总结出很多新理论和新方法，如成组技术、精益（准时）生产、柔性生产、敏捷制造、物料需求计划、制造资源计划、企业资源计划和计算机集成制造系统等。

5.1.5　流程专业化

运营过程就是分工和协作关系不断重复的过程，运营流程专业化就是确定流程之间以及流程内各环节、各工序之间分工协作的基础，并选择建立运营单元（工序）的标准。它决定着运营流程中加工对象或服务对象的流向、路线和运输量，是运营流程空间组织的重要内容。

1. 工艺专业化

工艺专业化是按照工艺特征建立流程单位，并将其作为流程之间以及流程内各单位之间分工协作的基础。即将完成相同工艺的设备、设施和人员设置为一个流程单位，完成不同产品/服务的相同工艺内容的作业（操作），不同单位之间根据工艺联系进行协作。如机械制造企业可以按工艺专业化原则构建不同层次的流程单位，形成工艺专业化的工厂、车间（分厂）、工段或工序。

（1）工厂：焊接厂、锻造厂、铸造厂等；

（2）车间：机械加工车间、焊接车间、热处理车间、装配车间等；

（3）工段：以机械加工车间为例，分别有下料工段、粗加工工段、精加工工段等；

（4）工序：以机械加工车间的精加工工段为例，有车工序、铣工序、镗工序、磨工序等。

对于服务企业而言，也可以采取工艺专业化方式建立运营单位，如大学按照课程专业特性设置为公共课教研室、基础课教研室、专业基础课教研室和专业课教研室等，航空公司按照不同的工作性质设置的售票机构、候机室、登机通道、食物补给站和油料补给站等。

工艺专业化运营流程具有对产品品种变化的适应能力强、较好的柔性、较高的流程可靠性、工艺及设备管理方便的优点。由于完成运营过程需经过多个基本运营单位，因此也存在相应的缺点：流程路线较长，运营对象在不同工作地之间转移次数较多导致运输量较大，从而使运输成本较高；大量使用通用设备、设施和工装造成生产效率较低，运营周期较长，流程时间性较差；不同流程单位之间协作关系复杂，组织管理工作难度较大。

2. 对象专业化

对象专业化是按照产品（或零件、部件）、服务对象建立流程单位，并将其作为流程之间以及流程内各单位之间分工协作的基础。即将完成相同产品/服务的设备、设施和人员设置为一个流程单位，完成相同产品/服务的全部或大部分不同工艺内容的作业（操作）。如机械制造企业可以按照对象专业化原则构建不同层次的流程单位，形成对象专业化的工厂、车间（分厂）、工段或工序。

（1）工厂：机床制造厂、汽车制造厂、飞机制造厂等；

（2）车间：以汽车制造厂为例，分别有发动机车间、变速箱车间、底盘车间、车架车间等；

（3）工段：以发动机车间为例，分别有汽缸工段、活塞工段、曲轴工段、连杆工段等；

（4）工序：以气缸工段为例，分别有气缸本体工序、汽缸盖工序等。

服务企业也可以采取对象专业化方式建立运营单位，如银行的对公业务部和个人业务部，移动通信公司的集团客户部和个人客户部。有些时候，甚至企业本身都是按照对象专业化原则设置的，如儿科医院、五官科医院、肿瘤医院等。

对象专业化运营流程的优点：运营对象的所有作业（操作）在一个运营单元完成，运输次数少、线路短、运量小，从而运输成本较低；便于采用高效专用设备、设施和工装，有利于提高生产率，缩短生产周期；不同流程单位之间协作较少，组织管理工作简单易行。对象专业化运营流程的缺点：由于对象专业化运营流程的每个流程单位只能生产相同或十分相近的产品/服务，因此，对产品/服务品种变化的适应能力差；在产品/服务需求变化时，还容易造成不同运营单位之间资源利用率差异较大。

流程专业化的划分并不是绝对的，现实中纯粹采取工艺专业化或对象专业化形式建立运营单位的较少，企业常常是将两种形式结合起来建立运营单位。如一家综合性医院按照对象专业化原则设置了外科、内科、儿科、五官科等科室，同时又按工业专业化原则设置了挂号收费室、检验科、药房等；汽车制造厂可以先按照对象专业化原则设置车间，在车间内部又可采取工艺专业化形式建立工段和工序。一般而言，当市场需求多变时，适合于采取以工艺专业化为主构建运营流程；当产品/服务需求量大且市场稳定时，以对象专业化为主构建运营流程是相对合适的。

5.2　运营流程设计

运营流程设计是运营管理的核心内容之一，运营管理者应根据企业的战略定位和发展目标，综合考虑市场需求状况以及产品/服务的特征、资源的可获得性、行业技术发展水平、竞争对手运营流程的特点等因素，设计和选择适合于企业实际情况、有助于培育和提升核心能力、赢得竞争优势的运营流程。

5.2.1　流程设计内容

如表 5-5 所示，运营流程设计本质上是一个信息的输入→转化→输出过程，输入的信息包括产品/服务信息、运营流程信息和运营战略信息，在对这些信息进行收集、整理、分析的基础上，考虑选择运营流程，研究垂直一体化、流程工艺性、技术装备和设施布局等方面的问题，慎重思考，合理构建符合企业现状、市场需求情况、产品技术要求，高效、优质、低耗的运营流程。输出部分是流程设计结果的具体体现，表明企业如何进行产品的生产或服务的提供，对运营资源的配置和使用、运营过程及方法措施提出明确要求。

表 5-5　运营流程设计基本内容

输　入	运营流程设计	输　出
1. 产品/服务信息 　　产品/服务品种数 　　产品/服务需求模式和需求量 　　竞争环境 　　顾客要求 　　产品/服务的订单赢得要素 2. 运营流程信息 　　资源可获得性和约束 　　运营流程的经济性 　　制造技术或特殊技能 　　优势与劣势 3. 运营战略信息 　　战略定位和目标 　　重点竞争维度 　　资源配置 　　资源利用程度	1. 选择运营流程 　　与运营战略相适应 2. 垂直一体化研究 　　自制-外购决策 　　供应商管理 　　采购和库存控制 3. 运营流程研究 　　主要技术路线 　　标准化和系列化 　　产品/服务设计的可加工性 4. 技术装备研究 　　自动化水平 　　专业化程度 　　设备（设施）选择 　　设备（设施）之间连接方式 　　工艺装备配置 5. 流程布局研究 　　地址选择与建筑物设计 　　设备（设施）布置	1. 运营技术流程 　　工艺设计方案 　　工艺流程之间的联系 2. 设备（设施）布置 　　建筑物设计方案 　　设备（设施）布置方案 　　设备选型、选购方案 3. 人力资源 　　工作研究和设计 　　技术水平要求 　　人员数量 　　培训计划 　　管理制度和措施

5.2.2　流程设计影响因素

1. 产品/服务的需求性质

运营流程是为生产产品或提供服务而存在的，离开了顾客对产品/服务的需求，运营流程就失去了存在的意义。因此，企业的运营流程应有足够能力满足顾客需求。不同的运营流程特点各异，具有不同的适应性。有的运营流程具有批量大、成本低、效率高的特点，而有的运营流程具有适应产品/服务品种及产出量变化快的特点。所以，在流程设计时，首先要了解产品/服务的需求特点，从市场需求的品种多少、数量大小、变动状况等方面考虑对运营流程的要求，从而决定选择哪种类型的运营流程，做到运营流程和产品/服务特征的匹配。

2. 自制-外购决策

运营管理者常常在自制和外购之间进行权衡，如果增加外购的比重，虽然可以获得其他企业提供的专业化产品和服务的好处，但是对质量和时间的控制性将减弱；如果减少外购的比重，虽然可以增强对质量和时间的控制，但是又会使企业的运营资源投入过多，同时导致流程的可调整性减弱。这种权衡实际反映了企业对于应构建哪些运营流程以及构建怎样的运营流程的思考：是只建立基本运营流程，还是应包括附属运营流程、辅助运营流程和运营准备流程？即使只建立基本运营流程，是包括所有零部件的制造还是部分零部件？如果只包括部分零部件，究竟是哪些部分呢？要回答这些问题，运营管理者必须要综合考虑质量、成本、运营周期、运营能力和技术、运营控制、供应商的能力和数量等因素，进行自制-外购决策，合理确定自制的范围和数量。企业的运营流程是用于生产自制件的，自制件的范围越大、数量越多，对运营流程的规模和能力要求越大，但这会降低运营流程的响应能力。在企业之间专业化协作日益普遍的今天，大多数企业都选择业务外包的方式来拓展运营流程的边界。实际上，产品的所有零部件或服务的所有组成部分都自制的企业几乎没有，总是存在外购行为，区别仅在于外购的范围大小和数量多少。在自制-外购决策时倾向于针对产品的核心零部件或服务的核心部分构建运营流程，而将产品的非核心零部件或服务的非核心部分外包出去，充分利用其他企业的力量。这样，既可以降低运营资源的投入，又可以缩短产品/服务的研发、设计和运营周期，提高运营效率和响应性。

3. 产品/服务质量水平

质量是企业重要的运营竞争维度之一，它过去是、现在是而且将来还是市场竞争的武器。运营流程的设计与产品/服务的质量水平关系密切，流程中的每一环节的设计都受到质量要求的约束，不同的质量要求决定了运营流程采用什么样的技术装备和工艺手段。

4. 运营柔性

运营柔性是运营流程对用户需求变化的响应速度，是对运营流程适应市场变化能力的一种度量，通常从品种柔性、数量柔性和时间柔性三个方面进行衡量。在多品种、中小批量运营的情况下，品种柔性具有十分重要的现实意义；在产品/服务需求数量波动较大，或者产品/服务不能依靠库存来调节供需矛盾时，产量柔性尤其重要；在顾客对产品/服务的交付时间十分敏感且个性化要求强烈时，时间柔性就成为关注的焦点。不同程度的柔性期望直接影响运营流程设计中的设备（设施）选择和人员配置，如企业运营流程对品种柔性要求较高，则倾向于选择通用设备（设施），同时，人员应具备较高的技术水平。反之，则倾向于使用专用设备（设施），对人员的技能要求也较低。

5. 顾客接触程度

绝大多数服务企业和某些制造企业，顾客是其运营流程的有机组成部分，因此，顾客对运营过程的参与程度也会影响运营流程设计。例如，理发店、医院、心理咨询所的运营，顾客是运营流程的重要部分，企业提供的服务就发生在顾客身上。顾客高度的个性化需求决定了只有顾客的高度参与，运营过程才能顺利进行。在这种情况下，顾客就成了运营流程设计的中心，运营场所和设备（设施）布置要把方便顾客参与放在首要位置，强调运营流程为顾客提供个性化服务的能力。而另外一些企业，如银行、快餐店、公共交通公司等，顾客需求的个性化程度较低导致参与程度也较低，企业通过提供标准化的服务就能满足顾客需要。这时，运营流程的设计则应追求标准、效率、简洁和低成本。

5.3　制造流程设计

制造业运营流程设计就是企业选择何种工艺流程的决策，它是制造业运营流程设计的核心内容。所谓工艺（Crafts）是指劳动者利用生产设备（设施）和工装、工具对各种原材料、在制品进行增值加工或处理，使之成为成品的技术方法与过程，这些技术方法和过程的组合形式就是工艺流程。

5.3.1　制造业典型工艺及流程

（1）制造（Fabrication）：改变物质的物理特征，将原材料加工成特定的产品，如用木材制成家具，或用玻璃制成眼镜片，或用塑料制成饮料瓶等。

（2）转化（Conversion）：改变物质的化学特征或能量形式，生成新物质或新的能量形式。如将铁矿石冶炼为钢材，或用石油生产汽油、柴油，或利用水能、太阳能、核能等发电，或电解水生成氢气和氧气等。

（3）装配（Assembly）：将零部件组合成特定的产品，如将雨刮器安装在汽车上，或将眼镜片和眼镜框组合在一起，或将饮料装入瓶中等。

（4）测试（Testing）：对测试对象的符合性进行判断，是存在于制造、转化、装配工艺过程中相对独立的重要环节，如对钢材的机械性能或化学成分进行检测并做出判断，或对啤酒的成分进行检验并判断是否达到要求等。

这四种工艺技术方法的不同组合形成了制造业典型的工艺流程如下。

（1）工艺专业化生产：运营流程单位采用工艺专业化形式设置，加工对象顺序通过不同的流程单位，不同的产品需要一套完全不同的工艺过程或工艺顺序过程，适合于单件或多品种小批量运营流程。如广告制作、非标准化的专用重型机械制造、汽车模具设计制造等。

（2）批量生产：运营流程单位可能采用工艺专业化方式，或对象专业化方式设置，本质上是一种标准专业化生产，每种产品根据订单或库存进行周期性生产，多数产品具有相同的工艺流程，适合于产品种类较多且相对稳定的成批运营流程，如通用的标准化的重型机械制造、电子元器件和化学产品的生产。

（3）装配线生产：由不同零部件组成的产品以一定的受控速率，按照要求的工艺顺序从一个运营单位到另一个运营单位进行装配，若干个工艺过程按照一定的顺序形成一条流水线，通常称之为生产线。一般采用对象专业化方式建立运营流程单位，适合于大量生产的运营流程，如玩具和家用电器的装配生产、汽车和电视机的装配等。

（4）连续流程：指无差别的原材料（如石油、天然气等）的转化或深加工过程，运营流程中物流按照工艺顺序稳定、连续、不中断地连续通过设备（设施），工艺流程结构高度自动化，要求流程每天必须24小时运行，以避免高额的停工与开工费用。一般采用对象专业化方式建立运营流程单位，适合于产品种类少、需求量大且稳定的企业，如食糖、汽油、纯碱、氨水的生产。

5.3.2 产品-流程矩阵

制造企业工艺流程决策的核心内容就是要根据产品/服务的市场需求特征，匹配相适应的工艺流程。海雅斯（Hayes）和威尔怀特（Wheelwright）提出的产品-流程矩阵（product-process matrix，PPM）清晰地表达了工艺流程和需求特征之间的关系，为管理者进行工艺流程选择提供了十分有效的分析、判断框架。产品-流程矩阵详见图5-4。

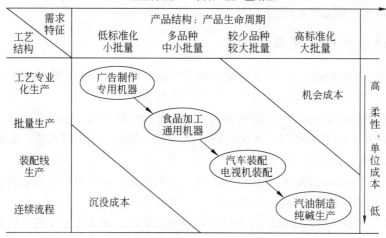

图5-4　产品-流程矩阵示意图

产品-流程矩阵揭示了随着产品生命周期的演变所表现出的品种和产量的组合与工艺流程之间的对应关系，并指出这种对应关系由左上角向右下角变化过程中运营流程功能特性的变化趋势：生产效率逐渐提高，单位成本逐渐下降，而应变能力逐渐降低。以产品-流程矩阵为基础，可以形成如下结论。

（1）每种工艺流程都具有典型的功能特点和竞争优势，并表现出一种相悖的趋势。如工艺专业化生产工艺流程虽然具有较强的适应能力，但是单位成本较高，生产效率低；

连续流程虽然生产率高，单位成本低，但是柔性差，适应需求变化的能力弱。由此可见，每种典型的工艺流程只能满足有限的功能需求，工艺流程决策不是建立一种满足所有的功能需求，适合所有的需求状况，在产品生命周期的每个阶段都是最优的工艺流程，而是根据需求特征选择最匹配的工艺流程，并随着需求特征的变化不断调整。

（2）根据产品结构性质，沿对角线选择工艺流程并配置相应的运营流程，可以达到最好的技术经济性，偏离对角线的匹配结果将不能获得最佳效益。如果配置结果出现在右上角区域，会丧失高效率工艺流程带来的好处，从而导致机会成本上升；如果配置结果出现在左下角区域，由于追求高效率而投入过多的运营资源使生产能力过剩，固定资产投资成为沉没成本而无法收回。

（3）在市场需求变化时，企业不能仅仅调整产品结构，必须沿对角线方向同步调整工艺流程结构才能形成竞争优势。这种调整在现实中常常会偏离对角线，如图 5-5（a）所反映的那样，以围绕对角线以折线的方式进行，有时还会偏离对角线很远。这种偏离化的调整会导致管理者必须在两种策略中进行权衡：保守策略和激进策略如图 5-5（b）所示。保守策略是调整路径经过产品-流程矩阵的右上角区域，调整过程中生产能力始终不足，运营效率一直偏低，产品价格下降导致利润率降低。激进策略是调整路径经过产品-流程矩阵的左下角区域，调整过程中生产能力始终超过市场需求量，营销压力较大，投入的大量运营资源只能由较小的产销量分担导致成本上升，从而使企业利润降低。

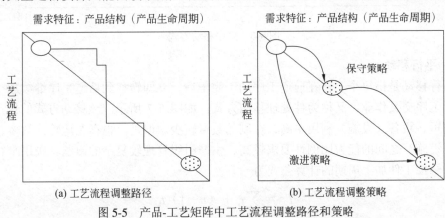

(a) 工艺流程调整路径　　　　　　(b) 工艺流程调整策略

图 5-5　产品-工艺矩阵中工艺流程调整路径和策略

5.3.3　制造流程的时间组织

制造流程的时间组织是指为保证流程的时间性、缩短产品的生产周期而选择工件（产品或零部件）在各工序之间的移动方式。工件在流程中可以采用三种典型的移动方式：顺序移动、平行移动和平行顺序移动。

1. 顺序移动

顺序移动是指一批工件在上道工序全部加工完毕后才整批地转移到下道工序继续加工，又称为批处理式的移动方式。该移动方式的优点是运营组织工作较简单，工件成批移动减少了运输次数和设备（设施）的调整时间，提高了设备（设施）利用率。但是，顺序移动的加工周期长、在制品数量较大。采用顺序移动方式，一批工件加工周期的计算公式如下：

$$T_{顺}=n\sum_{t=1}^{m}t_i \tag{5-1}$$

式中：$T_{顺}$为顺序移动加工周期；n为工件加工批量；t_i为第i工序的单件加工时间；m为工件加工的工序数。

【例5-1】 如图5-6所示，四件工件顺序经过四道工序M_1，M_2，M_3，M_4进行加工，每道工序的单件加工时间分别为$t_1=10$分钟，$t_2=5$分钟，$t_3=15$分钟，$t_4=10$分钟，试计算该批工件采用顺序移动方式的加工周期。

解 $T_{顺}=n\sum_{t=1}^{m}t_i=4\times（10+5+15+10）=160$（分钟）

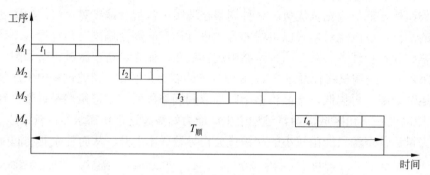

图5-6 顺序移动方式

2. 平行移动

平行移动是指每个工件在前道工序加工完毕后，立即转移到后道工序继续加工，形成前后工序交叉作业，又称为件处理移动方式。如图5-7所示。该移动方式的优点是加工周期短、设备（设施）利用率高、在制品数量较少。但是，也存在运输次数多、对各设备（设施）之间的能力比例性要求较高、生产组织管理较复杂的问题。采用平行移动方式，一批工件加工周期的计算公式为

$$T_{平}=\sum_{t=1}^{m}t_i+（n-1）t_L \tag{5-2}$$

式中：$T_{平}$为平行移动加工周期；t_L为最长的单件工序时间；其余符号含义同式（5-1）。

【例5-2】 如图5-7所示，根据例5-1的数据，试计算该批工件采用平行移动方式的加工周期。

解 $T_{平}=\sum_{t=1}^{m}t_i+（n-1）t_L=（10+5+15+10）+（4-1）\times15=85$（分钟）

3. 平行顺序移动

平行顺序移动是将顺序移动和平行移动结合起来的工件移动方式。它综合了两者的优点，既要求每道工序连续进行加工，又要求各道工序尽可能平行地加工。如图5-8所示。

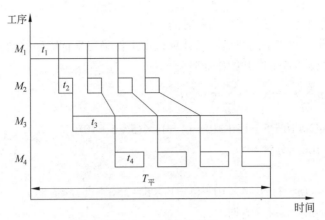

图 5-7 平行移动方式

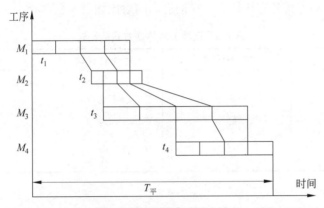

图 5-8 平行顺序移动方式

工件的具体移动方式如下：

（1）当 $t_i < t_i + 1$ 时，工件按平行移动方式转移，即本工序每完成一件工件加工，就立即转移到下道工序进行加工；

（2）当 $t_i \geqslant t_i + 1$ 时，以本工序最后一个工件完工时间为基准，往前推移 $(n-1) \cdot t_i + 1$ 作为工件在下道工序开始加工的时间，即本工序完成加工的工件并不立即移动到下工序，而是在本工序积累到足够下工序连续加工的数量时，才转移到下工序开始加工。

采用平行顺序移动方式，一批工件的加工周期计算公式为

$$T_{\text{平顺}} = n \sum_{t=1}^{m} t_i - (n-1) \sum_{t=1}^{m-1} \min(t_i, t_{i+1}) \tag{5-3}$$

式中：$T_{\text{平顺}}$ 为平行顺序移动加工周期，t_{i+1} 表示 i 工序紧后工序的单件作业时间，其余符号含义同式（5-1）。

平行顺序移动各工序开始作业时间计算公式为

$$T_{j\text{始}} = \begin{cases} t_i, & （当 t_j \geqslant t_i 时） \\ nt_i - (n-1)t_j, & （当 t_j < t_i 时） \end{cases} \tag{5-4}$$

式中：T_j 始表示后工序比前工序迟开始作业的时间；t_i 表示 j 工序紧前工序的单件作业时

间；t_j 表示 i 工序紧后工序的单件作业时间。

【例 5-3】 根据例 5-1 的数据，试计算该批工件采用平行顺序移动方式的加工周期，并计算平行顺序移动各工序开始作业时间。

解 $T_{平顺} = n \sum_{t=1}^{m} t_i - (n-1) \sum_{t=1}^{m-1} \min(t_i, t_{i+1})$

$$= 4 \times (10 + 5 + 15 + 10) - (4-1) \times (5 + 5 + 10)$$

$$= 100（分钟）$$

$T_1 = 0$

$T_2 = nt_1 - (n-1)t_2 = 4 \times 10 - (4-1) \times 5 = 25,$（当 $t_2 < t_1$ 时）

$T_3 = t_2 = 5,$（当 $t_3 \geqslant t_2$ 时）

$T_4 = nt_3 - (n-1)t_4 = 4 \times 15 - (4-1) \times 10 = 30,$（当 $t_4 < t_3$ 时）

三种工件移动方式各有优缺点，它们之间的对比如表 5-6 所示。

表 5-6　三种工件移动方式的比较

比较项目	顺序移动	平行移动	平行顺序移动
生产周期	长	短	中
运输次数	少	多	中
设备利用	好	差	好
在制品量	大	小	较小
组织管理	简单	中等	复杂

5.4　流水线组织设计

美国福特汽车公司的创始人亨利·福特（Henry Ford）于 20 世纪 20 年代创立了汽车工业的流水线生产方式，由此引起了制造业运营流程的根本性变革。流水线生产是指劳动对象按照一定的工艺路线，顺序地通过各个工作地，并按照一定的生产速度（节拍）完成工艺作业的连续重复生产的一种运营组织形式。在大量或批量生产的情况下，流水生产线由于能将高度的对象专业化的生产组织和劳动对象的平行移动方式有机地结合起来，是一种较好的被广泛采用的生产组织形式。应用流水生产能使运营过程具有较好的时间性、连续性、平行性、比例性以及均衡性，可以提高劳动生产率、缩短生产周期、减少在制品占用量和运输工作量、加速资金周转、降低生产线成本，还可以简化生产管理工作，促进企业加强生产技术准备工作和生产服务工作。所以在企业特别是大量和成批运营的企业中，流水线运营占有十分重要的地位。

5.4.1　流水线生产的特征和条件

1. 流水线生产的特征

与其他运营形式相比较，流水线生产具有以下基本特征。

（1）工作地专业化程度高，每个工作地上固定完成一道或几道工序，且固定地生产一种或有限几种制品。

（2）生产具有明显的节奏性，即按照节拍（cycle time）进行生产。所谓节拍，是指流水线上连续产出相邻两件制品的时间间隔。

（3）各工作地（工序或设备）之间的生产能力是平衡的和成比例的，负荷基本相同。即各工作地（工序或设备）数量与各工作地（工序或设备）单位制品的计划加工时间（单件工时定额）的比例是一致的。设流水线上各道工序的工作地（工序或设备）数分别为 S_1，S_2，$\cdots$，S_i，$\cdots$，S_n；各工作地（工序或设备）单件制品工时定额为 T_1，T_2，$\cdots$，T_i，$\cdots$，T_n；流水线生产节拍为 r，为保证流水线运营过程的比例性和平行性，则应满足：

$$\frac{S_1}{T_1} = \frac{S_2}{T_2} = \cdots = \frac{S_i}{T_i} = \cdots = \frac{S_n}{T_n} = r \tag{5-5}$$

（4）工作地（工序或设备）按工艺顺序排列成前后相连的链状形式，形成相对封闭的生产单元，劳动对象在工作地（工序或设备）间做单向移动。

（5）劳动对象如同流水般在工作地（工序或设备）之间通过专业化的运输装置进行移动，按照统一规定的节拍生产，消除或最大限度地减少了劳动对象的耽搁时间和技术装备的间断时间，生产过程具有高度的连续性。

与其他运营形式相比较，流水线由于是专业化生产，可以大量采用自动化程度较高的专用技术装备以及机械化的运输装置，所以生产周期短、生产率高，能及时提供市场需求的大量产品；工件采取平行移动方式，能有效降低在制品占用量和运输工作量，减少运营过程的资金占用，降低单位成本；还可以提高运营管理的结构化程度，简化生产管理工作。当然，流水线运营也具有明显的缺点：建成后相对稳定，调整和改组需要较多的投资和花费较多的时间，运营过程不够灵活，适应市场对产品产量和品种变化的能力很低，柔性较差；流水线上工作比较单调、紧张、容易疲劳，不利于提高人员的生产技术水平。

2. 流水线生产的条件

（1）产品品种稳定且生命周期长，是市场上长期大量稳定需要的产品。

（2）产品技术先进且相对稳定，标准化程度高并具有良好的结构工艺性，产品的结构便于工艺制造，有利于采用经济、有效的工艺加工方法。

（3）工艺过程成熟，易于分解为简单的工序并能进行调整或合并。

（4）原材料、协作件必须是标准、规格化的，并能按时供应。

（5）技术装备管理较为完善，能保证设备的良好运行状态。

（6）检验工序能够集成在流水线上，随制品的加工过程同步进行检验。

5.4.2　流水线的分类

1. 按加工对象的位置划分

按生产对象的移动方式，可分为固定流水线和移动流水线。在固定流水线中，加工对象的位置是固定不动的，由不同工种的工人（组或队）携带工具（或小型设备）按规定的节拍轮流到各个产品上去完成自己所担任的工序。这种生产组织形式适用于装配特别笨重、巨大的产品，在造船、建筑、工程施工等部门中经常采用。在移动流水线中，加工对象是移动的，而工人、设备和工具的位置是固定的，加工对象顺序地经过各个工作地（设备）进行加工。这种生产组织形式被机械制造、服装等工业部门广泛采用。

2. 按加工对象的种类划分

按流水线上生产对象的种类，可分为单一品种流水线和多品种流水线。单一品种流水线只固定生产一种产品（或零部件），工作地完全专业化，又称为大量或不变流水线。多品种流水线要轮换地生产多种在结构上、工艺上近似的产品。按照不同品种的轮换方式不同，又可将多品种流水线划分为可变流水线和混合流水线。可变流水线又称为成批流水线，就是固定成批地轮番生产几种产品，同一时间只生产一种产品。当变换产品品种时，要相应地调整设备和工艺装备。混合流水线又称为成组流水线，它通过均匀混合流送，组织相间性的投产，在一定时间内依投产顺序同时生产几种产品，即同一时间流水线的不同工序在加工不同品种的加工对象。这些加工对象按照成组加工（装配）工艺规程，使用专门的成组加工设备和工艺装备进行生产，变换品种时，基本上不需要重新调整设备和工艺装备。

3. 按生产过程的连续程度划分

按生产过程的连续程度，可分为连续流水线和间断流水线。在连续流水线上，加工对象从投入到出产连续地从一道工序转入下一道工序不断地进行加工，没有或很少有停放等待，生产过程是完全连续的。它是一种完善的流水线形式，其组织条件是工序同期化。在间断流水线上，由于各道工序的劳动量不等或不成倍比关系，生产能力不平衡，加工对象在各工序之间会出现停放、等待等中断，生产过程是不完全连续的。

4. 按流水线的节奏程度划分

按流水线的节奏程度不同，可分为强制节拍流水线、自由节拍流水线和粗略节拍流水线。前者是利用专门的装置来强制实现规定的节拍，工人必须在规定的时间内完成自己的工作。如有延误或违反技术规程，即会影响下道工序的生产。后者是由操作者自行保持节拍，要求各工序必须按节拍进行生产，但每件制品的加工时间则由工人自己掌握，一般在各工作地上都设有保险在制品以调节生产的节奏。在各个工序的加工时间与节拍相差很大时，如按节拍组织生产就会使设备和工人处在时断时续的工作状态。为充分地利用人力、物力，只要求流水线每经过一个合理的时间间隔生产等量的制品，而每道工序并不要求按节拍进行生产。这个合理的时间间隔就是粗略节拍，采用粗略节拍组织生产的流水线就是粗略节拍流水线。

5. 按制品的运输方式划分

按制品的运输方式不同，可分为无专用运输设备的流水线和有专用运输设备的流水线。前者由流水线上的操作工人或辅助工人直接用手或普通运输器具将加工完毕的制品传送给下道工序，后者采用重力滑道、专用小车、悬挂装置、传送带等专门的运输设备在不同的工序间传送制品。

5.4.3　单一品种流水线组织设计

流水线的设计包括技术设计和组织设计两个方面。技术设计是流水线"硬件"方面的设计，包括工艺路线、工艺规程的制定，专用设备的设计、设备改装设计、运输传送装置的设计、专用工卡检具的设计等。组织设计是流水线"软件"方面的设计，包括流水线的节拍和生产速度的确定、设备需要量及利用率的计算、工序同期化设计和流水线平衡、工人配备、生产对象运输传送方式设计、流水线平面布置、流水线工作制度和标准计划图表的制定等。组织设计是技术设计的根据，技术设计应当保证组织设计的每一项目的实现。

单一品种流水线的组织设计，一般按照以下八个步骤进行。

1. 确定流水线节拍

流水线的节拍表明流水线生产率的高低，是流水线最重要的工作参数。其计算公式为

$$r = \frac{F_e}{N} = \frac{F_0 \cdot \eta}{N} \qquad (5\text{-}6)$$

式中：r 为流水线的节拍；N 为计划期计划产量；F_e 为计划期有效工作时间；F_0 为计划期制度工作时间；η 为时间利用系数。

【例 5-4】 某流水线计划日产量为 300 件，采用两班制生产。由于换班时存在设备检查、调整等准备时间，所以每班规定有 21 分钟停歇时间。根据历史数据估计，该流水线的稳定合格品率为 98%。试计算该流水线的节拍。

解 $r = \dfrac{F_e}{N} = \dfrac{8 \times 2 \times 60 - 21 \times 2}{300 \div 0.98} = 3$（分钟/件）

2. 确定最少工作地数

工作地（station）是工人使用设备（设施）、工具、夹具、检具和工艺装备等对劳动对象进行加工的场所。流水线最少工作地数计算公式为

$$m = \left[\frac{T}{r} \right] \qquad (5\text{-}7)$$

式中：m 为流水线最少工作地数；T 为所有工作地的工序或设备单件时间定额之和；r 为流水线的节拍；$[T/r]$ 表示不小于 T/r 的最小整数。

计算中应注意：工序或设备的单件时间定额应包括该工序或设备的准备时间和加工对象在运输传送装置与工作地（工序或设备）之间的转移时间。

式（5-7）可用来计算最少工序数或最少设备数。如果 T 为某工作地所有工序单件时间定额之和，m 则为该工作地最少工序数；如果 T 为某工序所有设备单件时间定额之和，m 则为该工序最少设备数。

【例 5-5】 某流水线共有 17 道工序，节拍为 6 分钟/件，单位制品各工序时间定额之和为 56 分钟。试计算该流水线的最少工作地数。

解 $m = \left[\dfrac{T}{r} \right] = \left[\dfrac{56}{6} \right] = [9.333\ 3] = 10$

3. 工序同期化设计

所谓工序同期化，就是根据流水线节拍的要求，采取各种技术的、组织的措施来调整各工作地的单件作业时间，使它们等于节拍或节拍的倍数。工序同期化的基本方法是将整个作业任务分解为许多小工序（或称作业元素），然后将有关的小工序组合成为大工

序，并使这些大工序的单件作业时间接近于节拍或节拍的倍数。对于关键工序，通常可采用以下措施来解决工序同期化的问题。

（1）提高设备的机械化、自动化水平，采用高效率的专用工艺装备，减少工序的作业时间；

（2）改进操作方法和工作地的布置，减少辅助作业时间；

（3）提高工人的操作熟练程度和工作效率，改进劳动组织，如抽调熟练工人到高负荷工序工作，组织相邻工序协作，或选拔一名或几名工人沿流水线巡回，协助高负荷工序完成任务等；

（4）建立在制品储备；

（5）对单件时间很长而又不能分解的工序，增设工序数，组织平行作业。

4. 流水线时间和利用率分析

1）时间分析

流水线损失时间是按照节拍和工作地（工序或设备）数计算的时间与所有工作地（工序或设备）单件时间定额总和的差额，其计算公式为

$$T_S = m \cdot r - \sum_{i=1}^{m} T_i \tag{5-8}$$

式中：T_S 为流水线损失时间；m 为流水线的工作地（工序或设备）数；T_i 为第 i 个工作地（工序或设备）单件时间定额；r 为流水线节拍。

如果以相对数形式表示，则为流水线时间损失系数（ε_L），其计算公式为

$$\varepsilon_L = \frac{T_S}{m \cdot r} \times 100\% \tag{5-9}$$

在流水线的组织设计中，还可通过计算流水线平滑系数来反映不同设备（工序或工作地）之间的生产能力（或单件时间定额）的差异程度，其计算公式为

$$\mathrm{SI} = \sqrt{\sum_{i=1}^{m} (T_{\max} - T_i)^2} \tag{5-10}$$

式中：SI 为流水线平滑系数；m 为流水线的工作地（工序或设备）数量；T_i 为第 i 个工作地（工序或设备）单件时间定额；$T_{\max}$ 为单件时间定额最大值。

如果 SI 越大，说明各设备（工序或工作地）之间能力差异较大，流水线设计难度越大；反之，则说明各设备（工序或工作地）之间能力差异较小，流水线设计难度越小。

2）负荷分析

工作地（工序或设备）利用率反映流水线中各个工作地（工序或设备）的负荷大小，又称为工作地（工序或设备）负荷系数。负荷系数计算公式为

$$K_i = \frac{T_i}{r} \tag{5-11}$$

式中：K_i 为第 i 个工作地（工序或设备）负荷系数；T_i 为第 i 个工作地（工序或设备）单件时间定额；r 为流水线节拍。

工作地（工序或设备）数为 m 的流水线负荷系数（K_a）的计算公式为

$$K_a = \frac{\sum\limits_{i=1}^{m} T_i}{m \cdot r} \qquad (5\text{-}12)$$

工作地（工序或设备）负荷系数的大小决定了流水线作业的连续程度。当流水线中大多数工作地（工序或设备）的负荷系数值都大于 1 时，需要考虑增加生产同种产品的流水线数量。当流水线负荷系数值大于或等于 0.75 时，可以组织连续流水线；如小于 0.75 时，则只能组织间断流水线。通常要求机械化、自动化流水线负荷系数不应低于 0.75，手工流水线负荷系数应在 0.85～0.9 以上。

5．流水线平衡

如果流水线时间损失系数 ε_L 和平滑系数 SI 较大，或设备负荷系数 K_i 和流水线负荷系数 K_a 较低时，则要进行流水线平衡。流水线平衡是将各工序（设备）合理分配到各工作地，应满足以下条件：

（1）分配到同一工作地的工序（设备）在空间上应是相邻布置的；

（2）保证各工序（设备）之间的先后顺序；

（3）每个工作地分配到的工序（设备）单件时间定额之和应小于或等于节拍；

（4）各工作地的单件时间定额应尽量相等且接近节拍。

流水线平衡通常采用"列举-消去"法，其具体做法为：从第一道工序（设备）开始，将符合条件的其他工序（设备）编为一组，分配给一个工作地。如有多个符合条件的其他工序（设备）时，则可保留其中一个，消去其余的。在完成第一个工作地编组方案的基础上，从剩余工序（设备）中排在首位的工序（设备）开始，按上述步骤进行第二个工作地的编组，直至把所有的工序（设备）都分配完为止。

【例 5-6】 某装配流水线共有 13 道工序，单位产品的总装配时间为 44 分钟，各工序之间的装配顺序和每道工序的单件作业时间如图 5-9 所示。图中圆圈中的数字表示工序号，圆圈上方的数字表示该工序的单件作业时间，箭头表示装配过程中连续工序的先后关系。试进行流水线平衡并分别计算平衡前后的时间分析和负荷分析指标值。

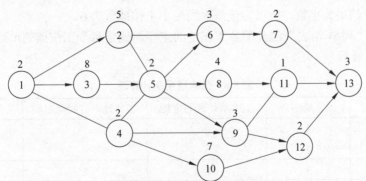

图 5-9 产品装配顺序图

解 （1）计算平衡前时间分析和负荷分析指标。

假设每一个工序为一个工作地，此时 $m=13$；由于工序最长单件作业时间为 8 分钟，所以流水线节拍为 8 分钟/件。计算流水线时间分析指标如下。

① 流水线损失时间：

$$T_S = m \cdot r - \sum_{i=1}^{m} T_i = 13 \times 8 - 44 = 60 \text{（分钟）}$$

② 流水线时间损失系数

$$\varepsilon_L = \frac{T_S}{m \cdot r} \times 100\% = \frac{60}{104} \times 100\% = 57.69\%$$

③ 流水线平滑系数：

$$\begin{aligned}
\text{SI} &= \sqrt{\sum_{i=1}^{m} (T_{\max} - T_i)^2} \\
&= \sqrt{(8-2)^2 + (8-5)^2 + (8-8)^2 + \cdots + (8-3)^2} \\
&= 18.1659
\end{aligned}$$

④ 计算流水线负荷分析指标：

使用式（5-11）计算出各工作地（工序）负荷系数值见表 5-7。

表 5-7　各工序负荷系数值

工序顺序号	1	2	3	4	5	6	7	8	9	10	11	12	13
负荷系数值	0.25	0.63	1.00	0.25	0.25	0.38	0.25	0.50	0.38	0.88	0.13	0.25	0.38

⑤ 流水线负荷系数：

$$K_a = \frac{\sum_{i=1}^{m} T_i}{m \cdot r} = \frac{(2+5+8+\cdots+1+2+3)}{13 \times 8} = 0.4231$$

（2）流水线平衡。

① 计算最小工作地数：

$$m = \left[\frac{T}{r}\right] = \left[\frac{(2+5+8+\cdots+1+2+3)}{8}\right] = [5.5] = 6$$

因为计算结果为小数，所以，该流水线最小工作地数为 6。

② 采用"列举-消去"法分配各工作地的工序，确定每个工作地的单件作业时间，结果如表 5-8 所示。

表 5-8　流水线平衡计算表

工作地顺序号	工序顺序号	工序单件时间定额	工作地单件时间定额	工作地负荷系数
1	1	2	7	0.875
	2	5		
2	3	8	8	1.000
3	4	2	8	1.000
	5	2		
	8	4		
4	10	7	7	0.875

续表

工作地顺序号	工序顺序号	工序单件时间定额	工作地单件时间定额	工作地负荷系数
	6	3		
5	7	2	8	1.000
	9	3		
	11	1		
6	12	2	6	0.750
	13	3		

（3）计算平衡后时间分析指标和负荷分析指标，此时 $m=6$。

① 流水线损失时间：

$$T_S = m \cdot r - \sum_{i=1}^{m} T_i = 6 \times 8 - 44 = 4 \text{（分钟）}$$

② 流水线时间损失系数

$$\varepsilon_L = \frac{T_S}{m \cdot r} \times 100\% = \frac{4}{13 \times 8} \times 100\% = 3.85\%$$

③ 流水线平滑系数：

$$\begin{aligned}
\text{SI} &= \sqrt{\sum_{i=1}^{m}(T_{\max} - T_i)^2} \\
&= \sqrt{(8-7)^2 + (8-8)^2 + (8-8)^2 + \cdots + (8-6)^2} \\
&= 2.449\,49
\end{aligned}$$

④ 使用式（5-11）计算出各工作地（工序）负荷系数值如表 5-8 所示。

⑤ 流水线负荷系数：

$$K_a = \frac{\sum_{i=1}^{m} T_i}{m \cdot r} = \frac{(7+8+8+7+8+6)}{6 \times 8} = 0.916\,7$$

6. 配备工人

在以手工操作为主的流水线上，需要配备的工人总数等于流水线上各个工作地的工人人数之和。每个工作地需要的工人人数计算公式为

$$\text{每个工作地需要的工人数} = \frac{\text{工作地上同时工作的工人数} \times \text{工作班次}}{(1 - \text{缺勤率})} \tag{5-13}$$

在以机器工作为主的流水线上，应首先确定每台设备需要的工人数，再按设备→工序→工作地→流水线的顺序逐级汇总，最后得到流水线需要的工人数。流水线需要工人数的计算公式如式（5-14）所示。在配备工人时还要考虑工人实行多设备看管和兼作的可能性，以及配备后备工人的必要性。

$$P = \frac{\sum_{i=1}^{m} T_i \cdot g}{1 - a} \tag{5-14}$$

式中：P 为流水线需要工人数；T_i 为第 i 台设备（工序或工作地）需要工人数；m 为流水

线的设备（工序或工作地）数；g 为流水线日工作班次；a 为缺勤率。

7. 设计运输工具

流水线上常用的运输工具有带式运输装置、吊运式运输装置、旋转工作台、重力滑道、专用小车等，选择时应综合考虑加工对象的重量与外形尺寸、流水线的类型和实现节拍的方法等因素。实际中最常用的是带式运输装置，即使用传送带完成加工对象在不同工作地（或工序，或设备）之间的转移。传送带的长度和速度分别按式（5-15）、式（5-16）计算。

（1）传送带长度＝2×流水线上各工作地长度之和＋技术上需要的长度　　（5-15）

$$（2）传送带速度＝\begin{cases}\dfrac{流水线上两件制品中心间的距离（米）}{节拍（分）} & （连续移动方式）\\[2ex]\dfrac{移动1次}{节拍（分）} & （脉动移动方式）\end{cases}　　（5-16）$$

8. 流水线平面布置

流水线的平面布置形式主要有直线形、直角形、开口形、"山"字形、环形和蛇形等，如图 5-10 所示。在选择时应将机器设备、工具、运输装置和工人操作有机地结合起来，合理安排各个工作地，使产品的运输路线最短，便于工人操作和生产服务部门进行工作，并能充分利用车间的生产面积。

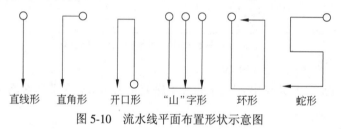

图 5-10　流水线平面布置形状示意图

一般而言，直线形适用于工作地少，每个工作地的工序（设备）数也较少的情况，如当工作地或工序（设备）较多时，可采用双直线排列；当工作地或工序数更多时，可采用直角形、开口形、蛇形等布置；"山"字形布置适用于零件加工和部件装配相结合的情况；环形布置在工序循环重复时采用。

5.4.4　多品种流水线组织设计

多品种流水线能够很好地适应多品种生产的需要，是一种有效的生产组织形式。根据各种产品的结构与工艺相似程度以及流水生产组织的具体方法不同，多品种流水线可以分为可变流水线和混合流水线。

1. 可变流水线组织设计

可变流水线又称为成批流水线，就是固定成批地轮番生产几种产品，各加工对象在结构和工艺上是相似的，流水线上每更换一次品种，全线要重新调整一次设备。每种加工对象在流水线所有工作地（或工序）上的负荷程度大致相等，在加工具体某一批产品时，其状况与单一对象流水线相同。可变流水线组织设计步骤如下。

1）确定流水线节拍

在可变流水线上，每种产品都按自己的节拍进行生产，这将导致不同产品在同一条流水线上的节拍可能是不相等的。一般采取两种方法计算流水线的节拍。

（1）代表产品法

将各种产品的产量按劳动量比例关系折合成某一种代表产品的产量，并以此来计算各种产品的节拍。一般要经过以下步骤进行计算。

① 选择代表产品：一般选择计划产量和单件作业时间乘积最大的产品为代表产品。

② 计算其他产品与代表产品的劳动量换算系数，公式如下：

$$\varepsilon_i = \frac{T_i}{T_{代}} \tag{5-17}$$

式中：ε_i 为 i 产品与代表产品劳动量换算系数；T_i 为 i 产品单件作业时间；$T_{代}$ 为代表产品单件作业时间。

③ 计算以代表产品表示的计划期总产量，公式如下：

$$N = N_{代} + \sum_{i=1}^{n-1} N_i \cdot \varepsilon_i \tag{5-18}$$

式中：N 为以代表产品表示的计划期总产量；$N_{代}$ 为计划期代表产品产量；N_i 为第 i 种非代表产品计划期产量；ε_i 为 i 产品与代表产品劳动量换算系数；n 为产品种数。

④ 计算每种产品节拍，公式如下：

$$r_{代} = \frac{F}{N} \tag{5-19}$$

$$r_i = r_{代} \cdot \varepsilon_i$$

式中：$r_{代}$ 为代表产品节拍；r_i 为非代表产品 i 的节拍；F 为流水线计划期有效工作时间；N 和 ε_i 含义同前。

（2）劳动量比重法

按每种产品在流水线上的总劳动量在所有产品总劳动量中所占的比重分配有效工作时间，并以此来计算各种产品的节拍。一般要经过以下步骤进行计算。

① 计算每种产品劳动量比重，公式如下：

$$\alpha_i = \frac{N_i \cdot T_i}{\sum_{i=1}^{n} N_i \cdot T_i} \tag{5-20}$$

式中：α_i 为 i 产品的劳动量比重；N_i 为 i 产品计划期产量；T_i 为 i 产品单件作业时间；n 为产品种数。

② 计算每种产品节拍，公式如下：

$$r_i = \frac{\alpha_i \cdot F}{N_i} \tag{5-21}$$

式中：r_i 为 i 产品节拍，其余符号含义同前。

【例 5-7】　某可变流水线上生产 A、B、C 三种产品，其计划月产量分别为 4 000 件、3 750 件、3 714 件，每种产品在流水线上各工序单件作业时间之和分别为 40 分钟、32

分钟、28 分钟，流水线按两班制工作，每班每月有效工作时间为 18 000 分钟。试分别用代表产品法和劳动量比重法计算 A、B、C 三种产品的节拍。

解　（1）使用代表产品法计算如下。

① 因为三种产品中 A 产品劳动量最大，所以，A 产品为代表产品。

② 据式（5-17）得

$$\varepsilon_B = \frac{T_B}{T_A} = \frac{32}{40} = 0.8, \quad \varepsilon_C = \frac{T_C}{T_A} = \frac{28}{40} = 0.7$$

③ 据式（5-18）得

$$N = N_{代} + \sum_{i=1}^{n-1} N_i \cdot \varepsilon_i = N_A + N_B \cdot \varepsilon_B + N_C \cdot \varepsilon_C$$

$$= 4\,000 + 3\,750 \times 0.8 + 3\,714 \times 0.7 = 9\,600 \text{（件）}$$

④ 据式（5-19）得

$$r_{代} = \frac{F}{N} = \frac{18\,000 \times 2}{9\,600} = 3.75 \text{（分/件）}$$

$$r_B = r_{代} \cdot \varepsilon_B = 3.75 \times 0.8 = 3 \text{（分/件）}$$

$$r_C = r_{代} \cdot \varepsilon_C = 3.75 \times 0.7 = 2.625 \text{（分/件）}$$

（2）使用劳动量比重法计算如下。

① 据式（5-20）得

$$\alpha_A = \frac{N_A \cdot T_A}{N_A \cdot T_A + N_B \cdot T_B + N_C \cdot T_C}$$

$$= \frac{4\,000 \times 40}{4\,000 \times 40 + 3\,750 \times 32 + 3\,714 \times 28}$$

$$= 0.416\,7$$

$$\alpha_B = \frac{N_B \cdot T_B}{N_A \cdot T_A + N_B \cdot T_B + N_C \cdot T_C}$$

$$= \frac{3\,750 \times 32}{4\,000 \times 40 + 3\,750 \times 32 + 3\,714 \times 28}$$

$$= 0.312\,5$$

$$\alpha_C = \frac{N_C \cdot T_C}{N_A \cdot T_A + N_B \cdot T_B + N_C \cdot T_C}$$

$$= \frac{3\,714 \times 28}{4\,000 \times 40 + 3\,750 \times 32 + 3\,714 \times 28}$$

$$= 0.270\,8$$

② 据式（5-21）得

$$r_A = \frac{\alpha_A \cdot F}{N_A} = \frac{0.416\,7 \times 18\,000 \times 2}{4\,000} = 3.75 \text{（分/件）}$$

$$r_B = \frac{\alpha_B \cdot F}{N_B} = \frac{0.312\,5 \times 18\,000 \times 2}{3\,750} = 3 \text{（分/件）}$$

$$r_C = \frac{\alpha_C \cdot F}{N_C} = \frac{0.270\,8 \times 18\,000 \times 2}{3\,714} = 2.625 \text{（分/件）}$$

2）确定最少工作地数和设备需要数

任选一种产品，使用式（5-7）就可以计算出流水线的最少工作地数。用例 5-7 数据计算如下：

$$m = \left[\frac{T_A}{r_A}\right] \text{ 或 } \left[\frac{T_B}{r_B}\right] \text{ 或 } \left[\frac{T_C}{r_C}\right] = \left[\frac{40}{3.75}\right]$$

$$\text{或 } \left[\frac{32}{3}\right] \text{ 或 } \left[\frac{28}{2.625}\right] = [10.67] = 11$$

所以，该流水线的最少工作地数为 11。

工作地（工序）的设备需要数的计算公式如下：

$$S_{ij} = \left[\frac{T_{ij}}{r_i}\right] \tag{5-22}$$

式中：S_{ij} 为 i 产品在 j 工作地（工序）的设备需要数；T_{ij} 为 i 产品在 j 工作地（工序）的单件时间定额；r_i 为 i 产品的节拍；$[T_{ij}/r_i]$ 表示不小于 T_{ij}/r_i 的最小整数。

在计算出各产品在流水线各工作地或各道工序的设备需要数后，应列表进行对比分析。

如 $S_{1J} = S_{2J} = S_{3J} = \cdots = S_{n-1J} = S_{nJ}$，则 S_j 为 J 工作地（工序）的设备需要数；

如 $S_{1J} \neq S_{2J} \neq S_{3J} \neq \cdots \neq S_{n-1J} \neq S_{nJ}$，则取 $\text{Max}(S_{ij}, i=1, 2, 3,\cdots, n-1, n)$ 作为第 j 工作地（工序）的设备数。同时要进行工序同期化，尽可能提高设备（工作地或工序）的负荷系数，使 $S_{1J} \approx S_{2J} \approx S_{3J} \approx \cdots \approx S_{n-1J} \approx S_{nJ}$。只有各种产品在同一个工作地或同一道工序上的设备需要数相等或近似相等，才能使流水线的设备和工人满负荷工作，便于组织管理。

各工序（或工作地）的设备数量确定以后，就可以计算各工序（或工作地）和整个流水线的设备负荷系数。各工序（或工作地）的设备负荷系数和流水线的设备负荷系数计算公式分别为式（5-23）和式（5-24）。

$$K_j = \frac{\sum_{i=1}^{n} N_i \cdot T_{ij}}{S_j \cdot F_j} \tag{5-23}$$

式中：K_j 为 j 工作地（工序或设备）的负荷系数；N_i 为 i 产品计划期产量；T_{ij} 为 i 产品在 j 工作地（工序或设备）单件作业时间；n 为产品种数；S_j 为 j 工作地（工序）需要设备数，当计算单台设备负荷系数时，$S_j=1$；F_j 为 j 工作地（工序或设备）计划期有效工作时间。

$$K_a = \frac{\sum_{i=1}^{n}\sum_{j=1}^{m} N_i \cdot T_{ij}}{\sum_{j=1}^{m} S_j \cdot F_j} \tag{5-24}$$

式中：K_a 为流水线的负荷系数；N_i 为 i 产品计划期产量，T_{ij} 为 i 产品在 j 工作地（工序或设备）单件作业时间；n 为产品种数；m 为工作地（工序或设备）数；S_j 为 j 工作地（工序）需要设备数，当计算单台设备负荷系数时，$S_j=1$；F_j 为 j 工作地（工序或设备）计划期有效工作时间。

3）平衡设备负荷

对于可变流水线来说，为了使各种产品每批在各工序上加工时间成比例，不影响其连续性，还应对各种产品在各工序（工作地）上的设备负荷比进行检查和平衡。所谓产品在各工序（工作地）上的设备负荷比，是指每种产品在各工序（工作地）的设备总负荷中所占的比重。其计算公式为

$$k_{ij}=\frac{N_i \cdot T_{ij}}{S_i \cdot F_j} \tag{5-25}$$

式中：k_{ij} 为 i 产品在 j 工序（工作地）的设备负荷比；N_i、T_{ij}、S_i 和 F_j 符号含义同前。

只有产品在所有工序上设备负荷比都相等或近似相等，才能保证各种产品在流水线的各道工序上的加工时间间隔大致相同。因为每种产品是按此负荷比分配计划期的工作时间，如果这个比值在各个工序上不同，就意味着不同工序在计划期内所分配的工作时间不一样，势必造成产品在不同工序的生产时间上出现矛盾，给生产管理工作带来一定困难。在这种情况下，就要采取措施，使工序同期化。

4）人员配备和流水线平面布置

在设备数量确定后，按单一品种流水线的组织设计的方法计算和配备工人，确定流水线节拍的性质，选择运输工具和运输方式，进行流水线平面布置。

5）编制标准计划图表

编制可变流水线的标准计划图表，划分不同产品的加工批次，确定每批次的批量。在划分批次或确定批量时，要注意既要使设备重新调整时间不致太多和便于组织生产，又要有利于减少在制品储备量和节约流动资金。

2. 混合流水线组织设计

混合流水线上产品的品种虽然不同，但它们在结构上必须是相似的，工艺、尺寸也必须是相近的。生产过程中各品种要均匀混合流送，组织相间性的投产，即在流水上不是成批生产完一种产品，再成批生产另一种产品，而是组织各个品种按要求互相交替地进行生产。混合流水线组织设计步骤如下。

1）确定流水线节拍

$$r=\frac{F}{\sum\limits_{i=1}^{n}N_i} \tag{5-26}$$

式中：r 为流水线节拍；F 为计划期有效工作时间；n 为产品数；N_i 为 i 产品计划期产量。

【例 5-8】 某混合流水线上生产 A、B、C 三种产品，其计划日产量分别为 80 件、20 件、60 件，一个工作日两班，不考虑停工时间，求该混合流水线的节拍？

解　$r = \dfrac{F}{\sum\limits_{i=1}^{n} N_i} = \dfrac{8 \times 2 \times 60}{80 + 20 + 60} = 6$（分/件）

2）编制产品综合作业顺序图

在对各种产品的结构和工艺分析的基础上，把每个产品的工艺过程分解成若干个最小作业元素（或工步），并制定出每项作业元素的标准作业时间；然后将作业元素按产品工艺过程的先后顺序排列，编制每个产品的作业顺序图；再将每种产品作业顺序图中相同的作业要素作为综合作业顺序图的主体，将不同的作业要素添加进来以后形成产品综合作业顺序图。图 5-11 给出了一个三种产品的综合过程。

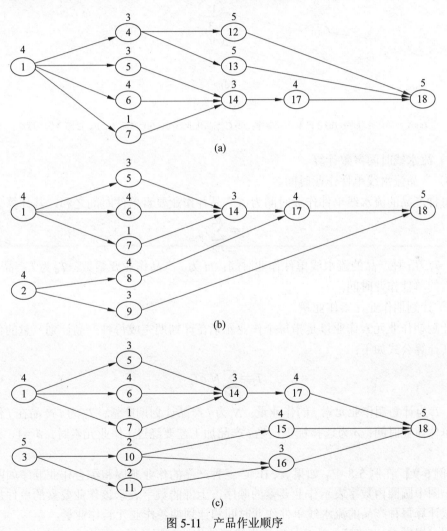

图 5-11　产品作业顺序

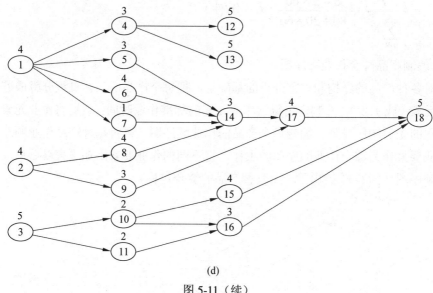

图 5-11（续）

(a) A 产品作业顺序；(b) B 产品作业顺序；(c) C 产品作业顺序；(d) 产品 A、B、C 综合作业顺序

3）流水线时间参数计算

① 产品流水线单件作业时间

每种产品的流水线单件作业时间为该产品各作业要素单件时间之和，其计算公式为

$$T_i = \sum_{j=1}^{m} T_{ij} \qquad (5\text{-}27)$$

式中：T_i 为 i 种产品的流水线单件作业时间；m 为 i 产品作业要素数；T_{ij} 为 i 产品在 j 作业要素的单件作业时间。

② 计划期作业元素作业量

计划期作业元素作业量是指每个作业元素在计划期完成每种产品计划产量的作业总量，其计算公式如下：

$$T_j = \sum_{i=1}^{n} N_i \delta T_{ij} \qquad (5\text{-}28)$$

式中：T_j 为计划期作业元素 j 的作业量；N_i 为 i 产品计划期产量；T_{ij} 为 i 产品在 j 作业元素的单件作业时间；δ 为选择标识：当 i 产品加工需要经过 j 作业元素时，$\delta=1$，否则，$\delta=0$。

【例 5-9】 在例 5-8 中，如果 A、B、C 三种产品的作业顺序和综合作业顺序如图 5-11 所示，图中圆圈内数字表示作业要素的顺序，上部的数字表示该作业要素的单件加工时间。试计算每种产品的流水线单件作业时间和计划期各作业元素作业量。

解 根据式（5-27），各产品的流水线单件作业时间计算如下：

$$T_A = \sum_{j=1}^{m} A_j = 4+3+3+4+1+5+5+3+4+5 = 37（分）$$

$$T_B = \sum_{j=1}^{m} B_j = 4+4+3+4+1+4+3+3+4+5=35（分）$$

$$T_C = \sum_{j=1}^{m} C_j = 4+5+3+4+1+2+2+3+4+3+4+5=40（分）$$

根据式（5-28），第①作业要素的作业量为

$$T_1 = \sum_{i=1}^{n} N_i \delta T_{i1} = N_A \cdot \delta \cdot T_{A1} + N_B \cdot \delta \cdot T_{B1} + N_C \cdot \delta \cdot T_{C1}$$

$$=80 \times 1 \times 4 + 20 \times 1 \times 4 + 60 \times 1 \times 4 = 640（分）$$

第②作业要素的作业量为

$$T_2 = \sum_{i=1}^{n} N_i \delta T_{i2} = N_A \cdot \delta \cdot T_{A2} + N_B \cdot \delta \cdot T_{B2} + N_C \cdot \delta \cdot T_{C2}$$

$$=80 \times 0 \times 4 + 20 \times 1 \times 4 + 60 \times 0 \times 4 = 80（分）$$

同理可得其他作业要素的作业量。

4）确定流水线最小工作地（工序）数

混合流水线的最小工作地（工序数）是指在计划期内为完成各种产品产量所需要的总作业量而必须设置的最低限度工作地（工序）数量。其计算公式为

$$m = \left\lceil \frac{\sum_{i=1}^{n} N_i T_i}{r \cdot \sum_{i=1}^{n} N_i} \right\rceil \tag{5-29}$$

式中：m 为最少工作地（工序）数；N_i 为 i 产品计划期产量；T_i 为 i 产品流水线单件作业时间；r 为流水线节拍。以例 5-8 和例 5-9 中的数据计算最少工作地（工序）数如下：

$$m = \left\lceil \frac{\sum_{i=1}^{n} N_i T_i}{r \cdot \sum_{i=1}^{n} N_i} \right\rceil = \left\lceil \frac{N_A \cdot T_A + N_B \cdot T_B + N_C \cdot T}{r \cdot (N_A + N_B + N_C)} \right\rceil$$

$$= \left\lceil \frac{80 \times 37 + 20 \times 35 + 60 \times 40}{6 \times (80+20+60)} \right\rceil = [6.31] = 7$$

5）工序同期化设计

对于混合流水线来说，工序同期化设计就是把产品综合作业顺序图中的各作业元素合并成工序。由于混合流水线的节拍是各种产品的平均节拍，各产品在各道工序上实际的生产节拍不完全相等，这就导致每个节拍内各道工序所完成的品种和产量可能是不同的。所以，不能用混合流水线的节拍来进行工序同期化设计，而要用 T_j 作为作业要素的作业时间，将计划期有效工作时间视作为节拍来进行工序同期化设计和流水线平衡。其具体做法为：按照综合顺序图中各作业元素的先后次序进行，只有把紧前的作业元素编入工序后，才能将下一个作业元素并入工序，并使每个工序计划期作业时间等于或小于且接近计划期的有效工作时间。

6）计算工序标准作业时间

通过工序同期化将混合流水线的工序数确定下来以后，就可以确定每种产品在各道工序和工位上的标准作业时间，它等于工序中各作业元素的作业时间之和。

7）编排产品投入顺序

编排产品投入顺序是混合流水线组织设计的重要内容，其目的是保证产品产出的均衡化和生产的连续性。编排产品投入顺序的方法主要有生产比倒数法、逻辑顺序法和启发式编排顺序法，本书仅简要介绍生产比倒数法。

产品在混合流水线上的流送和产出是按照一定顺序规律，多次重复循环进行的，每一次循环中产品的投放顺序称为联锁。生产比倒数法是根据产品计划期产量大小来安排各产品的投放顺序，具体步骤如下。

（1）计算各种产品的生产比

产品的生产比为计划期产量与各产量的最大公约数之比，其公式为

$$X_i = \frac{N_i}{Q_{max}} \qquad (5\text{-}30)$$

式中：X_i 为 i 产品的生产比；N_i 为 i 产品计划期产量；Q_{max} 为所有产品计划期产量的最大公约数。

联锁批量（P）是指一次循环中所有产品产量之和，其计算公式为

$$P = \sum_{i=1}^{n} X_i \qquad (5\text{-}31)$$

（2）计算生产比倒数

每种产品生产比倒数计算公式为

$$K_i = \frac{1}{X_i} \qquad (5\text{-}32)$$

（3）品种排序规则

规则 1：在全部产品品种中选择生产比倒数最小的品种，并在其生产比倒数的分子加1，直至生产比倒数等于1为止。

规则 2：在生产比倒数等于最小值的品种数大于 1 时，优先选择以前选择轮次中被选中的品种，如有多个，则选择识别记号出现最晚的品种。如果生产比倒数等于最小值的品种是以前轮次中没被选中的品种，且有多个时，则任选一个。

规则 3：如按规则 2 选择的品种和前轮次选中的重复，则选择倒数第二个识别记号出现最晚的品种。

按上述规则将一个联锁的全部品种选定，完成产品投入顺序编排。

8）计算联锁生产周期和循环次数

联锁生产周期（$t_{周}$）计算公式为

$$t_{周} = \frac{\sum_{i=1}^{n} N_i}{Q_{max}} \cdot r \qquad (5\text{-}33)$$

流水线完成所有产品计划期产量的循环次数（E）的计算公式为

$$E = \frac{F}{t_{周}} \tag{5-34}$$

【**例 5-10**】　某混合流水线上生产 A、B、C、D、E、F 六种产品，其计划期产量分别为 400 件、400 件、100 件、300 件、400 件、200 件，试编排产品投入顺序。

解　（1）根据式（5-30）、式（5-31）和式（5-32）计算产品生产比倒数分别为 1/4、1/4、1、1/3、1/4、1/2，联锁批量为 18 件，即一个循环中产品 A、B、C、D、E、F 的产量分别为 4 件、4 件、1 件、3 件、4 件和 2 件。

（2）产品投入顺序编排过程如表 5-9 所示。

表 5-9　生产比倒数法编排投产顺序计算过程

计算过程	产　品　品　种						联锁中产品排序
	A	B	C	D	E	F	
1	1/4 *	1/4	1	1/3	1/4	1/2	A
2	2/4	1/4 *	1	1/3	1/4	1/2	AB
3	2/4	2/4	1	1/3	1/4 *	1/2	ABE
4	2/4	2/4	1	1/3 *	2/4	1/2	ABED
5	2/4	2/4	1	2/3	2/4 *	1/2	ABEDE
6	2/4	2/4 *	1	2/3	3/4	1/2	ABEDEB
7	2/4 *	3/4	1	2/3	3/4	1/2	ABEDEBA
8	3/4	3/4	1	2/3	3/4	1/2 *	ABEDEBAF
9	3/4	3/4	1	2/3 *	3/4	1	ABEDEBAFD
10	3/4 *	3/4	1	1	3/4	1	ABEDEBAFDA
11	1	3/4 *	1	1	3/4	1	ABEDEBAFDAB
12	1	1	1	1	3/4 *	1	ABEDEBAFDABE
13	1	1 *	1	1	1	1	ABEDEBAFDABEB
14	1	1	1	1 *	1	1	ABEDEBAFDABEBE
15	1 *	1	1	1		1	ABEDEBAFDABEBEA
16			1	1 *		1	ABEDEBAFDABEBEAD
17			1			1 *	ABEDEBAFDABEBEADF
18			1 *				ABEDEBAFDABEBEADFC

5.5　服务流程设计

与制造流程以产品为中心的设计不同，服务流程的设计必须以人为中心来进行，这是由服务所具备的特征决定的。服务流程设计本质上是服务提供系统的设计，主要包括：服务流程选择，服务系统中工作流程的设计、人员安排以及服务系统规划，设施选址与布置、设备选用与规划等。

5.5.1　服务流程设计步骤

服务企业的服务流程设计一般按照下述步骤进行。

1. 顾客研究和企业研究

由于服务业所特有的顾客参与、时间相关、空间相关、运营过程与顾客消费同时发生等特点，决定了服务流程设计的顾客中心性。因此，顾客研究也必然成为服务流程设计的出发点，包括顾客需求分析、消费心理研究、购买行为分析等，以此确保服务流程的产出达到或超过顾客期望。在充分的顾客研究基础上，企业才能准确把握顾客的需求特征，从而清晰界定其流程产出，即提供的服务应具备怎样的属性才能更好地满足顾客需要，为企业赢得竞争优势。

不同服务类型的企业，其流程设计的管理思想和方法，以及资源状况和能力可能大不相同。因此，在服务流程设计中企业还要对自身进行分析，明确企业目标和运营战略，以及企业的运营特点、资源状况和可能达到的能力水平，以充分发挥企业优势，培养其核心竞争力。

2. 服务产品设计

在顾客研究和企业研究基础上，将市场（顾客）所需和企业所能有机结合起来，进行服务产品设计，即确定提供什么样的服务。服务产品设计中既要考虑服务运营的"硬件"——结构要素，更要考虑"软件"——管理因素，因为后者是决定顾客对服务评价的深层次因素。

3. 服务提供系统的设计

服务提供系统的设计就是服务运营流程的构建过程，它和服务产品设计密切相关。一方面，服务提供系统设计必须以服务产品设计为基础，只有确定提供什么样的服务之后，才能进一步研究如何来提供；另一方面，服务产品和服务系统本身就是融合在一起的整体，二者不可分割。有些服务产品仅仅由一系列的作业构成，产品本身就是服务系统。服务提供系统的设计首先是确定服务运营类型，然后进行服务系统的选址与设施布置、能力规划等"硬件"设计，以及服务运营流程类型和方式确定、服务系统组织结构、工作流程和服务规范、质量管理体系规划、需求和能力管理、人力资源规划、信息管理等"软件"设计。其中，服务运营流程的类型和方式确定是服务提供系统设计最重要的内容，因为它影响和制约服务提供系统其他方面的设计。

5.5.2　服务流程设计矩阵

理查德·B. 蔡斯（Richard B. Chase）、F. 罗伯特·雅各布斯（F. Robert Jacobc）和尼古拉斯·J. 阿奎拉诺（Nicholas J. Aquila）提出的服务流程设计矩阵，如图 5-12 所示，反映了不同的顾客和服务接触程度与所对应的流程运营效率和销售机会的组合，为企业选择相应的方式构建服务平台提供了系统性的分析框架。

矩阵的最上端由左向右表示顾客与服务系统的接触程度逐渐提高，转移的信息量逐步增加：隔离系统表示顾客和服务系统实际上是分离的，渗透系统表示顾客和服务系统之间有部分沟通和接触，反应系统表示顾客和服务系统完全的沟通和接触，既要接受又

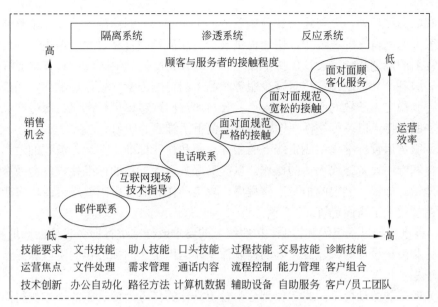

图 5-12　服务运营流程设计矩阵

要回应顾客的要求。在这种变化过程中，服务运营效率在递减，而市场销售机会（在每位顾客身上增加销售额的可能性）在递增。这种关系表明，服务企业在运营流程设计时，需要在市场和运营之间进行权衡。矩阵的底端反映了在不同的顾客接触程度下，对员工技能的要求、运营焦点以及技术创新代表行为的变化过程，这要求服务企业在运营流程设计时要根据自身的资源状况，特别是员工技能水平进行决策。

对于服务企业而言，为了防止舍掉部分细分市场，可以沿矩阵对角线选择多种服务形式进行组合，使其服务运营流程变得多样化。如加油站提供全面服务和自动服务两种加油方式，大多数银行都附设有自动柜员机。同时，企业面临发展过程中的变革或服务生命周期变化时，可沿着对角线的左下方或右上方发展，构建新的服务方式以实现市场机会和运营效率新的平衡。

5.5.3　服务流程设计方法

服务运营流程的主要设计方法有三种：生产线法、自助服务法和个体维护法。

1. 生产线法

20 世纪 70 年代初，哈佛商学院教授西奥多·莱维特（Theodore Levitt）对当时一些优秀企业研究后提出："将制造企业的运营管理方法应用于服务企业，使服务业运营工业化。"在这一思路基础上形成的服务流程设计方法就是生产线法，着眼于通过总体设计和设施规划来提高运营效率。从系统化、标准化的观点出发，使用标准化的设备、物料和服务流程，通过精确的控制来实现服务过程的一致性，从而提高了服务质量的稳定性和服务效率。一般而言，采用生产线法设计运营流程的服务企业可以获得成本领先的竞争优势。

麦当劳公司（McDonald's Corporation）是将生产线法应用到服务业的典范。除了市场营销和财务技巧外，公司还密切控制着每一个中心功能的实施——在一个整洁、井然有序、服务态度良好的环境中，快速提供统一、高质量的食品。系统地用设备替代人，并通过详细的规划和参数设计保持了在行业中的领先地位。生产线法具有如下特征。

（1）服务产品标准化：尽量减少服务产品中的可变因素，使之标准化，保证不同顾客能够得到稳定、一致的服务。如麦当劳公司通过向顾客提供标准化的服务产品，其服务质量、服务特点以及可靠性在顾客心目中留下了鲜明的印象。

（2）服务运营标准化：制定统一的服务规范和作业标准，在运营流程的适当环节采用自动化和专用设备替代人员的操作，以提高服务运营过程的标准化程度和效率，并减少人为差错。如银行制定的柜员工作程序、规范动作和服务用语要求，或快餐店使用自动烘烤箱替代人工烤面包等。

（3）标准化的过程组织和控制：按照统一的要求或标准进行服务设施的选址和布置、工作设计和流程设计等，建立精确的控制体系，运用统一的标准化的手段和方法使运营过程处于稳定状态。

（4）明确的劳动分工：将工作划分为较为具体的任务，使员工的操作变得简化，并且只需要员工具备一种或为数不多的几种技能。这不仅能使员工不断发展专门化的劳动技能从而提高运营效率并减少差错，还可以通过减少对具有高水平综合技能人员的依赖使运营成本降低。同时，明确的劳动分工是制定工作标准和规范的基础，也是实现技术装备代替人力的必要条件。

（5）员工有限自主权：对于标准化的常规服务，服务行为的一致性受到顾客关注。在采用生产线法设计的服务运营流程中，由于整体设计和设施布置相当严谨，一切服务过程都落实在运营流程的设备和系统的技术要求之中，员工的唯一选择就是严格按照规范和标准进行操作。因此，员工在工作中的自主权相当有限。

2. 自助服务法

自助服务法又称为顾客参与的流程设计方法，其核心是让顾客在服务过程中发挥更大作用，并以此改善服务流程。对大多数服务系统，当顾客出现时，服务才能开始。顾客并不是一个被动的旁观者，当需要的时候，顾客也可成为积极的参与者（劳动力），这样就有可能通过将某些服务活动转移给顾客而将其变成合作生产者。如公司网站、自动取款机、自助加油站等都是将部分甚至全部服务移交给顾客的做法。在运用自助服务法设计的运营流程中，作为生产资源的顾客能够主动调节需求使之与供给相适应，有助于在变动的需求和相对稳定的服务能力之间建立平衡，提高服务设施、人员的利用率；通过顾客承担一部分服务工作，能使企业更准确地把握顾客的需求特征从而提供更有针对性的服务，同时还能减少员工操作时间，减少服务流程的人力成本；自助服务法还能使顾客通过参与服务接触到流程中的新设备、新技术，有助于管理者根据顾客反馈尽快对新技术和新设备（设施）的使用效果做出评价并及时调整和改进。在运用自助服务法设计运营流程时，要提高顾客的信任度、降低顾客的操作成本、提高速度和便利性，提供说明从而保证顾客操作的正确性，服务提供者通过扮演"教育者"的角色来培养顾客的学习能力和操作技能，并采取有效措施激励顾客的学习行为。

3. 个体维护法

对于个性化的非常规服务，服务行为的差异性和针对性更加受到顾客关注。个体维护法就是一种针对顾客的个性化需求提供差异化服务的顾客化流程设计方法，其核心是满足顾客的个性化需求，提高其满意度。采用个体维护法设计的服务运营流程是非结构化的，可能没有固定的模式，只对服务过程的基本规则和步骤做出原则性的规定，赋予员工足够的自主权来决定各种操作行为。如以优质的服务闻名于世，被称为世界上服务最好的商店的美国诺德斯特龙公司（Nordstrom Inc）在指导员工工作的政策手册中有一句话"随时依照自己的最佳判断"，一位商店经理将其解释为："不要犹豫不决，不要妄想这里有现成的服务方法。"

基于个体维护的服务运营流程设计时，要注意以下问题。

1）充分理解和把握顾客的个性化需求

服务企业应根据提供的服务类型，研究目标顾客的需求及心理特点，分析其偏好以及顾客在服务提供过程中的可能行为和对服务的期望，并考虑各种可能出现的情况，及时做好故障预防。

2）突出服务运营流程的灵活性

在流程设计中赋予其更强的适应顾客个性化需求及其变化的能力，合理权衡运营效率和流程柔性，使顾客化的服务优质、高效进行。

3）员工自主权和技能匹配

在基于个体维护的服务运营流程中，由于服务过程完全是依靠改进员工与顾客之间的关系来完成的，所以必须给予员工更大的自主权以更好地提供面对面的定制化服务。员工只有具备相应的服务技能，特别是诊断技能，才能有效发挥较大自主权的作用，所以，流程中员工自主权与其技能状况应做到科学合理的匹配。

4）动态监控和绩效评价

由于不同顾客的需求差异化程度较大，所以，非结构化的服务运营流程尤其要重视动态监控以及服务绩效的评估，及时对服务过程和结果进行分析、评价，并做出改进。

5）信息技术应用

用于收集、整理客户满意度的信息技术被广泛应用于服务运营流程中，使每位员工在日常工作中收集并使用与服务过程和结果有关的数据。这些客观、有效的数据包括代表顾客偏好的信息、无缺陷产品和服务的数量以及质量评价和改善机会等方面的信息。同时对这些信息进行整理、分析的结果也被计入信息系统，使每位员工能够应用这些信息为顾客服务。如诺德斯特龙公司的员工在服务过程中识别销售机会，或改进服务质量的过程会被标准化，并写入"个人手册"，为其他员工的服务工作提供指导。

5.6 运营流程分析和改进

我们总是希望设计的运营流程能长期稳定地发挥作用，但事实却刚好相反，任何运营流程都需要不断加以改进。由于时间、认识能力、信息的质量等方面存在限制，运营流程设计不可能一步到位地做到十分完美，总是可能存在技术更先进、经济更合理的设计方案。同时，企业面临的市场状况、技术水平、竞争态势等都在不断变化，这也要求运营流程必须不断改进，以适应运营环境的新变化。

5.6.1 运营流程分析改进步骤

不管是制造企业的运营流程，还是服务企业的运营流程，其分析改进活动都需要回答以下三个问题：

（1）我们现在何处（流程现状）？

（2）应在何处（流程改进的目标）？

（3）如何到达该处（改进的方法）？

为了回答这三个问题，无论是简单流程还是复杂流程的分析改进都包括以下基本步骤。

1. 定义

如果试图对全部运营流程或流程的全部环节进行分析和改进，其结果可能是在花费了大量的资源后反而没有什么效果。所以，明智的选择是先对需要改进的流程或流程环节进行清晰的界定，明确分析和改进的范围，并确定改进的目标。流程分析与改进的重点是那些重要但绩效低的流程，如效率最低的流程、周期最长的流程、质量最不稳定的流程、组织管理难度最大的流程、技术状况多变的流程、物流复杂的流程等。流程改进目标可以通过客户、供应商或员工的反馈，或咨询顾问的评估，或与标杆企业对比分析等方式确定。

2. 评价

按照运营竞争维度确定衡量流程的关键指标，并用这些指标对流程进行评价，以确认运营流程存在问题的程度，或流程的绩效差距。

3. 分析

运用相应的分析方法和工具寻找运营流程所存在的问题以及影响绩效的原因，形成综合性的流程分析报告。

4. 改进

根据流程分析报告中的分析结果，提出可行的改进方案。对多个可行方案进行比较分析、综合评估，选择相对满意的方案组织实施。

5. 实施和评估

实施改进方案，并对实施过程和结果进行监控，使用关键指标对改进后的流程绩效进行评价。同时，对运营流程的分析与改进的全过程和结果进行评估，评估结果用于指导流程分析与改进的下一循环。

5.6.2 分析改进方法和工具

流程分析方法和工具有很多，常用的有 6W 分析法、VA/NVA 分析法和 ECRS 技术等。

1. 6W 法

6W 分析法又称为六问法或 5W1H 法，它通过对运营流程或运营流程的每个环节提出六个问题（Why——为什么？What——做什么？How——怎样做？Who——谁来做？Where——在哪里做？When——什么时间做？）来进行流程分析。6W 的排列顺序一般是 Why→What→How→Who→Where→When，其中 Why 是最重要的，是对流程或流程某环节存在意义和价值的判断，是其他 W 的基础。如果对于六个 W 都有很充分、合理的理由回答，则流程或流程的某环节是比较令人满意的；反之，则说明现有流程存在问题。针对这些问题应连续追问"为什么"（一般认为只有连续追问五个，才能由现象触及本质），找到导致问题的根本原因，从而提出相应的改进方案。6W 法的运用框架如表 5-10 所示。

表 5-10　6W 法的内容

6W	分　　析			结论
	第 1 次提问（现状）	第 2 次提问（为什么）	多次提问（为什么）	（改进方案）
Why（原因）	做的必要性？	理由是否充分？	……	取消
What（对象）	做什么？	为什么要做它？	……	取消或合并
How（方法）	怎样做？	为什么要这样做？	……	简化
Who（人员）	谁做？	为什么他做？	……	重排
Where（地点）	在哪做？	为什么在这做？	……	重排
When（时间）	何时做？	为什么此时做？	……	重排

2．VA/NVA 法

VA/NVA 法是根据流程中的工作任务对流程增值能力的不同影响对流程环节进行分类，针对不同性质的流程环节采取不同的改进方法。

1）增值活动（value added，VA）

运营流程中能够使产品/服务的附加值得到提高的活动。迈克尔·波特（Michael E. Porter）在价值链分析模型中称其为基本活动中的生产作业，如汽车制造过程中的总装、医疗服务过程中的询问病情。

2）非增值活动（non value added，NVA）

运营流程中不增加产品/服务的附加值，但却是完成增值活动所必需的活动，它将运营流程中的增值活动有机连接起来。在迈克尔·波特的价值链分析模型中包括辅助活动和除生产作业以外的基本活动，如汽车制造过程中的零部件在不同工序之间的转移，医疗服务过程中的挂号、填写病历和开处方。

3）浪费活动（waste）

运营流程中消耗了企业或顾客的资源，但本身既不增值，又不会有助于增值活动的活动，它一般存在于增值或非增值活动中。如汽车制造过程中可能存在的重复检验或不良品的返修、医疗服务过程中的等待挂号等。

在运营流程的分析和改进中，浪费活动是要取消的活动。非增值活动虽然是必不可少的，但它本身并不能使产品/服务增值，还是最容易产生错误、延迟，使运营周期延长、成本上升的环节，因此，非增值活动是分析改进的重点。增值活动不可能被取消，但是可以采取合并、重排等方法进行改进，以不断提高产品/服务质量，缩短工作时间。

3. ECRS 技术

ECRS 技术是提供流程改进思路和框架的方法，其内容详见表 5-11。

表 5-11　ECRS 技术的内容

序号	项　目	问　题	改　进　内　容
1	取消 Elimination	• 做的必要性有多大？ • 做的理由是什么？ • 能否不做？	• 取消工作、步骤或动作； • 减少工作中的不规范，如工件、工装、工件夹具的固定存放地，形成习惯性的规范动作； • 除必要的休息外，取消一切怠工和闲置时间
2	合并 Combination	• 为什么独立进行？ • 能否合并？ • 合并有什么影响？ • 合并的条件是否具备？	• 工作的合并； • 任务的合并； • 步骤的合并； • 动作的合并
3	重排 Rearrangement	• 为什么他做？ • 为什么此时做？ • 为什么在此地做？	• 人员的重排； • 时间的重排； • 地点的重排
4	简化 Simplification	• 为什么按此顺序做？ • 为什么用此设备做？ • 为什么采用此方法？	• 步骤或动作的简化； • 设备（设施）、工装、工件夹具的简化； • 方法和手段的简化

对于如为什么或做什么等方面的问题，可以采用取消或合并进行改进；对于时间、地点、人员等方面的问题，可以进行重新安排或优化组合；对于操作手段或方法方面的问题，可以针对其不合理的地方进行简化。运用 ECRS 技术可能会得到多个改进方案，管理者应通过综合比较不同方案的经济价值、技术先进性、安全程度和管理难度，选择更佳的方案实施。

运营流程分析和改进是一个持续进行的长期性过程，其组织工作可以采用在管理活动，特别是质量管理活动中十分成熟，且应用广泛的 PDCA 循环（又称戴明环）方法，周而复始地进行运营流程分析与改进的计划（plan）→执行（do）→检查（check）→效果评估（action）工作，以使企业的运营管理水平不断提高。

思考与练习

1. 什么是运营流程？其构成要素有哪些？
2. 什么是基本运营流程、附属运营流程、辅助运营流程和运营准备流程？
3. 请举例说明什么是按产品、加工路线和项目进行的运营流程？
4. 什么是大量运营、单件运营、成批运营？简述三者的特征并进行比较。
5. 工艺专业化和对象专业化各有哪些优缺点？分别适合哪种情况？
6. 运营流程评价维度有哪些？各自的含义是什么？
7. 影响流程设计的因素有哪些？

8. 什么是工艺、工艺流程、工序、工段和工步？它们之间的相互关系怎样？

9. 简述制造业典型工艺。

10. 简述产品-流程矩阵的内涵。

11. 什么是工件的顺序移动、平行移动和平行顺序移动？

12. 什么是流水线？它具有哪些特征？

13. 什么是流水线节拍？

14. 什么是不变流水线？什么是可变流水线？什么是混合流水线？可变流水线和混合流水线有哪些区别？

15. 什么是工序同期化？其措施有哪些？

16. 什么是生产比倒数法？怎样使用该种方法确定产品的投产顺序？

17. 服务运营流程设计的方法有哪些？

18. 6W 法和 ECRS 技术的内容各是什么？

19. 调查一家企业，画出它的运营流程图。

20. 已知 $m=5$，$n=4$，$t_1=10$，$t_2=4$，$t_3=8$，$t_4=12$，$t_5=6$，分别求在顺序移动、平行移动和平行顺序移动方式下这批零件的加工周期及平行顺序移动下各工序开始作业的时间（单位：分）。

21. 某产品年计划产量为 40 000 件，流水线全年计划有 40 周时间生产该品种，每周工作 5 天，两班制，每班工作 8 小时，已知流水线停工检修率为 5%，废品率为出产量的 1%，试计算流水线节拍。

22. 某产品流水线共有 11 道工序，加工顺序和工时定额如图 5-13 所示。该流水线每月工作 25 天，每天 8 小时，两班制生产，每班的有效工作时间率为 85%，不合格品率 1%，每月的计划产量为 3 746 件。试求：①计算流水线节拍；②确定该流水线最小工作地数；③分配各工序到工作地，列出每个工作地的工序号；④计算每个工作地和每个工序的负荷系数；⑤计算流水线负荷系数、时间损失系数和平滑系数。

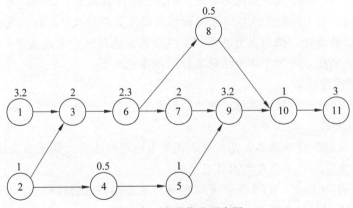

图 5-13　产品作业顺序图

23. 某汽车总装厂采用混合生产线装配汽车，月产量为 4 500 辆，其中 A 型车 2 100 辆，B 型车 1 500 辆，C 型车 900 辆。每月工作日为 30 天，每个工作日一班，不考虑停工时间。A、B、C三种车型的装配作业时间各为25分、35分、40分。试求：①流水线的节拍；②流水线最少工作地数；③流水线的负荷系数；④流水线总的时间损失和损失系数；⑤用生产比倒数法编排三种车型的投产顺序。

丰田的生产方式

丰田汽车公司（Toyota Motor Corporation）成立于1933年，是一家总部设在日本爱知县丰田市和东京都文京区的世界著名汽车工业制造公司，隶属于日本三井财阀。丰田汽车公司的产品主要包括凌志、丰田等系列的高、中、低端车型，2015年销售收入2 365.92亿美元，在《财富》500强中排名第8位，是全球最大的汽车制造企业。经过30多年的探索和完善，丰田公司逐渐形成和发展了包括经营理念、生产组织、物流控制、质量管理、成本控制、库存管理、现场管理和现场改善等在内的独具特色的现代化生产方式，被称为丰田生产体系（Toyota production system，TPS）。

1．TPS的核心理念

TPS的核心理念是"正确的流程方能产生正确结果"，其具体内容如下。

（1）建立无间断的作业流程以使问题浮现；

（2）使用"后拉式制度"以避免过度生产；

（3）平准化：工作负荷平均（工作要像龟兔赛跑中的乌龟，而不是像兔子那样）；

（4）建立立即暂停以解决问题、一开始就重视品质的文化；

（5）职务工作的标准化是持续改善与授权员工的基础；

（6）使用视觉控管，使问题无从隐藏；

（7）使用可靠的、已经经过充分测试的技术以支持人员及流程。

丰田公司强调"不降低成本就无法提高利润，要降低成本，必须杜绝一切浪费"，认为不增加价值的活动（如生产过程由于非价格原因改变零件尺寸、形状或功能）是浪费；即使是增加价值的活动，但所用资源超过了绝对最少的界限，也是浪费。丰田式生产管理目的就是取消那些不增加产品价值的工作，即降低成本。

2．TPS的理论框架

在运营流程的设计和持续改进过程中，形成了包含"一个目标""两大支柱"和"一大基础"的理论框架。

（1）"一个目标"是低成本、高效率、高质量地进行生产，最大限度地使顾客满意。

（2）"两大支柱"是准时化与人员自主化。

准时化（just in time，JIT）生产是以市场为龙头在合适的时间生产合适的数量和高质量的产品，JIT以拉动生产为基础，以平准化（leveling system）为条件。所谓拉动生产是以看板管理为手段，采用"取料制"，即后道工序根据"市场"需要进行生产，按照本工序在制品短缺的量从前道工序取相同的在制品量，从而形成全过程的拉动控制系统，绝不多生产一件产品。平准化是指工件被拉动到生产系统之前要人为地按照加工时间、数量、品种进行合理的搭配和排序，使拉动到生产系统中的工件流具有加工工时上的平稳性，保证均衡生产，同时在品种和数量上实现混流式运动，起到对市场多品种、小批量需要的快速反应和满足功能。

人员自主化是人员与机械设备的有机配合行为。生产线上出现质量、数量、品种上的问题，机械设备自动停机，并有指示显示，而任何人发现故障问题都有权立即停止生产线，主动排除故障，解决问题。同时将质量管理融入生产过程，变为每一个员工的自主行为，将一切工作变为有效劳动。

（3）"一大基础"是指改善（Improvement）。

改善的含义包括：①从局部到整体永远存在着改进与提高的余地。在工作、操作方法、质量、生产结构和管理方式上要不断地改进与提高。②消除一切浪费。丰田式生产管理哲理认为不能提高附加价值的一切工作（包括生产过剩、库存、等待、搬运、加工中的某些活动，多余的动作，不良品的返工等）都是浪费。这些浪费必须经过全员努力不断消除。③持续改善（continuous improvement）是当今国际上流行的管理思想。它是指以消除浪费和改进提高的思想为依托，对生产与管理中的问题，遵循由易到难的原则，不断地改善、巩固、提高的方法，经过不懈的努力，以求长期的积累，获得显著效果。

3．TPS 的关键原则

1）建立看板体系（kanban system）

就是重新改造流程，改变传统的由前端经营者主导生产数量的模式，重视后端顾客需求，后面的工程人员通过看板告诉前一项工程人员需求，比如零件需要多少、何时补货，亦即是"逆向"去控制生产数量的供应链模式，这种方式不仅能节省库存成本（达到零库存），更重要的是提高流程的效率。

2）强调实时存货（just in time）

依据顾客需求生产必要的东西，而在必要的时候生产必要的量，这种丰田独创的生产管理概念在 20 世纪 80 年代即带给美国企业变革的思维，现已经有很多企业沿用并有成功的案例。

3）标准作业彻底化

他们对生产中的每个活动、内容、顺序、时间控制和结果等所有工作细节都制定了严格的规范，例如装个轮胎、引擎需要几分几秒钟。但这并不是说标准是一成不变的，只要工作人员发现更好更有效率的方法，就可以变更标准作业，目的在于提高生产率。

4）排除浪费

排除浪费任何一丝材料、人力、时间、能量、空间、程序、搬运或其他资源。即排除生产现场的各种不正常与不必要的工作或动作时间、人力的浪费。这是丰田生产方式最基本的概念。

5）重复问五次为什么

要求每个员工在每一项作业环节里，都要重复地问为什么（Why），然后想如何做（How），以严谨的态度打造完美的制造任务。

6）生产平衡化

所谓生产平衡化，是指"取量均值性"。假如后工序生产作业取量变化大，则前作业工序必须准备最高量，因而产生高库存的浪费。所以丰田要求各生产工序取量尽可能达到平均值，也就是前后一致，为的是将需求与供应达成平衡，降低库存与生产浪费。

7）充分运用"活人和活空间"

在不断的改善流程下，丰田发现生产量不变，生产空间却可精简许多，而这些剩余的空间，反而可以做灵活的运用；相同人员也是一样，例如一个生产线原来六个人在组装，抽掉一个人，空间空出来而人数由六个人变成五个人，原来那个人的工作被其他五人取代。这样灵活的工作体系，丰田称为"活人、活空间"，即鼓励员工都成为"多能工"以创造最高价值。

8）养成自动化习惯

这里的自动化不仅是指机器系统的高品质，还包括人的自动化，也就是养成好的工作习惯，不断学习创新，这是企业的责任。这点完全如松下幸之助所说："做东西和做人一样"，通过生产现场教育训练的不断改进与激励，成立丰田学院（Toyota Institute，TI）使人员的素质越来越高，反应越快、越精确。

9）弹性改变生产方式

以前是生产线（line）作业方式，一个步骤接着一个步骤组装，但现在有时会视情况调整成几个员工在同一作业平台（cell）上同时作业生产。NEC的手机制造工厂，因为需同时生产二十几种款式的手机，大量使用机器人并不能发挥效率，他们就采用上述方式，约三四个员工共同作业，来解决现场生产问题。

4．TPS的规则

蕴含在TPS中的隐性知识（tacit knowledge）可以用四条基本规则来概括。这些规则指导着每一产品和服务所涉及的每一项作业、每一处衔接和每一条流程路线的设计、实施和改进，这四条规则如下。

规则一：所有工作的内容、次序、时间和结果都必须明确规定。

规则二：每一种客户-供应商关系都必须是直接的，发送要求和得到回应的方式必须明确无误，非"是"即"否"。

规则三：每一种产品和服务的流转路线都必须简单而直接。

规则四：所有的改进都必须在老师的指导下，按照科学的方法，在尽可能低的组织层面上进行。

这四条规则要求，企业的各种作业、衔接和流程路线必须能够进行自我检测，以自动发出问题警示。正是由于不断地对问题做出响应，看似僵化的体系才得以保持柔性，能够灵活适应不断变化的环境。

（资料来源：上海工程技术大学. 生产管理案例集）

问题

1. 丰田公司的运营流程属于哪种类型？

2. 您是怎样理解"正确的流程方能产生正确结果"的说法的？

3. 按照运营流程评价维度对丰田公司的运营流程进行评价分析，说明 TPS 是怎样体现了运营流程评价维度的要求的？

4. 将丰田公司的运营流程与其他同类企业（如通用汽车公司、大众汽车公司、比亚迪汽车有限公司或吉利汽车有限公司等）的运营流程进行比较，分析 TPS 是怎样帮助丰田公司赢得竞争优势的？

第 6 章

工作设计与工作测量

学习目标

通过本章的学习使读者掌握工作设计和工作测量的基本概念；理解工作设计的内容，工作设计和工作测量的基础，工作特性模型，团队工作方式和类型，产品（作业）时间构成，以及标准工作时间的确定；了解生产率的影响因素，机械型工作设计法、生物型工作设计法、知觉运动型工作设计法等，以及测时法、预定时间标准法、模特法和工作抽样法等工作测量方法。

关键概念

工作；工作设计；工作测量；工作丰富化；团队；工时定额；宽放时间；MOD

F1 赛车的装备更换

世界一级方程式赛车锦标赛（Formula One，F1）是当今世界最高水平的赛车比赛，与奥运会、世界杯足球赛并称为"世界三大体育"赛事，年收视率高达 600 亿人次，可以说是高科技、团队精神、车手智慧与勇气的集合体，这项科技含量最高的运动以空气动力学为主，包含了无线电通信、电气工程等世界上最先进的技术。现在 F1 比赛年度统筹安排，每站比赛的赛事组织，车队工作，电视转播等各个方面都井井有条，可以说是世界上最昂贵、商业价值最高、魅力最大、最吸引人观看的体育赛事之一。

F1 方程式赛车过程中，快速消耗的赛车油料需要得到补给；轮胎高速运转之后容易爆胎，对驾驶员的生命构成威胁，也需要紧急更换。但是 F1 比赛是分秒必争，可能由于几秒钟的损失造成整场比赛的失败，所以快速的装备和油料更换是非常重要的一个环节，会对整个比赛造成重要的影响。现在公认做得最好的是法拉利车队，赛车装备和油料最快的更换时间为 6~8 秒，而在实际生活中，一台普通汽车的加油和轮胎更换时间大约需要 1 个小时。在 F1 赛车的一次正常换装过程中至少需要 22 个人：12 位技师负责更换轮胎（每一轮胎三个人，其中：一位负责拿气动扳手拆、锁螺丝，一位负责拆旧轮胎，一位负责装上新轮胎）；一位负责操作前千斤顶；一位负责操作后千斤顶；一位负责在赛车前鼻翼受损必须更换时操作特别千斤顶；一位负责检查引擎气门的气动回复装置所需的高压气瓶，必要时补充必需的高压空气；一位负责持加油枪，这通常由车队中最强壮的技师担任；一位协助扶着油管；一位负责操作加油机；一位负责持灭火器待命；一位配备了用来与车手通话的无线电话，负责持写有 "Brakes"（刹车）和 "Gear"（入档）的指示板，当牌子举起，即表示赛车可以离开维修区了；一位负责擦拭车手安全帽。F1 比赛中途换胎自从 1950 年就有了，但并不是必需的，通常只是在那些较长的赛道上才需要，比如纽伯格林赛道。更换轮胎也是以手工方式以及最简单的工具——手动千斤顶和扳手完成，整个换胎时间需要超过 1 分钟，包括加油的时间就更长了。换装时间的缩短是持续进行工作研究、不断改进的结果，其改进体现在四个方面：一是轮胎锁紧结构的改变，现在只需要一个中央螺栓就能固定好轮胎；二是改进技术装备，大量使用效率更高的气动、电动工具；三是进行合理分工，科学分析各项工作（任务）的作业方法和作业时间，每位成员严格按规定的动作和时间完成，既不能提前，更不能延后；四是对团队成员进行长期特殊训练，使其反应速度快、协作配合好。

（资料来源：http://baike.baidu.com/view/204720.htm；http://www.f1menpiao.com/view-f1data-1376.html；徐明强.流畅制造［M］.北京：机械工业出版社，2008）

问题

1. 影响 F1 赛车换装的因素有哪些？F1 车队是怎样设计该项工作的？
2. 您认为应怎样进行工作研究？选择您接触过的某项工作进行工作研究。

6.1　工作设计与工作测量概述

6.1.1　生产率的影响因素

不断提高生产率是社会发展永恒的主题，也是运营管理的重要目标之一。从企业内部环境来讲，在提高生产率的各种可能组合方案中，任何一种方案的实现都不可避免地受到两类因素的影响：技术因素和行为因素。技术因素主要指企业生产产品或提供服务所必需的生产技术和生产装备的技术水平，如新设备、新工艺、新材料的采用可以大大提高生产率。由于技术因素与技术装备、设施、工具等有密切关系，因此有人将其称为"硬因素"。行为因素是指操作者的行为过程和行为结果对生产率的影响。由于行为因素受操作者心理需要和感情变化的影响而容易变化，因此，有人将其称为"软因素"。相比较而言，行为因素对生产率的影响程度远远超过技术因素，因为先进技术的产生和人的行为息息相关，其应用也必须通过人的劳动才能落到实处，从而发挥应有的作用，产生预期良好的效果。特别是在复杂的工艺技术成功应用和全球化的今天，人的因素在企业运营竞争中比以前更重要，正如盖弗（Giffi）、罗斯（Roth）和希尔（Seal）所言，"21世纪将以人力资源复兴为标志。"

为达到提高生产率的目的，企业除了采用先进技术和技术先进的装备之外，还必须考虑运用技术、使用和管理这些设备的人的因素。在人类目前所能掌握的生产技术水平条件下，任何技术的运用、设备的使用和维护都离不开人。影响人的行为过程和行为结果的因素除了操作者的技能、工作的物理环境等技术要素外，他的心理活动、与组织的交互关系等也会产生相当大的影响，有时这种影响可能是决定性的。图 6-1 解释了影响人的行为从而影响生产率的主要因素及其相互关系。在生产率的影响因素中，工作设计将员工和组织直接联系起来，对影响员工工作绩效的其他因素产生重要影响。

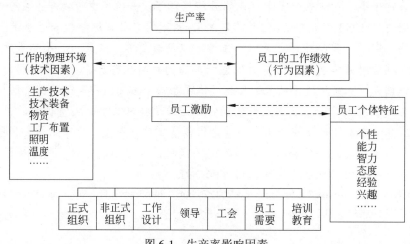

图 6-1　生产率影响因素

　　自亚当·斯密（Adam Smith）在 1776 年出版的代表作《国民财富的性质和原因的研究》（简称《国富论》）中提出劳动分工理论以来，人们就高度重视对工作的研究。经过不断的实践和理论探索，通过运营管理和人力资源管理的交叉融合，逐渐形成了工作设计（Job design）和工作测量（Work measurement）学说，在运营流程设计中同时考虑技术和社会两个方面的因素，争取为操作者提供一个理想的工作结构和劳动场所。

6.1.2　工作设计与工作测量

　　运营管理的关键任务之一就是对员工工作进行设计和测量，一般会涉及如下术语。

　　（1）工作：是指一个员工承担的一组任务（Tasks）或活动（Activities）的总称，如装卸、起重或加工产品。

　　（2）任务（或活动）：是指工作活动中为了完成一系列不同任务的要素集合，如装卸中的从卡车上抬起货物、起重中的捆绑工件或加工中的安装工具。

　　（3）工作要素：是在工作活动中不能够再继续分解的最小独立动作单位。例如，从卡车中抬起货物中的足动、腿动、转身、俯屈等。

　　工作设计是确定具体的任务和责任、工作环境以及完成任务以实现运营管理目标的方法。工作设计要满足两个目标：一是满足生产率和质量的目标；二是使工作安全、有激励性、能使工人有满意感。一个通过良好设计的工作，可以使员工在工作中心情愉快、疲劳感下降、自我实现需要得到满足，对实现企业总体目标很有帮助。科学合理的工作设计有利于企业提高生产率和质量，降低成本，缩短生产周期。

　　工作测量，在工业工程中又称为时间研究（time study），是基础工业工程的两大技术之一，也称为"作业测定"。它是各种时间测定技术的总称，用以制定各项工作或作业的时间标准，确定劳动定额，并通过某种研究方法（如工作抽样）评价现实的工作时间利用情况以及人员工作效率。简言之，工作测量就是在一定的标准测定条件下，确定人们作业活动所需的时间并制定出时间标准或定额的一种科学管理方法。工作测量是企业制定劳动力需求计划、确定生产能力需求、预测生产成本、制定劳动工资及奖励激励等项工作的基础。

6.1.3　工作设计与工作测量的基础

早在 19 世纪以前，查尔斯·巴贝奇（Charles Babbage）就将数学方法引入管理领域，重视工作方法对提高劳动生产率的重要作用，探讨了"制造业的节约原则"，对作业的操作、有关的技术以及每一道工序的成本都进行了分析。遗憾的是，这些极具超前意识的思想火花没有形成系统性的理论体系，直到科学管理理论的诞生，才奠定了工作设计和工作测量的理论基础。20 世纪初期，科学管理理论的创始人，美国工程师和管理学家弗雷德里克·温斯洛·泰勒（Frederick Winslow Taylor）组织进行了秒表测时、搬运生铁块、铁砂和煤炭的铲掘以及金属切削等试验，首创了包括时间研究和动作研究两方面在内的工作研究。与泰勒同时代的一些著名的科学管理运动的先驱，如弗兰克·吉尔布雷斯（Frank Bunker Gilbreth）夫妇、亨利·劳伦斯·甘特（Henry Laurence Gant）以及哈林顿·埃默森（Harrington Emerson）等，通过各自的研究丰富了方法研究和工作测定的方法，建立了完整、系统的工作研究体系。泰勒所创立的科学管理理论具有以下几个主要观点。

（1）科学管理的根本目的是谋求最高工作效率，它是工厂主和工人共同达到富裕的基础。

（2）达到最高工作效率的重要手段是用科学的管理代替旧的经验管理，在管理实践中，应建立各种明确的规定、条例、标准，使一切科学化、制度化。

（3）实施科学管理的核心问题是管理人员和工人双方在精神上和思想上的彻底变革，管理人员（领工、监工、企业主、董事会）和工人都应树立起负责任的观念。

同时，泰勒还提出了相应的管理制度如下。

（4）对工人操作的每个动作进行科学研究，以便合理利用工时，提高工效。

（5）科学地挑选工人，并进行培训和教育，使之成长。

（6）制定科学的工艺流程，并用文件形式固定下来以利于推广。

（7）实行差别计件工资制，按照作业标准和时间定额，规定不同的工资率。

（8）计划职能从工人的工作内容中分离，资方（管理者）和工人双方在工作和职责上几乎是均分的，资方把自己比工人更胜任的那部分工作承揽下来。

在泰勒看来，管理技术就是"确切知道要别人干什么，并注意让他们用最好、最经济的方法去干"。他认为整个作业管理制度应当是"建立在对单位工时的精确和科学的研究上，这是科学管理中最最重要的因素"。倘若工作的性质要求多次重复去做，则时间研究应当做得更仔细、更精确。每项工作应当妥善地分成若干基本动作，对每个单位工时应当加以最彻底的时间研究，而不是笼统地对整件活定出一个工时和工资数额。泰勒早就预见到并提出，高工资和低劳动成本相结合是可能的，这种可能性"主要在于一个第一流的工人，在有利环境下所能做的工作量和普通水准的工人实际做的工作量间的巨大差距"。而使这种可能性变为现实的途径就是基于方法研究和时间研究基础上的科学管理。提高生产率或效率的途径有多种，例如，通过购买先进设备、提高劳动强度来实现。工作研究则遵循以内涵方式提高效率的原则，在既定的工作条件下，不依靠增加投资，不增加工人劳动强度，只通过重新组合生产要素、优化作业过程、改进操作方法、整顿现场秩序等方法，消除各种浪费，节约时间和资源，从而提高产出效率、增加效益、提高生产率。同时，由于作业规范化、工作标准化，还可使产品质量稳定和得到提高，人员士气上升。因此，工作研究是企业提高生产率与经济效益的一种有效方法。

任何组织和作业几乎都可以应用工作研究的原理和方法，来帮助寻求一种更好的作业程序和作业方法。无论是对于制造业还是服务业，无论是工业还是政府或其他非营利组织，都面临改进作业方法与提高生产率的问题。现代社会中的各种服务性作业，如商店的售货作业、餐馆的烹调作业、银行的出纳作业、邮局的打包作业、医院的门诊作业、电话局的维修作业、政府部门的审批作业以及办公室的收发作业等，如果都能像吉尔布雷斯夫妇研究砌砖那样加以细致分析，使之简化和标准化，整个社会的运营效率将会大大提高，人们的生活也将会更加舒适愉快。

6.2　工作设计

6.2.1　工作设计的主要内容

工作设计是为有效组织生产劳动过程，通过确定一个组织内的个人或小组的工作内容，来实现工作的协调和确保任务的完成。它的目标是建立一个工作结构，来满足组织及其技术的要求以及员工个人的生理和心理需要。工作设计的内容包括：①明确生产任务的作业过程；②通过分工确定工作内容；③明确每个操作者的工作责任；④以组织形式规定分工后的协调，保证任务的完成。图6-2概括了工作设计所涉及的主要决策问题

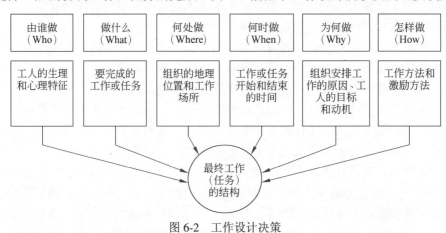

图6-2　工作设计决策

资料来源：［美］理查德·B. 蔡斯，等. 运营管理[M]. 第11版. 北京：机械工业出版社，2010.

（6W 或 5W1H），这些问题又受到以下因素的影响。

（1）质量控制应成为员工工作的组成部分；

（2）员工接受交叉培训已具有适应多种工作的技能；

（3）设计和组织员工参与及团队工作方式；

（4）借助信息技术和通信技术建立共享作业、远程作业或虚拟作业等工作方式，改进基本的工作结构，扩展工作内涵，提高工作能力；

（5）自动化程度；

（6）为所有员工提供有意义的工作和关于工作报酬的组织承诺。

在科学管理、行为科学、工效学、社会技术等理论的支持下，工作设计出现了很多种方法，不同的设计方法会带来不同的效果。

6.2.2　基于科学管理原理的工作设计

被誉为"科学管理之父"的泰勒提出的工作设计可以简单概括为"三定"：定标准作业方法、定标准作业时间、定每日的工作量，主张用科学的方法确定工作中的每一个要素，减少动作和时间上的浪费，提高生产率，形成了机械型工作设计方法。

机械型工作设计法的核心是充分体现效率的要求，强调找到一种使效率最大化同时最简单的方式来对工作进行组合，通常包括降低工作的复杂程度，尽量让工作简单化。它通过动作和时间研究，将工作分解为若干很小的单一化、标准化及专业化的操作内容与操作程序，并对员工进行培训和适当的激励，以达到提高生产效率的目的。机械型工作设计法是针对个人工作方式的一种典型方法，具有以下特点。

（1）由于将工作分解为许多简单的高度专业化的操作单元，可以最大限度地提高员工的操作效率。

（2）由于对员工的技术要求低，既可以利用廉价的劳动力，也可以节省培训费用和有利于员工在不同岗位之间的轮换。

（3）由于具有标准化的工序和操作规程，便于管理部门对员工生产数量和质量方面进行控制，保证生产均衡和工作任务的完成，而不考虑员工对这种方法的反应。因此，工作专业化所带来的高效率有可能被员工的不满和厌烦情绪所造成的旷工或辞职所抵消。

机械型工作设计法体现了如下原则。

（1）增加工作要求。应该以增加责任和提高难度的方式改变工作。

（2）赋予工人更多的责任。在经理保留最终决策权的条件下，应该让员工拥有对工作更多的支配权，并承担更大的工作责任。

（3）赋予员工工作自主权。在一定的限制范围内，应该允许员工自主安排他们的工作进度。

（4）反馈。将有关工作业绩的报告定期、及时地反馈给员工，而不是反馈给他们的上司。

（5）培训。应该创造有利环境来为员工提供学习机会，以满足他们个人发展的需要。

机械型工作设计方法对组织工作设计的影响深远，所推崇的劳动专业化使低成本、高效率的生产成为可能，如美国的福特汽车公司、日本的丰田汽车公司等。但是，过高的专业化程度可能对工人产生严重的负面影响，并依次传递到运营管理中去。劳动专业化的优点和缺点如表 6-1 所示。为有效消除这些不利影响、改进工作质量，优秀的组织试图采用不同的方法来进行工作设计，行为科学理论和社会技术理论提供了很好的帮助。

表 6-1　劳动专业化的优点和缺点

	对管理人员	对作业人员
优点	1. 培训简单、易行 2. 招聘容易、方便 3. 生产效率高 4. 节约工资	1. 教育、培训要求低 2. 心智、技能要求低 3. 工作责任小
缺点	1. 内在激励困难 2. 生产整体质量的责任主体缺失 3. 员工满意度低，不够稳定 4. 运营流程柔性较差，改善、创新较困难	1. 工作单调、重复，易产生厌烦感 2. 对工作进度很少或没有控制权 3. 缺乏工作热情和成就感 4. 晋升机会少

6.2.3　基于行为科学的工作设计

无论是埃尔顿·梅奥（Elton Mayo）的人群关系论，还是亚伯拉罕·马斯洛（Abraham Harold Maslow）的需要层次论；无论是弗雷德里克·赫茨伯格（Fredrick Herzberg）的双因素理论，还是克雷顿·奥尔德弗（Clayton Alderfer）的 ERG 理论；无论是戴维·麦克利兰（David McClelland）的成就需要理论，还是维克托·弗鲁姆（Victor H. Vroom）的期望理论抑或约翰·斯塔希·亚当斯（John Stacey Adams）的公平理论等，都将人的工作动机作为主要的研究内容之一。由于人在工作中期望得到的满足既有物质的，又有精神的，既有较低层次的，又有较高层次的，导致了人们的工作动机也各不相同，对人如何进行工作以及工作结果有很大的影响。因此，在工作设计中，必须考虑针对不同的需要和工作动机，对工作的人实施有效激励。当一个人的工作内容和范围较狭窄时，或工作的专业化程度较高时，人往往无法控制工作速度（如装配流水线），很难使员工获得成功感和满足感。在简单、重复的个人工作方式中，员工与他人的交往、沟通较少，进一步升迁的机会几乎没有，容易使人产生单调感从而对工作变得淡漠和厌倦，频繁变动工作，经常缺勤，闹情绪，故意制造生产障碍甚至罢工。哈佛大学教授理查德·哈克曼（Richard Hackman）和伊利诺依大学教授格雷格·奥尔德汉姆（Greg Oldham）提出的工作特性模型，如图 6-3 所示，为解决这些问题提供了切实可行的分析框架。工作特性模型将工作核心要素划分为五个核心维度，分别影响工作者不同的关键心理状态，从而影响个人行为状态和工作结果。以该模型为基础，产生了基于行为科学的工作设计方法——激励型工作设计法，它更多地考虑了人性因素和人在工作中的地位，强调通过工作扩大化（job enlargement）、工作轮换（job rotation）、工作丰富化（job enrichment）等方式来提高工作的激励性。

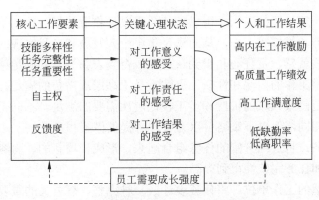

图 6-3 哈克曼-奥尔德汉姆工作特性模型

1. 工作扩大化

工作扩大化是在横向水平上增加工作任务的数目或变化性，改善原来狭窄的工作范围、频繁重复的情况，以改变员工对常规性、重复性的简单工作感到单调乏味的状况，提高员工工作兴趣和积极性，从而改善工作和生活质量。工作扩大希望增加每个人工作任务的种类，从而使他能够完成一项完整工作的大部分程序，感受工作的意义和挑战，获得一种精神上的满足，从而提高劳动生产率。

2. 工作轮换

工作轮换是指允许员工定期轮换所做的工作，它并不改变工作设计本身，只是使员工定期地从一种工作岗位轮换到另一种工作岗位。这种工作岗位的轮换为员工提供了一个个人行为适应总体工作的前景，增加了对自己工作的最终成果的认识，使员工从原先只能做一项工作的专业人员转变为能做许多工作的多面手。这使员工具有更强的适应能力，因而具有更大的挑战性。这种方法还能使员工对不同的工作有更多的了解，从而改变员工长期从事一种单一工作的枯燥乏味的感觉，达到提高生产率的目的。同时，由于员工相互交换工作岗位，可以体会到不同工作岗位的难处，有利于相互理解、相互体谅，结果使整个运营过程更加完善、和谐与高效率。目前，不管是企业还是非营利组织，都普遍采取工作轮换的方法来进行管理人员的培养，并取得了很好的效果。

3. 工作丰富化

1959 年，弗雷德里克·赫茨伯格和他的助手创立了著名的双因素理论（激励因素-保健因素理论），指出内在工作因素，如工作富有成就感、工作成绩被承认、工作富有挑战性、责任感、个人成长和发展等，是潜在的满意因素。这些因素的存在能够极大地激发员工的工作积极性和热情，被称为是激励因素。外在工作因素，如组织的政策、工作条件、工资水平、工作环境、劳保福利、地位、安全以及各种人际关系等，是潜在的不满意因素。这些因素必须维持在一个可以接受的水平上，否则会引起员工的不满；而这些因素改善了，只能消除员工的不满，不会使员工产生满意感，所以，这些因素又称为保健因素。双因素理论将对工作的满足感与激励联系起来，提出了通过工作丰富化的方式强化内在工作因素，从而提高员工工作积极性的观点。

工作丰富化是指工作的纵向扩大，给予员工更多的责任，以及更多参与管理和决策的机会。如对生产第一线的工人，可以使其负责制订作业计划、控制生产进度、检验产品、决定设备保养和维修等工作，从而满足员工个人发展和自我实现的需要。工作丰富化可以给人带来成就感、责任心和得到认可（或得到表彰等）的满足感，比工作扩大化和工作轮换更注重工作的内涵和性质，更注重员工高层次需要的满足；而工作扩大化则侧重于一般工作范围或领域的扩展和员工较低层次需要的满足。不同企业的工作丰富化的具体做法各不相同，但以下策略可以为管理者提供借鉴和参考。

（1）合并任务：将过细分割的任务组合起来，形成一项新的、内容广泛的工作，这将使技能多样性和任务完整性得到提高。

（2）构建自然的工作单位：将任务设计成一种完整、有意义的重要工作，这可使员工产生这项工作归属于我的感觉。

（3）建立客户联系：在可能的情况下，建立起员工与他们的客户之间的直接联系，这可增加员工的技能多样性、自主权和绩效反馈度。

（4）纵向扩展职务：纵向扩展职务可使员工产生责任感，并获得或部分获得以往保留在管理者手中的控制权，它将使一项工作的"作业"与"控制"之间的分离得以部分地结合，从而增大员工的自主权。

（5）开通反馈渠道：通过增进反馈，员工不仅能了解他们所从事的工作做得如何，还能知道他们的绩效如何。最理想的是让员工在工作中直接收到反馈，而不是由上司间接转达。

6.2.4　基于工效学的工作设计

工效学（Ergonomics）一词是在 1857 年由波兰教授雅斯特莱鲍夫斯基提出来的，它来源于希腊文，其中"Ergo"指工作、劳动，而"nomics"指规律、法则、效果，也指探讨人们劳动、工作中如何省力、安全、正确、具有效能的规律性，即工作的自然法则。工效学又称为人类工程学、人机工程学、人机工学、工程心理学、生物工艺学、人机学、人的因素工程学等，它是在几个基础性学科的交叉点上发展起来的，不同背景的人由于研究侧重点不同，形成的学科定义也不尽相同。工效学的代表性定义如下。

（1）国际人类工效学学会（International Ergonomics Association）的定义：研究人在某种工作环境中的解剖学、生理学和心理学等方面的因素，研究人和机器及环境的相互作用，研究在工作中、生活中和休假时怎样统一考虑工作效率、人的健康、安全和舒适等问题的学科。

（2）《中国企业管理百科全书》的定义：研究人和机器、环境的相互作用及其合理结合，使设计的机器与环境系统适合人的生理、心理等特点，达到在生产中提高效率、安全、健康和舒适的目的。

（3）华特生（Woodson）认为：人类工程学就是正确地使用人的工程学，为使人的作业、人机系统能有效地工作，必须对由人操纵的装置的各个要素进行设计，因而其内容还包括作用于人的感官的信息显示方式、由人进行的复杂系统的控制方式等。

（4）麦克考米克（McCormick）认为：人类工程学，其广泛含义可以说是为人类所使用的事物的工程学，其特定含义则是指对于人的感觉、精神、身体和其他诸方面属性的人类工作与工作环境之间的协调。

从以上的定义可以看出：工效学是以解剖学（与机体的结构有关）、生理学（与机体的功能有关）与心理学（与行为有关）为基础的学科。它从人、机、环境系统的角度出发，研究人在生产劳动中的工作方法、动作、环境、疲劳规律，以及人、机、环境各个要素的相互关系和匹配，探讨工作效率、安全、健康、舒适的工作方案。根据工效学原理，衍生出两类工作设计法：生物型工作设计法（Biological approach）和知觉运动型工作设计法（Perceptual-motor approach）。

1. 生物型工作设计法

生物型工作设计法关注个体心理特征与物理工作环境之间的交互界面，其目标是以人体工作的方式为中心对物理工作环境进行结构性安排，从而将工人的身体紧张程度降到最低。因此，它对身体疲劳度、痛苦以及健康抱怨等一类问题十分关注。生物型工作设计法通常用于对体力要求比较高的工作进行设计，以降低某些工作的体力要求，使得每个人都能完成它。该方法还非常关注工作设计中对机器和技术的设计，比如调整计算机键盘的高度来最大限度地减少职业病（如腕部血管综合征），对于办公室工作来说，使座椅和桌子的设计符合人体工作姿势的需要。生物型工作设计法一般从力量、抬举力、耐力、座位位置、体格差异、手腕运动、噪声、气候、工作间隔、轮班工作等方面描述工作特征。

2. 知觉运动型工作设计法

生物型工作设计所注重的是人的身体能力和身体局限，而知觉运动型设计所注重的则是人类的心理能力和心理局限。它强调在设计工作时，通过采取一定的方法来确保工作的要求不会超过人的心理能力和心理界限。这种工作设计法通常通过降低工作对信息加工的深度来改善工作的准确性和安全性，提高工作者的反应性。与机械型的工作设计类似，这种设计一般也能起到降低工作的认知要求的效果。总之，知觉型工作设计方法可以降低差错率、减少工作压力，使员工保持一种愉悦的心情。知觉运动型工作设计法一般从照明、显示、程序、其他设备、打印式工作材料、工作场所布局、信息投入要求、信息产出要求、记忆要求、压力、厌烦等方面描述工作特征。

6.2.5　基于社会技术理论的工作设计

工作设计中的社会技术理论（sociotechnical theory）是由英格兰的特瑞斯特（Eric Trist）及其研究小组首先提出来的。这种理论认为，在工作设计中应该把技术因素与人的行为、心理因素结合起来考虑，如图 6-4 所示。任何运营系统都包括两个子系统：技术子系统和社会子系统。如果只强调其中的一个而忽略另一个，就有可能导致整个系统的效率低下，因此，应该把运营组织看做是一个社会技术系统，其中包括人和设备、物料等。生产设备、生产工艺及物流组织与控制方法反映了运营系统的技术性，而人是一种特殊的、具有灵性的投入要素，因此，这个系统还应该具有社会性。人与这些物质因素结合的好坏不仅决定着系统的经济效益，还决定着人对工作的满意程度，而后者，对于现代人来说是很重要的一个问题。在图 6-4 中，左侧的圆代表从技术角度设计的所有可行工作方案的集合，右侧的圆代表从社会因素（心理学和社会学）角度设计的所有工作方案的集合，交叉部分代表能满足社会和技术要求的工作设计，该理论认为，最佳的工作设计方案应该在这个交叉部分。

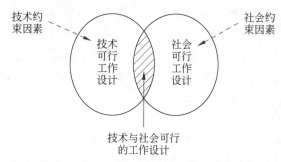

图 6-4　社会和技术因素结合的工作设计

基于社会技术理论的工作设计的价值在于它同时强调技术因素与社会变化对工作设计的影响，这与早期工业工程师们过度强调技术性因素对生产效率的影响有很大不同。早期的工业工程师将工人看作机器的一部分，而社会技术理论除了考虑技术要素的影响外，还将人的行为因素考虑进来，例如把工人调动工作、缺勤、厌倦等与技术选择联系起来。

随着高新技术革命和信息时代的到来，以柔性自动化为主的运营模式正在成为主流。但是，这种模式如果没有在工作设计的思想和方法上的深刻变革，是不可能取得成功的。为此，需要把技术创新和工作设计作为一个总体系统来研究，将技术、运营组织和人的工作方式三者相结合，强调在工作设计中注重促进人的个性发展，注重激发人的积极性和提高劳动效率。因此，在工作设计中，着眼点与其说放在个人工作任务的完成方式上，不如说应该放在整个工作系统的工作方式上，即工作小组的工作方式应该比个人的工作方式更重要。该理论实际上奠定了现在流行的"团队"工作方式的基础。

6.2.6　团队工作方式

当工作设计是围绕小组而不是个人来进行时，就形成了工作团队（Workteam）。团队是由一群背景不同、技能不同、知识不同的人组成的一种特殊类型的工作群体，以成员高度的互补性、知识技能的高跨度性和信息的差异性为特征。首先，团队成员之间具有高度的相互依赖性，往往处于复杂的互动之中；其次，一个团队内要有执行不同职能的成员，从而使团队成为跨职能的群体；最后，由于在背景、训练、能力以及所接近的资源等方面的差异，导致成员在技能、知识、专长及信息的拥有上是不平均的，且具有高度的互补性。团队工作方式与以往每个人只负责一项完整工作的一部分（如一道工序，或一项业务的某一程序等）不同，它是由数人组成一个小组，共同负责完成这项完整工作或任务，如图 6-5 所示。

在小组内，每个成员的工作任务、工作方法以及产出速度等都可以自行决定，在有些情况下，小组成员的收入还与小组的产出挂钩。其基本思想是全员参与，从而调动每个人的积极性和创造性，使工作效果尽可能好。这里工作效果系指效率、质量、成本等

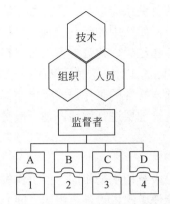

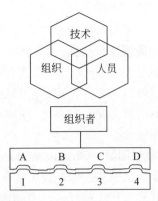

(a) 传统工作方式：把任务分给每个人　　(b) 团队工作方式：把任务分给一组人

图 6-5　不同工作设计思想的对比

的综合结果。团队工作方式与传统的泰勒制个人工作方式的主要区别如表 6-2 所示，这种对比有助于管理者更好地进行基于团队工作方式的工作设计，并可采取不同的形式。

表 6-2　泰勒制与团队工作方式的对比

泰勒制工作方式	团队式工作方式
最大分工和简单工作	工作人员高素质，多技能
较少的智能工作内容	较多的智能工作内容
众多的从属关系	管理层次少，基层自主性强

1. 问题解决型团队（Problem-solving teams）

问题解决型团队实际上是一种非正式组织，通常由 5～12 名成员自愿组成，他们可以来自一个部门内的不同班组。成员定期聚会，研究和解决工作中遇到的一些问题，例如质量问题、生产率提高问题、操作方法问题、设备和工具的小改造问题（使工具、设备使用起来更方便）、工作环境改进问题等，团队成员相互交流看法，然后提出具体的建议，但团队几乎没有权力根据这些建议单方面采取行动，而是提交给管理决策部门。这种团队在 20 世纪 70 年代首先被日本企业广泛采用，并获得了极大的成功，日本的 QC 小组就是这种团队的最典型例子。这种方法对于提高日本企业的产品质量、改善生产系统、提高生产率起到了极大的作用，同时，对于提高工作人员的积极性、改善职工之间和职工与经营者之间的关系也起到了很大的作用。这种思想和方法后来被日本企业带到了它们在美国的合资企业中，在当地的美国工人中运用，同样取得了成功。因此，其他美国企业也开始效仿，进而又扩展到其他的国家和企业中，并且在管理理论中也开始对这种方式加以研究和总结。

这种方式有很多优点，但也有其局限性。因为它只能建议，不能决策，又是一种非正式组织，所以，如果这样的团队所提出的建议和方案被采纳的比值很低，这种团队就会自生自灭。

2. 特定目标型团队（Special-purpose teams）

这种团队是为了解决某个具体问题，达到一个具体目标而建立的，例如，一个新产品开发、一项新技术的引进和评价、协调解决劳资关系问题等。在这种团队中，其成员既有普通职工，又有与问题相关的经营管理人员。团队中的经营管理人员拥有决策权，也可以直接向最高决策层报告。因此，他们的工作结果、建议或方案可以得到实施，或者他们本身就是在实施一个方案，即进行一项实际的工作。这种团队不是一个常设组织，也不是为了进行日常工作，而通常只是为了一项一次性的工作，实际上类似于一个项目组。这种团队的特点是，容易使一般职工与经营管理层进行沟通，使一般员工的意见直接反映到决策中。

3. 多功能型团队（Cross-functional teams）

多功能型团队又称为跨职能型团队，它由等级结构水平相同，但工作领域不同的员工组成，以共同合作完成任务。多功能型团队能使组织内（甚至组织之间）不同领域员工之间交换信息，激发产生新的观点，解决面临的问题，协调复杂的项目。但是，多功能型团队的形成不可能一蹴而就，尤其在形成的早期阶段，往往需要消耗大量时间，因为团队成员需要学会处理复杂多样的工作任务。多功能型团队的成员之间，尤其是在不同背景、经历和思想观点的成员之间，容易产生冲突，需要不断沟通。

4. 自我管理型团队（Self-managing teams）

为了弥补上述团队形式的某些不足而出现了自我管理型团队，这是最具完整意义上的团队工作方式。作为一种团队合作和参与的有效方式，自我管理型团队是一种正式的经常性组织，可以获得来自组织强有力的支持。它一般由 10～15 名员工组成，共同完成一项相对完整的工作。这种团队具有更强的纵向一体化特征，拥有更大的自主权，不仅提出解决问题的方案，而且执行解决问题的方案，并对工作结果承担全部责任。团队成员自己决定任务分配方式或任务轮换，自己承担管理责任，如制订工作进度计划（人员安排、轮休等）、采购计划、决定工作方法、制定和检查工作程序等。完全的自我管理型团队甚至可以挑选自己的成员，并让成员相互进行绩效评估。在这种团队中，包括两个重要的新概念。

（1）员工授权（Employee empowerment）。即把决策的权力和责任层层下放，直至每一个普通员工。如上所述，以往任务分配方式、工作进度计划、人员雇佣计划等是由不同层次、不同部门的管理人员来决定的，现在则将这些权力交给每一个团队成员，与此同时，相应的责任也由他们承担。

（2）组织重构（Organizational restructuring）。这种组织重构实际上是权力交给每一个职工的必然结果。采取这种工作方式后，原先的班组长、工段长、部门负责人（科室主任、部门经理等）等中间管理层几乎就没有必要存在了，他们的角色由团队成员自行担当，因此，整个企业组织的层次变少，变得"扁平"。

5. 虚拟型团队（Virtual teams）

前述几种团队都属于实体形式，虚拟型团队则是通过信息和通信技术把身处异地的成员联系起来协同工作，以实现共同的目标。它可视为现代信息和通信技术、有效的信任和协同教育、雇佣最合适的人选进行合作需要的三方面的结合体，一般通过团队运作协议（Team operating agreement）清晰地描述组织预期、团队成员与他们自己工作的关系以及他们对团队的责任，这种共识消除了歧义和事后猜忌，可以避免团体陷入困境，从而使团队能够更有效率地工作。虚拟型团队成员既可以来自组织内部，也可以来自组织外部，具有很强的克服时间和空间限制的能力。例如，2003 年导致全球 30 多个国家和地区 400 多人死亡的神秘病毒 SARS 在各地爆发后，世界卫生组织（World Health Organization，WHO）迅速联络来自中国、德国、法国、日本、新加坡、中国香港、英国等国家和地区流行病领域的 13 家顶级实验室的专家，成立非典型肺炎研究虚拟型团队，在最短的时间内找到了病原体。

6.3　工作测量

6.3.1　生产时间消耗结构

产品在加工过程中的总作业时间包括定额时间和非定额时间两部分，如图 6-6 所示。

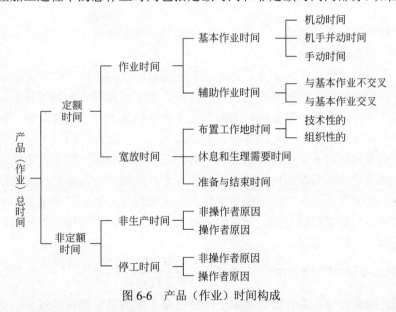

图 6-6　产品（作业）时间构成

1. 定额工时

定额工时又称为产品的基本工作时间，指在产品设计正确、工艺完善的条件下，制造产品或进行作业所用的时间，由作业时间和宽放时间组成。

1）作业时间

作业时间是指直接用于生产产品，完成工艺过程中各项操作所必须消耗的时间。它是定额时间中最主要的部分，其时间消耗的长短与加工批量大小成正比。作业时间按其用途不同又可分为基本作业时间和辅助作业时间。

基本作业时间：指实现基本操作，直接作用于劳动对象并改变对象的物理和化学性质的时间消耗，如切削加工时间。基本作业时间按照完成基本操作的方式不同，又可分为：①机动的基本时间——用机器设备自动完成基本工艺的时间（如用机械臂安装汽车雨刮器等）；②机手并动的基本时间——由人工直接操作机器完成基本工艺的时间（如用电钻等）；③手动的基本时间——完全由工人手工操作完成基本工艺的时间（如锉工件等）。

辅助作业时间：工人为保证完成基本工艺而执行的各种辅助性动作所消耗的时间。如测量工件、调整机床、机械手的自动卸料等的时间。在基本作业时间是机动的某些情况下，可能出现辅助操作与基本操作同时交叉进行，在这种情况下，这部分交叉时间不应重复计入定额时间内。

2）宽放时间

宽放时间是指劳动者在工作过程中，因工作需要、休息和生理需要，在作业时间上需要予以补偿的时间。宽放时间一般用宽放率表示，其计算公式如式（6-1）所示。

$$宽放率＝\frac{宽放时间}{作业时间}×100\% \tag{6-1}$$

宽放按照其产生的原因和性质不同，可以分为作业宽放、个人宽放、疲劳宽放和延迟宽放。

（1）作业宽放：作业过程中不可避免的特殊的作业中断或滞后，如设备维护、刀具更换与刃磨、切屑清理、熟悉图纸等。

（2）个人宽放：维持工人正常而舒适地工作所需的时间，即与作业无关的满足个人生理需要所耗费的时间，如喝水、上厕所、擦汗、做工间操等。一般来说，如工作环境在标准状态之下，一天8小时工作时间的个人宽放率约为5%，即24分钟。如工作环境不理想，且工作繁重，则个人宽放率应大于5%。

（3）疲劳宽放：由于工作疲劳所需的必要的正常恢复时间，可根据劳动性质、劳动条件、劳动强度等的不同而相应地做出适当的规定。常用的方法是进行疲劳研究，即研究劳动者在工作中产生疲劳的原因和劳动精力变化的规律，测量劳动过程的能量消耗，从而确定恢复体力所需要的时间。一般用能量代谢率表示作业过程中能量消耗的程度，其计算公式如式（6-2）所示。

$$能量代谢率（RMR）＝\frac{作业时能量消耗量-安静时能量消耗量}{基础代谢量}×100\% \tag{6-2}$$

式中：基础代谢量为劳动者在静卧状态下维持生命所需的最低能量消耗量；安静时能量消耗量为劳动者在非工作状态的能量消耗，按基础代谢量的1.2倍计算。

在公式（6-2）中每一项的取值都是在同样时间范围内的能量消耗量，能量代谢率划分为不同级别，企业可按照不同级别的能量代谢率确定相对应的疲劳宽放率。

（4）延迟宽放：非操作者个人过失所造成的无法避免的作业延误，如接受任务安排、操作中途被管理人员询问情况、等待领取材料或工具等。

在宽放时间的实际测定中，一般考察以下三部分时间。

（1）布置工作地时间：操作者在工作时间内用于照看和保持工作地的正常状态所必须消耗的时间，又分为组织性与技术性两种。组织性布置工作地时间是用于轮班开始和终了的准备和结束工作，以及交接班工作消耗的工时，它随着轮班而重复出现，如打扫工作地、填写记录、擦机床等。技术性布置工作地时间是指在工作班中间，由于技术上的需要，为维持技术装备的正常工作状态而用于照管工作地的时间，如更换刀刃、清除切屑、校正刀具和调整设备等,它的长短和基本时间成正比。

(2)休息和生理需要时间:由个人宽放时间和疲劳宽放时间组成。

(3)准备与结束时间:操作者在工作时间内为完成一项生产任务,事先进行准备和事后结束工作所必须消耗的时间。如一批产品投入加工前,工人用于接受任务,熟悉图纸和工艺要求,领取材料和夹具,加工完后卸下工、夹、模具并送回仓库,交验成品等。不同运营流程的准备与结束时间不同,它的长短与批量大小无关而与批次有关。

2. 非定额工时

非定额工时是指在工作时间内因执行非生产性作业或停工而耗费的时间,它是生产过程中不必要的时间消耗,主要包括非生产作业时间和停工时间。

(1)非生产作业时间:工人在工作时间内没有形成产出或形成无效产出而耗费的时间,又分为非工人造成的非作业时间和工人造成的非作业时间。前者是由于企业管理不善,使工人做了多余的操作而损失的时间,如产品设计缺陷或工艺工程缺陷而耗费的时间;后者是由于工人违反操作规程和技术不熟练而造成的时间消耗,如废品工时或返修工时等。

(2)停工时间:工人在工作时间内,因某种原因而未能从事生产活动而损失的时间,又分为操作者原因造成的停工时间和非操作者原因造成的停工时间。前者是由于操作者违反劳动纪律使生产中断而造成的工时损失,如旷工、早退、离岗与人闲谈等;后者是由于企业内部和外部条件致使生产过程发生中断而损失的时间,如停电、停工开会等。

时间就是金钱,效率就是生命,节约时间是一切管理活动的出发点和归宿。定额工时和非定额工时的划分是为了使企业能有效挖掘时间利用方面的潜力,尽量减少或消除由各种无效劳动造成的时间浪费。企业生产过程中由于无效劳动导致的时间浪费可以归纳为以下几个方面。

1)产品设计缺陷导致的浪费

(1)设计不合理增加了制造上的困难;

(2)设计的标准化水平低,增大了制造工作量;

(3)技术条件规定不合适,使生产困难。

2)工艺缺陷导致的浪费

(1)加工程序不合理造成时间的过多消耗;

(2)所用机器设备选用不当,而浪费了时间;

(3)现场布置不合理,使物流路线过长,发生不合理的搬运;

(4)由于操作方法、操作动作不合理而浪费的时间。

3)管理不善导致的浪费

(1)市场预测或销售政策不当导致生产过量,形成积压;

(2)准备工作没做好造成时间浪费;

(3)作业计划与订货计划安排不当,生产不均衡,前后脱节,发生等待;

(4)原材料、辅料、工具、工装供给不及时,停工待料;

(5)设备维护保养不善,发生故障而停产;

(6)作业现场环境条件不佳,影响作业效率;

（7）忽视安全发生事故，或安全工作条件没有保障造成停产；

（8）不按标准操作发生失误出现废品、不良品或返修品；

（9）纪律松弛，迟到、早退、缺勤、怠工而造成的浪费。

6.3.2　标准工作时间

1. 标准工作时间的含义

标准工作时间又称为工时定额，它是劳动定额的表现形式之一。所谓劳动定额，是指在一定的生产技术组织条件下，生产一定产量的产品所规定消耗的时间，或在一定时间内所规定生产的合格产品的数量。如工时定额、产量定额、看管定额、服务定额等。标准工作时间的概念来源于泰勒的"公平的一天工作量"（A fair day's work）理论，它指的是在适宜的操作条件下，用最合适的方法，以普通熟练工人的正常速度完成单位标准作业所需的劳动时间。其中，"适宜的操作条件"是指合理安排的工作场所和工作环境，"最合适的方法"是指标准的工作方法，"普通熟练工人"是指经过培训的合格操作人员，"正常速度"是指正常的努力。因此，标准工作时间的制定应当以方法研究和标准工作方法的制定为前提。

标准工作时间具有客观性、可测性和普遍适用性，其测定是企业运营管理的一项基础工作。标准工作时间不仅是确定工作所需人员数和设备数、进行计划管理和生产控制、实行经济核算和成本管理的重要依据，而且是实施计件工资制和确定绩效薪酬的基础，还是合理安排劳动力，研究和改进工作方法，提高劳动生产率的重要手段。

2. 标准工作时间的构成

在采取观察操作者工作过程的方法测定标准工作时间时，直接观察到的时间不一定就是标准工作时间，多数情况下需要对观察值进行调整和修正，如图6-7所示。

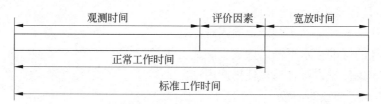

图6-7　标准工作时间构成

1）评价因素研究

设置评价因素的目的在于把观察到的实际操作时间调整到"普通熟练工人"的"正常速度"的基础上来，其结果用评价系数表示。应用最广泛的评价系数确定方法是由美国西屋电气公司（Westinghouse Electric Corporation）首创的平准化法，又称为西屋法。它将熟练程度、努力程度、工作环境和一致性作为主要的评价因素，每个评价因素又划分为超佳（或理想）、优、良、平均、可、欠佳六个等级程度和评价系数值，如表6-3所示。企业可根据观察时的实际情况评价出每项因素的等级和对应的评价系数，再汇总得到总的评价系数值。

表 6-3 平准化评价系数

项目 等级	熟练程度				努力程度				工作环境		一致性	
超佳（A）	A1	+0.15	A2	+0.13	A1	+0.13	A2	+0.12	A	+0.06	A	+0.04
优（B）	B1	+0.11	B2	+0.08	B1	+0.10	B2	+0.08	B	+0.04	B	+0.03
良（C）	C1	+0.06	C2	0.03	C1	+0.05	C2	+0.02	C	+0.02	C	+0.01
平均（D）	D	+0.00			D	+0.00			D	+0.00	D	+0.00
可（E）	E1	−0.05	E2	−0.10	E1	−0.04	E2	−0.08	E	−0.03	E	−0.02
欠佳（F）	F1	−0.16	F2	−0.22	F1	−0.12	F2	−0.17	F	−0.07	F	−0.04

例如，在某次观测中，经判定熟练程度为 C2 级，努力程度为 C1 级，工作环境为 D 级，一致性为 E 级，则评价系数＝（1＋0.03＋0.05＋0.00−0.02）＝1.06。

2）宽放研究

根据前述介绍，确定宽放时间或宽放率水平。对于产品/服务专业化程度不同的运营流程，其宽放时间的构成情况不尽相同。大量运营流程的宽放时间包括布置工作地时间、休息与生理需要时间，可忽略准备与结束时间；成批运营流程和单件运营流程的宽放时间包括布置工作地时间、休息与生理需要时间、准备与结束时间。考虑宽放后，将观察值调整和修正为标准工作时间的公式为

$$标准工作时间＝正常工作时间＋宽放时间＝观测时间×评价系数＋宽放时间$$
$$＝观测时间×评价系数×（1＋宽放率） \tag{6-3}$$

6.3.3 工作测量方法

通过工作测量法可以得到科学合理的工时定额（标准工作时间），常用的工作测量方法有测时法、预定标准时间法和工作抽样法等。

1. 测时法

测时法又称直接时间研究，是使用秒表和其他一些计时工具，通过实际测量完成一件工作所需要的实际时间来确定标准工作时间的方法，其基本步骤如下。

（1）选择观测对象。一般选能在正常状态下完成工作的操作者作为观测对象，应具备必要的身体素质、智力水平和教育程度，并掌握必要的技能和知识，能使用标准工作方法、标准设备、标准程序、标准动作、标准工具在标准工作环境中以平均动作速度完成工作。熟练程度为同类工人的平均程度，避免选择非熟练人员或非常熟练人员。同时，被选定的操作者还应与观测者协作，其心理和操作尽量不受观测因素的影响。

（2）确定操作方法、材料规格和工艺装置，记录工作的环境因素，如温度、照明、噪声程度等。

（3）划分作业操作要素，制定测时记录表。

（4）记录观察时间，剔除异常值，并计算各项作业要素的平均值。

$$T_i = \frac{1}{n}\sum_{j=1}^{n} t_{ij} \tag{6-4}$$

式中：T_i 为作业要素 i 的平均观测时间；t_{ij} 为作业要素 i 第 j 次观测时间值；n 为作业要素 i 的观测次数。

（5）计算作业的观测时间。

$$T = \sum_{i=1}^{m} T_i \tag{6-5}$$

式中：T_i 为作业要素 i 的平均观测时间；m 为作业要素数；T 为作业观测时间。

（6）确定评价系数，计算正常工作时间。

$$正常工作时间 = 观测时间 \times 评价系数 \tag{6-6}$$

（7）确定宽放时间或宽放率，计算作业标准工作时间。计算公式见式（6-3）。

【例 6-1】 观测某车床加工某种零件的标准工作时间。观测中将该作业分解为五个作业要素进行观测，每个作业要素的观测时间平均值如表 6-4 所示。评价系数为 1.15，个人生理需要时间占正常时间的 4%，疲劳时间占正常时间的 5%，不可避免的耽搁时间占正常时间的 3%。试求该工作的标准作业时间。

表 6-4 某车床加工零件测时记录

工 作 要 素	观测时间平均值/秒	工 作 要 素	观测时间平均值/秒
1. 置零件于卡盘并紧固	13.2	4. 关车与退刀	12.0
2. 开车与进刀	3.0	5. 卸下零件	12.8
3. 车削	27.0		

解 （1）根据式（6-5）计算作业观测时间：

$$T = \sum_{i=1}^{m} T_i = (13.2+3.0+27.0+12.0+12.8) = 68（秒）$$

（2）根据式（6-6）计算正常工作时间：

$$正常工作时间 = 观测时间 \times 评价系数 = 68 \times 1.15 = 78.2（秒）$$

（3）根据式（6-3）计算作业标准工作时间：

$$标准工作时间 = 观测时间 \times 评价系数 \times (1+宽放率)$$
$$= 68 \times 1.15 \times (1+0.04+0.05+0.03)$$
$$= 87.58（秒）$$

2. 预定时间标准法（predetermined time standard，PTS）

PTS 是国际公认的制定时间标准的先进技术，它把人们所从事的所有作业都分解成基本动作单元，对每一种基本动作都根据它的性质与条件，经过详细观测，预先制成基本动作的标准时间表。当要确定实际工作时间时，只要把作业分解为这些基本动作，从基本动作的预定时间表查出相应的时间值，累加起来作为正常时间，再适当考虑宽放时间，即得到标准作业时间。

PTS 法起源于 20 世纪 30 年代。1924 年西格（A.B.Segur）开发了动作时间分析法（Motion Time Analysis，MTA）。西格在对残疾人进行职业训练时，通过对电影胶片的记录分析，发现接受训练的人，当他们做同一动作时，所需的时间值大体相同（一般约差 10%）。因此，若将作业分成几个基本动作要素，则各基本动作要素所需的时间值基本相同，只要通过对实例的分析计算，求出各基本要素的时间值，就可以算出整个作业时间；或者首先确定基本动作要素所需要的时间，然后按规定的动作程序进行操作，就可以求出完成该项作业的纯工作时间值。基于这种推想，西格提出了 MTA 法。这种方法不需进行操作的测量，只要对作业进行分析，分解成与作业内容有关的作业单元，经过查表和计算，便可确定作业所需的时间值。因此，当作业方案确定后，可以很容易求出作业的标准时间。

1934 年魁克（J.H.Quick）等人开发了工作要素法（work factor，WF），它将操作分解为移动、抓取、放下、定向、装配、使用、拆卸及精神作用等八种动作要素，并制定了各动作要素的时间标准。WF 法的特点是在进行作业分析时，对每个动作要素只考虑四个变动因素：动作的使用部位、移动的距离、负荷大小及动作由谁来控制。

1948 年梅纳德（H.B.Maynard）等人开发了方法时间衡量法（Methods of time measurement，MTM）。该方法把作业分解为伸手、搬运、抓取、旋摆、旋转、加压、对准、放手、拉开等动作要素，并且预先排列成表，来决定完成每种基本动作所需的时间。

上述方法目前在欧美、日本应用较为广泛，但是它要求观测人员有较高的知识水平或经过严格的训练，使一般人难以掌握和运用，从而限制了这些方法的广泛使用。例如日本要求有关人员在正式使用 MTM 法之前，要参加日本 MTM 协会的培训，并获得相应的资格。

1966 年澳大利亚的海德（G.C.Heyde）在长期研究各种方法的基础上，进一步结合人机工程学方面的研究成果，开发了简单、实用，而且精度不低于 MTM、WF 等方法的模特法（Modolar Arrangement of Predetermined Time Standard，MODAPTS、MOST 或 MOD 法），在工业发达国家得到了广泛应用。

PTS 法发展至今，已有四十多种具体操作形式，其中较常使用的如表 6-5 所示，本书将重点介绍模特法（MOD）。

表 6-5　PTS 法的典型形式

名　　称	时间/年	编制数据方法	创　始　人
动作时间分析（MTA）	1924	电影微动作分析波形自动记录图	西格（Segur）
工作要素法（WF）	1934	时间研究现场作业片，用频闪观测器摄影进行研究	奎克（Quick）、谢安（Shea）、科勒（Koehler）
肢体动作分析	1938		霍尔姆斯（Holmes）
装配工作的动作时间数据	1938	时间研究现场作业片，实验室研究	恩格斯托姆（Engstrom）、盖皮斯格尔（Geppinger）
基本手工劳动要素时间标准	1942	波形自动记录器作业片，电时间记录器	西屋电气公司
方法时间衡量（MTM）	1948	时间研究现场作业片	梅纳德（Maynard）、斯坦门丁（Stegemerten）、斯克互布（Scnwab）
基本动作时间研究（BMT）	1950	实验室研究	普雷斯格利夫（Presgrave）等
空间动作研究（DMT）	1952	时间研究影片，实验室研究	盖皮斯格尔（Geppinger）

续表

名　　称	时间/年	编制数据方法	创　始　人
预定人为动作时间（HPT）	1952	现场作业片	拉扎拉斯（Lazarus）
模特法（MOD）	1966		海德（Heyde）

3. 模特法

模特法是根据操作时人体动作的部位、动作距离、工作物的重量，然后通过分析和计算，确定标准的操作方法，并预测完成标准动作所需要的时间。其实施过程必然包含着操作方法的改进和工作场地的合理布置，以方便工人操作。与其他 PTS 法相比，具有制定科学、形象直观、动作划分简单、好学易记、使用方便的优点，适用于加工部门、生产技术、设计、管理、服务等方面，以及制定时间标准、动作分析等，在手工作业较多的劳动密集型产业应用广泛，如电子仪表、汽车、纺织、食品、建筑、机械等行业。

1）假设

（1）所有人力操作时的动作均包括一些相同的基本动作；

（2）人们在做同一基本动作时（在操作条件相同时），所需要的时间大体相等（误差在 10%左右）；

（3）人体的不同部位做动作时，其最快速度所需要时间与正常速度所需要的时间之比大体相似，不同部位的动作所需时间互成比例。

2）时间表示

模特法采用 MOD（modular）作为时间值的最小单位，它是根据最小能量消耗原则，测得人的手指一次移动 2.5 厘米距离所需的统计平均时间为 1MOD，其他动作的时间值都能用 MOD 的整数倍来表示。

$$1 \text{ MOD}=0.129 \text{ 秒}=0.002\ 15 \text{ 分}=0.000\ 036 \text{ 小时；}$$

$$1 \text{ 秒}=7.75\text{MOD，} 1 \text{ 分}=465\text{MOD，} 1 \text{ 小时}=27\ 907\text{MOD。}$$

在实际使用中，可按照该工作的实际情况决定 1MOD 的时间值，如：

1MOD＝0.129 秒　　　正常值，能量消耗最小动作时间值；

1MOD＝0.1 秒　　　　高效值，熟练工人的高水平动作时间值；

1MOD＝0.143 秒　　　包括疲劳恢复时间在内的动作时间值；

1MOD＝0.12 秒　　　　快速值，比正常值快 7%左右的动作时间值。

3）动作分析

模特法将动作分为移动动作、终止动作、身体动作、其他动作四大类，共计 21 种基本动作，详见图 6-8 所示。不同基本动作的时间值不同，如表 6-6 所示。

（1）移动动作

移动动作是通过手指、手或臂的活动抓住或挪动物件的动作。因所使用的身体部位不同，以及使用的身体部位的移动距离不同，所以时间值也不同。移动动作分为以下五种。

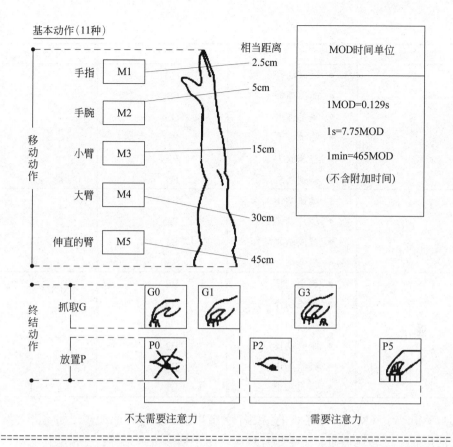

身体及其他动作(10种)

图 6-8　模特法基本动作

表 6-6　模特法基本动作分类和时间值

动作分类	动作名称	符号	时间值/MOD
移动动作	● 手指动作	M1	1
	● 手的动作	M2	2
	● 小臂动作	M3	3
	● 大臂动作	M4	4
	● 肩的动作	M5	5

动作分类	动作名称	符号	时间值/MOD
终止动作	• 触碰动作	G0	0
	• 简单抓握	G1	1
	• 复杂抓握	G3	3
	• 简单放下	P0	0
	• 注意放下	P2	2
	• 特别注意放下	P5	5
身体动作	• 踏板动作	F3	3
	• 步行动作	W5	5
	• 弯曲站起动作	B17	17
	• 坐下站起动作	S30	30
其他动作	• 校正动作	R2	2
	• 加压动作	A4	4
	• 旋转动作	C4	4
	• 眼睛动作	E2	2
	• 判断动作	D3	3
	• 重量修正	L1	1

① 手指动作（M1）：用手指的第三个关节以前部分进行的动作，如将开关拨到 on（off）的位置、回转调谐钮、用手指拧螺母、用手指按密封条等。手指动作（M1）每次时间值为 1MOD，移动距离为 2.5cm。在完成某项作业时，如用手指拧螺母，观察到手指进行了 n 次动作，时间值则为 n 倍 MOD。

② 手的动作（M2）：用腕关节以前的部分进行的动作，如将电阻插在印刷电路板上、转动门轴、翻笔记本等。手的动作（M2）每次时间值为 2MOD，移动距离为 5cm。

③ 小臂动作（M3）：用肘关节以前的部分进行的动作，如机加工、组装部件等在操作机上作业时，移动零件的位置和作业位置，小臂动作（M3）每次时间值为 3MOD，移动距离为 15cm。

④ 大臂动作（M4）：大臂及前面各部分在自然状态下伸出的动作，如把手伸向放在桌子前方、左右端、略高于头部位置的东西等。大臂动作（M4）每次时间值为 4MOD，移动距离一般为 30cm。

⑤ 肩的动作（M5）：整个胳膊自然伸直后再尽量伸直的动作，或整个胳膊从自己的身体正面向相反的侧面伸出的动作，如尽量伸直胳膊取高架上的东西、把手尽量伸向桌子的侧面、从自己身体的正面交叉后向反方向尽量伸手。肩的动作（M5）每次时间值为 5MOD，移动距离一般为 45cm。

反复重复上述的移动动作称为反射动作，又称为特殊移动动作。每次反射动作时间值小于正常移动动作，如手指（M1）反射时间值为 0.5MOD、手的动作（M2）反射时间值为 1MOD、小臂动作（M3）反射时间值为 2MOD、大臂动作（M4）反射时间值为

3MOD。

（2）终止动作

终止动作是指移动动作进行到最后时要达到目的的终结动作，终止动作有下列几种。

① 触碰动作（G0）：用手接触目的物的动作。如摸、碰等动作，它仅仅是移动动作的结束，并未进行新的动作，每次动作的时间值为 0MOD。

② 简单抓握（G1）：在移动动作触及目的物之后，用手指或手掌捏、抓握物体的动作。简单抓握必须保证目的物附近无妨碍物，动作没有迟疑，每次时间值定为 1MOD。

③ 复杂抓握（G3）：抓握时要注视，抓握前有迟疑，手指超过两次的动作，每次时间值为 3MOD。

④ 简单放下（P0）：目的物到达目的地之后立即放下的动作，每次时间值为 0MOD。

⑤ 注意放下（P2）：注视目的物并放到目的地的动作，在放置目的物的过程中只允许一次方向与位置的修正，每次时间值为 2MOD。

⑥ 特别注意放下（P5）：把目的物准确地放置在规定的位置或进行装配的动作，动作有迟疑，眼睛注视，有两次以上的方向、位置的修正，时间值为 5MOD。

（3）身体动作

身体动作指下肢和腰的动作，分为以下四种类型。

① 踏板动作（F3）：足颈摆动进行脚踏地的动作，每下踏一次时间值为 3MOD，返回一次的时间值也为 3MOD。因此，往返踏板一次，时间值为 6MOD。若脚离开地面，再进行脚踏地的动作，应判定为下述的 W5。

② 步行动作（W5）：步行使身体水平移动或转动的动作，每次时间值为 5MOD。

③ 弯曲站起动作（B17）：以站立状态弯曲身体、弯腰、单膝跪地，之后再返回站立状态的一个循环过程的动作，每一动作循环时间值为 17MOD。

④ 坐下站起动作（S30）：坐在椅上，站起后再坐下的动作，每一动作循环时间值为 30MOD。

（4）其他动作

① 校正动作（R2）：改变原来抓握物体方式的动作，把从手指向手中抓入或握入的东西再向手指送出。但只有独立地校正动作时才赋予时间值，每次校正动作时间值为 2MOD。如抓螺丝刀，转为握住；把铅笔拿起，转为写字的方式。

② 加压动作（A4）：作用于目的物的推、拉、压以克服阻力的独立动作，推、拉、压的力在 20 牛顿以上，其时间值为 4MOD。加压动作一般是在推、转等动作终了后才发生，用力时，手和胳膊或脚踏会使全身肌肉紧张，如铆钉对准配合孔用力推入、用力拉断电源软线等。

③ 旋转动作（C4）：以手腕或肘关节为轴心划圆形轨迹 1/2 周以上的动作，如搅拌液体、旋转机器手柄等，旋转动作时间值为 4MOD。旋转不到 1/2 周的则作为移动动作。

④ 眼睛动作（E2）：眼睛向一个新的位置移动视线或调整眼睛焦距对准目标的动作，每次动作时间值为 2MOD。如看仪表指针的位置、看装饰品表面、看示波器的波形、看安全规格表等。在正常视界内（距眼睛 40 厘米范围内），不赋予眼睛移动时间值。当眼睛注视范围较广时，颈部需要伴随眼球运动而转动时，其时间值为 6MOD。

⑤ 判断动作（D3）：在两个动作之间出现的瞬时判定及其反应，时间值为3MOD。判断动作一般是在前一动作停止时，判断下一个动作如何进行时发生的。如判断计量器具的指针、刻度；判断颜色种类等。

⑥ 重量修正（L1）：搬运重物体时，不同物体重量所耗用的时间需要修正。单手负重，若有效重量不足 2 千克时不做重量修正；2～6 千克重量时，时间值为 1MOD；6～10千克重量时，时间值为2MOD；10千克重量以上时，每增加4千克，时间值为1MOD。双手搬运时应换算为单手搬运进行修正。当物体滑动时，有效重量为实际重量的1/3；在滚道上滑动时，有效重量为实际重量的1/10。

使用模特法进行作业分析，作业时间值计算举例如下。

将螺丝刀插入螺钉槽内这一动作排列式为：M2 G1 M2 P5。

M2 表示开始手的移动时间为 2MOD，G1 表示简单抓取的时间为 1MOD，M2 表示第二次手的移动时间为 2MOD，P5 表示螺丝刀"特别注意放下"插入螺钉槽内的时间为5MOD。

动作时间值计算：（2+1+2+5）×0.129＝1.29（秒）。

4. 工作抽样法

工作抽样法（work sampling method）又称间接时间研究。它是运用概率论和数理统计的原理，通过随机抽样来进行工作测量和工作研究。这种方法将工作过程划分为不同的行为状态，例如，或加工产品，或提供服务，或处理事务，或等候指令，或检修等候，或空闲等，这些都可看作某种"行为"，都会占据一定的时间。工作抽样法并不关心具体动作所耗费的时间，而是估计人或机器在某种行为中所占用的时间比例。其特点是采取间断性观测的方法，不用秒表直接观测操作者的作业时间，而是通过大量的随机观察，通过确认操作者所处的行为状态，分类记录各种状态发生的次数，不记录事件的延续时间。通过对样本的分析计算出操作者和机器实际工作中各种状态的时间百分比，并以此估计各种行为发生时实际所占用的时间比例以及这种估计的可靠性和精确度。工作抽样法所获得的数据除用于作业测定外，还可以用来收集生产中有关设备和人力资源信息，估计人或设备的利用率，决定作业的宽放时间，决定工作内容，以及估计成本等。

与工作测量的其他方法相比较，工作抽样法具有以下特点：

（1）简单易懂，观测者不需要接受专门训练；

（2）节省时间，费用低，只有秒表时间研究的 5%～50%；

（3）使用方便，不受时间的限制，可以在任意时间内进行观测、中断或再继续；

（4）可同时进行多种行为的观测，有利于全面了解工作状况；

（5）为保证较高的抽样精确度，所需观测次数可能较多；

（6）由于是间断抽样，所以只能用于工作状态的时间分析，不适于工作过程的时间分析。

工作抽样法实施步骤如下。

1）确定研究目的与范围

研究目的不同，则项目分类、观测次数与方法均不相同。如以机器开动情况为研究目的，则还需明确研究的范围，是一台机器还是几台机器；如以车间工作人员的工作比值为研究目的，则还需确定是机加工车间、装配车间还是全厂所有车间。

2）观测项目分类

根据所确定的目的与范围，就可以对调查对象的活动进行分类，分类的粗细根据抽样的目的而定。如果只是研究机器的开动状态，观测项目可分为"操作""停止""闲置"。如果要进一步了解机器停止和闲置的原因，则应将可能发生的原因做详细分类。研究项目分类是工作抽样记录表格设计的基础，也是研究结果达到研究目的的保证，必须结合实际研究目的而制定。

3）编制记录表格

根据研究目的和要求决定记录表格的内容和形式，并向观测人员介绍记录表格的使用方法。

4）选择观测方式

观察被观测对象工作的方式可以有多种，根据将工作划分为不同行为的详略程度和划分方式的不同而不同。同时，可绘制研究范围内机器或操作者的分布平面图和巡回观测路线图，并注明观测位置。

5）决定观测的时间长度

工作抽样法中的观测时间长度必须具有代表意义，即在该时间段内，每一可能的行为都应该有发生若干次的机会。例如，某行为一周只发生一次，那么将观测时间设定为一天就毫无意义，在这种情况下，观测的时间也许要几个月。

6）确定初步观测次数

工作抽样时观测次数的多少直接影响研究的成本与所得结果的精确度。在一定的可靠性水平下（在工作抽样法中，一般要求可靠性为 95.45%），估计的精确度要求越高，抽样观测次数就越多；在一定的精确度水平下，估计的可靠性越高，抽样观测次数也越多。但是，抽样观测次数越多，所费的人力、时间及金钱就越多。所以不能将观测次数无限增加，否则将失去工作抽样法的意义。

如果工作抽样法处理的现象接近正态分布，抽样观测次数可根据不同的可靠性水平和精确度，即允许的误差大小来决定。相关计算公式如下：

$$p = \frac{m}{n} \tag{6-7}$$

式中：p 为观测到的某行为状态发生率；m 为观测到的某行为状态实际发生次数；n 为观测次数。

标准偏差（σ）的计算公式为

$$\sigma = \sqrt{\frac{p \cdot (1-p)}{n}} \tag{6-8}$$

抽样的绝对精确度计算公式为

$$\varepsilon = t \cdot \sigma = t \cdot \sqrt{\frac{p \cdot (1-p)}{n}} \tag{6-9}$$

式中：ε 为抽样绝对精确度（绝对误差）；t 为概率度，其值根据要求的可靠性水平在"正态分布概率表"中查得；其余符号含义同前。

抽样的相对精确度（相对误差）计算公式为

$$\theta = \frac{\varepsilon}{p} = \frac{t \cdot \sigma}{p} = t \cdot \sqrt{\frac{p \cdot (1-p)}{n}} \qquad (6\text{-}10)$$

所以，如果抽样开始之前规定了抽样可靠性和精确度，就可以确定相应的观测次数。

$$n = \frac{t^2 \cdot p \cdot (1-p)}{\varepsilon^2} \quad 或 \quad n = \frac{t^2 \cdot (1-p)}{\theta^2 \cdot p} \qquad (6\text{-}11)$$

式中：θ 为抽样相对精确度（相对误差）；其余符号含义同前。

7）选定观测时刻

为了保证抽样时间的随机性，观测者去观测现场获取数据的时刻应该在选定的时间长度内随机确定，以避免数据失真。观测时刻的选定一般可利用随机数表，也可通过计算机生成随机数的方式确定。

8）观察和获取数据

进行观察，并将获得的数据记入记录表格中。

9）判断是否需要增加观测次数

先检查精确度和可靠性是否达到要求，如果没有达到要求，则需要增加观测次数。如果达到要求，还应使用三倍标准偏差法（可靠性为 99.73%，$t=3$）检查是否有异常值存在，如果有，计算剔除异常值后的精确度和可靠性，看其是否达到要求，如达不到要求，还需要再增加观测次数。

10）数据计算、分析与形成结论

进行数据计算，对结果进行分析并形成结论。

【例 6-2】 任意随机抽查某车床 140 次，观测到在工作的次数为 108 次。试求在95.45%的可靠性水平下，该车床利用率的估计值和绝对精确度。

解　查"正态分布概率表"可知：当可靠性为 95.45%时，$t=2$。

根据式（6-7），观测到的该车床利用率为

$$p = \frac{m}{n} = \frac{108}{140} = 0.771\,43 = 77.143\%$$

根据式（6-9），抽样的绝对精确度（可靠性为 95.45%）为

$$\varepsilon = t \cdot \sigma = t \cdot \sqrt{\frac{p \cdot (1-p)}{n}}$$

$$= 2 \times \sqrt{\frac{0.771\,43 \times (1-0.771\,43)}{140}}$$

$$= 0.070\,98$$

所以，该车床利用率的估计值为 0.771 43±0.070 98，即利用率为 0.700 45～0.842 41。

【例 6-3】 在对某机器空闲状态的工作抽样中，先做 100 次的预备观测，结果发现有25 次停止。如可靠性要求为 95%，相对误差在 5%以内，试求观测次数。

解　根据式（6-11），观测次数为

$$n = \frac{t^2 \cdot (1-p)}{\theta^2 \cdot p} = \frac{2 \times 2 \times (1-0.25)}{0.05 \times 0.05 \times 0.25} = 4\,800 \text{（次）}$$

【例 6-4】 对某操作者的作业观测 100 小时，共 1 000 次。其中观测到"工作"的有 800 次，其余均为"空闲"。其间产量为 500 件，设效率评价系数为 0.85，宽放率为 10%，试确定单件标准工作时间。

解　（1）计算实际工作时间：

$$实际工作时间 = 作业观测时间 \times \frac{实际作业次数}{观测次数}$$

$$= 100 \times \frac{800}{1\,000} = 80（小时）$$

（2）计算正常作业时间：

$$正常作业时间 = 实际工作时间 \times 效率评价系数 = 80 \times 0.85 = 68（小时）$$

（3）计算单件产品正常作业时间：

$$单件产品正常作业时间 = \frac{正常作业时间}{产量} = \frac{68}{500}$$

$$= 0.136（小时/件）$$

（4）计算单件标准工作时间：

$$单件标准工作时间 = 单件产品正常作业时间 \times （1 + 宽放率）$$

$$= 0.136 \times （1 + 0.1） = 0.149\,6（小时/件）$$

思考与练习

1. 影响生产率的因素有哪些？

2. 什么是工作设计？什么是工作测量？

3. 请举例说明工作设计的内容有哪些？

4. 简述机械型工作设计法的原则。

5. 什么是工作扩大化？什么是工作轮换？什么是工作丰富化？简述三者的区别和联系。

6. 基于工效学的工作设计方法有哪些？

7. 什么是团队？团队工作方式和泰勒工作方式的区别有哪些？

8. 团队的类型有哪些？请举例说明每种团队的特点。

9. 简述产品/服务总作业时间的构成。

10. 什么是定额工时？什么是工时定额？

11. 宽放的类型有哪些？

12. 导致运营过程时间浪费的原因有哪些？

13. 简述标准工作时间的构成。

14. 什么是测时法？什么是预定时间标准法？什么是工作抽样法？

15. 模特法将动作分为哪些种类？试举例说明每种动作。

16. 使用测时法测得加工某种零件的各项实际消耗时间如下：基本作业时间为 4.2 分/件，辅助作业时间为 0.06 分/件，工具领用与退还时间为 10 分/天，机器的清洁与加油时间为 5 分/天，冷却剂的补充时间为 5 分/天，班（组）长分派任务时间为 5 分/天，机床调整时间为 5 分/天，喝水、上厕所、擦汗、做工间操和休息时间合计为 24 分/天，操作工工作速度为正常水平。试计算宽放率和标准作业时间。

17. 一个管理人员制定一个金属切削作业的时间定额。对此操作观测了 50 次，每次的平均时间是 10.40 分钟，标准偏差是 1.20 分钟，操作工人的工作效率评定为 125%。假设宽放率是 16%，试确定观测到的作业时间、正常作业时间和标准作业时间。

18. 保险公司客户服务人员的工作之一是通过电话与客户交谈。某保险公司营销部经理估计其中一位客服人员将一半的时间花在打电话上，为了证实这一点，该经理打算做一次工作抽样研究。他希望绝对误差在 5% 以内，可靠性为 95.45%，问至少要观测多少次？

19. 有一钻床工，每天工作 8 小时，经过一天的随机抽样观测发现空闲比值为 15%，效率评价为 110%，生产合格产品 420 件。根据以往的测定，该作业的宽放率为 15%，试计算标准作业时间。

沃尔沃（VOLVO）的工作设计

总部位于瑞典哥德堡的沃尔沃集团（Volvo Group）是世界上最大的商用运输产品供应商之一，产品包括轿车、卡车、客车、建筑机械、应用于船舶和工业用途的动力系统、航空发动机及航空发动机部件，客户定制的金融、租赁、保险和维修总体解决方案，以及基于 IT 技术的运输信息和管理的整体解决方案。它是安全车身、三点式安全带、盲点信息系统等技术的发明者，其汽车产品在安全与环保方面处于全球领先地位。1978 年，沃尔沃集团将其轿车部门独立设置为子公司，命名为沃尔沃汽车公司（Volvo Car Corporation，VCC）。1999 年 4 月 1 日，美国福特汽车公司（Ford Motor Company）正式收购沃尔沃汽车公司，2010 年 8 月，中国吉利控股集团有限公司（Zhejiang Geely Holding Group）从福特公司手中收购了沃尔沃汽车公司。

沃尔沃汽车公司位于瑞典歌德堡的卡尔玛工厂是世界上独一无二的，其生产率和装配质量在沃尔沃汽车公司各厂中名列前茅。它的空间布局就像一个三叶草图案，沿着三叶草的边缘有 25 个工作站，每个站负责一部分汽车装配工序，汽车在微机控制下的自动输送装置上绕草叶蜿蜒运行，当走完这 25 个工作站时，就生产出一辆漂亮的汽车。这个工厂的特点是 10～25 人负责一个工区，只要在规定时间内把规定的汽车从一个缓冲区送到另一个缓冲区，其他工作大家可以自作主张，从而把工人从机械往复式劳动中解放出来，激发了工人的劳动热情。这种极具人性化的生产方式是继福特流水线生产方式之后的又一重大变革，引起世界产业界的极大关注。

沃尔沃集团成立后，一直采用福特流水线生产方式进行生产，运营管理中也沿用传统方法，重技术、重效率、重监控。直到 1969 年，工人的劳动态度问题已变得十分尖锐，迫使该公司不得不考虑改革管理方法。沃尔沃公司管理者分析了传统汽车制造的工作设计，认为它最大的问题是将人变成机器的附庸。所谓装配线不过是一条传送带穿过一座充满零部件和材料的大仓库罢了，其着眼点是那些零部件，而不是人。人分别站在各自的装配点上，被动地跟在工作件后面，疲于奔命地去"照葫芦画瓢"而已。这种工作方式的另一个问题，是形成了一种反社交接触的气氛。工人们被分别隔置在分离的岗位上，每个岗位的作业周期又那样短（一般为 30~60 秒），根本没有片刻空闲。因此，沃尔沃试图通过用自动化程度高的技术装备来取代较繁重艰苦的工作，以此向工人表明"公司是尊重人的"。但随即发现此方法治标不治本，这时公司才觉醒，认为在工作方面要治本，必须进行彻底的工作设计。

沃尔沃集团在设计、建设卡尔玛轿车厂时，希望体现以人而不是以物为主的精神，决定取消传统的装配传送带。以人为中心来布置工作，就是要使人能在行动中互相合作、讨论，自己确定如何来组织。所以，该厂工人都自愿组成 15~25 人的作业组，每组分管一定的工作，如车门安装、电器接线、车内装潢等。组内可以彼此换工，也允许自行跳组。小组可自行决定工作节奏，只要跟得上总的生产进程即可，何时暂歇、何时加快可以自定。每组各设有车体进、出缓冲存放区。

这个厂的建筑也颇具特色，由三栋两层及一栋单层的六边形厂房拼凑成"十"字形。建筑的窗户特别大，分隔成明亮、安静而又相对独立的小车间。没有了传送带，底盘和车身是由专门的电动车传送来的。这种车沿地面敷设的导电铜带运动，由计算机按既定程序控制。不过当发现问题时，工人可以手工操作，使它离开主传送流程。例如见油漆上有一道划痕，工人便可把它转回喷漆作业组，修复后再重返主流程，仍归计算机制导。车身在电动车上可做 90° 滚动，以消除传统作业中因姿势长期固定而引起的疲劳。同时，各作业组自己检验质量并承担责任。当发现某质量问题一再出现时，这个情况立即在相应作业组终端屏幕上显示出来，并附有以前对同类问题如何排除的资料。这屏幕不仅报忧，也同时报喜，质量优秀稳定的信息也及时得到反馈，产量、生产率、进度数据则定期显示。卡尔玛工厂改革的核心是群体协作，工人以作业组而不是个人为活动单元。据 1976 年的调查，该厂几乎全体职工都表示喜欢新方法。沃尔沃公司便又陆续按这种非传统方式，建造了另外四家新厂，每厂规模都不到 600 名职工。卡尔玛工厂和另外四家新厂中取得成功的做法是否适用于按传统观点设计并运转多年的大型老厂呢？

沃尔沃集团在哥德堡市还建有一家 8 000 人的托斯兰达汽车厂，是 1964 年完全按传统装配线设计建造的。它生产的汽车构成公司产品的主体，改造略有不慎必将影响到生产，损失将是极为巨大的。所以，集团总部相当慎重，一直没有对它采取任何措施。但是，这个厂却由管理人员在工会和全体职工配合下自己搞起了工作再设计的试验。这个厂设有吸收工人参加并有较大发言权的各级工作委员会及咨询小组 55 个，没有工人同意，改革寸步难行。因为任何改革总要引起短期的不习惯与不方便，工资制度上也要适应由个人奖到小组集体奖的转变。这个厂改革的第一步是放权，尽量使它的冲压、车身、喷漆和装配四大车间成为自主的实体，因为每个车间各有其独特问题，不能"一刀切"。例如 1973 年，车身车间组成一个专题工作组来解决降低噪音与粉尘问题。车间主动请来应用美术学院的专家，几经摸索，把这车间变成了全公司最明亮整洁的场所之一。改革自己的工作条件变成了一种有吸引力的挑战，各级工作委员会和咨询组都有一定经费解决自己的问题，于是形成了浓郁的改革气氛。又如车内装潢车间，流水线上设有 15 个装配点。早在这厂刚投产的 1964 年，工人中就有人主张经常换换岗位，因为老在同一岗位上干，不但乏味，而且身体某些部位易疲劳。可是另一些工人不愿意，直到 1966 年这些工人才自己定了一套轮换制度，每人都学会这 15 个岗位上的操作技术而成为多面手，每天轮换一至数次，并自己负责检验和负责纠正缺陷。这时，他们不但体验到换岗能减轻劳累，而且培育出一种群体意识。后来他们把全组的计划与检查工作都接受过来，使工作更加丰富化了，全组缺勤与离职率大幅度下降，工作质量也提高了。工作从轮换到扩大化直至丰富化，人们对工作的满意感逐步增加。托斯兰达厂在 1970 年，仅 3%的装配工人搞工作轮换，1971 年达到 10%；1972 年达到 18%；1973 年达到 30%；1977 年达到 60%。改革自己的工作内容成了多数工人的自然要求。但总有少数人，特别是年纪偏大的，是始终不喜欢任何改变的。到 1976 年末期，这厂的装配车间才开始有人跟传统的装配线告别，组成了两个各有 9 人参加的作业组，每组承包一定数量的汽车装配，作业改到装配工作台上去进行。9 名组员什么都干，从底盘装配到车身与车门安装，直至最后内部装修与检验。每组每周要召开一至数次生产组务会，研究生产情况及解决问题的办法。渐渐地，装配工作台完全取代了装配线。装配工作台平均约每小时装配成一辆车，生产率至少不低于装配线，而工人满意感大增，离职率大幅下降，质量水平有所上升，使沃尔沃集团在劳动力成本较高的瑞典能获得明显的竞争优势，保持较强的盈利能力。

（资料来源：http://baike.baidu.com/view/4303.htm；http://doc.duk.cn/d-173601.html）

问题

1. 沃尔沃公司的工作设计中运用了哪些方法？
2. 结合所学知识分析沃尔沃公司的工作设计为什么会成功？
3. 沃尔沃公司的工作设计对您有何启发？
4. 调查一家企业的工作设计情况，对其存在的问题进行分析并提出改进建议。

第 3 模块

运营系统运行与控制

运营系统的设计完成以后，运营系统的运行与控制是企业的中心工作。运营系统运行的目标就是高效、低耗、灵活、准时、清洁地生产合格产品和提供满意服务。运营系统运行与控制的内容包括：需求预测、生产能力规划、生产运作计划、服务运营计划、独立需求库存管理、从属需求资源管理、供应链管理及项目管理。要进行生产运营，首先就要对市场进行需求预测，在此基础上编制生产运作计划或服务运营计划，平衡生产（服务）能力与需求，最后还要通过编制制造业或服务业的作业计划、工程项目计划，将生产任务落实到作业层。然后要确定补充最终产品库存，采购原材料、零部件等，对独立需求库存和从属需求资源管理进行控制。基于一件产品的价值是由整条供应链创造的，为提高产品的市场竞争力，要对供应链的物流、信息流、资金流进行控制和管理。本篇将按照这样的逻辑思路介绍各章节的内容。

第 **7** 章

需 求 预 测

学习目标

通过本章的学习使读者掌握需求预测、定性预测、定量预测、预测误差等基本概念；理解需求预测对企业运营活动及运营管理的影响、预测误差的控制；了解典型的定性预测方法和定量预测模型、Excel 的数据运算和分析功能在需求预测中的应用。

关键概念

预测；定性预测方法；定量预测方法；德尔菲法；时间序列平滑模型；时间序列分解模型；预测误差；季节系数

电力负荷预测

电是一种极其特殊的产品，在目前的技术水平下尚无法做到长时间、大容量储存，一旦生产量大大超过需求量，就会白白浪费从而导致电力企业（包括发电企业和输电企业）蒙受损失。因为电的生产、输送过程要耗费资源，产生成本。基于此，电力企业都十分重视电力需求预测，将电力负荷预测作为企业运营管理的重要内容。电力负荷预测是保证电力系统可靠和经济运行的前提，其准确程度将直接影响到投资、网络布局和发、输电企业的运营。准确的电力负荷预测能帮助电力企业对电网内部发电机组的运行做出经济合理的安排，科学安排检修计划，减少不必要的储备容量，保持电网安全、稳定和高效，保证社会的正常生产和生活的电力需要，有效降低发、供电成本，促进经济效益和社会效益的提高。

电力负荷预测包括系统最大负荷功率、负荷电量及负荷曲线预测。最大负荷功率预测对于确定电力系统的发电设备和输电设备的容量是极其重要的；为了选择适当的机组类型、合理的电源结构以及可行的燃料计划等，还必须预测负荷电量；负荷曲线预测可以反映负荷电量及负荷功率的变化规律和趋势，为研究电力系统的峰值、不同类型发电企业的容量以及发、输电设备的协调运营提供数据支持。

（资料来源：齐二石. 生产与运作管理[M]. 北京：清华大学出版社，2006）

问题
1. 为什么要对电力负荷进行预测？
2. 电力需求量的变化可能会影响发电企业运营管理的哪些方面？
3. 请介绍您所在的企业或您了解的企业是怎样进行需求预测的。

7.1 需求预测概述

7.1.1 预测和需求预测

古人云："凡事预则立，不预则废。"对于每一个商业组织和每一项重要的管理决策来说，预测都是至关重要的。所谓预测就是以事物的过去为基础，根据现有的已知条件，研究发展变化规律及其影响因素，对其未来的发展方向和发展动态事先做出科学的预计和推测。可以说预测是以变化为前提的，没有变化就没有预测。预测就是把握事物的变化：变化的原因、变化的规律、变化的状态和变化的结果。由于事物面向未来的变化具有很大的不确定性，预测不可能做到绝对准确，甚至与未来的事实相差甚远。因此，相对于苦苦寻求理想的完美预测而言，对预测进行反复评估并学会利用不精确的预测结果反而重要得多。但这并不能否认预测在企业经营管理活动中的重要作用。一方面，预测是企业长期战略性决策的重要输入，任何面向未来的重大战略性决策，如企业的转型、并购、经营方向的调整等，都是建立在科学预测基础之上的。另一方面，预测也是企业短期日常经营活动的重要依据，都应当通过预测来指导自己的运营活动。比如咨询企业，由于咨询服务不能存储，因此，在短期经营活动中必须尽可能准确地估计未来需求，根据需求量配置恰当的服务能力。如果员工过多，势必造成浪费；如果员工过少，就可能延长顾客排队等待时间，导致顾客满意度下降而丢失生意。同时，预测还是企业计划工作的基础，当企业各部门基于相同的预测结果制订计划并实施时，它们之间的步调是一致的，工作活动是协调并相互支持的。

因其在管理决策中的中心地位和重要作用，预测广泛应用于社会生活的各个方面，根据预测对象和内容不同可以划分为社会预测、经济预测、技术预测和科学预测。

（1）社会预测：是对社会生活领域某一方面未来发展状况进行的预计和推测，预测内容包括制度和结构、发展模式、人口和生活方式、道德和教育、福利和公益事业、军事和外交、文化和环境等。如美国著名的综合性战略研究机构兰德公司（RAND Corporation）对中美建交、古巴导弹危机、德国统一等进行的预测，中国政府在20世纪80年代初期对世界局势的估计。

（2）经济预测：是通过对经济现象及其客观规律的研究，对经济过程和发展前景进行展望和推测。宏观层次的经济预测主要是对全球、国家或地区的经济资源、经济运行过程及结果、产品/服务的总供给和总需求、财政税收、资金流动性、物价水平、产业发展等方面进行预测，一般由政府部门、非政府组织（Non-governmental organization）、研究机构或个人进行；微观层次的经济预测由企业进行，主要对影响企业经营活动的经济环境因素，如产品/服务的需求状况、原材料和能源供应以及运输条件、劳动力供给和价格变动等进行预测，为企业管理决策提供依据。

（3）技术预测：是根据科学技术发展的规律，对技术发展趋势、技术进步和成果转化情况及由此引起的技术结构变化进行的推测、估计和判断。由于技术，特别是高新技术发展日新月异，管理者尤其应该关注技术发展趋势和动向。技术预测内容主要包括现有技术发展状况、社会对新技术的需求及高新技术发展可能带来的变化。

（4）科学预测：是科学研究过程中对未来科学发展情况的估计和推测。它有时是可以精确计算出来的，如德米特里·伊万洛维奇·门捷列夫（Dmitri Ivanovich Mendeleev）根据元素周期律预测有三个当时没有发现的元素存在，他称这三个元素为亚铝、亚硼和亚硅。后来，这三个元素都被发现了，就是镓、钪和锗。天文学家运用艾萨克·牛顿（Isaac Newton）的万有引力定律和力学定律预测星体和行星的位置与运动。

需求预测是企业运用科学的方法和手段，对现有各种信息进行整理分析，预计、推测产品/服务在未来的需求状况的活动。需求预测是经济预测的重要内容，运营管理中的需求预测侧重于对产品/服务的需求量进行估计、判断和推测。

运营是需求与效益驱动的社会性人为产出、增值活动，运营活动的出发点和归宿必须立足于产品/服务的市场需求。在变化速度加快，复杂性不断提高从而导致确定性下降的经营环境中，企业的运营管理人员总是通过需求预测来制定周期性决策，包括工艺选择、生产能力计划以及设备布置，也包括产品计划、调度、库存和人员配备等方面的连续性决策活动。需求预测有利于提高运营系统的预见性和适应环境变化的柔性，是运营系统正常运行的基础和保障。在缺少需求预测或需求预测水平较低的情况下，运营系统将处于盲目和混乱状态，无法高效、优化运行而影响企业的竞争力。

7.1.2　需求预测分类

按预测期限的时间长短，可将需求预测分为短期预测（Short-range forecast）、中期预测（Intermediate-range forecast）和长期预测（Long-range forecast）三种类型。

1. 短期预测

短期预测是对产品/服务三个月以内（含三个月）的需求状况进行的预测，它以日、周、旬、月度为时间单位，是企业短期生产能力调整、采购数量确定和物资平衡、生产作业计划安排等具体、例行运营决策的依据。短期预测一般采用各种定量预测方法与判断的有机结合来进行。

2. 中期预测

中期预测是对产品/服务三个月以上、两年（含两年）以下的需求状况进行的预测，它是企业制订运营战略的阶段性规划、年度生产计划、年度销售计划、生产与库存年度预算、投资和现金年度预算、年度新产品开发计划和技术装备改造计划的依据。中期计划可以运用定性预测方法和定量预测方法相结合判断完成。

3. 长期预测

长期预测是对产品/服务两年以上的需求状况进行的预测。它是企业制定运营战略和规划、产品开发与研究计划、投资计划、技术改造规划的依据，一般采取多种预测方法加上综合判断完成，其结果大多是定性的描述。

7.1.3　需求预测方法

如果将预测看作输入到输出的转化过程，那么，预测方法就是连接预测输入和输出的技术手段，直接影响预测的精确度。目前，已有的预测方法超过 200 种，但常用的不超过 30 种，最常用的只有十多种。这些方法可以按照预测过程中主客观因素所起的作用分为定性预测方法和定量预测方法两大类，如图 7-1 所示。每种方法将在接下来的两节中详细阐述。

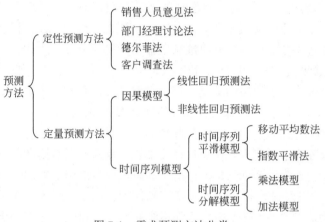

图 7-1　需求预测方法分类

1. 定性预测方法（qualitative forecasting methods）

定性预测方法又称为主观预测方法、判断预测方法或经验预测方法，它简便易行，不需要数学模型，判断依据是不同来源的主观意见，能考虑到各种无法量化因素的影响，着重于需求变化的方向和趋势的判断，不注重数量上的估计。预测结果受预测者的知识、经验和判断能力等影响较大，具有较强的主观性。定性预测的具体方法包括德尔菲法、部门经理讨论法、销售人员意见法和客户调查法。

2. 定量预测方法（Quantitative forecasting methods）

定量预测方法又称为统计预测方法或客观预测方法，它主要是利用统计资料和数学模型进行预测，着重于对市场需求数量方面的判断和估计。定量预测法在一定程度上可以避免主观因素的影响，但并不意味着完全排除主观因素，只不过与定性预测法相比较，各种主观因素所起的作用小一些罢了。事实上，在现实中进行的需求预测，大多数是将两类方法结合运用以提高预测的准确性。常用的定量预测方法包括因果模型和时间序列模型，还可以细分为更多具体的方法。不同的预测方法适用于不同的情况，目前还没有一种在任何情况下都适用的方法存在。针对特定的情况，现有预测方法中预测结果误差最小的方法就是最恰当的方法。在选择预测方法时一般应考虑数据资料的获得情况、预测期限的长短、预测结果的精度要求、预测成本和预算情况、完成预测的时间要求、预测人员等因素。

在预测方法的选择中，稳定性与响应性是两个基本要求。稳定性是指抗拒随机干扰，反映稳定需求的能力。稳定性高的预测方法有利于消除或减少随机因素的影响，适用于受随机因素影响较大的预测问题。响应性是指迅速反映需求变化的能力。响应性高的预测方法能及时跟上实际需求的变化，适用于受随机因素影响小的预测问题。较高的稳定性和响应性都是预测追求的目标，但是对于时间序列模型而言，这两个目标却是相互矛盾的。如果预测方法能及时反映实际需求的变化，它也将敏感地反映随机因素的影响，在具有较高的敏感性的同时稳定性不够高。反之亦然，预测方法在保证了较高的稳定性的同时敏感性又不够高。在实际需求预测中，要兼顾稳定性和响应性，切实可行的做法是运用多种预测方法，并对预测结果进行综合判断。

7.1.4　需求预测步骤

企业一般按照以下步骤进行需求预测。

①确定需求预测的目的，指明预测结果的用途及预测的时间期限；②决定预测的产品/服务范围和承担预测工作的人员或部门；③分析影响所预测产品/服务需求的影响因素及其权重；④收集、整理、分析相关的资料和数据；⑤选择恰当的预测方法或预测模型；⑥形成并核实初步预测结果；⑦对初步结果进行补充预测或修正，综合分析判断并做出结论；⑧预测结果运用于运营管理工作，并根据产品/服务的实际需求量发现预测误差，对预测进行监控和评估。

7.2　定性预测方法

7.2.1　销售人员意见法

在需求预测中，一个有效的信息源就是销售部门。销售人员是企业中最接近市场的，他们直接和顾客打交道，最了解产品/服务的最终用途，理论上对需求变化最有发言权。销售人员意见法有时也称基层意见法，是基于连续累加来自于基层的预测，主要是由销售人员根据个人的判断或与所在销售区域的其他人士交换意见并判断后做出预测，企业对销售人员的预测结果进行综合处理后即得到企业范围内的预测结果。这种方法容易得到不同销售区域、不同产品的需求预测结果，有利于增强销售人员的信心，由于取样较多从而使预测结果具有较强的稳定性。但是，由于销售人员掌握的信息较单一，可能导致预测的准确性不够高。当预测结果作为销售人员的绩效考核目标时，预测结果常常会低于实际值。

7.2.2　部门经理讨论法

在缺乏历史数据的情况下进行需求预测，如对某种新产品的销售量进行预测，或新建企业的需求预测，专家的意见就成为预测的主要信息源，部门经理讨论法就是一种行之有效的方法。该方法通过会议形式，以讨论方式收集营销、研究与开发、运营、财务、技术、采购等各部门经理的意见，经过综合分析判断后得到预测结果。这种方法有效避免了由于预测人员背景范围比较狭窄可能导致的预测误差，但是又有可能由于与会人员的相互影响导致预测质量下降。同时，因为预测是集体讨论的结果，难以明确预测工作的责任。

7.2.3 德尔菲法

德尔菲法又称为专家意见法，是由美国著名战略研究机构兰德公司在 20 世纪 50 年代创立、目前运用十分广泛的一种预测方法。德尔菲是古希腊的一座小镇，镇上的阿波罗神殿可以预卜未来，故以此命名。德尔菲法在预测过程中隐去了参与预测的各成员的身份，每个人的重要性相同，可以自由发表个人意见并进行充分的反馈，有效避免了部门经理讨论法中预测人员的相互影响。其具体步骤如下。

（1）挑选专家：预测专家应包括来自不同领域的学识渊博者，人数视具体情况而定，一般问题需 20 人左右。

（2）首轮征询专家意见：预测组织者通过信件、传真、电话、电子邮件等多种形式将预测目标、预测结果的用途、时间期限、预测的产品/服务范围、背景材料以及意见返回的时间要求等提供给专家。在首轮意见征询过程中，不提供诱导性的资料和设定任何限制条件，让专家自由发表个人意见并提出进一步研究所需要的资料。在征询专家意见过程中一定要保持匿名性，使专家之间不要相互发生联系，独立提出个人分析和判断。

（3）回收整理意见：预测组织者将按期回收的专家意见进行综合分析整理，统计出预测结果的分布状况（中位数、众数或平均数），并用准确的术语统一描述。

（4）再次征询专家意见：在现有综合统计报告基础上补充新的材料、提出新的问题和预测要求后再次征询专家意见。

（5）如有必要，重复步骤（3）和（4）。

一般经过 3～4 轮征询专家意见后，多数专家提出的最后预测意见收敛或基本一致，预测组织者可以采用统计方法进行分析整理，得到比较符合实际的预测结果并发给所有预测专家。

德尔菲法虽然具有明显的优点，但是在使用过程中应注意：预测问题要十分清楚明确，避免各位专家因为多种理解而出现特别分散的预测结果；由于该种方法花费时间较长，预测组织者尤其要重视进度的合理安排和有效控制。一般来说，德尔菲法所需要的时间取决于预测工作量、预测专家的数量以及各个专家反馈的速度等。

7.2.4 客户调查法

当对新产品/服务或缺乏历史数据的产品/服务的需求进行预测时，常常使用客户调查法。企业可以通过信函或电子邮件发放问卷以及电话或上门访谈的方式向现实或潜在的客户收集信息，了解他们对产品/服务的期望特性和购买计划等方面的信息，进行综合处理后得到预测结果。这种方法还适用于客户数量不太多或客户与企业具有长期固定合作关系的企业，主要是制造生产资料类产品的企业。

客户调查法根据客户期望进行预测，能较好地反映产品/服务的市场需求状况，还可了解顾客对产品/服务的评价和看法以及不购买的原因，有利于产品/服务改进完善，使企业产品/服务研究与开发活动更具有针对性。该种方法的局限性在于预测信息收集过程中难以获得客户的通力合作导致资料的准确性、可靠性下降，顾客期望变化或偏好转移影响预测质量。同时，完成调查和预测会耗费较多的人力和时间，预测成本较高。

7.3 定量预测方法

时间序列模型和因果关系模型是两种主要的定量预测方法。时间序列模型以时间为独立单一的自变量，利用历史需求量随时间变化的规律来预计、推测未来的需求，又分为时间序列平滑模型和时间序列分解模型。因果模型是利用变量（包括时间）之间的相互关系，通过一种或多种变量的变化来预测需求的未来变化。不同的定量预测方法适用范围不同，表 7-1 可能会对预测方法的选择提供帮助和指导。

表 7-1 定量预测方法适用范围

定量预测方法		数据形态	适 用 范 围		
			短期	中期	长期
时间序列平滑模型	移动平均数法	静态的（没有趋势或季节性）	√		
	指数平滑法	静态的或趋势的	√		
时间序列分解模型	乘法模型	趋势的或季节性的	√	√	
	加法模型				
因果模型	回归分析法	静态的、趋势的或季节性的	√	√	√

7.3.1 时间序列构成

最早的时间序列分析可以追溯到 7000 年前的古埃及。古埃及人把尼罗河涨落的情况逐天记录下来，就构成所谓的时间序列。对这个时间序列长期的观察使他们发现尼罗河的涨落非常有规律。由于掌握了尼罗河泛滥的规律，使得古埃及的农业迅速发展，从而创建了古埃及灿烂的史前文明。按照时间的顺序和一定的时间间隔把随机事件（如需求量、销售量、人口数量等）变化发展的过程记录下来就构成了一个时间序列。时间序列具有两个变量：一是作为自变量的时间，二是作为因变量的预测变量（如需求量或销售量）。需求的时间序列具有自相关性，即预测值与其自身的历史值高度相关。所以，它在进行历史数据分析以及对未来需求水平进行预测时起着重要作用。通常，一个时间序列反映的需求变化可以分解成趋势、季节、周期、随机四种成分，如图 7-2 所示。

1. 趋势成分

需求量随着时间的变化而表现出的一种稳步上升或下降，或保持某一水平的变化趋向，分为线性趋势（该趋势变化表现为一条直线）或非线性趋势（如二次曲线或指数曲线）。

2. 季节成分

需求量在固定的时间间隔内，按相同的频率围绕趋势出现的重复性、有规则的波动。在时间序列分析中，固定时间间隔通常被认为是 1 年，如啤酒、圣诞节礼品、空调器的需求量在一年内呈现出明显的季节成分。该时间间隔也可能是一月、一周或一天，例如

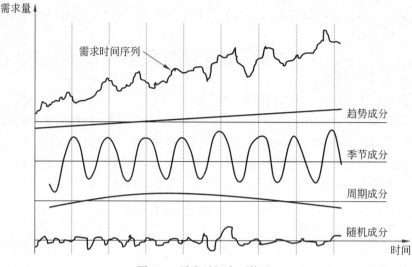

图 7-2　需求时间序列构成

餐饮店在一周内呈现出明显的季节成分，而对于居民用电量而言，这种季节成分出现在一天内。

3. 周期成分

在较长的时间里（通常是一年以上），需求量围绕趋势做有规则的上下波动。周期成分和季节成分类似，但它可以没有固定的周期。周期成分一般需要通过较长时期的数据才能明显反映出来，有时甚至要数十年之久。

4. 随机成分

随机成分是由不可控因素引起的，没有规律的随机性波动。从统计学角度来讲，是当引起需求的所有原因（趋势成分、季节成分和周期成分）扣除后，剩下的无法解释原因的部分。

在现实的预测中，由于随机成分导致的需求量波动无法预测，且假定其数学期望值为零，所以数据通过平均后能有效消除随机成分对预测的影响。运营决策中的需求预测大多属于短、中期预测，周期成分因为需要长期的历史数据以及对预测不会造成明显影响而被忽略，因此，预测者往往更关注趋势成分和季节成分。

7.3.2　时间序列平滑模型

1. 移动平均法（moving average method）

移动平均法是用时间序列中最近几个时期的数据计算移动平均数（简单移动平均数或加权移动平均数）作为下一个时期需求预测值的一种方法。它能有效消除或减少随机成分的影响，预测结果能比较好地反映平均需求水平，但是不能准确反映时间序列中可能存在的趋势成分和季节成分对需求的影响程度。

移动平均数计算公式如下：

$$\mathrm{MA}_t = \frac{1}{n}\sum_{i=1}^{n} D_{t+i-n} W_{t+i-n} \tag{7-1}$$

式中：n 为移动平均区间长度；t 为移动周期的最后一期；

D_{t+i-n} 为 $t+i-n$ 期的历史数据；W_{t+i-n} 为 $t+i-n$ 期的权重，且 $\sum_{i=1}^{n}W_{t+i-n}=n$；

MA_t 为 t 期末的移动平均数，即 $t+1$ 期的预测值 F_{t+1}；

在预测中，一般对移动周期内距离预测期较近的数据赋予较高的权重。如果各期权重等于 1 时，则式（7-1）简化为简单移动平均数计算公式：

$$\mathrm{MA}_t = \frac{1}{n}\sum_{i=1}^{n}D_{t+i-n} \tag{7-2}$$

【例 7-1】　某天然气公司 2009 年 2 季度至 2012 年 1 季度的销售记录如表 7-2 所示。取 $n=3$ 和 $n=5$，移动周期内各期的权重相等，试用移动平均法预测 2012 年 2 季度天然气的销售量。

表 7-2　移动平均法预测计算表

年份	季度	时期（t）	销售量（D_t）	$\mathrm{MA}_t, n=3$	F_t	$\mathrm{MA}_t, n=5$	F_t
2009	2	1	8 000				
2009	3	2	13 000				
2009	4	3	23 000	14 667			
2010	1	4	34 000	23 333	14 667		
2010	2	5	10 000	22 333	23 333	17 600	
2010	3	6	18 000	20 667	22 333	19 600	17 600
2010	4	7	23 000	17 000	20 667	21 600	19 600
2011	1	8	38 000	26 333	17 000	24 600	21 600
2011	2	9	12 000	24 333	26 333	20 200	24 600
2011	3	10	13 000	21 000	24 333	20 800	20 200
2011	4	11	32 000	19 000	21 000	23 600	20 800
2012	1	12	41 000	28 667	19 000	27 200	23 600
2012	2	13			28 667		27 200

解　当 $n=3$ 时，式（7-2）为：

$$\mathrm{MA}_t = \frac{1}{3}\sum_{i=1}^{3}D_{t+i-3} = \frac{(D_{t-2}+D_{t-1}+D_t)}{3}$$

将 1、2、3 期的移动平均数作为第 4 期的预测值（$t=3$）：

$$F_4 = \mathrm{MA}_3 = \frac{(D_1+D_2+D_3)}{3} = \frac{(8\,000+13\,000+23\,000)}{3} = 14\,667$$

将 2、3、4 期的移动平均数作为第 5 期的预测值（$t=4$）：

$$F_5 = \mathrm{MA}_4 = \frac{(D_2+D_3+D_4)}{3} = \frac{(13\,000+23\,000+34\,000)}{3} = 23\,333$$

依此类推，可以计算出每期的移动平滑值，如表 7-2 第五列所示。2012 年 2 季度该公司天然气销售量的预测值为 28 667。

当 $n = 5$ 时，式（7-2）为

$$\mathrm{MA}_t = \frac{1}{5}\sum_{i=1}^{5} D_{t+i-5} = \frac{(D_{t-4} + D_{t-3} + D_{t-2} + D_{t-1} + D_t)}{5}$$

同理可得：$F_6 = \mathrm{MA}_5 = 17\,600$，$F_7 = \mathrm{MA}_6 = 19\,600$ 等，全部计算结果详见表 7-2 第六列。2012 年 2 季度该公司天然气销售量的预测值为 27 200。

从表 7-2 中可以看出，预测值与选择的移动平均区间的长短（n 值大小）有关。区间越长（n 值越大），抗干扰的能力越强，预测的稳定性越好。但是对变化的敏感性较低，响应性较差；区间越短（n 值越小），其情况刚好相反，预测的响应性较好而稳定性较差（不同 n 值的预测值和实际值的比较详见图 7-3）。预测者必须在这两者之间做出权衡：当需求在较长时期的变化呈现稳定状态时，可以选择较长的移动平均区间（较大的 n 值）；当需求变化较快、波动较大或包含某种趋势（不管是增加或减小的趋势）时，通常选择较短的移动平均区间（较小的 n 值）。

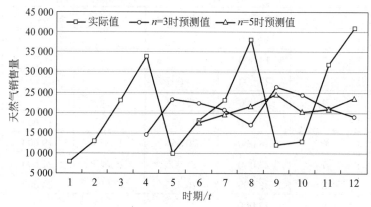

图 7-3　不同 n 值的简单移动平均预测值和实际值比较

在多数时候，距离预测期较近的数据更能反映需求的变化，对预测值的影响更大，它的权重应相对较大。因此，通过对移动区间的数据赋予不同的权重计算加权平均数可能预测效果会更好一些。在例 7-1 中，当 $n = 3$，W_{t+i-n} 分别为 0.5、1.0 和 1.5 时，使用式（7-1）进行计算的结果如表 7-3 所示。

表 7-3　简单移动平均法和加权移动平均法预测比较

年份	季度	时期（t）	销售量（D_t）	简单移动平均	F_t	加权移动平均	F_t
2009	2	1	8 000				
2009	3	2	13 000				
2009	4	3	23 000	14 667		17 167	
2010	1	4	34 000	23 333	14 667	26 833	17 167
2010	2	5	10 000	22 333	23 333	20 167	26 833
2010	3	6	18 000	20 667	22 333	18 000	20 167
2010	4	7	23 000	17 000	20 667	19 167	18 000
2011	1	8	38 000	26 333	17 000	29 667	19 167

续表

年份	季度	时期（t）	销售量（D_t）	简单移动平均	F_t	加权移动平均	F_t
2011	2	9	12 000	24 333	26 333	22 500	29 667
2011	3	10	13 000	21 000	24 333	16 833	22 500
2011	4	11	32 000	19 000	21 000	22 333	16 833
2012	1	12	41 000	28 667	19 000	33 333	22 333
2012	2	13			28 667		33 333

从表 7-3 中可以看出，移动区间近期数据的权重越大，预测的响应性越好，稳定性越差；近期数据的权重越小，则预测的稳定性越好，响应性就越差。权重的选择具有一定的主观性，一般是由预测人员根据经验来确定。

2. 一次指数平滑法（single exponential smoothing method）

一次指数平滑法又称为简单指数平滑法，是另一种形式的加权移动平均的方法。它改变了加权移动平均法只考虑最近的 n 个数据的做法，通过赋予所有各个时期数据不同的权重来计算加权平均数进行预测。只不过近期数据权重大，远期数据权重小。权重通过平滑系数 α 产生，$0 \leqslant \alpha \leqslant 1$。一次指数平滑值的计算公式为

$$SA_t = \alpha \cdot D_t + (1-\alpha) \cdot SA_{t-1} \tag{7-3}$$

式中：SA_t 为 t 期的一次指数平滑值，即 $t+1$ 期的预测值；

D_t 为 t 期的实际值；

α 为平滑系数（实际预测中，α 一般取值 0.05～0.5）

式（7-3）是一个递推公式。在计算 SA_1 时，一般可以通过以下方法确定 SA_0 的数值：①$SA_0 = D_1$；②SA_0 为时间序列中部分或全部数据的平均数；③预测人员根据历史经验确定。

【例 7-2】 根据例 7-1 中的数据，分别取平滑系数 $\alpha = 0.2$ 和 0.4，SA_0 为全部数据的平均数，试分别计算各期的一次指数平滑值并预测该公司 2012 年 2 季度天然气的销售量。

解　当 $\alpha = 0.2$ 时，

$SA_t = \alpha \cdot D_t + (1-\alpha) \cdot SA_{t-1} = 0.2 \times D_t + 0.8 \times SA_{t-1}$

$SA_1 = 0.2 \times D_1 + 0.8 \times SA_0 = 0.2 \times 8\,000 + 0.8 \times 22\,083.33 = 19\,267$

$SA_2 = 0.2 \times D_2 + 0.8 \times SA_1 = 0.2 \times 13\,000 + 0.8 \times 19\,267 = 18\,013$

其余各期计算相同，结果详见表 7-4 第五列所示。2012 年 2 季度该公司天然气销售量的预测值为 25 889。

当 $\alpha = 0.4$ 时，

$SA_t = \alpha \cdot D_t + (1-\alpha) \cdot SA_{t-1} = 0.4 \times D_t + 0.6 \times SA_{t-1}$

$SA_1 = 0.4 \times D_1 + 0.6 \times SA_0 = 0.4 \times 8\,000 + 0.6 \times 22\,083.33 = 16\,450$

$SA_2 = 0.4 \times D_2 + 0.6 \times SA_1 = 0.4 \times 13\,000 + 0.6 \times 16\,450 = 15\,070$

其余各期计算相同，结果详见表 7-4 第七列所示。2012 年 2 季度该公司天然气销售量的预测值为 30 534。

表 7-4　一次指数平滑法预测表

年份	季度	时期（t）	销售量（D_t）	SA$_t$, $\alpha=0.2$	F_t	SA$_t$, $\alpha=0.4$	F_t
		0		22 083		22 083	
2009	2	1	8 000	19 266	22 083	16 450	22 083
2009	3	2	13 000	18 013	19 266	15 070	16 450
2009	4	3	23 000	19 010	18 013	18 242	15 070
2010	1	4	34 000	22 008	19 010	24 545	18 242
2010	2	5	10 000	19 607	22 008	18 727	24 545
2010	3	6	18 000	19 285	19 607	18 436	18 727
2010	4	7	23 000	20 028	19 285	20 262	18 436
2011	1	8	38 000	23 623	20 028	27 357	20 262
2011	2	9	12 000	21 298	23 623	21 214	27 357
2011	3	10	13 000	19 638	21 298	17 929	21 214
2011	4	11	32 000	22 111	19 638	23 557	17 929
2012	1	12	41 000	25 889	22 111	30 534	23 557
2012	2	13			25 889		30 534

　　将不同平滑系数下得到的预测值和实际值进行比较，结果如图 7-4 所示。从图 7-4 中可以看出：如果时间序列出现趋势变化时，预测值虽然可以反映实际值的变化形态，但预测值总是滞后于实际值的变化。在平滑系数 α 取较大值时，预测值更接近于实际值。所以，当 α 较小时，预测的稳定性比较好，响应性较差；反之，当 α 较大时，响应性较好而稳定性较差。

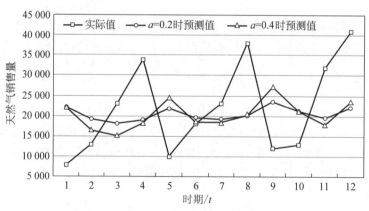

图 7-4　不同平滑系数的预测值和实际值比较

　　一般而言，如果实际需求变动幅度不大，一次指数平滑法通过选择不同的 α 值就能有效消除或降低随机成分的影响，从而得到比较接近实际水平的预测值；对于具有明显的上升或下降趋势的需求序列时，就要采用二次指数平滑法（double exponential smoothing method）进行预测，能有效消除一次指数平滑法预测中存在的预测值滞后于实际值的现象；对于包含趋势成分和季节成分的需求变化，则要用三次指数平滑法（triple exponential smoothing method）进行预测。本书不介绍三次指数平滑法，有兴趣的读者可参阅相关书籍。

3. 二次指数平滑法（double exponential smoothing method）

与一次指数平滑法一般将每期的一次指数平滑值作为下一期预测值的做法不同，二次指数平滑法不是用平滑值直接进行预测，而是通过建立线性预测模型进行预测。按照计算一次指数平滑值和二次指数平滑值的平滑系数是否相等，二次指数平滑法又分为布朗模型（Brown model）和霍尔特模型（Holter model），其中霍尔特预测模型数学表达式如下：

$$F_{t+m} = SA_t + m \times T_t \tag{7-4}$$

式中：F_{t+m} 为 t 期以后，时间间隔为 m 期的二次指数平滑预测值；

SA_t 为 t 期平滑平均值，计算公式见式（7-5），SA_0 可参照一次指数平滑法中的 SA_0 确定方法确定；

T_t 为 t 期平滑趋势值，计算公式见式（7-6），T_0 事先给定或使用趋势分析得到的截距值。

SA_t 和 T_t 计算公式分别为

$$SA_t = \alpha \cdot D_t + (1-\alpha) \cdot (SA_{t-1} + T_{t-1}) \tag{7-5}$$

$$T_t = \beta \cdot (SA_t - SA_{t-1}) + (1-\beta) \cdot T_{t-1} \tag{7-6}$$

式中：α（$0 \leqslant \alpha \leqslant 1$）为趋势平滑系数；$D_t$ 为 t 期的实际值；β（$0 \leqslant \beta \leqslant 1$）为偏差平滑系数；其余符号意义同前。

【例 7-3】 根据例 7-1 中的数据，试分别取平滑系数 $\alpha=0.4$，$\beta=0.2$，$SA_0=12\,015$，$T_0=1\,549$，分别计算各期的二次指数平滑预测值，并预测该公司 2012 年 2、3 季度天然气的销售量。

解 运用式（7-5）分别计算每期的 SA_t，式（7-6）计算每期的 T_t。注意：式（7-5）和式（7-6）都是递推公式，在计算过程中要交替使用，即按 $SA_1 \to T_1 \to SA_2 \to T_2$，…，$SA_{t-1} \to T_{t-1} \to SA_t \to T_t$ 顺序进行计算。全部计算结果如表 7-5 所示。

表 7-5　二次指数平滑法预测表

年份	季度	时期（t）	销售量（D_t）	SA_t, $\alpha=0.4$	T_t, $\beta=0.2$	F_t
		0		12 015.00	1 549.00	
2009	2	1	8 000	11 338.40	1 103.88	13 564.00
2009	3	2	13 000	12 665.37	1 148.50	12 442.28
2009	4	3	23 000	17 488.32	1 883.39	13 813.87
2010	1	4	34 000	25 223.02	3 053.65	19 371.71
2010	2	5	10 000	20 966.01	1 591.52	28 276.68
2010	3	6	18 000	20 734.51	1 226.92	22 557.52
2010	4	7	23 000	22 376.86	1 310.00	21 961.43
2011	1	8	38 000	29 412.12	2 455.05	23 686.86
2011	2	9	12 000	23 920.30	865.68	31 867.17

续表

年份	季度	时期（t）	销售量（D_t）	$SA_t, \alpha=0.4$	$T_t, \beta=0.2$	F_t
2011	3	10	13000	20071.59	−77.20	24 785.98
2011	4	11	32000	24796.63	883.25	19 994.39
2012	1	12	41000	31807.93	2 108.86	25 679.88
2012	2	13				33 916.79
2012	3	14				36 025.65

根据式（7-4），2012年2季度预测值为

$$F_{13}=SA_{12}+1\times T_{12}=31\,807.93+1\times2\,108.86=33\,916.79$$

2012年3季度预测值为

$$F_{14}=SA_{12}+2\times T_{12}=31\,807.93+2\times2\,108.86=36\,025.65$$

一次指数平滑法预测结果和二次指数平滑法预测结果的比较如图7-5所示（注：图7-5中反映的一次指数平滑预测值是根据前述一次指数平滑法计算的，其中：$\alpha=0.4$，$SA_0=12\,015$）。从图7-5可以看出，在存在趋势成分的情况下，二次指数平滑法的预测结果比一次指数平滑法的预测结果更加接近实际值，而且滞后性要小得多。

在使用二次指数平滑法进行预测时，预测结果与α和β的取值有关。α的大小影响预测的需求水平，β的大小影响预测值对实际趋势变化的反应速度。α的取值越大，预测的稳定性越好；β的取值越大，预测的响应性越好。反之亦然。

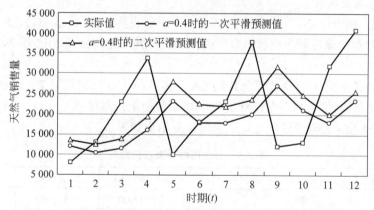

图7-5　一次指数平滑预测值、二次指数平滑预测值和实际值比较

7.3.3　时间序列分解模型

观察例7-1中的数据，可以发现实际需求值的变动不仅仅是趋势变化，还存在明显的季节变化、周期变化或随机变化，这种情况更符合绝大多数需求变动的实际情况。时间序列分解模型（time series decomposition model）通过找出时间序列中的各种成分，并在对各种成分单独进行预测的基础上，综合处理各种成分的预测值，以得到最终的预测结果。时间序列分解模型分为两种形式：乘法模型（multiplicative model）和加法模型（additive model）。乘法模型通过将各种成分的预测值（部分以比例形式表示）相乘的方

法来计算需求预测值，加法模型则是将各种成分的预测值相加来计算需求的预测值。针对不同的预测问题，预测者常常通过观察时间序列值的分布状况来选用适当的模型对各种成分进行独立预测。在分解模型选择中，相比较而言，现实中更多地采用乘法模型。因此，本章仅讨论乘数模型。

乘法模型的预测公式：

$$TF = T \cdot S \cdot C \cdot I \tag{7-7}$$

加法模型的预测公式：

$$TF = T + S + C + I \tag{7-8}$$

大多数情况下，运用时间序列分解模型进行预测时，仅考虑趋势成分和季节成分，式（7-7）和式（7-8）分别简化为

乘法模型的预测公式：

$$TF = T \times S \tag{7-9}$$

加法模型的预测公式：

$$TF = T + S \tag{7-10}$$

式（7-7）至式（7-10）中：TF 为时间序列的预测值；T 为趋势成分；S 为季节成分；C 为周期成分；I 为随机成分。

时间序列分解模型的求解过程包括以下步骤。

1. 剔除季节成分

如果时间序列只包括趋势成分和季节成分两种变化，使用静态法可以将这两种成分导致的变化区分开来。静态法的计算公式如下：

$$\overline{D_t} = \begin{cases} \left[D_{t-p/2} + D_{t+p/2} + \sum\limits_{i=t+1-p/2}^{t-1+p/2} 2D_i \right] \Big/ 2p, & （p\text{为偶数时}） \\ \sum\limits_{i=t-p/2}^{t+p/2} 2D_i / p, & （p\text{为奇数时}） \end{cases} \tag{7-11}$$

式（7-11）中：D_t 表示 t 期的实际值；p 表示一个完整的季节周期包含的期数；$\overline{D_t}$ 表示剔除季节成分后 t 期的数值，反映只有趋势成分的需求变化规律。

当 p 为奇数时，要先对原时间序列 D_t 两期逐次计算简单算术平均数，然后再用式（7-11）计算 $\overline{D_t}$，其中 $D_{0.5} = D_{1/2}$。

2. 趋势分析

趋势分析是回归模型（见本书 7.3.4 节）中的特殊形式，它通过对由需求量 D_t 和时间 t 之间相关关系的研究，套用趋势曲线进行拟合并建立趋势模型，进行参数估计，利用模型对需求量的变动趋势进行预测和分析。趋势分析所用的趋势曲线有线性函数曲线和非线性函数曲线两大类：线性函数曲线就是直线，常用的非线性函数曲线有幂函数曲线、指数曲线、双曲线、Logistic 曲线等。本章只讨论线性趋势分析，非线性趋势分析可参阅统计学等有关书籍。

反映需求量和时间变量之间线性关系（不含季节成分）的趋势直线方程为

$$\overline{D_t} = a + bt \tag{7-12}$$

式中：t 为 $\overline{D_t}$ 序列对应的时间变量；n 为时间序列中数据个数；a，b 为模型参数（其中，a 为趋势直线方程的截距，b 为斜率），可分别用式（7-13）和式（7-14）求解。

$$b=\frac{n\sum t\overline{D_t}-\sum t\sum\overline{D_t}}{n\sum t^2-\left(\sum t\right)^2} \tag{7-13}$$

$$a=\frac{\sum\overline{D_t}-b\sum t}{n} \tag{7-14}$$

求解出参数 a，b 后，再使用式（7-12）计算各期剔除季节性需求的数据 D_t^*。

3. 估算季节系数（seasonal index）

季节系数是反映季节变化的程度，等于实际值 D_t 与剔除季节性需求的数据 D_t^* 的比值。计算公式为

$$S_t=D_t/D_t^* \tag{7-15}$$

对所有季节周期中对应时期的 S_t 计算简单算术平均数，即可求得季节周期中每期的季节系数 SI。根据例 7-1 中的数据，计算 $\overline{D_t}$、D_t^*、S_t 和 SI_k，如表 7-6 所示。

表 7-6 时间序列分解模型计算表

年份	季度	时期（t）	销售量（D_t）	$\overline{D_t}$，$p=4$	D_t^* $D_t^*=a+bt$	S_t $S_t=D_t/D_t^*$
2009	2	1	8 000		18 962.80	0.421 9
2009	3	2	13 000		19 486.61	0.667 1
2009	4	3	23 000	19 750	20 010.42	1.149 4
2010	1	4	34 000	20 625	20 534.23	1.655 8
2010	2	5	10 000	21 250	21 058.04	0.474 9
2010	3	6	18 000	21 750	21 581.85	0.834 0
2010	4	7	23 000	22 500	22 105.65	1.040 5
2011	1	8	38 000	22 125	22 629.46	1.679 2
2011	2	9	12 000	22 625	23 153.27	0.518 3
2011	3	10	13 000	24 125	23 677.08	0.549 1
2011	4	11	32 000		24 200.89	1.322 3
2012	1	12	41 000		24 724.70	1.658 3

由于 1、5、9 期都是 2 季度，所以，2 季度的季节系数等于 S1、S5、S9 的简单算术平均数：

$$SI（II）=（S_1+S_5+S_9）/3=0.471\ 7$$

同理可得：

$$SI（III）=（S_2+S_6+S_{10}）/3=0.683\ 4$$

$$SI（IV）=（S_3+S_7+S_{11}）/3=1.170\ 7$$

$$SI（I）=（S_4+S_8+S_{12}）/3=1.664\ 4$$

需要指出的是，随着数据的积累，应不断对季节系数进行修正。

4. 预测

根据预测期对应的 t 值，使用公式（7-12）计算出趋势预测值，然后乘以相应的季节系数。

【**例 7-4**】 根据例 7-1 中的数据，试用时间序列分解模型预测该公司 2012 年 2、3、4 季度和 2013 年 1 季度天然气的销售量。

解 通过观察时间序列，得知具有明显的趋势变化和季节变化。

（1）运用公式（7-11）计算 $\overline{D_t}$，如表 7-6 第五列所示。

（2）建立趋势直线方程：$\overline{D_t}=a+bt$，运用式（7-13）、式（7-14）和 $\overline{D_t}$ 数据求得 $a=18\,438.99$，$b=523.81$。

（3）2012 年 2、3、4 季度和 2013 年 1 季度的 t 分别为 13，14，15，16，对应的季节系数分别为 SI（Ⅱ），SI（Ⅲ），SI（Ⅳ），SI（Ⅰ）。因此，各期预测值为

2012 年 2 季度：
$$(18\,438.99+523.81\times13)\times0.471\,7=11\,909$$

2012 年 3 季度：
$$(18\,438.99+523.81\times14)\times0.683\,4=17\,613$$

2012 年 4 季度：
$$(18\,438.99+523.81\times15)\times1.170\,7=30\,785$$

2013 年 1 季度：
$$(18\,438.99+523.81\times16)\times1.664\,4=44\,640$$

7.3.4 因果模型

在时间序列模型中，将需求量作为因变量，将时间作为唯一的独立自变量来进行预测。这种方法虽然简单，但往往容易忽略影响需求的其他因素，如各种经济指数、收入的变化、目标市场顾客数量等。因果预测模型则有效地克服了这一缺点，它通过分析需求量（因变量）与影响因素（自变量）之间的数量关系并建立数学模型来进行需求预测。由于反映需求量与影响因素之间数量关系的数学模型不同，因果模型又分为回归模型、经济计量模型、投入产出模型等。本书只介绍回归模型，其他模型可参阅相关书籍。

回归（regression）可以被定义为两个或两个以上相互关联的变量之间的函数关系。回归模型就是通过对一组或多组一一对应的需求量及影响因素数据进行分析，建立预测模型并进行参数求解，然后根据影响因素的数量水平对需求量做出预测。对于需求的长期预测而言，回归预测模型是比较有用的。按照自变量的个数多少，回归模型可分为一元回归和多元回归，按照因变量与自变量之间的数学关系不同，回归模型可以分为线性回归和非线性回归。根据两个维度的不同组合还可将回归模型细化为更多具体的形式，如一元线性回归、多元线性回归、一元非线性回归和多元非线性回归。本章仅讨论在实践中应用最为普遍的一元线性回归模型。

一元线性回归模型数学表达式如下：

$$y=a+bx \tag{7-16}$$

式中：y 为一元线性回归预测值；a，b 为模型参数。其中，a 为截距，是自变量 $x=0$ 时的预测值，b 为斜率；x 为自变量的取值，y 为因变量（需求量）的取值。

模型参数 a、b 的计算公式分别为

$$b = \frac{n\sum xy - \sum x \sum y}{n\sum x^2 - (\sum x)^2} \tag{7-17}$$

$$a = \frac{\sum y - b\sum x}{n} \tag{7-18}$$

比较式（7-16）～式（7-18）和式（7-12）～式（7-14）可以看出，如果一元线性回归中自变量为时间变量时，就是线性趋势分析。

为了衡量一元线性回归模型的可靠性和偏差，一般会采用相关系数 r 指标进行描述。

$$r = \frac{n\sum xy - \sum x \sum y}{\sqrt{\left[n\sum x^2 - (\sum x)^2\right]\left[n\sum y^2 - (\sum y)^2\right]}} \tag{7-19}$$

相关系数 r 取值范围反映变量间的相关程度和方向，取值范围：$0 \leqslant |r| \leqslant 1$。当 r 为正时，y 和 x 正相关，两者同方向变化；当 r 为负时，y 和 x 负相关，两者反方向变化。r 的绝对值越大，y 和 x 之间的相关性越高，预测模型的可靠性和响应性越好，预测误差越小。反之，相关性越低，预测模型的可靠性和响应性越低，预测误差越大。当 $r=0$ 时，说明 y 和 x 之间不具备线性相关关系；当 $|r|=1$ 时，说明 y 和 x 之间完全线性相关。

7.4　预测误差与监控

7.4.1　预测误差

需求是由多种复杂因素（包含不少的不确定性因素）交互作用的结果，不可避免地导致预测值和实际值之间存在差别，即预测误差（forecast errors）。当预测值大于实际值，误差为正；反之，误差为负。按产生来源不同，预测误差可以分为偏移误差（bias errors）和随机误差（random errors）。偏移误差可能来源于预测模型未包含正确变量、变量间关系定义错误、模型使用不正确、季节性需求偏离正常轨迹、存在某种未知的长期趋势等，随机误差是无法由现有预测模型解释的误差。一个完美的预测模型不是没有预测误差，而是应该在控制界限范围之内，且正负误差可以相互抵消。因此，需要对模型的预测误差进行测量和评价。经常用来描述和测量预测误差程度的指标有平均绝对偏差、平均平方误差、平均预测误差和平均绝对百分误差。

1. 平均绝对偏差（mean absolute deviation，MAD）

平均绝对偏差就是预测期内每期预测值与实际值偏差绝对值的平均值。它简单明了且应用广泛，其计算公式如下：

$$\mathrm{MAD}_n = \frac{\sum\limits_{t=1}^{n} |D_t - F_t|}{n} \tag{7-20}$$

式中：t 表示预测期内各时段的时间变量；D_t 表示 t 期的实际值；F_t 表示 t 期的预测值；n 表示预测期内的时段个数或预测次数。

MAD_n 和标准偏差一样，测量了某些预测值和实际值的离差。如果预测误差呈正态分布，1 标准偏差约等于 1.25 倍 MAD_n。这时，预测误差在正负 1 个单位 MAD_n 范围内的概率约为 58%，在正负 2 个单位 MAD_n 范围内的概率约为 89%，在 3 个单位 MAD_n 范围内的概率约为 98%。MAD_n 能较好地反映预测的精度，但它难以衡量无偏性。

2. 平均平方误差（mean square error，MSE）

平均平方误差就是预测期内每期预测值与实际值偏差平方的平均值。由于方差不能得到预测误差的估计值，因此，与 MAD_n 类似，MSE_n 虽可以较好地反映预测精度，但不容易衡量无偏性。MSE_n 计算公式如下：

$$\text{MSE}_n = \frac{\sum_{t=1}^{n}(D_t - F_t)^2}{n} \tag{7-21}$$

3. 平均预测误差（mean forecast error，MFE）

平均预测误差是预测期内每期预测误差的平均值。计算公式如下：

$$\text{MFE}_n = \frac{\sum_{t=1}^{n}(D_t - F_t)}{n} \tag{7-22}$$

在式（7-22）中，$\sum_{t=1}^{n}(D_t - F_t)$ 被称为预测误差滚动和（running sum of forecast errors，RSFE）。如果预测模型无偏性越好，RSFE_n 就应该越小，即 MFE_n 越小。如果预测模型绝对无偏，那么 RSFE_n 和 MFE_n 都应该等于零。所以，MFE_n 能够很好地测量模型的无偏性，但不能反映预测值偏离实际值的程度。

4. 平均绝对百分误差（mean absolute percentage error，MAPE）

平均绝对百分误差是以百分比表示的预测误差的平均值，它和需求值的大小无关。其计算公式如下：

$$\text{MAPE}_n = \frac{\sum_{t=1}^{n}\left|\dfrac{D_t - F_t}{D_t}\right|}{n} \times 100\% \tag{7-23}$$

在需求量很小的时候，一般不推荐使用 MAPE_n，例如，实际需求量为 2，预测值为 1，这时计算出的 MAPE_n 为 100%，不利于判断和评价模型。

虽然上述指标都能对预测误差做出测量，但是，任何一种指标都很难全面评价一个预测模型。在现实的预测实践中，预测者常常将多个评价指标结合起来使用。

【例 7-5】 根据例 7-1 中的数据，取平滑系数 $\alpha = 0.2$，SA_0 为全部数据的平均数。试计算一次指数平滑预测模型各期的 MAD、MSE、MFE 和 MAPE。

解　一次指数平滑预测值计算详见例 7-2，MAD、MSE、MFE 和 MAPE 分别使用式（7-20）、式（7-21）、式（7-22）和式（7-23）计算，结果详见表 7-7。

表 7-7　MAD、MSE、MFE 和 MAPE 计算表

年份	季度	时期 t	实际值 D_t	预测值 F_t	MAD_t	MSE_t	MFE_t	$MAPE_t$/%
		0						
2009	2	1	8 000	22 083	14 083	198 340 278	14 083	176
2009	3	2	13 000	19 267	10 175	118 805 694	10 175	112
2009	4	3	23 000	18 013	8 446	87 492 744	5 121	82
2010	1	4	34 000	19 011	10 082	121 789 587	94	73
2010	2	5	10 000	22 009	10 467	126 272 644	2 477	82
2010	3	6	18 000	19 607	8 990	105 657 519	2 332	70
2010	4	7	23 000	19 285	8 237	92 534 701	1 468	62
2011	1	8	38 000	20 028	9 453	121 340 303	−962	60
2011	2	9	12 000	23 623	9 694	122 867 719	436	64
2011	3	10	13 000	21 298	9 555	117 466 887	1 222	64
2011	4	11	32 000	19 639	9 810	120 679 539	−12	62
2012	1	12	41 000	22 111	10 567	140 356 338	−1 586	61

7.4.2　预测监控

在对预测模型的误差进行测量评估的基础上，选择相对完美的模型进行预测，这反映了预测的一个十分重要的假设：预测变量的变化规律或者预测变量与其他变量的数学关系在过去、现在和将来都不会改变，模型的有效性会长期存在。但实际情况并非如此，预测变量的变化规律或者变量之间的数量关系可能已经发生了变化。预测监控（monitoring and controlling forecast）能很好地帮助预测者回答这样的问题：过去起作用的预测模型现在是否仍然有效？现在使用的预测模型还能不能用？

预测监控是一种对预测模型的有效性进行跟踪，及时发现并修正出现的偏差，保证预测模型持续有效的方法。简单易行的预测监控方法是将预测值和实际值进行比较，观察并判断预测偏差是否在可接受的控制界限之内，另一种方法是应用跟踪信号（tracking signal，TS）。所谓跟踪信号就是预测滚动误差与平均绝对偏差的比值，其计算公式如下：

$$TS_n = RSFE_n / MAD_n = \frac{\sum_{t=1}^{n}(D_t - F_t)}{MAD_n} \tag{7-24}$$

式（7-24）中各符号意义同前。

每当实际需求发生时，就应该计算 TS_n 来判断预测模型是否有效。只有当 TS_n 在预设的控制界限之内，预测模型才是有效的并可继续使用；如超出界限，就应该及时修正或重新选择模型。

7.5　基于 Excel 的预测

　　微软的 Excel 具有非常强大的数据运算和分析功能，在预测方面起着重要作用。预测者可以借助 Excel 这一工具快速做出预测，计算并修改预测值，避免繁重的人工计算。本章中介绍的各种定量预测方法都可以利用 Excel 实现，下面使用例 7-1 中的数据简要介绍使用 Excel 进行预测计算和求解。

7.5.1　软件检查

　　在 Excel 中进行预测问题的计算和求解，要求激活软件具有的数据分析功能。因此，计算前需要对软件进行检查。

　　启动 Excel 2003 或 Excel 2007，新建一个工作簿。Excel 2003 中执行"工具"，在下拉菜单中检查是否有"数据分析"命令；在 Excel 2007 中执行"数据"，检查在界面右上角是否有"数据分析"命令。如果有，可以进行后续操作。如果没有"数据分析"命令，则按以下步骤进行加载。

　　（1）Excel 2003 中的加载操作：执行"工具"→"加载宏"操作，弹出"加载宏"对话框，如图 7-6 所示。在"可用加载宏"中勾选"分析工具库"和"规划求解"，单击"确定"按钮，此时就可以在"工具"菜单中找到"数据分析"命令。

　　（2）Excel 2007 中的加载操作：单击主界面左上角的"Microsoft Office"按钮→在弹出的对话框（如图 7-7 所示）中单击"Excel 选项"→在"更改 Excel 最常用的选项"对话框（如图 7-8 所示）中单击"加载项"→在"查看和管理 Microsoft office 加载项"对话框（如图 7-9 所示）中任意勾选"加载项"，如分析工具库→单击"转到（G）..."，弹

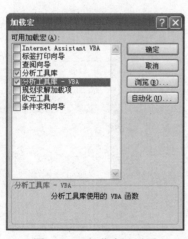

图 7-6　"加载宏"对话

图 7-7 "Microsoft Office"对话框

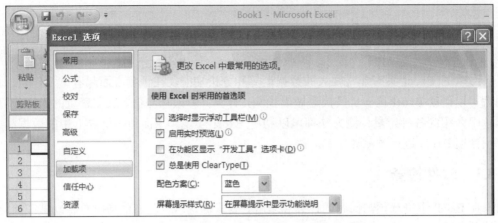

图 7-8　"更改 Excel 中最常用的选项"对话框

图 7-9　"查看和管理 Microsoft Office 加载项"对话框

出"加载宏"对话框，如图 7-6 所示，在"可用加载宏"中勾选"分析工具库"和"规划求解"→单击"确定"按钮→单击主界面菜单中的"数据"按钮，"数据分析"就出现在主界面工具栏的右上角，如图 7-10 所示。

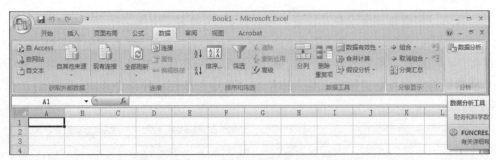

图 7-10　Excel 2007 "数据" 主界面工具栏

7.5.2　移动平均预测

分别取移动周期 n 为 3 和 5，使用 Excel 进行移动平均预测的步骤如下。

（1）启动 Excel，新建一个工作簿。

（2）在新建工作簿中输入数据分类标识，如"时期""销售量""预测值"等，确定相应列或单元格的性质，然后输入时期和实际销售量数据，以及移动周期数。如图 7-11 中 A1～B14 和 A1～D2 区域所示。

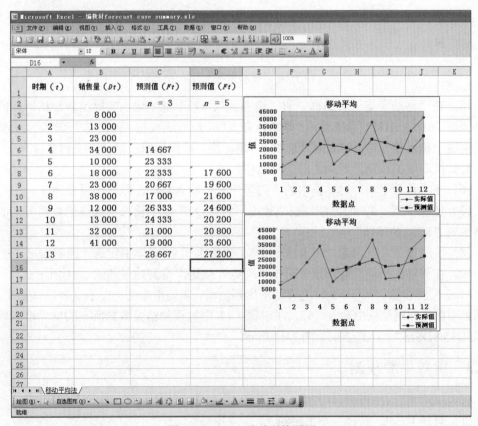

图 7-11　Excel 移动平均预测

（3）设置单元格格式，将 C3～D15 区域单元格的数值小数位数设置为 0 位（注意：

小数位数可以根据预测要求任意设置），同时设置负数表示方式。

（4）执行主界面菜单中的"工具"命令→在下拉菜单中单击"数据分析"（Excel2007中直接单击"数据"菜单主界面上的"数据分析"）→在弹出的"数据分析"对话框中选择"移动平均"→双击"移动平均"或单击"确定"按钮，弹出"移动平均"对话框，如图 7-12 所示。

图 7-12　"移动平均"对话框

（5）在"移动平均"对话框中的"输入区域（I）"框中输入实际销售数据所在的单元格区域"$B$3:$B$14"，或单击"输入区域（I）"框右端按钮，弹出另一个"移动平均"对话框用于输入单元格区域，此时选中 B3 单元格，按住鼠标左键一直拖到 B14 单元格，单击对话框右端的按钮，返回之前的对话框。

（6）在"移动平均"对话框中的"间隔"框中输入"3"，即移动周期为 3。

（7）按照步骤（5）的方法，在"输出区域（O）"框中输入预测结果数据所在的单元格区域"$C$5:$C$15"。

（8）按照预测要求勾选"图表输出（C）""标准误差"，本例仅选"图表输出（C）"。

（9）在"移动平均"对话框中单击"确定"按钮，得到结果如图 7-11 所示。

（10）同样步骤计算 n=5 时的移动平均预测值，需要把步骤（6）改为在"移动平均"对话框中的"间隔"框中输入"5"，在步骤（7）中将预测结果数据所在的单元格区域改为"$D$5:$D$15"。计算结果如图 7-11 所示。

7.5.3　指数平滑预测

假定平滑指数 α 分别为 0.2 和 0.4，使用 Excel 进行指数平滑预测的步骤如下。

（1）启动 Excel，新建一个工作簿。

（2）在新建工作簿中输入数据分类标识，如"时期""销售量""预测值"等，确定相应列或单元格的性质，然后输入时期和实际销售量数据，以及 α 值。如图 7-13 中

A1~B15 和 A1~D3 区域所示。

图 7-13 Excel 指数平滑预测

（3）设置单元格格式，将 C4~D16 区域单元格的数值小数位数设置为 0 位（注意：小数位数可以根据预测要求任意设置），同时设置负数表示方式。

（4）执行主界面菜单中的"工具"命令→在下拉菜单中单击"数据分析"（Excel2007 中直接单击"数据"菜单主界面上的"数据分析"）→在弹出的"数据分析"对话框中选择"指数平滑"→双击"指数平滑"或单击"确定"按钮，弹出"指数平滑"对话框（如图 7-14 所示）。

（5）在"指数平滑"对话框中的"输入区域（I）"框中输入实际销售数据所在的单元格区域"$B$3:$B$15"，或单击"输入区域（I）"框右端按钮，弹出另一个"指数平滑"对话框用于输入单元格区域，此时选中 B3 单元格，按住鼠标左键一直拖到 B15 单元格，单击对话框右端的按钮，返回之前的对话框。

（6）在"指数平滑"对话框中的"阻尼系数（D）"框中输入"0.8"，即阻尼系数等于 1-α。

（7）按照步骤（5）的方法，在"输出区域（O）"框中输入预测结果数据所在的单元格区域"$C$3：$C$15"。

（8）按照预测要求勾选"图表输出（C）""标准误差"，本例仅选"图表输出（C）"。

（9）在"指数平滑"对话框中单击"确定"按钮，将 C15 单元格复制到 C16 单元格，计算结果如图 7-13 所示。

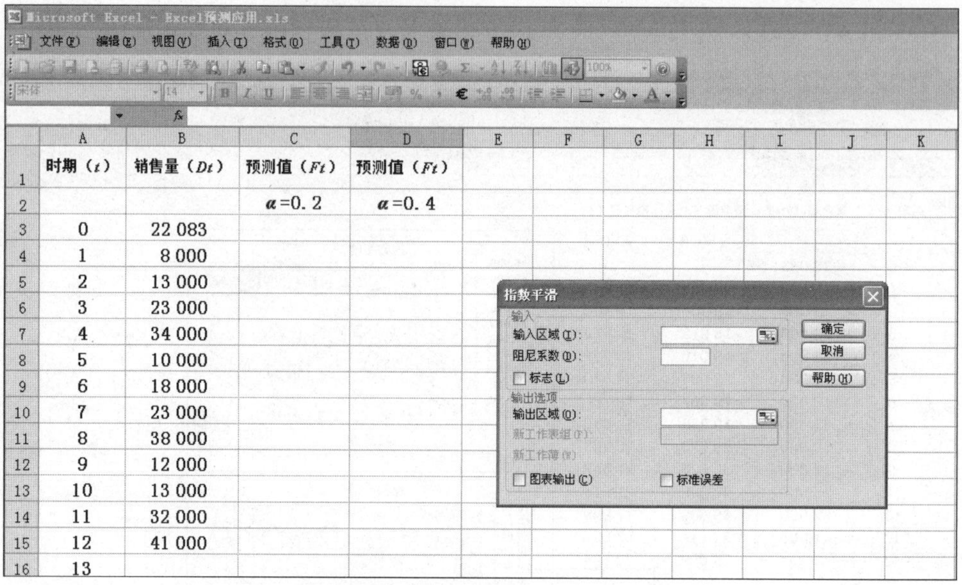

图 7-14　"指数平滑"对话框

（10）同样步骤计算 $n=5$ 时的移动平均预测值，需要把步骤（6）改为在"指数平滑"对话框中的"阻尼系数（D）"框中输入"0.6"，在步骤（7）中将预测结果数据所在的单元格区域改为"\$D\$3:\$D\$15"，运算结束后将 D15 单元格复制到 D16。计算结果如图 7-13所示。

7.5.4　回归预测

在 Excel 中可以采用两种方法求解回归直线方程，下面以例 7-1 中数据为例分别介绍两种方法的步骤。

1. 函数求解

（1）启动 Excel，新建一个工作簿。

（2）在工作簿中输入数据分类标识，如"时期"和"销售量"，输入时期和实际销售量数据。

（3）选定结果输出单元格 E2 和 E3，设置单元格格式：数值小数位数设置为 2 位（注意：小数位数可以根据预测要求任意设置），同时设置负数表示方式。

（4）在 E2 单元格输入"＝INDEX（LINEST（B2:B13，A2:A13），1）"。回车，E2单元格中的数值即为直线方程的斜率 b 值。如图 7-15 所示。

（5）在 E3 单元格输入"＝INDEX（LINEST（B2:B13，A2:A13），2）"。回车，E3单元格中的数值即为直线方程的截距 a 值。如图 7-15 所示。

2. 数据分析求解

（1）启动 Excel，新建一个工作簿。在工作簿中输入数据分类标识，如"时期"和"销售量"等，输入时期和实际销售量数据（如图 7-16 中的 A1～B13）。

（2）执行主界面菜单中的"工具"命令→在下拉菜单中单击"数据分析"（Excel 2007中直接单击"数据"菜单主界面上的"数据分析"）→在弹出的"数据分析"对话框中选

择"回归"→双击"回归"或单击"确定"按钮，弹出"回归"对话框，如图 7-16 所示。

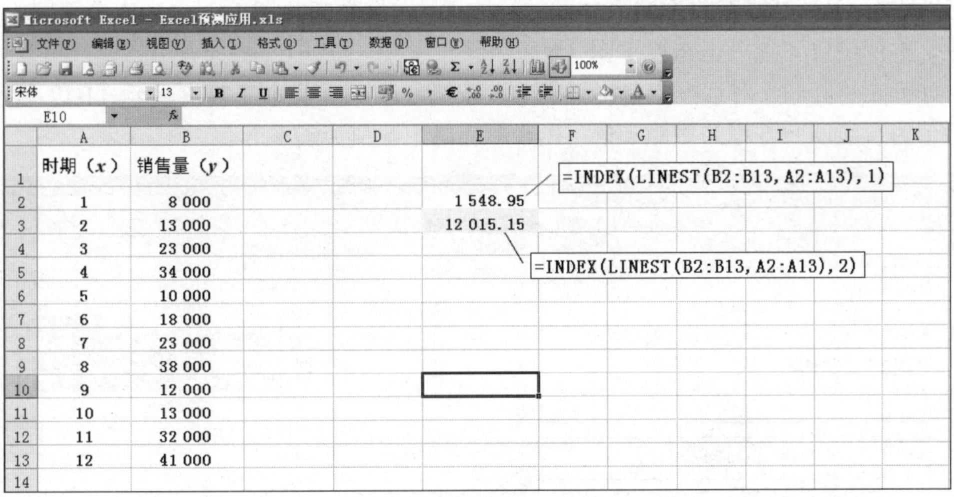

图 7-15　回归预测——函数求解

图 7-16　"回归"对话框

（3）在"回归"对话框中的"Y 值输入区域（Y）"框中输入 Y 数据所在的单元格区域"$B$2:$B$13"，或单击"Y 值输入区域（Y）"框右端按钮，弹出另一个"回归"对话框用于输入单元格区域，此时选中 B2 单元格，按住鼠标左键一直拖到 B13 单元格，单击对话框右端的按钮，返回之前的对话框。按相同方法在"回归"对话框中的"X 值输入区域（X）"框中输入 X 数据所在的单元格区域"$A$2:$A$13"。

（4）在"回归"对话框中的"输出区域"框中选择"新工作簿（W）"，Excel 将新建一个工作簿输出求解结果（如选择"输出区域（O）"，需在同一工作表中按前述方法选定求解结果输出的单元格区域；如选择"新建工作表组（P）"，可在对话框中输入新建工作表的表名，求解结果将输出在同一工作簿中以输入表名命名的新建工作表中）。

（5）在"回归"对话框中的"残差"和"正态分布"选项中，可按照预测要求分别勾选"残差（R）""残差图（D）""标准残差（T）""线性拟合图（I）""正态概率图（N）"选项，本例中仅勾选"正态概率图（N）"选项。

（6）在"回归"对话框中单击"确定"按钮，计算结果如图 7-17 所示：B17 单元格中数值为直线回归方程的截距 a 值，B18 单元格中数值为斜率 b 值。

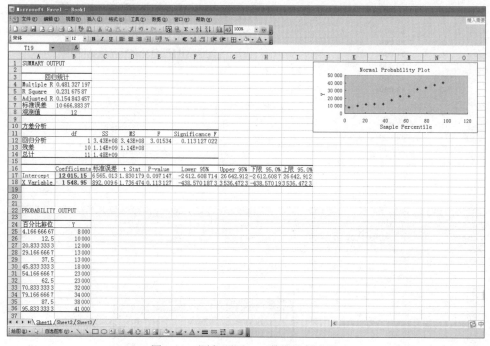

图 7-17　回归预测——数据分析求解

在 Excel 中，利用函数或数据分析功能，还可以很方便地进行多元线性回归和非线性回归等预测模型的分析求解，读者可参阅相关书籍。

7.5.5　预测中的其他运算

在 Excel 中还可以利用各种函数提供的强大运算功能完成定量预测方法中的所有计算过程，以下主要介绍季节系数、预测误差和霍尔特模型的计算过程。

1．计算季节系数

以例 7-1 中的数据为例计算时间序列反映的Ⅰ、Ⅱ、Ⅲ、Ⅳ季度的季节系数步骤如下。

（1）启动 Excel，新建一个工作簿。在工作簿中输入数据分类标识，如"时期""销售量"等，输入时期和实际销售量数据。

（2）在 C4 单元格输入"=((B2＋B6＋2*(B3＋B4＋B5))/8)"，复制到 C5～C11 单元格。

（3）按前述方法进行回归分析，其中：Y 值输入区域为"$C$4:$C$11"，X 值输入区域为"$A$4:$A$11"。求解后得到：$a=18\,439$，$b=524$，a、b 皆取整数。

（4）在 D2 单元格输入"=18439＋524　A2"，复制到 D3～D13 单元格；在 E2 单元格中输入"=B2/D2"，复制到 E3～E13 单元格。

（5）在 F2 单元格中输入“＝AVERAGE(E2,E6,E10)”，G2 中输入“＝AVERAGE(E3, E7, E11)”，H2 中输入“＝AVERAGE(E4,E8,E12)”，I2 中输入“＝AVERAGE(E5,E9,E13)”，分别回车，F2、G2、H2、I2 单元格中的数值分别是Ⅱ、Ⅲ、Ⅳ、Ⅰ季度的季节系数，如图 7-18 所示。

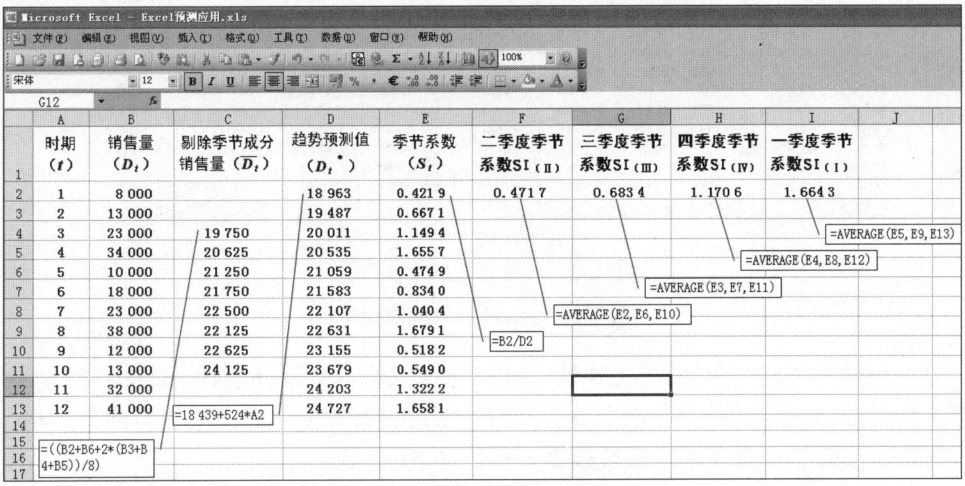

时期 (t)	销售量 (D_t)	剔除季节成分销售量 ($\overline{D_t}$)	趋势预测值 (D_t^*)	季节系数 (S_t)	二季度季节系数SI(Ⅱ)	三季度季节系数SI(Ⅲ)	四季度季节系数SI(Ⅳ)	一季度季节系数SI(Ⅰ)
1	8 000		18 963	0.421 9	0.471 7	0.683 4	1.170 6	1.664 3
2	13 000		19 487	0.667 1				
3	23 000	19 750	20 011	1.149 4				
4	34 000	20 625	20 535	1.655 7				
5	10 000	21 250	21 059	0.474 9				
6	18 000	21 750	21 583	0.834 0				
7	23 000	22 500	22 107	1.040 4				
8	38 000	22 125	22 631	1.679 1				
9	12 000	22 625	23 155	0.518 2				
10	13 000	24 125	23 679	0.549 0				
11	32 000		24 203	1.322 2				
12	41 000		24 727	1.658 1				

图 7-18　Excel 计算季节指数

2. 计算预测误差

以例 7-1 中的数据为例计算 MAD_t，MSE_t，MFE_t、$MAPE_t$ 和 TS_t 的步骤如下。

（1）启动 Excel，新建一个工作簿。在工作簿中输入数据分类标识“时期”“销售量”“指数平滑预测值”“平均绝对偏差”“平均平方误差”“平均预测误差”“平均绝对百分误差”和“跟踪信号”等，输入时期、实际销售量和指数平滑预测值数据。其中，指数平滑预测值计算见 7.5.3 指数平滑预测部分。

（2）在 D2 单元格中输入“＝B2-C2”，复制到 D3～D13 单元格；

在 E2 单元格中输入“＝ABS(D2)”，复制到 E3～E13 单元格；

在 F2 单元格中输入“＝E2/ABS(B2)”，复制到 F3～F13 单元格；

在 G2 单元格中输入“＝AVERAGE($E$2:E2)”，复制到 G3～G13 单元格；

在 H2 单元格中输入“＝SUMSQ($E$2:E2)/A2”，复制到 H3～H13 单元格；

在 I2 单元格中输入“＝AVERAGE($D$2:D2)”，复制到 I3～I13 单元格；

在 J2 单元格中输入“＝AVERAGE($F$2:F2)*100”，复制到 J3～J13 单元格；

在 K2 单元格中输入“＝SUM($D$2:D2)/G2”，复制到 K3～K13 单元格。

输入和复制完成后分别回车，得到 MAD_t，MSE_t，MFE_t、$MAPE_t$ 和 TS_t 的计算结果如图 7-19 所示。

3. 霍尔特模型求解

霍尔特模型计算一次指数平滑值和二次指数平滑值的平滑系数取值可能不同，以例 7-1 中的数据为例，假设 $\alpha=0.4$，$\beta=0.2$，SA_0、T_0 分别等于趋势直线方程的截距（a）和斜率（b）。使用 Excel 求解的步骤如下。

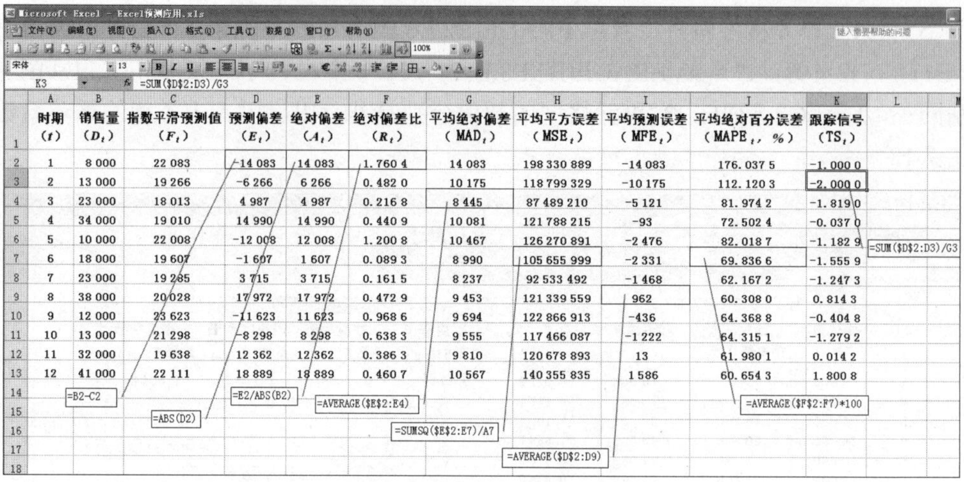

时期 (t)	销售量 (D_t)	指数平滑预测值 (F_t)	预测偏差 (E_t)	绝对偏差 (A_t)	绝对偏差比 (R_t)	平均绝对偏差 (MAD_t)	平均平方误差 (MSE_t)	平均预测误差 (MFE_t)	平均绝对百分误差 ($MAPE_t$, %)	跟踪信号 (TS_t)
1	8 000	22 083	-14 083	14 083	1.760 4	14 083	198 330 889	-14 083	176.037 5	-1.000 0
2	13 000	19 266	-6 266	6 266	0.482 0	10 175	118 799 329	-10 175	112.120 3	-2.000 0
3	23 000	18 013	4 987	4 987	0.216 8	8 445	87 489 210	-5 121	81.974 2	-1.819 0
4	34 000	19 010	14 990	14 990	0.440 9	10 081	121 788 215	-93	72.502 4	-0.037 0
5	10 000	22 008	-12 008	12 008	1.200 8	10 467	126 270 891	-2 476	82.018 7	-1.182 9
6	18 000	19 607	-1 607	1 607	0.089 3	8 990	105 655 999	-2 331	69.836 6	-1.555 9
7	23 000	19 285	3 715	3 715	0.161 5	8 237	92 533 492	-1 468	62.167 2	-1.247 3
8	38 000	20 028	17 972	17 972	0.472 9	9 453	121 339 559	962	60.308 0	0.814 3
9	12 000	23 623	-11 623	11 623	0.968 6	9 694	122 866 913	-436	64.368 8	-0.404 8
10	13 000	21 298	-8 298	8 298	0.638 3	9 555	117 466 087	-1 222	64.315 1	-1.279 2
11	32 000	19 638	12 362	12 362	0.386 3	9 810	120 678 893	13	61.980 1	0.014 2
12	41 000	22 111	18 889	18 889	0.460 7	10 567	140 355 835	1 586	60.654 3	1.800 8

Microsoft Excel - Excel预测应用.xls
K3
=SUM($D$2:D3)/G3
=B2-C2
=ABS(D2)
=E2/ABS(B2)
=AVERAGE($E$2:E4)
=SUMSQ($E$2:E7)/A7
=AVERAGE($D$2:D9)
=AVERAGE($F$2:F7)*100
=SUM($D$2:D3)/G3

图 7-19　Excel 计算预测误差

（1）启动 Excel，新建一个工作簿。在工作簿中输入数据分类标识，如“时期”“销售量”“一次指数平滑值”“二次指数平滑值”“预测值”“a”“β”等，在对应单元格区域输入时期、实际销售量和平滑系数数据，如图 7-20 所示。

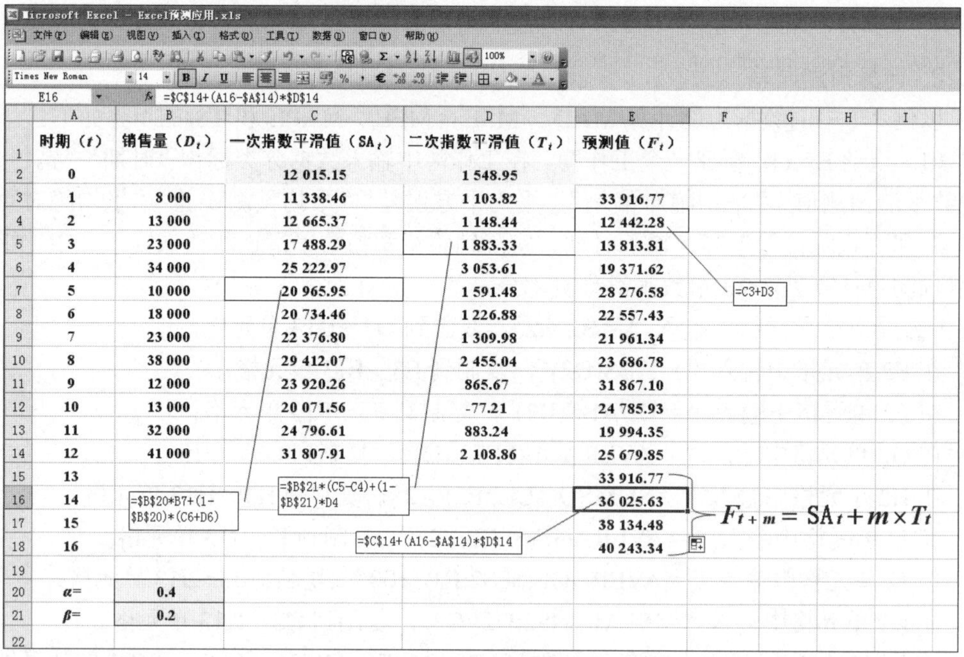

时期 (t)	销售量 (D_t)	一次指数平滑值 (SA_t)	二次指数平滑值 (T_t)	预测值 (F_t)
0		12 015.15	1 548.95	
1	8 000	11 338.46	1 103.82	33 916.77
2	13 000	12 665.37	1 148.44	12 442.28
3	23 000	17 488.29	1 883.33	13 813.81
4	34 000	25 222.97	3 053.61	19 371.62
5	10 000	20 965.95	1 591.48	28 276.58
6	18 000	20 734.46	1 226.88	22 557.43
7	23 000	22 376.80	1 309.98	21 961.34
8	38 000	29 412.07	2 455.04	23 686.78
9	12 000	23 920.26	865.67	31 867.10
10	13 000	20 071.56	-77.21	24 785.93
11	32 000	24 796.61	883.24	19 994.35
12	41 000	31 807.91	2 108.86	25 679.85
13				33 916.77
14				36 025.63
15				38 134.48
16				40 243.34
α=	0.4			
β=	0.2			

Microsoft Excel - Excel预测应用.xls
E16
=$C$14+(A16-$A$14)*$D$14
=C3+D3
=$B$20*B7+(1-$B$20)*(C6+D6)
=$B$21*(C5-C4)+(1-$B$21)*D4
=$C$14+(A16-$A$14)*$D$14
$F_{t+m}=SA_t+m\times T_t$

图 7-20　Excel 求解霍尔特模型

（2）用 7.5.4 回归预测方法求解 SA_0 和 T_0，将结果 12015.15、1548.95 分别填入单元格“C2”和“D2”。

（3）在 C3 单元格中输入“=$B$20*B3+(1-$B$20)*(C2+D2)”，复制到 C4～C14 单元格；在 D3 单元格中输入“=$B$21*(C3-C2)+(1-$B$21)*D2”，复制到 D4～D14 单元格；C14 和 D14 单元格中的数值为 SA12 和 T12。

（4）在 E3 单元格中输入"＝C2＋D2"，复制到 E4～E14 单元格；在 E15 单元格中输入"＝\$C\$14＋(A15-\$A\$14)*\$D\$14"，复制到 E16～E18 单元格；E15～E18 单元格中的数值即为预测值，如图 7-20 所示。

思考与练习

1. 什么是预测？它是科学、技能还是艺术？

2. 简述需求预测的意义。

3. 定性预测方法主要有哪些？它们各有什么优缺点？

4. 时间序列平滑模型有哪些？各预测模型的数学表达式是什么？

5. 简述趋势分析和回归分析的关系。

6. 什么是预测误差？主要的测量指标有哪些？

7. 调查一家企业的产品/服务的需求状况，了解该企业是怎样进行需求预测的，并做出分析评价。

8. 向一家企业介绍德尔菲法，并指导该企业正确运用该预测方法。

9. 某鲜花批发商过去四年每季度鲜花销售额如表 7-8 所示。试用单一指数平滑法（$\alpha=0.1$，SA_0 为趋势分析的截距值）和 HOLT 模型（$\alpha=0.1$，$\beta=0.1$，T_0 为趋势分析的斜率值），预测 2012 年每季度的销售额。您更喜欢哪种方法？为什么？

表 7-8　鲜花销售额统计

2008 年		2009 年		2010 年		2011 年	
季度	销售额/万元	季度	销售额/万元	季度	销售额/万元	季度	销售额/万元
1	98	1	130	1	138	1	144
2	106	2	116	2	130	2	142
3	109	3	133	3	147	3	165
4	133	4	116	4	141	4	173

10. 热比萨公司的比萨饼的周需求量如表 7-9 所示。试用移动平均法（$n=4$）和一次指数平滑法（$\alpha=0.1$，SA_0 为全部数据的简单算术平均数）预测随后四周的需求量。评价两种方法的误差，选择较适合本案例的预测方法。

表 7-9　比萨饼需求量统计

星期	需求量	星期	需求量	星期	需求量
1	108	5	96	9	112
2	116	6	119	10	102
3	118	7	96	11	92
4	124	8	102	12	91

11. 某公司产品过去四年的实际需求量如表 7-10 所示。①计算在 2.5 季、3.5 季、4.5 季、5.5 季、6.5 季，……，12.5 季、13.5 季、14.5 季的一次简单移动平均数；②用剔除

季节性需求后的数据，求线性回归方程；③计算每季的季节指数；④预测第五年每季的产品需求量。

表 7-10　某公司产品需求量统计

第一年		第二年		第三年		第四年	
季度	需求量	季度	需求量	季度	需求量	季度	需求量
1	30 500	1	51 100	1	70 300	1	91 400
2	14 500	2	34 200	2	55 100	2	75 500
3	19 600	3	38 900	3	59 500	3	78 800
4	45 400	4	66 200	4	85 200	4	105 600

12. 使用 Microsoft Office 中的 Excel 完成 9～11 题的求解。

沃尔玛的需求预测和 CPFR

山姆·沃顿于 1962 年在美国阿肯色州的罗杰斯设立了第一家沃尔玛商店。如今这家公司提供四种不同概念的零售模式：沃尔玛折扣店、购物广场、社区店和山姆会员店。长期致力于让顾客满意和"保持低价格"使沃尔玛 2011 年成为一家年营业额超过 4 218 亿美元的世界最大的零售商。很多年以前山姆·沃顿就说："让我们成为最友好的商店，向那些赏光走进我们商店的顾客提供欢迎的微笑和尽心尽力的帮助。提供更好的服务，这种服务要超过顾客的预期。为什么不呢？你是伟大的，你和你的同事都能做到这一点，并且比世界上任何其他零售公司都做得更好。超过顾客的预期，如果你做到了，他们会一次又一次地回到你的商店。"沃尔玛在全世界有 220 万名员工，在美国、墨西哥、波多黎各、加拿大、阿根廷、巴西、中国、印度和英国等地开设有 8 400 多家门店，拥有 13 个系列 2 400 多种单品的自有品牌。沃尔玛被认为是世界上最好的供应链运营商，其商品成本要比主要竞争对手低 5%～10%，这给公司提供了竞争优势。

沃尔玛也是很早采用协同计划、预测和补货（CPFR）的企业，通过全盘管理、网络化运营的方式来管理供应链中的贸易伙伴。CPFR 帮助沃尔玛建立起一套针对每件商品的短期预测方法，用来指导订货和供应商的运营活动。这种由相互协商确立的短期预测成为改进需求管理的动力，实现了对供给和库存水平的更好控制。CPFR 项目的实施帮助沃尔玛和供应商节约了大量的库存维护成本，并促使沃尔玛逐步成为一个准时制系统。

在美泰公司工作的首席信息官约瑟夫·埃克若斯说："我之所以能够根据一个玩具的销售进度情况决定是增加生产还是停止生产，取决于我得到的信息。以日或者小时为单位获取的销售数据非常重要，我可以很准确地计算出什么东西在什么地方卖得最好，然后调整生产。当美泰和生产厂家之间建立起信任、互惠互利的关系时，整个系统的效能就发挥出来了。从全球范围内的客户那里收集的数据，可以帮助我最优化销售和运营，并为客户提供最好的价格。"

沃尔玛实施了一个数据仓库项目，在一台中央服务器上汇总历史数据并进行分析，从数据中更好地了解商业环境，并做出最好的决策。最初系统只收集销售点和运输的数据，之后数据仓库包括了 65 周的库存数据、预测数据、人口统计数据、降价数据、退货和市场销售数据，这些数据按照每件商品、每个商店和每一天进行归类。数据仓库中除了沃尔玛的运营数据以外，还包括竞争对手的数据。这些数据向沃尔玛的买家、中间商、物流提供商和预测相关人员以及 3 500 家合作伙伴开放。例如，当沃尔玛的竞争对手开设了一家杂货商店，沃尔玛会努力去分析其设立对自身销售的影响。预测过程从数据仓库开始。沃尔玛应用的数据挖掘软件是由 NeoVista Software（被 J&A 软件集团收购）开发的，用来分析一年来的销售点销售数据，并向美国的商店提示购进各种商品的贸易伙伴。其目标就是节约几百万美元的库存成本，更好地处理季节性和每周的销售变化，针对顾客需求和市场变化制订商业计划。

预测过程是这样运转的，沃尔玛的买家提交一份初步的预测，这个数据会显示在华纳-兰伯特（Warner-Lambert）实施 CPFR 的服务器上（华纳-兰伯特是一家世界一流的制药公司，在 2000 年与辉瑞合并）。华纳-兰伯特的计划人员将意见和建议分享给沃尔玛的计划制订者。最后经协调统一的每件产品的预测结果用于华纳-兰伯特的生产和沃尔玛的仓库管理。沃尔玛和它的供应商使用同样的系统。

数据挖掘软件发现一些有趣的事情。例如，每家商店的购买模式都十分不同，以及全年都保持较高库存的护齿产品和宠物食品的销售模式也十分不同。这一发现应用于沃尔玛的自动订货和供给系统。沃尔玛将七亿种商品进行组合分析，实现了将正确的商品在正确的时间以合适的价格运送到正确的商店，卖给顾客。沃尔玛不断提高预测的准确性，取得了零售行业内无法比拟的竞争优势。

（资料来源：http://wenku.baidu.com/view/a11bb9d184254b35eefd3413.html）

问题

1. 沃尔玛的需求预测是怎样做的？使用了哪些预测方法？
2. 沃尔玛的需求预测和它的竞争优势有何关系？
3. 阅读关于 CPFR 的相关资料，思考基于供应链管理的需求预测有哪些发展和创新？
4. 有效实施 CPFR 的必要性和关键点是什么？

第 8 章

生产能力规划

学习目标

通过本章的学习使读者理解生产能力的界定，了解生产能力度量的工具与方法；理解生产能力规划中需考量的因素及层次；熟知生产能力的决策方法与遵循的原则；掌握生产能力的平衡与核算方法；理解规模经济性与学习效应的本质及对生产能力规划的影响。

关键概念

生产能力；服务能力；生产能力规划；服务能力规划

纸业公司与船运公司运输合同纠纷

纸业公司按照设计中最大生产能力测算原料需求，并以此为依据，与运输公司签订原料长期运输合同，结果因生产能力没达到设计要求，不需要那么多原料，未能提供合同规定的原料数量交运输公司承运，被运输公司告上法庭。2007 年 4 月 24 日，这宗运输合同纠纷以被告赔偿原告 390 万元成功调解。审理此案的法官指出：这宗案件中，被告的教训是预测生产能力以及需要的原料时算得太满，未留余地，更没有意识到由此引发的后果和应承担的法律责任。这一教训对所有企业都有借鉴意义。

山东某纸业公司集团股份有限公司（以下简称纸业公司）是我国造纸业龙头企业，桉木片是纸业生产的主要原料。纸业公司根据自己纸浆生产线设计的最大生产能力计算出桉木片需求量，并以此为据和船务公司签订了长期桉木片运输合同。生产线投产后很长时间，由于工艺调试等原因，产量一直未达到最大设计能力，库存桉木片暂时满足需求，于是纸业公司放弃采购桉木片计划，也无货给船务公司运输。

按纸业公司与船务公司签订的包运合同：每月运输一船货物从广东到山东，货装船后以每航次 168.606 万元结算运费；"任何一方要求解除合同或不能履约，需向另一方支付未执行货量的运费额的 30%作为解约金"。合同签订后，纸业公司将一船桉木片交给广东"德胜海"轮运输并依约支付了运费。这是合同履行的第一次，也是最后一次。此后它再未提供任何货物给船务公司运输。

船务公司认为纸业公司违约在先，应按合同约定向自己支付解约金合计人民币 556.399 8 万元。2007 年 3 月 20 日，船务公司在多次索赔未果的情况下，将纸业公司告到广州海事法院。法院依法受理此案。

4 月 24 日下午，法官召集双方当事人座谈，分析利弊得失。他告诉纸业公司的代表，没有正确估计生产线能力是自己的责任，要勇于承担后果，吸取教训，拒赔将损失公司的声誉，错上加错，得不偿失。法官从合作友情的角度做船务公司的工作，适当减少索赔数额。最终双方同意由被告一次性支付原告人民币 390 万元达成调解协议。

（资料来源：http://news.qq.com/a/20070510/002085.htm）

问题

1. 纸业公司签订运输合同的依据是什么？
2. 正确估计生产能力对企业经营管理，以及信誉与效益产生怎样的影响？

生产能力规划是生产系统设计的关键战略要素之一，关系到企业的长远总体发展，一个企业之所以要进行生产能力规划，原因是多方面的。其中重要的原因有需求的变化、技术的变化、环境的变化以及面临的威胁或机会。如果实际的生产能力与预期生产能力有差异，势必将导致能力失衡。生产能力过剩会造成运作成本过高，而能力不足会造成供应不足，可能失去顾客和市场。因而，生产能力规划的目标是使企业的长期生产能力与预期长期需求水平相匹配。

8.1 生产能力的概述

8.1.1 生产能力的界定

生产能力，亦称为生产运作能力或生产与运作能力，是指一个设施在一定时间（年、季、月等）内，在合理的组织条件下，经过综合平衡所能生产的最大产出率。这里的设施可以是一个工序、一条生产线、一台设备、一个车间，也可以是整个企业组织；而产出就是指产品或服务。

一个企业的生产能力是人员能力、设备能力和管理能力的综合。人员能力是指人员数量、实际工作时间、出勤率、技术水平等因素的组合；设备能力是指设备和生产运作空间的大小、数量、水平、开动率和完好率等因素的组合；管理能力则不仅与管理人员的知识、经验的成熟度、工作态度有关，还与管理理论和方法运用的水平等其他外在因素有关。

8.1.2 生产能力的分类

依生产能力的界定，生产能力与设施、一定时间、合理组织条件有关。

（1）依设施或空间范围来划分，企业生产能力可以分为企业整个生产能力，以及生产车间或工序生产能力、单台设备的生产能力。

（2）从时间长短划分，生产能力可以分为长期生产能力、中期（年度）生产能力和短期生产能力。

（3）按合理组织条件来划分，单一品种的大量连续生产和多品种小批量生产，这两种生产方式能力差异很大，需要采取不同的措施，以便充分利用其生产能力。

（4）企业作为一个相对稳定的生产运行组织，它的生产能力需要随着市场和生产技术条件的发展而做相应的调整。基于此，生产能力可以分为设计能力、查定能力和现实能力（或计划生产能力）三种。

设计能力是指新建或扩建企业时设计任务中规定的生产能力，它包括根据既定产品和工艺工程特点和要求，建设的相应厂房、配套的生产设备和运输装置、一定技能人员等。

查定能力是针对现有生产系统而言的，当企业产品方案、设备条件和技术、协作关系发生较大变化后，原设计能力已不能反映实际情况，需重新调查核实的生产能力。如增加新的设备、引入技术更先进的技术与设备、新的组织协作模式。

现实能力为计划年度内实际可达到的生产能力，是编制年度生产计划的依据，也是对企业资源综合能力的当期反映。它可分为年初能力、年末能力及年平均能力。现实能力的大小基本上决定了企业的当期生产规模，所以生产计划量应与现实能力相适应。企业在编制计划时当然要考虑市场需求量，能力与需求不一定完全一致，但在一定范围内可以对生产能力做短期调整，满足市场需求。

生产能力还可以分成固定能力和可调整能力两种，固定能力是指固定资产所表示的能力，是生产能力的上限；可调整能力是指企业的劳动力数量、企业员工每天的工作时间和班次所表示的能力。

8.1.3　生产能力的度量

至今还没有一种方法可以适用于所有情景下生产能力的度量。一般而言，生产能力的度量通常用产出或投入的形式来表达。常见生产能力度量如表8-1所示。

表8-1　生产能力度量举例

企业组织类型	投入方式表达生产能力	产出方式表达生产能力
设备生产商	每工作班次的机器小时数	每工作班次生产的设备数量
医院	现有的医护人员人数	每月（天）治疗的病人数量
客运公司	客车的数量	每月（天）运行的班次或载客量
餐饮店	可供就餐的座位数量	每月（天）的顾客数量
零售商	可供商品展示的空间规模	每月（天）商品销售额
影剧院	观众座位数量	每月（天）观众数量

一般来说，在以产品对象专业化为生产运作组织方式的企业组织中，常以产出为产量单位。其度量方式有两个：一个是"技术上的"，指除设备所需的正常维修、保养时间以外，设备连续运转时的产出能力；另一个是"经济上的"，指一个组织在使用合理的人员、合理的时间安排的条件下，设备的最大产出能力。例如，对某企业来说，合理的时间安排只表示一班，即一天8小时的设备运转时间，但如果是三班，即一天24小时的运

转，这两种最大产出能力是截然不同的。所以，我们将"经济上的"称为"正常"能力，"技术上的"称为"最大"能力。

在有些情况下，企业可以超出"正常"能力使用"最大"能力，如当需求突然增大时，采取一些临时措施加班加点，或增加倒班，或临时减少正常的保养时间，增加设备的运行时间等。但这只是作为一种应急的措施考虑，因为这涉及劳动法或增加员工的抵触情绪，增加管理的成本等其他问题。

8.1.4 生产能力的平衡与核算

1．生产能力的核算

1）单台设备及流水线生产能力的核算

大量生产型企业是按流水线组织生产的，生产能力按每条流水线核算。流水线的生产能力决定于承担每道工序设备的生产能力。因此，生产能力的计算应从单台设备开始。单台设备生产能力的计算公式为

$$P_0 = \frac{F_e}{t} \tag{8-1}$$

式中：P_0——单台设备生产能力（台或件）；

$\quad\quad F_e$——单台设备计划期内有效工作时间（小时）；

$\quad\quad t$——制造单位产品的工序时间定额（台时）。

如果工序由一台设备承担时，单台设备的生产能力即为工序生产能力；若工序由 N 台设备承担时，工序的生产能力为 $P_0 \cdot N$。

而流水线的生产能力则根据在各道工序的生产能力综合平衡及同期化的基础上确定；装配流水线生产能力的确定方法与加工流水线相似。

2）设备组生产能力的核算

在成批生产及单件小批生产企业，当工段按工艺原则或对象原则组织时，生产能力的计算通常从设备组开始，构成设备组的基本条件是它们在生产中的互换性，也就是说，设备组中的任何设备在大体相同的时间内，可以完成分配给设备加工的任何相同工序，并能达到规定的质量标准。

设备组生产能力的计算公式为

$$P = \frac{F_e N}{t} \tag{8-2}$$

式中：P——设备组的生产能力（台或件）；

$\quad\quad N$——设备组的设备数量（台）；

$\quad\quad t$——制造单位产品所需该种设备的时间定额（台时）。

设备组生产能力的计算公式也可写成

$$P = N \cdot P_0 \tag{8-3}$$

式中：P_0——单台设备生产能力（台或件）。

【例 8-1】 设某车间生产甲、乙、丙、丁四种结构与工艺相似的产品，根据产量及劳动量的大小，选定乙产品为代表产品，其单位产品在铣床上的台时消耗为 12 小时。设

车间有 12 台铣床，每台铣床的全年有效工作时间为 4 500 小时，则该铣床组的年生产能力（以乙产品的产量表示）为

$$P = \frac{F_e N}{t} = \frac{4\,500 \times 12}{12} = 4\,500\,（台）$$

3）车间生产能力的核算

各设备组的生产能力一般是不相等的，因此，确定车间生产能力时，要进行综合平衡工作。通常以主要设备组的生产能力作为综合平衡的依据。所谓主要设备组是指完成劳动量比重最大或者贵重而无代用设备的设备组。生产能力不足的设备为薄弱环节，要制定消除薄弱环节的措施，应尽可能利用富余环节的能力来补偿薄弱环节。

从图 8-1 中可看出，某车间中六个设备组，它们的生产能力不相等。如果以磨床组为基准，将其生产能力定为车间的生产能力，则钻床、镗床和刨床组为薄弱环节，而车床、铣床组为富余环节。经过分析，采取以铣代刨、以车代镗的办法来消除两个薄弱环节，对钻床组则采取技术革新或增加班次的办法来解决生产能力不足的问题。经过综合平衡和采取措施后，工段各机床组的生产能力可以达到平衡。

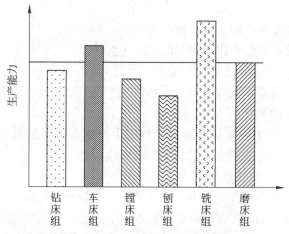

图 8-1   某车间生产能力平衡图解

4）场地的生产能力

生产能力受场地的限制，场地的生产能力表示为

$$M = \frac{F \cdot A}{a \cdot t} \tag{8-4}$$

式中：F——单位生产面积的有效利用时间；

　　　A——生产面积；

　　　a——生产单位产品所需要的生产面积；

　　　t——生产单位产品的所需要的生产时间。

5）人的生产能力

人的生产能力表示为

$$M = \frac{F \cdot N}{t} \tag{8-5}$$

式中：F——计划期内每个人的有效工作时间；

　　　N——作业组的工人数；

　　　t——工人的平均工时定额。

2. 生产能力的平衡

生产能力平衡是指生产能力与计划产量之间的协调平衡。生产类型不同，其平衡的要求和方法也不相同。

大量生产是按产品出产节拍与工序的生产节拍进行平衡。

成批生产是以产量表示的生产能力与计划产量之间的平衡。

单件小批量生产一般是以设备组能提供的有效台时与完成各种产量的计划产量所需要的台时之间的平衡。

在多品种的成批生产条件下，在同类设备组或生产面积上生产多种产品，按照各种产品分别核算生产能力是有困难的，而且难以得到总的产量水平，所以应该采用代表产品或标准产品单位的时间定额。

【例 8-2】 设某车间生产甲、乙、丙、丁四种结构与工艺相似的产品，根据产量及劳动量的大小，选定乙产品为代表产品，其单位产品在铣床上的台时消耗为 12 小时。设车间有 12 台铣床，每台铣床的全年有效工作时间为 4 500 小时，将代表产品乙的产量换算为各具体产品产量的换算过程及结果如表 8-2 所示。

表 8-2　代表产品换算成各具体产品生产能力的过程

产品名称	生产计划/台	单位产品总劳动量/台时	产量换算系数	换算为代表产品产量/台	以代表产品表示的生产能力/台	换算为具体产品表示的生产能力/台	备注
①	②	③	④	⑤=②×④	⑥	⑦=⑥×②/∑⑤	⑧
甲	2 000	25	0.625	1 250		1 440	
乙	1 200	40	1	1 200		864	代表产品
丙	1 600	50	1.25	2 000	4 500	1 152	
丁	1 200	60	1.5	1 800		864	
合计				6 250		6 480	

（注：具体产品总的生产能力大于 4 500 台，由于各产品所耗单位台时不同）

8.2　生产能力规划

8.2.1　生产能力规划考量因素

对企业生产能力规划有影响的因素很多，从生产管理的角度来看，可以分为：①工厂设施的设计、选址、布置与环境；产品或服务的设计和组合；②生产工艺；③人力资源状况，包括工作设计、培训、员工的熟练程度、劳动动机、报酬和学习率；④生产系统的运行状况，包括物料管理、质量管理、维修政策等；⑤外部因素，包括产品标准、安全条例等。

在生产能力规划中需体现一定的生产能力柔性，当市场需求大幅度波动时，企业所拥有的生产能力能迅速增加或减少，或生产能力从加工一种产品或提供一种服务迅速转移到生产另一种产品或服务上。另外，学习效应也对生产能力规划有重要的影响，个人与组织的学习能力能改进组织管理方法、节约成本与提高生产率。

8.2.2　生产能力规划的层次

根据企业运营管理的层次性，生产能力规划可以分为：综合生产能力规划、主生产能力规划或计划、物料需求规划或计划（车间作业能力计划、采购能力计划）。

综合生产能力规划不仅涉及主生产能力规划，还反映出为了保证主生产能顺利进行而展开的辅助活动规划，如财务、人事、物流等。所以综合生产能力规划体现主要生产活动与辅助活动的匹配与协调。

主生产能力规划对主生产活动进行能力和负荷平衡的分析，以确定主生产活动的能力能满足设计的需要，涉及采用的技术、工艺、设备、人员等的数量与质量。

物料需求规划或计划是指具体车间作业与采购，涉及具体的生产计划与生产能力安排。

8.2.3　生产能力规划的步骤

不同的企业生产能力规划方法可能不同，但一般来说，都遵循相应的决策过程与步骤。

1. 未来能力需求预测

企业在进行生产能力规划时，首先要进行市场需求预测，运用需求预测技术与方法准确把握长期、中期、短期三种市场需求的变化，并结合技术变化、竞争关系以及生产率提高等多种因素，综合研究长期、中期、短期的生产能力需求状况，从而合理规划当前、未来的生产能力。未来能力预测的时间段越长，其预测的误差就越大。

根据预测的市场需求，从而确定企业现实与未来的生产能力。如将市场需求转换为设备数量的方法。

第一步：确定所需全部设备台时数 R

如下公式：

$$R = \sum D_i P_i + \sum \frac{D_i}{Q_i} S_i , \quad (i = 1, 2, 3, \cdots, n) \tag{8-6}$$

式中：R——每年所需的全部设备台时数；

　　　D_i——每年所需 i 产品或服务的数量；

　　　P_i——产品或服务 i 所需的加工或处理时间；

　　　S_i——产品或服务 i 的标准作业交换时间（在服务中，重换一种业务所需的准备时间）；

　　　Q_i——产品或服务 i 每批的加工数量；

　　　　n——产品或服务的种类数。

　　第二步：确定计算每台设备可提供的工作小时数

　　设设备的总工作时数为 N，则 N＝工作时数/天×工作日/年，这样得到了理论上的总工作时数，再结合实际利用率（缓冲或准备时间）进行调整：

$$H＝N(1－C) \qquad (8-7)$$

式中：N——某设备一年可提供的实际工作时间；

　　　　H——某设备一年的理论工作时间；

　　　　C——缓冲或准备量（用百分比表示）。

　　第三步：确定所需设备的数量

　　在已知每年所需总机器小时数（R）和每台机器所能提供工作小时数（H）的情况下，可计算出所需机器设备数量（取整数）：

$$M＝R / H \qquad (8-8)$$

　　上述将市场需求转换为生产能力度量形式的方法不只限于机器设备，还可以用于影剧院、医院、饭店等服务类硬件设备数量的确定。

2．需求与现实生产能力之间的差距核算

　　当预测需求与现实生产能力需求之间的差为正，表明需要扩大企业的生产能力；而差为负时，则意味着存在生产能力过剩，企业资源没能充分利用。当然企业的生产运作系统往往涉及多个环节或多个工序，盲目地扩大与压缩可能导致各生产环节或工序的紊乱或不匹配，所以对生产能力的规划与选择需要格外谨慎。一个非常突出的事例是当前城市化进程中大城市公共交通问题。首先表现为城市人口的增加，带来对城市公共交通的需求增加，各公交公司纷纷购进车辆（特别是大型公交车），提高主要路线运力，但非上下班高峰期存在运力严重过剩，高峰期主干道路通行受到严重挑战，也限制运力的发挥。这里反映出公交运力的需求表现为两个方面的需求：一个是乘客增加对车辆的需求；另一个是道路对车辆的需求。前一种需求是递增的需求，后一种需求表现为初期的需求增加，当增加到一个阈值时，就应限制车辆的增加。在制造业企业中，能力扩大则必须考虑各工序能力的平衡。当企业生产环节很多、设备多种多样时，各个环节所拥有的生产能力往往不一致，既有富余环节，又有"瓶颈"环节，而富余环节和"瓶颈"环节又随着产品品种和制造工艺的改变而变化。从这个意义上来说，企业的整体生产能力是由"瓶颈"环节的能力决定的，这是制订能力规划时必须注意的一个关键问题。否则就会陷入一个恶性循环中：某"瓶颈"工序能力紧张→增加该工序能力→未增加能力的其他工序变为"瓶颈"工序。

3．制订候选方案

　　处理生产能力与需求之差最简单的做法是：不考虑生产能力的扩大或收缩，任由增长的顾客需求或订单流失；或是任由设备、人员等资源的闲置与浪费。在生产实践中，企业由于不能很好地评价企业内在优势与劣势，以及外在机会与风险，往往处在扩大与收缩生产能力的矛盾中，而难以进行生产能力规划。最切实可行的方法是拟定生产能力扩大规模和时间的多种方案，既有市场环境良好与市场需求旺盛时的积极策略，又有市场环境恶化或市场需求不畅时的消极策略，辅之以中间策略。如扩大生产能力可以拟定

改造与扩建现有生产线、引进更先进的生产线、以优化生产线工艺与流程提高生产能力等，还可以考虑使用加班、外包等临时措施等，这些都是制订生产能力规划方案所要考虑的内容。所考虑的重点不同，就会形成不同的候选方案。

4．评价方案

方案的评价涉及两方面：一个是定量评价；另一个是定性评价。定量评价主要是从财务可行性的角度对方案的可行性进行评价，同时对各方案给企业所带来的收益及投资回收情况进行对比分析。所用的方法有净现值法、内部收益法、费用收入比值法、盈亏平衡分析法、敏感因素分析法等。定性评价则是对不能用财务分析来判断的其他因素，如：与企业整体战略匹配性、竞争关系、技术变化因素、人力资源状况等进行评价。虽然在评价中许多定性因素可以借助一定的手段进行量化分析（德尔菲法），但有些还是需要用直观和经验来判断。在进行定性评价时，可对未来进行一系列的假设，如需求比预测值要小、竞争更激烈、替代品或互补品的冲击加强等，也可以给出一组完全相反的假设，用多组这样的假设来考虑投资方案的优劣。

8.2.4　服务能力

1．服务能力

服务能力是指一个服务系统提供服务的能力程度，体现生产的特征。但服务业有其特性：一个是产品的无形性，其生产过程与消费过程相互交织；另一个是服务难以标准化，存在较大的差异性。另外，服务组织很少提供单一的服务。这些导致了难以衡量服务产出能力。如医院的服务能力的衡量，是按占用的床位或病人的人数，或是医疗时间或护士护理的时间等来衡量，还是按治疗率来衡量。同时病人患病的类型不同、患病严重程度不同，所需要的治疗时间、资源及成本都会有很大不同，这些都会对服务能力形成影响。

2．服务能力要素

服务企业的生产能力要素主要由五个基本要素组成：人力资源、设施、设备和工具、时间以及顾客参与。其中前三个要素与制造业企业是类似的，但后两个要素却与制造业企业有很大不同。

人力资源是所有类型服务的一个关键能力要素。专业性质的服务以及基于信息和知识的产出尤其依赖于高技术水平的专业人员，同时人员的态度与热情也对服务能力提升产生不可估量的影响。人力资源还是具有高度灵活性的能力要素，表现为人才的流动、知识内化与外化。另外，人员还可以全时工作、兼职工作或加班加点，可以通过交叉培训而胜任多项工作，这些都是灵活调整服务能力的重要方法。

设施主要是为顾客服务所必需的基础设施，主要有用于容纳顾客和提供服务或用于存储或处理货物的物质设施。如医院的床位、电影院的座位、运输管道、中心机房或数据库等。设施的能力决定了服务能力。

设备和工具是指服务过程中所需的用于处理人、物和信息的物质设备，如机器、电话、计算机、修理工具等。如果缺少了它们，服务几乎无法进行。企业在设计服务提供系统时，须做设备的规划与计划。

时间从两方面影响服务能力。一方面，通过改变两个时间段的组合或把产出从一个时间段改变到另一个时间段，就有可能改变生产能力。这尤其适合于具有需求周期性或时间性的行业与企业，如旅游或餐饮。另一方面，相对于某一特定时间段来说，延长营业时间能够提高整体服务能力。

顾客参与是服务能力的一个重要的独特要素。许多服务的完成要依赖顾客在服务提供期间的劳动。如培训、自动提款、网上购物等。因此，顾客参与对服务能力的提升产生重要的影响。

3．服务能力规划

服务需求的波动性给在动态环境下规划服务能力提出了很大的挑战。就服务企业而言，可以从两个方面来规划服务能力：一个是调节服务能力，利用服务能力本身的弹性来适应服务需求的波动；另一个是扩大服务能力，增加人力资源、设施、设备和工具。服务能力的弹性表现在吸收额外需求（如火车站票）、改变设施布置、延长服务时间、优化日程安排、提供价格诱因、开发互补性服务、划分需求、提高顾客的参与度等。

8.3　生产能力决策方法

8.3.1　规模经济性与学习曲线

所谓规模经济性，即单位产品成本或单位产出的成本随生产规模增大而下降的性质。许多行业存在明显的规模经济性，如制造业的汽车、电力、石油化工等；服务业的金融、保险、广告连锁超市等。因此，在进行生产能力规划时，确认所在行业是否具有规模经济性，分析达到什么样的规模才具有最佳经济性，对于制定正确的决策非常必要。

在分析规模经济性时，一种常用的方法是学习曲线（learning curves）的方法。学习曲线所表示的是单位生产时间随生产数量的积累或重复次数的增加而逐渐减少，然后趋于稳定，表现为个人与组织的学习效应。如图 8-2 所示。

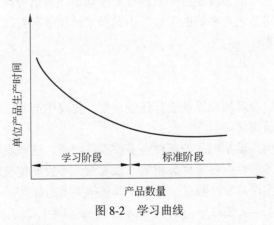

图 8-2　学习曲线

学习曲线基于以下三个基本假设：

（1）完成给定任务或单位产品的时间将随重复完成次数的增加而下降；

（2）单位生产时间将以一定的速率下降；

（3）单位生产时间的下降遵循某种可预见的模式（服从指数分布）。

假设学习曲线遵循如下对数模型：

$$k_n = k_1 n^b \tag{8-9}$$

式中：k_1——第 1 个产品的直接劳动时间；

k_n——第 n 个产品的直接劳动时间；

n ——累计生产产品数量；

b —— $\lg r / \lg 2$；

r ——学习率。

【例 8-3】 假定第 1 件产品的生产时间是 1000 小时，学习率为 0.8，求生产第 25 件产品所需时间。

解 $k_n = k_1 n^{\lg r / \lg 2} = 1\,000 \times 25^{\lg 0.8 / \lg 2} = 354.8$（小时）

【例 8-4】 承前例，其他条件不变，若学习率为 0.9，求生产第 25 件产品所需时间。

解 $k_n = k_1 n^{\lg r / \lg 2} = 1\,000 \times 25^{\lg 0.9 / \lg 2} = 613.1$（小时）

从中我们可以看到，学习率越高，学习曲线下降的幅度越小，也就是单位产量的直接工时或单位成本随规模下降的幅度越小，或者说规模效应越不明显；反之，学习率越低，单位产量的直接工时或单位成本随规模下降的幅度越大，或者说规模效应越明显（请读者自己验证）。

在进行生产能力决策时，除考虑规模经济性外，一些学者还提出了其他一些因素和观点。如美国学者 W.斯金纳（W.Skinner）主张，尽管公司可以是大规模和多元化的，但工厂的规模不应很大，而应当是聚集的。规模较小而集中程度较高的聚焦工厂便于管理，从而可以提高效率和效能。相反，大规模一体化的工厂，由于管理起来十分复杂，故而其技术经济性很难得到充分发挥，反而丧失了规模经济性。尽管斯金纳的理论还缺乏有说服力的成本分析支持，但实践表明，它在很多情况下是有效的。

还有些学者主张生产能力应超过企业预计的平均市场需求份额，这能使企业快速响应市场需求的变化，提高生产系统的柔性，由此带来的竞争利益在许多情况下超过富余生产能力所增加的成本。

8.3.2 线性规划

线性规划方法可以合理地对设备进行任务分配，提高生产系统的生产能力，并可使生产能力的利用达到最优化。

以生产零部件为例，设某产品的部件由多种零件组成，这些零件分别由不同工序的车床加工完成，且在各部件中各零件数相等。现要求，不仅要使机床获得更高的个别生产率，而且要使不同零件的生产数量一样多，即获得更多的部件。

设 i 表示机床号（$i=1, 2, 3, \cdots, n$)，k 表示零件号（$k=1, 2, 3, \cdots, m)$，h_{ik} 表示在第 i 机床上生产第 k 种零件的时间比重，a_{ik} 表示第 i 台机床生产第 k 种零件的小时生产率，z_k 表示第 k 种零件的生产总数。

在这个问题中，所有变量显然是非负的，另外，第 i 台机床生产各种零件的时间比重之和为 1，即 $\sum\limits_{k=1}^{m} h_{ik} = 1$。

因此，可以列出该问题的线性数学模型：

$$\max z_1 = z_2 = \cdots = z_k$$

$$\text{s.t.} \begin{cases} \sum\limits_{k=1}^{m} h_{ik} = 1 \\ z_k = \sum\limits_{i=1}^{n} a_{ik} h_{ik} \\ h_{ik} \geqslant 0 \end{cases} \tag{8-10}$$

8.3.3 量本利分析法

生产规模的确定与潜在市场需求和投资成本相关联，利用量本利分析（又称盈亏平衡分析）可以帮助进行生产能力规划决策。量本利分析法假定技术条件不变；资源的稀缺程度不变；价格不变；产销平衡；成本、价格、成本、收入之间关系确定。其目的在于在这些假定下寻找使销售收入能覆盖生产经营成本所必需的最低生产或销售水平，即盈亏平衡点。

现假定销售收入、固定成本和变动成本之间的关系如图 8-3 所示。根据相应的定量关系表达式，可对产品生产和销售盈亏平衡点进行计算。

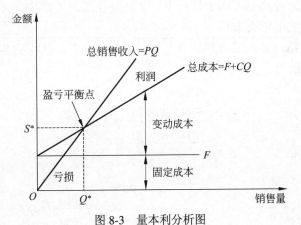

图 8-3 量本利分析图

1．单一产品量本利分析

设：Q^* 为产品盈亏平衡销售量；S^* 为产品盈亏平衡销售额；P 为产品销售价格；Q 为产品的生产数量；F 为产品固定成本；C 为产品单位变动成本。在盈亏平衡点，产品的总销售收入等于总成本，即 $PQ = F + CQ$。

求得产品的盈亏平衡点如下：

$$\text{盈亏平衡点的产量 } Q^* = \frac{F}{P - C} \tag{8-11}$$

$$盈亏平衡点的销售额 S^* = \frac{F}{1 - C/P} \qquad (8-12)$$

当产品销售量超过其盈亏平衡点时，产品利润大于零；产品销售量在盈亏平衡点时，产品利润为零；产品销售量低于盈亏平衡点时，产品利润为负。

2．多产品量本利分析

实践中，相关企业所提供的产品往往有多种类型，每种产品的价格和变动成本可能有差异，对此，可以在单一产品盈亏平衡分析法的基础上，根据各种产品销售额占总销售额的比重来测算出每种产品销售对所有产品销售额的贡献程度，并以此来确定同时提供多种产品时的盈亏平衡点。其计算公式如下：

$$盈亏平衡点的销售额 S^* = \frac{F}{\sum (1 - C_i / P_i) W_i} \qquad (8-13)$$

式中：C、P、F 的意义同上；W 为某一产品销售额占所有产品总销售额的比重；i 表示产品的种类。

当然，在实际企业的运营过程中，价格、成本、收入等相关变量之间的关系比较复杂，线性关系是我们的一种简化分析，在相对短的期间内还是有一定的参考价值的。在具体的企业决策中可以对企业价格、成本、收入等变量之间的关系进行系统分析来确定适应企业自身的关系模型，进行量本利分析。

8.3.4　决策树分析法

决策树分析法对在信息不确定情况下，尤其是在需求不确定并涉及间接性决策的情况下的生产能力规划非常有效。

决策树模型包括一系列节点和从节点发射出来的分支，其中的各节点和分支的含义如下，如图8-4所示。

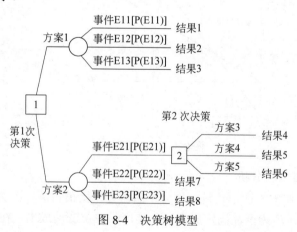

图8-4　决策树模型

（1）方形节点为决策点，从决策点射向右方的分支表示备选方案。

（2）备选方案右边所连接的圆形节点为"事件"节点，这些事件的发生是随机的，不受人为的控制。

（3）从事件节点发射出的各分支表示可能发生的事件，每个分支上方应表示出该事件发生的概率，从一个事件节点发射出的各个事件发生的概率之和应等于1。

（4）在事件分支的右方如果有进一步的可候选的方案，则重复步骤（1）～（3）；如果没有，则表示选择该分支上的候选方案及发生该分支上的事件所带来的经营结果。

思考与练习

1. 生产能力是如何界定的？
2. 简述生产能力度量的工具与方法。
3. 试论述如何进行生产能力规划？
4. 简述生产能力的决策方法与遵循的原则。
5. 试论述学习效应与规模经济性的关系，以及对生产能力规划的影响。
6. 设某钻床组共有 8 台，每台钻床全年有效工作时间为 4 650 小时。钻床组加工结构与工艺相似的 A、B、C、D 四种产品，设选择加工量最大的 B 产品作为代表产品，其单位产品耗时 50 小时，①试以 B 产品为代表表示该钻床组的生产能力；②并以表 8-3 中的各种产品产量在全部产量中的比重为基础，将以代表产品单位表示的生产能力换算为各具体产品单位表示的生产能力。数据如表 8-3 所示。

表 8-3　计 划 产 量

产　　品	A	B	C	D	合计
计划产量/台	280	200	120	100	700
单位产品定额/（小时/台）	25	50	75	100	250

水泥行业提高准入门槛难改产能过剩现状

工信部提高水泥行业项目准入门槛，着力加强环保节能，将抑制新建产能投放，但难以改变目前水泥行业供过于求的现状。虽然保障房建设加快，能增加水泥需求，但需求增量有限，而供给仍在加大，使水泥产能利用率偏低，而且产能分布的地域不平衡情况较为严重，直接影响水泥企业的经济效益。西北和华东的景气度发生了逆转。近期南方地区干旱这一特殊因素将导致部分省份因缺电使当地的水泥产能难以完全释放，导致局部地域供应偏紧，水泥价格上升，华新水泥、塔牌集团有望受益。

2011 年 8 月 24 日，工业和信息化部印发了《水泥行业准入公告管理暂行办法》的通知。与 2009 年、2010 年相继公布的《水泥行业准入条件（征求意见稿）》《水泥行业准入条件》相比较，主要目的仍是提高水泥行业项目准入门槛，着力加强环保节能，将抑制新建产能投放。略有不同的是，该通知强调进入准入公告名单的企业将受到优先扶持。

通知第十四条显示，"对公告企业在投融资、技术改造、兼并重组、节能减排、循环经济等方面优先予以支持；政府采购和招投标优先选择公告企业。"

早在9月初，工信部就已经下发了《水泥行业准入条件（征求意见稿）》，严格控制新增水泥产能，执行等量淘汰落后产能的原则，对2009年9月30日前尚未开工的水泥项目一律暂停建设并进行一次认真清理，对不符合上述原则的项目严禁开工建设。

2010年11月正式出台的《水泥行业准入条件》则着重对新型干法水泥熟料年产能超过人均900千克的省份，原则上应停止核准新建扩大水泥（熟料）产能生产线项目。

由于水泥行业产能利用率已经接近80%，加之2009年以来限制产能投放的政策强硬，2011～2012年新建产能投放有限，《水泥行业准入公告管理暂行办法》的通知难以从根本上改变目前水泥行业的现状。与2009年、2010年不同的是，落后产能的淘汰能减少水泥企业压力，但2011年开始，大部分落后产能已经淘汰，未来不发生较大兼并重组，行业内的竞争格局不会发生较大变化。

目前除了中南、西南、东北部分经济落后省区的水泥产能新型干法生产线比例低于70%外，全国大部分地区均高于90%，沿海经济发达的京津沪、浙江、江苏、山东和安徽等达到100%，准入条件能产生作用的范围非常有限。

从供给上来看，近期水泥投资又有死灰复燃的迹象，中期来看，未来供应增长仍将持续到2013年，而且即使考虑落后产能全部淘汰，2011年和2012年产能增加规模在亿吨以上。而且供给主要集中在2010年以前较为景气的西北、华北地区，加剧了水泥行业供求的不平衡状况。

2011年6月水泥新开工计划总投资额为185亿元，同比增速为54.7%，显示水泥投资仍然过热。另据兴业证券统计，2010年以后在建的水泥生产线达323条，总计产能超过4亿吨。扣除落后产能淘汰，2011～2013年，全国水泥产能净增量分别为1.66亿吨、1.63亿吨、0.35亿吨。

水泥需求主要来自房地产投资、中央重点工程项目、新农村建设等方面，其中房地产占1/3左右的份额，中央投资占20%左右，新农村建设占15%～20%。

虽然国家力推1 000万套保障房建设，但由于房地产受调控、高铁等中央项目投资减少的影响，未来需求增长不容乐观。

国家统计局近日发布的统计数据显示，上半年房地产开发投资额同比增长32.9%，但是商品房销售面积同比增长12.9%，如果房地产成交持续低迷，而调控力度仍不放松，房地产的后续开发力度将逐步减弱，水泥和钢铁等原材料的需求可能在下半年开始疲软。

虽然保障房建设加快，能增加水泥需求，但毕竟国家没有那么大的财力维持每年建设1 000万套保障房，更何况保障房对水泥需求增量影响并不大。

根据我国城镇民用住宅平均每平方米0.2吨水泥消耗量估算，每套保障房水泥平均用量在10吨左右，2011年保障性住房建设拉动水泥需求增量为1亿吨，相当于2010年水泥总产量的5.35%，对水泥行业的供需影响不是十分显著。

由于供应大于需求，水泥产能利用率偏低，而且产能分布的地域不平衡情况较为严重，直接影响水泥企业的经济效益。已披露的中报显示，以往业绩靓丽的赛马实业和祁连山上半年开始增收不增利。

（资料来源：http://china.toocle.com/cbna/item/2011-08-30/5909340.html）

问题

1. 根据本资料，再结合当前水泥行业实际，谈谈水泥行业生产能力的构成特点及影响生产能力规划的因素。

2. 补充资料，谈谈你对水泥行业生产能力规划的看法。

第 9 章

生产运作计划

学习目标

通过本章的学习，掌握生产运作计划构成体系及其各计划间的关系；理解滚动式计划方法及其优点；能够运用盈亏平衡分析法和线性规划法确定生产计划的产量指标；理解主生产计划的三种编制策略；了解生产排序规则；能够运用 Johnson 规则确定多种工件的加工顺序。

关键概念

综合生产计划；主生产计划；物料需求计划；生产作业计划

日产汽车公司的生产计划系统

日产汽车公司的整个生产计划系统，如图 9-1 所示，它由内销产品生产计划和出口产品生产计划构成，下面以前者为中心加以说明。

首先，位于生产计划系统最顶端的是"中期生产计划"，这是一年或半年的生产计划，如生产"蓝鸟"多少辆的总量计划，按照公司的利润计划和销售计划编制。为了制订销售计划，销售预测就成了基础。

接着是"季度生产计划"。这是日产在考虑销售实绩和库存状况的基础上，兼顾新技术、设备、人员、零部件厂的体制，以滚动的方式每月编制并修订的，也叫作"基本日程 No.1"。但是，作为季度生产计划的输入数据，还加上了来自销售商的预测订货。因为这个订货不是确定了的订货，所以每月要进行修正；确定了的订货，会在后面讲的"旬订货"中出现。另外，生产不一定只按与当月预计销售量平衡的数量进行。例如，虽然汽车畅销的月份是 3 月和 7 月，但是在它们的前一个月，除了当月的预计销售量外，还必须生产为了下月销售的库存车。这种政策性库存也编入基本日程 No.1 中。

将季度生产计划中最初一个月的生产计划用该月的劳动天数除出来的就是下面表示的"月度分日生产计划"（基本日程 No.2）。例如，一天生产多少辆"蓝鸟"这样的总分配额计划，并根据它决定勤务体制。这就决定人工（以由总作业时间得来的工作量为单

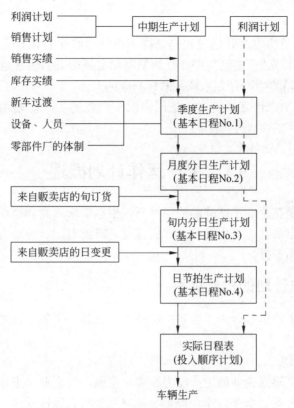

图 9-1 日产汽车公司的生产计划系统

位,一个人工指一个人在一天规定的作业时间里的完成量)总数(总工时)和加班体制,把劳动人员分配到各工作日中去。这个计划一经确定,在当月就不能改变。这是因为要保证基本日程 No.1 中的总量数。

以上三个生产计划主要是以日产方面的预测信息为基础的计划。

在下一个步骤中,开始是来自销售商(贩卖店)的信息起重要作用,这就是"来自贩卖店的旬订货",包括车颜色在内的最终规格(最后项目)的信息也在其中,它同时包含了销售商的销售预测和实际订货。这个旬订货对季度预测订货具有修正的意义,根据这个旬订货制订"旬内分日生产计划"(基本日程 N0.3)。

接着,是"来自贩卖店的日变更"信息。这就是每天来自贩卖店的日订货,是修正旬订货信息的数据。对于旬订货,一般车种可以变更 2~5 成。但是,也有可以无限制地变更的车种。这样一来,可以更能反映销售市场上顾客的实际订货情况。发出日变更,要在该规格的汽车下线四天之前。按照这个日变更信息,日产方面制订"日节拍生产计划"(基本日程 No.4)。针对这个"日生产计划",使用 MRP 技术展开零部件,每天向零部件厂订货。

最后,每天要为装配生产线编制被称为"实际日程"的车种投入顺序计划。

此外,关于出口产品的生产计划,如图 9-1 中虚线标明的那样,没有"旬内分日生产计划"和"日生产计划",从"月份分日生产计划"直接跳到"顺序计划"是它的特点。

(资料来源:黄卫伟.生产与运营管理[M].北京:中国人民大学出版社,2006)

问题

1. 日产汽车公司的生产计划过程是怎样不断地吸收来自销售商的预测和订货信息的?这样做的优点是什么?可能给生产计划的编制和实施造成的困难是什么?

2. 日产汽车公司的生产计划系统是怎样构成的?

3. 日产公司的生产计划系统对改进国内汽车企业的生产计划系统有哪些可借鉴的地方?

9.1　生产运作计划概述

生产运作计划是在企业生产战略的指导下，根据需求预测和企业生产能力，对企业生产运作系统的产出品种、产出数量、产出速度、产出时间、劳动力和设备的配置等问题预先所进行考虑和安排。

9.1.1　生产运作计划的构成体系

制造型企业的生产运作计划主要包括综合生产计划、主生产计划、物料需求计划和生产作业计划。

1. 综合生产计划

综合生产计划是根据企业的生产能力和需求预测，对企业未来较长一段时间内的产出内容、产出量、劳动力水平、库存投资等问题所做的大致性描述。综合生产计划并不具体制定每一品种的生产数量和生产时间以及每一车间、人员的具体工作任务，而是按照以下方式进行工作安排，形式如表 9-1 所示。

表 9-1　某公司的综合生产计划　　　　　　　　　　　　　　　　　单位：件

	1 月	2 月	…	12 月
产品系列 A	10 000	12 000	…	15 000
产品系列 B	20 000	24 000	…	30 000

（1）计划对象：产品系列。一个产品系列中通常包含多个品种，它们具有相似的加工特征或者需求特性等。

（2）计划期：综合计划的计划期通常是一年，某些生产周期较长的产品，如大型机床等，可能是两年或三年甚至更长，因此，有些企业也把综合生产计划称为年度生产计划或年度生产大纲。

（3）计划时间单位：在计划期内，使用的计划时间单位是月、双月或者季度。

2. 主生产计划（master production schedule，MPS）

主生产计划是确定各最终产品在每一具体时间段内的生产数量。主生产计划按照以下方式进行工作安排。根据表 9-1 的综合生产计划制定的产品系列 A 的具体产品的一月的主生产计划如表 9-2 所示。

表 9-2　某公司 1 月的产品系列 A 的主生产计划　　　　　单位：件

产品 ＼ 周次	1	2	3	4
A1 型		1 600		1 600
A2 型	1 500	1 500	1 500	1 500
A3 型	400		400	

（1）计划对象：最终产品。最终产品是指对于工厂而言是最终完成的产品，例如，将被直接运给客户的产成品或货物、将被存入库房的产成品等。

（2）计划期：主生产计划的计划期通常是月，在某些情况下，也可能是季度。

（3）计划时间单位：在计划期内，使用的计划时间单位是周，在有些情况下，也可能是旬、月或日。

主生产计划是根据客户合同和市场预测，把综合生产计划中的产品系列具体化。它是将综合生产计划转换为生产作业计划的关键环节，是原材料采购或生产、产品生产或装配等活动的依据，在生产计划体系中起到承上启下的关键作用。

3. 物料需求计划（material requirement planning，MRP）

为了能够实施主生产计划，生产出产品，首先需要确保主生产计划里的最终产品所需的全部物料（原材料、零部件等）和其他资源供应到位。物料需求计划就是制订企业生产所需要的原材料、零部件的生产计划及采购计划。它是指根据主生产计划里的最终产品的产品结构各层次物品的从属和数量关系，以主生产计划里的最终产品完工时期为时间基准倒排计划，是一种工业制造企业内物资计划管理模式。

物料需求计划的计划对象是相关需求物料，也就是生产最终产品所需要的原材料和零部件。物料需求计划解决的是主生产计划里的最终产品在生产过程中的相关物料需求的问题，而不是这些物料的独立需求问题。这种相关需求的计划和管理比独立需求要复杂得多，尤其是对于加工装配型生产企业，由于产品往往涉及成千上万种零部件，只要一种零件缺货，就会影响整个产品的加工装配进度。所以物料需求计划对确保主生产计划的完成非常关键。由此可以看到，物料需求计划工作复杂、琐碎，同时又非常重要。有关物料需求计划的详细内容将在第 12 章介绍。

4. 生产作业计划

生产作业计划是企业生产计划的具体执行计划。生产作业计划是对各生产单位（车间、工段、班组等）甚至是个人在每一具体时期（旬、周、日、班、小时）内的生产任务做出详细规定，从而保证整个企业生产计划规定的生产任务能够按品种、质量、产量和期限完成。

生产作业计划的编制，是为了指导生产作业，计划对象是工序。它是组织日常生产活动、建立正常生产秩序的重要手段。生产作业计划的作用是通过一系列的计划安排和生产调度工作，充分利用企业的人力、物力，保证企业每个生产环节在品种、数量和时间上相互协调和衔接，组织有节奏的均衡生产，取得良好的经济效果。

综合生产计划、主生产计划、物料需求计划、生产作业计划之间的关系流程如图 9-2

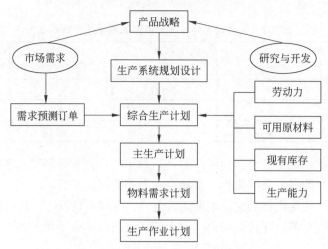

图 9-2　各生产计划之间的关系流程

所示。

9.1.2　生产计划的主要指标

生产计划的主要指标有：产品品种指标、产品产量指标、出产期、产品质量指标和产值指标。

（1）品种指标。品种指标是指企业计划生产的产品的品名、规格、型号。也就是"生产什么"的问题，这是企业生产计划首先需要考虑的问题。

（2）产量指标。产量指标指企业在计划期内应当生产的合格产品的数量，也就是"生产多少"的问题。这是生产计划中要体现每一个品种生产多少的问题。

（3）出产期。出产期是为了保证按期交货而确定的产品出产期限，也就是"何时完工"的问题。

（4）质量指标。质量指标通常指企业在计划期内，各种产品应达到的质量标准。通常需要规定出一级品率、合格品率、废品率、返修率等。

（5）产值指标。产值指标就是用货币表示的产量指标。

不同类型的企业在制订各种生产计划时，需要考虑的上述指标的侧重点有所不同，因此，不同类型的企业制订计划的指标构成是不同的。

9.1.3　滚动计划法

在生产计划工作中很难准确预测影响企业生产的环境因素的变化，而且随着计划期的延长，这种不确定性就越大。因此，如果机械或静态地执行计划，则可能导致巨大错误和损失。滚动计划法可以避免这种不确定性可能带来的不良后果。这种方法根据计划的执行情况和环境变化情况定期修订未来计划，并逐期向前推移，使短期计划、中期计划有机地结合起来。

按编制滚动计划的方法，整个计划期被分为几个时段，其中第一个时段的计划为执行计划，后几个时段的计划为预计计划。执行计划较具体，要求按计划实施；预计计划比较粗略。每经过一个时段，根据执行计划的实施情况以及企业内、外条件的变化，对原来的预计计划做出调整与修改，原预计计划中的第一个时段的计划变成了执行计划。例如，2013 年编制全年 4 个季度的计划，计划期从 2013 年 1 季度至 2013 年 4 季度。将全年分成 4 个时段，则 2013 年的 1 季度的计划为执行计划，其余 3 个季度的计划均为预计计划。当 2013 年 1 季度的计划实施之后，又根据当时的条件编制 2013 年 2 季度至 2013 年 4 季度的计划，其中 2013 年 2 季度的计划为执行计划，2013 年 3 季度至 4 季度的计划为预计计划。依此类推。修订计划的间隔时间称为滚动期，它通常等于执行计划的计划期。如图 9-3 所示。

图 9-3　滚动计划法示例

9.2　综合生产计划的编制

9.2.1　备货型企业综合生产计划的编制

备货型生产是指在没有接到用户订单时，经过市场预测按已有的标准产品或产品系列进行的生产，生产的直接目的是补充成品库存，通过维持一定量的成品库存来即时满足用户需求。因为备货型企业生产的是库存，顾客直接从企业成品库提货，所以备货型企业编制生产计划时出产期就不是一个关键问题。备货型企业编制生产计划的核心内容是确定产品的品种和产量。

1. 品种的确定

大量大批生产的备货型企业，所生产的产品品种数少，市场需求量大，品种稳定，编制综合生产计划时，不需要考虑计划品种。对于多品种中批生产的备货型企业，由于生产的品种数多，编制综合生产计划时，需要选择计划品种，进行品种决策。在进行品种决策时可以运用波士顿矩阵（BCG）法。该方法是由波士顿集团（Boston Consulting Group，BCG）在 20 世纪 70 年代初开发的。BCG 矩阵将企业的产品按市场份额和业务增长率两个维度划分为"问题"型产品、"明星"型产品、"金牛"型产品和"瘦狗"型产品，如图 9-4 所示。

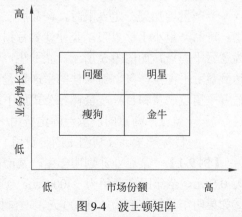

图 9-4　波士顿矩阵

（1）"问题"型产品特点是业务增长率较高，目前市场份额较低。这往往是一个公司的新产品，为发展新产品，公司必须建立工厂，增加设备和人员，这就需要大量的资金投入。"问题"非常贴切地描述了公司对待这类业务的态度，因为这时公司必须慎重回答"是否继续投资，发展该产品？"这个问题。只有那些符合企业发展长远目标、能够增强企业核心竞争力的产品才能得到肯定的回答。得到肯定回答的"问题"型产品可以纳入企业综合生产计划的编制中。

（2）"明星"型产品特点是业务增长率和市场份额都较高。明星型产品是由问题型产品继续投资发展起来的，可以视为高速成长市场中的领导者。但这并不意味着明星产品一定可以给企业带来源源不断的现金流，因为市场还在高速成长，企业必须继续投资，以保持与市场同步增长。企业如果没有明星产品，就失去了希望，因而，可以将这类产品纳入企业综合生产计划的编制中。

（3）"金牛"型产品特点是市场份额较高，但业务增长率较低。这是成熟市场中的领导者，它是企业现金流的来源。由于市场已经成熟，企业不必大量投资来扩展市场规模，同时作为市场中的领导者，该业务享有规模经济和高边际利润的优势，因而给企业带来大量现金流。金牛产品适合采用稳定战略，可以纳入企业综合生产计划的编制中。

（4）"瘦狗"型产品特点是业务增长率和市场份额都较低。这类产品只能给企业带来微利，甚至可能亏损，对这种类型的产品应该采取收缩战略或者放弃的战略。

BCG 矩阵的发明者、波士顿公司的创立者布鲁斯认为："公司若要取得成功，就必须拥有增长率和市场份额各不相同的产品组合。组合的构成取决于现金流量的平衡。"

2. 产量的确定

要做出正确的产量决策，一般需要从企业外部和内部两个方面考虑。

从企业外部考虑是计划的产量必须符合市场需求，在对历史经验数据统计和对市场分析预测的基础上做出正确判断。从内部考虑指计划的产量必须基于企业生产能力和企业的规模经济的要求。此外，还要考虑人力、材料供应、资金、时间等条件的制约，使企业在资源有限的条件下获取最大利润，或者使企业在获取一定利润的情况下使用最少的资源。为了解决计划的产量指标问题，企业经常用到的方法有盈亏平衡分析法和线性规划法。

1）盈亏平衡分析法

当产量增加到一定界限时，产品所支付的固定费用和变动费用才能为销售收入所抵偿；产品产量小于该界限，企业就要亏损；大于这个界限，企业才盈利。这个界限点称为盈亏平衡点，如图 9-5 所示。企业生产满足规模经济的要求主要指生产的数量至少要达到盈亏平衡点产量，而最佳的生产数量是实现目标利润的生产数量，即目标生产量。盈亏平衡点产量和目标产量计算公式如下：

盈亏平衡点的产量＝固定费用/（产品单价－单位产品变动费用）

目标产量＝（利润＋固定费用）/（产品单价－单位产品变动费用）

【例 9-1】　某企业计划明年生产某产品，销售单价为 1 元/件，单位产品的变动费用为 0.5 元。全年固定费用为 3 000 元。①确定该批产品的产量达到多少时才不会亏损？②如果明年目标利润为 400 000 元，产量指标应确立为多少？

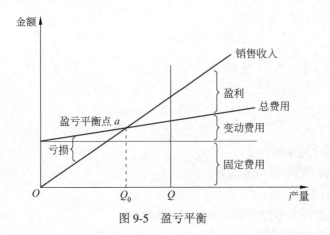

图 9-5　盈亏平衡

解　① 盈亏平衡点的产量＝固定费用/（产品单价－单位产品变动费用）

$$=3\,000/（1-0.5）$$

$$=6\,000（件）$$

即明年计划产量应当达到 6 000 件，企业才不会亏损。

② 目标产量＝（利润＋固定费用）/（产品单价－单位产品变动费用）

$$=（400\,000+3\,000）/（1-0.5）$$

$$=806\,000（件）$$

如果明年目标利润为 400 000 元，产量指标应确立为 806 000 件。

2）线性规划方法

线性规划法是解决多变量最优决策的方法，是在各种相互关联的多变量约束条件下，解决或规划一个对象的线性目标函数最优的问题，即在一定数量的人力、物力等资源下，如何应用能得到最大经济效益。在多品种批量生产条件下，品种产量优化的问题可用线性规划方法。应用线性规划法解决问题通常遵循这样的步骤：①设变量；②列出约束条件；③建立目标函数；④求解。典型的线性规划模型如下：

$$\max P=\sum_{i=1}^{n}(t_i-c_i)x_i$$

满足：

$$\sum_{i=1}^{n}a_{ik}x_i\leqslant b_k,\quad k=1,2,\cdots,m$$

$$x_i\leqslant U_i$$

$$x_i\geqslant L_i$$

$$L_i\geqslant 0,\quad i=1,2,\cdots,n$$

或者

$$\min C=\sum_{i=1}^{n}c_ix_i$$

满足：

$$\sum_{i=1}^{n} a_{ik} x_i \leqslant b_k, \quad k=1, 2, \cdots, m$$

$$x_i \leqslant U_i$$

$$x_i \geqslant L_i$$

$$L_i \geqslant 0, \quad i=1, 2, \cdots, n$$

式中：P——利润；

t_i——产品 i 的单价；

c_i——产品 i 的单位可变成本；

x_i——产品 i 的产量；

a_{ik}——生产一个单位产品 i 需资源 k 的数量；

b_k——资源 k 的数量；

U_i——产品 i 的最大潜在销售量；

L_i——产品 i 的最小生产量；

C——成本。

【例 9-2】企业同时生产 A 和 B 产品，每千克产品台时消耗和电力消耗定额如表 9-3 所示，设备生产能力的有效台时为每月 2 000 台时，电力消耗每月不超过 3 000 度，设 A 产品每千克的利润为 50 元，B 产品每千克的利润为 80 元，试求 A、B 各生产多少时，企业获利最大？

表 9-3　设备能力和电力消耗

约束条件 ＼ 产品	A	B
设备能力/台时	6	3
电力消耗/度	4	6

解　① 设变量：

设计划生产 A 产品 x_1 千克，生产 B 产品 x_2 千克。

② 列出约束条件：

$$\begin{cases} 6x_1 + 3x_2 \leqslant 2\,000 & （设备能力限制） \\ 4x_1 + 6x_2 \leqslant 3\,000 & （电力限制） \\ x_1 \geqslant 0 & （产量非负） \\ x_2 \geqslant 0 & （产量非负） \end{cases}$$

③ 建立目标函数：

$$\max P = 50x_1 + 80x_2$$

④ 求解：

对于本例题，只有两个变量，可以应用图解法求解。由于产量不能是负数；所以，图解范围应当在第一象限。在图 9-6 中，直线 AB 与 X 轴、Y 轴所包围区域满足 $6x_1 + 3x_2 \leqslant 2\,000$；直线 CD 与 X 轴、Y 轴所包围区域满足 $4x_1 + 6x_2 \leqslant 3\,000$。$AB$ 与 CD 相交于 P 点，P 点坐标为 $x_1 = 125$，$x_2 = 416.7$。

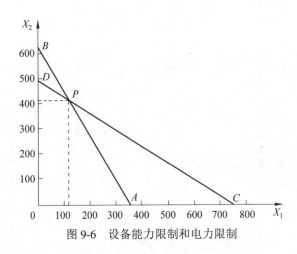

图 9-6　设备能力限制和电力限制

对于本例，最优解在顶点上取得，图 9-6 中符合约束条件的顶点是 A、P、D、0。经过计算，4 个顶点中利润最大的是 P 点。

因此，可以得出：A 产品生产 125 千克，B 产品生产 416.67 千克。最大利润额 max$P$ = $125 \times 50 + 416.67 \times 80 = 39\ 583.6$（元）。

求解线性规划模型有多种方法，包括图解法、单纯形法，还可以用计算机求解。求解线性规划模型的计算机软件也有多种，如 Lindo 软件、Excel 软件等。商用版 Lindo 软件，可以解上万个变量和上万个约束的线性规划问题。Excel 软件因为简单方便，常用来解决小规模的线性规划问题。

9.2.2　订货型企业综合生产计划的编制

订货型生产是以顾客的订单为依据，按用户特定的要求进行生产。单件小批生产是典型的订货型生产，其特点是按用户订单的要求，生产规格、质量、价格、交货期不同的专用产品。对于订货型企业，由于企业订单的到达具有随机性，产品往往又是一次性需求，无法事先对计划期内的生产任务做总体安排，但是，订货型企业仍需要编制综合生产计划。综合生产计划主要是对计划年度内企业的生产经营活动和接受订货决策进行指导。单件小批生产企业的综合生产计划只能是指导性的，主生产计划是按订单编制的。因此，对订货型企业来说，订货决策非常重要。

1. 接受订货决策

当接到客户订单时，企业首先要对客户订单进行产能技术及价格商务两个部分的评审，从而做出接不接受客户订单，接受什么产品，接受多少产品和何时完成生产交货的决策。在做出是否接受这项订货决策时不仅要考虑企业所能生产的产品类别，现已接受订货的工作量，生产能力与原材料、设备和动力供应状况，交货期要求等，而且还要考虑价格、客户渠道、客户信用等商务条件是否能接受。因此，这是一项十分复杂的决策。其决策过程可用图 9-7 来描述。

用户订货一般包括要订货的产品类别、技术规格、产品数量、包装要求、交货方式、交货时间 Dc 和价格 Pc。在顾客心里可能还有一个可以接受的最高价格 $Pcmax$ 和最迟的

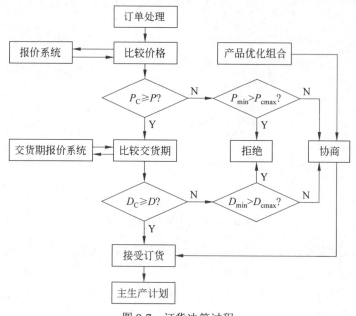

图 9-7 订货决策过程

交货时间 $D_{c}max$。超过此限，将不能满足顾客的订货要求，客户可能不得不另选其他生产厂家。

对于生产企业来说，则会按照客户所要求的产品和对产品规格的要求以及当时的市场行情，通过它的报价系统给出一个正常价格 P 和最低可接受的价格 P min，也会根据产能情况，包括现有订单情况、生产能力和生产技术准备周期、产品制造周期等，通过交货期排产设置系统设定一个一般条件下的正常交货期 D 和赶工情况下最早的交货期 D min。

在品种、数量等其他条件都满足的情况下，显然，当价格和交货期都能够满足（$P_{c} \geq P$ 和 $D_{c} \geq D$）时，订货一定会接受，接受的订货将列入产品生产计划。当客户最高价格高于企业最低可接受价格（P min>P_{c} max）时或者企业赶工情况下最早的交货期迟于客户的最迟交货时间（D min>D_{c} max）时，订货一定会被拒绝。若不是这两种情况，在一定的情况下经双方协商解决，其结果是订货有可能接受，也有可能被拒绝。较紧的交货期和较高的价格，或者较松的交货期和较低的价格，都可能成交。符合企业产品优化组合的订单生产成本较低，可能在较低价格下成交；不符合企业产品优化组合的订单生产成本较高，可能在较高价格下成交。

从接受订货决策过程可以看出，品种、数量、价格与交货期的确定对订货型企业十分重要。

2. 品种的确定

对于订单的处理，除了前面讲的即时选择的方法之外，有时企业也可以将一段时间内的订单综合起来做批量处理，从而可以对订单进行优选。

对于小批生产也可采用线性规划方法来确定生产的品种与数量。对于单件生产，不会遇到产量问题，即可采用 0—1 型整数规划来确定要接受的品种。

3. 价格的确定

确定价格通常可采用成本定价法和市场定价法。成本定价法是以产品成本作为定价的基本依据，加上适当的利润及应纳税金，得出产品价格的一种定价方法。这是从生产厂家的角度出发的定价法，其优点是可以保证所发生的成本得到补偿；但是，这种方法忽视了市场竞争与供求关系的影响，所确定的价格有可能高于或低于市场价格，结果就是可能放弃了部分利润或销售不出去产品，这种方法在供求基本平衡的条件下比较适用。

市场定价法是按市场行情定价，然后再推算成本应控制的范围。按市场行情，主要是看具有同样或类似功能产品的价格分布情况，然后再根据本企业产品的特点，确定本企业产品顾客可以接受的价格。按此价格来控制成本，使成本不超过某一限度，并尽可能得小。

对于单件小批生产的机械产品，一般采用成本定价法。由于单件小批生产的产品不是通用产品，其产品的独特性使它们在市场上的可比性不是很强。所以只要考虑少数几家竞争对手的类似产品的价格就可以了。而且，大量统计资料表明，机械产品原材料占成本比重的 60%～70%，因此按成本定价是比较科学的。

由于很多订货产品都是新产品，在用户订货阶段，只知产品的性能、重量上的指标，并无现成工作过程的图纸和工艺，难以按照原材料和人工的消耗来准确计算成本。因此，往往采取类比的方法来定价。即按过去已生产的类似产品的价格，找出同一大类产品价格与性能参数、重量之间的相关关系，来推算出将接受订货的产品价格。

4. 交货期的确定

交货期的确定对单件小批生产企业十分重要。交货期的确定主要考虑产品出产期和发运期。出产期是指产品生产完成入库的时间，发运期是指产品通过运输工具从生产企业到达客户的时间。合理安排出产时间和发运时间可以保障产品迅速而准时送交客户，从而提高客户满意度。交货期设置过松，对顾客没有吸引力，还会增加成品库存；交货期设置过紧，企业的生产能力满足不了交货要求，造成误期交货，会给企业带来经济损失和信誉损失。因此，正确设置交货期对企业非常重要。

9.3　主生产计划的编制

主生产计划的编制，取决于企业的生产类型和生产技术特点。在备货型生产方式下，主生产计划是按综合生产计划规定的任务排产。在订货型生产方式下，主生产计划是根据订货合同编制。主生产计划还要根据产品构成从总体上核算关键设备的生产负荷，进行负荷平衡，消除生产能力的瓶颈，不留缺口。实践中常用的主生产计划编制策略主要有均衡策略、追踪策略和批量策略，同时还可以运用滚动计划法定期修订主生产计划以适应环境的变化。

9.3.1　均衡策略

均衡策略是指对整个计划期内每一个期间的生产平均分配，使生产在整个计划期内按稳定的生产率进行。均衡策略的优点在于生产过程秩序稳定，有利于产品质量控制和稳定；缺点是在产品需求量低于生产水平的时期会形成超量库存。针对这一缺点，可以通过实施分段均衡的策略进行改进。采用均衡策略编制主生产计划，适宜于计划期内需求分布相对均衡或者需求呈现有规律的变化的情况。表 9-4 是采用均衡策略编制主生产计划的一个简单示例。其中前五周每周的需求均为 5 件，后五周每周的需求均为 15 件，计划期内的总需求数量为 100 件，平均每周为 10 件。

表 9-4　采用均衡策略编制主生产计划示例

	计 划 期 间									
	1	2	3	4	5	6	7	8	8	10
预计需求	5	5	5	5	5	15	15	15	15	15
实际需求										
全部需求	5	5	5	5	5	15	15	15	15	15
可用库存	15	20	25	30	35	30	25	20	15	10
主生产计划	10	10	10	10	10	10	10	10	10	10
期初库存	10									

9.3.2　追踪策略

追踪策略是指按计划期内各个期间的实际需求安排生产。追踪策略的优点在于可以保持较低的期末库存水平，缺点是需要根据需求的变化而频繁地改变生产率。采用追踪策略编制主生产计划，适宜于计划期内需求分布很不均衡的情况。表 9-5 是采用追踪策略编制主生产计划的一个简单示例。

表 9-5　采用追踪策略编制主生产计划示例

	计 划 期 间									
	1	2	3	4	5	6	7	8	9	10
预计需求	5	8	4	10	15	5	5	10	15	10
实际需求										
全部需求	5	8	4	10	15	5	5	10	15	10
可用库存	10	10	10	10	10	10	10	10	10	10
主生产计划	5	8	4	10	15	5	5	10	15	10
期初库存	10									

9.3.3　批量策略

批量策略是指依据事先确定的期量标准或事先确定的批量计算方法，将计划期内的几个相邻期间的生产要求合批。批量策略的优点在于可以减少生产批次，节约生产准备费，合理安排各个不同产品的轮番生产。缺点在于会增加半成品库存或成品库存，增加生产控制的工作量。批量策略是企业经常使用的主生产计划编制策略，尤其是中小批生产企业经常使用批量策略编制主生产计划。在实践工作中需要根据工作要求相应地选择经济批量订货法、部分期间法及其他方法来改进批量的确定方法，改进批量编制策略。表 9-6 是采用批量策略编制主生产计划的一个简单示例。其中，批量规模为 20 个单位，当可用库存下降到 10 个单位时，需要生产一个新的批量。

表 9-6 采用批量策略编制主生产计划示例

	计 划 期 间									
	1	2	3	4	5	6	7	8	9	10
预计需求	5	8	4	10	15	5	5	10	15	10
实际需求										
全部需求	5	8	4	10	15	5	5	10	15	10
可用库存	5	17	13	3	8	23	18	8	13	3
主生产计划		20			20	20			20	
期初库存	10									

9.4 生产作业计划的编制

生产作业计划的编制就是把生产计划中所规定的有关任务，按照月、旬、周、日、轮班以至小时，具体合理地分配到车间、工段、小组以至工作地和员工个人，从而保证整个企业生产计划规定的生产任务能够按品种、质量、产量和期限完成。

9.4.1 生产作业计划的编制要求

企业类型和规模不同，生产作业计划的编制也会不同。但一般来说，生产作业计划应满足以下基本要求。

（1）全面性。生产作业计划应把生产计划所规定的品种、产量、质量和交货期全面安排和落实。生产作业计划是一个全面的计划，涉及生产产品的各个环节，确保产品生产的各个阶段都得到落实，从原料投入、生产工艺阶段到质量及质检控制各个节点，从而确保各个产品保质、保量、按期完工。

（2）协调性。使生产过程各阶段、各环节在品种、数量、进度和投入产出等方面都协调配合，紧密衔接。

（3）可行性。充分考虑企业现有条件和资源，能够保证生产作业计划的执行。生产作业计划是基于一定的企业实际来做的，所以企业必须基于自身的资源和能力来优化自己的生产过程，过高或过低的生产过程要求都会对生产过程产生不利的影响。因此，企业的生产作业计划必须按照企业实际来设计。

（4）经济性。经济性是指生产作业计划要有利于提高生产效率和经济效益。生产作业计划的编制是为了提高经济效益。生产作业计划不是为了简单生产出产品，而是采取最经济、最有效的方式来组织生产，通过合理的生产作业计划安排，实现企业成本投入的节约和时间效益的提高。

（5）动态性。动态性是指生产作业计划适应企业内、外条件和环境的变化，能及时根据生产条件和外部环境调整、补充和修正。一定的生产作业计划都是为了保证满足市场需求，而市场需求是不断变化的，虽然早期做出预期的安排，但实际情况是预期仅仅能够在一定程度上反映市场变化，因此，生产作业计划必须有一定的弹性。生产作业计划的编制最终是为企业的生产经营服务的，企业的生产经营处于一定的、不断变化的内外部环境当中，所以，生产作业计划也必须要反映和服务于这种生产变化，为企业的生产经营服务。

9.4.2　生产作业排序

1. 作业排序与作业计划

作业排序就是具体地确定每台设备、每个人员每天的工作任务和工件在每台设备上的加工顺序。也就是说，作业排序要解决不同工件在同一设备上的加工顺序的问题，以及设备和员工等资源的分配问题。

一般来说，作业排序与作业计划不是同义词。作业排序只是确定工件在机器上的加工顺序，而生产作业计划不仅包括确定工件的加工顺序，而且还包括确定机器加工每个工件的开工时间和完工时间。因此，只有作业计划才能指导每个工人的生产活动。但是编制作业计划的关键是要解决在各台机器上工件的加工顺序问题，而且，在通常情况下都是按最早可能开（完）工时间来编制作业计划。因此，当工件的加工顺序确定之后，作业计划也就确定了。所以，人们常常将排序与编制作业计划这两个术语不加区别地使用。

2. 作业排序的任务和目标

管理有效的企业应该有一个能够保证生产计划顺利执行的作业排序系统。在设计作业排序系统时，首先要明确作业排序的目标。

1）满足交货日期

满足交货日期的需要是作业排序的最基本的目标。能否在规定的日期向客户交付产品是检验作业排序成功与否的一个重要评判标准。在现在供应链管理中，客户往往将交付的可靠性当作评价和选择供应商的一个重要指标。交货期是合同订立的重要内容，是要约之一。

2）缩短提前期

提前期是指从客户下单到客户收到货物之间的时间长度。提前期的长短是一个影响客户选择供应商的重要因素。尤其在市场多变的环境下，企业之间的竞争是基于时间的竞争，谁的速度快，谁就能在市场上占据领先地位。缩短提前期，也就是缩短客户等待的时间，从而提高客户的满意度。

3）降低机器设备的准备时间或准备成本

企业增加利润的两条基本途径在于：增加销售额和降低成本。通过作业排序，满足交货期和缩短提前期这两个目标，在一定程度上能够提高客户的满意度，从而促使企业销售额的增加。而降低机器设备的准备时间和准备成本目标则是从成本的角度来设定的。小批量多品种生产带来了频繁的设备调整问题，从而导致了较多的机器设备准备时间和准备成本。因此，作业排序时，要考虑在满足交货时间要求的条件下，尽量延长机器设备的连续加工时间。例如，在一个车间内，如果有不同的订单下的相同产品，在一定的条件下就可以合并订单，进行连续生产，避免频繁的设备调整和工装转换。

4）降低在制品库存，加快流动资金周转

有效的作业排序，可以加快工件在整个生产过程中的流动时间。加快工件的生产加工时间，也就能够相应地降低在制品库存，从而释放在制品库存所占用的资金，改善流动资金的周转情况。

5）充分利用机器设备和劳动力

充分利用机器设备和劳动力是作业排序的又一个降低运作成本的目标。差的作业排序经常会导致机器设备和劳动力之间的负荷不均衡，某些设备出现工作积压，而另一些设备则出现闲置的情况。有效的作业排序要尽量避免这种情况的发生，使整个生产过程达到均衡、连续和有节奏。

3. 作业排序的优先规则

当多项任务（零件）排队等候某个工作中心加工时，哪项任务优先安排，这就是作业排序要解决的问题。作业排序是否合理，将直接影响产品能否按期交货，影响在制品库存数量以及设备利用率等，因此排序非常重要。迄今为止，人类已提出一百多条优先规则，每一条规则都有各自的特点和适用对象。企业应根据追求的目标不同，采用不同的规则。常用的规则主要有以下几种。

（1）FCFS（first come first served）规则，即"先到先服务"规则。它是指根据任务到达的先后次序安排加工顺序，先到先加工。这种排序规则不仅在制造企业中经常被采用，而且服务企业也常常运用该规则，如商场收银台、火车站售票窗口等。

（2）SPT（shortest processing time）规则，即"最短加工时间"规则。它是把加工时间由短到长进行排序，优先选择加工时间最短的任务。在准备时间可以忽略的情况下，该规则等同于最短作业时间规则（shortest operating time，SOT），作业时间是准备时间与加工时间之和。

（3）EDD（earliest due date）规则，即"最早交货期"规则。是指按照交货期从早到晚进行排序，优先安排完工期限最紧的任务。

（4）SCR（smallest critical ratio）规则，即"最小临界比"规则。它是根据临界比由小到大进行排序。临界比是工作允许停留时间和工件余下加工时间的比值。

（5）SST（shortest slack time）规则，即"最短松弛时间"规则。它是根据松弛时间由短到长进行排序。所谓松弛时间，是指当前时点距离交货期的剩余时间与该项任务的加工时间之差。

（6）TSPT（transcended shortest processing time），即"超限最短加工时间规则"。它是指事先设定一个排队等候的时间限度，对于等候时间超过此时间限度的任务，优先安排其中作业时间最短的任务。如果没有哪项任务的排队等候时间超限，则按最短作业时间规则排序。

另外，在实际工作中还有一些非常规的排序原则，例如，

（1）"闹得最响的客户"，在实际工作中，有时客户越固执，给供应商的压力越大，他们的工作可能会得到优先的处理。

（2）"最好的客户"，排序原则可能会偏向于那些支付价格最高、边际利润最高以及采购批量最大的客户。

（3）紧急情况。

很难说这些规则中哪一种最好，因为这些方式的选择取决于不同的环境和条件。在选择过程中，应考虑下列因素。

（1）注重交货时间。满足客户需求是生产管理及排序的首要目标。因此，那些注重交货期或者减少交货延迟的排序规则是最好的，如"最早交货期"规则、"最短松弛时间"规则和"最小临界比"规则。

（2）先到先服务规则。先到先服务原则能给客户平等的感觉，也是公平的。然而，从计划或成本的角度来说，这不一定是最优的。

（3）最短加工时间规则。使用这种方式意味着更多的工作将被处理，从而减轻工作人员的生理及心理压力。其缺点是需要作业时间较长的工作可能会被无限期推迟。

4．Johnson 规则

Johnson 规则是 1954 年由美国的约翰逊-贝尔曼提出的一种进行工作中心作业规划技术。它常被用于解决多种任务（零件）在两台设备上加工的流水排序问题。如果工作中心的数量超过两个，也可应用 Johnson 规则扩展法则来求解。

应用 Johnson 规则排序的目标是使总流程时间最短，总流程时间是指一批工件从开始加工到这批工件全部被加工完成所经过的时间。应用 Johnson 规则排序的前提条件是每种工件在不同设备上的加工路线是一致的，并且每种工件在每台设备上的加工时间是已知的。

1）n 种零件（任务）在两台设备上加工的流水作业排序问题

Johnson 规则操作步骤如下：

（1）从加工时间矩阵中找出最短的加工时间（如果最短加工时间有多个，则任选一个）。

（2）如果最短加工时间是第一台设备产生的，则对应的零件优先排序；如果最短加工时间是第二台设备产生的，对应零件靠后安排加工。

（3）将已安排的零件除去。

（4）重复上面的三步，直到零件全部安排完。

【例 9-3】设有五种零件，都需要先在车床 A 上加工，再到磨床 B 上加工，车床与磨床各一台，各零件在各台机床上加工的时间如表 9-7 所示，怎样安排加工顺序使总流程时间最短？并且计算最短总流程时间。

表 9-7　各零件在 A、B 机床上的加工时间

	J1	J2	J3	J4	J5
t_{iA}	11	9	3	5	6
t_{iB}	7	8	2	10	4

按 Johnson 规则确定的加工顺序是：J4→J2→J1→J5→J3。

对于已排定的加工顺序，列出加工时间矩阵表 9-8，将每个工件的完工时间标在其

加工时间的右上角，求得总流程时间为 38。

表 9-8　各零件在 A、B 机床上的总流程时间矩阵表

	J4	J2	J1	J5	J3
t_{iA}	5^5	9^{14}	11^{25}	6^{31}	3^{34}
t_{iB}	10^{15}	8^{23}	7^{32}	4^{36}	2^{38}

2）n 种零件（任务）在三台设备上加工的流水作业排序问题

对于这类问题的排序，可以用 Johnson 规则扩展方法来求解。

设有 A、B、C 三台加工设备，在符合 $\min t_{iA} \geqslant \max t_{kB}$ 或 $\min t_{iC} \geqslant \max t_{kB}$ 两条件之一的情况下，可将三台设备变换为两台假想设备 G 与 H，且存在如下关系式：

$$t_{iG} = t_{iA} + t_{iB}$$
$$t_{iH} = t_{iB} + t_{iC}$$

这样一来，该问题就转化为两台设备的流水作业排序问题了，可以采用 Johnson 规则确定加工顺序。如果三台设备上的零件加工时间不符合上述条件，应用此方法也可以得到近似最优方案。

【例 9-4】 设有四种零件在 A、B、C 三台机床上加工，工艺顺序均为 A→B→C，各机床只有一台。各零件在各台机床上的加工时间如表 9-9 所示。怎样安排加工顺序使加工总流程时间最短?并求出最短总流程时间。

表 9-9　各零件在 A、B、C 机床上的加工时间

	J1	J2	J3	J4
t_{iA}	15	7	8	10
t_{iB}	2	1	4	6
t_{iC}	6	12	5	8

因为 $\min t_{iA}$（$=7$）$\geqslant \max t_{kB}$（$=6$），所以可以把三台设备转换成两台假想设备 G、H，求出各零件在两台假想设备上的加工时间，如表 9-10 所示。

表 9-10　各零件在 G、H 机床上的加工时间

	J1	J2	J3	J4
t_{iG}	17	8	12	16
t_{iH}	8	13	9	14

按 Johnson 规则确定加工顺序为：J2→J4→J3→J1。

采用矩阵表法求得最短加工时间为 48。

3）n 种零件（任务）在三台以上的设备上加工的流水作业排序问题

对于此类问题，也可以用 Johnson 规则的扩展方法求得近似最优解。步骤如下：

（1）将零件在第 1 台设备与第 m 台设备上的加工看作两台设备流水排序问题，按 Johnson 规则排出第 1 个加工顺序方案。

（2）将零件在第 1 台设备与第 2 台设备上的加工时间合并，第（$m-1$）台与第 m 台

设备上的加工时间合并，所得到的两组加工时间，按 Johnson 规则排出第 2 个加工顺序方案。

（3）将零件在第 1 台设备、第 2 台设备、第 3 台设备上的加工时间合并，第 $(m-2)$ 台、第 $(m-1)$ 台、第 m 台设备上的加工时间合并，所得到的两组加工时间，按 Johnson 规则排出第 3 个加工顺序方案。

（4）重复以上运算。最后将第 1 台，第 2 台，……，第 $(m-1)$ 台共 $(m-1)$ 台机床的加工时间合并，第 2 台，……，第 $(m-1)$ 台，第 m 台共 $(m-1)$ 台机床的加工时间合并，所得到的两组加工时间，按 Johnson 规则排出第 $(m-1)$ 个加工顺序方案。

（5）根据以上 $(m-1)$ 个方案，分别求出它们的总流程时间。其中总流程时间最短的排序方案为最优或近似最优方案。

9.5 生产作业控制

9.5.1 生产作业控制概述

生产作业控制是指在生产作业过程中，按既定的政策、目标、计划和标准，通过监督和检查生产活动的进展情况、实际成效，及时发现偏差，找出原因，采取措施，以保证目标、计划的实现。生产作业控制的受控客体是生产作业过程，它的预定目标是生产计划的目标值。

企业的生产作业计划虽然对日常生产活动已做了比较周密和具体的安排，但是，由于在实施过程中的一些随机因素和不确定因素，会造成实施情况与计划发生偏离。生产作业控制实施的必要性主要由下述原因决定。

（1）加工时间估计不准确。工件在各台设备上的加工时间是编制生产作业计划的依据。在实际工作中，尤其是对于新产品，在做计划时很难将每道工序加工中遇到的困难和加工时间估计得精确。而加工时间是编制作业计划的依据，如果加工时间不能够准确确定，那么计划编制也就难以做到准确，生产实施中就会出现偏离计划的情况。

（2）随机因素的影响。在生产活动中可能会遇到各种难以预计的随机因素，如不可预期的人员缺勤、设备故障和原材料的问题或者停电停水等。这些因素会造成实际生产进度与计划不一致。

（3）工作能力的差异。员工工作能力的差异，也会造成实际的工作结果在质和量上与计划要求不符。

（4）企业环境的动态性。影响企业活动的因素是动态变化的，如市场需求、技术水平、产业结构等，企业所处环境是动态变化的，为了适应环境的变化，需要适时调整生产计划。

生产作业控制是完成生产作业计划的手段。管理一个现代化企业，要协调生产过程各个方面的活动和实现生产活动的预定目标，没有生产作业控制就难以进行有效的生产与运作管理。要搞好企业的生产与运作管理，不仅要对生产过程有科学的计划和组织，而且要有科学的生产作业控制。

生产作业控制既要保证生产过程协调地进行，又要保证以最少的人力和物力完成生产任务，所以它又是一种协调性和促进性的管理活动，是生产与运作管理系统的一个重要组成部分。生产作业控制的目的是提高生产与运作管理的有效性，即通过生产作业控制，使企业的生产活动既可在严格的计划指导下进行，实现品种、质量、数量和时间进度的要求，又可按各种标准来消耗活劳动和物化劳动，降低成本，从而取得良好的经济效益。

9.5.2 生产作业控制的过程

生产作业控制的过程如图 9-8 所示。生产作业控制的受控客体是生产作业过程，其预定目标是主生产计划与生产作业计划的目标值。企业的生产作业计划虽然对日常生产活动已做了比较周密而具体的安排，但是，在计划的执行过程中，会出现一些人们预想不到的情况和矛盾（如图 9-8 中的"干扰因素"）。为了顺利完成生产计划，需要对生产作业过程进行控制，需要在输出端设置测量机构，以检测输出结果。测量机构把检测的输出结果同目标值进行比较，观测两者之间是否存在偏差，如果出现偏差，将偏差情况传递给决策机构。决策机构分析出现偏差的原因，对症下药地做出决策，并把决策结果（如即将采取什么措施）传达给执行机构。执行机构采取实际措施，以实现控制，达到目标。生产作业控制过程包括四个基本环节：制定标准、测量比较、控制决策、实施执行。

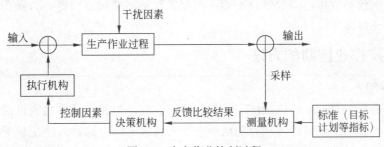

图 9-8　生产作业控制过程

1．制定标准

标准是人们检查和衡量工作及其结果的规范，制定标准是进行控制的基础。在生产作业控制中，制定标准就是对生产过程中的人力、物力和财力，对产品质量特性、生产数量、生产进度规定一个数量界限。它可以用实物数量表示，也可以用货币数量表示，包括各项生产计划指标、各种消耗定额、产品质量指标、费用支出限额等。控制标准要求制定得合理可行。

2．测量比较

测量比较就是以生产统计手段获取生产系统的输出值，并与预先制定的控制标准做对比分析，发现偏差。企业生产活动的偏差如果能在产生之前被预见，管理者就可以预先采取必要的措施避免偏差的发生，防患于未然。虽然这种理想的纠偏方式有效，但在现实工作中实现的可能性不高，原因是并非所有的偏差都可以预见。在这种情况下最满意的控制方式是在偏差产生以后迅速采取必要的纠偏行动。在过去的生产管理中，由于信息沟通缓慢，在生产线中出现问题的时候，可能无法得到快速的偏离信息，导致在偏离发生到一定程度的时候才发觉，造成了一定的损失。现代计算机技术的应用，计算机辅助生产管理信息系统能有效地提供实际生产与计划偏离的信息，通过生产作业统计模块，每天都可以取得各个零部件的实际加工进度和每台机床负荷情况的信息，从而在现代出现了精益生产。

3. 控制决策

控制决策就是根据产生偏差的原因，提出用于纠正偏差的控制措施。一般的工作步骤是：

（1）分析原因。有效的控制必定是从失控的最基本原因着手的。不同的原因要求采取不同的纠正措施。要透过表面现象找出造成偏差的深层原因，在众多的深层原因中找出最主要的，为纠偏措施的制定指导方向。

（2）确定纠偏措施的实施对象。需要纠正的不仅可能是企业的实际生产活动，也可能是组织这些活动的计划或者是衡量这些活动的标准。

（3）拟定措施。从造成失控的主要原因着手，研究控制措施，制订改进工作或调整计划与标准的纠正方案。

4. 实施执行

这是控制程序中最后一项工作，由一系列的具体操作组成。控制措施贯彻执行得如何，直接影响控制效果，如果执行不力，则整个控制活动功亏一篑。所以在执行中要有专人负责，及时监督检查。

9.5.3 生产作业控制的方法

1. 甘特图

甘特图最早由 Henry L.Gantt 于 1917 年提出。它是以图示的方式通过活动列表和时间刻度形象地表示出任何特定项目的活动顺序与持续时间。这种方法是基于作业排序的目的，将活动与时间联系起来。作业进度甘特图是甘特图的基本形式之一，它反映一项工作的计划开始日期、计划完成日期以及现在的进度，许多企业利用它来跟踪计划的完成情况。例如，假设某公司正在生产 A、B、C 三种产品。图 9-9 是该公司铣工工段的作业进度甘特图。从图 9-9 中，可以掌握 A、B、C 三种产品在铣工工序上的预定计划和完成情况。在当前日期（以记号标出的 4 月 21 日），这张甘特图显示出，A 的完成情况滞后于计划，B 在按计划完成，C 的完成情况则超前于计划。有了这张作业进度甘特图，生产管理者就有了生产控制的依据，需要加快 A 产品在铣工工段的生产，适当减缓 C 产

图 9-9 某公司铣工工段作业进度甘特图

品在该工段的生产速度。

2. 投入/产出控制方法

投入/产出控制是对工作地的工作流进行控制。如果某道工序上的投入过多，即待加工的工件数量过多，就有可能在后面的生产中产生积压，造成生产的停滞，从而延长生产周期；相反，某道工序的投入过少，则会使工作地得不到充分利用。如果投入/产出的速度能够达到平衡，就不会出现工件积压和生产设备闲置的现象，使生产过程平稳进行。

投入/产出控制方法的着眼点在于生产工序的两头，对工序中投入量和产出量进行控制，主要内容包括：一方面，比较实际投入量和计划投入量，控制投入某道工序的零部件数量；另一方面，比较实际产出量与计划产出量，控制从某道工序流出的零件数量。采取这些措施的目的是及时修正偏差，使各工序的投入/产出均衡。当然，对于不同的工序而言，投入的含义是不同的。投入/产出可以控制第一个工序的投入，但是以后每个工序的"投入"其实就是上一道工序的产出，所以，投入实际就是控制上一道工序输出量的大小。

3. "漏斗"模型

20 世纪 80 年代，德国汉诺威大学的贝特（Bechte）和温那多（Wiendall）等人从存量控制的思想出发提出了"漏斗模型"（funnel model）。所谓"漏斗"，是为了方便研究生产系统而做出的一种形象化描述。一台机床、一个班组，一个车间乃至一个工厂，任何一个生产单元都可以看作一个"漏斗"。作为"漏斗"的输入，可以是上道工序转来的加工任务，也可以是来自用户的订货任务；作为"漏斗"的输出，可以是某工序完成的加工任务，也可以是制成的产品。而"漏斗"中的液体，则表示生产单元中累积的任务或在制品。液体的量则表示在制品数量。如图 9-10 所示。

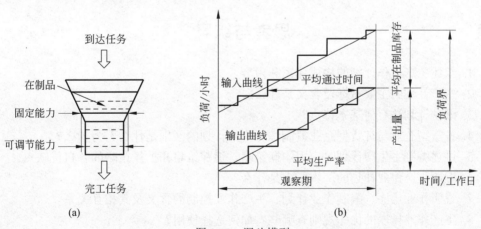

图 9-10　漏斗模型

"漏斗模型"通过分析生产单元的通过时间和在制品占用量的关系，形成了完整的基于负荷导向的作业控制理论和方法，可以对生产单元进行全局和动态的控制。"漏斗模型"适合于多品种、中小批量生产系统的计划与控制。图 9-10（a）中漏斗的开口大小表示生产能力，它是可以调整的；液面高低则表示系统累积任务量的大小。在"漏斗模型"中可以看到，通过调整输入和生产能力，可以实现液面及输出数量的动态控制。图 9-10

（b）为输入输出图。横坐标为时间，通常以日为单位；纵坐标为工作负荷，通常以小时表示。曲线的垂直段表示一定时间内到达或完成的一个或多个工件所包含的工作量，水平段表示相邻两个到达或完成的工作任务之间的时间间隔。该图也标识出了输入曲线和输出曲线，它们分别描述了工件的到达情况和完成情况。

如果工序间的运输时间保持不变，则输入曲线与上道工序的输出曲线相对应。输入曲线和输出曲线分别表示在一定观察期内生产单元的任务到达的累积情况和任务完成的累积情况，它们可以反映从过去任何一天开始输入到现在输出的情况。实际上对于多品种、中小批量的生产系统，几周时间已足够；当然对于长周期生产，则需要更长的时间加以反映。图 9-10（b）中输入和输出两条曲线任一时刻垂直方向的距离表示该时刻在制品占用量（以工作量表示），两条曲线的水平距离表示相应工作任务在该工作地停留的时间。

通过对生产负荷的调整，控制生产输出，同时通过计算产出的时间，可以得出对应的输出曲线的斜率，从而可以对生产进行一定的指导和更正，避免出现积压或空闲。在工况稳定的情况下，在一段较长的时间内，输入和输出曲线的平均斜率显示为两条基本平行的直线，斜率等于平均在制品库存除以平均通过时间。利用"漏斗模型"，生产管理人员可以通过考察上一期的输入和输出曲线的斜率情况，根据生产需要对下一计划期的输入进行调整。例如，如果上期输入曲线的斜率大于输出曲线的斜率，则表示在制品在积压，那么这期就可以适当减少输入；如果上期输入曲线的斜率小于输出曲线的斜率，则说明生产线闲置，那么本期可以适当增加输入。应用"漏斗模型"的理论和方法，还可以对生产系统进行全局和动态的监控，克服了传统的只注重单个工作地产量大小和设备利用率高低的弊端。

思考与练习

1. 叙述生产运作计划的构成体系和内容。
2. 生产计划的主要指标及含义是什么？
3. 滚动计划法有何基本特点？
4. 备货型企业与订货型企业编制综合生产计划的区别是什么？为什么？
5. 讲述编制主生产计划时应用均衡策略、追踪策略和批量策略的各自优缺点。
6. 编制生产作业计划的基本要求是什么？
7. 说明作业排序、编制作业计划、生产作业控制的含义及其相互关系。
8. 生产作业排序的优先规则有哪些？如何选择使用？
9. 某企业和用户签订了设备交货合同，已知该企业各季度的生产能力、每台设备的生产成本和每季度末的交货量，见表 9-11，若生产出的设备当季度不交货，每台设备每季度需支付保管维护费 0.1 万元，表 9-12 列出了各季度每台设备的总成本。试问在遵守合同的条件下，企业应如何安排生产计划，才能使年消耗费用最低？

表 9-11 生产能力、生产成本和交货量表

季度	生产能力/台	交货量/台	生产成本/（万元/台）
1	25	15	12.0
2	35	20	11.0
3	30	25	11.5
4	20	20	12.5

表 9-12 各季度每台设备的成本

生产季 ＼ 交货季	1	2	3	4
1	12.0	12.1	12.2	12.3
2	—	11.0	11.1	11.2
3	—	—	11.5	11.6
4	—	—	—	12.5

10. 设有五种零件在三台机床上加工，工艺顺序相同，均为 A→B→C，各机床只有一台，各零件在各台机床上的加工时间如表 9-13 所示。怎样安排加工顺序使加工总流程时间最短?并求出最短总流程时间。

表 9-13 各零件在 A、B、C 机床上的加工时间

	J1	J2	J3	J4	J5
t_{iA}	9	4	10	10	2
t_{iB}	3	2	2	1	5
t_{iC}	8	12	6	9	10

案例分析

如何确定最优化生产计划

HK 公司是一家由上市公司"中储股份"控股的国家高新技术企业，现有资产 3 000 多万元，员工 200 多人，其中大专以上学历超过 70%，主要从事称重、计量、包装、自动控制等方面的产品开发和生产制造，是雄厚资金和高新技术的有机结合体。现有的主导产品是无线传输式电子吊钩秤。

20 世纪 80 年代国内第一台替代进口产品的电子吊秤诞生于公司的前身——Z 厂，并且受国家技术监督局之托，起草了电子吊秤国家标准。公司拥有国内规模最大、检测及生产设备最完善的吊秤生产基地。中国衡器协会历年统计数字表明，ORS 系列产品国内市场占有率一直高于 50%，市场总量已达 8 000 余台。公司立足国家专利产品 ORS 系列电容式电子吊秤，现已发展成为专业生产研究现代计量、测力、电子称重、自动化包

装、自动化控制等机电一体化高科技产品的现代化高新技术企业。

根据公司组织机构的划分，由生产部负责对整个公司的产品生产进行规划。一般的流程为，每月的25日，生产部程经理根据下月销售预测和库存情况制定下月生产计划，属于典型的以销定产。但是最近公司引入了全面预算管理的制度，要求每个部门都要以实现公司利润最大化为工作目标，生产部作为公司的利润中心，实行预算管理势在必行。因此如何合理安排生产计划，实现利润最大成了程经理面临的新问题。

公司现有三种主要产品：ORS吊秤、OCS吊秤和直显式吊秤，每台最终产品包括秤体和仪表各一台，秤体和仪表是分开入库的。吊秤仪表是互相通用的，其区别就在于秤体的不同。仪表生产全部由仪表车间完成，秤体的生产则分为零部件生产和装配两个步骤，分别由机加工车间和装配车间完成。由于机加工车间目前生产能力所限，不能满足全部套件生产，因此部分采用外包形式完成。因为自己生产套件的成本低于外包，公司也曾考虑要把外包零活收回，但这需要在厂房、设备上投资很大，故一直没有实行。原则上要尽可能地利用机加工车间现有的加工能力之外才考虑外包。

今天已经到了24日，明天就要拿出下月的生产计划了，程经理面对摆在桌上的一些报表正在苦思冥想，要怎样制订出最优的生产计划才能满足公司提出的利润最大化目标呢？

（资料来源：http://www.mba163.com/glwk/xmgl/200512/13706.html）

问题

1. 程经理可以运用什么方法编制生产计划，从而满足公司提出的利润最大化目标？
2. 运用该方法编制生产计划时，需要哪些基本数据？如何运用该方法？

第10章

服务运营计划——排队管理

学习目标

通过服务运营计划的学习，使读者了解服务运营计划的基本知识和排队论的一些基本概念，掌握服务业的作业排序和排队论中的四种常用的排队模型；了解排队系统的优化。

关键概念

服务业；作业排序；排队论；排队系统；排队模型

哈珀-格雷斯医院怎样应对或处理非均匀需求

位于底特律市的哈珀-格雷斯医院（Harper-Grace Hospitals，拥有 1 400 多张床位和 5 000 多名员工），开发出了一种为医院各个区域安排医护人员的有效而合理的方法。快要换班时，要下班的护士评估每个病人对医疗护理的要求，也就是"护理水平"。护理水平从最少护理到集中护理。管理工程师和护士已经建立了相应于每个护理水平需要的工作量的标准。把每个病人需要的工作量加起来就是医院里每一个区域的工作量，而且完成新的任务、解雇和参加手术都有津贴。在每一班开始前一个小时，计划员（通常是轮班主管）就可以决定下一班医院的各个区域需要多少护士，从而做出合适的安排，这个方法避免了一个区域安排的护士过多——结果是另一些区域的护士无事可做，或安排的护士过少——结果是护士工作过度并且因为没有完成自己应该完成的工作量而感到沮丧。

这种安排带来的好处是：医院节约了成本，提高了病人护理的质量，也增加了护士的工作满意度。

（资料来源：[美]詹姆斯·B·迪尔沃思. 运作管理：在产品和服务中提供价值[M]. 肖勇波，刘晓玲，译. 北京：中信出版社，2006：562）

问题

1. 哈珀-格雷斯医院是如何评价护士的护理水平的？
2. 计划员在安排护士工作时是如何避免工作量过多而完不成或工作量不足的情况

发生的？

3. 请举一个实际的例子说明服务行业由于服务人员工作安排不合理，使你对服务感到不满意，你有何好的改进意见？

为了提高服务业的运营效率、合理有效地利用服务资源，需要制定服务业的运营计划。本章将重点讨论服务业的作业排序和运用排队论对排队系统进行规划。

10.1　服务业的作业排序

10.1.1　服务业的特点及服务目标

从本质上讲，服务组织与顾客的联系程度要高于制造企业，顾客参与是服务型运营的一个重要内容，服务业与制造业不同的是不能以存货的形式存储服务，制造业可以将生产的产品以存储的方式，通过库存调节来应对市场的需求波动，服务运作难以通过库存来适应需求的波动。由于服务的提供与消费同时进行，这就对服务质量提出了更高的要求。因而，服务业必须权衡扩大服务能力带来的成本增加与服务能力不足带来的服务资源的浪费。服务业与制造业相比主要有以下特点：

（1）服务组织与顾客的联系程度要高于制造企业；

（2）顾客参与是服务业运营的一个重要内容；

（3）服务业运营的投入比制造业运营的投入具有更大的不确定性；

（4）服务运营效率的测量难度大；

（5）服务运营难以通过库存来适应需求的波动；

（6）服务的提供与消费同时进行，这就对服务质量提出了更高的要求。

由于服务业的特殊性，服务业的作业排序更困难。服务业作业排序的主要目标是使顾客需求与服务能力相匹配。因此，通常有两种基本的排序方式：一是将顾客需求分配到服务能力的不同时间段，以不变的服务能力来满足顾客的需求；二是将服务人员安排到顾客需求不同的时间段，以变化的服务能力来适应顾客需求。

10.1.2　顾客需求排序

顾客需求排序就是根据不同时间段内可利用的服务能力为顾客排序。这种方式是服务能力保持不变，通过适当安排顾客需求来提供为顾客准时服务和充分利用服务能力。通常可采取以下策略。

1. 固定时间表

采用固定时间表来满足顾客的需求，使顾客按固定时间表行动，既可以满足绝大多数顾客的需求，又可以减少服务能力的浪费。如果完全按照顾客的需求来安排服务会造成服务资源的巨大浪费，这就需要采取固定时间表。如对于旅游者可采取固定时间表，既能减少服务能力的浪费，又可以满足绝大多数旅游者的需要。又如，火车、飞机和轮船等交通运输按固定时间表运行，以减少运营能力的浪费。

2. 采用预约系统

采用预约系统就是根据顾客的需求在特定的时间为顾客提供服务，既兼顾了顾客需求又兼顾了服务能力。这种方法的优点是能够为顾客提供及时的服务，避免顾客的等待时间，并能保证服务系统和服务人员的高效率，如牙科医生看病、律师服务、家电维修上门服务、拍婚纱艺术照等。这种方式也有不足，如果顾客迟到，或预约不到，服务系统的运营效率就会受到影响。

3. 采用预订系统

采用预订系统类似于预约系统，不同之处在于预订系统通常用于顾客接受服务时需要占据或使用相应的服务设施的情况。如顾客预订酒店房间、火车票、飞机票、饭店座位等。预订系统的优点是给服务管理者提供一段提前期来计划服务设施的充分利用。这种方式通常要先付订金，以减少顾客订后又放弃给服务企业造成的损失。

4. 提供服务优惠

对于服务处于低谷或淡季时，可采用提供服务优惠的策略来增加需求，缓解服务设施和能力负荷不足或闲置的情况。通过提供服务优惠的方式来调节服务需求。如淡季时服装打折、智能电表采用不同时段不同的电价、机票打折等都是通过提供优惠来调节顾客的需求。

5. 排队等待

即便采用了上述多种方法，仍然无法避免出现顾客排队等待服务的现象发生，因为顾客的需求具有很大的随机性，无法准确预测顾客的需求情况，因此，排队现象是不可避免的，如银行、医院、餐馆、理发店等都有排队现象。一种为顾客排序的不太准确的方法就是允许需求积压，让顾客排队等待。采用这种方式的重点就是使顾客等待时间尽量缩短，让顾客的等待成本尽量减小，对服务系统进行优化。有关具体方法会在后面专门介绍。

10.1.3　服务人员排序

服务人员排序就是将服务人员安排到顾客需求的不同时间段，通过适当安排服务人员的数量来调整服务能力，从而最大限度地满足不同时间段的不同顾客需求。服务人员排序是服务业常用的安排服务人员作业计划的方法。如餐馆、医院、商场等服务行业都要对每天工作计划和人员的休息进行安排。

服务业与制造业生产计划类似，也要首先制定全年的服务运营计划，在此基础上，进一步制订每月、每周的作业计划，并通过作业排序方法把人员计划转换成每个人的日常排班计划。下面介绍一种常用的 5 个工作日，连续休息 2 天的服务人员的排序方法。

服务人员排序步骤如下。

步骤一：从每周服务人员需求数量中找出服务人员需求数量总和最小的连续两天。

步骤二：依次从第一位员工休息开始安排。方法是：把步骤一找到的连续 2 天，安排给第一位员工休息，然后从第一位员工工作的其余 5 天人员需求数量中各减 1，表示这 5 天的人员需求数量已经安排了 1 人工作，从而得到了一周内各天新的人员需求数量。

步骤三：对一周内各天新的人员需求数量，重复步骤一，即找到服务人员需求数量总和最小的连续两天，安排给第二位员工休息，一直这样重复进行下去，直到安排完每一位员工为止。

【例 10-1】 假设有一个商店有 5 名员工，商店每周需要营业 7 天，根据预测每周各天需要的员工数量，如表 10-1 所示。每个员工每周需要连续休息 2 天，并尽量安排在周末，员工不足时，少于 4 天的工作由兼职员工完成，请为该商店的员工做一个班次计划。

表 10-1　某商店一周需要的员工数量

	周一	周二	周三	周四	周五	周六	周日
所需人数	6	5	4	2	3	3	2

解 假设这 5 名员工分别为 A，B，C，D，E。

（1）先安排员工 A 在表 10-1 中，寻找连续 2 天所需员工数最少的工作日为：周四至周五与周六至周日，这两个时段所需员工数相同，因此，安排 A 周六至周日休息。

（2）对周一至周五的 5 个工作日所需员工数均减 1，如表 10-2 第三行。

表 10-2　某商店员工排序过程及结果

周	一	二	三	四	五	六	日	员工
员工需求量	6	5	4	2	3	（ 3	2 ）	A
	5	4	3	（ 1	2 ）	3	2	B
	4	3	2	1	2	（2	1 ）	C
	3	2	1	（ 0	1 ）	2	1	D
	2	1	（ 0	0 ）	1	1	0	E
服务能力	5	5	4	2	3	3	3	
服务需求	6	5	4	2	3	3	2	
闲置产能	0	0	0	0	0	0	1	

（3）在第三行中，周四至周五连续需求量之和最小，因此，安排 B 在周四至周五休息，其余工作日均减 1，得到第四行。

以此类推，将得到其余员工的休息日，表 10-2 中括号内相对应的日期为员工连续休息的 2 日。

C 在周六至周日休息，D 在周四至周五休息，E 在周三至周四休息。余下所需要的员工人数聘请兼职员工工作才能满足工作需要。

从表 10-2 中可以看出星期天闲置产能为 1，所以有员工若需要在星期天休息，这个愿望可以实现。如果可能的话，E 也可安排 1 天在星期天休息。

10.2　排队系统的基本概念

排队问题几乎在所有的服务行业中都会发生，而且是不增值的事件。对排队系统进行分析的主要目的是减少排队所带来的成本。排队论（queuing theory）也称随机服务系统理论，是 1909 年丹麦工程师爱尔朗（A.K.Erlang）在研究电话系统时创立的。排队的形成是因为短期的服务需求率超过了短期的服务率，也就是说只要当顾客到达，而此时服务台又很繁忙，顾客没有立即接受服务，排队就形成了。如果到达间隔时间是已知的，企业就有可能安排服务能力，从而排队就不会形成了，换句话说，当到达间隔时间是常数或接近常数时，只要间隔时间大于或等于服务时间，排队就不会形成。如果到达时间或服务时间是随机的，顾客可能在服务台正繁忙时到达，队列就形成了。

10.2.1　排队系统

在人们日常的工作和生活中，排队现象随处可见，如：

（1）杂货店、折扣店或百货公司收银台前的客户；

（2）工作中心需要处理的大量工作；

（3）等候运行的计算机程序；

（4）货物码头的卡车；

（5）高速公路收费站前的交通工具；

（6）码头等待空位的货轮；

（7）正在盘旋等待降落的飞机；

（8）等候修理的坏机器；

（9）病人等候就诊；

（10）一堆等候录入的报告和备忘录。

在队列中等待服务的顾客（customer）和服务台（server）就构成了一个排队系统（queueing system）。排队系统的实质是研究服务台与顾客之间服务与接收服务的效率问题。排队系统设计的总体目标是以最少的服务台满足最多的客户需求。

10.2.2　排队系统的构成

排队系统一般由输入过程、服务规则和服务台三个部分构成。

1. 输入过程

即顾客以怎样的规律到达排队系统的过程。一般可以从顾客总体、顾客的到达方式和顾客流的概率分布这三个方面来描述一个输入过程，如图 10-1 所示。

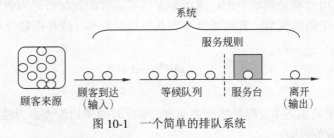

图 10-1　一个简单的排队系统

（1）顾客总体。顾客总体又称顾客源或顾客来源，可以是有限的，也可以是无限的，从理论上讲，只有当服务不受限制时顾客源才是无限的，如超市、银行、餐厅、剧院等。当潜在的顾客数量有限时，顾客源就是有限的，如护士护理一间有六张病床的病房内的患者，又如教师指导学生实验、工厂维修部门负责修理的设备等。

（2）顾客的到达方式。顾客的到达方式就是顾客以怎样的方式到达系统，是一个一个地到达，还是成批地到达，如餐厅有单个到达的就餐者，也有参加宴会的成批客人，这里我们研究的是单个到达的情形。

（3）顾客流的概率分布。顾客流的概率分布或称顾客相继到达的时间间隔的概率分布，也可以理解为在一定的时间间隔内到达 k（$k=0,1,2,\cdots,n$）个顾客的概率有多大。顾客到达时间间隔可以是确定的，也可以是随机的。如在流水线上装配的各种零部件必须按确定的时间间隔到达装配点，其概率分布为确定型定长分布，但大多数服务业的顾客流都是随机的，通常服从泊松分布、二项分布等。

泊松分布（Poisson）：

$$p(k)=\frac{\lambda^k \mathrm{e}^{-\lambda}}{k!}, \quad (k=0,1,2,\cdots)$$

其中，$\lambda>0$，为平均到达率，即单位时间内平均到达的顾客数目；$\mathrm{e}=2.71828$，是自然对数的底数；k 为顾客到达的数目。

2. 服务规则

服务规则就是服务台从等候队列中选取顾客进行服务的顺序，一般有以下四种规则。

（1）先到先服务（FCFS），即按照顾客到达次序提供服务，这是最常见的情形。

（2）后到先服务（LCFS），如仓库中叠放在一起的钢板，后放上去的往往最先使用。

（3）随机服务，指服务台空闲时，随机地从等候队列中选取一个顾客进行服务，而不管到达时间，如电话交换台接通呼叫电话就是如此。

（4）优先权服务，如医院对危重病人进行优先治疗；老人、儿童优先上下公共汽车、火车；公司收到加急订单等。

3. 服务台

（1）服务台数量和构成形式，从数量上看可分为单服务台和多服务台；从构成形式上看，服务台可以平行排列（并列），也可以前后排列（串列），还可以混合排列。

（2）服务方式。就是某一时刻接受服务的顾客数量，一般有单个服务和成批服务两种，如公共汽车对候车乘客就是进行成批服务，我们这里只讨论单个服务方式。

（3）服务时间的概率分布，也可以分为确定型和随机型两种，如自动汽车清洗装置的清洗（服务）时间就是确定型的，流水装配线零部件的装配时间为确定型的，但大多数服务时间是一个随机变量，其概率分布服从负指数分布（或称指数分布）。

指数分布：

$$f(x)=\begin{cases} \mu \mathrm{e}^{-\mu x}, & x \geqslant 0 \\ 0, & x < 0 \end{cases}$$

其中，μ 为平均服务率，即平均服务速度，单位时间平均能为多少顾客提供服务（假设 $\mu>\lambda$），x 为服务时间。

排队系统的四种常见变形，如图 10-2 所示。由此形成的四种普通的排队系统结构如图 10-3 至图 10-6 所示。

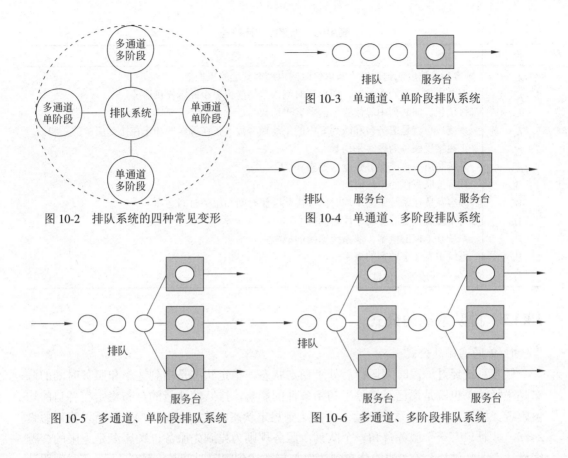

图 10-2 排队系统的四种常见变形

图 10-3 单通道、单阶段排队系统

图 10-4 单通道、多阶段排队系统

图 10-5 多通道、单阶段排队系统　　　　图 10-6 多通道、多阶段排队系统

10.3 排队系统的术语及其公式

10.3.1 排队系统的术语

（1）到达率（arrival rate）λ 即单位时间内到达的平均人数，可能是常数，也可能是确定型变量或随机变量，表示需求的强度。到达率 λ 是平均到达时间的倒数。通常顾客到达的时间是随机的，假设服从泊松分布或其他离散型概率分布。

（2）服务时间（service time），服务需要的时间可能变化很大，可能是确定型的，如自动洗车场，也可能是随机的，如到达医院的病人。随机的服务时间可能服从某种经验分布或正态分布、指数分布、Erlang 分布或其他的概率分布。

（3）服务率（service rate）μ 即单位时间平均服务的顾客数，表示系统的服务能力或服务强度。服务率 μ 是平均服务时间的倒数。在随机排队的情况下，平均到达率必须小于平均服务率，即 $\lambda < \mu$，否则队列会不停地增长下去，如果顾客不"放弃"或"停步不前"的话。

排队系统的术语如表 10-3 所示。

表 10-3　无限顾客源符号

符号	代　　表
λ	顾客到达速度或到达率，即单位时间内顾客到达的平均数
μ	服务速度或平均服务率，即单位时间内平均能为多少顾客提供服务
L_q	排队长，即队列中等候服务的顾客平均数
L_s	系统（也就是服务台和队列）中的平均顾客数（正在等候的和正在接受服务的之和）
r	正在接受服务的顾客平均数
ρ	系统利用率，或服务强度，要求 $\rho<1$
W_q	顾客排队等候的平均时间
W_s	顾客花费在系统中的平均时间（排队等候时间和服务时间之和）
$1/\mu$	每个顾客接受服务的平均时间
P_0	系统 0 单位的概率，即系统空闲的概率
P_n	系统中有 n 个顾客的概率
M	服务台（通道）数量

10.3.2　排队系统的公式

1. 单通道排队公式

假若系统经过一段时间运行后处于稳定状态，稳定状态是指到达率和服务时间的分布是平稳的，也就是说已经消除了初始条件的影响，排队统计量的分布稳定在各自的均值附近。如果 $\lambda>\mu$，则系统永远不可能达到稳定状态，队列会无限增加。所以我们假设 $\lambda<\mu$，并且只有一个服务台和一个队列，服务规则为先到先服务，顾客源是无限的，顾客到达率服从泊松分布（泊松分布到达率与指数达到间隔时间是一致的），服务时间服从负指数分布或泊松分布。这些模型假设都是基于顾客耐心等候直到自己被服务为止。其计算公式如下。

无限顾客源基本公式，又称李特尔（D.C.Little）公式，如式（10-1）至式（10-16）所示。

（1）系统利用率，即服务台处于繁忙时的概率：

$$\rho=\frac{\lambda}{\mu} \qquad (10\text{-}1)$$

（2）正在接受服务的顾客平均数：

$$r=\frac{\lambda}{\mu} \qquad (10\text{-}2)$$

（3）队列中的平均顾客数：

$$L_q=\lambda W_q \qquad (10\text{-}3)$$

$$L_q=\frac{\lambda^2}{\mu(\mu-\lambda)} \qquad (10\text{-}4)$$

$$L_q=\frac{\rho^2}{1-\rho} \qquad (10\text{-}5)$$

（4）系统中的平均顾客数：

$$L_s = \lambda W_s \tag{10-6}$$

$$L_s = L_q + r \tag{10-7}$$

$$L_s = \frac{\lambda}{\mu - \lambda} \tag{10-8}$$

$$L_s = \sum_{n=0}^{\infty} n P_n \tag{10-9}$$

$$L_s = \frac{\rho}{1 - \rho} \tag{10-10}$$

（5）每个顾客在队列中等候的平均时间：

$$W_q = \frac{L_q}{\lambda} = \frac{\rho}{\mu - \lambda} \tag{10-11}$$

（6）每个顾客在系统中逗留的平均时间：

$$W_s = W_q + \frac{1}{\mu} = \frac{L_q}{\lambda} \tag{10-12}$$

$$W_s = \frac{1}{\mu - \lambda} \tag{10-13}$$

（7）系统中没有顾客的概率，即系统空闲的概率：

$$P_0 = 1 - \left(\frac{\lambda}{\mu} \right) \tag{10-14}$$

（8）系统中有 n 个顾客的概率：

$$P_n = P_0 \left(\frac{\lambda}{\mu} \right)^n \tag{10-15}$$

（9）系统中顾客数小于 n 的概率：

$$P_{<n} = 1 - \left(\frac{\lambda}{\mu} \right)^n \tag{10-16}$$

当 λ 趋近于 μ 时，公式（10-3）至公式（10-13）都趋近于无穷大，因而，这些公式只能在 $\lambda < \mu$ 时才成立。关于 P_0 和 P_n 的公式只有在 $\lambda \leqslant \mu$ 时才成立。

2. 多通道排队公式

系统利用率或服务强度：

$$\rho = \frac{\lambda}{M \mu} \tag{10-17}$$

队列中的平均数：

$$L_q = \frac{\lambda \mu \left(\dfrac{\lambda}{\mu} \right)^M}{(M-1)!(M\mu - \lambda)^2} P_0 \tag{10-18}$$

系统中有 0 个顾客的概率：

$$P_0 = \left[\sum_{n=0}^{M-1} \frac{\left(\frac{\lambda}{\mu}\right)^n}{n!} + \frac{\left(\frac{\lambda}{\mu}\right)^M}{M!\left(1 - \frac{\lambda}{M\mu}\right)} \right]^{-1}$$　　　　（10-19）

一个到达没有立刻服务的平均等待时间：

$$W_a = \frac{1}{M\mu - \lambda}$$　　　　（10-20）

一个到达必须等候服务的概率：

$$P_w = \frac{W_q}{W_a}$$　　　　（10-21）

3. 排队系统的标记符号

一般地，人们通常用国际上通用的"kendall 记号"来标记各种排队系统，记号为

$$X/Y/Z/A/B/C$$

式中：X——顾客相继到达时间间隔的分布；

$\quad\quad$ Y——服务时间的分布；

$\quad\quad$ Z——服务台的数目（超过一个服务台时，只考虑并列的情况）；

$\quad\quad$ A——系统容量限制；

$\quad\quad$ B——顾客源数目；

$\quad\quad$ C——服务规则。

其中，如果顾客到达间隔时间和服务时间服从泊松分布或负指数分布，用 M 表示，确定型用 D 表示，k 阶爱尔朗分布用 E_k 表示。如果略去后三项，即指 $X/Y/Z/\infty/\infty/FCFS$ 排队系统。

10.4　排队模型

本节介绍四种常用的排队模型。

1. 模型 1：M/M/1 模型，单通道，指数服务时间

假定顾客到达时间间隔服从泊松分布，服务时间服从负指数分布，系统只有 1 个服务台，容量和顾客来源均无限，执行先到先服务规则，如图 10-7 所示。

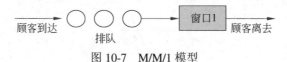

图 10-7　M/M/1 模型

【例 10-2】　某航空公司计划在一家新开张的商业大厦设售票柜台，由一名销售代理充当职员。根据以往的经验，购票或信息请求平均为每小时 15 次，请求服从泊松分布。服务时间则假定服从指数分布。根据以前类似售票机构的经验，服务时间均值平均为每次请求 3 分钟。求：①系统利用率；②服务者（代理）空闲的时间比例；③等候服务的

期望顾客数，柜台前顾客的平均数；④顾客花费在系统中的平均时间和等候时间；⑤系统中有 0 个和 4 个顾客的概率。

解　$\lambda = 15$（人/小时）

$$\mu = \frac{1}{服务时间} = 20（人/小时）$$

① $\rho = \dfrac{\lambda}{\mu} = \dfrac{15}{20} = 0.75$

② $P_0 = 1 - \rho = 1 - 0.75 = 0.25 = 25\%$

③ $L_q = \dfrac{\lambda^2}{\mu(\mu - \lambda)} = \dfrac{15^2}{20 \times (20 - 15)} = 2.25$（人）

$$L_s = L_q + \frac{\lambda}{\mu} = 2.25 + \frac{15}{20} = 3（人）$$

④ $W_s = \dfrac{L_q}{\lambda} + \dfrac{1}{\mu} = \dfrac{2.25}{15} + \dfrac{1}{20} = 0.20$（小时）

$$W_q = \frac{L_q}{\lambda} = \frac{2.25}{15} = 0.15（小时）$$

⑤ $P_0 = 0.25$，$P_4 = P_0 \rho^n = 0.25 \times 0.75^4 = 0.079$

计算机操作：我们还可以利用计算机软件进行计算，简化运算，提高工作效率。现以例 10-2 为例进行计算。首先，打开软件，双击桌面上 Excel 图标来打开 Excel 软件，然后，在 Excel 中建立电子模型，计算结果如图 10-8 所示。

	A	B	C
1	**M/M/1模型**		
2			
3	**原始数据**		
4			
5	到达速度λ	15	人/小时
6	服务速度μ	20	人/小时
7			
8	**中间结果**		
9			
10	平均到达间隔	0.07	小时
11	平均服务时间	0.05	小时
12	顾客必须等待的概率ρ	0.75	
13			
14	**计算指标**		
15	系统中顾客平均数Ls	3	人
16	等待服务顾客平均数Lq	2.25	人
17	顾客平均逗留时间Ws	0.20	小时
18	等待时间Wq	0.15	小时
19	系统空闲的概率Po	0.25	
20	系统中有n个顾客的概率：		
21	n（顾客数）	4	
22	Pn	0.079	

图 10-8　计算结果

2. 模型 2：单通道，常数服务时间

当服务率或到达率是常数时，平均排队或平均等候时间都将缩短，对于一个单服务台、到达服从泊松分布，常数服务时间的系统来说，平均队列长度和平均等候时间减少

一半，系统中的平均顾客数等于队列中的平均顾客数加上正在接受服务的平均顾客数，在系统中的平均逗留时间等于平均等候时间加上服务时间。如公式（10-22）至公式（10-25）所示。

$$L_q = \frac{\lambda^2}{2\mu(\mu - \lambda)} \tag{10-22}$$

$$W_q = \frac{\lambda}{2\mu(\mu - \lambda)} \tag{10-23}$$

$$L_s = L_q + \frac{\lambda}{\mu} \tag{10-24}$$

$$W_s = W_q + \frac{1}{\mu} \tag{10-25}$$

【例 10-3】 Wanda 洗车间是一个自动的洗车系统，每次操作 5 分钟，只有一个间隔的系统。在周六早晨，汽车以每小时 8 辆的速度到达，到达近似服从泊松分布。求：①队列中的平均汽车数；②汽车花费在系统中的平均时间。

解 $\lambda = 8$（辆汽车/小时）

$\mu = 1/5$（分钟），即 12/小时

① $L_q = \dfrac{\lambda^2}{2\mu(\mu - \lambda)} = \dfrac{8^2}{2 \times 12 \times (12 - 8)} = 0.667$（辆）

② $W_s = \dfrac{L_p}{\lambda} + \dfrac{1}{\mu} = \dfrac{0.667}{8} + \dfrac{1}{12} = 0.167$（小时），即 10 分钟。

3. 模型 3：M/M/3 模型，多通道，指数服务时间

多通道系统是指两个或多个服务台向到达的顾客提供服务。模型需要满足如下三个假定：

（1）泊松到达速度和指数服务时间；

（2）平均到达速度和服务速度是稳定的；

（3）顾客只形成一个队列（为了维护先来先服务）。如图 10-9 所示。

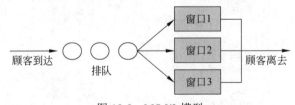

图 10-9　M/M/3 模型

【例 10-4】 某售票所有三个窗口，顾客到达服从泊松分布，平均到达速率 $\lambda = 0.9$ 人/ min；服务（售票）时间服从负指数分布，平均服务速率 $\mu = 0.4$ 人/min。现设顾客到达后排成一队，一次向空闲的窗口购票，其中 $M = 3$。试求：①整个售票所空闲的概率；②平均队长和平均队列长度；③平均等待时间和逗留时间；④顾客到达后必须等待的概率（$n \geqslant 3$）。

解　$\dfrac{\lambda}{\mu}=2.25$，$\rho=\dfrac{\lambda}{M\mu}=0.75<1$

可以达到统计平衡状态。代入多通道排队公式计算以下各项。

① 整个售票所空闲的概率：

$$P_0=\left[\sum_{n=0}^{M-1}\dfrac{\left(\dfrac{\lambda}{\mu}\right)^n}{n!}+\dfrac{\left(\dfrac{\lambda}{\mu}\right)^M}{M!\left(1-\dfrac{\lambda}{M\mu}\right)}\right]^{-1}$$

$$=\dfrac{1}{\dfrac{2.25^0}{0!}+\dfrac{2.25^1}{1!}+\dfrac{2.25^2}{2!}+\dfrac{2.25^3}{3!(1-0.75)}}$$

$$=0.074\,8$$

② 平均队长和顾客平均数：

$$L_q=\dfrac{\lambda\mu\left(\dfrac{\lambda}{\mu}\right)^M}{(M-1)!(M\mu-\lambda)^2}P_0=1.70（人）$$

$$L_s=L_q+\dfrac{\lambda}{\mu}=1.70+2.25=3.95（人）$$

③ 平均等待时间和逗留时间：

$$W_q=\dfrac{L_p}{\lambda}=\dfrac{1.70}{0.9}=1.89（\text{min}）$$

$$W_s=1.89+\dfrac{1}{0.4}=4.39（\text{min}）$$

④ 顾客到达后必须等待的概率，即系统中顾客数已有 3 人或超过 3 人，各服务台没有空闲的概率 $P（n\geqslant 3）$：

$$P（n\geqslant 3）=\sum_{n-M}^{\infty}\dfrac{1}{M!M^{n-M}}\left(\dfrac{\lambda}{\mu}\right)^n P_0=\dfrac{1}{M!}\left(\dfrac{\lambda}{\mu}\right)^M P_0\dfrac{1}{1-\rho}$$

$$=\dfrac{2.25^3}{3!(1-0.75)}\times0.074\,8=0.57$$

4. 模型 4：多个 M/M/1 模型，指数服务时间

【例 10-5】 在例 10-4 中，如果除排队方式外其他条件不变，顾客到达后在每个窗口前各排一队，且进入队列后坚持不换，就形成三个队列，如图 10-10 所示。试求：①整个售票所空闲的概率；②平均队长和平均队列长度；③平均等待时间和逗留时间；④顾客到达后必须等待的概率（$n\geqslant 3$）。

解　多个 M/M/1 模型的计算，可按一个 M/M/1 模型来计算。$\rho=\dfrac{\lambda}{\mu}=\dfrac{0.3}{0.4}=0.75$

① 服务台空闲的概率（每个窗口）：

$$P_0=1-\rho=0.25$$

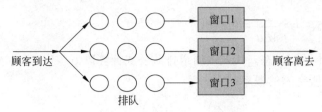

图 10-10　多个 M/M/1 模型

② 平均队长（每个窗口）：

$$L_q = \frac{\rho^2}{1-\rho} = \frac{0.75^2}{0.25} = 2.25$$

平均队列长度（每个窗口）

$$L_s = l_q + \frac{\lambda}{\mu} = 2.25 + 0.75 = 3$$

全部窗口平均队长为

$$2.25 \times 3 = 6.75$$

平均队列长度（全部窗口）

$$L_s = 3 \times 3 = 9$$

③ 平均等待时间和逗留时间：

$$W_q = \frac{L_q}{\lambda} = \frac{2.25}{0.3} = 7.5 \ (\text{min}), \quad W_s = \frac{L_s}{\lambda} = \frac{3}{0.3} = 10 \ (\text{min})$$

④ 顾客到达后必须等待的概率：

$$\rho = \frac{\lambda}{\mu} = \frac{0.3}{0.4} = 0.75$$

10.5　排队系统的优化

这里介绍两种常用的排队系统的模型优化问题。

最佳服务能力是使总成本最小化，即总成本＝顾客等候成本＋服务能力成本。

1. M/M/1 模型系统的最优服务率

设 w_1 为服务系统单位时间的服务成本，w_2 为每个顾客在系统中逗留单位时间的等待成本，则服务系统单位时间的总成本为：

$$f(\mu) = w_1 \mu + w_2 L_s$$

$$L_s = \frac{\rho}{1-\rho} = \frac{\lambda}{\mu - \lambda},$$

得

$$f(\mu) = w_1 \mu + w_2 \frac{\lambda}{\mu - \lambda},$$

令 $\dfrac{\mathrm{d}f(\mu)}{\mathrm{d}\mu} = 0$，得最优服务率：

$$\mu^*=\lambda+\sqrt{\frac{w_2}{w_1}\lambda} \qquad\qquad (10\text{-}26)$$

2．M/M/C 模型系统的最优服务台数

【例 10-6】　上班时间，卡车到达库房的速度是每小时 15 辆，职工的卸车速度是每小时 5 卡车。最近的工资率变化引起了库房管理者对使用多少职工问题的重新思考。新比值是：职工与卡车停靠卸车成本为每小时 100 美元；卡车和司机的等待成本是每小时 120 美元。

解　计算如表 10-4 所示。

表 10-4　排队系统优化成本计算表

员工数量	职工与卸车成本 W_1	系统中平均数量 $L_s=L_q+\dfrac{\lambda}{\mu}$	司机/卡车数量 $W_2=L_s\times 120$	总成本 W_1+W_2
4	400 美元	1.528＋3.0＝4.528	543.36 美元	943.36 美元
5	500 美元	0.354＋3.0＝3.354	402.48 美元	902.48 美元（最小）
6	600 美元	0.099＋3.0＝3.099	371.88 美元	971.88 美元
7	700 美元	0.028＋3.0＝3.028	363.36 美元	1063.36 美元

其中：

$$L_q=\frac{\lambda\mu\left(\dfrac{\lambda}{\mu}\right)^M}{(M-1)!(M\mu-\lambda)^2}P_0$$

使用 5 名职工总成本最小。一旦到达最小值以后，总成本就会持续上升。不必实际计算 6 名以上职工的成本，因为当职工规模从 5 上升到 6 时总成本已经在上升了。因此，5 名职工是最佳选择。

思考与练习

1. 周日早晨，顾客到达面包店的平均速度是每小时 16 位。到达分布能够用均值为 16 的泊松分布表示。每个店员能够在平均 3 分钟内接待一名顾客；服务时间基本符合均值为 3 分钟的指数分布，试求：

（1）到达速度和服务速度是多少？

（2）计算同时接受服务的顾客平均数。

（3）假设队中等候的顾客平均数是 3.2，计算系统中的顾客平均数（即排队等候的和接受服务的之和）、顾客平均排队等候时间以及花费在系统中的平均时间。

（4）求当 M＝1、2 与 3 时的系统利用率。

（5）试用 Excel 求解上述问题。

2. Alpha Taxi and Hauling 公司在某机场有 7 个出租汽车站。公司发现非周末晚上午夜以后的顾客需求服从泊松分布，均值为每小时 6.6 人。服务时间则为均值为每人 50 分

钟的指数分布。假设每辆出租汽车只有一位顾客，求：

（1）系统利用率；

（2）等候服务的期望顾客数；

（3）顾客等候出租汽车的平均时间，并用 Excel 求解。

3. 某航空公司计划在一家新开张的商业大厦设售票处。估计购票或咨询平均每小时 48 人次，服从泊松分布。服务时间假定服从负指数分布。根据以前类似售票机构的经验，服务时间均值平均为 2.4 分钟。假设顾客的等待成本为每小时 20 元，一个售票处的相关成本为每小时 8 元，问应该设置几个售票柜台使得系统总成本最小？并用 Excel 求解。

4. 阿姆斯特朗杂货批发公司在它每一个有业务的城市里都有一个小的销售中心。每一座码头只能容纳一辆卡车装货、卸货。公司卡车的到达时间服从均值为每天 3 辆的泊松分布。现在公司雇用了 2 名员工为卡车装货、卸货，卸货率服从均值为每天 4 辆的泊松分布。公司每增加 1 名装卸工人，装货率就增加 1 辆，但是公司最多只能雇用 6 名装卸工人，因为如果再增加工人的话，他们就不能有效率地进行工作。公司估计空闲 1 小时，每辆卡车的成本是 40 美元；而公司为每个装卸工人支付的工资是每小时 12 美元，其中包括额外福利。问再雇用多少名装卸工人可使总成本最低？

5. 假设你的一个朋友计划在所选择的地方开设一个自动洗车店。交通计算和市场研究预计平均到达率是每小时 6 辆车，假设到达时间服从泊松分布。你的朋友可以购买的自动洗车机有两种：一种洗车机洗一辆车需要花费 5 分钟（每部机器每小时可洗 12 辆车）；另一种是更加昂贵的机器，这部机器洗一辆需要 4 分钟（每部机器每小时可洗 15 辆车）。他的选择标准是平均等待时间不超过 2 分钟，如果二者都满足这个标准，他将选择速度较慢的机器。他应该购买哪一种机器？

6. 一家医院的急诊室有一位全天值班的医生。急诊病人的到达时间服从均值为每小时 2.4 位的泊松分布。这位医生大概每小时能够为 3 位病人治疗。每次紧急治疗的时间大概服从负指数分布。

（1）平均说来，医生有多少时间是在诊治病人？

（2）平均说来，每位病人需要等候多长时间？

（3）如果医院为急诊室增加一位医生（一个双服务台系统），那么每位医生有多少时间花在了诊治病人上？

（4）如果有两个医生的话，每个病人的等候时间是多少？

（5）如果医生和他的助手形成一个单服务台排队系统，服务率为每小时 6 位病人，到达率还是每小时 2.4 人，那么平均说来，每位病人等候诊治的时间是多少？

（6）在（4）、（5）中的平均到达率和平均服务率是一样的，为什么（4）中的平均等候时间要少于（5）中的平均等待时间？

7. 某百货商店有 9 名员工，每名员工每周需要连续休息 2 天，并尽量安排在周六、周日休息。据历史资料统计一周内各天所需员工数如表 10-5 所示，请为店长做出员工班次计划表，并对该店的服务能力情况进行评价。

表 10-5　某百货商店一周需要的员工数量

	周一	周二	周三	周四	周五	周六	周日
所需人数	8	7	6	5	9	6	5

墨西哥快餐使用计算机模拟完成员工安排

在竞争激烈的快餐业中，大家都在寻求改进运营方式以实现低成本运营，提供更好的服务。为了更好地利用员工，确保顾客等待时间不超过 3~5 分钟，墨西哥快餐公司（Taco Bell Corporation）开发了它自己的决策支持软件。SMART（管理安排与餐厅工具）员工管理系统包括三个模型：预测模型、模拟模型和整数规划模型。

墨西哥快餐的预测模型是用于预测每一天不同时间的顾客到达数量。因为需求在一天中某个时刻会到达峰值，尤其是上午 11:30 和晚上 12:30，预测每 15 分钟进行一次。

之后，顾客到达预测被输入计算机进行模拟。模拟模型用于分析一天中不同时间需要多少员工。除了顾客到达预测，计算机模拟还考虑餐厅的规模和配置，提供的不同菜单以及食物的准备时间。

使用计算机模拟的结果是整数规划模型被用于员工安排，从而在劳动力成本最小化的同时满足顾客服务的需求。这个安排模拟模型考虑了每一天所需员工的数量、不同的顾客服务责任（准备食物和烹饪每一道菜有所不同）以及其他责任，比如清洁、维护、小票递送和柜台收款等。

SMART 员工管理系统软件在所有墨西哥快餐饭店里和大多数特许店里使用。从员工那里得到的是正面的反馈信息，其他快餐业的竞争者也倾向于按照墨西哥快餐的方式运作。

（资料来源：[美] 诺曼·盖泽，格雷格·富兰泽尔. 运营管理[M]. 北京：人民邮电出版社，2005：340-341）

问题

1. 墨西哥快餐公司是如何缩短顾客等待时间的？

2. SMART（管理安排与餐厅工具）员工管理系统包括哪些模型？这些模型有何用处？

3. 你觉得在我国的服务行业中哪些可以运用计算机来帮助缩短顾客的等待时间？

第 11 章

独立需求库存管理

学习目标

通过本章的学习，理解库存及其作用和带来的问题；掌握与库存有关的费用并且理解这些费用是如何随库存量的变化而变化的；掌握库存控制的两种基本方式；会运用 ABC 分类法对企业库存物资进行分类管理；理解库存优化模型并且能够运用经济订货批量公式估算实际的订货量。

关键概念

库存；库存费用；连续检查库存控制法；周期检查控制法；ABC 分类法；经济订货批量

惠普公司的定期盘存库存系统

惠普公司有 100 多个独立的业务部门生产计算机、计算机附件以及各种仪器设备，各个业务部都自己负责自己的产品设计、营销及制造流程，同时负责在满足一定服务水平之上的各自的库存管理。在惠普的多数业务部，库存所带来的成本（包括货币贬值、过时、价格保护、融资等）是惠普这个制造型企业对其业务部门进行绩效评价的重要指标，库存所带来的成本对企业的资产回报或价值增值水平具有显著的影响，库存是惠普成本的一个重要构成，也是其资产负债表上最具有调整价值和可调整的要素。

惠普的多数业务部效率低下，持有的库存高于为取得预期的服务水平所需的库存量。它们只是运用 ABC 分析法简单地确定独立库存项目的安全库存，而忽略了供给与需求的不确定性、零部件的通用性、零部件的可获性或成本等。解决办法就是开发一个定期盘存系统，该系统以零部件的可获性为目标，并将尽可能多的不确定性也纳入系统的分析中。该系统采用了复杂的公式来确定盘存时间间隔以及目标库存等参数，这种复杂性来自确定安全库存时系统对供给以及需求不确定性的考虑。

即使该系统显示出可以降低库存、提高客户服务水平的特征，但是只有当计划和采购人员真正实施该系统时，它的好处才会真正得以体现。由于每个业务部都有各自的一些独特特征，所以系统的结果必须便于理解并且可信，同时系统还必须便于配置，从而能够适应各种情况。因此惠普开发了一个软件系统，该软件允许用户在友好的环境下输入产品数据和成本信息，为该定期盘存系统制定公式，并将输出结果转换为用户需求的格式。该软件采用 Excel 编程，允许用户使用 Excel 的所有功能进行自己的分析。

这个定期盘存系统和这个软件非常成功。例如，在惠普的集成电路制造部，计划人员削减了 160 万美元的库存，同时将及时交货率由 93%提高到 97%，其他的优点还包括较少需要督促进度、对运营策略的争议变少，以及对生产系统有了更多的控制等。该系统被用于全球各个地区的多种生产线，惠普相信现在这些生产线的运转无一例外都有更高的效率。

（资料来源：Larry P Ritzman, Lee J Krajewski. Foundations of operations management[M]. Academic Internet Publishers, 2006）

问题

1. 惠普公司在开发定期盘存库存系统前是如何管理库存的？库存管理效果怎样？
2. 惠普公司开发并运用了定期盘存库存系统后，库存管理效果如何？
3. 请描述惠普公司的定期盘存库存系统。

库存管理是企业生产经营活动的一项重要管理活动，加强库存控制是提高企业活力、降低企业成本、提高企业竞争力的有效手段。本章在介绍库存的含义、利弊、库存费用、库存管理的主要任务以及库存问题的分类之后，重点讨论多周期库存问题的库存控制方式以及库存优化模型。

11.1 库 存 概 述

11.1.1 库存的含义

库存是为了满足未来需要而暂时闲置的资源。全面理解它的含义，需要注意以下三点。

（1）维持库存的目的是以备未来之需。例如，企业拥有产成品库存可以更快地满足客户需求，提高客户满意度。企业拥有原材料库存可以防止原料短缺，稳定生产。

（2）库存是现在被暂时闲置的。这里的"闲置"与是否放置在仓库或者是否处于运动状态没有关系。例如，汽车运输的货物处于运动状态，但这些货物是为了满足未来需要的，这也是库存。

（3）"资源"包含内容广泛，不仅包括工厂里的原材料、在制品、产成品以及各种工装器具，而且包括银行里的现金，医院里的药品、病床，运输部队的车辆等。一般来说，人、财、物、信息等各方面的资源都有库存问题。

11.1.2 库存的利弊

多数企业需要一定的库存，原因是库存在一定程度上可以满足市场需求、增强企业抵御原材料市场的变化能力、获得经济订货规模效益、保证生产稳定性等。但是库存是暂时闲置的资源，造成企业资金的占压和影响资金周转速度，增加企业开支，另外库存还会带来新的管理问题。所以，需要一分为二地看待库存。

1. 库存的作用

1）缩短订货提前期，改善服务质量

市场竞争激烈，当代企业间的竞争很大程度上是基于时间的竞争。当企业拥有一定量的产成品库存时，顾客很快就能采购到所需的产品，提高顾客满意度，也使企业争取到更多的顾客。

2）防止短缺，降低缺货损失费

维持一定量库存可以防止短缺。例如，企业有原材料的库存可以防止因为原材料的短缺而引起的生产经营活动的停滞，从而为企业获得更多的利润。

3）节省订货费用

如果购买产品或原材料的批量大，可以减少订货次数，从而节约订货所产生的手续费，采购人员的通信费、差旅费等，另外购买批量大，有可能获得一定的折扣，因此企业选择大批量进货时可以节约进货成本，当然库存量会增加。

4）降低运输成本

如果采购批量大，自然会产生库存，但是可以降低单位运输成本。

5）节省生产准备费

生产一批产品需要相应的生产准备和技术准备等工作，会产生一定的生产准备费用，如果大批量生产，可以减少生产次数，从而节约生产准备费，当然库存量会增加。

6）保证生产稳定性

企业外部需求经常是不稳定的，但是生产的均衡性是企业内部组织生产的客观要求，如何在外部需求不稳定的情况下保证生产的均衡性，提高人员、设备利用率，这就需要生产和维持一定量的产成品库存。

2. 库存的弊端

1）占用资金

库存是暂时闲置的资源，造成企业资金的占用。如果这些资金用于其他价值活动可以创造新的价值，而库存使这部分资金闲置起来了，造成了机会损失，产生机会成本。

2）产生库存维持成本

维持库存物资需要修建仓库，配备设备，如货架、照明设备、通风设备、冷却设备、取暖设备等。另外还有仓库水电气费、保管员工资等开支。再有仓储物资在存储过程中可能发生变质和陈旧，带来库存损失。

3）掩盖生产与运作管理中存在的问题

企业如果没有库存，会把生产运营过程中的管理问题、供应商供货问题以及产品问题等暴露出来，迫使企业一一针对解决，从而提高企业管理水平和管理效率。相反，企业库存可以掩盖这些问题，使这些问题的解决变得不太迫切和重要，进而影响企业管理水平的提高。

由此可以看到，企业持有库存的结果是有利有弊的，库存有一定的作用，但同时会带来一些问题，所以企业需要重视库存管理及控制工作，在保证一定的服务水平上，不断降低库存。

11.1.3 与库存有关的费用

总的来说，与库存有关的费用有两大类：一类是随库存量的增加而增加的；另一类是随库存量的增加而减少的。正是由于这两种费用相互作用的结果，才有了最佳订货批量的问题。

1. 随库存量增加而增加的费用

在库存费用中，有一部分费用是随库存量的增加而增加的费用，这就是库存维持费，主要包括以下几类。

（1）资金成本。购买或者生产库存是需要资金的，同时库存是现在暂时闲置的，所以库存占压了流动资金，如果把这些占压的资金用于其他的投资可以创造新的价值，而库存使这部分资金闲置起来了，造成机会损失，产生机会成本。

（2）仓储费用。要放置保存库存物资需要修建仓库，配备各种设备，如货架、照明设备、通风设备、冷却设备、取暖设备等。另外还有仓库水电气费、支付保管员工资等开支。

（3）库存物资变质和陈旧损失。库存物资由于保管不善，或者储存时间太长，容易发生老化、变质和陈旧，由此给企业带来损失。比如彩电厂的库存堆放过久，元器件受潮，影响机器使用，给企业带来损失。

（4）税收和保险费。

2. 随库存量增加而减少的费用

在库存费用中，另有一部分费用是随库存量的增加而减少的费用，主要包括以下几类。

（1）缺货损失费。缺货损失费是指由于存货的量不足，不能及时满足顾客或者是生产上的需要而引起的损失，包括失去销售机会带来的利润的损失及名誉损失、影响生产带来的损失。库存越多，越不容易缺货，越能使顾客满意，生产得以保障，所以由缺货所引起的企业的损失就会减少。

（2）订货费。订货费与发出订单活动和收货活动有关，包括定价谈判、准备订单、通信、收货检验等。它主要与订货次数有关。如果采购批量大，可能会产生高库存，但是总体上的采购次数会减少，相应的订货费用会减少。

（3）调整准备费。在正式投入生产前，需要准备相应的生产图纸和生产工艺，需要生产、准备和安装工艺装备，需要调整机器设备，等等，这些准备工作都需要时间和费用。如果生产批量大，会产生高库存，但是总体上生产的次数会减少，相应的这些调整准备费会减少。

（4）购买费和加工费。每次采购批量大，可能会有价格折扣；每次生产批量大，分摊在每件产品上的加工费用少。如果采购和生产批量大，会产生高库存，但是可以节约一些购买费和加工费。

3. 库存总费用

计算库存总费用一般以年为时间单位。归纳起来，年库存费用包括以下四项。

（1）年维持库存费（holding cost）：以 C_h 表示，是维持库存所必需的费用，包括资金成本、仓储费用、变质和陈旧损失、税收和保险费。这部分费用与物品价值和平均库存量有关。

（2）年补充订货费（reorder cost）：以 C_r 表示，与全年订货的次数相关。

（3）年购买费（或加工费）（purchasing cost）：以 C_p 表示，与订货价格和订货数量（生产数量）相关。

（4）年缺货损失费（shortage cost）：以 C_s 表示，与缺货多少、缺货次数有关。

年库存总费用（C_T）为：

$$C_T = C_H + C_R + C_P + C_S。 \tag{11-1}$$

11.1.4　库存管理的任务

库存管理工作的重点是在充分发挥库存功能的同时，尽可能降低库存成本。在进行库存管理时侧重完成以下任务：

（1）保证库存物资的质量。这是完成储存功能的根本要求，只有这样，库存物资的使用价值才能得以实现。在储存过程中，由于库存物资自身的特性，以及自然因素的影响和作用，物品的质量可能发生变化，从而影响其使用价值。因此，必须掌握这些因素对物品质量影响的规律，并采取相应的措施，把可能的影响控制在一定的范围之内。

（2）制定合理的库存数量水平。一方面，库存保障了生产和经营的正常进行，避免出现供应不足而造成的损失；可以获得经济订货规模效益等；另一方面，库存占用资金，耗用企业人力、物力和财力；库存掩盖管理的种种问题，等等。所以，应综合考虑这两方面因素的影响，将库存数量定在最佳水平。把库存量控制到最佳数量，尽量少用人力、物力、财力而把库存管理好，获取最大的供给保障，这也是很多企业、经济学家追求的目标，甚至是企业之间竞争的重要一环。

11.1.5　库存问题的分类

1. 单周期库存与多周期库存

根据对物品需求重复次数的不同，可将物品需求分为单周期需求与多周期需求。所谓单周期需求就是指对物品在一段特定时间内的需求，过了这段时间，该物品就没有原有的使用价值了或库存时间不可能太长的需求。例如报纸、新年贺卡、圣诞树等属于这种物品；易腐食品（如海鲜、活鱼、新鲜水果）也属于这种物品。对单周期需求物品的库存控制问题就是单周期库存问题。圣诞树问题和报童问题都是典型的单周期库存问题。

多周期需求是指在足够长的时间里对某种物品的重复的、连续的需求，其库存需要不断地补充。机械厂所需的钢材，用完了还需要补充；家庭所需要的粮食，吃完了还得再买。与单周期需求相比，多周期需求问题普遍得多。对多周期需求物品的库存控制问题称为多周期库存问题。本书重点讨论多周期库存问题。

2. 独立需求库存与相关需求库存

来自用户的对企业产品和服务的需求称为独立需求。独立需求最显著的特点是需求的对象和数量不确定，只能通过预测方法粗略估计。相反，企业内部物料转化各环节之间所发生的需求称为相关需求，也称非独立需求，它可以按照对最终产品的独立需求精确地计算出来。独立需求与相关需求之间的区别是：独立需求中各物资的需求是不相关的。例如，一个工作站可以生产相互无关的许多零件，用来满足外部需求。对于相关需求，对任一物资的需求常常是对其他物资需求的直接结果。通常，该物资是其高层次物资的一个部件。

例如，某自行车厂次年的生产计划是 50 万辆，这 50 万辆自行车的需求是独立需求，它是来自用户的对自行车厂产品的需求，与其他产品的需求无关。50 万辆自行车的生产任务确定以后，对构成自行车的零部件和原材料的需要数量和需要时间可以通过精确计算得到，如需要 100 万个轮胎，这就是相关需求。

11.2 库存控制的基本方式

库存控制的基本方式有两种：一种是连续检查控制方式，这种方式是对库存进行持续的检查控制；另一种是周期检查控制方式，是通过固定的间隔周期定期检查库存。不管是哪种方式都需要解决三个问题：①隔多长时间检查一次库存？②何时提出补充库存？③每次补充多少库存？

11.2.1 连续检查控制方式

连续检查控制方式又称为定量控制法。这种方法要求预先设定一个库存警戒线（即订货点 ROP），并且根据库存总成本最低的原则计算出订货批量。当每次有物资从仓库出库时，都要盘点剩余物资量，检查库存量是否低于库存警戒线。如果低于库存警戒线，发出补充库存的指令。图 11-1 反映了采用连续检查控制方式下库存量随时间的变化情况。

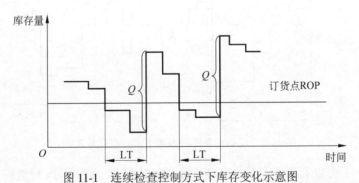

图 11-1 连续检查控制方式下库存变化示意图

从图 11-1 上可以看到，库存逐渐减少，每次库存减少时，盘点剩余库存量是否在库存警戒线下，发现库存量在库存警戒线下时，提出批量为 Q 的补充库存的指令，经过一段时间（即订货提前期），库存补充到位，进入仓库，库存量增加，之后，又逐渐减少，后面的情况类似。订货提前期（Lead Time，LT）是提出订货到货物验收入库为止所需要的时间。

1. 连续检查控制方式的特点

（1）每次的订货批量（Q）通常是固定的。订货批量（Q）是根据库存总成本最低的原则确定的。

（2）相邻两次订货的时间间隔通常是变化的。因为连续检查控制方式要求库存降到警戒线之下，提出补货的指令。由于市场需求的不稳定，何时库存降到警戒线下并不确定，所以何时提出补货指令不固定，由此相邻两次订货的时间间隔通常就是变化的，市场需求量大则间隔时间短，市场需求量小则间隔时间长。

（3）每次订货提前期（LT）通常是固定的。由于连续检查控制方式下每次的订货批量（Q）通常是固定的，从而订货提前期（LT）通常是一定的。

2. 连续检查控制方式的适用物资

（1）需求量大或者价格昂贵的重要物资。因为连续检查控制方式要求每次有物资从仓库出库时，都要盘点剩余物资量，检查库存量是否低于库存警戒线。如果低于库存警戒线，则发出补充库存的指令。这样的操作方法增加了管理工作量，但它使库存量得到严格的控制。因此，连续检查控制方式适用于需求量大或者价格昂贵的重要物资。

（2）市场上易于采购的物资。采用连续检查控制方式，订货的时间不确定，因此要求被检查的物资是市场上随时可以采购到的物资。

11.2.2　周期检查控制方式

周期检查控制方式又称为定期控制法。这种方式定期盘点库存，并根据库存情况，结合下一计划期预计需求情况确定每次的订货量。图 11-2 反映了采用周期检查库存控制法下的库存量随时间的变化情况。

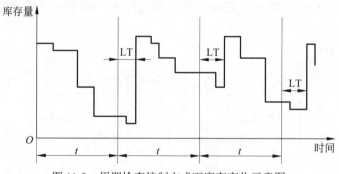

图 11-2　周期检查控制方式下库存变化示意图

从图 11-2 上可以看到库存从一开始逐渐减少，经过一段时间 t 检查库存并且发出补充库存的指令，过了一段时间后（即订货提前期 LT），库存补充到位，进入仓库，库存量增加，之后，又逐渐减少，后面的情况类似。

1. 周期检查控制方式的特点

（1）补充库存的间隔期是固定的。周期检查控制方式要求定期盘点库存并发出补充库存的指令，从图 11-2 中也可以看到每隔时间 t 发出补充库存的指令，因此，补充库存的间隔期是固定的。

（2）每次补充库存的量通常是变化的。它是根据每次盘点的库存量，并且结合下一周期的预计需求量来确定的。

（3）每次订货提前期通常是变化的。因为每次的补充库存量是变化的，因此每次订货提前期也会通常随之变化。如果订货量小，提前期相应就短，如果订货量大，提前期则长。

2. 周期检查控制方式的适用物资

（1）需要定期盘点和定期采购的物资。这些物资包括需要成批生产的各种原材料、配件、毛坯和零部件等。

（2）具有相同供应来源的物资。相同供应来源的物资是指这些物资由同一厂家生产或产地属于同一地区，由于物资来源的相似性，采用统一采购策略，不仅能够节约订货和运输费用，而且可以获得一定的价格折扣。周期检查控制方式能保证统一采购的顺利进行。

（3）需要计划控制的物资。此类物资的生产与采购通常纳入计划管理，多采用与计划期同步的周期检查控制方式。

11.3　库存重点控制方法——ABC 分类法

企业库存物资种类繁多，对全部物资进行管理是一件复杂而繁重的工作，如果管理者对全部物资均匀地使用精力，必然造成管理效率低下、管理无重点。在资源有限的情况下，注意力应该放在起关键性作用的因素上，加强管理工作的针对性，提高效率。ABC分类法是库存重点控制的常用方法。

这种方法的思路是源于意大利经济学家帕累托在调查 19 世纪意大利城市米兰的社会财富状况时提出的思想。他发现米兰市社会财富的 80% 被占人口 20% 的少数人占有，而占人口 80% 的人仅占有 20% 的社会财富。从而提出"关键的少数，次要的多数"的思想。后来研究发现，这种现象不仅存在于社会财富的分配上，也普遍存在于社会经济生活中的很多方面。在库存方面，库存物资占用的资金分布情况也是类似的，少数的库存占用了大部分流动资金，库存管理的重点也应该放在这些物资上。

11.3.1　ABC 分类法的基本思想

ABC 分类法基于 20—80 律，简单说就是 20% 左右的因素占有 80% 左右的成果。物资管理的 ABC 分类法正是在 20—80 律的指导下，试图对物资进行分类，以找出占用大量资金的少数物资，并加强对它们的控制和管理。对那些占少量资金的大多数物资，则施以较松的控制和管理。将占用了总价值的 65%～80% 的 15%～20% 的物品划为 A 类，占用了总价值的 15%～20% 的 30%～40% 的物品划为 B 类，占用了总价值的 5%～15% 的40%～55% 的物品划为 C 类。

11.3.2　ABC 分类法的实施

下面举例对某公司的产成品进行 ABC 分类来说明 ABC 管理法的具体实施步骤。

第一步，列出产品及全年使用量，将年使用量乘以单价求得其价值，按价值的高低对各种物资进行排序并标出对应序号，如表 11-1 所示。

表 11-1　某公司产品及用量情况

物资名称	年用量/kg	年费用/元	序号
切削刀片	950 239.034	264 272 274	3
耐磨零件	303 697.869	115 758 543	5
型材	47 155.143	14 553 578	10
矿用合金	366 146.064	86 989 336	7
硬面材料	380 352.629	112 880 646	6
混合料	2 208 931.37	525 725 666	1
钨品	376 539.137	82 493 928	8
钼品	191 443.771	151 203 370	4
钨化合物	241 902.5	25 324 205	9
碳化钨	2 342 931.5	524 816 656	2
成品工具	128.270	32 965	11

第二步，按序号大小将物资重新排序，并计算累计年使用金额和累计百分比，如表 11-2 所示。

表 11-2　某公司产品及用量情况

物资名称	年使用金额/元	累计年使用金额/元	累计百分比/%	分类
混合料	525 725 666.1	525 725 666	28	A
碳化钨	524 816 656	1 050 542 322	55	A
切削刀片	264 272 274.8	1 314 814 597	69	A
钼品	151 203 370.1	1 466 017 967	77	B
耐磨零件	115 758 543.4	1 581 776 510	83	B
硬面材料	112 880 646.8	1 694 657 157	89	B
矿用合金	86 989 336.45	1 781 646 494	94	C
钨品	82 493 928.35	1 864 140 422	98	C
钨化合物	25 324 205.38	1 889 464 627	99	C
型材	14 553 578.79	1 904 018 205	99	C
成品工具	32 965.35	1 904 051 170	100	C

第三步，对表 11-2 进行整理，得到该公司物资 ABC 分类汇总表，如表 11-3 所示。

表 11-3　某公司物资 ABC 分类汇总

类别	物资名称	种类百分比/%	每类价值/元	价值百分比/%
A	混合料、碳化钨、切削刀片	27	1 314 814 597	69
B	钼品、耐磨零件、硬面材料	27	379 842 560	20
C	矿用合金、钨品、钨化合物、型材、成品工具	45	209 394 013	11

对库存物资进行 ABC 分类后，企业对各类物资采取相应的管理策略。

A 类物资：应实施重点控制，包括最详细的记录，随时检查库存，精确地确定订货量和订货点，最高的优先作业权，高层管理人员经常检查等；

B 类物资：正常控制，按月进行检查和记录；

C 类物资：简单控制，做简单记录，可通过半年一次的盘存补充库存。

11.4　库　存　模　型

自从 F.W.Harris 在 1915 年提出一项简单而有用的库存控制数量模型以后，数量优化方法大量被应用于解决库存管理问题。具体的库存优化的数量模型可以大致分为两类：一类是确定性模型；另一类是随机性模型。

11.4.1　确定性存储模型

确定性模型，即模型中的数据皆为确定的数值，主要包括：成批到货、不允许缺货的模型；陆续到货、不允许缺货的模型；成批到货、允许缺货的模型；陆续到货、允许缺货的模型；价格折扣模型；等等。

1. 成批到货、不允许缺货的模型

在此模型下，有以下假设条件：缺货费用无穷大；补充率无限大，全部订货一次交付；需求是连续均匀的，设需求速度为 d；每次订货量不变，订货费不变；单位存储费不变；采购、运输均无价格折扣；订货提前期已知，且为常量。

库存量变化如图 11-3 所示，库存费用如图 11-4 所示。

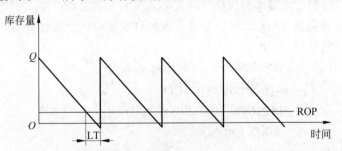

图 11-3　成批到货、不允许缺货的模型下的库存量的变化

从图 11-3 看出最大库存量为 Q，库存按需求率 d 的速度减少，当库存降到订货点 ROP 时，提出批量为 Q 的订货指令。经过一个固定的订货提前期（lead time，LT），批量为 Q 的订货到达仓库（订货刚好在库存变为 0 时到达），库存量立即达到 Q。

显然，平均库存量为 $Q/2$。同时，设一次订货费为 S；单位维持库存费为 H；单位产品成本为 C；年需求量为 D；最佳订货批量为 Q_0。

在此模型下，年维持库存费：$C_H = H(Q/2)$；年补充订货费：$C_R = S(D/Q)$；年购买费：$C_P = CD$；年缺货损失费：C_S 为零，因此年库存总费用为

$$C_T = C_H + C_R + C_P + C_S = H(Q/2) + S(D/Q) + CD \tag{11-2}$$

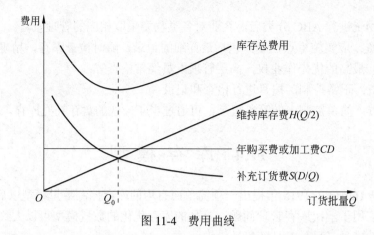

图 11-4　费用曲线

求最佳订货批量，即求使年库存总费用最低时的订货量，将总费用式（11-2）对 Q 求导，并令一阶导数为零，得出最佳订货批量：

$$Q_0 = \sqrt{\frac{2DS}{H}}$$ （11-3）

式中：Q_0——最佳订货批量或称经济订货批量；

　　D——年需求量；

　　S——一次订货费；

　　H——单位维持库存费。

这也是 F.W.Harris 在 1915 年提出的经济订货批量（economic order quantity，EOQ）模型。

【例 11-1】海创公司每年要按单价 3 元购入某种零件 2 400 件，每次订货费用为 320 元，单位维持库存费为 9.6 元。对该公司现在的订货策略"每批订货 800 件"进行评价，并与最优策略进行比较。

解　"每批订货 800 件"策略下全年的库存成本为

$$C_T = H(Q/2) + S(D/Q) + CD$$
$$= 9.6 \times (800/2) + 320 \times (2\,400/800) + 3 \times 2\,400$$
$$= 12\,000（元）$$

经济订货批量为

$$Q_0 = \sqrt{\frac{2DS}{H}} = \sqrt{\frac{2 \times 2\,400 \times 320}{9.6}} = 400（件）$$

经济订货批量策略下全年的库存成本为

$$C_T = H(Q_0/2) + S(D/Q_0) + CD$$
$$= 9.6 \times (400/2) + 320 \times (2\,400/400) + 3 \times 2\,400$$
$$= 11\,040（元）$$

经济订货批量策略下全年的库存成本比"每批订货 800 件"策略下成本节约了 960 元。

2. 陆续到货、不允许缺货的模型

EOQ 模型假设补充率无限大，也就是整批订货在一定时刻同时到达。但是在生产企业里，某些产品是逐渐生产出来的，生产出来的产品陆续补入库房。也就是说，当生产率大于需求率时，库存是逐渐增加的，不是一瞬间上去的。在补充库存的生产中，就有一个一次生产多少最经济的问题，这就是经济生产批量问题。经济生产批量（Economic Production Quantity，EPQ）模型，其假设条件，除补充率不是无限大，即陆续补充库存外，其他条件与模型 1 相同。

库存量的变化如图 11-5 所示。生产在库存量为 0 时开始，经过生产时间 t_P 结束，由于生产率 p 大于需求率 d，库存将以（$p-d$）的速率增长。经过时间 t_P，生产停止，库存达到最大量 I_{max}。生产停止后，库存按需求率 d 的速度减少，直到库存量减少为 0 时，又开始新一轮的循环。Q 是 t_P 在时间内的生产量，也就是生产批量。

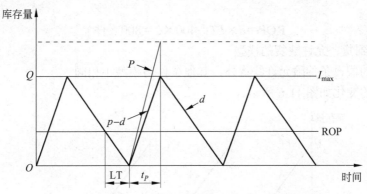

图 11-5　陆续到货、不允许缺货的模型下的库存量的变化

在图 11-5 中，p——生产率；d——需求率；t_P——生产时间；I_{max}——最大库存量；Q——生产批量；ROP——订货点；LT——生产提前期。

从图 11-5 可以看出，系统的最大库存量为 I_{max}，最小库存量为 0，不存在缺货。库存按固定需求率减少。显然，平均库存量为 $I_{max}/2$，$I_{max}=t_P(p-d)$。同时，设一次调整准备费为 S；单位维持库存费为 H；单位产品成本为 C；年需求量为 D；最佳生产批量为 Q_0。

在此模型下，年维持库存费：$C_H=H(I_{max}/2)$；因此，年库存总费用为

$$C_T=C_H+C_R+C_P+C_S=H(I_{max}/2)+S(D/Q)+CD$$
$$=H \times t_P(p-d)/2+S(D/Q)+CD$$

由 $Q=p \times t_P$，得出 $t_P=Q/p$。

所以，库存总费用为

$$C_T=H(1-d/p)Q/2+S(D/Q)+CD \tag{11-4}$$

为使年库存总费用最低，求出最佳生产批量，将库存总费用式（11-4）对 Q 求导，并令一阶导数为零，得出最佳生产批量模型为

$$Q_0=\sqrt{\frac{2DS}{H}} \times \sqrt{\frac{p}{p-d}} \tag{11-5}$$

【例 11-2】　市场每天对兴达公司生产的某种产品的需求量为 400 件。兴达公司生产该产品的生产率为 600 件/天，生产提前期为 2 天，单位产品生产成本为 20 元，单位产

品的维持库存费为 2 元，每次生产的生产准备费用为 50 元。求经济生产批量、年生产次数、订货点。

解 经济生产批量 $Q_0 = \sqrt{\dfrac{2DS}{H}} \times \sqrt{\dfrac{p}{p-d}}$

$$= \sqrt{\frac{2 \times 400 \times 365 \times 50}{2}} \times \sqrt{\frac{600}{600-400}}$$

$$= 4\,680\,（件）$$

年生产次数

$$n = D/Q_0 = (365 \times 400)/4\,680 = 31\,（次）$$

订货点

$$ROP = d \times LT = 400 \times 2 = 800\,（件）$$

3. 成批到货、允许缺货的模型

此模型的假设条件除允许缺货外，其他条件与模型 1 相同。

库存量的变化如图 11-6 所示。

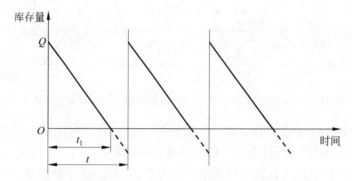

图 11-6　成批到货、允许缺货的模型下的库存量的变化

设单位库存维持费为 C_1，单位缺货损失费为 C_2，每次订货费为 C_3，需求速度为 d。

假设最初存储量为 Q，可以满足 t_1 时间的需求，t_1 时间的平均存储量为 $Q/2$，在 $(t-t_1)$ 时间的平均缺货量为 $d(t-t_1)/2$，$Q = d \times t_1$，所以 $t_1 = Q/d$。

在 t 时间所需维持库存费：

$$C_1 \times (Q/2) \times t_1 = C_1 Q^2/2d；$$

在 t 时间缺货损失费：

$$C_2 \times d(t-t_1)^2/2 = C_2(dt-Q)^2/2d；$$

因此平均总费用：

$$C(t,\ Q) = \left[C_1 Q^2/2d + C_2(dt-Q)^2/2d + C^3 \right]/t。$$

利用多元函数求极值的方法，分别对 t，Q 求偏导数，并令偏导数等于零，得出最佳订货批量为

$$Q_0 = \sqrt{\frac{2dC_3}{C_1}} \times \sqrt{\frac{C_1+C_2}{C_2}} \tag{11-6}$$

4. 陆续到货、允许缺货的模型

此模型的假设条件除允许缺货、货物陆续补充外，其他条件与模型 1 相同。

其库存量的变化如图 11-7 所示。

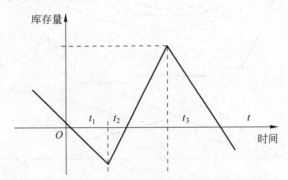

图 11-7　陆续到货、允许缺货的模型下的库存量的变化

与以上三个模型的计算推导过程类似，根据以上三个模型的最佳订货批量的公式，求得该模型的最佳订货批量为

$$Q_0 = \sqrt{\frac{2dC_3}{C_1}} \times \sqrt{\frac{C_1+C_2}{C_2}} \times \sqrt{\frac{p}{p-d}} \qquad (11-7)$$

5. 价格折扣模型

为了刺激需求，诱发更大的购买行为，供应商往往在顾客的采购批量大于某值时提供优惠的价格，这就是价格折扣。如图 11-8 所示为有两个折扣点的情况。

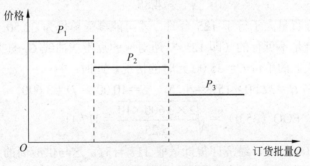

图 11-8　有数量折扣的价格曲线

价格折扣模型的假设条件除去货物单价随订购数量变化外，其他条件与模型 1 相同。图 11-9 所示为有两个折扣点的价格折扣模型的费用。

求最佳订货批量可按下面的步骤进行。

（1）取最低价格代入基本 EOQ 公式求出最佳批量 Q_0，若 Q_0 可行（即 Q_0 满足该价格下的数量），Q_0 即为最优订货批量，停止，否则转步骤（2）。

（2）取次低价格代入基本 EOQ 公式求出最佳批量 Q_0，如果 Q_0 可行，计算订货量为 Q_0 时的总费用和所有大于 Q_0 的数量折扣点所对应的总费用，取其中最小总费用所对应的数量即为最优订货批量，停止。

（3）如果 Q_0 不可行，重复步骤（2），直到找到一个可行的 Q_0 为止。

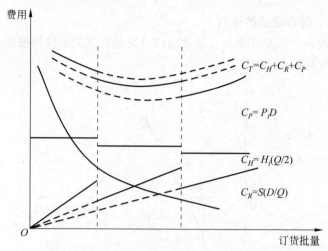

图 11-9 有两个折扣点的价格折扣模型的费用

【例 11-3】 某公司每年要购入 3 600 台电子零件。供应商的条件是：①订货量大于等于 125 台时，单价为 32.50 元；②订货量小于 125 台时，单价为 35.00 元。每次订货的费用为 10.00 元；单位产品的年库存维持费用为单价的 15%。试求最优订货量。

解 这是一个典型的数量折扣问题，可按这类问题的一般求解步骤求解。

第一步，当 $C=32.50$ 时，

$$H=32.50\times15\%=4.88, \quad S=10.00, \quad D=3\ 600。$$

$$\mathrm{EOQ}（32.50）=\sqrt{\frac{2\times3\ 600\times10}{4.88}}=121.47$$

因为只有当订货量大于等于 125 台时，才可能享受单价为 32.50 元的优惠价格，也就是说，121.47 台是不可行的（即 121.47 所对应的点不在曲线 C_T 的实线上）。

第二步，求次低的单价 $C=35.00$ 元时的情况。此时：

$$H=32.50\times15\%=5.25, \quad S=10.00, \quad D=3\ 600。$$

$$\mathrm{EOQ}（35.0）=\sqrt{\frac{2\times3\ 600\times10}{5.25}}=117.11$$

当单价为 35.00 元时，经济订货批量取 117 台时，这与供应商的条件是不矛盾的，因而 117 台为可行的订货量。在这里，订货量大于 117 台的数量折扣点只有一个，即 125 台。因此应该分别计算订货量为 117 台和 125 台时的总成本 C_T（117）和 C_T（125）。

$$C_T(117)=(117/2)\times5.25+(3\ 600/117)\times10.00+3\ 600\times35.00$$
$$=126\ 614.82（元）$$
$$C_T(125)=(125/2)\times4.88+(3\ 600/125)\times10.00+3\ 600\times32.50$$
$$=117\ 593.00（元）$$

由于 $C_T(125)<C_T(117)$，所以最优订货批量应为 125 台。

11.4.2 随机性存储模型

随机性存储模型的重要特点是需求为随机的，其概率和分布为已知。主要分为需求是离散的随机变量和需求是连续的随机变量。

1. 需求是离散的随机变量

设需求 r 所对应的概率是 $P(r)$，$P(r)$ 根据以往经验是已知的，货物单位储存费用为 C_1，单位缺货费用为 P，则最佳订货（或生产）批量 Q 是多少？

$$C(Q) = C_1 \sum_{r=0}^{Q} (Q-r)P(r) + P \sum_{r=Q+1}^{\infty} (r-Q)P(r)$$

当 Q 为最佳订货（或生产）批量时，则有

$$C(Q) \leqslant C(Q+1), \quad C(Q) \leqslant C(Q-1)$$

由以上两个不等式可以得到

$$\sum_{r=0}^{Q-1} P(r) \leqslant \frac{P}{P+C_1} \leqslant \sum_{r=0}^{Q} P(r) \tag{11-8}$$

满足（11-8）不等式中的 Q 即为在需求是离散的随机变量条件下的最佳订货（或生产）批量。

2. 需求是连续的随机变量

设需求 r 所对应的密度函数为 $\Phi(r)$，分布函数 $F(a) = \int_0^a \Phi(r)dr$，$(a>0)$，货物单位储存费用为 C_1，单位缺货成本为 P，则最佳订货（或生产）批量 Q 是多少？

$$C(Q) = C_1 \int_0^Q (Q-r)\Phi(r)dr + P \int_Q^{\infty} (r-Q)\Phi(r)dr$$

$$\frac{dC(Q)}{d(Q)} = C_1 \int_0^Q \Phi(r)dr + P \int_Q^{\infty} \Phi(r)dr = 0$$

$$F(Q) = \int_0^Q \Phi(r)dr = \frac{P}{P+C_1} \tag{11-9}$$

满足（11-9）等式中的 Q 即为在需求是连续的随机变量条件下的最佳订货（或生产）批量。

11.5　库存管理的发展

对库存进行管理和优化的研究，开始于 20 世纪初。库存管理和库存优化是伴随着工业的发展而发展的，在这一百多年的发展过程中，许多学者和企业为此做出了贡献。库存管理和库存优化理论也从零发展到今天这种相当成熟的程度。总的来说，库存管理理论的发展大致经历了两个阶段：传统库存管理阶段和现代库存管理阶段。

上述介绍的内容主要是一些传统的库存管理理论和方法，传统库存管理理论解决的基本问题是：何时订货和订多少货，旨在保障供应而储备量最小。随着经济全球化和信息技术、通信技术的发展，库存管理思想和方法不断地发展变化。库存管理论发展至今，已经取得了巨大的成绩，相当多的库存管理理论已经逐渐成熟，尤其是在发达的工业国家。现代的库存管理关注的重点则增添了"在哪里存货、存什么货、货物种类及仓库如何搭配"等新的内容，其根本目标是谋求通过适量的库存达到合理的供应，使总成本最低。现代管理理论主要包括 MRP、ERP、供应链管理、JIT。

物料需求计划（Material Requirements Planning，MRP）：最早的物料需求计划可以追溯到 20 世纪 60 年代。MRP 是一种工业制造企业内的物资计划管理模式，先通过产品结构文件将主生产计划中对产品的需求进行分解，生成对零部件和原材料的毛需求计划，进而确定在产品结构各层次上零部件和原材料的净需要量，按提前期的长短下达零部件和原材料的生产（订购）计划。

闭环 MRP（closed-loop MRP）：20 世纪 60 年代的 MRP 能根据有关数据计算出相关物料需求的准确时间与数量，但它还不够完善，其主要缺陷是没有考虑到生产企业现有的生产能力和采购的有关条件的约束，因此计算出来的物料需求的日期有可能因设备和工时的不足而没有能力生产或者因原料的不足而无法生产，同时它也缺乏根据计划实施情况的反馈信息对计划进行调整的功能。正是为了解决以上问题，MRP 系统在 20 世纪 70 年代发展为闭环 MRP 系统，闭环 MRP 系统除了物料需求计划外，还将生产能力需求计划、车间作业计划和采购作业计划也全部纳入 MRP，形成了一个封闭的系统。

制造资源计划（Manufacturing Resource Planning，MRP Ⅱ）：闭环 MRP 系统的出现使生产活动方面的各种子系统得到了统一，但这还不够，因为在企业的管理中，生产管理只是一个方面，它所涉及的仅仅是物流，而与物流密切相关的还有资金流，这在许多企业中是由财会人员另行管理的，这就造成了数据的重复录入与存储，甚至造成数据的不一致。于是在 20 世纪 80 年代，人们把生产、财务、销售、工程技术、采购等各个子系统集成为一个一体化的系统，并称为制造资源计划（Manufacturing Resource Planning）系统，英文缩写还是 MRP，为了区别物料需求计划（亦缩写为 MRP）而记为 MRP Ⅱ。

企业资源计划（Enterprise Resource Planning，ERP）：20 世纪 90 年代初，美国加特纳公司首先提出了 ERP 的概念。ERP 是在 MRP 的基础上通过前馈的物流及反馈的信息流和资金流，把客户需求和企业内部的生产活动，以及供应商的资源整合在一起，体现完全按照用户需求进行经营管理。ERP 管理是通过整合和优化供应商、零售商和客户，来降低和优化库存。

供应链管理：供应链管理是利用计算机网络技术全面规划供应链中的商流、物流、信息流、资金流等，并进行计划、组织、协调与控制。通过与供应商、销售商和顾客建立相对稳定的关系，使整个供应链集成化、系统化，从而降低和优化库存。供应链管理在库存管理方面，主要的方法有供应商管理库存（Vendor Managed Inventory，VMI）和联合管理库存（Joint Managed Inventory，JMI）。

准时制生产方式（Just In Time，JIT）：准时制生产方式又称作无库存生产方式，是日本丰田汽车公司在 20 世纪 60 年代创造的一种生产模式和库存控制方法。它是在所需要的时刻，按所需要的数量生产所需要的产品（或零部件），其目的是加速半成品的流转，将资金的占压减少到最低的限度，从而提高企业的生产效益。它的基本观念是库存就是浪费，消除库存就是消除浪费。日本丰田汽车公司创造准时制生产方式以后，"零库存"成为一个流行的术语，零库存管理的思想逐渐传播。尽管企业很难做到真正的零库存，但是它代表着企业管理理念的深刻变化。

思考与练习

1. 什么是库存？谈谈你对库存的看法。

2. 库存费用由哪几部分构成？订货批量变化使它们怎样相应地变化？

3. 试区别家具生产厂的独立需求与相关需求。

4. 简述连续检查库存方式的工作机理与库存变化的特点。

5. 简述周期检查库存方式的工作机理与库存变化的特点。

6. 对企业的哪些物资的库存管理适宜采用连续检查控制方式？为什么？

7. 什么是库存的 ABC 分类法？如何运用 ABC 分类法对企业物资进行管理？

8. 安达自行车公司每年要按单价 10 元购入某种零件 18 000 件，单位维持库存费为 3 元，每次订货费用为 50 元。求经济订货批量和年订货次数。

9. 汇兴工具公司生产某种钻头的生产率为每天 200 支，每次生产准备费为 100 元，生产提前期为 4 天，单位产品的生产成本为 50 元，单位维持库存费为 8 元，市场每天对该钻头的需求为 160 支。求经济生产批量和订货点。

10. 某公司每年需用某元件 3 000 单位。每次订购的固定成本为 250.00 元。单位维持库存费为货物价值的 25%。现有三个货源可供选择。①不论订购多少单价都为 10.00 元；②订购量必须大于等于 600 单位，单价 9.50 元；③订货起点为 800 单位，单价 9.00 元。试确定该公司的订货策略。

戴尔的库存管理

戴尔公司在全球拥有员工超过 75 000 名，每年的销售额达到 580 亿美元。戴尔的商业模式是绕开零售商，直接通过电话或网络销售其产品。这种模式减少了供应链的节点及与节点有关的延迟和成本。

在戴尔的供应链中，顾客一旦下了订单（通过电话或网络），戴尔会对其进行信用检查，并对顾客要求的电脑配置做技术可行性检查，整个过程大概需要 2~3 天的时间。如果通过了初期的审核，订单就会被传送给田纳西州奥斯丁的装配工厂，在那里产品在 8 小时内完成组装、检查和包装。

戴尔公司几乎没什么零部件库存。因为现在电脑技术发展速度非常迅猛，所以任何的库存都可能成为很大的不利因素——有些零件每周会贬值 0.5%~2%。另外，戴尔的许多供应商都在东南亚，它们将货物运往奥斯丁一般需要 7（空运）~30 天（水运和陆路运输）。为了消除这些不利因素，戴尔的供应商将其货物储存在名为"循环库"的小仓库中，而这个小仓库距离戴尔的装配工厂只有几千米远。

戴尔在自己的工厂几乎没有什么库存，它会从供应商的循环库中每隔几小时取一次货物，而戴尔的供应商会给这些小仓库补货（一周三次）。

　　然而，戴尔供应商的储存成本最终也会作为零件价格的一部分转嫁给戴尔公司，并最终反映在电脑的价格上。为了继续保持在市场上的价格竞争优势，戴尔公司尽力帮助其供应商降低库存和库存成本。戴尔公司与它的供应商签订了供应商管理库存（VMI）协议。

　　在 VMI 系统中，供应商决定订货量和补货时间。戴尔的供应商以成批的方式来送货（减少订货成本），并使用连续检查控制系统，每次的订货量为 Q，而订货点为 R，其中 R 是已订购货物和安全存货之和。

　　订货量大小的确定是基于长期的数据和预测，它会保持在一个常量。戴尔会为它的供应商设定库存目标——通常是 10 天的库存——并且会跟踪供应商对这些目标的完成情况，然后将这些信息反馈给供应商，使它们可以进行相应的调整。

　　（资料来源：Roberta S Russell，Bernard W Tayllor. 运营管理：创造供应链价值[M]. 北京：中国人民大学出版社，2010）

　　问题

　　1. 描述戴尔的供应链是怎样运作的？

　　2. 为什么戴尔能实现零部件的零库存？试分析企业零库存的实现需要具备哪些基本条件？

　　3. 戴尔公司与它的供应商签订的供应商管理库存（VMI）协议是如何实施的？

第12章

从属需求资源管理

学习目标

通过对 MRP、MRP II 和 ERP 的学习，使读者了解从开环 MRP 到闭环、从闭环 MRP 到 MRP II、从 MRP II 到 ERP 的功能完善过程，MRP II 的特点，ERP 的基本概念；掌握 MRP 的原理，MRP 的功能与逻辑结构，MRP II 系统的构成及实施与应用。

关键概念

MRP；MRP II；ERP

SAP 公司的发展之路

SAP 公司是全球最大的企业管理软件及协同商务解决方案供应商，成立于 1972 年，总部位于德国沃尔多夫市。SAP 是数据处理方面的系统应用和产品的简称。据统计，全球 500 强企业中的 80% 采用了 SAP 公司的应用软件。

1972 年，5 名来自 IBM 公司的软件工程师在德国曼海姆成立了 SAP 公司，该公司的目标是开发一种可实现实时业务处理的标准化应用软件。这 5 个工程师分别是迪特马·霍普、汉斯-维尔纳·海克托尔、哈索·普拉特纳、克劳斯·奇拉和克劳斯·伟伦路特。

1973 年，SAP 公司推出了 RF 系统，该系统后被命名为 R/1。这是一种自动化财务会计以及交易处理程序。当时计算机数据处理几乎全部采用周期性的批处理方式，但是，SAP 公司率先实现了数据的实时处理，R/1 中的 R 是实时（Real time）的简称。

1979 年，SAP 公司推出了适用于大型机的 R/2 系统，使 ERP 产品可以在全球范围内应用。该软件覆盖了多种语言、货币和法律法规制度，对跨国公司非常具有吸引力。从此，SAP 公司的产品开始进入许多大型企业。

1992 年，SAP 公司成功的推出 R/3 产品。该产品采用了客户机/服务器计算模式、统一了操作图形界面、与关系型数据库兼容、能够在不同厂商的计算机上运行，满足了企业应用从大型机时代向客户机/服务器时代的变革需求，使 R/3 在市场上获得了全面认同，标志着 SAP 公司从一家小公司真正成为该行业领导者。同年，SAP 公司与上海机床厂签约，从此进入了中国的 ERP 市场。

1999 年，时任 SAP 公司首席执行官的哈索·普拉特纳宣布 mySAP.com 战略，正式推出了 mySAP.com 协同化电子商务解决方案，标志着企业进入了电子商务时代。

从企业经营来看，SAP 公司经营业绩持续发展。2005 年，其年收入超过 100 亿美元，税前利润约 27.4 亿美元，营运毛利润率是 27.3%，股东权益报酬率达到 25.9%。2006 年，年收入超过 124 亿美元，税前利润约 35.3 亿美元，营运毛利率是 26.7%，股东权益报酬率达到 30.5%。2007 年，年收入超过 140 亿美元，税前利润超过 38.7 亿美元，营运毛利率是 26.2%，股东权益报酬率达到 29.4%。

截止到 2007 年，SAP 公司在全球拥有 47 800 多个客户，安装版本超过 12 万个，每天有超过 1 200 万用户使用 SAP 系统工作。目前，SAP 公司为 25 个行业提供了应用软件解决方案，SAP 公司的 51 200 多个雇员工作在全球的 120 多个国家和地区。

（资料来源：闪四清. ERP 系统原理和实施[M]. 北京：清华大学出版社，2008:1-2）

问题

1. SAP 公司的主要产品和服务是什么？
2. SAP 公司产品名称中的 R 表示什么意思？
3. 谈谈你对实时系统、大型机系统、客户机/服务器系统、电子商务系统的理解。
4. 国际市场上主要的 ERP 系统都有哪些？它们在中国的主要客户是哪些公司？
5. 中国市场上主要的国产 ERP 系统有哪些？这些国产的 ERP 系统的主要用户有哪些？

12.1　物料需求计划（MRP）

12.1.1　MRP 的产生与发展

物料需求计划（Material Requirements Planning，MRP）是对传统库存计划方法——订货点法的改进，是为了解决在新的环境下，如何有效地进行库存管理以更好地符合生产计划的要求应运而生的。

1. 订货点法

订货点法又称订购点法，始于 20 世纪 30 年代。订货点法指的是：对于某种物料或产品，由于生产或销售的原因而逐渐减少，当库存量减低到某一预先设定的点时，即开始发出订货单（采购单或加工单）来补充库存，直至库存量降低到安全库存时，发出的订单所订购的物料（产品）刚好到达仓库，补充前一时期的消耗，此一订货的数值点，即称为订货点。

订货点法也称为安全库存法。从订货单发出到所订货物收到这一段时间称为订货提前期。

这种方法的特点是：假定订货提前期 t、p（即市场供应、装运条件）是不变的（即 t、p 是个常量），每次订货的批量是相等的，订货时间是随着物资库存量降到订货点的不同而变化的。因此，在生产对物资的消耗速度不均衡的情况下，可以利用在订货点派人订货来适应物资消费速度的变化，保持物资储备的合理性。

订货点法本身具有一定的局限性。例如，某种物料库存量虽然降低到了订货点，但是可能在近一段时间企业没有收到新的订单，所以近期没有新需求产生，暂时可以不用考虑补货。故此订货点法也会造成一些较多的库存积压和资金占用，产品的成本升高，使企业缺乏市场竞争力。

2．MRP 的产生

针对订货点法存在的问题，围绕如何在规定的时间、规定的地点提供规定品种和数量的物料，使库存控制真正为生产计划和运作服务，人们进行了大量的研究和探索。随着计算机技术的发展，一种专门面向相关需求库存控制的新方法应运而生。这就是在 20 世纪 60 年代中期，美国 IBM 公司的约瑟夫·奥利佛博士提出的一种新的管理理论：物料需求计划（Materials Requirements Planning，MRP）理论。

3．MRP 的基本思想

MRP 的基本思想是围绕物料转化组织制造资源，实现按需要准时生产。物质资料的生产是将原材料转化为产品的过程，对于加工装配式生产来说，如果确定了产品出产数量和出产时间，就可按产品的结构确定产品的所有零件和部件的数量，并可按各种零件和部件的生产周期，反推出它们的生产时间和投入时间。物料在转化的过程中，需要不同的制造资源（机器设备、场地、工具、工艺装备、人力和资金等），有了各种物料的投入出产时间和数量，就可以确定对这些制造资源的需要数量和需要时间，这样就可以围绕物料的转化过程来组织制造资源，实现按需要准时生产。

按照 MRP 的基本思想，企业从产品销售到原材料采购，从自制零件的工作到外协零件的供应，从工具和工艺装备的准备到设备的维修，从人员的安排到资金的筹措与运用，都要围绕 MRP 的基本思想进行，从而形成了一整套新的方法体系，它涉及企业的每一个部门、每一项活动。因此，我们称 MRP 是一种新的生产方式。

MRP 按反工艺顺序来确定零部件、毛坯直到原材料的需要数量和需要时间，并不是什么新思想，一般生产管理人员都可以想到。由于现代工业产品的结构极其复杂，一台产品常常由成千上万种零件和部件构成，用手工方法不能在短期内确定如此众多的零件部件及相应的制造资源的需要数量和需要时间，据报道，在使用电子计算机以前，美国有些公司用手工计算各种零部件的需要数量和时间，一般需要 6 周到 13 周的时间，人们称这样编制生产作业计划的方式为"季度订货系统"。由于这样制订的计划只能每季度更新一次，计划不可能很细、很准，而且计划的应变性很差。

由于企业处于不断变化的环境之中，实际情况必然偏离计划的需求，其原因可能是对产品的需求预测不准确，引起产品的交货时间和交货数量的改变；也可能是外协件、外购件的原材料的供应不及时；还可能是其他一些偶然因素，如出废品、设备故障、工人缺勤等，使生产不能按计划进行。当计划与实际执行情况已经出现了较大偏差，通过主观努力已不可能达到计划的要求，或者计划本身不能完全反映市场需求时，必须修改计划。但是修改计划和制订计划一样费事，计划制订得越细致，修改计划的工作量就越大、越困难。而且，修订计划要求在很短的时间内完成，否则，修订的计划跟不上变化。

显然，手工方式是无法及时对计划做出修改和调整的。MRP 的出现是电子计算机应用于生产管理的结果。

4．MRP 的几个发展阶段

1）初期的 MRP

MRP 的产生与发展和当前企业已由 20 世纪 40 年代的大量生产转入多品种小批量生产密切相关。早期在大批量生产中行之有效的许多生产管理方法在多品种小批量生产中已不适用了，多品种小批量生产由于产品种类多、数量少，给企业制定生产计划、物资供应、库存管理等带来许多的复杂问题。如果处理不当将产生库存过剩或库存不足等问题，为防止发生这些问题，必须及时准确地掌握生产技术和生产管理等信息，实时地对所需生产的品种、数量和时期做出正确选择，这些工作随着生产规模的扩大，只凭管理者的经验和灵感是难以掌握的。因此，计算机辅助生产计划，即 MRP 系统的出现有效地解决了这一复杂的问题。

初期 MRP 处理过程如图 12-1 所示。它通过产品结构文件将主生产计划中对产品的需求进行分解，生成对部件、零件以及材料的毛需求量计划。进而利用毛需求量、库存情况、计划期内各零部件订购或在制品情况等数据进行计算，以确定在产品结构各层次上零部件的净需要量，以及零部件的生产（或订购）计划。初期 MRP 将产品计划转化为零部件生产（订购）计划，它计算出为完成生产计划的要求，应生产哪些零部件、生产多少数量、何时下达零部件生产任务、何时交货。

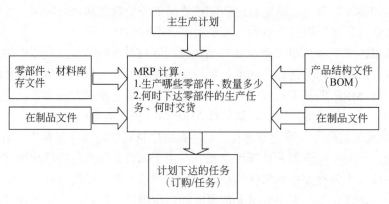

图 12-1　初期 MRP 的思想

初期 MRP 能根据有关数据计算出相关物料需求的准确时间与数量，对制造业物资管理有重要意义。但是它还不够完善，其主要缺陷是没有解决好保证零部件生产计划成功实施的问题。它缺乏对完成计划所需的种种资源进行计划与保证的功能；也缺乏根据计划实施实际情况的反馈信息，对计划进行调整的功能。因此，初期 MRP 主要应用于订购的情况，涉及的是企业与市场的界面，而没有深入企业生产管理核心中去。

2）闭环 MRP

然而，要使 MRP 能真正实用和有效就必须考虑企业的能力和资源的制约和支持，对企业内、外部环境和条件变化的信息及时加以沟通、反馈，对计划做出符合实际情况的调整和修整。因此，虽然时段式 MRP 从 20 世纪 60 年代中期出现，一直到 20 世纪 70

年代中期都深受经济发达国家企业的重视并被广泛使用，但人们在使用时段式 MRP 过程中也发现了时段式 MRP 的明显不足：一是时段式 MRP 仅考虑物料的需求，而且是按需求的优先顺序做计划的，由于只考虑了需求，没有考虑实际生产能力，没有考虑车间作业和采购作业，计划做出后是否能够顺利执行则是未知数，致使计划的实现性和可执行性存在着许多问题。二是 MRP 计划在执行过程中，对千变万化的现实情况没有做出相应的反应和反馈。因此，面对着 MRP 的不足和局限，在 20 世纪 70 年代中期和后期，很多专家在 MRP 基础上对其功能又进行了进一步的扩充，提出了闭环 MRP 的概念，它有两层含义。

第一，把生产能力计划、车间作业计划和采购计划纳入 MRP，形成一个封闭系统。

第二，在计划执行过程中，必须有来自车间、供应商和计划人员的反馈信息并利用这些反馈信息进行计划平衡调整，从而使生产计划方面的各个子系统得到协调统一。闭环 MRP 的工作原理是：MRP 系统的正常运行，需要有一个现实可行的主生产计划。它除了要反映市场需求与合同订单外，还必须满足企业的生产能力约束条件。因此，除了要编制资源需求计划外，企业还需要制定能力需求计划（Capacity Requirement Planning，CRP），同各个工作中心的能力进行平衡。只有在采取了措施做到能力与资源均满足负荷需求时，才能开始执行计划。而要保证实现计划就要控制计划，执行 MRP 时要用派工单来控制加工的优先级，用采购单来控制采购的优先级。这样，基本 MRP 系统进一步发展，把能力需求计划和执行及控制计划的功能也包括进来，形成一个环形回路，故称为闭环 MRP。如图 12-2 所示。其工作过程是：计划→实施→评价→反馈→计划。

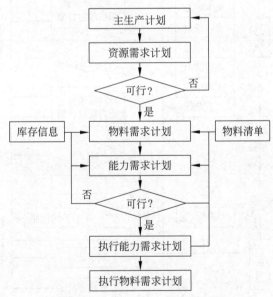

图 12-2　闭环 MRP 逻辑流程图

3）MRPⅡ阶段

闭环 MRP 系统的出现使生产活动方面的各种子系统得到了统一，但这还远未完善。因为在企业的管理中，生产管理只是一个方面，闭环 MRP 系统所涉及的仅仅是物流，而与物流密切相关的还有资金流等；另外，在闭环 MRP 系统中，财务数据往往由财会人员另行管理，这就造成了数据的重复录入与存储，甚至造成数据的不一致。为了消除冗余、减少冲突、提高效率，人们设想把工程技术管理与生产管理、销售管理、财务管理等有机地结合起来，把生产制造计划、财务计划等各种有关的计划合理衔接起来。这种把生产、财务、销售、采购、工程技术等各个子系统结合为一个一体化的系统，称为制造资源计划（MRPⅡ）。

MRPⅡ的基本思想是把企业作为一个有机整体，从整体最优的角度出发，通过运用科学方法对企业各种制造资源和产、供、销、财各个环节进行有效的计划、组织和控制，使它们得以协调发展，并充分地发挥作用。

MRPⅡ逻辑流程，如图 12-3 所示。

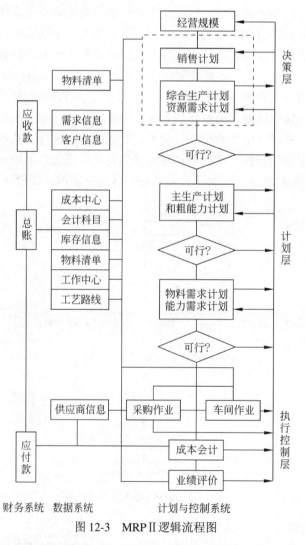

图 12-3　MRPⅡ逻辑流程图

在流程图 12-3 的右侧是计划与控制的流程，它包括了决策层、计划层和执行控制层，可以理解为经营计划管理的流程；中间是基础数据，要存储在计算机系统的数据库中，并且反复调用。这些数据信息的集成把企业各个部门的业务沟通起来，可以理解为计算机数据库系统；左侧是主要的财务系统，这里只列出应收款、总账和应付款。各个连线表明信息的流向及相互之间的集成关系。

4）ERP 阶段

20 世纪 90 年代以来，由于经济全球化和市场国际化的发展趋势，制造业所面临的竞争更趋激烈。以客户为中心、基于时间、面向整个供应链，成为新形势下制造业发展的基本动向。传统的企业竞争战略是以企业自身为中心的，企业的组织形式是按职能划分的层次结构；企业的管理方式着眼于纵向的控制和优化；企业的生产过程是由产品驱动的，并按批准产品组织生产流程。客户对于企业的大部分职能部门而言是外部对象，在影响客户购买的因素中，价格是第一位的，其次才是质量和交货期，所以企业的生产目标是成本、质量、交货期。

以客户为中心的经营战略则要求企业的组织是可组织的、动态的弹性结构；企业的管理着眼于按客户需求形成的增值链的横向优化，客户和供应商被集成在增值链中，成为企业受控对象的一部分，企业的生产目标也转为交货期、质量、成本。

实施以客户为中心的经营战略就要对客户需求迅速做出响应，并在最短的时间内向客户交付高质量和低成本的产品，这就要求企业能根据客户需求迅速重组业务流程，这是对传统管理观念的重大变革，在这种观念下，产品不再是定型的，而是根据客户需求选配的，业务流程和生产流程也不再是一成不变的，而是针对客户需求，以减少非增值的无效活动为原则而重新组合的，特别是企业的组织也必须是灵活、动态可变的。显然，这种需求变化是传统的 MRPⅡ 所难以满足的，就必须转向以客户为中心、基于时间、面向整个供应链为基本特点的 ERP 系统。ERP 是在 MRPⅡ 的基础上扩展了管理范围，给出了新的结构。

ERP 的核心管理思想就是实现对整个供应链的有效管理，主要体现在以下三个方面。

（1）体现对整个供应链的资源进行管理的思想。

现代企业的竞争已经不是单一企业与单一企业之间的竞争，而是一个企业的供应链与另一个企业的供应链之间的竞争，即企业不但要依靠自己的资源，还必须把经营过程中的有关各方如供应商、制造工厂、分销网络、客户等纳入一个紧密的供应链中，才能在市场上获得竞争优势。ERP 系统正是适应了这一市场竞争的需要，实现了对整个企业供应链的管理。

（2）体现精益生产、同步工程和敏捷制造的思想。

ERP 系统支持混合型生产方式的管理，其管理思想表现在两个方面。

① "精益生产 LP（Lean Production）"的思想，即企业把客户、销售代理商、供应商、协作单位纳入生产体系，同他们建立起利益共享的合作伙伴关系，进而组成一个企业的供应链。

② "敏捷制造（Agile Manufacturing）"的思想。当市场上出现新的机会，而企业的基本合作伙伴不能满足新产品开发生产的要求时，企业组织由特定的供应商和销售渠道组成的短期或一次性供应链，形成"虚拟工厂"，把供应和协作单位看成是企业的一个组成部分，运用"同步工程（SE）"组织生产，用最短的时间将新产品打入市场，时刻保

持产品的高质量、多样化和灵活性，这即是"敏捷制造"的核心思想。

（3）体现事先计划与事中控制的思想。

ERP 系统中的计划体系主要包括：主生产计划、物流需求计划、能力计划、采购计划、销售执行计划、利润计划、财务预算和人力资源计划等，而且这些计划功能与价值控制功能已完全集成到整个供应链系统中。另外，ERP 系统通过定义事务处理（Transaction）相关的会计核算科目与核算方式，在事务处理发生的同时自动生成会计核算分录，保证了资金流与物流的同步记录和数据的一致性。从而实现了根据财务资金现状，可以追溯资金的来龙去脉，并进一步追溯所发生的相关业务活动，便于实现事中控制和实时做出决策。ERP 系统逻辑流程，如图 12-4 所示。

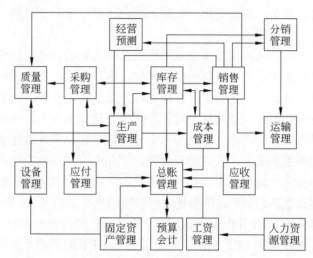

图 12-4　ERP 系统逻辑流程

因此，ERP 同 MRPⅡ的主要区别表现在以下几个方面。

（1）在资源管理范围方面的差别。MRPⅡ主要侧重对企业内部人、财、物等资源的管理，ERP 系统在 MRPⅡ的基础上扩展了管理范围，它把客户需求和企业内部的制造活动以及供应商的制造资源整合在一起，形成企业一个完整的供应链，并对供应链上所有环节如订单、采购、库存、计划、生产制造、质量控制、运输、分销、服务与维护、财务管理、人事管理、实验室管理、项目管理、配方管理等进行有效管理。

（2）在生产方式管理方面的差别。MRPⅡ系统把企业归类为几种典型的生产方式进行管理，如重复制造、批量生产、按订单生产、按订单装配、按库存生产等，对每一种类型都有一套管理标准。而在 20 世纪 80 年代末 90 年代初期，为了紧跟市场的变化，多品种、小批量生产以及看板式生产等则是企业主要采用的生产方式，由单一的生产方式向混合型生产发展，ERP 则能很好地支持和管理混合型制造环境，满足了企业的这种多角化经营需求。

（3）在管理功能方面的差别。ERP 除了 MRPⅡ系统的制造、分销、财务管理功能外，还增加了支持整个供应链上物料流通体系中供、产、需各个环节之间的运输管理和仓库管理；支持生产保障体系的质量管理、实验室管理、设备维修和备品备件管理；支持对工作流（业务处理流程）的管理。

（4）在事务处理控制方面的差别。MRPⅡ是通过计划的及时滚动来控制整个生产过程，它的实时性较差，一般只能实现事中控制。而 ERP 系统支持在线分析处理 OLAP（Online Analytical Processing）、售后服务即质量反馈，强调企业的事前控制能力，它可以将设计、制造、销售、运输等通过集成来并行地进行各种相关的作业，为企业提供了对质量、适应变化、客户满意、绩效等关键问题的实时分析能力。此外，在 MRPⅡ中，财务系统只是一个信息的归结者，它的功能是将供、产、销中的数量信息转变为价值信息，是物流的价值反映。而 ERP 系统则将财务计划和价值控制功能集成到整个供应链上。

（5）在跨国（或地区）经营事务处理方面的差别。现代企业的发展，使得企业内部各个组织单元之间、企业与外部的业务单元之间的协调变得越来越多和越来越重要，ERP系统应用完整的组织架构，从而可以支持跨国经营的多国家地区、多工厂、多语种、多币制等应用需求。

（6）在计算机信息处理技术方面的差别。随着 IT 技术的飞速发展和网络通信技术的应用，ERP 系统得以实现对整个供应链的信息进行集成管理。ERP 系统采用客户机/服务器（C/S）体系结构和分布式数据处理技术，支持 Internet/Intranet/Extranet、电子商务（E-business、E-commerce）、电子数据交换（EDI）。此外，还能实现在不同平台上的相互操作。

因而可以看出，ERP 超越了 MRPⅡ范围的集成功能，支持混合方式的制造环境，支持能动的监控能力，支持开放的客户机/服务器计算环境，从而可以更好地提高企业业务绩效。

12.1.2 MRP 的基本原理

1．MRP 的基本逻辑

MRP 的基本原理就是由产品的交货期展开成零部件的生产进度日程与原材料、外购件的需求数量和需求日期，即将主生产计划转换成物料需求表，并为编制能力需求计划提供信息，其主要功能及运算依据如表 12-1 所示。MRP 的基本逻辑如图 12-5 所示。

表 12-1　IMRP 的主要功能及运算依据

处 理 的 问 题	所 需 信 息
生产什么？生产多少？	切实可行的主生产计划（MPS）
要用到什么？	准确的物料清单（BOM 表）
已具备什么	准确的物料库存数据
还缺什么？何时需要？	MRP 的计算结果（生产计划和采购计划）

2．MRP 的主要输入信息

从图 12-5 可以看出，MRP 的主要输入有三个部分：主生产计划（产品出产计划，MPS）、物料清单（产品结构文件，BOM）和库存状态文件。

1）主生产计划（MPS）

主生产计划（Master Production Schedule，MPS）是 MRP 的主要输入，它是 MRP

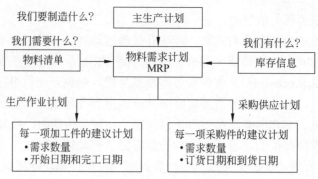

图 12-5　MRP 的基本逻辑

运行的驱动源。MPS 的计划对象是企业向外界提供的东西，它们具有独立需求的特征，包括：①最终产品项，即一台完整的产品；②独立需求的备品、配件，可以是一个完整的部件，也可以是零件；③MPS 中规定的出产数量一般为净需要量，即需要生产的数量。

MPS 的计划期通常应不短于最长的产品生产周期，计划期取得长一些，可以提高计划的预见性。

2）产品结构文件

产品结构文件又称为物料清单文件（Bill of Materials，BOM），它表示了产品的组成及结构信息，不只是所有元件的清单，还反映了产品项目的结构层次以及制成最终产品的各个阶段的先后顺序。在产品结构文件中，各个元件处于不同的层次。每一层次表示制造最终产品的一个阶段。通常最高层为 0 层，代表最终产品项；第一层代表组成最终产品项的元件；第二层为组成第一层元件的元件……以此类推。

3）库存状态文件

库存状态文件保存了每一种物料的有关数据，MRP 系统关于订什么、订多少、何时发出订货等重要信息，都存储在库存状态文件中。产品结构文件是相对稳定的，而库存状态文件却处于不断变动之中。MRP 每运行一次，它就发生一次大的变化。

3．MRP 的处理过程

MRP 的处理过程主要包括 MPS 数据、分解 BOM、计算物料毛需求、计算物料净需求和下达作业计划。毫无疑问，读取 MPS 数据是 MRP 开始运算的起点。MPS 的对象是最终产品项目，分解 BOM 实际上就是把最终产品项目的数量与生产一个最终产品项目所需要的零件数量相乘，即可得到需要什么样的零件和这种零件的数量。这种零件的数量就是所谓的毛需求量。把毛需求量减去可用库存量即可得到净需求量。无论是下达采购作业计划（采购订单）还是生产作业计划（加工订单），净需求量就是这些计划的基础数量。在实际中，既可以把这些净需求量作为计划数据直接下达，也可以根据批量政策对净需求量调整后作为计划数据下达。需要注意的是，作为计划数据，期量标准是同样重要的。作为确定计划时间的"期"标准来源于各种提前期数据。

4．批量规则

订货（加工或采购）批量是指一次订货的数量，它是运行 MRP 的重要参数，确定批量策略是物料管理部门的一项重要工作。在 MRP 系统中常用的批量策略包括以下几种。

（1）逐批订货批量（Lot-for-Lot）。这种策略规定净需要量是多少，批量就取多少，完全按照物料的净需求决定订货量。

（2）固定批量。每次的订货间隔期都不同，但订货量固定不变。

（3）固定周期批量。固定周期批量是指以固定的时间间隔，以物料的净需求量为依据计算出的订货批量。

（4）最大零件周期收益（Maximum Part-Period Gain，MPG）法。MPG 处理离散周期需求下的批量问题，一般假设周期内需求连续均匀，不允许缺货。其基本思想是：当把某周（t）的需求 $D(t)$ 合并到相对 t 的第 1 周一起订货时（第 1 周有需求），可以节省一次订货费（S），但却增加了维持库存费 $(t-1) \cdot D(t) \cdot H$，H 为单位维持库存费。因此，只要 $(t-1) \cdot D(t) \cdot H < S$，即 $(t-1) \cdot D(t) < S/H$，就将 $D(t)$ 合并到第 1 周一起订货。第 1 周是相对 t 周而言的。$(t-1) \cdot D(t)$ 越小，则合并订货越合算。$(t-1) \cdot D(t)$ 的单位为"零件-周期"。将一个零件提前 1 周订货为一个"零件-周期"。

5. 提前期与安全库存

在 MRP 的运算过程中，除批量外，还涉及两个重要的参数，即提前期和安全库存，下面就此进一步讨论。

1）提前期

在 MRP 中，一个物料项目的提前期是指从投料开始到该项目入库可供使用为止的时间间隔。按照此定义，采购件的提前期是指从发出采购订单开始，经供应商供货、在途运输、到货验收、入库所需的时间。自制件提前期是指从订单下达开始，经过准备物料，准备工具、工作地和设备，加工制造，直到检验入库所需的时间。

一般通过经验方法估算，当排队时间是主要因素时，可采用下面的公式：

$$LT = 2N + 6（天）$$

式中：N 为工序数。

当加工时间是主要的因素时（如大型零件的加工），可采用下面的公式：

$$L = k \cdot T$$

式中：T 为工件的总加工时间；k 为系数，可取 1.5～4。

提前期的单位一般为周，也可以为天。企业应当定期审核、修改提前期参数。

2）安全库存

设置安全库存是为了应付不确定性，防止生产过程产生缺料现象，避免造成生产或供应中断。尽管 MRP 处理的是相关需求，仍有不确定性。比如，不合格品的出现、外购件交货延误、设备故障、停电、缺勤等。因而，相关需求也有安全库存问题。

安全库存的引入将对净需要量的计算产生影响，一般可将安全库存从现有数中减去。

6. MRP 的时间概念

除了提前期这一概念外，MRP 中还定义了计划期、时段、时区与时界几个时间概念，并利用它们来解决计划的变更问题。

1）计划期（Planning horizon）

计划期又称为计划展望期、计划水平期，它说明计划能够看得多远。通常，计划应覆盖产品制造的整个过程（通常称为总提前期）。

2）时段（Time bucket）

它说明计划期分段能够分得多细，可以由用户设定。典型的计划时期是周，也可以为小时、天、月、季。时段越短，计划越详细，执行起来要求也越高。

3）时区（Time zone）与时界（Time fence）

MRP 在处理主生产计划时，把计划期划分成三个时区，作为主生产计划人员控制计划变动的手段之一。时区 1 是计划期内最近的计划时段，其长度等于或不小于最终成品的总装配提前期。时区 2 是紧随时区 1 之后的时区，第 1、第 2 时区长度之后等于或大于最终产品的累计提前期。第 2 时区之后的计划期是第 3 时区。第 1、第 2 时区之间的分界线称为需求时界（demand time fence），在需求时界以近的范围内，由于产品装配已经在进行，计划变动会造成严重损失，变动代价大，因此，需要公司级领导批准后才能更改计划。第 2、第 3 时区之间的分界线称为计划时界（planning time fence），在计划时界以近的范围内，计划已经确认，资源已经分配，变动计划代价大，因而不允许计算机系统自动更改计划，必须人工干预。在计划时界以远的范围内，由于还没有进入累计提前期的范围，当需求发生变化时，可由计算机系统自动对计划进行调整。

4）时区与订单状态

在不同的时区，订单状态不同，处理方式也不同。订单有三种状态。

（1）计划订单。根据 MRP 展开时产生的计划发出订货量而自动生成的物料订单，这时的订单状态是系统建议的，可以由计算机系统自动进行修改。第 3 时区的订单即为计划订单。当 MRP 重排时，计划订单将视各种情况而自动进行调整。

（2）确认订单。系统生成的计划订单经过主生产计划员核实或做必要的修订，认为在物料、能力、数量和时间上都没有问题后，对计划订单加以确认，即形成确认订单，可以准备下达，这时的订单状态是确认的。确认订单只能由计划员手工修改和调整，MRP展开和重排时，不会改变确认订单。时区 2 的订单为确认订单。

（3）下达订单。下达订单是经确认并下达执行的订单。时区 1 的订单为下达订单。对下达订单，计算机系统更是不能自动修改。

有了时区和时界的概念，使 MRP 计划系统既能对市场需求的变化做出快速反应，又有一个相对稳定的计划，保持生产作业的有序进行。

7．MRP 的运行方式

MRP 的计划更新有两种方式：重新生成（Regeneration）方式与净改变（Net change）方式。按照重新生成方式，MRP 每隔一个固定的时间（通常是每周）运行一次，每一个产品项目，不论是否变化，都必须重新处理一遍。按净改变方式，系统要按发生的变化随时运行，但运行中只处理发生变化的部分，进行局部修改。

12.2 制造资源计划（MRPⅡ）

12.2.1 能力需求计划

利用 MRP 可制定出零部件生产作业计划，确定要生产（采购）哪些零部件及其生产数量、何时下达订单、何时完工入库。为了保证作业计划的实施，还要核算设备和人力的负荷程度，进行能力平衡，以期获得理想、可行的作业计划。

在编制主生产计划时，一般都从总体上进行了能力平衡的核算工作。但是，对于多品种小批量生产的企业，生产的产品品种、数量每月各不相同，生产能力需求变化大。年总负荷核算平衡时，每个生产周期、每个工作中心不可能全都平衡，生产能力需求变化大。所以还要按较短的时间周期（如旬、周等）、更小的能力范围（如工作中心）进行详细的核算和平衡。

核算过程是根据来自 MRP 的零部件作业计划的生产数据库中的工作中心文件、工厂日历、工艺路线文件以及车间在制任务文件等信息，进行以下处理：①编制工序进度计划；②根据工序进度计划，计算出对每个工作中心在计划期间内的能力需求（即负荷）；③查询各工作中心实际可用能力；④进行负荷与能力分析，分析结果以负荷与能力直方图、负荷分析报告表示；⑤负荷与能力调整平衡。

现将主要步骤分析如下。

1. 编制工序进度计划

通过 MRP 展开，已获得各零部件计划订单下达日期（开工日期）、计划订单入库日期（完工日期）以及数量。利用上述两个日期，产生两种编制零部件工序进度计划的方法。

（1）倒叙编排法。它由零部件的最晚完工日期开始按反工艺的路线的顺序，往前推出各道工序的开始和完工日期。

（2）正序编排法。它是由零部件的订单下达日期（最早开工日期）开始按工序路线顺序向未来推移，计算出各工序的开始和完工日期。

两种编排方法如图 12-6 所示。按倒序排出的订单下达（开工）日期是最晚开工日期，如果晚于此日期开工，零件就不可能按期完工。按正序编排的订单下达日期是最早开工日期，在此之前零件加工条件尚不具备。两个开工日期之差是订单下达的松弛时间。由此可见，正序编排法编出的进度计划留有一定富余时间，以防因任务拖期影响按期交货，其缺点是增加了在制品和延长了制造提前期。倒序编排法没有富余时间，可减少在制品及缩短制造提前期，其缺点是有因任务拖期而延期交货的风险。

两种编排方法的计算大体相类似。倒排工序计划应用比较普遍，下面以编制 A 部件的工序计划为例，简述其计算步骤。

（1）从订单、工艺路线和工作中心文件取得所需信息。从订单获得订货和交货期（即计划订单入库）。

（2）计算负荷。计算每个工作中心上每道工序的负荷，负荷等于加工时间与准备时间之和。

（3）计算每道工序的交货日期和开工日期。按倒排方法编排部件 A 工序进度计划，由交货日期往前推。即从交货日期反工艺路线减去每工序的移动、加工、准备和排队时间所需天数，顺次得到各工序开工日期。

2. 编制负荷图

当所有订单都编制了工序进度计划后，以工作中心为单位编制负荷图，具体步骤如下。

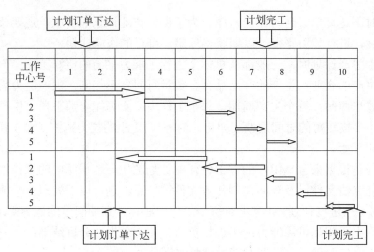

图 12-6　正排与倒排进度计划

（1）计算工作中心负荷。首先对每个工作中心，按周期将各订单所需的负荷定额累加，获得各工作中心各周期的计划负荷需求。

（2）负荷报告及负荷图。根据工作中心总负荷及工作中心可用能力可以算出每个工作中心每周期的负荷情况，确定何处（哪个工作中心）何时超过能力或低于能力。

3. 负荷报告及负荷图

如果大多数工作中心表现为超负荷或欠负荷，而且超欠量比较大，说明能力不平衡。引起能力不平衡的主要原因有 MPS 计划（主生产计划）不全面，例如维修件订单未列入 MPS 中；能力数据不准确；粗能力计划中未进行"瓶颈"工作中心的能力平衡；提前期数据不准确等。对上述各种引起能力问题的因素进行分析，找出原因，逐个纠正。

纠正上述存在的问题以后，能力和负荷仍不平衡时，就要通过提高或降低能力、增加或降低负荷，同时调整能力和负荷等方法，将能力与负荷调平。

1）调整能力

调整能力的主要措施有：

（1）调整劳动力。缺少劳动量应增加新工人，劳动力超出当前需要，剩余时间可安排培训。

（2）安排加班。

（3）购买可代用件代替自制件。

（4）改善设备利用率和效率。

（5）采用可替代工艺路线。一个工作中心超负荷，一些订单可以安排到有剩余能力的替代工作中心上加工，两个工作中心的负荷水平都将得到改善。

（6）转包合同。

2）调整负荷

调整负荷的主要措施有：

（1）交叉作业。即在第一个工作中心加工完整批任务前，零部件已传给第二个工作中心。

（2）分批作业。将一批任务分成几个小批量，在相同的机器上同时安排这几批任务。该措施并不降低负荷，而是将负荷集中在更短的时间内。

（3）减少准备时间。减少准备时间负荷就会下降。可以在机器运行的同时，尽可能多做准备工作，以减少时间。

（4）订单的提前或拖后安排。采取上述调平负荷与能力的措施后，应修改相应的数据，如加班、改善利用率和效率等应反映在中心文件中，减少准备时间应反映在工艺文件中。根据新数据，重复运行需求计划，直到取得满意的结果为止。

12.2.2　MRP 的重新生成和净改变

生产系统经常是处于动态变化之中，MRP 系统产生的作业计划，必须要随着客观情况的变化而变化，或者随生产系统状态的变化而变化，这样才能保持计划的实时性和准确性。生产系统状态变化主要包括下列内容：①工程设计的改变；②客户订货数量和交货日期改变；③供应商拖期发货；④工作单提早或拖期完工；⑤废品比预期的高或低；⑥关键工作中心或设备损坏；⑦计划中使用的数据有错误。

为反映上述变化的情况，MRP 系统产生的作业计划需要不断更新，更新的方式有重新生成和净改变两种。

（1）重新生成是指系统完全重新计算整个计划，即对所有产品由主生产计划开始，按产品结构逐层次分解和计算。重新生成之前，应根据变化了的情况调整有关输入数据。一般按照一个定期的时间间隔，例如一周或一个月重新生成一次。

（2）净改变是指系统只重新计算那些由于改变影响计划的部分项目。净改变的实施方法又分为两种：

① 联机实时改变方法。它能对非计划性事件的出现立即做出反应。

② 批处理净改变方法。一般为每天处理一次。多数企业采用批处理改变方法，每天晚上根据一天的情况变化进行一次净改变作业。

重新生成与净改变两种方式的特点比较，如表 12-2 所示。

表 12-2　MRP 系统重新生成与净改变方式的比较

	重 新 生 成	净 改 变
处理内容	整个主计划全部展开计算	只计算状态有变化的项目
处理频率	每周（或更长时间）一次	每天一次或实时运行
处理方式	批处理	批或实时处理
数据处理效率	高	相对低
数据处理量	大	小
对状态变化的响应速度	有限	快
对不正确计划的纠正能力	有	无
稳定性	稳定	不太稳定

当初始主生产计划分解为零部件作业计划时，或主生产计划内部发生重大变化、库存状态发生很大变化时，应进行 MRP 重新生成。一般情况下，一个企业是选择重新生

成、净改变，还是两种方式的结合，主要应考虑计算机的处理能力和系统对状态变化响应速度的要求。①从计算机资源方面考虑，重新生成与净改变所用资源情况有所不同。重新生成一次要花费较大的计算机能力，因为它要计算整个物料需求计划。净改变方式仅处理改变部分，使用的计算资源较小，但运行更频繁。②从响应速度方面考虑，净改变比重新生成对改变的反应快，更能保持物料需求计划反映当前情况，更精确。但是在净改变系统工程中，任何计划的错误都可能保留在系统中，直到人工发现或系统重新生成时才能消除。由于这一原因，使用净改变方式的企业，在必要时需重新生成其物料需求计划。

12.2.3　MRPⅡ系统的主要特点

综上所述，我们可以看出，MRPⅡ系统是在市场竞争条件下融合了生产管理者智慧的产物，它是以电子计算机为手段，辅助生产管理的有效方式，在西方工业化国家中获得广泛应用。MRPⅡ并不是一种与 MRP 完全不同的新技术，而是在 MRP 和闭环 MRP 的基础上发展起来的一种新的生产方式。它通过物流与资金流的信息集成，将生产系统与财务系统联系在一起，形成一个集成营销、生产、采购和财务等职能的完整的生产经营管理信息系统。图 12-7 表示了 MRPⅡ的组成结构和处理逻辑。

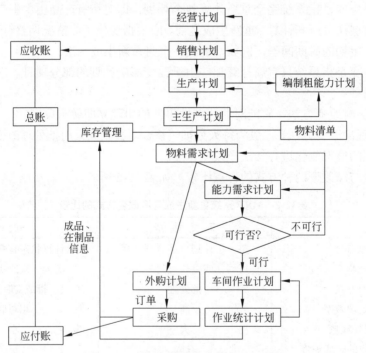

图 12-7　MRPⅡ的组成结构和处理逻辑

从图 12-7 可以看出，MRPⅡ编制的计划由上到下，由粗到细。经营计划是 MRPⅡ 的起始点。按经营计划确定的产值和利润指标，并根据市场预测和客户订单情况确定销售计划，将销售和应收账信息联系在一起。再结合企业当前的生产条件，确定生产计划（生产计划大纲）。在制订生产计划时要进行粗略能力平衡。接着按生产计划确定主生产计划。主生产计划以具体产品为对象，它规定每种具体产品的出产时间与数量。主生产计划必须切实可行。它是 MRP 的一项关键输入。若不可行，必然导致 MRP 运行失败。当生产能力不够，以致通过有限的调整生产能力的方法仍不能消除这种不足时。根据产品的物料清单和物料库存信息，在主生产计划的驱动下，MRP 将产品分解，生成自制件的生产计划和外购件的采购计划，作为车间生产和物料采购的依据。MRP 输出的零部件投入出产计划实际上可以作为车间的"生产计划"，作为对车间生产实行控制的标准和车间编制生产作业计划的依据。车间生产作业计划要规定每个工作地每天的工作任务，使 MRP 输出的零部件投入出产计划落实到每一道工序。

采购管理提供应付账所需的信息。车间作业统计则为库存管理和成本控制提供信息。

可见，MRPⅡ的主线是计划与控制，包括对物料、成本和资金的计划与控制。计划的实施从下往上执行，发现问题时，逐级向上进行必要的修订。实践表明，上述处理逻辑是科学合理的。

就目前而言，MRPⅡ系统的应用体现出如下的特点。

（1）MRP 系统是一个计划主导型系统，适应于以销定产的商品经济环境。应用 MRP 首先要对市场与销售进行预测，确立需求，制订生产计划。在实施过程中，采用滚动计划以实现计划的衔接，从而使企业的生产经营业务活动直接面对市场。

（2）系统中零部件、在制品库存低。在 MRP 系统中，每种零部件根据最终需求，根据提前期、现在库存、最佳批量等进行计算，保证物料在最准确的时间、最适宜的数量投入，使库存降低到较低水平。

（3）打破产品界限，实现按零部件最佳期批量组织生产。在制造业中，许多零部件应用于多种产品中。MRP 在安排零部件总需求量，按照批量准则组织计划订单下达，实现按零部件组织生产。它将各时间周期中各产品生产任务的特点抹去，将多品种、小批量的需求在零部件一级统一安排，实现最佳经济批量生产，从而使用料成本降低、生产周期缩短。

（4）实现数据集中管理，保证数据完整性和准确性。MRP 要求有完整的生产数据库提供关于产品、工艺、能力、库存等信息。在生产活动中采购、入库、出库、加工、完工发货等各环节都有完整准确的记录，并有严格的跟踪反馈制度，实现生产数据完整化及全面管理。

（5）实现负荷均衡，保证产品按期交货。为了保证计划实施，MRP 系统在编制主生产计划时就进行了粗能力平衡。具体实施时，又经能力需求计划进一步按工作中心分周期进行详细的负荷与能力平衡；进行作业排序，从而使机器设备利用率提高，保证生产任务准时完成。

（6）为企业提供了翔实的财务基础数据。从单级 BOM 清单开始，将制造成本费用、材料费用、人工费用、管理费用都融汇到以零部件中心生产管理的方式中，逐级形成成本化的 BOM。利用逐级滚加的核算方式，能寻根溯源，使产品的工厂成本、销售成本的确定有了科学依据；也为成本模拟以建立最低成本的产品组合与制造流程，为提高企业利润和竞争力提供了翔实的财务基础数据。

（7）及时反馈、动态调整。MRP 能将外界需求变化、现场执行计划的偏差及时反映到系统中，动态进行调整。现场操作者不用关心某零部件是用在何种产品上，使现场调度工作统一、集中、复杂程度降低。

因此，应用 MRP 可以降低材料成本、提高生产效率、加快资金周转、提高用户服务水平。据美国 1983 年对 727 个 MRP II 用户调查结果表明，由于采用了 MRP II，约占 50% 的用户年经济效益提高了 10% 以上。有关 MRP 系统的好处，康柏公司规划和生产控制经理卡尔·蒙蒂斯深有体会。当年他曾经想停产某款康柏个人电脑，就在这时他被告知康柏公司低估了市场需求，新的需求预测要求他再生产 10 000 台该款个人电脑。蒙蒂斯要手工在短期内完成这个新的生产计划几乎不可能，他面临很多的问题：公司内部有哪些零件？要订购哪些零件？可获得哪些劳动力？工厂有能力完成任务吗？买主有能力购买吗？应对哪些生产线进行重排？传统上，积累这些信息不仅需要 MRP 报表，还需要各式附加报表。即使是那样也只是在部分信息的基础上做出反应。包含综合空白表格程序、查询语言程序和报表程序的新型 MRP 软件使蒙蒂斯面临的这些问题迎刃而解，MRP 系统能够自动查找庞大的数据库，提出相关数据（客户订单、预测、库存和生产能力）进行快速计算，结果不仅及时完成了生产计划，而且使收入在原来的基础上又增加了几百万美元。

12.2.4　MRP II 的实施与应用

1．MRP II 实施的基本条件

MRP II 应用的效果非常明显，但同时也应看到，MRP II 系统的应用只有在一定条件下才能成功。实施 MRP II 系统除需要计算机硬件、软件以外，还需要以下几方面的基本条件。

（1）客观需要是企业实施 MRP 的第一推动力。企业要实施 MRP 系统必须有明确的目的，必须对 MRP 的功能、特点有足够的了解。一般当企业产品品种增加、批量减少、信息量增大，原信息系统满足不了变化的需求，提供不了或不能及时提供管理所需信息；或企业的管理系统工程不能适应市场竞争，以销定产的机制不能满足用户需求时，才产生开发 MRP 系统的需求。企业为在国内外市场竞争中取胜，有提高生产管理水平、提高生产率、降低库存、缩短提前期、改善用户服务水平的强烈愿望，才能认真开发系统并坚持实施。

（2）组成以企业主管领导为首的决策机构，是实施成功的重要条件。MRP 系统成功的关键所在是"人"。高层管理体制人员的参与程度、中级管理人员的积极性，以及公司职工对 MRP 实施工作的态度，已被公认为实施 MRP 最重要的成功条件。

实施 MRP 在企业各层次都遇到与传统管理模式相抵触的矛盾，需要在整个企业内组织和调配人才、物力和财力，必须按照系统工程方法进行协调开发。这就决定了厂长（经理）在开发 MRP 中的重要地位。由于涉及部门多、关系复杂、习惯势力大，需要主要领导的参与和推动。主要领导的直接参与领导，不仅增加了 MRP 开发过程中每一个行动步骤的权威性，而且对培养全体职工的参与意识、提高职工对计算机应用重要性的认识都将起巨大作用。

国内外经验证明，组成以主管领导为首的 MRP 实施领导小组，作为项目的决策机

构，站在企业经营战略的高度，知道 MRP 的实施是十分必要的。领导小组的主要职责是：

① 提出系统的目标，开发策略和开发计划。

② 组织协调 MRP 系统与其他计算机应用系统，如计算机辅助设计（Computer Aided Design，CAD）、计算机辅助工艺（Computer Aided Process Planning，CAPP）、计算机辅助制造（Computer Aided Manufacturing，CAM）等的接口与系统集成问题。

③ 调动与组织有关管理部门和信息管理机构逐步实施系统。

④ 组织调整不合理的与新系统不相适应的机构、体制与制度。

⑤ 在系统实施的主要阶段，组织方案审批和成果技术鉴定。

（3）完整和准确的数据是 MRP 实施的基础。MRP 系统实施需要大量的数据，这些数据可分为两类：①相对稳定的固定数据。包括项目（产品、零部件、毛坯、原材料）定义、产品结构、工艺路线、工作中心数据等；②动态数据。如库存文件、生产统计等。这些数据有一定的时效性。

固定数据的整理与录入涉及设计、工艺、设备、劳资等部门。这些部门都有自己一套惯用的数据，同一数据参照不同部门经常互相矛盾，如定额数据互不相同，同一项目采用不同的计量单位等，在数据整理过程中，要进行大量的协调工作，固定数据要求成套，即输入一个产品，则与此产品对应的产品结构、子项数据、加工工艺，加上工作中心等成套输入，否则数据残缺不全，没有使用价值。

所有信息都应力求准确，为保证数据正确性，美国生产管理专家菲利浦·奎克利在美国《工业工程》杂志上提出检验数据正确性的三个抽样检查测试：

① 将已装箱和准备发货的最终产品拆散，并将之与 BOM 相核对，必须 100%地准确。

② 从库中取出三种样本零件，将其实际库存量与库存记录相对照，应在 1%～2%的误差之内。

③ 由生产调度部门取得当前生产状况报表，如本周期下达任务、下周期（或下月份）计划；并由物料控制与装配部门取得相应信息。从各部门取得的数据误差应在允许范围之内。

在这些测试中，①和②是用于证实 MRP 系统输入数据的正确性，③则是保证主管部门与生产第一线的协调，奎克利指出，为使 MRP 成功运行，必须周期性地检验其正确性。许多软件开发部门采用一些行之有效的方法。如设计与编制校验程序，对成套性、正确性进行自动校验。同时，建立与严格执行数据整理与录入规章制度和处理规程，加强数据整理与录入人员的责任感，减少工作中的失误是十分重要的。

（4）教育培训提高职工队伍素质，是实施 MRP 的重要保证。MRP 的实施要求企业全体员工的支持，工程师应提供准确的物料单和工艺路线；仓库管理人员要保证库存准确性在 95%以上；生产操作者应及时反馈生产信息等。因此，实施 MRP 系统应对全体管理人员及生产操作者进行教育，使他们了解 MRP 管理思想和方法与传统管理思想和方法的区别，了解实施 MRP 的意义与作用。

应对不同人员进行专门培训，如对开发人员培训生产管理知识；对工程技术人员培训MRP知识；对管理人员和操作人员培训现代化管理理论、手段以及MRP知识，吸收他们参与系统分析、系统设计和MRP的实施工作，让他们积极参与和支持MRP工作，对具体操作工人如数据整理员、录入员等进行专门培训。

通过教育与培训，使企业从领导到基础管理人员、从开发人员到用户齐心协力、互相配合，保证系统的顺利实施。

2. 系统实施的评价体系

美国IBM公司的怀特提出MRP按实施可分为A、B、C、D四类用户，分类方法是用四个方面、25个项目进行检测，按评价好坏打分（每项4分）。这25项内容中属于技术方面的因素有：

（1）主生产计划和物料需求计划编制的周期应当是周或者更短。

（2）每周或更频繁地运行主生产计划与物料需求计划。

（3）系统包含确认计划订单和反查功能。

（4）以直观方式管理主生产计划，而不是自动处理。

（5）系统包括能力需求计划的编制。

（6）系统包括日调度单。

（7）系统包括输入/输出控制。

这25项内容中属于数据完整性方面的因素有：

（8）库存准确性达95%以上。

（9）物料清单准确性达98%以上。

（10）工艺路线准确性达95%以上。

这25项内容中属于教育方面的因素有：

（11）全体职工80%以上接受了初步教育。

（12）有长期的教育计划。

这25项内容中属于系统使用方面的因素有：

（13）已经取消了缺件单。

（14）供方按期交货度达95%以上。

（15）供方的计划编制在规定的提前期之前已完成。

（16）车间交货计划完成率达95%以上。

（17）主生产计划完成率达95%以上。

（18）定期召开由总经理、工程设计、生产与库存管理、现场管理、市场和财务人员参加的生产计划会议（至少每月一次）。

（19）有成文的、必须遵循的主生产计划的编制原则。

（20）系统包括排产和制定订单。

（21）制造、市场、工程设计、财务和上层管理部门的关键人员对MRP有深入的理解。

（22）管理人员确实用MRP进行管理。

（23）产品工艺改变时，及时变更作业计划。

（24）在下述三个领域中至少有两个领域同时得到改进：①库存；②生产率；③用户服务水平。

（25）已用于财务计划的编制。

各类用户的评分标准如下。

A 类：90 分以上；

B 类：70～90 分；

C 类：50～70 分；

D 类：50 分以下，这种分类方法已作为评价 MRP 实施效果的最常用方法。

3．MRPⅡ在我国的应用实践

1）应用的基本概况

1997 年全国范围内曾经就 MRPⅡ的实施与应用的现状进行过一次调查，调查对象是全国 150 家大中型企业，涉及汽车、机械、电子、电器、制药、食品、石油化工、玻璃陶瓷等工业领域。调查结果表明目前国内机械制造企业应用 MRPⅡ的比例最高，其后依次为汽车、电气、电子等行业，从 1979 年到 1996 年，随着时间的推移，越来越多的企业在采用 MRPⅡ系统。除了企业自身发展的需要外，计算机软件和硬件技术的发展也为 MRPⅡ在企业中的推广应用提供了必备条件。

从 MRPⅡ软件来源来看，66%的企业选择了从外部购买的途径，其中购买国内软件占 6%，购买国外软件占 60%，32%的 MRPⅡ软件由企业自行开发或与其他科研单位合作开发。从应用环境来讲，67.3%的 MRPⅡ系统应用在小型机上，24.5%用在微机上，8.2%用在中型机上。

从用户对 MRPⅡ系统功能的使用上来看，MRPⅡ软件中库存管理模块的平均使用率为 100%，而基本模块如主生产计划的使用率只有 71.8%，物料需求计划使用率只有 79.5%，外围模块如采购管理、成本管理、销售管理和会计等模块的使用率还比较高，能力需求计划模块的使用率较低，仅有 41%，财务分析模块的使用率仅有 51.3%。从 MRPⅡ的发展过程中可以知道，能力平衡是闭环 MRP 的主要特征，物料流与财务流的统一是 MRPⅡ的主要特征，所以根据以上这两项数字可以看出，虽然采用 MRPⅡ软件的企业比较多，但要想使 MRPⅡ的所有功能都发挥效用，企业还需要做大量的工作。

2）MRPⅡ系统实施过程中的问题

同时该调查对 MRPⅡ系统在初期准备阶段和操作使用阶段所遇到的问题也进行了统计分析，调查结果如表 12-3 所示。

表 12-3　MRPⅡ系统在实施过程中遇到的问题

	问　　题	百分比/%
初期准备阶段	对 MRPⅡ原理缺乏了解	71.8
	数据的获取	59.0
	MRPⅡ与原有系统冲突	59.0
	缺乏培训	53.8
	员工和组织结构形成的阻力	48.7
	部门间缺乏合作精神	41.0
	软件商的支持不够	35.9

续表

	问　　题	百分比/%
操作使用阶段	旧习惯的改变和新秩序调整不适应	89.7
	软件需要	59.0
	不能按时获取准确的数据	56.4
	因不熟悉软件导致操作错误	46.2
	操作错误多	30.8

在初期准备阶段，各个企业或多或少地都遇到了诸如对MRPⅡ原理缺乏了解、缺乏培训、员工和组织机构形成的阻力、与原有系统冲突、选择软件、选择硬件、实施时间过长、数据的获取、部门间缺乏合作精神以及软件商的支持不够等问题。在操作使用阶段，或多或少地都遇到了诸如因不熟悉软件导致操作错误、旧习惯的改变和新秩序调整引起的问题、不能按时获取准确的数据、需要修改、操作手册和用户手册不足、缺少必要的技术支持、没有继续培训等问题。表12-3仅仅对比较集中的几个问题进行了汇总。

企业现在已认识到员工的投入在实施MRPⅡ过程中所起的关键作用。但是，MRPⅡ应用在我国还处在初级阶段，从调查结果可以看出，71.8%的企业在实施过程中，遇到的最大问题就是对MRPⅡ的基本原理缺乏了解。企业迫切地需要既懂计算机又懂生产管理的复合型人才。目前，咨询公司、政府机构及软件推销商对企业进行知识更新和培训是企业获得MRPⅡ基本知识的主要手段。

3）MRPⅡ系统成功应用的关键要素

针对上述问题，各企业也都采取了相应的对策，高层领导的扶持参与是解决问题的最重要的前提。建立团队加强协作，各职能部门间保持良好的沟通，对组织机构和员工安置进行必要的调整。加强培训，使更多的员工掌握MRPⅡ的基本原理和系统的应用方法，尽可能把人员流失的影响降到最低。加强系统实施过程中的咨询和后期支持投资力度，从调查结果可以看出，咨询费用高的企业在实施和应用过程中遇到的问题显然少于没有投入的企业。有些因外部环境产生的困难，仅靠企业自身是难以克服的，这时就有必要修改软件以适应企业目前所处的环境。

表12-4所示为实施MRPⅡ的关键成功因素及其在国内实施企业中的看法。这些因

表 12-4　实施 MRPⅡ的关键成功因素

关键成功因素	重要性	关键成功因素	重要性
高层领导的支持	4.93	合适的硬件和软件	4.07
明确的目标和方向	4.74	企业对信息技术的熟悉程度	4.00
数据的准确性和完整性	4.67	软件商对MRPⅡ的认识程度	3.89
各部门间的相互合作	4.56	实施过程的可视性	3.85
人员的教育和培训	4.41	软件商对企业的支持	3.81
各部门之间的相互沟通	4.37	实施前对MRPⅡ基本知识的了解程度	3.70
人员的激励与责任	4.11		

（注：5——最重要；1——不重要）

素的确定参考了国外文献，并听取了国内部分资深系统专家的意见，最终确定了 13 个指标，包括人的因素也包括技术因素。回答这个问题的都是已经实施或正在实施 MRPⅡ 的企业，它们根据实施过程中的经验和教训对这些因素的重要性进行了评定。从表 12-4 中可以看出，企业高层领导支持的重要性得分最高，大多数企业都认为高层领导的扶持和参与，尤其是参与尤为重要，74%的企业成立了以总经理、厂长或副总经理、副厂长为组长的实施领导小组。

在实施 MRPⅡ 系统的开始，就应该确立一个明确的目标和努力方向，而且在实施过程中一定要严格朝着这个方向努力，同时在实施结束进行鉴定和评估时，开始所确定的目标也是评估依据。

数据准确性和完整性是实施 MRPⅡ 过程中最重要的技术因素，同时也是最难实现的。调查结果显示，有 59%的企业在实施初期，数据收集非常困难，并花费了大量的时间和精力，有 56.4%的企业在使用过程中仍然不能按时获取必要的准确数据。可见保证数据准确性和完整性的难度，对企业基本数据的整理工作应该早在实施 MRPⅡ 之前就进行。

企业现在已认识到员工的投入在实施 MRPⅡ 过程中所起的关键作用。但是，MRPⅡ 应用在我国还处在初级阶段，从调查结果可以看出，71.8%的企业在实施过程中，遇到的最大问题就是对 MRPⅡ 的基本原理的了解，企业迫切地需要既懂计算机又懂生产管理的复合型人才。目前，咨询公司、政府机构及推广商对企业进行知识更新和培训是企业获得 MRPⅡ 基本知识的主要手段。

从表 12-4 中可见，实施前对 MRPⅡ 基本知识的了解程度并不是很重要。因为，在实施过程中制订一个合理的教育培训计划，在实施过程中对员工进行培训，完全可以缩小弥补这一不足。而且，企业目前大多处在 MRPⅡ 系统应用的初级阶段，还没有遇到子系统维护或原系统升级等问题，如果企业遇到这些问题，软件商对 MRPⅡ 系统的认识程度对企业就显得很重要了。这也可以解释为什么在问卷中"软件商对 MRPⅡ 的认识程度"和"软件商对企业的支持"得分较低。

除了数据准确性外，最重要的因素是人而不是技术。从表 12-4 中可以看出，技术因素"选择合适的硬件和软件"都排在有关人的因素的后面。

12.3　企业资源计划（ERP）

12.3.1　从 MRPⅡ 到 ERP

整个 20 世纪 80 年代，MRPⅡ 在世界范围内得到了广泛的应用，应用企业逐渐从原来的加工装配式企业向流程式企业扩展，MRPⅡ 本身在技术和功能上都有了很大的发展。于是，在 1999 年年初，美国著名的信息技术分析公司 Garter Group Inc.根据当时信息技术的发展情况和供应链管理的需要，对制造业管理信息系统的发展趋势做了预测，并发表了以"ERP: A Vision of Next-Generation MRPⅡ"为题的研究报告，在其中首次提出了企业资源计划（Enterprise Resources Planning，ERP）的概念。

一般认为，ERP 是在 MRPⅡ基础上发展起来的，以供应链管理思想为基础，以先进计算机及网络通信技术为运行平台，能将供应链上合作伙伴之间的物流、资金流、信息流进行全面集成的管理信息系统。其基本思想是：将企业供应链上的各项业务流程，如订货、计划、采购、库存、制造、质量控制、运输、分销、服务、财务、设备维护、人事等进行全面优化与集成，使企业与供应商、客户能够真正集成起来，进而通过客户需求信息来拉动企业的决策和管理。可见，ERP 并不是全新的东西，而是 MRPⅡ进一步发展的产物，原 MRPⅡ的内容仍然是 ERP 的核心内容。

ERP 是现代企业大型集成化管理信息系统的典型代表，它除了充分体现先进信息技术的综合运用、充分实现信息资源的共享和企业资源的集成外，更重要的是能够充分体现现代管理思想与方法的综合运用。企业可以通过成功实施成熟的 ERP 软件包来吸取行业的最佳实践和优秀业务流程，以改善企业绩效和增强企业竞争能力。然而，ERP 的实施是复杂的，涉及公司组织结构、业务流程乃至管理模式的变革，涉及企业的方方面面，将对公司员工的观念产生冲击，这使得实施 ERP 是一项复杂、艰巨、耗资巨大的工程，其成功实施必须树立正确的应用理念，要有良好的方法论做指导。可以肯定的是，ERP 并没有停止其发展步伐。随着现代信息技术和管理技术的发展，ERP 也将不断发展。

12.3.2 ERP 的概念

供应链和信息集成是 ERP 原理所依据的两项最基本的概念。理解 ERP，首先要理解供应链和信息集成。

1. 供应链

供应链（Supply chain）一词是按原文直译的，也称供应链或供销链，但实质它含有"供"与"需"两方面的含义，可以理解为供需链。供应链概念早在 20 世纪 80 年代就已经提出，近年来同后勤保证体系（Logistics）一起，已为制造业管理文献和软件普遍采用。"logistics"一词的原意是后勤学，最初用于军事科学；狭义的后勤只包括武器装备和各种军需品，广义上讲，还包括了军事行动中各类人员和资源的调动。现代管理往往以 20 世纪 90 年代初的海湾战争为例来说明"logistics"的意义，并把它应用于制造业的计划与控制原理中，实现按规定时间、规定的地点，得到规定数量的"军需品（物料）"。因此，我们可以把"logistics"理解为一种"需求保证体系"，以与"质量保证体系"相呼应。供应链虽然是在 ERP/MRPⅡ之后发展起来的现代管理哲理，但是用它更能说明 ERP/MRPⅡ的中心思想。各种用于制造业的现代管理思想，也都融合了供应链的概念。1997 年起，APICS 的 CPIM 资格考试增加了供应链的内容，说明了其重要性。

任何制造业都是根据客户或市场的需求，开发产品，购进原料，加工制造出产品，以商品的形式销售给客户，并提供售后服务。物料（在 ERP 系统中，物料一词是所有制造计划对象的统称）从供方开始，沿着各个环节（原材料→在制品→半成品→成品→商品）向需方移动。每个环节都存在"需方"与"供方"的对应关系，形成一条首尾相连的长链，成为供应链。在供应链上除了物料的流动外，还有信息的流动。信息有两种类型，其中需求信息（如预测、销售合同、主生产计划、物料需求计划、加工单、采购订单等）同物料流动方向相反，从需方向供方流动；由需求信息引发的供给信息（如收货入库单、完工报告、可供销售量、提货发运单等），同物料一起沿着供应链从供方向需方流动。

从形式上看，客户是在购买商品，但实质上，客户是在购买提供给自己的效益，也就是购买商品的市场价值（使用价值）。各种物料在供应链上移动，是一个不断增加其市场价值或附加值的增值过程。因此，供应链也有增值链（Value-added chain）的含义。企业的竞争力在于其经营战略能使企业各项业务活动的结果，同其竞争对手相比，能提供给客户更多的市场价值，同时获取较多的利润。正因为有市场需求，才产生企业的各项业务活动。而任何业务活动都会消耗一定的资源。消耗资源会导致资金流出，只有当消耗资源生产出的产品或服务出售给客户后，资金才会重新流回企业，并发生利润。因此，供应链上还有资金的流动。为了合理利用资金，加快资金周转，必须通过企业的财务成本系统来控制供应链上的各项经营生产活动；或者说，通过资金的流动来控制物料的流动。

供应链的原理，如图 12-8 所示。图 12-8 中销售一环，可能是企业内部的业务，也可能是企业外部的销售代理，因此，标示在企业的边框线上。

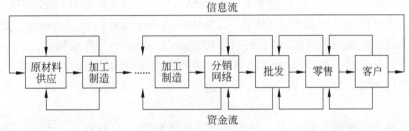

图 12-8　供应链原理

一个企业的原料是它供方的产品，供应链以类似的形式从企业向供方延伸；这个企业的成品又会是它需方的原料，供应链又向需方延伸。整个社会生产就是一条首尾相连、纵横交叉的供需长链；它说明企业内部的物流同供需双方的物流是息息相关的。企业的经营生产活动必须同它的需方和供方密切相连，并把它们纳入自己的计划与控制系统。可以说，供应链是一种说明商品生产供需关系的系统工具。ERP 从供应链的概念出发改变企业的经营战略思想，着眼于供应链上物料的增值过程，保持信息、物料和资金的快速流动，处理好各个环节的供需矛盾，以企业有限的资源去迎接无限的市场机遇。要求以最少的消耗、最低的成本、最短的生产周期产生出最大的市场价值和利润。管理信息集成就是要集成供给链上所有流程中各个环节的信息，实现信息共享，为各级管理人员提供可靠的决策依据。管理信息系统不仅限于企业内部，还应集成与企业有关的外部信息，包括供应商和客户的信息；这也是精益生产和敏捷生产的主要精神。供应链处于一个动态的环境，企业为了对瞬息万变的信息及时做出响应，必须建立信息集成系统。

2. 信息集成

ERP 的一个集成特点，就是体现管理信息的高度集成，这是 ERP 同手工管理的主要区别。管理信息集成的标志，可以从以下几方面说明：①信息必须规范化，有统一的名称、明确的定义、标准的格式和字段要求；信息之间的关系也必须明确定义；②信息的处理程序必须规范化，处理信息要遵守一定的规程，不因人而异；③信息的采集、处理和报告有专人负责，责任明确，没有冗余的信息采集和处理工作。保证信息的及时性、准确性和完整性；④在范围上，集成了供应链所有环节的各类信息；⑤在时间上，集成了历史、当前和未来预期的信息；⑥各种管理信息来自统一的数据库，既能为企业各有关部门的管理人员所共享，又有使用权限和安全保密措施；⑦企业各部门按照统一数据库所提供的信息和管理事务处理的准则进行管理决策，实现企业的总体经营目标。管理信息集成的效果，绝不是简单的数量叠加，而是管理水平和人员素质在质量上的飞跃。信息集成和规范化管理是相辅相成的，规范化管理是 ERP 运行的结果，也是运行的条件。应当按照统一的程序和准则进行管理，既不因人而异，随心所欲，又要机动灵活，适应变化的环境。在激烈竞争的市场经济环境下，管理信息集成系统必将成为所有制造业在生产经营中必不可少的手段。

3. ERP 的概念

ERP（Enterprise Resources Planning，企业资源计划），可以从管理思想、软件产品、管理系统三个层次给出它的定义。

（1）是由美国著名的计算机技术咨询和评估集团 Garter Group Inc.提出的一整套企业管理系统体系标准，其实质是在 MRP Ⅱ（Manufacturing resources planning，制造资源计划）基础上进一步发展而成的面向供应链（Supply chain）的管理思想；

（2）是综合应用了客户机/服务器体系、关系数据库结构、面向对象技术、图形用户界面、第四代语言（4GL）、网络通信等信息产业成果，以 ERP 管理思想为灵魂的软件产品；

（3）是整合了企业管理理念、业务流程、基础数据、人力物力、计算机硬件和软件于一体的企业资源管理系统。

ERP 的概念层次，如图 12-9 所示。所以，对应于管理界、信息界、企业界不同的表述要求，"ERP"分别有着它特定的内涵和外延。本书由于主要是针对企业界的应用，因此主要是采用第三种定义方式。对于企业来说，要理解"企业资源计划"（ERP），首先要明确什么是"企业资源"。简单地说，"企业资源"是指支持企业业务运作和战略运作的事物，也就是指"人""财""物"。据此可以认为，ERP 就是一个有效地组织、计划和实施企业的"人""财""物"管理的系统，它依靠 IT 的技术和手段以保证其信息的集成性、实时性和统一性。ERP 最初是一种基于企业内部"供应链"的管理思想，是在MRP Ⅱ的基础上扩展了管理范围，给出了新的结构。它的基本思想是将企业的业务流程看作一个紧密连接的供应链，将企业内部划分成几个相互协同作业的支持子系统，如财务、市场营销、生产制造、质量控制、服务维护、工程技术等。最早采用这种管理方式的是制造业，当时主要考虑的是企业的库存物料管理，于是产生了 MRP（物料需求计划）系统，同时企业的其他业务部门也都各自建立了信息管理系统，诸如会计部门的计算机账务处理系统、人事部门的人事档案管理系统等，而这些系统早期都是相互独立，彼此之间缺少关联，形成信息孤岛，不但没有发挥 IT 手段的作用，反而造成了企业管理的重复和不协调。在这种情况之下，MRP Ⅱ应运而生。它围绕着"在正确的时间制造和销售正确的产品"这样一个中心，将企业的"人""财""物"进行集中管理。ERP 可以说是

MRPⅡ的一个扩展。第一，它将系统的管理核心从"在正确的时间制造和销售正确的产品"转移到了"在最佳的时间和地点，获得企业的最大增值"；第二，基于管理核心的转移，其管理范围和领域也从制造业扩展到了其他行业和企业；第三，在功能和业务集成性方面，它都有了很大加强，特别是商务智能的引入使以往简单的事物处理系统变成了真正智能化的管理控制系统。

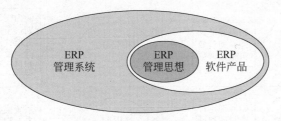

图 12-9　ERP 概念层次图

4．ERP 与 MRP、MRPⅡ的区别

1）ERP 理论的形成

从上已知，MRPⅡ仅能改变企业内部资源的信息流，但随着全球经济一体化的加速，企业与其外部环境的关系越来越密切，MRPⅡ已经不能满足需要。于是，不仅能处理企业内部资源信息流，同时还能处理与企业外部环境有关的信息流，即体现了按市场需求制造及供应链管理思想的 ERP 软件系统应运而生。

ERP 还打破了 MRPⅡ只局限于传统制造业的旧的观念和格局，把触角伸向各个行业，特别是金融业、通信业、高科技产业、零售业等，大大扩展了应用范围。

ERP 是在 MRPⅡ基础上做了以下几个方面的改进。

（1）融合其他现代管理思想和技术来完善自身系统，以提高系统的适应性和优化生产过程。

（2）建立在 Internet/Intranet 基础上的网络系统，将人、财、物及信息结合为一体，充分发挥整体系统的效率。

（3）通过把客户需求、企业内部制造活动和供应商资源整合在一起，形成供应链。通过对供应链所有环节进行有效控制和管理，强调事前控制和系统集成，为企业提供质量、效益、客户满意、环境变化等战略问题的分析。

应该说，ERP 是在 MRPⅡ的基础上发展起来的，它建立在信息技术基础上，利用现代企业的先进管理思想，全面地集成了企业的所有资源信息，并为企业提供决策、计划、控制与经营业绩评估的全方位和系统化的管理平台。

最后，通过图 12-10 对 ERP 理论的形成进行简要的总结。

2）ERP 与 MRP、MRPⅡ的区别

从 ERP 形成的过程中可以认识到：

（1）ERP 是一个高度集成的信息系统。

（2）从 MRP 到 MRPⅡ再到 ERP，是制造业管理信息集成的不断扩展和深化。

（3）MRP 是一种保证既不出现短缺，又不积压库存的计划方法，解决了制造业所关心的生产过程中物料的缺件与超储的矛盾；MRP 仅仅解决了企业物料供需信息的集成，

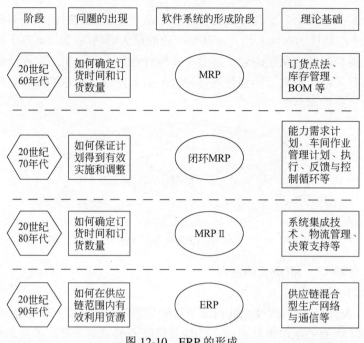

图 12-10　ERP 的形成

而 MRPⅡ融入了财务会计信息，实现了物料信息与资金信息集成；ERP 是包括 MRP 和 MRPⅡ所有信息集成功能的面向供应链管理的信息集成系统。简单地说，MRP 是 ERP 的核心功能，MRPⅡ是 ERP 的重要组成。

ERP 与 MRP、MRPⅡ的主要区别如下。

（1）资源管理范畴方面:MRP 是对物料需求的管理，MRPⅡ是对企业内部人、财、物等资源的管理，ERP 在 MRPⅡ的基础上扩展了管理范围，它把客户需求和企业内部的制造活动以及供应商的制造资源整合在一起，形成企业一个完整的供应链并对供应链上的所有环节进行有效管理。

（2）生产方式管理方面：MRPⅡ系统把企业归类为几种典型的生产方式来进行管理，如重复制造、批量生产、按订单生产、按订单装配、按库存生产等，对每一种类型都有一套管理标准。而到了 20 世纪 90 年代初期，企业为了紧跟市场的变化，ERP 能很好地支持和管理混合型制造环境，满足了企业的多角化经营需求。

（3）在管理功能方面：ERP 除了 MRPⅡ系统的制造、分销、财务管理功能外，还充分利用企业业务流程重组（Business Process Reengineering，BPR）的思想，增加了支持整个供应链上物料流通体系中供、产、需各个环节之间的运输管理和仓库管理；支持生产保障体系的质量管理、实验室管理、设备维修和备品备件管理；支持对工作流（业务处理流程）的管理。

（4）事务处理控制方面：MRPⅡ是通过计划及时滚动来控制整个生产过程的，它的实时性较差，一般只能实现事中控制。而 ERP 支持在线分析处理 OLAP（Online Analytical Processing）、售后服务及质量反馈，强调企业的事前控制能力，为企业提供了对质量、适应变化、客户满意、绩效等关键问题的实时分析能力。

（5）在计算机信息处理技术方面：ERP 采用客户机/服务器（C/S）体系结构和分布式数据处理技术，支持 Internet/Intranet/Extranet、电子商务（E-commerce）、电子数据交换（EDI），能充分利用互联网及相关的技术。此外，还能实现在不同平台上的相互操作。

12.3.3　ERP 的核心管理思想

ERP 是现代管理思想的产物，它将许多先进的管理，如 BPR、供应链管理、敏捷制造、精益生产、并行工程、准时制生产（JIT）、全面质量管理等思想体现在 ERP 软件系统中，极大地扩展了管理信息系统的范围，成为崭新的现代企业的管理手段。

ERP 的核心管理思想就是实现对整个供应链的有效管理，主要体现在以下几个方面。

（1）体现对整个供应链资源管理（Supply Chain management）的支持。在知识经济时代，企业仅靠自己的资源不可能有效参与市场竞争，企业间的合作联盟逐渐形成。现代企业的竞争已从单个企业之间的竞争发展为供应链之间的竞争。必须把经营过程中的有关各方如供应商、制造工厂、分销网络、客户等纳入一个紧密的供应链中，才能有效地安排企业的产、供、销活动，满足企业利用全社会的一切市场资源快速高效地进行生产经营的需求，以期进一步提高效率和在市场上获得竞争优势。

ERP 可以使企业内部的信息通行无阻，再加上供应链管理，透过网络与系统的有效结合，可以使客户与厂商间形成水平或垂直整合，真正达到全球运作管理的模式。ERP 可以与 SCM 系统整合，利用信息科学的最新成果，根据市场的需求对企业内部和其供应链上各环节的资源进行全面规划、统筹安排和严格控制，以保证人、财、物、信息等各类资源得到充分、合理的应用，从而达到提高生产率、降低成本、满足顾客需求、增强企业竞争力的目的。

（2）体现精益生产、敏捷制造和并行工程的思想。ERP 支持对混合型生产方式的管理，其管理思想表现在两个方面：一是"精益生产 LP（Lean Production）"，即企业按大批量生产方式组织生产时，把客户、销售代理商、供应商、协作单位纳入生产体系，企业同其销售代理、客户和供应商的关系，已不再是简单的业务往来关系，而是利益共享的合作伙伴关系；二是"敏捷制造（Agile manufacturing）"，当企业遇到特定的市场和产品需求时，企业的基本合作伙伴不一定能满足新产品开发生产的要求，这时，企业会组织一个由特定的供应商和销售渠道组成的短期或一次性供应链，形成"虚拟工厂"，把供应和协作单位看作企业的一个组成部分，运用"并行工程"组织生产，用最短的时间将新产品打入市场，时刻保持产品的高质量、多样化和灵活性。

（3）采用计算机和网络通信技术的最新成就。ERP 除了已经普遍采用的诸如图形用户界面技术（graphical user interface，GUI）、结构化查询语言（structured query language，SQL）、关系数据库管理系统（relational database management system，RDBMS）、面向对象技术（object-oriented test，OOT）、第四代语言/计算机辅助软件工程、客户机/服务器和分布式数据处理系统等技术之外，还要实现更为开放的不同平台相互操作，采用适用于网络技术的编程软件，加强了用户自定义的灵活性和可配置性功能，以适应不同行业用户的需要。网络通信技术的应用使 ERP 易于扩展为供应链管理的信息集成。

（4）ERP 同企业业务流程重组（Business Process Reengineering，BPR）密切相关。

信息技术的发展加快了信息传递速度和实时性，为企业进行信息的实时处理、做出相应的决策提供了极其有利的条件。为了使企业的业务流程能够预见并响应环境的变化，企业的内外业务流程必须保持信息的敏捷通畅。为了提高企业供应链管理的竞争优势，必然会带来企业业务流程、信息流程和组织机构的改革。这个改革不仅包括企业内部，还把供应链上的供需双方合作伙伴包罗进来，系统考虑整个供应链的业务流程。ERP 应用程序使用的技术和操作必须能够随着企业业务流程的变化而相应地调整。BPR 的应用已经从企业内部扩展到企业与需求市场和供应市场整个供应链的业务流程和组织机构重组的方向。

（5）以物流和信息流为核心。在供应链上，除了人们已经熟悉的"物流""资金流""信息流"以外，还有容易为人们所忽略的"增值流"和"工作流"。也就是说，供应链上有五种基本"流"在流动。ERP 的核心由物流和信息流构成，两者再将企业本身、客户、供货商三者串联在一起。物流由供货商经企业流向客户，由供货商提供的材料，经企业本身生产完成品交给客户；信息流则由客户的订单和厂内的生产预测所引发，经企业本身产生采购单给供货商。工作流决定了各种流的流速和流量，是企业业务流程重组（BPR）研究的对象。ERP 提供各种行业的行之有效的业务流程，而且还可以随着企业工作流（业务流程）的改革在应用程序的操作上做出相应的调整。

总之，ERP 不仅面向供应链管理，体现 BPR、精益生产、敏捷制造、同步工程的精神，而且必然要结合全面质量管理（TQM）以保证质量和客户满意度；结合准时制生产（JIT）以消除一切无效劳动与浪费、降低库存和缩短交货期；它还要结合约束理论（Theory of Constraint，TOC）来定义供应链上的"瓶颈"环节、消除制约因素来扩大企业供应链的有效产出。

ERP 不仅仅是信息系统，更是一种管理理论和思想，它充分利用企业的所有资源，包括内部资源和外部市场资源，为企业制造产品和提供服务创造最优的解决方案，最终达到企业的经营目标。由于这种管理思想只有依赖计算机软件系统才能实现，所以实现该管理思想的 ERP 常常被当成一种计算机软件系统或软件包，这实际上是一种表面的认识。应该重复地说，ERP 既是一个信息系统，更是一种管理理论和思想。只有深刻地了解 ERP 的管理思想和理念，才能真正地理解、掌握、应用和研制 ERP 软件系统。

12.3.4　ERP 的组织与实施

1. 成功实施 ERP 系统的关键因素和关键项目决策

1）成功实施 ERP 系统的关键因素

成功实施 ERP 系统的关键因素有：

（1）企业上层人员全力支持和参与。

（2）配备好组织实施领导机构，规划好各项活动，开展有效的项目组织工作。

（3）总结成功的组织系统实施案例，以提供系统实施的经验。

（4）对现实企业管理流程清晰了解和利用 BPR 思想进行流程再设计。

（5）积极开展长期有效的教育与培训活动，真正认识到教育和培训对整个系统实施和正常运行的重要性。

（6）同有关管理咨询组织和软硬件供应商建立长期关系，借助于外部支持力量解决实施过程中出现的问题。

（7）认识到数据管理的重要性，对数据的精度和处理事务工作进行检查和指导。

（8）重视员工在企业管理日常工作中的作用，做好人力资源管理工作。

（9）建立良好的实施方法和规划，规范实施工作行为，使各项工作科学合理、高效。

（10）不断对已经开展的业务活动进行审查和评估，修正实施行动。

2）成功实施 ERP 系统的关键决策内容

（1）做好分步实施的决策。一般来说，一个企业要运用 ERP 系统，需要合理、科学地做好分步实施计划，因为从实施到完成需要一个较长的时间，企业有必要根据轻重缓急决定哪些项目在什么时期进行更新和改造，哪些项目可以在下一阶段进行。企业应根据对市场竞争和内外环境等情况的分析，明确各个时期的实现目标，确定和决定项目选择的标准，如资金预算、相关知识技能的人员数量、成本效益标准等。

（2）对项目负责人的选择。项目负责人的选择非常重要。项目负责人一般应是具有管理和掌握一定信息技术的复合型人才。

项目负责人必须在以下几个方面开展有效的工作。

① 工作内容：协调关系，明确工作性质、要求和进度等；

② 人力资源：合理安排人员，明确工作人员工作目标；

③ 信息沟通：建立规章制度，加强各部门及人员的沟通；

④ 实施质量：确定评估标准，不断检查、督促；

⑤ 时间进度：落实计划，检查工作时间安排；

⑥ 实施成本：控制实施过程中的费用。

项目负责人必须协调和激励下属工作人员努力工作，指导与评价他们的工作。项目负责人必须经常在不确定性问题所困扰的环境中开展工作，而且还有预算和时间的限制所造成额外负担的工作压力。在实现项目实施过程中，由于项目负责人可能不具备所有项目目标实现的权力和知识，因而他必须依靠与其他人合作才能保证项目正常开展。对项目负责人的回报主要是工作创造性挑战与成功项目的相关利益。

（3）对项目小组的选择。项目小组在很大程度上影响项目的最终成功或失败。在人员安排上，重要的因素不仅包括其知识与技能基础，还包括其人际交往能力、参与项目的积极性、投入项目的工作时间等。

（4）规划和安排项目内容。项目的计划和设计决策需要基于项目目标、项目完成时间要求、需做什么工作和工作方式、外部资源供应量和供应时间等，这是计划安排必须考虑的因素。

（5）管理、控制项目方法。设计一套实施项目的控制规程和方法，保证项目正常开展。它包括对人员、设备、资金信息和监控等内容。

2．ERP 软件项目实施步骤

为了更好地实施 ERP 软件系统，应采用先进的项目管理思想，规范实施方法，提高实施工作效率，切实解决在实施过程中遇到的问题。

ERP 系统项目实施的步骤不尽相同，这里仅介绍一种实施步骤作为参考。

企业实施 ERP 系统总体上可分为三个阶段：前期工作、项目实施和业绩考核。

1）前期工作

（1）成立筹备小组。成立项目筹备小组的重要性有以下几点。

① 为企业正式地导入 ERP 概念与必要的理论基础知识，为下一步工作打好基础；

② 对企业的 ERP 项目进行可行性研究，提出分析报告，对项目的预算与总体计划做好安排，为领导决策提供依据；

③ 进行企业实施 ERP 项目的需求分析，提供分析报告，为企业 ERP 系统的选型工作做好准备；

④ 进行 ERP 系统的选择，包括选择 ERP 软件系统、实施的顾问公司等。

成立筹备小组的成员一般包括：企业的管理者代表（如副总经理、副厂长等公司级或厂级领导）、企业管理部门（企管部、策划部等）主要领导、计算机信息部门主要领导、各业务部门的特选业务人员或管理人员（也可以作为联络员，并不全部参与），概括地说是三种人员：领导、熟悉管理业务及熟悉计算机业务的人员。另外，企业最好请专门的咨询机构来参与企业的筹备工作，这样便于展开以后的工作。

（2）ERP 知识培训。企业要准备上 ERP 项目，就先要了解什么是 ERP 及 ERP 能为企业做什么，只有这样才能为进一步的可行性分析、需求分析及后续的选型提供理论基础。

要进行 ERP 知识培训，可以外派人员去学习，也可以请一些有关的咨询机构、软件公司进企业来授课。较好的方法是请进来，最好请 ERP 领域的咨询机构。因为通过中间机构（咨询机构）可以了解更多的 ERP 行业情况：ERP 的软件、实施力量、市场份额及后续服务的保证等。而且通过请进来培训，可以让企业的更多人员接触 ERP 知识。

（3）可行性分析与立项。通过对 ERP 必要知识的理解，筹备小组要根据企业的现状提出可行性分析报告。报告一般包括以下内容：

① ERP 基础知识介绍；

② 实施 ERP 所需的资源（包括管理环境、人员要求、资金预算和时间计划，并对资源的偏差做出计算与计划）；

③ 企业实施的必要性；

④ 实施的目标与实施中预计的困难等。

企业领导通过可行性分析报告来进行决策。需要提到的是，有的部门领导可能会提出反对意见，有些是客观的，但有些是出于部门自身利益考虑的，因为他们担心 ERP 会给他们带来更多的需要处理的事物或会暴露一些管理问题，这就需要筹备小组从企业整体利益出发，客观地反映问题，并提出分析观点。经过企业领导决策批准后，正式对 ERP 项目进行立项，做出项目的预算，并由筹备小组对有关的资源需求计划进行落实，同时启动各项计划。

（4）需求分析。在立项后，筹备小组要对企业进行需求分析。每个企业都有自身的不同特点及不同的管理需求。需求分析的时间可能比较长，而且要求相当的专业性，分析结果的好坏关系到以后 ERP 的选型工作，因此，最好是在有关专家或咨询公司的指导下进行。需求分析报告是企业 ERP 软件实施选型的主要依据。需求分析的内容主要有以下几点。

① 各个部门需要处理的业务需求。如有关业务的数据流入、业务数据处理方式（处理步骤、处理点等）、业务数据流出的情况。尤其要注意产品的结构特点、物料管理特点、生产工艺特点与成本核算特点。再根据各项业务需求，标识出企业需求的分类级别，如重点要求、一般要求或可有可无的需求等。

② 考虑用计算机处理的业务数据的软件使用权限的设置。有时企业的权限需求很特殊，例如，不只是对功能的控制权限有要求，而且对字段甚至是字段内容的控制权限也有要求。

③ 业务报表需求。对报表需求要列出清单，标识出必要需求、一般需求或最好需求等。

④ 数据接口的开放性。企业已有或未来会有各种各样的信息系统，如 CAM、CAI、CAD、PDM、DSS 等，因此，要考虑这些数据的传输问题。

（5）测试数据准备。企业要从各主要业务数据中抽取一些典型数据，作为以后 ERP 选型的测试数据。

（6）选型。在选择 ERP 软件与实施服务时一般可以参考、注意以下几个方面的问题。

① 软件的功能是否适合本企业的需求与未来一段时期的发展，主要考虑以下几点。

第一，了解软件的功能是否体现了 ERP 的主要思想，是否涵盖了企业的业务范围。功能的强弱是相对而言的，主要看是否适应本企业的业务管理。有的 ERP 功能很大，涵盖的企业类型也很多，但有相当多的功能是本企业用不上的，而且可能会增加企业使用及维护的工作量，实施的周期也会加长。要让软件供应商提供演示、讲解，并通过企业真实数据的录入演练，检查管理流程是否符合企业的应用情况，数据输出是否正确。

第二，由于企业的报表形式多样，因而也要了解 ERP 软件所能提供的报表，但应该注重实际数据，而不要片面地追求报表的形式。一般来说，高效的报表格式其实很简单。另外，也要注意报表的可扩展性，因为企业的业务会不断地发展变化。有些 ERP 软件有报表自定义功能，允许企业增加功能，维护报表。

第三，要注意软件的数据处理量与处理速度。大型企业一定要注意这点。要了解 ERP 软件的开发语言及所用数据库。

第四，考虑与互联网的连接与安全问题等。

总之，必须注意的是，在功能上要考虑本行业的特点需求。

② 软件供应商的维护、二次开发支持能力。企业会有自身的管理特点，因而可能会有二次开发的工作，而且是长期性的。因此，软件供应商的维护、二次开发支持能力也要作为一个选型依据。有一些 ERP 软件系统供应商二次开发的成本相当高，甚至不进行二次开发，这一点企业也要加以考虑。

③ 文档资料的规范与齐全。ERP 软件的使用文档资料、安装手册、培训教材、实施手册等是否齐全可以从一个侧面反映软件供应商的管理规范水平和实施服务供应商的实施水平与效率。同时，这些资料也是企业进行培训与应用 ERP 非常重要的参考资料。

④ 实施服务的方法与质量。ERP 项目重在实施。实施的质量关系到最终 ERP 项目的成败或优劣，实施的方法是非常重要的。现在有许多 ERP 软件供应商都提供实施服务，

这当中的优点是：他们最了解软件，可以利用软件现有的功能发挥出软件最佳的效能。但一般更趋向于由第三方来实施，即由专业 ERP 咨询、实施公司等来实施。这些第三方的参与，可以对企业的 ERP 选型工作给出有相当参考价值的意见，并且在实施 ERP 的过程中，除了利用软件的功能实现企业的管理效能外，还可以利用他们丰富的管理经验，对 ERP 理论的理解能力，为企业在管理上提出综合改革方案（如 BPR）。当然，一些有实力的软件供应商也有相当的管理咨询与实施能力，另外，第三方机构可以检验 ERP 软件的管理流程、思路，应用效率与速度等，并且在软件需要二次开发时为企业提供二次开发的详细方案，使软件的二次开发与应用实施分离，避免了一些软件供应商不愿意从事二次开发，绕过企业个性化的管理需求。当然选择第三方机构从事实施，也要注意其对所选用的 ERP 软件的熟悉程度。有的实施、咨询服务机构又与软件供应商有利益捆绑关系，这也是要注意的地方。

⑤ 软件供应商与实施服务供应商的持续发展能力与服务能力。软件供应商与实施服务供应商的持续发展能力一方面取决于市场对该软件与服务的肯定；另一方面企业实施 ERP 项目也要求 ERP 软件供应商、实施服务供应商能建立长期的合作关系，这是伙伴关系，而不是简单的供需关系，维持这样的关系才能为企业的持续发展提供优质服务与支持。

⑥ 走访实施 ERP 成功的企业。对实施 ERP 成功的企业进行实地考察，虚心请教，通过走访增加对 ERP 软件与实施方法的了解。同时了解整个市场（尽可能地）的应用情况，吸取经验与教训，这些对企业的选型以及今后的 ERP 实施工作都非常有利。

⑦ 注意软件的运行环境。注意软件的运行环境，如操作系统平台、硬件及网络环境等。一般来说，每种 ERP 软件都会对客户端操作系统、客户端计算机配置、网络操作系统、服务器配置、打印和备份配置、网络架构及网络速度等提出要求，这些与企业的文化环境、人员素质、资金与场地资源等有关系。

⑧ ERP 软件与实施服务的价格。应该说，价格不能作为决定因素。应重点对以上几个方面加以考虑，再综合价格的因素。一般实施 ERP 项目的费用（报价）组成如下：

软件费用＋二次开发费用＋服务支持费用＋硬件费用。

软件费用由 ERP 软件、数据库软件及操作系统等组成。服务的支持费用可能会根据系统实施阶段的不同而对应不同的费用要求。

⑨ 方案比较。可以让相对比较满意的软件和实施服务供应商提出一个系统的方案，阐述软件功能及如何构建信息管理，并为企业提供管理解决方案、实施方案，预计带来的效益及预计的投资等。当然这只是粗略的方案，不可能是详细的方案，详细方案要在进行详细的系统调研后才能提出。要注意量的适度问题，因为要求过于详细的方案对软件供应商与应用服务供应商是不合理的，也是不切合实际的。

总之，企业要对 ERP 的选型工作高度重视，这是 ERP 系统项目成败与优劣的基础。

2）项目实施

一般来说，ERP 的实施按项目管理的原则进行。一般实施的流程如下：

（1）成立三级项目组织；

（2）制订项目实施计划；

（3）调研与咨询；

（4）系统软件安装；

（5）开始培训与业务改革；

（6）准备数据；

（7）原型测试；

（8）用户化与二次开发；

（9）模拟运行；

（10）建立工作点；

（11）并行；

（12）正式运行。

以上步骤（流程）在不同的情况下可以进行相应的裁剪，如不需要二次开发的就可以省略（7）、（8）、（9）三个步骤。而且实际中还可以采取不同的顺序和时间。总之，一切应从实际出发。一般来说，每个步骤也可作为项目进展的各个阶段。从实施流程中可以看出，业务改革是从项目的第五阶段（培训）同步开始，一直伴随着项目的结束，而且还会不断深入。这里引用国家高科技发展计划（"863"计划）CIMS 专家组总结的十六字实施方针：总体规划、效益驱动、重点突破、分步实施。

（1）成立三级项目组织。三级项目组为：项目领导小组、项目实施小组和项目应用小组。

（2）制订项目实施计划。项目实施计划一般由经验丰富的咨询公司制订，或在其指导下制订。由企业的项目实施组根据企业的具体情况讨论、修改，最后由项目的领导小组批准。项目实施计划一般分为两类：项目进度计划与业务改革计划。

一般来说，ERP 的项目实施会分为两到三个阶段，也就是常说的一期、二期或更多。期数的划分要依据企业的 ERP 软件模块需求、二次开发量、企业的业务工作量、项目资源、企业的市场销售情况进行。要制订分阶段、分步实施的系统模块的细化计划，详细到各个业务的具体实施计划，并对负责人做出规定。

（3）调研与咨询。在该阶段对企业的 ERP 业务管理需求进行全面调研，并根据企业的管理情况提出管理改革方案。如果企业的业务复杂、规模较大，则花费的时间较多。调研报告与咨询方案要经实施小组与领导小组的讨论并通过。ERP 的调研报告与咨询方案通常包括以下几个部分。

① 企业管理现状描述。对企业的各种业务、各个部门的业务职责及业务关系进行准确描述，经过企业的确认，这样就保证了咨询、实施方对企业的业务充分熟悉及对管理充分了解，达到知己知彼。

② ERP 的管理方式。描述与本 ERP 软件结合的管理方式。这部分也是软件公司的固有部分。

③ 业务实现与改革。根据对企业业务、管理的理解与 ERP 系统相互结合，说明企业的管理流程、业务是如何利用本 ERP 来实现的。同时，根据 ERP 系统的需要与企业的实际管理现状提出业务改革方案，即业务流程重组（BPR）方案。

④ 达到的效果。如管理数据与报表、直接效益及管理效益等。

（4）系统软件安装。系统安装设计包括软、硬件的设计与安装，尤其是硬件的方案可以与调研同步进行，一定要考虑企业的现有资源，并通过与硬件供应商合作，制订与建立企业的硬件系统建设方案。在未详细规划企业的 ERP 应用工作点前，必须优先考虑在计算机中心或一些主要的业务部门建立初步的系统安装与测试工作点，等到建立后续的应用工作点时，再安装相应的软件。硬件的规划应做比较全面的考虑，包括考虑各种数据业务的采集。一般来说，该过程以安装服务器系统软件为主，而后根据需要进行工作点扩充。初步的安装是为了培训与测试的需要。

（5）开始培训与业务改革。应该说企业在推行 ERP 前，各个层次对 ERP 的理解参差不齐或理解不深。培训的目的就是让企业顺利地实施 ERP 系统、贯彻 ERP 的思想与理论，使企业的管理再上一个台阶。ERP 培训的类型有理论培训、实施方法培训、项目管理培训、系统操作应用培训、计算机系统维护等。要根据不同的层次、不同的管理业务对象制订不同的培训计划。

ERP 是管理软件，它的数据流反映企业的业务流程，各个子模块之间存在严密的逻辑关系，因此，制订培训计划要注意软件的逻辑流程，否则在培训时就会经常遇到流程不能通过的现象，影响培训效率与受培训人员的兴趣。另外，对各个业务岗位的操作培训，除了对本业务操作的培训外，还要对相关逻辑的上下流程关系进行培训。

各级组织，尤其是领导小组、实施小组，在进行 ERP 的相关培训后，增强了对 ERP 理论、管理思想、业务流程的理解，这样对业务及相关的改进就有了更深的理解。在调研咨询报告中的业务改革的内容是有关专家、顾问在了解了企业的实际管理运作后，利用他们对 ERP 的理论与实际的实施工作经验，以及丰富的管理知识而提出的综合管理解决方案。经过系统的培训，领导小组、实施小组成员就可以对业务改革提出更为详细的执行计划，并且还会有一些补充意见与建议。因此，业务改革从这里开始较为成熟。

（6）准备数据。在培训开展后，就可以开始收集业务数据，也就是进入准备数据阶段。这些数据分为三类：

① 初始静态数据；

② 业务输入数据；

③ 业务输出数据。

初始静态数据如物品代码、产品工艺路线、初始库存数据、工作中心数据等；业务输入数据如物品入库数据、出库数据与销售订单数等；相应的业务输出数据有物品库存数据、可用库存量与物品的计划需求量等。

（7）原型测试。根据收集的数据，录入 ERP 软件，进行原型测试工作。在这个阶段，企业的测试人员应在实施顾问的指导下系统地进行测试工作，因为 ERP 的业务数据、处理流程相关性很强，不按系统的处理逻辑处理，则录入的数据无法处理，或者根本无法录入。原型测试的目的概括如下。

① 通过实战模拟，进一步熟悉 ERP 的业务处理及操作的使用方法。

② 检验数据处理的正确性。

③ 通过查询、分析业务数据，获得高效的处理成果，增强实施信心与兴趣，并为数据共享与数据报表的利用提供依据。

④ 感性认识 ERP 的业务管理方法。

⑤ 对比 ERP 的处理流程与企业现行实际流程的异同，为业务改革提供依据。

⑥ 理解各种数据定义、规范的重要性与作用，为制订企业数据规范提供依据。

⑦ 根据使用情况、业务需求提出二次开发的需求。

（8）用户化与二次开发。因为企业自身的特点，ERP 的软件系统可能会有一定量的用户化与二次开发的工作。用户化一般指不涉及流程程序代码改动的工作，这种工作可以由实施顾问对系统维护人员进行培训，以后长期的维护工作就由这些人员完成。这些工作大部分是报表工作，有些灵活些的软件含有工作流程定义的功能（各类业务处理的流程自定义等），这些也必须由企业今后自己来维护。二次开发应该比较慎重，一般考虑以下几个方面。

① 临时性的业务、非重要性的业务一般不进行二次开发。

② 输出的工作效益不大的工作一般不进行二次开发。

③ 若企业的业务流程（管理思路）与 ERP 软件不符，要综合考虑哪个更合理、涉及的业务改革量及变化大不大，并比较二次开发与管理改革的成本与效益，若没有太大意义，一般不进行二次开发。

二次开发会增加企业的实施成本和实施周期，并影响实施人员（服务方与应用方）的积极性。另外，二次开发的工作应该考虑与现有的业务流程实施并行操作和管理，减少实施周期，这也是制订实施计划要注意的一点。

（9）模拟运行。当二次开发或用户化完成后，要组织人员进行实际数据的模拟运行，通过处理过程及输出结果的检验，确认成果。

（10）建立工作点。工作点也就是 ERP 的业务处理点、计算机用户端及网络用户端。建立工作点时一般要考虑以下几点。

① 一般先考虑 ERP 的各个模块的业务处理功能，如通过采购系统基础数据、采购请购单录入与维护及采购订单处理等来划分工作点。

② 结合企业的硬件分布，如计算机终端分布、工作地点等。

③ 考虑企业的管理状况，如人员配置、人员水平和管理方式等。

建立工作点后，要对各个工作点的作业规范做出规定，也即确定 ERP 的工作准则，形成企业的标准管理文档。

（11）并行。在相关的工作准备（如系统安装、培训、测试等）就绪后，则进入系统的并行阶段。所谓的并行是指 ERP 系统运行与现行的手工业务处理或原有的软件系统同步运行，保留原有的账目资料、业务处理与有关报表等。并行是为了保持企业业务工作的连续性和稳定性，同时是 ERP 正式运行的磨合期。

（12）正式运行。正式运行也叫系统切换，是并行运行过程的后期，认证了新的系统能正确处理业务数据，并输出满意的结果，新的业务流程运作也已进行顺利，人员可以合乎系统操作的要求，而决定停止原手工作业方式、停止原系统的运行，相关业务完全转入 ERP 系统的处理。正式运行要分系统模块、分步骤、分业务和分部门地逐步扩展。

3）业绩考核

业绩考核一般考核以下指标。

（1）库存准确率；

（2）产品准时交货率；

（3）生产周期；

（4）采购周期；

（5）产品开发周期；

（6）废品率；

（7）库存占用资金；

（8）原材料利用率；

（9）成本核算工作效率；

（10）产品销售毛利润增长等。

ERP 对企业的影响是全方位的，效益也是多方面的，除可计量的经济效益外，还存在许多无法计量的管理效益和社会效益。

12.3.5　ERP 的发展趋势

1．ERP 在我国实施应用中出现的问题

在我国，大约上千家企业实施应用了 ERP 管理软件，并取得了一定的效果，但还存在许多问题，总结起来，主要表现如下。

（1）ERP 软件自身存在的问题。

① 对国外公司生产的 ERP 系统软件来说，它的业务流程虽然合理，但未完全做好本地化，不适应现阶段的中国企业的实际状况。

② 对国内公司生产的 ERP 系统软件来说，有相当一部分称为 ERP 的软件由于在管理逻辑上、功能上或采用新技术上都存在不同程度的问题，使采用这些软件系统的企业对 ERP 管理思想的先进性产生了怀疑。

③ 明显存在着软件系统使用的复杂性。例如，对高层管理者来说，如果没有专业人员的帮助，几乎无法正确使用系统。

④ 现阶段的 ERP 系统软件还不能很好地将自身利用的数据与系统外的数据有机地结合在一起，使企业的各种决策缺少外部智力（知识）的强力支持等。

（2）企业对 ERP 的认识还有待进一步提高。

例如，多数企业无法真正从企业流程重组（BPR）的高度上认识 ERP 对企业管理和生产经营组织的作用，使实施 ERP 项目还存在"模拟手工"的现象，使企业未能体会到 ERP 给企业带来管理上的飞跃。

（3）国内 ERP 市场不规范。

① ERP 生产商为了达到销售并获得利益的目的，未对实施 ERP 的企业进行深入的了解和分析，特别是在实施前未与企业相关人员进行深入交换思想和意见，主观制订了实施方案，从而导致系统实施后无法满足企业的需要，甚至使管理过程复杂化。

② 缺少行业咨询公司和专家队伍。国内 ERP 市场在 ERP 厂商与实施企业之间缺少咨询公司或中立专家的支持。在国外存在 ERP 系统实施的咨询和监理公司，它们把 ERP 项目工程按质量分成级别，各个级别都具有相应标准，在实施过程中严格按标准打分，这样就能较科学地评判工程的质量，同时还能清楚地区分 ERP 厂商和实施企业各自的责

任等。

③ 实施 ERP 的企业缺少高素质的复合型人才。这一点是企业实施 ERP 系统失败的主要问题之一。

（4）还存在支持 ERP 系统的基础数据不规范、企业流程再设计缺陷、外部供应链配合不足、企业文化惰性等问题。这些问题都会影响 ERP 的实施效果。

虽然 ERP 的实施与应用出现了许多问题，但在我国进一步地应用和发展是必然趋势。

2．ERP 软件的发展趋势

随着新的管理思想和新的信息技术的出现，加之市场的驱动，ERP 软件的进一步发展是必然趋势。主要体现在以下几方面。

（1）ERP 软件将进一步加强系统的集成性。ERP 软件发展趋势之一，是不断将企业相对独立于 ERP 系统之外的独立系统集成到一起，使其发挥更大效益，如将 EDI、CAD 等系统集成于一体。

（2）从管理深度入手，采用先进的数据仓库、数据挖掘和在线分析处理等信息技术，为企业提供宏观决策的分析工具。

（3）在软件结构上，不再追求功能的大而全，而是根据特定的行业与服务，开发新的模块化和专业化软件，使这种 ERP 软件趋于更灵活、价格更低廉、实施方法更简单快捷，即更实际地提供给企业，特别是中小型企业。

（4）新一代的 ERP 必将是电子商务时代的 ERP。

① 企业 ERP 的实施与应用是互联网上的电子商务的基石；

② 电子商务时代必将赋予新一代 ERP 新的特征；

③ 信息技术的进步会使 ERP 在电子商务时代发挥更大的作用。

思考与练习

1．在 ERP 系统中，MRP 主要用于解决哪些问题？

2．简述闭环 MRP 的计算原理。

3．开环 MRP 和闭环 MRP 的区别是什么？

4．提前期在 MRP 处理中的作用是什么？

5．ERP 与 MRP Ⅱ 有什么联系与区别？

6．MRP Ⅱ 系统面临新环境的局限性，ERP 系统较之 MRP Ⅱ 新增了哪些功能？

为什么失败？

1998 年 3 月 20 日，北京市三露厂与联想集成（后来规划到神州数码）签订了 ERP 实施合同。在合同中，联想集成承诺 6 个月内完成实施，如不能按规定时间交工，违约金按 5‰ 来赔偿。实施的 ERP 系统是联想集成独家代理瑞典 Intentia 公司的 MOVEX 系统。合作的双方，一方是化妆品行业的著名企业，1998 年销售额超过 7 亿元，有职工 1 200 多人。另一方是国内 IT 业领头羊的直属子公司。但是，由于 MOVEX 软件产品汉化不彻底，造成了一些表单无法正确生成等问题，后虽然再次地实施、修改和汉化，软件产品提供商 Intentia 公司也派人来三露厂解决了一些技术问题。但是，由于汉化、报表生成等关键问题仍旧无法彻底解决，最终导致项目失败。合作的结果是不欢而散，双方只得诉诸法律，在经历了 15 个月的 ERP 官司之后，经过庭内调解，三露厂向联想公司退还 MOVEX 系统，并且获得了 200 万元的赔偿。

1998 年年初，河南许继集团采用 Symix 公司的产品来实施 ERP。从 1998 年年初签单，到同年 7 月初，许继集团实施 ERP 的进展过程正常，包括数据整理、业务流程重组以及物料清单的建立都很顺利。厂商的售后服务工作也基本到位，基本完成了产品的知识转移。另外，许继集团在培养自己的二次开发队伍方面也做了一定的工作。然而，计划赶不上变化。到了 1998 年 8 月，许继集团内部为了适应市场变化，开始进行重大的机构调整。但是，许继集团的高层领导在调整的过程中，更多的是关注企业的生存、企业经营的合理化和利润最大化，显然没有认真考虑结构调整对 ERP 项目的影响。企业经营机构变了，而当时所用的 ERP 软件流程却不能改变，Symix 厂商似乎也无能为力，找不出更好的解决方案。于是，许继集团不得不与 Symix 公司友好协商，项目暂停，虽然已经运行了 5 个月，但是，继续运行显然已经失去了意义。Symix 的 ERP 系统的个别功能模块到现在仅在许继集团下的某些分公司中运行。

2000 年，哈尔滨医药集团决定上 ERP 项目，参与软件争夺的两个主要对手是 Oracle 公司与利玛公司。刚开始，两家公司在 ERP 软件上打得难分难解，1 年之后，Oracle 公司击败了利玛公司，哈药决定选择 Oracle 的 ERP 系统。然而，事情发展极具戏剧性，尽管软件选型已经确定，但是，为了争夺哈药实施 ERP 系统的项目，利玛联手哈尔滨本地的一家公司于 2001 年 10 月击败哈尔滨当地的另一家公司，成为哈药 ERP 项目实施服务的总包。但是，出乎意料的是，到了 2002 年 3 月，哈药 ERP 系统实施项目出现了更加戏剧性的变化。利玛在哈药 ERP 项目的实施团队全部离职，整个哈药 ERP 系统实施项目也被迫终止。

（资料来源：闪四清. ERP 系统原理和实施[M]. 北京：清华大学出版社，2008：207-208）

问题

1. 北京三露厂 ERP 系统实施失败的主要原因是什么？
2. 许继集团的 ERP 系统实施失败的主要原因是什么？
3. 分析哈药集团的 ERP 系统实施失败的主要原因。
4. 采取什么措施有可能避免出现这些 ERP 系统实施项目的失败结果？

第13章

供应链管理

学习目标

通过本章的学习，掌握供应链及供应链管理的含义；理解供应链管理模式形成和发展的必然性；了解供应链体系的设计内容、设计要求及其设计步骤；充分认识供应链管理的核心是建立战略合作伙伴关系；掌握供应链管理过程中提出的供应商管理库存和联合库存管理策略。

关键概念

供应链；供应链管理；业务外包；战略合作伙伴关系；牛鞭效应

沃尔玛成功的供应链管理

沃尔玛公司由美国零售业的传奇人物山姆·沃尔顿先生于1962年在阿肯色州成立。经过四十多年的发展，沃尔玛公司已经成为美国最大的私人雇主和世界上最大的连锁零售商，多次荣登《财富》杂志世界500强榜首及当选最具价值品牌。沃尔玛发展如此成功，其中一个重要方面是建立在配送系统之上的先进的供应链管理。

首先，沃尔玛非常重视信息系统建设。沃尔玛的总部办公楼虽然简单，但是在总部办公楼旁边的信息中心却是一个像游泳馆一样的庞然大物，里面有1 200多名专业人员处理来自世界各地的数据。除了资金的投入外，沃尔玛在人员任用中也充分地体现出对于信息化的重视，一些高管人员就是从信息化建设和物流部门提升上来的。在20世纪70年代中后期高价租用了卫星用来传递公司内部的信息，到现在为止，沃尔玛拥有世界上最大的民用卫星和数据库系统。这样一套先进的系统可以随时随地让沃尔玛总部和世界各地的分店以及供应商进行联系，现在沃尔玛能够在一小时之内完成它分布在世界各地的分店的库存盘点工作。另外沃尔玛具有独一无二的配送系统。现在，沃尔玛能够做到在48小时之内向全球的店铺进行配送，这一速度大大地高于其他的竞争对手。在这样一个竞争残酷的年代里，速度就是效益。这种几乎是奢侈的投资保证了沃尔玛在零售业的信息化进程中一直处于领先的地位。天罗地网一样的先进技术系统为沃尔玛的供应管理提供了坚实的物质基础。

供应链管理的关键在于供应链上下游企业的无缝连接与合作，但这种合作关系的建立是一个复杂的过程。我们来看看沃尔玛与上下游企业的合作伙伴关系。在管理供应商方面，一方面，沃尔玛帮助供应商通过自己的网络系统随时了解产品的销售情况，以便让供应商们及时地安排生产计划，帮助供应商大大地降低了产品的库存水平。另一方面，沃尔玛通过各种方式控制着供应商及其产品价格。沃尔玛随时对供应商的产品进行质量检验，这就迫使供应商必须达到一定的产品质量标准。沃尔玛制定了《供应商守则》对合格供应商资格进行界定，这其中包括了不能使用童工、不能违反当地劳工法等，非法的生产者即使条件再好也不会在沃尔玛的考虑范围之内。这就是沃尔玛对供应商的管理，一方面为供应商们提供便利条件；另一方面加强对供应商的管理和控制。这些管理措施正是体现了供应链管理的真谛。

在接触客户方面，沃尔玛也本着节约的态度，尽量减少管理层级的设置。尽管现在的沃尔玛已经拥有了几千家店铺，而它的管理层级也不过只有六层。一般由执行副总裁统一领导区域总裁，每个区域总裁领导大概3~4个地区经理，每12家商店归属于一个地区经理领导。而商店经理一般会有2名助手，通过他们再将各个商店划分为食品和非食品部门进行管理。所以，虽然沃尔玛的分支机构庞大，但是它的组织结构相对扁平化，为管理的信息化提供了很好的基础。同时保证了决策的快速和准确。

供应链管理思想的出现最初是为了解决生产企业的原料和库存问题。多数的供应链中是生产企业占据了主导地位，但是沃尔玛的供应链管理创造性地建立了零售商占主导、零售商是核心企业的供应链管理模式。沃尔玛供应链中的产销联盟的方式正是这种零售商是核心企业的供应链管理模式的体现。宝洁公司是最早加入这种产销联盟合作关系的公司。现在，宝洁公司能够通过网络系统及时地了解到自己产品的销售情况，甚至还成立了一个专门的部门负责和沃尔玛联系。同时，有宝洁营销人员常驻在沃尔玛的总部，负责随时处理订货需求。通过这种产销联盟的建立，实现了产销双方的双赢。现在，沃尔玛已经成为了宝洁公司最大的经销商，而沃尔玛通过这种方式节省了大量的费用并且提高了效率。

沃尔玛的供应链是大型零售业主导型的供应链，零售企业是供应链的核心企业。大型零售业主导型供应链是指大型零售业凭借其资金、信息和渠道等优势，对整个供应链的建立和运转行使强有力的管理组织主导权，而其他参与方如厂商、批发商等供应商处于从属的地位，各自承担一定的职责，共同努力满足消费者的需求。沃尔玛通过成功的供应链管理实现了飞速成长。成功的供应链管理形成了沃尔玛的核心竞争力，使沃尔玛发展得越来越好，沃尔玛在零售领域内的竞争优势已经非常明显。虽然沃尔玛从事的是人类最古老的零售业。沃尔玛供应链的成功证明了这样一个事实：没有好的行业，只有好的企业，或者说是没有不好的行业，只有不好的企业。传统的行业并不必然和夕阳西下相联系。

问题

1. 沃尔玛供应链管理的特点是什么？

2. 怎样看待信息技术与供应链管理的关系？沃尔玛供应链上的合作伙伴是如何分享它们所需要的各种信息的？

3. 谈谈沃尔玛的成功对于企业实施供应链管理的启示。

20 世纪 80 年代中后期以来，随着经济的发展和市场竞争的加剧，国际上的许多公司意识到只提高企业内部管理绩效，是不能在竞争中占据优势地位的。因此，供应链管理成为企业决策者关注的提高竞争力的新模式。但是，供应链上各家公司都是独立的市场经济主体，在管理上自成体系，要实现供应链的无缝衔接与合作，需要一定的技术和方法。学者们在供应链管理上投入了大量研究，推动了供应链和供应链管理理论的逐步发展和完善。

13.1　供应链管理概述

13.1.1　供应链

1. 供应链的含义

供应链是围绕核心企业，通过信息流、物流、资金流，从采购原材料开始，制成中间产品以及最终产品，最后由销售网络把产品送到消费者手中的将供应商、制造商、分销商、零售商直到最终用户连成一个整体的功能网链。图 13-1 为一个供应链的结构示意图。供应链是一个系统，是人类生产活动和整个经济活动的客观存在。

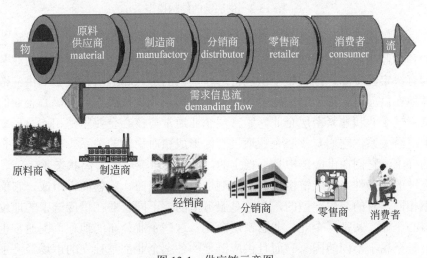

图 13-1　供应链示意图

从供应链的组成来看，参与供应链的基本实体主要有供应商、制造商、分销商、零售商、客户等。供应链中的各个实体在其商业活动的过程中，形成了信息流、商流、资金流、物流。如图 13-1 所示。为了简洁清晰，图 13-1 上只标示了需求信息流和物流。信息流是供应商和用户在整个交易中的信息互动过程。商流是供应商和用户达成交易的过程，当供应商和用户就某种商品的交易达成一致后，用户就可以填写供应商以各种方式提供的订货单；供应商在收到订货后，立即向用户发送购物账单，包括产品名称、规格、型号、数量、单价、运费、在途保险和应付款项等。资金流是用户支付和供应商进账的过程，当用户对购物账单确认后，就可以以双方同意的支付方式支付货款，完成交易。物流是供应商将用户购买的商品实物，保质、保量、按期递送到用户手中的过程。供应商在接到用户有效支付的凭证后，采取相应的方式安排送货，将货物送达用户手中。用户收到商品并确认商品符合质量要求后，可以在商品单据上签收，完成商品所有权转移的最后过程。

2. 供应链的结构和特征

各个供应链在形式上可能千差万别，但基本结构和特征是一致的。图 13-2 是供应链结构模型。供应链具有层次性、复杂性、交叉性和动态性等基本特征。

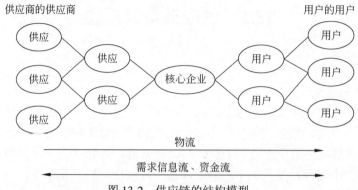

图 13-2　供应链的结构模型

供应链的层次性。按照各节点企业在供应链中地位和作用的不同，可以将它们分为核心企业和加盟企业。在供应链中占主导地位的是核心企业。它是供应链的业务运作的关键，拥有决定性资源，推动整个供应链运作，它的进入和退出直接影响供应链的存在状态。其他在供应链中处于响应地位的企业是加盟企业，按照它们与核心企业的关系可以分为紧密层企业和非紧密层企业。紧密层企业通常与核心企业紧密相连，形成与核心企业的上下游关系，它们与核心企业通过契约形成相对稳定的关系。非紧密层企业构成供应链的外围，它们在供应链中是不稳定的，经常处于变动的游离状态。

供应链的复杂性。供应链由供应商、制造商、分销商、零售商等组成，它们的类型通常各不相同，有的是生产型的，有的是服务型的。不同企业在供应链中的地位也是不同的，核心企业、紧密层企业、非紧密层企业，这些企业分布的地理范围通常也是十分广泛的，甚至属于不同的国家。而且供应链上的各家企业都是独立的市场经济主体。所以供应链复杂，供应链管理难度大。

供应链的交叉性。节点企业可以是这个供应链的成员，同时又可以是另一个供应链的成员，这样不同的供应链就通过节点企业连接起来了，形成相互交叉的网络结构。

供应链的动态性。供应链的动态性主要表现在成员的不稳定和成员之间关系的不稳定。随着企业战略的改变和市场环境的变化，供应链节点企业需要动态地更新。另外，供应链中各成员之间的关系既是合作的又是竞争的，一旦成员企业经济实力发生改变，那么供应链中各成员的地位也会发生相应的变化。

13.1.2　供应链管理

1. 供应链管理的含义

供应链管理 SCM（Supply Chain Management）一词由两位咨询人员奥弗尔和韦伯在 1982 年首创。他们认为，供应链管理提升了物流管理的作用，使之成为高层管理者关注的焦点，因为只有高层管理者能够协调供应链中各节点企业间的冲突。但是很明显，在一群各自独立的企业中进行供应链管理使它们像一家企业那样运行非常困难。所以，后来人们对它不断地投入巨大的关注，学者们进行了大量的研究，写出了大量的论著，其中关于供应链管理的定义就有多种不同的表述。

伊文斯（Evens）认为：供应链管理是通过前馈的信息流和反馈的物料流及信息流，将供应商、制造商、分销商、零售商，直到最终用户连成一个整体的管理模式。

菲利浦（Phillip）认为：供应链管理不是供应商管理的别称，而是一种新的管理策略，它把不同企业集成起来以增加整个供应链的效率，注重企业之间的合作。

供应链世界论坛给出的定义：供应链管理是通过提供产品、服务和信息来为用户和股东增添价值的，是从原材料供应商一直到最终用户的关键业务过程的集成管理。

美国供应链协会的解释：供应链，目前国际上广泛使用的一个术语，它囊括了涉及生产与交付最终产品和服务的一切努力，从供应商的供应商到客户的客户。供应链管理包括管理供应与需求，原材料、备品备件的采购、制造与装配，物件的存放与库存查询，订单的录入与管理，渠道的分销及最终交付用户。

虽然，上述各种定义的文字表述不同，但基本思想是一致的：供应链管理运用集成的管理思想和方法，把供应链的各个环节（包括供应商、制造商、批发商、零售商、顾客）有机结合起来，从而有效地管理从原材料采购、产品制造、分销到交付给最终用户的全过程。供应链管理是对整个供应链系统进行计划、协调、领导、执行、控制和优化。供应链管理的目的是在提高客户满意度的同时，降低整个系统的成本、提高各企业的效益。

2. 供应链管理的内容

供应链管理的重点在于以下几个方面。

（1）信息管理：在供应链中，信息是供应链中各成员企业沟通的载体，供应链中各企业就是通过信息这条纽带集成起来的，可靠、准确的信息是企业决策的有力支持和依据，能有效降低企业运作中的不确定性，提高供应链的反应速度。供应链管理的主线是信息管理，信息管理的基础是构建信息平台，实现信息共享，将供求信息及时、准确地传达到供应链上的各个企业，在此基础上进一步实现供应链的管理。

（2）客户管理：客户是供应链中唯一的资金流入点，任何供应链中只有唯一的一个收入来源，那就是客户。因此，客户管理是供应链管理的重点。客户服务由客户开始，也以客户结束，供应链管理是以满足客户需求为核心运作的。由于客户需求千变万化，而且存在个性差异，因此真实、准确的客户管理是企业供应链管理的重中之重。

（3）库存管理：如果能够实时地掌握客户需求变化的信息，做到在客户需要时再组织生产，那就不需要持有库存，即以信息代替了库存，实现库存的"虚拟化"。供应链管理的其中的一个重要内容就是利用先进的信息技术，收集供应链各方以及市场需求方面的信息，用实时、准确的信息取代实物库存，减小需求预测的误差，从而降低库存的持有风险。

（4）关系管理：现代供应链管理理论提供了增加竞争优势、降低交易成本的有效途径，这种途径就是通过协调供应链中各成员之间的关系，加强与合作伙伴的联系，在协调合作关系的基础上进行交易，为供应链的全局最优化而努力，从而有效地降低供应链整体的交易成本，使供应链上各方的利益获得同步的增加。

13.1.3　供应链管理模式的形成

20世纪80年代中期之前的市场环境是以规模化需求和区域性的卖方市场为主，在这种市场环境下，企业的生产方式相应地就是少品种、大批量生产，并且是一种刚性、专用的流水生产线。为适应环境和生产的特点，企业采用的是多级递阶控制的组织结构，管理跨度小、层次多。相应的管理思想和管理制度特征是集权式，以追求稳定和控制为主。在这种环境和思想指导下，企业为了最大限度地掌握市场份额，必然要牢牢控制用于生产和经营的各种资源。在企业的运作模式上，采用了"高度自制"的策略，一个企业囊括了几乎所有零部件的加工、装配活动。不仅如此，还把分销甚至零售环节的业务也纳入自己的业务范围之内，最后形成了无所不包的超级组织。这就是人们说的"大而全""小而全"的"纵向一体化"管理模式。例如，美国福特汽车公司在20世纪80年代之前，为了确保其汽车生产的原材料的供给，专门花巨资购买大量土地种植树木、大豆，还拥有一个牧羊场，出产的羊毛用于生产公司的汽车坐垫；另外还有大片橡胶园提供生产轮胎的橡胶。

在20世纪80年代中期之前，企业处于相对稳定的市场环境中，企业为了更好地实施内部管理和控制，采取"纵向一体化"的管理模式。企业除了建立具有竞争优势的核心企业外，还对其提供原材料、半成品或零部件的其他企业采取投资自建、投资控股或兼并的方式。企业推行"纵向一体化"的目的，是为加强核心企业对原材料供应、产品制造、分销和销售全过程的控制，使企业实现产、供、销的自给自足，减少外来因素的影响，在市场竞争中掌握主动。在市场环境相对稳定的条件下，"纵向一体化"的管理模式发挥了一定的作用。但是在20世纪80年代中期以后科技迅速发展，世界竞争日益激烈，顾客需求不断变化，产品生命周期越来越短，产品品种数飞速膨胀，顾客对交货期的要求越来越高，对产品和服务的期望越来越高。在这些情况下，传统纵向一体化的管理模式的种种与环境不相适应的弊端慢慢暴露出来了。

鉴于企业竞争环境的变化以及传统纵向一体化管理模式的种种弊端，从20世纪80年代后期开始，越来越多的企业认识到，任何一个企业都不可能是"全能"企业，不可能在所有业务上成为世界上最杰出的，只有与全球范围内的供应商和销售商建立合作伙伴关系，与它们形成一种长期的战略联盟，结成利益共同体，实现优势互补才能实现"双赢"或者"多赢"，共同增强竞争实力。从20世纪80年代中后期开始，许多企业将原有的非核心业务外包出去，自己集中资源发展核心能力，通过和业务伙伴结成战略联盟占据竞争中的主动地位。企业管理从"纵向一体化"向"合作"转化、从"大而全、小而全"向"分散网络化制造"转化、从"封闭式"生产向"开放式"的设计开发与生产转化。在这些转化中，供应链管理模式就逐渐地出现了。

13.1.4　供应链管理与业务外包

供应链管理模式和纵向一体化管理模式，推崇的管理理念是相反的。纵向一体化管理模式是希望企业包含众多的业务，做到企业业务的全面。而供应链管理模式推崇的是注重企业核心竞争力，强调根据企业自身特点，从事自己最擅长的业务，这必然要求企业将非核心业务外包给其他企业，就是所谓的业务外包的理念。如果企业能够和其他企业恰当组合，那么就可以使一个企业合理安排资源，扬长避短。首先，把企业资源集中在能使企业取得绝对优势并能为客户提供价值的核心竞争力上；其次，战略性外包，包括外包很多传统上认为对企业是必不可少的业务。业务外包的理念就是如果企业在某一环节上不是最好的，不是企业的核心竞争优势，那么就把它外包给其他最好的公司。

业务外包可以使企业降低运营风险、管理企业难以管理或失控的辅助业务职能、使用企业不具备的资源、节约运营成本等。但是业务外包同时会增加企业责任外移的可能性，并且影响企业职工的稳定，另外某些企业由于决策错误导致不能正确选择将合适的业务外包以及未能选择好合作伙伴。一个企业要成功实施外包，通常需要三个阶段。

第一阶段，企业高层管理者确定外包的需求并制定实施的策略。企业高层管理者必须采取主动的态度，因为只有最高决策层才具有外包成功所必需的视野和推动变革的力量。在制定外包策略时，首先，要明确企业的经营目标和外包之间的联系。其次，要明确哪些业务领域需要外包。需要收集大量的材料和数据以确定从哪些外包的业务中可以获得最快或者最佳的投资回报。最后，与员工进行沟通。外包必然影响一些员工的利益，良好的沟通可以了解到如何满足员工的正当要求，而员工的支持和士气对外包能否顺利实施将起到重要作用。

第二阶段，选择服务提供商。企业领导层在综合各方面（法律、财务、人力资源和将要外包的业务领域等）的意见后，写一份详细的书面材料，其中包括服务水平、需要解决的问题以及详细的要求等。接着，按照需求寻找合适的供应商。需要注意的是，供应商是否真正了解需求，以及是否有足够的能力解决问题。此外，供应商的财务状况也是要考虑的重要问题。如果一切顺利，就可以进行签约准备。外包合同的签约双方都要有双赢意向。签约阶段是实施业务外包过程中最重要的一环，因为企业与外包商之间的关系出现不愉快，往往在于合同不够明确。

第三阶段，外包的实施和管理。作为用户，在这一阶段要保持对外包业务的随时监测和评估，并及时与供应商交换意见。在外包实施初期，还要注意帮助企业内部员工适应新的行事方法。

13.2　供应链的构建与优化

供应链系统的设计，就是要建立以一个重要的企业为核心、联盟上游企业和下游企业的协调系统。

13.2.1 供应链设计的基本内容

1. 供应链的成员和合作伙伴选择

供应链成员囊括了从采购、供应、生产到仓储、运输、销售等多个环节的多家供应商、制造商和销售商以及专门从事物流服务的企业。供应链成员的选择是供应链设计的基础。供应链成员的选择是双向的。一般而言，参与供应链的成员在市场交易的基础上，为了共同的利益而结成相对稳定的交易伙伴关系。但供应链的主体企业，尤其是核心企业，主导整个供应链的存在和管理，因而在对供应链上的其他成员的选择上具有一定的主动性；其他非主体企业，规模和经济实力相对较小，在供应链上处于从属的地位，往往无法主宰自己能否成为供应链成员，从这个意义上讲，供应链的成员及合作伙伴的选择又是单向的。

2. 供应链运行基本规则及管理程序的制定

由于供应链管理涉及多家企业的多个业务环节，而这些企业都是独立的市场经济主体，在管理上自成体系，要实现供应链的无缝衔接，各个独立的企业必须在相关环节上达成一致，才能保证整体的协调性。因此，必须建立一个共同运行的平台，也就是制定供应链运行基本规则及管理程序，主要内容包括协调机制、信息开放与交互方式、生产物流的计划与控制体系、库存的总体布局、资金结算方式、争议解决机制等。

3. 网络结构设计

供应链网络结构主要由供应链成员、网络结构变量和供应链间工序连接方式三方面组成。为了使非常复杂的网络更易于设计和合理分配资源，有必要从整体出发进行网络结构的设计。

13.2.2 供应链设计的基本要求

1. 战略规划

供应链的设计应从企业战略发展角度考虑。对于建立什么样的供应链、自己在其中的地位和作用、供应链的运作模式等问题，做出设计规划并不断修正和调整，使供应链的运作符合企业发展的长期规划。只有这样，企业才有可能达到供应链设计与实施的目的。

2. 客户优先

供应链源于客户需求，同时也终于客户需求，供应链是以满足客户需求为核心运作的。因此，供应链的设计要符合客户优先的原则，满足客户的现实需求和潜在需求。

3. 优势互补

供应链由原料供应商、制造商、分销商、零售商等组成。一条富于竞争力的供应链要求组成供应链的各成员企业都具有较强的竞争力。无论企业在供应链中处于主导地位，还是从属地位，都必须对自己的业务活动进行适当的调整和取舍，集中精力致力于各自的核心业务，实现供应链业务的快速重组，从而使各企业资源得到充分使用。

4. 协调运作

供应链中各成员企业之间的协调程度将直接影响供应链的运作。由于供应链中各成员企业具有独立法人地位，让它们如同一家公司那样协调运作有一定困难，因此，需要制定供应链的组织机制和管理程序。从供应链整体角度考虑，避免各个节点企业狭隘的、利己的本位主义影响各个节点企业之间的和谐关系，确保供应链整体始终保持协调。

5. 动态适应

供应链的设计必须具有高度柔性和快速响应能力。市场环境是动态变化的，因此，供应链应该根据环境的变化不断地调节。进行供应链设计的时候，对于成员企业的进入和退出，以及运行机制等问题，应保留一定的柔性。同时，建立制度，加强成员企业间的信息透明度，确保成员企业能够及时获取市场信息。只有这样，供应链才能动态快速地响应市场需求。

6. 防范风险

由于运营意外事故、经济波动、自然灾害以及其他政治、经济、法律等因素的变化，供应链的运作存在着不确定性，从而使企业面临一定的风险。因此，在供应链的设计中应对风险因素进行度量和说明，并采取一定的措施规避供应链运行中的风险，例如优化合同模式、建立监督控制机制等。

13.2.3 基于产品的供应链设计的步骤

管理学家费舍尔认为，供应链的设计要以产品为中心，即应该设计出与产品特性一致的供应链。基于产品的供应链设计步骤可以归纳如下，如图 13-3 所示。

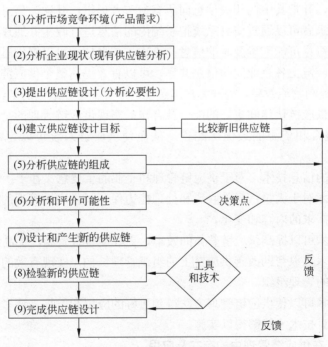

图 13-3 供应链设计的步骤

（资料来源：马士华，林勇. 供应链管理[M]. 北京：高等教育出版社，2006）

13.3　供应链管理中的信息技术

随着信息技术的快速发展，社会经济的各个方面都在应用信息技术所带来的便利，这种便利可以使企业更好地适应快速变化的市场需求，提高市场反应能力，从而更好地适应外部环境的变化，使企业具有更强的竞争能力。供应链管理涉及众多的企业，从上游的供应商到下游的企业和终端的客户，同时供应链处于多变的外部环境当中，信息技术的诞生和应用为供应链管理的实施提供了可能和便利。现代信息技术及 Internet 的发展为供应链管理提升管理效率和水平提供了基础技术支持，并在供应链管理当中得到了广泛应用。

13.3.1　信息技术在供应链管理中的应用

信息是供应链管理中的重要部分，信息的收集及有效传递为供应链中各个企业采取协同行动、实现整个供应链体系的运营效率提供了支持。由于信息对于供应链管理至关重要，就需要信息技术来实现供应链管理中信息收集、信息处理、信息分析及运用。

1. 信息技术在供应链管理中的作用及重要性

信息技术在供应链管理中的作用是多方面的。首先，信息技术可以有助于收集供应链体系中的每一个产品信息，产品从原料供应商到生产企业，再从成品送到最终用户的手中的流转信息，并把其中的相关信息向所有参与者提供；其次，信息技术可以提供数据访问，信息需求者可以通过信息系统把系统内的信息进行收集并通过系统访问实现对信息的查询，获得尽可能准确及时的信息；再次，信息技术可以提供对供应链数据的分析，通过实现供应链上各企业间的信息共享，可以有效提高整个供应链体系企业间的协同，降低库存，提高物流效率，提升客户满意度，并实现整体成本的节约和效益的提高；最后，可以实现供应链伙伴间更好的配合及合作，实现供应链管理的全局最优化，实现供应链系统的整合和资源的最优化配置，从而使供应链系统可以为顾客提供更好的服务。

先进和适用的信息技术，对于供应链管理和企业的重要意义在于：

（1）信息技术对于大量信息的收集和处理能力保证了供应链管理的有效性，使供应链管理可以反映需求的内容和变化。

（2）信息技术可以提高供应链整体的效率，更好地整合资源，提高系统的经济性。

（3）信息技术可以帮助改善供应链上的组织管理结构，实现有效的供应链管理，建立以流程为基础的管理组织。

（4）信息技术可以使供应链管理方法得到更好的应用和发挥，许多供应链管理方法必须要借助于信息技术才能够得以实施。

2. 信息技术在供应链管理中的存在及应用

信息技术可以有效提升供应链管理绩效，因此，自信息技术诞生以来，信息技术就被迅速引入到供应链管理当中，这是因为信息技术能够处理供应链管理中的大量数据，并存储及对这些数据根据需要做复杂的分析。从供应链管理的功能要求来看，信息技术主要在四个方面存在并得以应用。

（1）收集产品从原料供应商到最终用户的物流信息，反映出生产到运送的信息，为其中的企业和个人提供全面的信息。

（2）在任何一个节点上都可以实现对系统信息的访问功能，从而为供应链的各个成员提供服务。

（3）基于贯穿整个供应链信息的系统分析、计划和管理功能活动，可以实现对供应链的日常管理和最优规划。

（4）可以使供应链上的企业通过信息共享来实现合作，达到实现整体供应链的优化和对不确定因素的控制，供应链合作伙伴可以通过信息技术实现充分交流，防范风险，提高效益。

13.3.2　信息技术在供应链管理过程中的发展

信息技术在现代供应链管理中得到了广泛的应用，从最初的简单的信息任务收集、简单数据库管理等，到信息技术全面支持供应链管理的方方面面，更通过网络化实现了系统集成，消除了地理障碍，打破了传统的组织管理模式，代之以流程管理的供应链组织结构管理，建立了整体供应链的管理信息系统。

现代信息技术的发展使得信息技术的门类和作用得到极大的丰富，而这些信息技术几乎都可以在供应链管理上得到应用。尤其是以 Internet 为代表的网络化链接使得信息技术在供应链管理和企业管理中得到了更大的应用和面临更大的挑战。现在供应链信息技术的发展中，基于 Internet、Intranet（内联网）、Extranet（外联网）的供应链信息组织及集成模式，可以使供应链企业更好地进行信息共享，实现信息的组织和集成，从而建立起覆盖整个供应链的管理信息系统。

供应链管理的信息系统是由一些基础信息技术和信息系统集成构建起来的，根据其所涉及的方面的不同来看，包括电子数据交换系统（EDI）、供应链管理信息系统（management information system，MIS）、供应链决策支持系统（decision support system，DSS）、供应链高级计划及排程系统（advanced planning system，APS）、供应链的电子商务系统等多种基础信息技术和集成系统。伴随着信息技术的发展，以及供应链管理中所对应的不同要求、组成、功能或作用，信息技术也存在不同的变化，并不断随着供应链管理要求的发展而发展变化。

13.3.3　信息技术在供应链管理中的实施

任何信息技术在应用时能否成功，首先需要关注的是其基础设施的建设，这当中包括了下述内容。

1. 标准化

信息技术标准化是信息系统为了实现系统的集成，在面对不同的市场环境、不同的系统要求、不同的软件要求和实现规模经济的情况下，为适应系统的整体要求而对整个信息技术提出的一致性、可执行、统一的标准化要求。而且伴随着信息技术的应用范围越来越广泛，信息技术领域变得越来越高度标准化。同时它也要求公司间应用程序之间的交互，即它们的集成应用能力，从而在一个平台或系统中能够方便地得到应用。

2. 基础设施建设

通常的基础设施建设包括下述几个方面。

1）接口/图像设备

通常所说的接口设备包括个人电脑、语音邮件、终端设备、互联网设备、条形码扫描仪以及个人数字助理等。这类设备是信息采集及输出的基础设施，是供应链信息系统管理的信息基础来源和最终输出方式。在近年来的发展中，它提供了对于产品的跟踪，包括条形码系统，身份自动识别等。

2）通信设备

通信设备是连接网络系统的设备，从而可以将各个独立的设备构成一个整体，发挥集成的作用和效果。在设备通信方面主要有两个方面的发展方向：一是无线通信，相比目前的有线连接，无线通信具有便利、不受空间限制的优点；二是通信的单点联系。先进的通信能力应包括的方式主要有：电子邮件、电子数据交换、群体软件、产品跟踪、供应链活动管理及交易平台管理。通过提供有效的通信设备，支持这些活动的开展和实现。

3）数据库

数据库是对系统中的数据和接口设备中接受的数据进行记录、存储和反映的管理，数据库的数据包括交易信息、状态信息、一般信息等。数据库为供应链管理提供了管理基础信息，是管理的依据。通常的数据库有以下一些类型：传统数据库、关系数据库、目标数据库、数据中心、群体软件数据库等。

4）系统结构

对于接口设备、通信设施、数据库的整体配置和连接方式形成了系统结构。系统结构的不同设计匹配于不同的功能和目的，系统结构的不同支持了不同的通信设备选择和系统实施。传统的系统结构是以围绕主机/主服务器为中心的。而通过连接众多的终端客户、多个服务器、中间程序，实现了广泛范围内的系统运行，实现了企业间的应用整合，从而为供应链的管理实施创造了条件。

信息技术在供应链系统管理中的使用过程也是一个从低到高的过程，从开始的独立系统，到建立内外部不同界面，再到内部集成和外部有限连接，发展到多企业集成，在建立流程标准化的基础上最大程度地实现信息共享，从而强化合作、降低成本。

在供应链管理中引入信息技术，是提高供应链管理绩效的必然选择。现代信息技术为供应链管理的应用和实施提供了可能，并在标准化的基础上提供了广泛的信息收集的可能，通过网络化的连接，促进现代企业的供应链管理组织的构建和集成化供应链管理的形成，促进了供应链管理方法的实施和发展，使供应链管理从单个企业发展到供应链的上下游企业并逐步形成网络，实现资源的最优化管理和配置，防范风险。而信息管理软件和硬件的建设为企业通过采用信息化技术管理供应链提供了平台，通过电子数据交换、管理信息系统、决策辅助系统、电子商务等系统的应用，对供应链管理水平的提高不断起着推动作用，并随着供应链管理的新发展而不断拓展和提高。

13.4　供应链合作伙伴选择与关系管理

供应链管理的核心是建立战略型合作伙伴关系，供应链管理的关键在于供应链各节点企业之间的无缝连接和合作，以及相互之间在设计、生产、竞争策略方面良好的协调。但是供应链合作伙伴关系的建立是一个复杂的过程，合作伙伴的选择、合作关系的运作受到很多因素的制约，是一个庞大的系统工程。

13.4.1　供应链合作伙伴的选择

1. 选择合作伙伴时考虑的主要因素

合作伙伴的选择是建立有竞争力的供应链的重要环节，因此，国内外学者在这方面做了大量研究，总结出了 50 多条选择合作伙伴的标准。

（1）产品质量合适。产品质量合适是企业选择供应商时首先要考虑的条件。产品质量合适是指产品在质量符合企业要求的前提下，价格尽可能地低。对于质量差、价格低的产品，虽然企业采购成本低，但是企业使用这些质量差的原材料，往往会影响企业的正常生产和产成品的质量。相反，采购商品质量高，价格也通常比较高，如果质量过高，远远超过企业要求，对于企业而言就是一种浪费。因此，产品质量合适是指产品质量符合企业要求，过高或过低都是错误的。

（2）成本较低。这里的成本主要包括采购价格、运输费用等因采购而发生的支出。采购价格低，对于降低企业成本、增加利润和提高竞争力有着明显作用，是选择供应商的一个重要条件。但是价格低的供应商不一定就是最合适的，应结合产品质量、交货时间、运输费用等综合考虑。

（3）交货提前期稳定。交货提前期是指发出订货指令到收到货物为止所需要的时间。通常来说，对于客户而言，提前期的稳定性要比提前期的长短更为重要。

（4）工艺与技术的连贯性。供应链合作伙伴关系的展开必须在技术上保持一致标准，包括产品设计上的连贯性、制造工艺的连贯性。工艺上的差异性或供应商制造能力的局限都会限制供应商在成为战略合作伙伴后的先进生产技术的引进，从而影响整个供应链的运作。当存在差异时，双方应该在平等互利的基础上进行协商，改进技术工艺的适应性。

（5）企业的业绩和经营状况。一个企业过去的经营状况往往成为选择长期合作伙伴的重要考虑因素。供应商内部组织机构是否合理影响着采购的效率及质量，如果供应商组织机构混乱，采购的效率与质量就会下降。另外，供应商的财务状况直接影响到交货的绩效，因为如果供应商的财务出现问题，资金周转不灵，甚至破产倒闭，将会造成供应中断。

另外，还有批量柔性、品种多样性、服务水平、生产能力等多种因素影响着供应链合作伙伴的选择。综上所述，供应链合作伙伴的选择要满足下面两个基本要求。

（1）合作伙伴必须拥有各自独立的核心竞争力。只有企业拥有各自的核心竞争力，并把各自的核心竞争力相整合，才能提高整条供应链的运作效率，从而为企业带来可观的贡献。仅是单个企业具备核心竞争力，或者合作企业具备的核心竞争力无法整合都不能从整体宏观上提高整条供应链的运作效率。

（2）合作企业要拥有相同的价值观和战略思想。企业价值观的差异表现在：是否存在官僚作风、是否强调投资的快速回收、是否采取长期的观点等。战略思想的差异表现在：市场策略是否一致，注重质量还是注重价格等。如果价值观和战略思想差距过大，合作必定以失败告终。

2. 合作伙伴的选择步骤

供应链合作伙伴选择的步骤如图 13-4 所示。

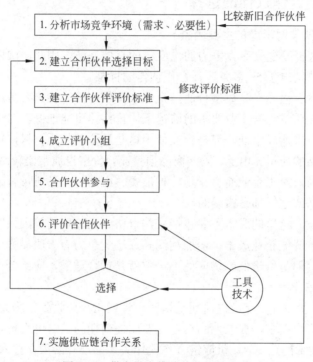

图 13-4　供应链合作伙伴选择的步骤

13.4.2　供应链合作伙伴关系管理

供应链关系管理是在 ERP 及电子商务平台的基础上，创造一个既符合企业战略定位又使客户满意的供应链能力。也就是通过对供应链关系管理，与合作企业建立起长期紧密的关系，并作为一个整体提升供应链的竞争能力，最终达到降低成本、提高赢利能力的目的。在战略合作伙伴关系的管理体系中，面向企业上游的供应商关系管理和面向企业下游的客户关系管理是其中最重要的两种关系。

1. 供应链合作伙伴关系

供应链合作伙伴关系是指在供应链内部，两个或两个以上的独立成员之间，形成一种协调关系，以保证实现某个特定的目标或效益。供应链合作伙伴关系的产生主要经历了这样三个阶段：传统的企业关系、物流关系和合作伙伴关系。

20 世纪 70 年代以前，以传统的产品买卖为特征，买卖关系是基于价格的关系。买方让多个卖方进行价格竞争并通过在卖方之间分配采购数量来对卖方加以控制，买卖双方只是短期合同关系。

随着 JIT 、TQM 等技术的应用，企业间的关系由传统的供应关系向物流关系转变。20 世纪 70 年代到 80 年代的买卖关系以加强基于产品质量和服务的物流关系为特征。除了价格，这种关系还注重服务的质量和可靠性。

20 世纪 80 年代后期，随着供应链节点企业间战略合作的加强，不仅是物流，而且资金流、信息流也要求顺畅流动，要求供应链节点企业间建立战略合作关系。多种因素推动这种合作关系的形成，其中主要包括研究和开发成本的大幅度提高、使用新技术的风险提高、产品的生命周期越来越短、产品和工序系统的复杂性的增加。越来越激烈的市场竞争对企业的柔性和敏捷性提出了更高的要求，企业和合作伙伴在信息共享、服务支持、群体决策等方面的合作就提升到了一个战略的高度，这样就产生了供应链企业间的战略性合作伙伴关系。与传统的企业关系相比，供应链的合作关系更强调合作和信任，强调新产品、新技术的共同开发、数据和信息的交换、市场机会的共享和风险共同承担。

2. 客户关系管理

保持和发展客户是所有企业都面临的重要问题，它存在于各级供应链中。客户关系管理（Customer Relationship Management，CRM）起源于 20 世纪 80 年代提出的"接触管理"，接触管理就是指专门收集整理客户与公司联系的所有信息。1990 年前后许多美国企业为了满足竞争日益激烈的市场需求，开始开发销售力量自动化系统，随后又着力发展客户服务系统，后来 IT 分析公司巨头 Gartner 公司正式提出了客户关系管理的概念："客户关系管理是企业的一项商业策略，它按照客户的细分情况有效地组织企业资源，培养以客户为中心的经营行为以及实施以客户为中心的业务流程，并以此为手段来提高企业的获利能力、收入和客户满意度。"

在供应链管理中，把客户作为企业发展最重要的资源之一，将客户关系管理整合进整个供应链管理中，对企业与客户发生的各种关系进行全面管理，不仅包括在单纯的销售过程中所发生业务的客户关系，而且还包括在企业营销和售后服务过程中发生的各种客户关系的管理。客户关系管理通过数据库和其他信息技术来获取客户数据，分析客户需求特征和行为偏好，积累和共享客户知识。在这个基础上实现企业和客户双赢的目的。

客户关系管理是一套全新的理念和管理方法，它不同于传统的企业文化和工作模式，每个员工能否转到以客户为中心的行为方式上来，将直接关系到客户关系管理的成败。客户关系管理的实施包括客户关系管理系统的建立、运行、维护和改善等一系列活动。其中系统的建立是实施客户关系管理的基础，它包括员工客户至上观念的树立、实施客户关系管理的工作团队的建立、实施计划的编制、信息系统的建立、企业组织机构的变革、企业工作流程再造等工作。在客户关系管理系统建立的基础上，运行、评估、维护和改进系统，主要包括建立衡量管理绩效的数据监控体系、内部管理报表体系、决策数据体系和决策数据分析方法；对客户关系管理系统提供的性能指标功能进行检测，估算系统应用的成功度；对功能不足的模块进行改进。

3. 供应商关系管理

著名管理咨询公司 Gartner 对供应商关系管理（Supplier Relationship Management，SRM）所下的定义：供应商关系管理是用于建立商业规则的行为，以及企业为实现赢利而对和不同重要性的产品/服务供应商进行沟通的必要性的理解。供应商关系管理就是供应链上的企业为了更好地满足用户需求，通过对供应方资源和竞争优势的整合，实现供应链整体竞争力和成本最小化而与供应商建立某种长期稳定的合作关系，并采取一定的手段（电子商务、数据挖掘和协同技术等信息技术）维护发展这种关系、实现共赢的管理模式。

企业供应商关系管理战略的价值在于为关系双方带来绩效。为真正实现关系管理的价值，在实践过程中，需要制订一个完整的实施方案，整个供应商关系管理的实施过程可分为三个阶段：供应商关系的建立、供应商关系的维护与改善和供应商关系的绩效评价与持续改善。

供应商关系战略的实施首先应该是客户方的内部理解和承诺，企业上下都达成要发展供应商关系的强烈共识。企业高层管理者应从战略的角度认清与企业生产密切相关但供给不稳定的主要产品和服务，并据此确定主要的供应商。在此基础上，组建供应商关系管理团队，明确管理目标，并制定适当的供应商关系模式，进行进一步审核后，与供应商确定关系战略，指导和帮助供应商企业理解并承诺关系战略，和供应商共同组建供应商管理联合团队。

联合团队正式展开工作后，首先制定联合团队的管理制度、工作计划和工作流程，以及关系绩效指标体系和激励机制，评估目前客户与供应商的关系状况，找出影响关系的问题。针对问题，制订相应的改善方案和计划以及期望效果，执行和实施改善方案，并对过程全面监控，同时制定预警机制和冲突管理的一般解决方法。

关系改善方案执行后，应对改善后的状况进行绩效评价，并对照改善前的评估，分析改善程度，从而依据激励机制来对客户、供应商、联合团队和做出贡献的相关员工进行赏罚，同时继续进行关系管理变革全过程的总结，由联合团队整理成文档报告。绩效评价后仍可能存在影响关系的问题，应针对问题进行下一轮的关系改善。当然，持续改善并非仅仅从按部就班的评估中开始，还应从建立的关系预警机制中获得问题信息，并及时处理。在评价中，若发现供应商违背承诺，可以选择中断合作关系并寻找新的合作伙伴。

13.5　供应链管理环境下的库存控制

供应链库存控制问题是供应链管理的其中一个重要内容。供应链库存控制策略与传统的库存管理理论相比，有许多新的要求和特点。本节从系统理论、集成理论的角度出发，提出适应供应链管理的库存管理策略与方法。这些策略与方法集中地体现了这样一种思想：通过加强供应链库存控制来提高供应链的系统性和集成性，增强企业的敏捷性和响应性。

13.5.1 供应链中需求变异放大原理——"牛鞭效应"

供应链上的需求信息从最终客户端向原始供应商端传递的过程中，由于无法有效地实现信息共享，使信息扭曲而逐级放大，导致需求信息出现越来越大的波动，这种信息扭曲的放大效应在图形显示上很像一根甩起的赶牛鞭，因此，被形象地称为"牛鞭效应"，也叫"需求变异放大原理"。如图 13-5 所示。"牛鞭效应"使原始供应商获得的需求信息和实际消费市场中的客户需求信息产生巨大偏差，需求变异系数比分销商和零售商的变异系数大得多。受这种需求放大效应的影响，供应链上游企业往往维持高库存，囤积大量产品，造成供应链运行成本高、资源浪费。分析并弱化牛鞭效应对提高供应链竞争力至关重要。

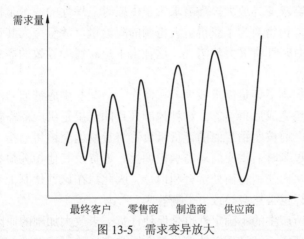

图 13-5 需求变异放大

"牛鞭效应"最早是由宝洁公司在对它的帮宝适牌纸尿布的订货模式的调查中发现的。宝洁公司在研究纸尿布的市场需求时，发现这种产品的零售量波动不大，但考察分销中心订货情况时却发现其订单变动程度比零售量的波动大得多。进一步研究发现，宝洁公司向其原料供应商的订货波动更大。除了宝洁公司，其他许多公司在考察其产品订货规律时也发现了这种现象。1989 年斯特曼（Sterman）通过一个"啤酒分销游戏"验证了这种现象。

产生"牛鞭效应"的原因主要有六个方面，即需求预测修正、订货批量决策、价格波动、短缺博弈、库存责任失衡和应付环境变异。

需求预测修正是指当供应链的成员采用其直接的下游订货数据作为市场需求信息和依据时，会产生需求放大。在供应链上，零售商按照自己对顾客需求的预测向批发商订货，在考虑平均需求的基础上，增加了一个安全库存，这样使得零售商订单的变动性比顾客需求的变动性要大。批发商接到零售商订单再向制造商订货，如果批发商不能获知顾客需求的真实数据，它只能在零售商已发出的订单的基础上再增加一个安全库存，这使批发商订单的变动性比顾客需求的变动性大了更多。以此类推，到制造商或供应商处波动幅度就越来越大。虽然最终产品的顾客需求较稳定，但是，零售商、批发商、制造商、供应商的订货量变动性却越来越大，导致了"牛鞭效应"。

经济订货批量策略使得订货需求放大。在供应链中，每个企业都会向其上游订货，一般情况下，企业不会来一个订单就向上级供应商订货一次，而是综合考虑订货成本、工作量大小、运输费用、订货频率、库存成本等因素，采用经济订货批量策略订货。同时，企业为了能够及时满足下游订货商的需求，会考虑安全库存，这样就人为提高订货量。这就是由于订货策略导致了"牛鞭效应"。

应付价格波动也是促使订货需求放大加剧的原因。价格波动可能会产生需求放大。物资供不应求、企业促销、与竞争对手的恶性竞争、通货膨胀、自然灾害等会引起价格波动。如果库存成本小于由于价格波动所获得的利益，企业采购部门当然愿意预先多买，预先采购的量大于实际的需求量，这样的订货没有真实反映需求的变化，从而产生"牛鞭效应"。

短缺博弈导致需求变异放大。当需求大于供应时，理性的决策是按照订货比例分配现有供应量。此时，销售商为了获得更大份额的配给量，故意夸大其订货需求是在所难免的，当需求降温时，订货又突然消失，这种由于短缺博弈导致的需求信息的扭曲最终导致"牛鞭效应"。

库存责任失衡加剧了订货需求放大。在操作上，某些供应链通常的做法是供应商先发货，待销售商销售完成后再结算。这种体制导致的结果是供应商需要在销售商（批发商、零售商）结算之前按照销售商的订货量负责将货物运至销售商指定的地方，在发生货物毁损或者供给过剩时，供应商还需承担调换、退货及其他相关损失，这样，库存责任转移到供应商，从而使销售商处于有利地位。因此，在这种体制下，销售商普遍倾向于加大订货量，这样也必然会导致"牛鞭效应"。

应付环境变异所产生的不确定性也是促使订货需求放大加剧的原因。自然环境、政策环境、社会文化环境、经济环境的变化都会增强市场的不确定性。销售商应对这些不确定性因素影响的最主要手段之一就是保持库存，并且随着这些不确定性的增强，库存量也会随之变化。为了保持有应付这些不确定性的安全库存，销售商会加大订货，将不确定性风险转移给供应商，这样也会导致"牛鞭效应"。

13.5.2　供应商管理库存（VMI）

长期以来，供应链中的库存是各自为政的。供应链中各节点企业都有自己的库存控制策略，都是各自管理自己的库存，因此，不可避免地产生需求的扭曲现象，即所谓的需求放大现象，形成了供应链中的"牛鞭效应"。近年来，出现了一种新的供应链库存管理方法——供应商管理库存，这种库存管理策略打破了传统的各自为政的库存管理模式，有效地控制了供应链的库存风险，体现了供应链的集成化管理思想。

关于供应商管理库存（Vendor Managed Inventory，VMI）的定义，国外有学者认为："VMI 是一种用户和供应商之间的合作性策略，以对双方来说都是最低的成本增加产品的可获性，在一个相互同意的目标框架下由供应商管理库存，这样的目标框架被经常性地监督和修正，以产生一种连续改进的环境。"VMI 是一种供应链集成化运作的决策代理模式，以双方都获得最低成本为目标，在一个共同的框架协议下把用户的库存决策权代理给供应商，由供应商代理分销商或批发商行使库存决策的权力，并通过对该框架协议经常性地监督和修正，使库存管理得到持续的改进。供应商管理库存系统突破传统的库存由库存所有者管理的模式，以系统、集成的管理思想进行库存管理，使供应链系统能够同步化地运作。其特点是信息共享，使供应商更有效地做出计划，依据销售数据协调生产、库存和销售活动。

相对于传统管理方式，供应商管理库存模式是由供应商依据销售时点的数据，对需求做出预测，简化了供应链的配送预测工作，减少了预测的不确定性，弱化了"牛鞭效应"，降低了供应链的整体库存水平，并且有效的预测使生产商能更好地安排生产计划。同时，这种方式将计划工作转移给供应商，使销售商可以省去多余的订货部门和不必要的控制步骤，降低了运营费用。再者，在这种管理方式下，供应商拥有库存，并进行有效的管理，协调对多个制造商和零售商的生产和配送，更快地响应用户需求。总之，供应商管理库存模式使供应链上所有成员受益，真正意义上的供应链合作伙伴关系得以确立。

实施供应商管理库存策略，要求供应商和用户之间必须相互信任，密切合作，遵循互惠互利的原则，在共同目标指导下，明确自己的责任，精心设计与开发供应商管理库存系统。只有这样，才能有效地降低供应链库存水平和成本，改善资金流，并为用户提供高水平的服务。同时，需要改变传统的订单处理方式，建立标准的托付订单处理模式，如 EDI 标准报文，然后把订货、交货和票据处理各个业务功能集成在供应商一边。另外，需要建立实施供应商管理库存的信息技术设施。供应商管理库存的支持技术主要包括 EDI/Internet、ID 代码、条形码、条形码应用标识符和连续补给程序等。成功实施供应商管理库存策略，可以分为以下几个步骤。

（1）建立客户情报信息系统。通过客户的信息库，供应商能够掌握需求变化的有关情况，把由批发商（分销商）进行的需求预测与分析功能集成到供应商的系统中来。

（2）建立销售网络管理系统。供应商借助 MRP Ⅱ 或企业资源计划系统等软件，建立完善的销售网络管理系统，保证自己的产品需求信息和物流作业畅通。为此，首先要保证自己产品条形码的可读性和唯一性，其次要解决产品分类和编码的标准化问题，最后要解决商品储存运输过程中的识别问题。

（3）建立供应商与分销商（批发商）的合作框架协议。主要包括：①对于实施供应商管理库存策略所做的投资，由供应链成员企业按比例共同承担；②实施供应商管理库存所带来的供应链利益的上升，应由供应链成员企业共享；③确定处理订单的业务流程和控制库存的有关参数（如补货点、最低库存水平等），选择库存信息的传递方式（如 EDI 或 Internet）等一系列操作层面的问题；④制定例外条款、付款条款、罚款条约等来规范双方企业的行为。

（4）组织机构的变革。买方企业和供应商实施供应商管理库存后，为了适应新的管理模式，需要根据供应商管理库存的工作流程来对组织机构进行相应的调整。例如，供应商订货部门的新职能是负责用户库存控制、保证库存补给和服务水平，因此，必须有相应的组织与之适应。

13.5.3　联合库存管理

联合库存管理（Jointly Managed Inventory，JMI），是一种在 VMI 的基础上发展起来

的上游企业和下游企业权利责任平衡和风险共担的库存管理模式。联合库存管理强调供应链中各个节点同时参与，共同制订库存计划，使供应链过程中的每个库存管理者都从相互之间的协调性考虑，保持供应链各个节点之间的库存管理者对需求的预期一致，从而消除了需求变异放大现象。

与 VMI 比较，联合库存管理是一种风险分担的库存管理模式。VMI 则是一种供应链集成化运作的决策代理模式，它把用户的库存决策权交由供应商代理，由供应商代理分销商或批发商行使库存决策的权利。通过几年的实施，VMI 被证明是比较先进的库存管理办法。但 VMI 对于企业间的信任要求较高，对供应商和零售商协作水平要求高，并且实施中的风险、责任、利益分配不均衡。联合库存管理是在 VMI 的基础上发展起来的，它能够克服 VMI 系统的局限性和规避传统库存控制中的"牛鞭效应"，强调供应链中各个节点同时参与，共同制订库存计划，每个库存管理者都从相互之间的协调性考虑，任何相邻节点需求的确定都是供需双方协调的结果，这就保证了供应链中各个节点之间的库存与需求预期保持一致，提高了供应链的同步化程度。从而部分消除了由于供应链环节之间的不确定和需求信息扭曲现象导致的供应链的库存波动，消除了需求变异放大现象。联合库存管理强调供应链中各企业之间的相互合作，上游企业和下游企业权利责任平衡和风险共担，体现了战略联盟的新型合作关系。

联合库存管理策略实施的重点内容如下。

（1）建立供应链协调管理机制。主要包括：①建立供应链共同的目标。供应链各方本着互惠互利的原则，建立共同的合作目标。②建立联合库存的协调控制方法。包括库存如何在多个需求商之间调节与分配、库存的最大量和最低库存水平、安全库存的确定、需求的预测等。③建立利益的分配和激励机制。建立公平的利益分配制度，并对参与供应链库存管理的各个企业进行有效的激励，防止机会主义行为，增加协作性和协调性。

（2）建立信息沟通渠道。为了提高整个供应链的需求信息的一致性和稳定性，减少由于多重预测导致的需求信息扭曲，应增加供应链各方对需求信息获取的及时性和透明性。为此应建立信息沟通渠道，以保证需求信息在供应链中的畅通和准确性。要将条形码技术、扫描技术、POS 系统和电子数据交换（EDI）集成起来，充分利用 Internet 优势，在供应链中建立一个畅通的信息沟通桥梁和联系纽带。

（3）发挥第三方物流企业的作用。实施联合库存管理策略可借助第三方物流企业。把库存管理部分工作代理给第三方物流公司，使企业集中资源在自己的核心业务上。面向协议的第三方物流系统使供应链各方取消了各自独立的库存，增加了供应链的敏捷性和协调性，提高了供应链的运作效率。

（4）选择合适的联合库存管理模式。供应链联合库存管理有以下两种模式：①各个供应商的零部件都直接存入核心企业原材料库集中库存。集中库存要求供应商的运作方式是按核心企业的订单或订货看板组织生产，产品完成时，立即实行小批量多频次的配送方式直接送到核心企业的仓库中补充库存。在这种模式下，库存管理的重点在于核心企业根据生产的需要保持合理的库存量，既能满足需要，又要使库存总成本最小。②无库存模式。供应商和核心企业都不设库存，供应商直接在核心企业的生产线上进行连续小批量多频次的补充货物，并与之实行同步生产、同步供货，从而实现"在需要的时候将所需要品种和数量的原材料送到需要的地点"的准时制供货模式。由于完全取消了库存，所以效率最高，成本最低，但对供应商和核心企业的运作标准化、配合程度、协作精神和操作过程要求严格，而且两者的空间距离不能太远。

思考与练习

1. 什么是供应链？描述供应链的基本结构和主要特征。
2. 什么是供应链管理？简述供应链管理与传统管理的区别与联系。
3. 什么是业务外包？如何理解业务外包与供应链管理的关系？企业如何成功实施业务外包？
4. 核心企业设计一条具有竞争力的供应链，需要考虑哪些方面？
5. 对供应链设计步骤进行讨论，并选择一个公司对其供应链进行重新优化设计。
6. 什么是供应链合作关系？举例说明战略性合作伙伴关系与一般合作关系的区别。
7. 如何理解客户关系管理和供应商关系管理？
8. 如何理解供应链上的需求信息放大效应？举例说明其产生的原因。
9. 如何理解供应商管理库存的基本思想。
10. 什么是联合管理库存？供应链上的企业如何实现联合管理库存？

杜邦高效的供应链

从 1802 年创立以来，杜邦公司始终欣欣向荣。即使站在今天看，这个美国化工大佬所做的事情仍然令人肃然起敬。1811 年，杜邦成为美国最大的火药生产商；91 年后的 1902 年，创立了美国最早的工业实验室之一；1935 年，杜邦员工发明尼龙，从此改变了整个纺织业的命运；1969 年，在月球上行走的宇航员穿着 25 层夹层制成的太空服，其中有 23 层是杜邦材料；1981 年，杜邦用 80 亿美元收购大陆石油公司，收购金额为当时美国之最。"拥有 200 年的历史，这本身就是奇迹。"一位熟悉杜邦的化工人士评价说。如今这种奇迹仍在延续。根据杜邦公布的财务报告，2002 年，该公司的收益率高达 17%，2003 年第二季度，这一数字又上涨到 24%！而据《财富》对 31 个行业的统计显示，化工行业平均收益率只有 2.4%。"这归功于杜邦高效的供应链。"杜邦董事长兼首席执行官贺利得在评价自己的公司时说。

看一下杜邦的规模，就不难想象贺利得所说的供应链是什么概念。经过 200 多年的发展，杜邦已经进入了化工、建筑、医药、纺织、家用建筑材料、电子产品等领域，成为十足的庞大帝国。这个道琼斯指数成份股公司，在 70 个国家开设了 135 家制造企业，75 个实验室，拥有 18 个战略业务单元和 80 项截然不同的具体业务，每天有 4 000 ~ 5 000 个海外运输，一年海外运输量 15 亿吨。2002 年运输费用 15 亿美元，与几十万的供应商和客户打交道。管理这样庞杂的供应链绝不是件轻而易举的事情。为了让公司保持良好的发展势头，杜邦在供应链上一直奉行分散管理的原则。具体内容是：18个战略业务单元拥有完全自主和独立的管理权力，自行设计和控制自己的供应链，包括选择自己的供应商、承运人、代理机构等事项。与事事都由总部管理相比，这样做可以减少中间环节、提高工作效率，对杜邦大有裨益。

一切似乎都顺理成章。业绩在稳步增长，供应链每天畅通无阻。但是进入20世纪90年代，和谐突然被打破一股新经济的热潮席卷美国。在这场热潮中，科技成为改变一切的先导。它对化工行业的影响是，及时送货和灵活服务成为客户一致的需求。习惯于独自为政的杜邦18个战略业务单元，各自掌管一套封闭的供应链，彼此互不往来。这样一来，不仅以规模降低成本的战略只能躺在规划中度日，就连价格也丧失了优势。遭遇挫折的杜邦，只能眼睁睁地看着原先固有的市场份额被身前身后的竞争对手无情抢夺。在原材料采购方面，杜邦也在劫难逃。杜邦每年与供应商之间大约发生25万次的跨境运输，这些运输多数往返于美国和欧亚之间。在边界清关时，原有的采购模式常因信息不完整造成延误。并且，杜邦不同的业务部门对海关的条例规则理解不同。更为严重的是，雇佣大量人员和供应商打交道，不仅缩短供货周期的目标无法顺利实现，降低库存也成为一句空谈，分散式管理的弊端暴露无遗。再有，杜邦庞大的业务需要更全面、及时的信息来支持决策，旧有的供应链显然无力满足需求。

20世纪90年代，杜邦前任CEO克劳利决定改造供应链。他将改造计划描述成"从冰河向雪崩的转化"。在克劳利眼中，杜邦就是一条冰河，博大但动作缓慢，缺少变化。"杜邦应该像雪崩，迅猛、强大，到处移动，跨越各种障碍，到达任何地方。"克劳利的考虑是，利用公司强大的购买力进行集体采购，通过降低成本，杜邦就可以击败竞争对手。但克劳利也面临巨大的挑战：杜邦必须重新设计一个供应链，满足18个独立战略业务单元的所有需求。为创造高效的供应链，克劳利进行了集中管理改革。最核心的一步，就是向18个战略业务单元开刀。杜邦专门成立了一个物流领导委员会，委员会成员由18个战略业务单元中的物流经理组成，对公司所有的物流操作和成本负责。当有重大的外包项目时，这个委员会就充当采购委员会的角色，负责决定外包业务并监控执行结果和听取汇报。此举的效果是，一个产品从源头的原材料到最终的成品全部顺利衔接，以往的推诿、扯皮彻底消失。接下来，杜邦设立了一个配送中心，负责将过去由每个工厂独立操作的美国国内货物统一配送。掌管配送中心的是美集物流的一个子公司，通过它们，杜邦将300多家工厂生产的商品配送到美国各地7 000家零售企业。配送中心的流程是精心设计的。首先，杜邦所有的工厂通过配送中心登记自己的货物运输需求，这种需求多达39 000个。配送中心专门聘请了熟悉供应链运作的专家，从39 000个需求的初始和目的地之间优化货物流动，最后决定承运人的人选。这些承运人是从18个战略业务单元按照运价和服务功能事先筛选出的名单中产生的。经过科学运作，配送中心80%的流程实现了自动化。在管理供应商进货方面，杜邦将美国制造点的所有拼装运输集中，外包给一家大型公司管理。同时，杜邦花费2年的时间，同一些物流公司实验了9个项目，最终将国际进出口业务外包给两个物流整合商。美国的BDP公司和欧洲的德迅物流，先前与上百家货代的合作宣告终止。

供应链改造的好处清晰可见。杜邦成品配送费用占总收入的比重从1994年的5.33%

下降到 1997 年的 4.6%。借助新的配送标准，长距离国际运费也大幅降低。1995 年、1996 年，物流费用总计节省 1.6 亿美元，运价就减少了 3 000 万美元。

多年的供应链经验让杜邦意识到，供应链要保持优势，必须不断输入新鲜氧气。当网络经济盛行时，杜邦再次出手，改革供应链。2000 年，杜邦第一次听说，有托运人正在建立专属于自己的网络，与承运人和供应商沟通，杜邦随即将之列入公司重点发展计划。2000 年 5 月，杜邦专门成立了一个小组，这个小组的使命只有一个——调查互联网络和技术产品，最终制订一个正确的方案。这个小组通过考察，推荐了专业网站 TransOval。在网站上，杜邦的客户和供应商可以广泛、灵活地交换信息。现在，这些信息随时给杜邦每年 100 多万次的全球运输提供高级服务。最初 TransOval 这个名字隶属于杜邦欧洲物流集团。2002 年 8 月，杜邦开始在一个包装公司 22 项业务中使用 TransOval。2002 年年底，整个美国的业务被容纳进去。2003 年，TransOval 出现在欧洲和亚太地区客户的电脑屏幕上。经过几年的扩建，现在这个网站已经与杜邦融为一体，有一个防火墙保护公司的电脑和网络。"它像一把伞，与杜邦的任何地方都能相连，"杜邦管理全球物流技术和流程的经理瑞纳说，"公司的每位员工可以到任何他们想要去的地方。"好处远不止这些。安全问题一直是杜邦工作的核心。在杜邦使用的原材料中，40%是有害物质，其中 20%含有剧毒。"9·11"事件后，美国对进出口货物加强了安检，TransOval 的早期预警功能正好大显神威。如果出现运输延迟，TransOval 立即发布预警信息给相关的主体。"假如一个公司有上千次的运输，就无法做到用人工处理这些问题。建立例外管理是非常有效率的，可以让你快速反应。"瑞纳说。另外，杜邦还从这个系统的投资中获得了巨大收益。与过去的系统比较，新的模块设计具有更好的优化、集成和计划功能。这些功能帮助杜邦获得了更低的成本。"杜邦的目的并不仅仅是降低成本，完善服务才是关键。"瑞纳指出，利用这些降低的成本，杜邦发展了可视化服务。通过全球可视化，杜邦能将多余的库存及时清理掉。

对 200 岁的杜邦来说，供应链道路还很年轻，或许，这正是一条能创造奇迹的新途径。

（资料来源：中国物流与采购联合会）

问题

1. 在 20 世纪 90 年代前，杜邦公司供应链是怎样运作的？这样的运作模式为什么在 20 世纪 90 年代后丧失竞争优势？

2. 为创造高效的供应链，在 20 世纪 90 年代及其以后，杜邦公司是如何进行改革的？

3. 为什么供应链管理对杜邦这样的企业建立竞争优势非常关键？

第14章

项 目 管 理

学习目标

通过学习项目管理，使读者了解项目及项目管理的基本知识，掌握项目进度控制方法、网络计划技术的绘制、网络时间参数的计算；了解网络计划的优化和项目运营的基本理论知识。

关键概念

项目；项目管理；网络计划技术；网络图；项目运营

美国首个太阳能建筑社区"破壳而出"

在美国能源部、美国太阳能社区项目、美国再回收和再投资行动基金 100 万美元的支持下，第一个美国太阳能建筑社区于 3 月 18 日宣布落成。圣保罗区域能源提供相应的基金并运行该系统，系统利用明尼苏达-圣保罗市会议中心屋顶上 144 个太阳能收集器进行水加热。该系统是北美最大的热水系统，供应会议中心以及邻近的建筑，覆盖 80% 的圣保罗商业区。在整个美国太阳能社区项目中共有 25 个城市，因明尼苏达-圣保罗被称为双子城，而成为首选目标城市。

屋顶太阳能的设计容量最高可达 1MW 热能。该系统主要为圣保罗商业区的会议中心提供热水和区域供暖，多余的热水还可服务于区域的其他客户。太阳能收集器可以把水加热到 160°F，一旦满足会议中心的负荷后，多余的热量会把水加热到 195°F 并入区域供暖系统。该太阳能热水系统预期可为会议中心每年减少大约 900 000 磅的碳排放，相当于每年 90 辆汽车的排放量。美国太阳能社区项目的目的是提高和整合太阳能在全美社区的使用。

（资料来源：http://cstcmoc.org.cn/plus/view.php?aid＝685）

问题

1. 美国首个太阳能建筑社区项目对我国有何借鉴作用？

2. 该太阳能热水系统预期可减少多少碳排放量？

项目在日常生活、工作中普遍存在，小到朋友生日聚会大到一栋住宅楼建成、举办 2008 年奥运会、长江三峡工程竣工、天宫一号与神舟八号交会对接、美国太阳能建筑社区等都可以称为项目。项目与企业的运营活动更是紧密相连，如企业的新产品开发、设施选址、技术改造等。项目进度控制是项目管理的核心内容，编制项目进度计划是项目进度控制的主要工作，因此，本章将重点介绍一种有效的项目进度控制方法——网络计划技术，以及对项目建成后的运营与效应进行专门的分析。

14.1　项目管理概述

14.1.1　项目

1. 项目的定义及特点

项目可定义为：在一定资源和时间的约束条件下，具有明确的目标、集合相关资源、组织专门人员一次性完成的工作和事务。我国成功实施的载人航天工程、原子弹工程、北京电子对撞机工程、大庆乙烯工程、第十一届亚运会工程；美国的曼哈顿计划、阿波罗登月计划；企业建造一个新车间、开发新产品、新建一栋办公楼等都是大大小小不同的项目。从以上定义可以看出任何项目都具有以下五个特点。

（1）项目受各种有限资源的限制。任何一个项目都一定受到资金及其他相关资源的限制，是在一定资源约束条件下完成的。

（2）项目具有一定的寿命周期。项目具有严格的时间限制，这就决定了任何一个项目都有它的开始和结束时间，由若干阶段构成，即具有一定的寿命周期。项目的寿命周期一般可划分为概念阶段、开发阶段、实施阶段和结束阶段。各阶段的内容如表 14-1 所示。也有专家将项目的寿命周期划分为立项阶段、建设阶段和运行阶段，虽然划分不完全相同，但每个阶段、每个环节是有一定的逻辑顺序的，项目的寿命周期就是按这样的逻辑顺序进行的。立项阶段是项目管理的初始阶段，它关系到项目要不要上的问题，要进行总体方案论证；建设阶段是工程实施的重要阶段，包括项目的规划、确定进度计划和控制决策；运行阶段不仅要求能维持正常的运营，而且需要改造和更新。

表 14-1　项目寿命周期各阶段的工作任务及管理内容

阶　　段	主　要　任　务	阶　段　成　果	管　理　内　容
概念阶段（C）	确定项目需要、建立目标、估计所需投入的资源、指定关键人员、可行性研究、招标投标	可行性方案、项目计划任务书、招标合同	项目启动，包括启动过程的组织和协调
开发阶段（D）	确定项目范围、项目团队与组织结构、项目计划	计划、设计文件、机构设置、资源订货、签订合同	计划、组织、协调
实施阶段（E）	项目全面实施，建设、生产、建立场地、试验	完成的活动、过程	项目进度、成本、质量和范围的控制
结束阶段（F）	项目任务的结束，帮助项目产品转移，转移人力和非人力资源到其他组织	可交付的项目、验收报告	评审、鉴定、总结和移交

（3）项目具有明确的目标。任何一个项目一定是为某一客户或某一目标任务量身定做的一项工作任务，也就是说项目在开始进行之前已经存在某一需求对象，一定是为某一需求对象而进行的工作任务。因此，项目是根据客户的要求而设立的，并且客户要参与项目运作的全过程，项目完成后要验收移交给客户。

（4）项目由一系列的具体工作或活动所组成。项目不是孤立存在的单项活动，是由若干相互联系、相互影响的工作或活动单元组成的。因此，项目的启动必须集合相关资源，抽调专门的人员组成项目小组或项目团队，专门负责项目的运作。当项目完成结束后，项目组人员的工作使命就结束了，返回到各自的岗位。

（5）项目是进行的一次性工作。项目与日常工作的主要区别就在于项目是进行的一次性工作或活动，而日常工作是周而复始、按常规程序进行的。由于项目是一次性的工作，因此，每次进行的项目都不相同，或者名称相同但内容和要求不相同等，都面临新的工作任务和新的问题，具有一定的独特性，都要进行创新性的工作。因此，项目具有不确定性和风险，所以任何一个项目在立项之前都要进行一系列的可行性论证和分析。

2. 项目的类型

不同的国家、不同的行业有不同的分类标准。按照不同的标准，一般可将项目分为以下几种类型。

（1）按项目所在的行业，可将项目分为科研项目、教育项目、农业项目、工业项目、社会福利项目等。还可以进一步细分，科研项目包括基础研究、应用研究和开发研究项目。教育项目包括人才培育、教育基地建设、教材建设、教育改革等项目。农业项目包括良种的改良和培育、农业机械化的实施、水利设施的建设等项目。工业项目包括技改扩建项目、设备生产线改造项目、新产品开发项目等。社会福利项目包括建造一所医院、学校、福利院等。

（2）按项目所涉及的各种资源的规模，可将项目分为大型项目、中型项目和小型项目。大型项目涉及的人、财、物数量大，所投入的资源多，所花费的时间长，通常由若干个有联系或类似的项目组成，如长江三峡工程，是一个以防洪为主，集发电、航运、调水等多功能、多目标为一体的巨型复杂工程。小型项目所需的人、财、物相对较少，完成的时间较短。很难用严格的界限区分项目的大小，另一种方法是用项目的层次性来描述项目的大小区别，把项目分为大项目或项目群、项目、任务或活动、工作包四个层次。项目由任务或活动所组成，任务或活动就是构成项目的大量工作。任务或活动又由工作包所组成，工作包是构成项目的基本组成单元。

（3）按项目的复杂程度，可将项目分为复杂项目和简单项目。复杂项目所涉及的部门多、所需的资源量大、技术复杂程度高，项目的管理和组织较复杂，如摩托罗拉公司的铱星计划，历时11年，总投资50多亿美元，涉及多个国家和地区，管理组织难度大，技术领先的铱星公司最终破产了。简单项目涉及的部门少、所需各种资源相对较少、技术含量低，项目的组织和管理较容易。

14.1.2 项目管理

1. 项目管理的定义

项目管理是项目组织在资源和时间的约束条件下，运用科学的理论和方法对项目进行计划、组织、协调和控制，使项目执行的全过程优化运行，实现项目最佳的特定目标的制度和方法体系。从某种意义上讲，项目管理也是项目的规制系统和保障手段。无论是何种类型的项目，其项目的立项、论证、咨询、设计，还是项目的批准、施工、投产、运营，以及以后的改造、更新、报废，都是一个不断发展变化的动态系统，需要多学科、多技术、多部门、多地区相互协调和配合运作。因此，项目管理的质量和水平直接影响到项目的成功率与收益率，项目管理得好，可以创造超出预期的经济效益和社会效益，反之会造成社会资源和财富的浪费。

2. 项目管理的目标

项目管理一般涉及三个主要目标：质量、成本和进度。即以较低的费用、较短的工期完成高质量的项目。

（1）质量。"百年大计，质量第一"，质量是项目的生命。如果一项大型工程项目的质量好，就可以福泽子孙，功在千秋；如果质量差，不仅会造成经济上的重大损失，而且会贻误子孙，祸及后世。项目的质量是指项目完成后达到预先确定的各项技术指标或服务水平要求的程度。为完成高质量的项目，项目的质量管理必须贯穿于全方位、全过程和全体人员中。全方位是指工程的每一部分，每个子项目、子活动，每一件具体工作，都要保证质量。全过程是指从提出项目任务、可行性研究、决策、设计、订货、施工、调试，到试运转、投产、达产的整个生命周期都要保证质量。全员是指参加项目建设的每一个人员都要对本岗位的工作质量负责，工作质量是项目质量的保证。

（2）成本。成本是指实施项目的所有直接费用和间接费用的总和。项目经理就是要通过合理组织项目的施工，控制各项费用支出，使整个项目的费用支出不要超出项目的预算。项目在设计的时候就要考虑项目整个寿命周期的费用最低。项目整个寿命周期的费用包括研制费、建设费和运行（使用）费三大部分。最佳的成本控制是使这三大部分费用的总和最小。一般来说，这三大部分的费用比例大致为 1∶3∶6，因此，不能只追求研制费和建设费用最低，项目在设计时就应该考虑项目投入使用运行后的费用同样最低。

（3）进度。项目的进度管理是项目管理的核心内容。项目经理要以项目确定的完工期限为目标，通过控制各项活动的进度，确保整个项目按期完成。大型项目的管理要严格按程序、分阶段实施，确保各阶段任务目标的完成。项目经理要采用网络计划技术，对项目进度进行科学的管理和控制。

3. 项目管理的内容

项目管理知识体系包含的内容很多，它是对项目管理专业知识的总结。美国项目管理协会（Project Management Institution，PMI）的项目管理知识体系（Project Management Body of Knowledge，PMBOK）对项目管理的主要内容进行了全面的定义。PMBOK 将项目管理划分为项目范围管理、项目时间管理、项目费用管理和项目质量管理四个核心内容；项目人力资源管理、项目沟通管理、项目风险管理和项目采购管理四个辅助内容；项目综合管理一个整体内容。如图 14-1 所示。

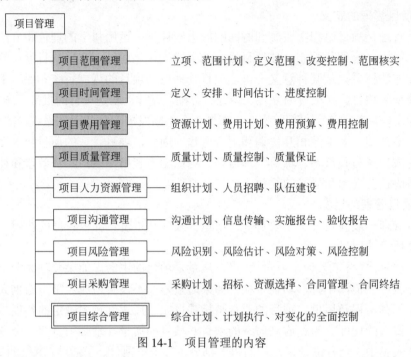

图 14-1　项目管理的内容

4. 项目成功的关键因素

（1）正确地选择项目；

（2）选择合适的项目负责人；

（3）选择好项目承担单位；

（4）做好项目计划和控制；

（5）有效地组织管理；

（6）确定完工期限。

14.1.3　项目进度计划的编制方法

项目的运营计划一般主要包括进度计划与控制、成本估算与控制和资源安排与优化三个部分。项目进度控制是项目管理的核心工作，编制项目进度计划是项目进度控制的基础和中心工作。常用的编制项目进度计划的方法有以下几种。

1. 关键日期法

关键日期法又称为里程碑系统，这是最简单的一种进度计划编制的方法。它只列出一些关键活动和进度的日期。其内容包括项目的结束日期、主要工作环节的完成日期、保证项目成功的关键性决策的日期等。

2. 甘特图法

甘特图法又叫线条图或横道图，是一种将各项工作环节与完成期限的关系表示成二维图形的技术。这种图形简单、直观、明了、易于编制，是小型项目常用的工具，对于大型项目也可以在不同程度上分层次使用。甘特图法就是在纵坐标上标出项目的工作环节或工序，在横坐标上标出项目的持续时间，由纵横坐标确定的条形线表示其起止时间，如图 14-2 所示。缺点是没有表示出各活动之间的关系，也没有指出影响工期的关键所在，因此，对于复杂的项目就不适用了。

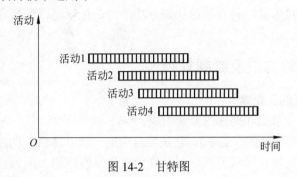

图 14-2 甘特图

3. 网络计划技术

网络计划技术是通过绘制网络图和计算网络时间参数来反映项目进度计划的一种项目进度控制方法。特别是对于复杂项目和大型项目进度计划的控制和资源优化，采用网络计划技术是行之有效的方法。该方法技术性强，后面将专门介绍这种方法。

14.2 网络计划技术概述

14.2.1 网络计划技术的基本思想及特点

1. 网络计划技术的基本思想

网络计划技术是项目计划管理的重要方法，20 世纪 50 年代起源于美国，用来帮助管理者为大型复杂项目制订进度计划，监控项目进展情况。1957 年，雷明顿-兰德公司的凯利（J.E.Kelly）和美国杜邦公司的沃克（M.R.Walker）联合研究出了一种新的计划管理方法，即关键路线法（Critical Path Method，CPM），帮助建设和维护杜邦的化工厂，第一年就节约了一百多万美元，相当于该公司用于研究发展 CPM 所花费用的 5 倍以上。1958 年，博思艾伦（Booz，Allen and Hamilton）咨询公司为美国海军开发出了计划评审技术 （Program Evaluation and Review Technique，PERT），美国海军武器局特别规划室在研制北极星导弹潜艇时，应用了计划评审技术，使北极星导弹潜艇比预订计划提前两年完成。

CPM 和 PERT 是独立发展起来的计划方法，但其十分相似，统称为网络计划技术。网络计划技术是通过网络图的形式反映和表达计划的安排，通过网络进行分析、计算和优化，寻找达到预定目标最优化方案的一种科学管理方法。

2. 网络计划技术的特点

（1）网络计划技术把数学方法和图形方法结合起来，计算方便，简单明了，便于调整；

（2）能够精确地计算和科学地分析，并指明哪些活动一定要按期完成；

（3）使参加项目的各单位和有关人员了解他们各自的工作及其在项目中的地位和作用；

（4）把整个工程项目有效地组织起来，便于跟踪项目进度，抓住关键环节；

（5）网络计划技术是一种有效的计划方法，可简化管理，使领导者的注意力集中到可能出问题的关键活动上。

14.2.2 网络图的构成及绘制规则

1. 网络图构成的三要素

网络图由活动、节点和路线三要素构成。

（1）活动（作业、任务、工序）：它是项目中的一项具体活动的内容。以箭线表示活动，称为箭线型网络图。箭线型网络图又称为双代号网络图，因为它不仅需要一种代号在箭线上表示活动，而且还需要一种代号在圆圈上表示事件。每一条箭线的箭头和箭尾各有一圆圈，分别代表箭头事件和箭尾事件。如图 14-3 所示。用实箭线表示作业，要消耗一定资源和时间；虚作业是人为设置的并不消耗资源和时间的特殊作业，它只表示网络图中有关作业之间的逻辑关系，通常用虚箭线表示。

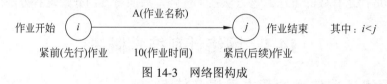

图 14-3 网络图构成

（2）节点（事项或事件）：是指相邻两个作业的分界点，表示事件的发生或作业的时点，通常是作业的开始或结束时刻。一般用圆圈表示，如图 14-4 所示。节点不消耗资源和时间，只表示紧前作业的结束和紧后作业的开始。如节点②既表示 A 活动的结束，又表示 B 活动的开始。同时对中间节点②来说，A 为其紧前作业，B 为其紧后作业。对于一个网络图来说始节点和终节点只有一个。

图 14-4 网络图构成

（3）路线：指从开始节点开始，沿着箭头方向连续到达结束节点的通道。在一个网络图中有多条路线，其中作业时间之和最长的那一条路线称为关键路线，关键路线可能不止一条，但至少有一条。关键路线可用粗实线或红线表示。

2. 网络图的绘制规则

（1）在同一个网络图中，不允许出现两个相同的作业；箭线的方向其水平投影应指向右方或为点；外部协作作业要明确表示。

（2）两个相邻节点之间只能有一条箭线。如果两个相邻节点将有数项作业平行进行，则需增加虚作业节点加以解决。

（3）一个网络图中只能有一个开始节点和一个结束节点。

（4）网络图中不允许出现闭路循环。

（5）箭线首尾都必须有节点，不允许从一条箭线中间引出另一条箭线。

（6）网络图中节点要统一编号，且不可重复，箭尾节点编号要小于箭头节点编号。编号时可采用跳跃式编号，以避免局部改动网络图时打乱编号。同时要避免交叉和转折。

【例 14-1】　某项目的施工计划如表 14-2 所示，试绘制网络图。

表 14-2　某项目施工计划

工序	紧前工序	紧后工序	作业时间/天
A	—	B、C	2
B	A	D、E	4
C	A	F、H	3
D	B	G	4
E	B	F、H	2
F	C、E	G	3
G	D、F	—	3
H	C、E	—	2

解　绘制的网络图如图 14-5 所示。

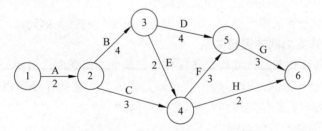

图 14-5　某项目的施工网络图

14.2.3　应用网络计划技术的步骤

应用网络计划技术的一般步骤如下。

1. 确定目标

在确定项目计划对象之后，应确定项目计划要达到的预期目标是什么，项目的具体目标要根据项目具体的情况而定，如建造一个车间，其预期目标可能是工期、费用和资源。

2. 对项目任务进行分解

对项目任务进行分解就是将一个项目按构成项目的逻辑、层次、结构分解成各种活动（作业、任务、工序），列出全部活动或工序明细表。在进行分解时可采用工作分解结构（work breakdown structure，WBS），这是在 20 世纪 60 年代末期发展起来的一种工作方法，还可以用于复杂的产品结构的分解。WBS 将需要完成的项目按照项目的性质和结构进行逐层分解和展开，形成相对独立、内容单一、便于管理和开展工作的工作单元。
如图 14-6 所示。

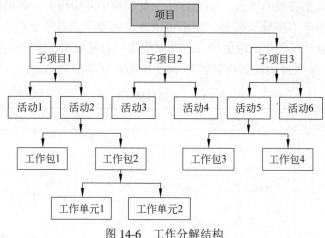

图 14-6　工作分解结构

在进行工作分解时应注意以下问题：

（1）可根据项目的规模和复杂程度来确定分解的详细程度；

（2）为了便于管理和信息交流，分解时可对任务进行编码，用编码来代表任务名称；

（3）分解时不必考虑任务进行的先后顺序；

（4）分解后的任务是便于管理、便于检查、可交付的独立单元。

3. 确定各项作业之间的逻辑关系

项目分解成各项作业后，要确定各项作业之间的逻辑顺序，对每一项作业都要进行分析：①该项作业开始前，有哪些作业必须先完成？②哪些作业可以平行交叉进行？③该项作业完成后，有哪些后续作业应该接着开始？

4. 确定各项活动的作业时间

作业时间是指在一定的技术组织条件下，为完成一项活动所需要的时间，是一项活动的延续时间。用 $T(i, j)$ 表示以 i 节点为起点，以 j 节点为终点的活动的时间。其时间单位可以用小时、日、周、月等表示。确定作业时间可根据项目的具体情况而定，常用的方法有单一时间估算法和三点时间估算法两种。单一时间估算法用于活动时间是确定性的，或有可参照的时间计算，即不确定性的因素较少的估算；三点时间估算法用于活动时间的估算具有不确定性因素，又无可参照的时间计算，即受随机因素影响的时间估算。

1）单一时间估算法

单一时间估算法又称为单点估算法，是对各项活动只确定一个时间值，其原则应以完成该项作业的最大可能性的时间为准，而不受作业的重要程度和任务限期的影响。适用于有类似的工时资料或经验数据，且随机因素影响较小的活动。采用单一时间估算法绘制的网络图称为确定型网络图。

2）三点时间估算法

三点时间估算法又称为三种时间估算法，对于受随机因素影响较大的活动时间，可预先估计三个时间值，再应用概率的方法计算各项活动作业时间的平均值和方差。这三种时间估计值分别为：

最乐观时间（optimistic time），以 a 表示，指在顺利的情况下最可能完成活动的时间；

最可能时间（most likely time），以 m 表示，指在正常的情况下最可能完成活动的时间；

最悲观时间（pessimistic time），以 b 表示，指在不顺利的情况下最可能完成活动的时间。

对这三种时间进行加权平均，得三点时间估算法计算的活动平均作业时间 $T(i,j)$ 计算公式和方差 σ^2 计算公式如下：

$$T(i,j) = \frac{a + 4m + b}{6} \tag{14-1}$$

$$\sigma^2 = \left(\frac{b-a}{6}\right)^2 \tag{14-2}$$

采用三点时间估算法绘制的网络图又称为随机型网络图。

5. 绘制网络图

根据网络图的绘制规则绘制网络图，绘制的方法有两种：①顺推法，即从网络图的始节点开始，为每一项作业确定其紧后（后续）作业，直到网络图的结束节点为止；②逆推法，即从网络图的结束节点开始，为每一项作业确定其紧前（先行）作业，直到网络图的始节点为止。

6. 计算网络时间参数，确定关键路线

网络时间参数的计算，首先计算节点时间参数，然后根据节点时间参数计算活动时间参数，最后计算时差。节点时差为 0 的节点为关键节点，由关键节点组成的路线称为关键路线。从而确定关键路线，计算完成任务的最早期限，即总工期。

7. 对网络图进行优化，选择最优方案

对网络图进行优化，包括时间优化、时间-成本优化和时间-资源优化，选择最优方案。

8. 网络计划的贯彻执行

利用网络图对项目进度的实施情况进行监控，并根据项目实施过程中出现的问题对网络计划进行及时的调整和改进，以保证项目的按期完成。

14.3　网络时间参数计算

14.3.1　节点时间参数的计算

节点本身并不占用时间，它只表示某项活动应在某一时刻开始或结束，因此，节点时间参数分为最早开始时间和最迟结束时间。

1. 节点最早开始时间

节点 j 的最早开始时间是指从该节点开始出发的各项作业活动最早可以开始工作的

时间。用$T_E(j)$表示，计算结果填入节点附近的方框"□"内。

在计算时，从网络图的始节点开始，顺着箭头方向依次计算，直到网络图的终节点为止。一般假定始节点的最早开始时间为零，即$T_E(1)=0$。其余节点的最早开始时间计算公式如下。

（1）当进入j节点的箭线（活动）只有一条时：
$$T_E(j)=T_E(i)+T(i,j) \tag{14-3}$$

（2）当进入j节点的箭线（活动）有k条时：
$$T_E(j)=\max\{T_E(i_k)+T(i_k,j)\} \tag{14-4}$$

式中：$T_E(j)$——节点j最早开始时间；

　　　$T_E(i)$——节点i最早开始时间；

　　　$T_E(i_k)$——节点j的紧前节点i_k的最早开始时间；

　　　$T(i,j)$——活动$i{\rightarrow}j$的作业时间。

它表示从始节点到该节点j的各条路径（假设有k条）中最长路径上的作业时间之和，即取其时间值最大者。

【例14-2】 如图14-5所示，计算节点最早开始时间。

始节点$T_E(1)=0$，其余节点由公式（14-3）和公式（14-4）计算如下：
$$T_E(2)=T_E(1)+T(1,2)=0+2=2$$
$$T_E(3)=T_E(2)+T(2,3)=2+4=6$$
$$T_E(4)=\max\{T_E(2)+T(2,4),\ T_E(3)+T(3,4)\}$$
$$=\max\{2+3,6+2\}=\max\{5,8\}=8$$
$$T_E(5)=\max\{T_E(3)+T(3,5),\ T_E(4)+T(4,5)\}$$
$$=\max\{6+4,8+3\}=\max\{10,11\}=11$$
$$T_E(6)=\max\{T_E(4)+T(4,6),\ T_E(5)+T(5,6)\}$$
$$=\max\{8+2,11+3\}=\max\{10,14\}=14$$

计算结果填入节点附近的方框"□"内，如图14-7所示。

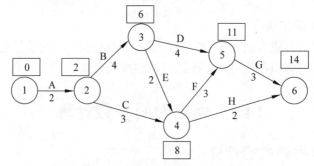

图14-7　某项目的施工网络图

2. 节点最迟结束时间

节点i的最迟结束时间是指为保证某一项作业的后续作业按时开工，进入该节点的各项作业最迟必须结束的时间，否则，将影响到后续作业的按时开工。用$T_L(i)$表示，计算结果填入节点附近的三角形"△"内。

计算时，从网络图的终节点开始，逆箭头方向依次计算，直到网络图始节点。一般假定网络图的终节点最迟结束时间等于其最早开始时间，即 $T_L(n)=T_E(n)$。其余节点的最迟结束时间计算公式如下。

（1）当节点 i 后面流出箭线（活动）只有一条时：

$$T_L(i)=T_L(j)-T(i,j) \tag{14-5}$$

（2）当节点 i 后面流出箭线（活动）有 k 条时：

$$T_L(i)=\min\{T_L(j_k)-T(i,j)\} \tag{14-6}$$

式中：$T_L(i)$——节点 i 的最迟结束时间；

$T_L(j)$——节点 j 的最迟结束时间；

$T_L(j_k)$——节点 i 的紧后节点 j_k 的最迟结束时间；

$T(i,j)$——活动 $i{\to}j$ 的作业时间。

它表示从节点 i 流出有多条箭线（假设有 k 条），则对每一条箭线用箭头所指示节点 j_k 的最迟结束时间减去其对应的作业时间，取其中最小值作为该节点的最迟结束时间。

【例 14-3】 如图 14-7 所示，计算节点最迟结束时间。

由例 14-2 得 $T_L(6)=T_E(6)=14$，其余节点由公式（14-5）和公式（14-6）计算如下：

$$T_L(5)=T_L(6)-T(5,6)=14-3=11$$

$$T_L(4)=\min\{T_L(5)-T(4,5),T_L(6)-T(4,6)\}$$
$$=\min\{11-3,14-2\}=\min\{8,12\}=8$$

$$T_L(3)=\min\{T_L(4)-T(3,4),T_L(5)-T(3,5)\}$$
$$=\min\{8-2,11-4\}=\min\{6,7\}=6$$

$$T_L(2)=\min\{T_L(3)-T(2,3),T_L(4)-T(2,4)\}$$
$$=\min\{6-4,8-3\}=\min\{2,5\}=2$$

$$T_L(1)=T_L(2)-T(1,2)=2-2=0$$

计算结果填入节点附近的三角形"△"内。如图 14-8 所示。

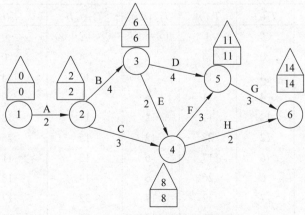

图 14-8　某项目的施工网络图

14.3.2 活动时间参数的计算

1. 活动的最早开始时间

活动(i, j)的最早开始时间是指某项活动最早可能开始的时间，用$T_{ES}(i, j)$表示。任何作业必须在其所有的紧前作业都完成之后才能开始，故作业(i, j)的最早开始时间即为节点 i 的最早开始时间，其计算公式为

$$T_{ES}(i, j) = T_E(i) \qquad (14\text{-}7)$$

2. 活动的最早结束时间

活动(i, j)的最早结束时间是指该活动可能结束的最早时间，用$T_{EF}(i, j)$表示。它等于该作业(i, j)的最早开始时间与该作业时间之和，其计算公式为

$$T_{EF}(i, j) = T_{ES}(i, j) + T(i, j) = T_E(i) + T(i, j) \qquad (14\text{-}8)$$

3. 活动的最迟结束时间

活动(i, j)的最迟结束时间是指为了不影响紧后作业的按期开始，某项活动最迟必须结束的时间，用$T_{LF}(i, j)$表示。它等于该项活动(i, j)箭头节点 j 的最迟结束时间，其计算公式为

$$T_{LF}(i, j) = T_L(j) \qquad (14\text{-}9)$$

4. 活动的最迟开始时间

活动(i, j)的最迟开始时间是指为了不影响紧后活动按时开始而最迟必须开始的时间，用$T_{LS}(i, j)$表示。它等于该项作业的最迟结束时间与该作业时间之差，其计算公式为

$$T_{LS}(i, j) = T_{LF}(i, j) - T(i, j) = T_L(j) - T(i, j) \qquad (14\text{-}10)$$

计算出各项活动的最早开始时间与最早结束时间、最迟开始时间与最迟结束时间，能帮助管理者分析各项活动在时间衔接上是否合理，有无机动的时间和潜力可挖。

【**例 14-4**】已知活动编号及活动时间如表 14-3 第 1 列和第 2 列所示，活动的时间参数计算结果如表 14-3 第 3～8 列所示。

表 14-3　活动的时间参数计算

活动编号	$T(i, j)$	$T_E(i)$	$T_L(j)$	$T_{ES}(i, j)$	$T_{EF}(i, j)$	$T_{LS}(i, j)$	$T_{LF}(i, j)$
①	②	③	④	⑤=③	⑥=⑤+②	⑦=④-②	⑧=④
1→2	4	0	4	0	4	0	4
2→3	8	4	12	4	12	4	12
2→4	2	4	11	4	6	9	11
3→5	5	12	17	12	17	12	17
3→6	3	12	28	12	15	25	28
4→5	6	6	17	6	12	11	17
4→7	8	6	26	6	14	18	26
5→8	15	17	32	17	32	17	32
6→8	4	15	32	15	19	28	32
7→8	6	14	32	14	20	26	32

14.3.3　时差的计算

活动的时差是指在不影响整个项目完工时间的条件下，某项活动在开始时间安排上可以机动使用的一段时间。时差又称为宽裕时间或缓冲时间。时差为计划进度的安排提供了机动性，时差越大，机动和灵活运用的时间就越多，可以挖掘的潜力就越大。利用时差可以优化计划安排和资源分配。时差可分为节点时差、活动总时差和路线时差三种。

1. 节点时差的计算

节点时差表示可以机动利用的时间，又称为松弛时间。它是节点最迟结束时间与最早开始时间之差。节点 i 的时差用 $R(i)$ 表示，其计算公式为

$$R(i) = T_L(i) - T_E(i) \tag{14-11}$$

时差为零的节点称为关键节点。由关键节点组成的路线为关键路线。

2. 活动总时差的计算

活动总时差是指该项活动在不影响整个项目按时完成的条件下，允许推迟开始时间的最大限度，或允许推迟结束时间的最大限度，也称松弛时间、宽裕时间或富裕时间。某项活动 (i,j) 的总时差用 $R(i,j)$ 表示，它等于该项活动的最迟结束时间与最早结束时间之差，或最迟开始时间与最早开始时间之差，其计算公式为

$$\begin{aligned}
R(i,j) &= T_{LF}(i,j) - T_{EF}(i,j) = T_{LS}(i,j) - T_{ES}(i,j) \\
&= T_L(j) - T_E(i) - T(i,j) \\
&= T_L(j) - T(i,j) - T_E(i)
\end{aligned} \tag{14-12}$$

活动 (i,j) 的总时差大于零时，可以推迟活动 (i,j) 的开始时间或结束时间，而且还可以推迟活动 (i,j) 所在路线上其他非关键活动的开始或结束时间，不过要注意若某些活动已利用了总时差，则其他活动就不能再利用。管理者可利用活动总时差配置资源，缩短整个项目周期。

总时差为零的活动称为关键活动。由关键活动所组成的路线称为关键路线。

3. 路线时差的计算

路线时差是指在一个网络图中，关键线路持续时间与非关键线路持续时间之差。用 L 表示。

14.3.4　关键路线的确定

关键路线，对于作业时间为常量的网络，关键路线就是网络图中消耗时间最长的路线，或由关键作业所组成的路线；对于作业时间不确定的网络，由于作业时间是用三点估计得到的，其关键路线是在规定期限内按期完工概率最小的路线。关键路线是网络计划控制的重点。在关键路线上，如果各作业时间提前或延后完成，则会影响整个项目的完工时间提前或延后。因此，要缩短项目的总工期必须缩短关键路线的时间。

关键路线的确定有以下三种方法：

（1）最长路线法。在网络图中从始节点顺着箭头方向到终节点，持续时间最长的路线就是关键路线。

（2）关键节点法。由节点时差为零的关键节点连接成的路线。

（3）活动时差法。由总时差为零的关键活动组成的路线就是关键路线。

关键路线的确定有人工计算和电子计算机计算两种方式，小规模的项目计划通常采用人工计算。人工计算通常采用时差为零的路线来确定关键路线，具体又分为图上计算法和表格计算法两种方法。

【例 14-5】 已知某工程项目各项作业时间及作业间的关系如表 14-4 所示。

表 14-4　某工程项目作业时间及作业关系

作业代号	作业时间/天	紧前活动	作业代号	作业时间/天	紧前活动
A	2	—	F	5	D
B	4	A	G	4	D
C	4	A	H	2	C, E, F
D	3	A	I	6	C, F
E	5	B	J	1	G

（1）试绘制网络图；

（2）计算活动时间参数；

（3）确定关键路线。

解　（1）根据表 14-4 绘制网络图，并计算出节点时间参数。如图 14-9 所示。

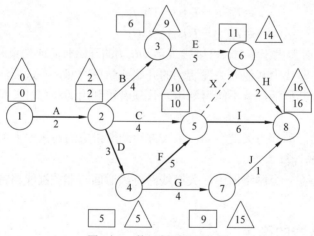

图 14-9　某工程项目网络图

（2）采用列表法计算活动时间参数及时差。

注意表中活动的顺序应按照节点编号从小到大排列。各项作业的最早开始时间、最早结束时间、最迟开始时间、最迟结束时间及时差的计算结果如表 14-5 所示。

表 14-5　某工程项目活动时间参数计算

作业代号	节点编号 $i \to j$	$T(i, j)$	$T_{ES}(i, j)$	$T_{EF}(i, j)$	$T_{LS}(i, j)$	$T_{LF}(i, j)$	$R(i, j)$	关键活动
A	1→2	2	0	2	0	2	0	√
B	2→3	4	2	6	5	9	3	
D	2→4	3	2	5	2	5	0	√

续表

作业代号	节点编号 $i \rightarrow j$	$T(i, j)$	$T_{ES}(i, j)$	$T_{EF}(i, j)$	$T_{LS}(i, j)$	$T_{LF}(i, j)$	$R(i, j)$	关键活动
C	$2 \rightarrow 5$	4	2	6	6	10	4	
E	$3 \rightarrow 6$	5	6	11	9	14	3	
F	$4 \rightarrow 5$	5	5	10	5	10	0	√
G	$4 \rightarrow 7$	4	5	9	11	15	6	
X	$5 \rightarrow 6$	0	10	10	14	14	4	
I	$5 \rightarrow 8$	6	10	16	10	16	0	√
H	$6 \rightarrow 8$	2	11	13	14	16	3	
J	$7 \rightarrow 8$	1	9	10	15	16	6	

（3）确定关键路线。

方法一：图上计算法。图上计算法是在网络图上直接进行节点时差，即松弛时间的计算，并把计算结果标注在网络图上，从而找出节点时差为零的节点。

根据图 14-9 所示，由节点时差计算公式 $R(i) = T_L(i) - T_E(i)$ 计算各节点时差，得时差为零的节点，即关键节点为：①、②、④、⑤、⑧。

故关键路线为：①→②→④→⑤→⑧。

所需总工期为：2＋3＋5＋6＝16（天）

方法二：表格计算法。表格计算法是将作业项目、节点编号、作业时间、活动时间参数和活动总时差等列在一张表上，找出松弛时间，即活动总时差为零的作业。

首先计算活动时间参数，计算结果如表 14-5 所示。

由计算结果可知关键活动为：A，D，F，I。

所构成的关键路线为：①→②→④→⑤→⑧。

所需总工期为：2＋3＋5＋6＝16（天）。

14.4　网络计划的优化

前面介绍了网络图的绘制、网络时间参数的计算和确定关键路线，得到的是一个初始网络计划方案，一般不是最优方案。要获得最优的网络计划方案必须对初始网络计划方案进行调整和优化，才能获得一个工期最短、成本最低、资源消耗最少的最优网络计划方案。网络计划的优化分为时间优化、时间-成本优化和时间-资源优化三种类型。

14.4.1　时间优化

时间优化就是在人力、财力、物力资源都有保证的条件下，为了使投资迅速发挥作用，寻求最短的工期。时间优化方法主要适用于项目任务比较紧急，为使投资迅速发挥作用，同时资源有保证的情况下采用的一种方法，如新产品开发，为了使新产品迅速投放市场，占领目标市场。

项目的总工期是由关键路线上的活动时间构成的，因此，时间优化就应缩短关键路线上活动的作业时间。缩短关键路线上的作业时间采取的措施主要有：

（1）压缩活动时间。采取技术革新，采用新技术、新工艺、加班等方法缩短活动作业时间。

（2）利用时差，将非关键路线上的资源充实到关键路线。从非关键路线上抽调适当的人力、物力资源充实到关键路线上的某些活动，以压缩其活动的作业时间和关键路线的时间。

（3）调整网络结构。进行活动分解，改变活动的衔接关系，尽量组织平行交叉作业，提高活动的平行程度。

14.4.2　时间-成本优化

时间-成本优化就是在考虑工期和成本之间的关系的前提下，找出一个缩短项目工期的方案，使得为完成项目任务所需的总成本最低。即寻求最佳工期，选择最佳方案，使总成本支出最少。使项目总成本最低的完工时间，称为最低成本工期。项目的成本是由直接费用和间接费用两部分组成的。直接费用是指能够并宜于直接计入成本计算对象的费用。它是与工程活动直接有关的费用，如直接生产工人工资、原材料费用以及机具费用等。一般说来，缩短工期就要增加直接费用的投入；反之，减少直接费用的投入量，则工期就要延长。但是直接费用减少到一定程度，工期即使再延长，直接费用也不能再减少，这时的直接费用称为正常费用，用 C_N 表示。对应于正常费用的工期，称为正常工期，用 T_N 表示。反之，当完成计划任务的工期缩短到一定程度，直接费用即使再增加，工期也不能再缩短，这时的工期称为极限工期，用 T_M 表示。对应于极限工期的费用称为极限费用，用 C_M 表示。间接费用是指不能或不宜直接计入而必须按一定标准分配于成本计算对象的费用，如管理费用、销售费用等。工期越长，间接费用越大，从而分配到单位产品中的间接费用也越多。间接费用与各项活动时间无直接关系，而与工期长短直接相关，一般来说，缩短工期会引起间接费用减少，而延长工期会引起间接费用增加。直接费用和间接费用与工期的关系如图 14-10 所示。

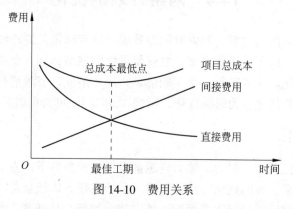

图 14-10　费用关系

从图 14-10 中可以看出，直接费用是与工程活动直接有关的费用，是一条随工期时间增加而递减的曲线。间接费用是与工程活动无直接关系而只与工期长短有关的费用，大致与工期时间成正比例关系，是一条随工期时间递增而增加的曲线。最佳工期就是使工程总成本最低的工期。

$$工程总成本＝直接费用＋间接费用。$$

直接费用对工期的增加反应灵敏，间接费用影响较小，因而，在网络图中着重分析直接费用与工期的关系。为方便起见，假定直接费用与工期为线性关系，如图 14-11 所示，为图中的直线 MN，其中 M 与 N 分别为直线上的极限作业点和正常作业点。

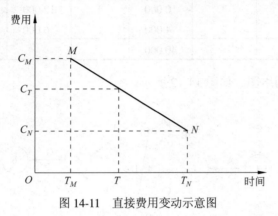

图 14-11　直接费用变动示意图

C_M——极限费用，C_N——正常费用，C_T——对应工期 T 所需的直接费用，T_M——极限工期，T_N——正常工期。

由此可得，某项活动单位时间直接费用变动率 K（也可称为赶工率）的计算公式为

$$K=\frac{C_M-C_N}{T_N-T_M} \tag{14-13}$$

该公式也可表示为

$$赶工费用率＝\frac{赶工工序直接费用-正常工序直接费用}{正常工序作业时间-赶工工序作业时间}$$

某项活动在正常工期基础上作业时间压缩 T 单位，所增加的直接费用 C 的计算公式为

$$C=KT \tag{14-14}$$

活动直接费用变动率 K 越大，说明缩短工期增加的直接费用越大，因此，在进行时间-成本优化时，首先应选关键路线上 K 值最小的活动作业时间先压缩，使得在压缩工期的同时所增加的费用最小。依次压缩活动的作业时间以不超过赶工时间为限。

【例 14-6】 某工程技术改造项目，项目的间接费用为 1 000 元/周，直接费用等有关资料如表 14-6 所示。试求成本最低的工期安排。

表 14-6　工程项目的有关资料

活动代号	紧前活动	正 常 作 业		赶 工 作 业		赶工费用率/（元/周）
		时间/周①	费用/元②	时间/周③	费用/元④	⑤＝（④－②）/（①－③）
A	—	6	5 000	5	7 000	2 000
B	A	3	4 000	1	5 000	500
C	A	8	6 000	4	9 000	750

续表

活动代号	紧前活动	正常作业		赶 工 作 业		赶工费用率/（元/周）
		时间/周①	费用/元②	时间/周③	费用/元④	⑤=（④-②）/（①-③）
D	B	4	3 000	3	5 000	2 000
E	B	5	8 000	3	11 000	1 500
F	C、D	7	10 000	4	12 000	667
G	E、F	2	4 000	1	6 000	2 000
合计			40 000			

解　（1）绘制网络图。如图 14-12 所示。

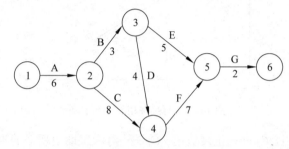

图 14-12　某工程的施工网络图

（2）由图 14-12 可以计算出最长的路线即关键路线为：A→C→F→G。

项目总工期为 6＋8＋7＋2＝23（周）。

（3）计算正常时间下的总成本。

总成本＝正常直接费用＋赶工直接费用＋间接费用

＝40 000＋0＋1 000×23＝63 000（元）。

（4）计算各活动赶工费用率 K，计算结果表示在表 14-6 最后一列上。

（5）压缩关键路线上赶工费用率最小的活动作业时间。

首先压缩活动 F 的作业时间 3 周，关键路线仍为 A→C→F→G，总工期为 20 周，则赶工后总成本＝40 000＋（667×3）＋（1 000×20）＝62 001（元）。

如果将赶工率较低的 C 作业压缩 1 周，就又得到一条关键路线为：A→B→D→F→G。与 A→C→F→G 为并列共存型关键路线。对关键路线 A→B→D→F→G 再压缩赶工费用率最低的 B 作业时间，进一步优化。

（6）通过重复以上步骤，反复试算，一旦发现最终任一作业再压缩都会引起总成本上升，就说明工期不能再压缩了，在此之前的最低时间-成本组合就为最优方案。本例的进一步优化留给读者思考。

14.4.3　时间-资源优化

时间-资源优化就是在一定的资源条件下，寻求最短的工期，或在工期一定的条件下，寻求资源的投入最少。资源是影响项目进度的主要因素。这里所说的资源包括人力、财力和物力。一定的资源条件通常是指单位时间或某一段时间内的资源供应量。工程项目每项活动的进行都要消耗一定量的资源，在一定条件下，增加投入的资源，可加快项目的进度，缩短工期；减少资源的投入，则会延误项目的进程，影响工期。资源总是有限的，资源能有效、合理地利用，项目投入运营后才能带来预期的经济效益和社会效益。网络计划初始方案的资源需求量往往是不均衡的，因此，制订网络计划时必须把时间进度与资源情况很好地结合起来，进行时间-资源优化。时间-资源优化通常分为以下两种情况。

（1）资源一定，寻求工期最短。主要采取的措施有：

① 抓住关键路线。缩短关键活动的作业时间，如采取改进作业方法、改进生产工艺、合理安排工作任务、改进工艺装备等技术措施。

② 采取组织措施。在可能的条件下，对关键活动组织平行或交叉作业。合理调配工程技术人员或生产工人，尽量缩短各项活动的作业时间。

③ 充分利用时差。利用时差，从非关键路线上抽调适当的人力、物力资源充实到关键路线上的某些活动，以压缩其活动的作业时间和关键路线的时间。

（2）在工期一定的条件下，通过平衡资源，求得工期与资源的最佳结合。按规定工期和工作量，做好资源需求计划。优先保证关键活动的资源需求，并尽量均衡、连续地投入。

14.5　项 目 运 营

世界各国的社会管理部门、实业界和学术界都十分重视投资行为的研究，形成了科学、丰富的投资理论，指导着各国的社会投资行为。项目筹建实现后只是实现了投资行为的前期目标，因为投资行为分为前期运营和后期运营两个阶段，它们组成一个相对独立、密切相连的经济运行周期。本节介绍在项目建成后的后期阶段的运营问题。

14.5.1　投资行为

投资行为是投资主体为了获取预期收益而通过各种方式投放资金或资源的经济行为，是将现实资金，包括各种形式的"作价"变成资产、产权或债券的过程。投资主体是资金的投放者和受益者，在绝大多数情况下投资主体是具有经济行为能力的企业；投资项目是资金投放的标的物。从企业的角度来看，投资是企业投资行为，就某一个项目而言，投资是项目投资行为。企业投资行为是企业生命周期中的若干项目投资行为的连续不断的过程，而项目投资行为则是指一个项目的投资行为。

1. 企业投资行为

企业投资行为是企业作为投资主体将资金或资源投放的行为。企业为了寻求长期发展，不断追求高额利润，就要不断地投资开发项目，形成由若干投资项目及项目运营周期组成的呈波浪式的项目投资运营链，如图 14-13 所示。企业的任何投资项目的运营都表现出从形成投资→走向成熟→回收资金，最后终止的规律性。针对这种情况，企业的投资行为表现出两种情况，一是在原项目的基础上再投资改造原项目，启动改造项目的运营；二是终止原项目运营予以淘汰，重新投资新项目并启动新项目运营，这样连续不断地投资项目，其运营过程形成企业投资运营链形态。

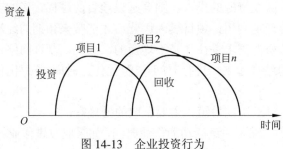

图 14-13　企业投资行为

2. 项目投资行为

项目投资行为是指投资的项目运营活动及其周期过程，如图 14-14 所示。项目投资行为表现为"四端两段"的特点。四端即项目的选择、建设、运营和改造四个活动端，项目选择是项目立项活动，其中包括项目调查、选项、论证、方案实施和资金筹集；项目建设指人员、资源、生产、经营、管理等的构建和组合；项目运营是项目功能的使用及其功能价值兑现活动，其中包括产品、产量、产值，销售、服务、财务、市场和品牌等的经营管理活动；项目改造是项目更新的活动，其中包括改造项目和淘汰项目两种情况。当项目运营进入萎缩期时，如果这个项目存在维护价值，即可以改造，通过投入资金，调整运营，通过改造使项目保持和扩大其功能和价值意义，延续项目运营；如果这个项目缺乏维护价值，便可以淘汰，通过投入资金开发新的项目。项目选择和建设属于项目运营前期阶段；项目运营和改造属于项目运营后期阶段，这是项目投资行为的关键时期和重要阶段。

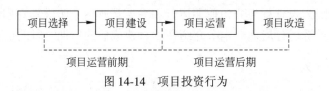

图 14-14　项目投资行为

14.5.2　项目运营

项目运营是指项目建成后的经营管理活动，这是投资行为的主要活动，是实现投资目的的关键。项目运营是一项系统工程，它是项目经营管理全部事项的有机组合、统筹安排和协调运行而形成的综合性管理活动。目前国内外比较成熟的经营管理理论和经验，为项目运营提供了丰富而有效的指导和借鉴。但是，这其中有三个方面需要深入研究，以完善项目运营的理论和方法。

1. 项目运营的技术性选定

项目运营的技术性选定是指某一个项目运营的具体选定和构建。项目运营的技术性选定分为四种。一是模式性选定，其内容包括运营理念、生产工艺流程、产品种类与标准、销售服务方式、市场营销战略和经营管理机制等；二是目标性选定，其中包括产量、产值和销售计划，资金、资源、人力资源计划，成本、费用和利润指标，劳动和工作质量标准，客户和市场占有率等；三是运作性选定，其中包括人员、生产、销售、服务、组织形式和方法；四是治理性选定，其中包括指挥、组织、协调、监督、反馈和奖惩等机制系统和方法。技术性选定即构建了一个项目运营的基本形态。

2. 项目运营周期

项目运营周期是指项目建成后的运营过程，或称为项目运营的生命周期。如图 14-15 所示。由于时间、市场和项目自身等因素的影响，项目运营存在一个由兴到衰的生命周期，而且项目运营周期表现出不对称的抛物线形状。项目运营启动后进入上升期，此时运营发展迅速，时间较短，投资利润丰厚，但由于项目的初始投资较大，利润积累相对较小，其对策是争取尽快收回投资成本。经过上升期后的项目运营日趋成熟，达到峰值期，此时项目运营形成规模，运营活跃，利润积累较大，时间相对较长，其对策是积累利润、兑现投资效应。此后，项目运营进入衰退期，项目维护成本增加，利润逐步下降，甚至亏损。运营周期时间长短因项目特性或行业特点而定，此时的对策是积累微利，改造项目或者淘汰项目。总之，不能迟疑，要果断决策，否则项目衰落期的负效应将会冲抵项目正效应，甚至导致项目由成功转化为失败。投资风险临界线的左侧是项目运营稳定区域，是高利润区；右侧是项目运营风险区域，项目进入微利区。

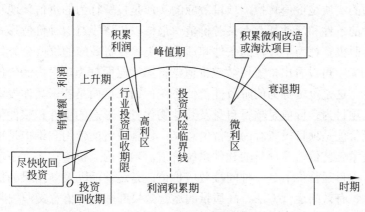

图 14-15　项目运营周期

3. 项目运营中的资本转化

投资资本作为项目的资金支撑，一旦投入项目后，即融入项目的各个方面，产生资本转化，形成有形的或无形的、物质状态的或资金状态的转化形态，如图 14-16 所示。项目投资资本首先是向效应形态和非效应形态两个方向转化，效应形态是指物化资产形态，是投资效应的衍生体；非效应形态是指筹建费用和项目筹建中的决策与行为误差所造成的资产损失。投资效应衍生体直接产生投资效应，投资效应分为经济效应、市场效应和战略效应。经济效应是经济性质的投资效应即项目运营的资金收入，直接形成投资收益；市场效应是指对市场的影响和占有，市场效应促进项目运营的提升，间接转化为经济效应；战略效应是指项目和项目运营的战略性，战略性具有先期性，因此，提升了项目及项目运营的先期性，并由此产生超常的经济价值，从而间接形成经济效应。经济效应的实质就是投资收入，扣除筹建费用、误差损失，经营费用和资产折旧等后所形成的投资效益，或者叫投资净利润。投资效益是所有投资者最终追求的目标，是投资目的的实现。

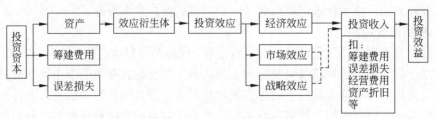

图 14-16　项目投资资本转化

14.5.3　项目效应

项目效应是指投资资本转化为效应衍生体——物化资产后形成的综合效应，如图 14-16 所示。从图 14-16 中可以看出，投资资本转化中投资效应的形成过程及种类。下面再从投资效应的内部分析投资效应的特性。

1. 投资效应的价值结构

投资行为的实质是价值转换，项目效应的实质是投资行为的价值体现和释放。投资行为不同阶段的条件和活动都存在某种价值，最终以投资收益这种价值形式表现而形成投资效应。按照投资行为全过程的条件和活动分类，投资效应的价值分类如图 14-17 所示。从图 14-17 中可以看出，投资效应价值结构第一层面分为项目内涵价值系统和项目运营价值系统，这是投资行为的阶段性价值系统；第二层面是若干具体投资条件和活动的价值体系。项目内含价值是项目自身及其他物化资本形态的硬件和软件价值，其中项目战略和规模价值是项目投资行为的价值意义；设施设备的使用和维护是项目的硬件系统的价值；技术工艺价值是项目的软件系统价值。项目内含价值实质上是项目运营的条件价值体现。项目运营价值是一种间接效应价值，是运营活动及其结果的价值体现。良好的运营状态、有效的运营方法、高质量的运营效果都蕴含价值意义，按照运营活动形

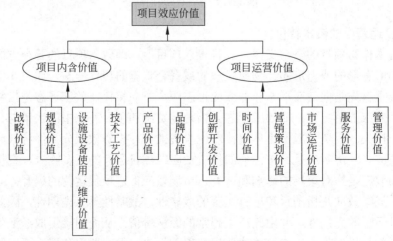

图 14-17　项目效应价值结构

式和结果，即形成了项目运营价值系统。

2. 投资效应的衍生原理

如图 14-17 所示，投资项目构建实现就存在项目系统的内含效应，即项目系统已经具有某种潜在价值，但这种内含效应能否释放还取决于项目的运营活动，因此，投资效应又是由项目内含和运营效应两个价值系统全面融合而形成和表现出来的。在形成方式上，一是直接产生，即项目内含效应的释放；二是间接形变，即项目运营效应的转化，在形成规律上表现出衍生的原理性特点。

（1）项目功能衍生效应原理。投资项目本身是一种具有功能作用的经济活动。项目运营活动的实质是运用和发挥项目的功能作用，这种项目功能作用的释放即体现为项目投资效应。

（2）项目运营衍生效应原理。这是项目的经营管理效应。项目在运营过程中，其运营状态、方法、质量和控制除了保障项目功能作用的有效释放外，同时还产生运营活动的自身效应，这是一种间接、延伸和动态的项目投资效应。

3. 项目维护衍生效应原理

在项目运营中，随着时间、空间和条件的变化，项目及其项目运营也会发生突发性或周期性的变化，制约项目的运营和发展。此时，应当对项目进行维护，通过调整运营或者投资改造，保持项目及其项目运营的正常态势。这种维护项目的行为和办法的价值意义就在于维护项目效应的持续产生和发展，这就是项目的维护效应。

14.5.4　项目与效应的优化选择

投资项目以盈利为目的，但是，由于投资属于先期性经济行为，其行为过程中存在许多不可见因素，因此，投资也是一种风险性经济行为，表现出获利与风险同一的特点。为此，项目与效应的优化选择就显得至关重要。在进行投资与效应的优化选择中，必须明确项目运营周期的目标，建立效应判断标准，才能科学、有效地进行选择。

1. 项目运营周期的目标

如图 14-15 所示，项目运营周期呈现不对称的抛物线形状，由运营上升期、峰值期和衰退期三个时期组成。在项目运营上升期，由于是以新项目、新技术、新产品进入市场，其运营特点：一是市场认知度低；二是市场费用高；三是利润空间大，在此时的项目运营应当以尽快回收投资成本为目标；在项目运营峰值期，已经形成了强劲的运营态势，产量扩大，市场拓展，销售上升，利润大幅度增长，项目运营应当以积累利润为目标，以实现投资目的；项目运营进入衰退期，产量产值下降，成本增大，费用提高，利润减少，有时甚至出现运营亏损，此时的项目运营目标是储备利润和筹集资金，进行项目改造或开发新项目。在项目运营周期的不同时期，选择不同运营目标，就能统筹、协调、合理地提高项目的功能和价值利用率，也就能保障企业投资行为的连续性，促进企业持续、稳定地发展。

2. 投资效应中的对立概念——成功与失败的含义

投资效应特别是经济效益是判断项目投资行为成功与否的唯一标准。而在投资行为的实际过程中存在两组对应的概念，即投资的适度与失误和成功与失败。投资适度与失误，这是指在项目选择规模确定、建设计划和运营设计中是否符合项目、市场、资源和资金条件的允可度。符合允可度即为适度，否则即为失误。投资成功与失败，主要以项目运营后的效应特别是经济效益判断，是否达到投资目的，产生预期效应，如期回收投资并且促进了投资主体的经济发展，即为成功的投资行为，否则即为投资失败。同时，投资效应中的对立概念还存在互相转化的特性，这种特性的表现主要取决于项目的运营效果。投资适度的项目，由于后期运营不当，将导致投资失败；反之，将会使投资失误的项目获得投资成功。

3. 项目与效应的优化选择

投资行为总是有若干方案和方法选择，其中必然有一种方案为最佳。最佳方案的标准：一是适应投资环境，二是项目建成的时间短，三是投资成本最小化，四是投资效应最大化，五是投资目的兑现率高等。项目与效应的优化选择方法如下：

（1）快速进入项目运营轨道。这是指投资行为的速度。因此，在项目投资过程中，一方面项目筹建要采取措施，科学运作，尽量缩短筹备与建设时间；另一方面项目建成后要尽快启动运营，推出产品，打入市场，加强促销，迅速构建项目运营态势。不少投资案例都是因为在投资行为中观望等待、迟疑不决，致使一个本来优良的项目转变为落后甚至被淘汰的项目，致使投资失败。

（2）充分发挥和利用项目的功能。项目的功能作用是投资效应的源泉。项目的功能分为两种：一是自身功能，即项目设计和建设中的基本功能；二是延伸性功能，即项目自身功能在技术产品和服务上通过纵深推导或者横向演化而产生延伸功能，使项目的功能作用得到充分发挥和挖掘，从而产生项目的延伸功能价值，并且形成投资效应。

（3）迅速构建和扩大市场。市场是实现投资效应的平台，在某种意义上决定了投资行为的成败。因此，项目建成后要尽快地构建市场，提高市场占有率，一是运用各种媒体和促销活动宣传项目及其产品，提高项目的市场认知度；二是开展业务攻关，建立市场渠道；三是制定市场战略，加强客户关系管理，形成市场网络，加快市场流通速度，提高市场流通量，最大化地释放项目市场效应。

（4）加强控制管理，创造最大化利润。加强控制管理的目的是提高投入产出的比值。在投资运作阶段，周密计划，科学运作，减少失误和浪费，提高资金投放的优化性。在投资运营阶段，一是抓好生产，多出产品；二是加强管理，提高生产效率，降低成本，控制费用，杜绝浪费，提高投入产出比；同时，以产值增长为龙头，以利润为核心，实行目标管理，提高产销率和利润率，从而实现投资利润最大化效应。

（5）有效地运营项目，准确地实现预定目标。项目运营的周期性规律客观上确定了不同时期的运营目标。如图 14-15 所示，在投资风险临界线的左侧应收回全部投资，而在其右侧应加快利润积累，若在行业投资回收期内收回全部投资，这是投资与效应的最优化选择，其投资行为非常成功。要实现这一目标，唯一的途径是积极高效地组织项目运营，提高项目运营效应，否则将会导致项目投资失败。

投资项目是一种获利与风险同一的经济行为。投资项目行为分为项目运营前期和项目运营后期两个重要阶段，项目运营前期只是构建项目的过程，而项目运营后期是实现项目投资目的的关键过程和活动，因此，任何一个投资主体除了科学地构建项目外，还应当把握项目运营这个重要环节，充分发挥项目运营效应，有效地如期实现项目运营目标，才能达到投资行为的目的。否则，可能导致投资行为的失败。

思考与练习

1. 项目的含义及特点是什么？
2. 项目寿命周期一般分为哪几个阶段？
3. 项目管理的含义是什么？
4. 项目管理的目标是什么？
5. 某机械厂管理信息系统开发项目活动清单如表 14-7 所示。①绘制网络图，计算节点时间参数，并标注在图中；②计算活动时间参数；③找出关键路线，并确定项目总工期。

表 14-7　某机械厂管理信息系统开发活动清单

活动代号	活动描述	紧后活动	活动时间/周
A	系统分析和总体设计	B，C	3
B	输入和输出设计	D	4
C	模块 1 详细设计	E，F	6
D	输入和输出程序设计	G，I	8
E	模块 1 程序设计	G，I	8
F	模块 2 详细设计	H	5
G	输入和输出及模块 1 测试	J	3
H	模块 2 程序设计	I，K	6
I	模块 1 测试	J	3
J	系统总调试	L	5
K	文档编写	无	8
L	系统测试	无	3

6. 在例 14-5 中，设该工程的间接费用每天为 110 元，直接费用等资料如表 14-8 所示。试进行网络时间-成本优化。（注：只要求找出最低直接费用）

表 14-8　工程项目的有关资料

作业代号	节点编号 $i \to j$	正常作业		赶工作业		赶工费用率/（元/天）
		时间/天	费用/元	时间/天	费用/元	
A	1→2	2	2 000	1	2 100	100
B	2→3	4	1 400	3	1 500	100
D	2→4	3	700	1	860	80
C	2→5	4	800	3	950	150
E	3→6	5	1 200	4	1 400	200
F	4→5	5	2 000	3	2 200	100

续表

作业代号	节点编号 $i \to j$	正常作业		赶工作业		赶工费用率 /（元/天）
		时间/天	费用/元	时间/天	费用/元	
G	4→7	4	800	2	900	90
I	5→8	6	900	3	1 350	150
H	6→8	2	700	1	850	150
J	7→8	1	950	0.5	1 150	400

7. 投资效应的价值是怎样构成的？

8. 投资效应的衍生原理是什么？

9. 项目维护衍生效应原理是什么？

10. 你学习了项目运营有何感想和体会？

11. 请举例说明项目运营对于项目成败的影响。

三峡工程简介

三峡工程（图 14-18）全称为长江三峡水利枢纽工程。整个工程包括一座混凝重力式大坝、泄水闸、一座堤后式水电站、一座永久性通航船闸和一架升船机。三峡工程建筑由大坝、水电站厂房和通航建筑物三大部分组成。大坝坝顶总长 3 035 米，坝高 185 米，水电站左岸设 14 台，右岸 12 台，共表机 26 台，前排容量为 70 万千瓦的小轮发电机组，总装机容量为 1 820 千瓦时，年发电量 847 亿千瓦时。通航建筑物位于左岸，永久通航建筑物为双线五包连续级船闸及早线一级垂直升船机。

图 14-18   三峡工程

三峡工程分三期，总工期 18 年。一期 5 年（1992—1997 年），主要工程除准备工程外，主要进行一期围堰填筑，导流明渠开挖。修筑混凝土纵向围堰，以及修建左岸临时船闸（120 米高），并开始修建左岸永久船闸、升爬机及左岸部分石坝段的施工。

目前一期工程在 1997 年 11 月大江截流后完成，长江水位从现在 68 米提高到 88 米。已建成的导流明渠，可承受最大水流量为 2 万立方米/秒，长江水运、航运不会因此受到很大影响。可以保证第一期工程施工期间不断航。

二期工程 6 年（1998—2003 年），工程主要任务是修筑二期围堰，左岸大坝的电站设施建设及机组安装，同时继续进行并完成永久特级船闸，升船机的施工，2003 年 6 月，大坝蓄水至 35 米高，围水至长江万县市境内。张飞庙被淹没，长江三峡的激流险滩再也见不到，水面平缓，三峡内江段将无上、下水之分。永久通航建成启用，同年左岸第一机组发电。

三期工程 6 年（2003—2009 年）。本期进行右岸大坝和电站的施工，并继续完成全部机组安装。届时，三峡水库将是一座长远 600 千米，最宽处达 2 000 米，面积达 10 000 平方千米，水面平静的峡谷型水库。水库平均水深将比现在增加 10～100 米。最终正常冬季蓄水水位为海拔 175 米，夏季考虑防洪，海拔可以在 145 米左右，每年将有近 30 米的升降变化，水库蓄水后，坝前水位提高近 100 米，其中有些风景和名胜古迹会受一些影响。二期工程结束，张飞庙将被淹没：2006 年水位提高到 156 米，秭归屈原祠的山门将被淹没；2009 年大坝竣工，再经过三年时间，即到 2012 年，最终坝上水位海拔高度将达 175 米，水位实际提升 110 米，回水将上溯 650 千米，直至重庆境内，现有的旅游景点基本可保存到 2003 年二期工程结束。2009 年整个工程完成后，区内人文和自然景观将有 39 处被全部或部分淹没，约占库区旅游景点的 13%，应该说有影响，但影响不大。巫峡与瞿塘峡二区由于相对海拔较高，水位只提升 80 多米，两岸的群峰陡壁海拔均在几百米乃至千米以上，除部分古栈道和溶洞将淹没于水中外，其他均无太大变化。只有西陵峡区两段的兵书宝剑峡和牛肝马肺峡被淹没。而东段处于两坝之间的黄牛峡和灯影峡则依然存在，因此，举世闻名的三峡区段中的"神女"依秀，"夔门"仍雄，虽然少量峡景山色将消失，但由于回水上升，同时也会营造近百处新的景观。白帝城和石宝寨分别成为白帝岛、石宝岛。许多长江支流形成各种旅游资源等待我们去开发和利用。三峡大坝截流，三峡景观依旧。今后行驶在三峡线上的游船可建造得更大，游船的平稳舒适性增强，长江旅游业重心会有所变化，线路、旅程将多种多样，现有的格局将发生巨大的变化。可能人们不会再为上水下水的优缺点烦恼，游船公司也不含制定上下水的游船差价。以三峡大坝为中心的黄金旅游区将变成长江旅游业中的一颗璀璨的明珠。

长江三峡水利枢纽是当今世界上最大的水利枢纽工程。1994 年 6 月，由美国发展理事会（WDC）主持，在西班牙第二大城市巴塞罗那召开的全球超级工程会议上，它被列为全球超级工程之一。放眼世界，从大海深处到茫茫太空，人类征服自然、改造自然的壮举中有许多规模宏大技术高超的工程杰作。三峡工程在工程规模、科学技术和综合利用效益等许多方面都堪为世界级工程的前列。它不仅将为我国带来巨大的经济效益，还将为世界水利水电技术和有关科技的发展作出有益的贡献。

也正因为三峡是一个巨大的水资源宝库，它的开发对国家的建设具有重大的战略意义，所以从孙中山到毛泽东、周恩来、邓小平和江泽民，凡是涉及长江治理开发和我国经济建设问题时，都对三峡工程表现了浓厚的兴趣，给予积极支持。

　　为了兴建三峡工程，从20世纪20年代以来的70余年里，我国几代科技人员进行了长期的研究，倾注了大量心血，于1992年终于迎来了开工。

　　由于三峡工程涉及面广，规模浩大，又有许多复杂的技术问题，因而引起了社会各界广泛的关注。在全国上下一片支持声中，也有表示反对的；有的则对大坝的安全问题、社会环境与生态环境的影响问题等还有种种疑虑。对于这一关系到国家民族和子孙后代的重大工程建设，提出不同的看法和意见，这对三峡工程研究的深入和优化，无疑是有益的。

　　现在三峡工程工地上，一片沸腾。人们在纷纷争往三峡，渴望目睹这世界超级水坝的诞生。我们预祝宏伟壮丽的三峡工程顺利建成！我们为中国人民在21世纪世界工程史上首创纪录而无比自豪！

（资料来源：http://www.gov.cn/test/2006-05/12/content_278989.htm）

问题

1. 三峡工程分为几期完成，各期工程的主要任务是什么？

2. 长江三峡水利枢纽工程是当今世界上最大的水利枢纽工程，你对这样巨大的项目建设有何感想？

第 4 模块

运营系统维护与改进

　　随着市场顾客需求及产品的变化,运营系统需要持续的维护和不断改进。只有运营系统及时升级换代,才能持续不断提高运营效率,从而增强企业对市场等环境变化的适应能力。运营系统维护与改进的内容主要包括设备管理和质量管理两部分。设备是企业生产产品和提供服务的物质条件和保证;质量是企业的生命,产品(服务)质量是在运营系统中形成的,只有性能良好和科学先进的技术装备才能生产出优质的产品或服务。因此,只有不断地对生产运营系统进行维护与改进,才能保证产品和服务质量。

第15章

设备管理

学习目标

　　通过本章的学习使读者理解设备管理的意义；熟知设备管理的内容；理解与掌握设备磨损与故障规律；熟知设备维护与维修的内容；了解设备更新与改造原则及内容，需考量的因素及层次；了解生产能力的核算方法。

关键概念

　　设备管理；设备磨损与故障规律；设备的维护与维修；设备的更新与改造；企业资产管理系统；设备维修与维护外包

中国重汽集团铸锻中心运用精益思想推进设备管理工作

　　中国重汽集团铸锻中心以提高设备完好率为目标，全面推进 TPM 设备管理活动。

　　一是专门成立了 TPM 设备管理活动推进小组，负责 TPM 设备管理活动的组织、协调、沟通、督促、检查、考核工作，并以 OPL（One Point Lesson）教育为重点加强了对 TPM 标准的教育和培训工作，让全体员工掌握了开展 TPM 活动的方法和手段，从而确保 TPM 活动效果。

　　二是铸锻中心一方面着重建立起一支高素质的设备点检队伍，健全了设备点检管理制度和技术标准；另一方面对设备进行了分类管理，根据类别制订出设备维护计划，特别加强了对关键设备与进口设备的监督管理，从而确保了生产任务的完成。

　　三是推进设备管理信息化建设。将计算机网络应用于 TPM 管理，利用网络设备信息系统进行固定资产管理、维修管理、特种设备管理等，实现了 TPM 管理的科学化、现代化、信息化。同时，铸锻中心通过周例会、月度评价会等形式对 TPM 活动开展情况进行讲评，介绍先进经验，通过广泛交流有效地解决了 TPM 推行过程中存在的问题，使活动开展不活跃的单位感到压力，从而对各部开展 TPM 活动起到很大的推动作用，激发起每位员工参与活动的热情，使 TPM 工作按计划完成。

　　　　　　　　　　（资料来源：http://www.boraid.com/company_news/news_read.asp?id＝72066）

问题

1. 精益思想在设备管理工作中的体现在哪里？
2. 设备管理的意义体现在哪里？

现代设备管理是根据企业的生产经营方针，从设备的调查研究入手，对主要生产设备的规划、设计、制造、选购、安装、使用、维修、改造、更新直至报废的全过程，相对应地进行一系列的技术、经济和组织活动的总称。其核心与关键在于正确处理可靠性、维修性与经济性的关系，保证可靠性，正确确定维修方案，提高设备有效利用率，发挥设备的高效能，以获取最大的经济效益。

15.1 设备管理概述

15.1.1 设备管理的发展

自人类使用机械以来，就伴随着设备的管理工作，只是由于当时的设备简单，设备的管理工作往往凭操作者个人的经验行事。随着工业生产的发展和科学技术的进步，设备在现代化生产中的作用与影响日益扩大，设备管理工作也得到重视和发展，逐步形成一门独立的设备管理学科。纵观其发展过程，大致可以分为四个阶段：

1．事后维修（Breakdown Maintenance，BM）阶段——1950 年前

这个阶段由两个时期组成：兼修时期和专修时期。在兼修时期，由于设备比较简单、修理方便、耗时少，一般都是在设备使用到出现故障时才进行修理，这一时期设备的操作人员也就是维修人员。随着设备技术复杂系数的不断提高，设备修理难度不断增大，技术要求也越来越高，专业性越来越强，开始有了专业分工，进入了专修时期。这时操作工专管操作，维修工专管维修，为了便于管理和提高工效，专业人员被统一组织起来，建立了相应的设备维修机构，并制定适应当时生产需要的人员基本管理制度。

2．预防维修（Preventive Maintenance，PM）阶段——1950—1960 年

国际上有两大预防维修体制共存，一个是以苏联为首的计划预修体制；另一个是以美国为首的预防维修体制。这两大体制本质相同，都是以摩擦学为理论基础，但由于在形式和做法上有所不同，效果上有所差异。

计划预修制是预防维修的一种，旨在通过计划对设备进行周期的修理。其中包括按照设备和使用周期不同安排大修、中修和小修。一般设备一出厂其维修周期基本上就确定下来。其优点是可以非计划（故障）停机，将潜在故障消灭在萌芽状态；其缺点是维修的经济性和设备保养的差异性考虑不够。由于计划固定，考虑设备使用、维护、保养、负荷不够，容易产生维修过剩或欠修。我国在 20 世纪 80 年代前的工业受苏联影响较多，也基本用这种维修体制。

预防维修制是通过周期性地检查、分析来制定维修计划的管理方法，也属于预防维修体制，多被西方国家采用。对影响设备正常运行的故障，采取"预防为主""防患于未然"的措施，以减少停工损失和维修费用，降低生产成本，以提高企业经济效益为目的。预防维修制的优点是可以减少非计划的故障停机，检查后的计划维修可以减少部分维修

的盲目性；其缺点是受检查手段和检查人员经验的影响较大，可能使检查失误，导致维修计划不准确，造成维修过剩或欠修。

3. 设备系统管理（Equipment System Management，ESM）**阶段——1960—1970 年**

生产维修体制是以预防维修为中心，兼顾生产和设备设计制造而采取的多样、综合的设备管理方法。以美国为代表的西方国家多采用此维修体制。生产维修由四部分内容组成，即：

（1）事后维修（Breakdown Maintenance，BM）；

（2）预防维修（Preventive Maintenance，PM）；

（3）改善维修（Corrective Maintenance，CM）；

（4）维修预防（Maintenance Preventive，MP）。

这一维修体制突出了维修策略的灵活性，吸收了后勤工程学的内容，提出了维修预防、提高设备可靠性设计水平及无维修设计思想。

4. 设备综合管理（Equipment Synthesis Management，ESM）**阶段——1970 年以后**

综合工程学：20 世纪 70 年代，英国丹尼斯·巴克思提出综合工程学的概念，并定义"综合工程学为资产寿命周期费用最经济，把相关的工程技术、管理、财务及业务加以综合的学科"。

全面生产维护（Total Production Maintenance，TPM）：日本在美国生产维护的基础上吸收了美国的后勤学和英国综合工程学的思想，提出"全面生产维护"的概念——以设备一生为对象的生产维修观念。在全世界，特别是今天的中国得到推广。

设备综合管理：中国在 20 世纪 80 年代，在苏联的计划预修体制基础上，吸收生产维修综合工程学、后勤工程和日本全员生产维修的内容，提出了对设备进行综合管理的思想，但由于缺乏详细、可操作的规范性，又由于企业不同，对设备综合管理的理解不同。从而使管理实践各有特点，未形成有效的统一模式。

对设备进行综合管理，主要围绕四方面内容展开工作。

（1）以工业管理工程、运筹学、质量管理、价值工程等一系列工程技术方法，管好、用好、修好、经营好机器设备。对同等技术的设备，认真进行价格、运转、维修费用、折旧、经济寿命等方面的计算和比较，把好经济效益关。建立和健全合理的管理体制，充分发挥人员、机器和备件的效益。

（2）研究设备的可靠性与维修性。无论是新设备设计，还是老设备改造，都必须重视设备的可靠性和维修性问题，因为提高可靠性和维修性可减少故障和维修作业时间，达到提高设备有效利用率的目的。

（3）以设备的一生为研究和管理对象，即运用系统工程的观点，把设备规划、设计、制造、安装、调试、使用、维修、改造、折旧和报废一生的全过程作为研究和管理对象。

（4）促进设备工作循环过程的信息反馈。设备使用部门要把有关设备的运行记录和长期经验积累所发现的缺陷提供给维修部门和设备制造厂家，以便它们综合掌握设备的技术状况，进行必要的改造或在新设备设计时进行改进。

15.1.2 设备综合管理的内容

设备管理是设备一生管理，指设备从规划、设计制造，到使用、修理、改造的全过程管理。设备的全过程管理必须以设备寿命周期费用最佳为目标。

（1）设备的技术管理是使设备的技术状况最佳化。设备技术管理的任务是确保设备的技术状况不下降或得到改善，确保设备在定修周期内无故障运行。涉及设备选择与设计联络（技术性、安全性、经济性等）、安装、调整、调试、运行管理（保养、备件支持、检修、定修以及规范等）。

（2）设备的经济管理是使设备寿命周期内的经济效益最大化。建立设备技术性能和运行费用之间的平衡。

（3）能源管理，稳定、优质、高效的能源是实现设备技术和经济管理的重要保证。

具体内容如下：

（1）老旧设备改造与更新；

（2）缩短检修工期，减少停机损失；

（3）物尽其用，积极清理并调剂、利用闲置设备；

（4）采用新工艺修复旧备件；

（5）综合利用，节约资金支出。

15.1.3 设备管理的作用

（1）设备管理是企业生产经营管理的基础工作。设备在长期使用中的技术性能逐渐劣化（比如运转速度降低）就会影响生产定额的完成；一旦出现故障停机，更会造成某些环节中断，甚至引起生产线停顿。因此，只有加强设备管理，正确地操作使用，精心地维护保养，进行设备的状态监测，科学地修理改造，保持设备处于良好的技术状态，才能保证生产连续、稳定地运行。反之，如果忽视设备管理，放松维护、检查、修理、改造，导致设备技术状态严重劣化、带病运转，必然故障频繁，无法按时完成生产计划、如期交货。

（2）设备管理是企业产品质量的保证。产品是通过机器生产出来的，如果生产设备特别是关键设备的技术状态不良、严重失修，必然造成产品品质下降。

（3）设备管理是提高企业经济效益的重要途径。不仅产品的高产优质有赖于设备，而且产品原材料、能源的消耗、维修费用的摊销都和设备管理直接相关。

（4）设备管理是搞好安全生产和环境保护的前提。设备技术落后和管理不善，是发生设备事故和人身伤害的重要原因，也是排放有毒、有害的气体、液体、粉尘，污染环境的重要原因。

（5）设备管理是企业长远发展的重要条件。企业的科技进步主要表现在产品的开发、生产工艺的革新和生产装备技术水平的提高上。这些都要求加强设备管理，推动生产装备的技术进步，以先进的试验研究装置和检测设备来保证新产品的开发和生产，实现企业的长远发展目标。

15.2　设备的使用与维护

15.2.1　设备的磨损与故障规律

1．设备的磨损类型

设备在使用或闲置过程中均会发生磨损。根据不同原因，设备磨损可分为有形磨损、无形磨损和综合磨损。

（1）设备的有形磨损。又称为物质磨损，它包括使用磨损和自然磨损。设备在使用过程中，外力的作用使零部件发生摩擦、振动和疲劳，使设备实体发生磨损或损失，这种磨损称为使用磨损，通常表现为设备零部件的原始尺寸或形状改变、公差配合性质改变使精度降低、零部件损坏等。设备闲置或封存时，由于自然力的作用（如锈蚀、腐蚀、老化等）而造成设备的实体磨损称为自然磨损，它与设备的使用过程无关。设备的有形磨损可分为可消除性的有形磨损和不可消除性的有形磨损，它们都会造成设备物质技术状态的劣化。

（2）设备的无形磨损。又称为精神磨损，是指因生产技术进步而使设备发生价值贬值与经济劣化。无形磨损与技术进步密切相关，技术进步的形式表现为不断出现性能更完善、效率更高的新设备。这种无形磨损使原设备的使用价值下降。另外，设备的无形磨损还表现为新材料的出现和广泛应用使加工旧材料的设备被淘汰，以及生产工艺的改变将使原设备失去使用价值。

（3）设备的综合磨损。即设备在有效使用期内同时遭受有形磨损和无形磨损。倘若能使设备的有形磨损期与无形磨损期接近，当设备需要大修时正好出现了效率更高的新设备，便无须进行旧设备的大修理，可用新设备更换同时遭受两种磨损的旧设备。如果有形磨损期早于无形磨损期，是否继续使用还是更换未折旧完的旧设备则取决于设备的经济性。

2．设备的磨损规律

设备在使用过程中，由于零件与零件之间的摩擦会产生磨损，这种磨损称为机械磨损。这种磨损有其自身的规律性，大致可分为三个阶段，如图 15-1 所示。

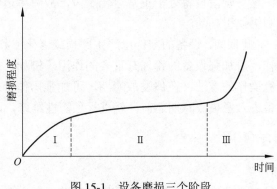

图 15-1　设备磨损三个阶段

Ⅰ为初期磨损阶段。指设备使用初期，零件表面形状和粗糙度都有明显变化，磨损较快，是设备逐渐适应加工需要的阶段，也称为磨合期。这一阶段一般时间较短。

Ⅱ为正常磨损阶段。指设备接触摩擦部分融洽，磨损速度逐渐稳定，若设备零件工作条件不变或变化很小，设备的磨损基本随时间均匀增加，比较缓慢，该期设备可以表现出最高的生产效率。这一阶段的时间较长。

Ⅲ为急剧磨损阶段。指设备由于长期使用，形状、精度和性能迅速下降，故障增加，最终设备停止运转阶段。一般不允许设备零件使用到剧烈磨损阶段，在零件趋向于正常磨损阶段后期时就应加以修复或更换。此阶段时间也较短。

设备磨损规律是客观存在的，不同设备各个磨损阶段的时间是不同的。同一设备由于不同方式地使用和维修，其设备的寿命也是不同的。为了使设备经常处于良好的状态，就必须做到合理使用、经常维护，以延长设备零件的正常磨损阶段；加强对设备的检查，在零件尚未到达剧烈磨损阶段前就进行修理，以防止设备故障，减少修理工作量；通过试验确定易损零件在正常生产条件下的磨损率和使用期限，有计划地进行更换修理。

3. 设备的故障规律

设备的故障可分为两大类：突发故障和劣化故障。突发故障是随机的，劣化故障是由于设备性能逐渐劣化所造成的故障。设备故障的发生有一定规律，如图15-2所示。

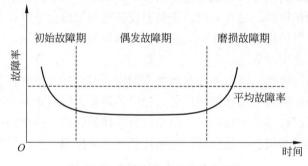

图 15-2　故障率曲线（浴盆曲线）

（1）初始故障期：设备的故障率较高，出现的原因往往是由于设计缺陷、安装马虎、操作者不适应所致。

（2）偶发故障期：这一阶段设备处于正常运转阶段，故障率最低。故障的发生主要是由于操作者的疏忽和错误引起的。

（3）磨损故障期：在此期间，设备的零件已严重磨损或老化（劣化），故障频繁发生。

认识设备故障规律，对加强设备的管理有重要的作用。例如，在初始故障期，应分析故障发生原因，研究操作的方法；在偶发故障期，可加强操作管理，加强设备检查，及时消除隐患；在设备进入磨损故障期之前，就进行预防性维修，以降低设备故障率。

15.2.2　设备的科学使用

1. 合理配备设备

合理配备设备，是指企业应根据生产经营目标和企业发展方向，按产品工艺技术要求，要考虑主要生产设备、辅助生产设备、动力设备和工艺加工专用设备的配套性；要考虑各类设备在性能方面和生产率方面互相协调，并随着产品结构的改变，产品品种、数量和技术要求的变化，各类设备的配备比例也应随之调整。

2. 按设备技术性能合理地安排生产任务

企业在安排生产任务时，要使所安排的任务和设备的实际能力相适应，不能精机安排粗活，更不能超负荷、超范围使用设备。

3. 加强工艺管理

设备技术状态完好与否是工艺管理和产品质量的先决条件，但工艺的合理与否又直接影响设备状态。工艺设计要合理，应严格按设备的技术性能、要求和范围，设备的结构、精度等来确定加工设备。

4. 保证设备相应的工作环境和工作条件

设备对其工作环境和工作条件都有一定的要求，例如一般设备要求工作环境清洁，不受腐蚀性物质的侵蚀；有些设备需安装必要的防腐、防潮、恒温等装置；有些自动化设备还需配备必要的测量、控制和安全报警等装置。因此，在设备安装时就要考虑设备的环境和工作条件要求，以保证设备正常使用。

5. 设备的使用管理

随着设备的日益现代化，其结构原理也日益复杂，要求配备具有一定文化水平和技术熟练的工人来掌握使用设备。为了正确合理地使用设备，应建立健全设备使用管理规章制度。如岗前技术培训和上岗凭证操作制度、"定机、定人、定职责"，以及设备使用守则、设备操作规程、设备维护规程、操作人员岗位责任制等。

15.2.3 设备的维修与保养

及时掌握设备状态是做好设备维修和保养工作的重要前提。设备的状态通常可分为正常、异常和故障三种情形，其区分标志如表 15-1 所示。

表 15-1 设备状态基本类型

设备状态	部件			设备性能
	应力	性能	缺陷状态	
正常	在允许值内	满足规定	微小缺陷	满足规定
异常	超过允许值	部分降低	缺陷扩大（振动、噪声等增大）	接近规定部分降低
故障	达到破坏值	达不到规定	破损	达不到规定

1. 设备的保养

设备的保养。又称维护，是指按照操作规定经常观察设备运转情况，及时地对设备进行清洁、润滑、紧固、调整、防腐等工作的总称。设备的维护保养工作，按其工作量大小和难易程度，可分为日常保养、一级保养和二级保养。

（1）日常保养。它是按照设备的维护保养规程进行的例行保养。日常维护是维护保养的基础，是预防故障发生的积极措施。内容有：一是操作人员的定期例行保养（每日班前检查、加油；班中严格按设备操作规程使用设备，发现问题及时处理或报告；下班前对设备认真清扫擦拭，并将设备状况记录在换班日志上），二是专业维修人员的巡回检查（操作人员操作合理性、机器运转正常情况、违章情况、调整与处理一般性故障）。

（2）一级保养。以操作人员为主、维修人员为辅，对设备进行局部解体和检查，清洗所规定的部位，疏通油路，更换油线、油毡，调整设备各部位配合间隙、操作机构等，使之灵敏可靠，紧固设备各个部位。保养完毕，应做详细记录，相关技术员负责验收。

（3）二级保养。以维修人员为主、操作人员参加，列入设备检修计划，对设备进行部分解体检查和修理，更换或修复磨损件，局部恢复设备精度。完成后，应以完好设备条件作为验收标准。

在各类维护保养中，日常的例行保养是基础。保养的类别和内容要针对不同设备的特点科学地规定，既要考虑到设备的生产工艺、结构复杂程度、规模大小等具体情况，又要照顾不同产业部门维修习惯，不宜强求。

2. 设备的修理

设备的修理是修复由于正常或不正常的原因而造成的设备损坏和精度劣化，通过修理更换已经磨损、老化、腐蚀的零部件，使设备性能得以恢复。其实质是设备物质磨损的补偿。

设备修理按修理的目的和规模可分为小修、中修和大修三种类型。

（1）小修是更换和修复少量的磨损零件，局部调整设备，费用较少，工作量也较小。

（2）中修是更换和修复设备的主要零件和数量较多的易损零件，并校正设备的基准，以保证设备恢复和达到规定的技术要求。

（3）大修是把设备全部拆卸，更新和修复全部磨损零件，校正和调整整个设备，费用最多、工作量最大。

三者工作量的比值一般是：中修是大修工作量的 56%，小修是大修工作量的 18%。

设备修理按其故障与修理之间的关系可分为事后修理和预防性计划修理两种类型。

（1）事后修理是指对设备故障进行的非计划修理。对设备技术不复杂、故障发生后修理设备对生产影响不大、实行计划预防修理在经济上不划算的设备，可以采用事后修理。事后修理根据设备的故障情况决定设备修理的级别和工作量。

（2）预防性计划修理是指根据设备日常检查、定期检查（包括应用设备故障诊断技术）得到的设备技术状态信息，在设备发生故障前而安排的计划修理。

设备修理按设备维修功能不同可分为恢复性修理和改善性修理。

（3）恢复性修理是指通过更换或修复已经磨损、腐蚀和老化的零部件，使设备的功能恢复，并延长其物质寿命。

（4）改善性修理是指结合修理对设备中故障率高的部位进行改进或改装，使设备故障发生率降低或不再发生，提高设备的技术寿命和使用效能。

通常所说的设备修理，大多指的是恢复性修理，它是恢复设备性能、保证设备正常运行的主要手段。设备修理的基本原则是保证生产、节省费用。这就要求企业加强对设备磨损规律和故障规律的研究，加强对设备的分类分级管理，根据设备的状况合理确定维修种类、维修时机，尽可能避免设备的过量维修。

15.3　设备的更新与改造

15.3.1　设备的寿命

1. 设备的物质寿命（亦称设备的自然寿命）

它是指设备从投入使用到报废为止所经历的时间。设备的物质寿命是根据设备的有形磨损确定的，主要取决于设备本身的质量及其使用和维修的状况。如果设备使用和维修工作做得好，则设备的物质寿命相对较长。然而，随着设备物质寿命的延长，维修费用也会提高。

2. 设备的经济寿命

它是指设备从投入使用，到因继续使用不经济而被淘汰时所经历的时间。由于随着设备使用时间的增长，维修费用也会增加，设备的使用成本提高，这时依靠高额的维修费用来维持设备的使用往往是不经济的，所以应淘汰旧设备，重置新设备。

3. 设备的技术寿命

它是指设备从投入使用到因科学技术的发展，出现技术性能更优越的设备或设备所生产的产品已不为市场所需要时，而在设备物质寿命尚未结束之前就被淘汰时所经历的时间。它的长短取决于设备的技术性无形磨损。一般说来，技术发展越快，设备的技术寿命就越短。

4. 设备的折旧寿命（亦称设备折旧年限）

它是指财务部门为了收回设备投资以便日后重置或更新设备而把设备投资逐步摊入产品成本，当设备价值的余额折旧到接近于零时所经历的时间。设备的折旧寿命一般是根据设备的有形磨损和无形磨损规定的，它对企业淘汰设备决策的影响很大。

5. 设备的役龄

它是指设备已经使用的时间。设备的役龄是与设备寿命密切相关的一个指标，它反映了设备的新旧程度，可供制订设备的更新改造方案时参考。

过去，我国大部分企业基本上是以设备的物质寿命为标准来更新设备的，这种做法造成维修费用过高，设备过于陈旧，不能适应生产发展和技术进步的要求。今后随着技术进步、产品开发速度加快，企业之间竞争加强，设备最佳使用年限的确定应以物质寿命、经济寿命和技术寿命三者综合加以考虑，以求获得设备最佳技术经济效果。

15.3.2　设备更新改造的原则及内容

1. 设备更新改造的原则

（1）对于消耗高、性能差、使用操作条件不好、排放污染物严重的设备，应当限期淘汰，由较先进的新设备取代。

（2）对于整体性能尚好、局部有缺陷、个别或部分技术经济指标落后的设备应加紧进行技术改造。

（3）对于结构较新、技术经济指标比较先进的设备，也应经常收集用户反映，吸收国内外新技术，不断加以改善性的改进。

（4）设备更新不能简单地按设备使用年限来划分，还应当根据经济效率来确定。

2．设备更新改造的内容

（1）设备的现代化改装（设备改造）。这是对由于新技术出现，在经济上不宜继续使用的设备进行局部的技术更新，是对设备无形磨损的局部补偿。

（2）设备更换。这是设备更新的重要形式，也就是通常所讲的狭义的设备更新。设备更换分为：原型更新，用结构相同的新设备更换由于有形磨损严重、在技术上不宜继续使用的旧设备。这种简单更换不具有技术进步的性质，只解决设备的损坏问题；技术更新，用技术上更先进的设备去更换技术陈旧的设备。这种更换不仅恢复原有设备的性能，而且使设备技术水平提高，具有技术进步的性质。在技术发展缓慢的年代，设备更换主要是原型更换；在技术发展迅速的今天主要是技术更新。

15.3.3　设备更新

1．设备更新方法

设备更新是消除设备的有形磨损和无形磨损的重要手段。它用技术性能更完善、经济效益更显著的新型设备来替换原有技术上不能继续使用或经济上不宜继续使用的设备。

（1）原型更新（简单更新）。即当设备因有严重磨损不能继续使用时，用结构相同的新设备去更换旧设备。

（2）新型更新（技术更新）。即当设备因技术或经济原因不宜继续使用时，用技术更先进、结构更完善、性能更好、效率更高、耗能和原材料更少的新设备去更换旧设备。从技术进步的角度，新型更新比原型更新意义更大。所以只要条件允许应尽量采用新型更新，以加快提高企业装备的现代化水平。

2．设备更新决策

在进行设备更新时，要很好地了解所需设备的技术发展动向和市场供应状况，制订目标明确、切实可行的更新计划，以确保设备更新的正确进行。一般说来，在进行设备更新的决策时，应从技术和经济两方面进行分析论证。

（1）技术性分析。更新后新设备的基本规格和主要参数能否满足生产发展的要求，新设备在技术性能上比原有设备有多大改进和提高，新设备比原有设备在劳动条件和环境保护方面是否有所改善。

（2）经济性评价。主要包括对设备的投资回收期和对设备的投资收益率等进行分析。

15.3.4　设备改造

设备改造是指应用先进的科学技术成就，改变原有设备的结构，提高原有设备的性能、效率，使设备局部达到或全部达到现代新型设备的水平。由于设备改造比更新的费用节省、见效快、适应性好，对促进企业技术进步有重要意义。因此，一些企业在开发新产品时或增产现有产品时，总是更新一部分设备，保留一部分可用的原有设备，改造一定数量的现有设备。

设备改造的方式分局部的技术更新和增加新的技术结构。局部的技术更新是指采用先进技术改变现有设备的局部结构。增加新的技术结构是指在原有设备基础上增添部件、新装置等。

设备改造的内容主要包括：

（1）提高设备的自动化程度，实现数控化、联动化；

（2）提高设备的功率、速度和刚度，改善设备的工艺性能；

（3）将通用设备改装成高效的专用设备；

（4）提高设备的可靠性、维修性；

（5）改进设备安全环保装置及安全系统；

（6）使零部件标准化、通用化和系列化，提高设备的"三化"水平；

（7）降低设备的能耗。

15.4　企业资产管理系统

15.4.1　EAM 的概念

随着技术的进步，设备朝着系统化、自动化、技术密集化方向发展，设备的构成更加复杂、功能更加强大，设备的使用与管理环境也发生了很大的变化。针对资产密集型行业把先进的信息技术（特别是数据库技术与网络技术）应用到设备管理中，并综合当代设备管理的新思想与新方法，在原计算机设备维护管理系统（Computerized Maintenance Management System，CMMS）的基础上，形成了一种新型的计算机应用系统，即企业资产管理系统（Enterprise Asset Management，EAM）。

EAM 是在 CMMS 基础上发展起来的，以现代化的计算机及网络通信技术为运行平台，以企业有形资产（如生产设备、厂房设施、交通工具、库存等）为管理对象，以降低总体维修成本、提高维修效率和投资回报为目标，融合先进设备管理思想，集企业各项设备管理功能于一身，并能对企业各种维修资源进行有效协调与控制的计算机管理系统。

15.4.2　EAM 的功能构成

EAM 是一个集成的设备维护管理系统，它以资产、设备台账为基础，以工作单的策划、审批、执行和报告为主线，融合多种先进维修管理思想，提供多种维修模式，将采购管理、库存管理、人力资源管理集成在一起，同时与财务管理系统、计算机监控系统、文档管理系统建立接口。在这种集成环境下，通过设备巡检和从集成系统中获得的数据来分析设备的运行状况，根据设备的运行状况和维修历史选择维修模式（事后维护、预防性维护和预测性维护），并产生相应的维修工单；通过与库存管理、采购管理、文档管理、人力资源管理等系统的信息集成，对工单进行策划，确定维修备件、工具、人力资源、技术文档等方面的要求，明确维修时间要求；通过工单的批准、执行和报告，并在安全隔离措施的保证下，执行维修计划，收集各类维修数据，完成设备维护工作；在所收集的各类维修信息的基础上，对维修质量、维修成本和故障历史数据进行分析，并可以把分析结果作为知识进行管理。通过这种有层次的信息集成控制，增加维修计划的准确性与可行性，减少非计划性的维修和抢修，达到降低维修成本的目的。

15.4.3　EAM 的应用

EAM 在那些对设备完好率及连续运转可利用率要求高的企业，如电力、航空、铁路与公路运输、电信服务、化工、钢铁冶金、食品等企业得到广泛的应用，并与企业的办公自动化、财务、电子商务等计算机应用系统整合，成为现代企业提高管理水平、增强竞争力的重要手段与工具。

EAM 源自西方，在国外企业的应用中得到了很大的成功，我国的广东大亚湾核电站、秦山核电站等均运用了 EAM 管理思想与方法。

15.5　设备维护业务外包

15.5.1　设备维护业务外包兴起

业务外包（Outsourcing）是现代企业普遍采用的一种运作战略，是以合约方式将原本应由企业运作的业务交由外面的服务商来完成。设备维护外包是业务外包中的一种独特形式，它对于降低企业的设备维护成本、提高设备维护质量、降低企业风险和快速响应市场变化的要求有重要的意义。

20 世纪 90 年代以来，由于竞争的加剧，企业面临的经营环境发生了深刻的变化，传统设备维护模式的缺陷逐渐显现：企业设备向大型化、精密化、系统化、自动化、技术密集化方向发展，设备操作的技术含量逐渐下降，设备操作人员不断地减少，维修人员的素质要求越来越高，数量也在不断增加。设备维护业务需要寻求新的管理模式和管理手段来支持。随着社会分工的深化，专业化设备维护由于具有技术水平高、专业性强、维护周期短及收费合理等特点，在先进工业国家已得到广泛的应用，许多企业已经通过将设备维护业务外包来寻求竞争优势。

设备管理思想也由传统的实物管理逐渐向现代资产管理方向发展，很多企业开始从资产经营的角度对企业设备进行管理。将设备作为企业资产进行管理，使设备的使用手段由单一的购买设备拥有产权发展为购买、租赁、出售或出租相结合。这一转变对维护业务外包产生了积极的促进作用。为了适应环境变化对设备规模带来的波动，企业的维护力量必须具有相应的柔性，而只有充分利用外部资源才能够有效获得必要的维护柔性。

15.5.2　设备维护业务外包管理的内容与过程决策

任何一项业务外包的运作过程都涉及外包前的分析与准备、外包业务执行过程的管理与控制、外包结果的评估三个主要的过程。具体内容与过程如下。

1．设备维护业务外包战略分析

设备维护业务作为企业的一项关键业务，直接关系到产品或服务质量的好坏，对企业经营状况起着举足轻重的作用，对企业的竞争力有着显著的影响。因此，企业将设备维护业务外包不仅仅是资源约束或成本驱动，而是将之与企业的竞争力联系起来，将其纳入企业总体发展的战略轨道。

2．设备维护业务外包决策分析

在战略分析的基础上，企业必须分析并选择正确的外包策略，确定设备维护外包的范围，即确定哪些设备维护业务要外包，应达到什么样的目的，采用何种外包策略，设备维护承包商应满足什么样的条件，应当与设备维护承包商发展什么样的关系等。此外，还要进行收益风险评估。

3．设备维护承包商的评估与选择

企业应当从承包商的市场信誉、技术实力、维护质量、管理能力、服务、价格等各方面对设备维护承包商进行综合评价，选定合适的承包商。不同的外包范围和不同的外包关系应有不同的外包合同。

4．设备维护外包业务执行过程管理

在外包合约签订后，交易双方的权利、义务便确定下来，设备维护承包商就可接手外包的业务。要构建专门的组织监督、评价设备维护承包商合同实施状况，分析承包商提供的服务是否符合合同规定，处理双方出现的争议。因此，监控组织应包括具有合同管理才能的人、对设备维护充分理解的技术专家、协调人员等。

5．设备维护外包终止

合同期满，外包业务完成后，需要对承包商提供的服务进行总体评价，并根据绩效测评结果兑现合约中的有关条款（奖励或处罚），同时，根据测评结果决定是否继续聘用该设备维护承包商。在合同执行期间，如果承包商不能按合同条件履行维护业务，应在评估后做出终止或改进建议。

思考与练习

1. 简述设备管理的历程。设备管理的作用是什么？
2. 计划预修体制指什么？预防维修体制指什么？两者有何优缺点？
3. 简述设备综合管理的内容。
4. 简述设备的磨损与故障规律的内容。
5. 简述设备维修与保养的关系。
6. 简述设备的寿命，试论述它们对设备更新与改造的影响。
7. 简述设备更新与改造的原则及内容。
8. 简述设备更新与改造的决策过程。
9. 试论述 EAM 对设备管理的意义与作用。
10. 简述设备维护业务外包管理的内容与过程决策。

太原市环卫车辆设备管理

　　截止到 2009 年 10 月，太原市环卫系统清运车辆中有 100 多辆已到报废年限，却仍在超期服役，导致在清扫作业时经常被交警查扣。垃圾清运压缩车、专业清扫车很少，不能满足清运保洁工作的需求，如按需求应有 76 辆压缩车，现在只有 64 辆；应有垃圾收集桶车 136 辆，现在只有 20 辆。全市实施城乡清洁工程以来，为了全面推行机械清扫、冲洗作业，充分发挥机械作业专业性强、效率高、质量好的优势，提高省城街面洁净度，太原市共购置扫路车、道路冲洗专用车等共 400 多台，其中，机扫车 52 台、干湿机扫车 58 台、保洁车 50 台、冲洗车 236 台。鉴于清扫冲洗车辆专业性强、操作难度大、日常管护要求高等实际情况，各城区采取了集中使用管理和运行的模式，提倡机扫、冲洗一体化作业，为实现机械化车辆作业效率的最大化，作业车辆冲洗时速度不超过 10km/h，洒水时速度不超过 30km/h，机械清扫时速度为 5～8km/h，机械保洁车辆作业速度为 8～15km/h。此外，GPS 监控设备的安装调试也陆续到位。

　　［资料来源：张文英. 浅谈太原市环卫车辆设备的管理[J]. 科技情报开发与经济，2011（12）］

问题

　　针对太原市环卫车辆设备的当前情况，结合设备管理理论谈谈太原市应如何完善车辆的管理？

第 16 章

质 量 管 理

学习目标

通过本章的学习使读者重点掌握质量与质量管理的概念、质量特性；了解质量管理的内容与质量管理体系；理解 ISO 9000 系列标准的内容与意义；理解 PDCA 循环；掌握质量成本的构成及控制；了解六西格玛管理的思想与程序；掌握 ISO 9000、六西格玛管理和 TQM 的关系。

关键概念

质量；质量管理；质量管理体系；ISO 9000 系列标准；PDCA 循环；TQM；六西格玛管理

解析洋奶粉涨价背后

中国奶业协会的调查数据显示，截至 2009 年 4 月，国内奶粉企业库存已达 25 万~30 万吨。有知情人士透露，目前很可能已接近 40 万吨。"现在的趋势是洋奶粉越来越强势，它们有涨价的资本，夺了国产奶粉的话语权。"洋奶粉主要集中在中高端市场，多是在大中城市经销，消费者品牌忠诚度高，消费能力也强，通常不会因为涨价就放弃洋品牌。当洋奶粉的"话语权越来越强时，'三聚氰胺'事件后中国奶粉市场应该出现的行业洗牌并没出现"，这必然导致本土奶粉品牌尴尬现象出现：一线品牌如伊利、蒙牛等并未把婴幼儿奶粉作为主业发展，而作为主业发展的奶粉厂商又多是二线品牌。"这使得本土奶粉品牌在短期内愈加难以和洋奶粉相抗衡。"

国产奶粉很寂寞，无论是在超市的货架上还是在大量囤积的仓库里，可这应该怪谁？有业内人士称，"三聚氰胺"事件使我国乳业陷入信任危机，洋奶粉借机加大力度进军中国市场，直接威胁到正处于业绩回升期的国内乳业，考验着本土乳业的市场竞争力。当年"三鹿"事件出现后，就有人发出这样的疑问："三鹿如此倒行逆施，草菅人命，怎么没有一家国内乳制品企业站出来声讨？"很明显，因为"没一家乳制品企业是干净的，他们共同策划了这场商业阴谋，牺牲者是数以万计的结石宝宝"。

相关业内人士称，"三鹿"的市场份额曾经"占据中低端市场的 25%，它忽然间倒下了，其中巨大的市场空间自然需要产品来填补，消费者对国产奶粉信心不足，在这种情况下外资奶粉进一步延伸产业链是自然而然的，原先二三线城市都被三鹿这样的奶粉给占据着，现在大部分都被外资接管了，国产奶粉品牌生存空间进一步被挤压"。

（资料来源：http://info.china.alibaba.com/news/detail/v0-d1023477692.htm）

问题

质量与质量管理的价值在哪里？

质量是企业的生命线，是企业赖以生存和发展的保证，是企业获取竞争能力的行动准则，是打开国际国内市场的通行证。加强质量管理，不断提高质量水平，是企业生存发展永恒的主题。著名质量管理专家朱兰有句名言："生活处于质量堤坝后面。"质量正像大堤一样，守卫着消费者的安全和幸福，然而，当质量大堤出现问题时，质量问题就会引发一系列的损害和灾难。因此，从这个意义上讲，做好质量管理工作，无论是对企业自身还是对消费者和整个社会，都是一件意义重大的工作，这也是我们学习质量管理理论和方法的宗旨所在。

16.1　质量管理概述

16.1.1　质量的概念

1. 质量一般性的理解

在一般意义上说，质量就是指"产品或服务的好差、优劣程度"。人们一般就是在这一意义下广泛使用"质量"一词的，还往往在质量一词的前面加上限制词，使其指向更为明确、意义表达更为具体。例如，广泛地使用"产品质量""工程质量""建筑质量""教育质量""服务质量"等，或更加具体地使用"空调器质量""电视机质量""服装质量""住宅质量""轿车质量""菜肴质量""饮料质量"，乃至"员工质量""系统质量""运行质量""信息质量"等。

实际上，质量是一个具有十分丰富内涵的多侧面的概念，人们可以从不同的视角进行审视、开掘、探究以达到深层的理解。例如，人们可以从产品和服务的市场需求角度、企业生产经营角度、技术工艺角度和管理机制角度对质量进行多层面的剖析进而揭示其内涵。还可以从生产者主导阶段、消费者主导阶段、竞争性阶段以及战略性阶段的角度加以考察。在生产者主导阶段，质量追求的是满足标准；在消费者主导阶段，质量追求的是顾客满意；在竞争性阶段，质量追求的是努力超越竞争对手让顾客满意；在战略性阶段，质量是顾客价值的核心。

2. 质量定义及理解

这里采用国际标准化组织提出的定义，介绍不同时期提出的三个质量定义，以反映质量定义的演变。

（1）ISO 8402：1986 3.1 对质量的定义。ISO 8402：1986 3.1 对质量的定义为"反映产品或服务满足明确或隐含需要能力的特征和特性的总和"并对此做了七项注释，对"适用性""适合目的""顾客满意"和"符合要求"做了全面的描述。

（2）ISO 8402：1993 2.1 对质量的定义。ISO 8402：1993 2.1 对质量的定义为"反映实体满足明确和隐含需要的能力的特性总和"。在这一定义中，对前一定义中的"产品和服务"用"实体"予以替代，而对"实体"则用"可单独描述和研究的事物"予以定义。根据这一定义，质量所指的对象突破了"产品和服务"的规定，而是泛指一般的"事物"，只要这一事物可以和其他事物区分而单独存在，并且可以进一步加以描述和研究。对原有定义中的"特征和特性"改用意义更加明确的"特性"。

对这一定义又做了相关的注释，在注释中进一步明确，根据特定的准则将"需要"转化为特性的有：性能、合用性（可用性、可靠性、准修性）、安全性、环境、经济性和美学等。这样质量所涉及的领域有了更大的拓展。

（3）ISO 9000：2000 3.1 对质量的定。它把质量定义为"一组固有特性满足要求的程度"。这一定义十分概括、更加简洁，但是意义却十分明确。它指出质量的核心在于"一组固有特性"，而质量的评价在于"满足要求的程度"。这反映了人们对质量的认识和理解达到了新的高度。

同时，在其他的标准条款中，又指出"固有的"（其反义词是"赋予的"）就是指在某事或某物中本来就有的，尤其是那种永久的特性；术语"质量"可使用形容词，如差、好或优秀来修饰。而且，对"特性"又做了进一步说明，明确了特性的类别可以包括物理特性（机械、电、化学或生物学等特性）、感官特性（嗅、触、味、视、听等），以及行为、时间、功能等方面的特性；对"要求"又做了进一步说明，是指明示的、通常隐含的或必须履行的需求或期望。

质量是对满足程度的一种描述，满足要求程度的高低反映为质量的好坏。在比较质量的优劣时，应注意在同一"等级"上进行比较。

3．产品质量的特性

（1）性能。性能是指产品满足使用目的所具有的特性与功能。例如，计算机的运算速度及电灯的亮度等。

（2）寿命。寿命是指产品在规定使用条件下，满足规定功能要求的使用时间。例如，汽车的行驶里程、食品的保质期、电灯泡的使用小时数等。

（3）可靠性。可靠性是指产品在规定期限内和规定的使用条件下，无故障地完成规定功能的能力或可能性。用概率值表示时，也称为可靠度。这是产品投入使用后，在使用过程中逐渐表现出来的一种质量特性。可靠性所表现的是产品不仅在出厂时要达到规定的质量要求，而且要求在其寿命期限内保持规定的质量要求，即要求产品具有性能稳定性、精度保持性、零部件耐用性及工作准确性等。与这些要求相联系，往往还给产品规定了平均故障间隔、故障率、维修度、有效度等指标。

（4）安全性。安全性是指产品在流通和使用过程中保证安全的程度。例如，产品对使用人员的安全保障程度、对环境危害程度等，如防爆开关在接通和断开电路时不冒火花，燃气灶在熄火时能够自动断气等。

（5）经济性。经济性是指产品从设计制造到产品使用寿命周期中的成本大小，具体表现为用户购买产品的价格和使用成本。例如，电冰箱耗电量、汽车百千米油耗等。

4．服务质量的特性

（1）可靠性。可靠性是指服务行为的一致性和可信赖性，意味着一开始就能服务好，令用户满意，而且一直信守诺言。如账单准确，在预先指定好的时间按时提供服务等。

（2）响应性。响应性是指主动热情、迅速敏捷地提供服务，也就是使用户及时得到服务，如邮件的立即传递、迅速答复用户提出的问题等。

（3）能力。能力是指拥有从事服务所需的技能和知识，包括与人打交道的技能和知识、关心和帮助人的技能和知识、企业的研究和创新能力等。

（4）接近程度。接近程度是指可接近性和容易接触。这意味着可通过电话等便利方式来接近服务、等待服务的时间较短、服务时间和服务地点让用户感到非常方便等。

（5）礼貌。礼貌是指与用户打交道时表现得彬彬有礼、亲切热情，尊重和体贴用户，如拜访用户时穿戴得体、绝对不能脚穿脏鞋进入用户家中或办公室、保持服务设施清洁干净等。

（6）交流。交流是指选择用户明白的语言和用户进行沟通，注意聆听其意见。这意味着对不同的用户应采用不同的语言来解释说明服务本身、服务成本等有关问题，并使用户确信你能妥善处理各种问题。

（7）信誉。信誉是指可信赖性、诚实性，使用户从内心深处对服务产生兴趣。涉及的方面有企业名称、企业声誉、个人素质和意志等。

（8）安全性。安全性是指免除伤害、风险或害怕，包括物理安全、财务安全和用户的信任。

（9）熟悉用户。熟悉用户是指能努力关注用户，并努力弄清和掌握用户的需要。如了解用户的一些特殊需求，向用户提供个性化的服务，记住用户的一些基本情况等。

（10）有形实体。有形实体是指提供服务的物质环境，如场所、服务工具和设备、服务信誉卡等。

5．提高质量的意义

（1）质量是企业的生命线，是企业实现兴旺发达的杠杆。产品和服务质量优劣是检验企业是否有生命力、是否有活力的重要标志。

（2）质量是提高企业竞争能力的重要支柱。无论在国际市场还是国内市场中，竞争都是一条普遍的规律。市场的竞争首先是质量的竞争，质量是产品进入市场的通行证，企业只能以质量开拓市场，以质量巩固市场。

（3）质量是提高企业经济效益的重要条件。提高产品质量大多可以在不增加消耗的条件下，向用户提供使用价值更高的产品和服务，以优质获得优价，走质量效益型道路，使企业经济效益提高。如果粗制滥造，质量低劣，就必然导致产品滞销，无人购买，这就从根本上失去了提高经济效益的条件。

（4）质量是保持国家竞争优势和促进生活水平提高的基石。优质产品和服务能给生活带来方便与安乐，能给企业带来效益和发展，最终能使社会繁荣，国家富强；劣质产品和服务则会给人们生活带来无限的烦恼乃至灾难，造成企业的亏损甚至倒闭，并由此给社会带来各种不良影响，直接妨碍社会的进步，乃至造成国家的衰败。

16.1.2　质量管理的概念

质量管理是指"在质量方面指挥和控制组织的协调活动"。包括制定质量方针和质量目标，进行质量策划、质量控制、质量保证和质量改进等相关活动。

1．制订质量方针和质量目标

质量方针是指"由组织的最高管理者正式发布的该组织总的质量宗旨和方向"，如产品质量要达到的水平、售后服务的总原则等。它阐明了企业对质量工作的总要求，是企业开展质量管理工作的指南，为制定质量目标提供框架。质量目标是按照质量方针提出的"在质量方面所追求的目的"。质量目标是为实现质量方针所确定的具体要求，必须与质量方针和持续开展质量改进的承诺目标一致，是可测定的，如废品率下降水平、故障成本在产品成本中所占比重等。在实践中通过质量策划规定必要的运行过程和相关资源，使质量方针和目标具体化。

2．建立质量管理体系

质量管理体系是指"在质量方面指挥和控制组织的管理体系"。按照过程模式，质量管理体系是由构成立体空间的过程网络组成的，而一个完整的过程不仅包括活动，也包括相关的各种资源输入和结果输出。为了实现顾客满意的目标，质量管理体系应包括四大模块——管理职责、资源管理、产品实现及测量、分析和改进。

3．开展质量控制和质量保证

质量控制是指"致力于满足质量要求"，其作用就是根据质量要求，监视产品形成的各项工作，及时排除和解决所产生的问题，保证顾客满意。质量保证是指"致力于提供质量要求会得到满足的信任"。质量保证一方面是一种质量担保，是一种企业取得顾客信任的手段；另一方面也是企业的一种管理手段。

4．进行质量改进

质量改进是指"致力于增强满足质量要求的能力"。质量改进是无止境地寻找问题，持续地进行改进，就可以提高企业的质量水平，增强企业的竞争力。

16.1.3　质量管理的基本原则

1．以顾客为关注焦点

组织依存于顾客，因此，组织应理解顾客当前和未来的需求，满足顾客要求并争取超越顾客的期望。因此，应始终密切地关注顾客的需要和期望，包括顾客当前和未来发展的需要和期望。另外，必须注意顾客的要求并非是一成不变的，随着时间的推移，特别是技术的发展，顾客的要求也会发生相应的变化。组织必须动态地聚焦于顾客，及时掌握变化着的顾客要求，开展质量改进，力求同步地满足顾客要求并使顾客满意。

2．领导作用

领导者应将本组织的宗旨、方向和内部环境统一起来，并创造使员工能够充分参与实现组织目标的环境。

组织最高管理层的高度重视和强有力的领导是组织质量管理取得成功的关键。组织最高管理层必须注意各级管理者在组织的质量方针的指引下应保持认识上的一致和工作上的协调，还应该创造一个良好的组织内部环境，鼓励和促进组织内部所有人员共同为实现质量方针和质量目标作出应有的贡献。

3．全员参与

组织的质量管理是通过组织内部各级各类人员参与生产经营的各项质量活动来加以实施的。因此，人员在质量管理中始终处于主导地位，也是最活跃的要素。

质量管理实践证明，组织能否深入开展质量管理，确保产品、体系和过程的质量满足顾客及其他相关方面的需要和期望，取决于各级各类人员的质量意识、思想和业务素质、事业心、责任心、职业道德，以及适应本岗位的工作能力等因素。这就要求组织在推行质量管理中务必十分重视人的作用，为他们创造一个积极投入、奋发进取、充分发挥才能的工作环境。

4．过程方法

将相关的资源和活动作为过程进行管理，可以更高效地达到期望的结果。使用资源的各项活动的系统。过程的目的是提高价值。因此，在开展质量管理各项活动中应该采用过程的方法实施控制，确保每个过程的质量，并高效地达到预期的效果。

5．管理的系统方法

"将相互关联的过程作为系统加以识别、理解和管理，有助于组织提高实现目标的有效性和效率"，是系统管理思想的具体体现。产品质量是众多过程的综合反映，每个过程的结果都影响着产品质量。该原则要求树立整体的观念，围绕质量管理对企业的各种活动、资源、相互关系进行系统思考和安排，重视质量管理体系的建立、规范和改进。

6．持续改进

持续改进是组织的一个永恒的目标。

持续改进是一个组织积极寻找改进的机会，努力提高有效性和效率，确保不断增强组织的竞争力，使顾客满意。为了能有效地开展持续改进，首先必须加强各层次人员，特别是管理层的质量意识、问题意识和改进意识，以追求更高的过程效率和有效性为目标，主动寻求改进的机会，确定改进项目，而不是等到出了问题再提出改进的需要。同时，还应贯彻分清轻重缓急、实施循序渐进的原则，对持续改进实施有序的管理，包括质量改进的组织、计划、实施、评价和确认。

7．基于事实的决策方法

对数据和信息进行逻辑分析或直觉判断是有效决策的基础。

决策是通过调查研究和分析，确定质量目标并提出实现目标的方案，对可供选择的几个方案进行优选后做出抉择的过程。一个组织在生产经营的各项管理过程中都需要做出决策，例如，经营决策、产品设计与开发的决策、产品结构决策、资源配置决策等。能否对各个过程做出正确的决策，将直接影响组织和过程的有效性和效率，特别是最高管理者对重大问题的决策正确与否，将会影响到组织的兴衰。

8．与供方互利的关系

"组织与供方是相互依存的，互利关系可增加双方创造价值的能力。"组织在产品实现过程中向供方采购的产品具有相当的数量，而且采购的产品质量必然会直接或间接地影响组织的最终产品的质量。所以，为了使供方能够持续稳定地提供符合本组织要求的产品，组织需要采用合适的方法选择、评定合格的供方，并且与供方建立互惠互利的合作伙伴关系，使双方都能受益，以利于组织与供方通力合作，共同为提供使顾客满意的产品做出努力。

16.1.4 质量管理的发展历程

回顾质量管理科学的发展史，可以看出，社会对质量的要求是质量管理学科发展的原动力，不同时期的质量管理理论、技术和方法为了适应社会对质量的要求都在不断发展变化着。质量管理大体经历了三个发展阶段，即质量检验阶段、统计质量控制阶段和全面质量管理阶段。

1．质量检验阶段

质量管理产生于 19 世纪 70 年代，当时，科学技术落后，生产力低下，普遍采用手工作坊进行生产，加工产品和检查质量没有合理的分工，生产工人既是加工者又是检查者，称为"操作者的质量管理"。因此，在 20 世纪前质量管理还没有形成科学理论。20 世纪初，美国工程师泰勒提出科学管理思想，主张计划与执行职能分开，于是形成了所谓的"工长的质量管理"。到了 20 世纪 30 年代，随着生产规模的扩大，对零件的互换性、标准化的要求也越来越高，生产企业形成了计划设计、执行操作、质量检查三方面都各有专人负责的职能管理体系，检验工作被称为"检验员的质量管理"。

在这一阶段，质量管理的中心内容是通过事后把关的质量检查，对已生产出来的产品进行筛选，把不合格品和合格品分开。这对于保证不使不合格品流入下一工序或出厂送到用户手中是必要和有效的，至今在工厂中仍不可缺少，但它缺乏对检验费用和质量保证问题的研究，对预防废品的出现等管理方面的作用较弱。不仅如此，对所有产品实施检验，一方面会加大检验的工作负担，增加生产成本；另一方面即使检验发现产品质量出现了问题，也无法对已经发生的成本做出弥补，因此，这种事后检验的方式给企业带来了相当大的生产成本的增加，如何实现质量检验的经济性就成为质量管理的一个挑战。

2．统计质量控制阶段

统计质量控制形成于 20 世纪 40 年代到 50 年代，其主要代表人物是美国贝尔研究所的工程师休哈特、道奇和罗米格等。统计质量控制，就是主要运用数理统计方法，从产品（指原材料、零件、部件、半成品、产品等）质量波动中找出规律性，消除产生波动的异常因素，使生产过程的每一个环节控制在正常的、比较理想的生产状态，从而保证最经济地生产出符合用户要求的合格产品。这种质量管理方法，一方面应用数理统计技术；另一方面着重于生产过程的控制，做到以预防为主。它使质量管理工作从单纯的产品检验发展到对生产过程的控制，并为实行质量标准化提供了合理依据，从而把质量管理提高到一个新的水平。

从事后检验的质量管理发展到统计质量管理，是第二次世界大战以后的事，是随着战争引起的科学技术发展以及推动军工生产大幅度提高的客观需要。

3．全面质量管理阶段

全面质量管理的理论是在 20 世纪 60 年代提出的，至今仍在不断发展完善中。其代表人物是美国质量管理专家费根堡姆和朱兰等。

从统计质量控制发展到全面质量管理，是质量管理理论与实践的一大进步。统计质量控制着重于应用统计方法控制生产过程质量，发挥预防性管理作用，从而保证产品质量。然而，产品质量的形成过程不仅与生产过程有关，还与其他许多过程、许多环节和因素相关联，这不是单纯依靠统计质量控制所能解决的。全面质量管理更适应现代化大生产对质量管理整体性、综合性的客观要求，从过去局部性的管理进一步走向全面性、系统性的管理。

随着生产力水平的不断提高，科学技术的日新月异以及市场经济的迅速发展，出现了许多新的情况，促使统计质量控制向全面质量管理过渡。

（1）人们对产品质量的要求更高、更多了。过去对产品的要求一般注重于产品的一般性能，现在又增加了耐用性、可靠性、安全性、经济性以及可销性等要求。特别是20世纪50年代以来，出现了许多大型产品和复杂的系统工程，如美国曼哈顿计划研制的原子弹、海军研制的"北极星导弹潜艇"、火箭发射、人造卫星，以至阿波罗宇宙飞船等。对这些大型产品和系统工程的质量要求，特别是安全性、可靠性的要求之高是空前的。以"阿波罗"飞船和"水星五号"运载火箭为例，它们共有零件560万个，它们的完善率如果是99.9%，则飞行中就将有5 600个机件要发生故障，后果不堪设想。对于产品质量如此高标准、高精度的要求，单纯依靠统计质量控制显然已越来越不适应，无法满足要求。

（2）系统分析的概念在生产技术和企业管理活动中被广泛应用。它要求用系统的观点分析研究质量问题，把质量管理看成是处于较大系统（如一个企业，甚至整个社会）中的一个子系统。因为在这种产品复杂、竞争激烈的情况下，即使产品制造过程的质量控制得再好，每道工序都符合工艺要求，而试验研究、产品设计、试制鉴定、准备过程、辅助过程、使用过程等方面工作不纳入质量管理轨道，不能很好地衔接配合、协调起来，则仍然无法确保产品质量，也就不能有效地降低质量成本，提高产品在市场上的竞争力。这就从客观上提出了向全面质量管理发展的新的要求，而电子计算机这一现代化工具的出现及其在管理中的广泛应用，又为综合、系统地研究质量管理提供了有效的物质技术基础。

（3）管理理论又有了新发展，其中突出的一点就是所谓"重视人的因素"。过去的"科学管理"理论是把人作为机器的一个环节发挥作用的，把工人只看成一个有意识的器官，如同机器附件一样，忽视了人的主观能动作用。现在则要把人作为一个独立的人在生产中发挥作用，要求从人的行为的本质中激发出动力，从人的本性出发来研究如何调动人的积极性，尽量采取能够调动人的积极性的管理办法。在这个理论基础上，提出了形形色色的所谓"工业民主""参与管理""共同决策""目标管理"等新办法。这个管理理论的发展对企业各方面管理工作都带来了重大影响，在质量管理中相应出现了组织工人"自我控制"的无缺陷运动、质量管理小组活动、质量提案制度、"自主管理活动"的质量管理运动等，使质量管理从过去仅限于有技术、有经验的少数人参与的管理逐步走向多数人参加的管理活动。

（4）"保护消费者利益"运动的兴起。20世纪60年代初，广大消费者以及中小企业主在大公司垄断控制市场的情况下，为了保护自己的利益纷纷组织起来同垄断组织抗争，从而迫使政府制定法律，制止企业生产和销售质量低劣、影响安全、危害健康的劣等品，要企业对提供的产品质量承担法律责任和经济责任。

（5）随着市场竞争，尤其是国际市场竞争的加剧，各国企业都很重视"产品责任"（Product Liability，PL）和质量保证（Quality Assurance，QA）问题。激烈的市场竞争迫使企业提供的产品不仅要性能符合质量标准规定，而且要保证在产品售后的正常使用期限中，使用效果良好，可靠、安全、经济，不出质量问题。这就要求企业建立起贯穿全过程的质量保证体系，把质量管理工作转到质量保证的目标上来。

全面质量管理理论虽然发源于美国，但真正取得成效却是在日本等国。进入 20 世纪 80 年代后，随着国际贸易的发展，产品的生产销售已打破国界。不同民族、不同国家有不同的社会历史背景，质量的观点也不一样，往往会形成国际贸易的障碍或鸿沟。这就需要在质量上有共同的语言和共同的准则。这项工作早在 20 世纪初期就已由国际标准化组织（International Standardization for Organization，ISO）、国际电工委员会（International Electrotechnical Commission，IEC）和国际电信联盟（International Telecommunication Union，ITU）为主要代表的一些国际组织承担了，而质量管理的国际标准化则是 20 世纪 80 年代才由国际标准化组织制定和完成的。

回顾质量管理的发展历程，可以看出，人们在解决质量问题时所应用的方法、手段是在不断发展完善的，这一过程是同科学技术的进步和生产力水平的不断提高密切相关的。质量管理发展的各个阶段也不是孤立的、互相排斥的，前一个阶段是后一个阶段的基础，后一个阶段是前一个阶段的继承和发展，而每一次质量管理的发展既是一次质量飞跃，也是一场质量革命。

16.1.5　质量管理大师的质量观

（1）朱兰博士的质量保证理论与质量三部曲。质量保证就是对产品的质量实行担保和保证。质量保证已从传统的、只限于流通领域的范围扩展到生产经营的全过程，供方向需方提供的不仅是产品和服务本身的信誉，而且出示能够保证长期、稳定生产及满足需方全面质量要求的证据。质量三部曲：质量策划、质量控制、质量改进。

（2）德国的冯·考拉尼（Elan von Collani）教授倡导经济质量控制（Economical Quality Control，EQC）。

（3）费根堡姆在 20 世纪 60～70 年代提出质量成本的概念及核算方法，并最早提出全面质量管理观念。

（4）麦尔斯（L.D.Miles）则早在 20 世纪 40 年代就提出价值工程（value engineering）理论。

（5）休哈特于 20 世纪 30 年代提出质量控制理论，监视与反映生产异常情况，张公绪于 1982 年提出质量诊断的概念和两种质量诊断理论，将统计过程控制（Statistical Process Control，SPC）上升为统计过程诊断（Statistical Process Diagnosis，SPD）。

（6）日本田口玄一在 20 世纪 50～60 年代提出质量改进理论与稳健性设计方法——田口方法。质量改进是质量体系运行的驱动力，是实施质量保证的有力手段。田口方法重在提高产品质量以及产品开发设计能力，降低设计成本。

（7）赤尾洋二在20世纪60～70年代提出了QFD（Quality Function Deployment，质量功能展开）理论。它利用矩阵表这类工具能够科学地将消费者的需求转化为所开发产品的规格要求。这是开发设计任何产品的第一步。

（8）迈克尔·哈瑞（Mikel Harry）和理查德·施罗德（Richard Schroeder）提出六西格玛管理（Six sigma management），这是20世纪80年代末首先在美国摩托罗拉公司发展起来的一种新型管理方式。六西格玛管理就是通过设计和监控过程，将可能的失误减少到最低限度，从而使企业可以做到质量与效率最高、成本最低、过程的周期最短、利润最大，全方位地使顾客满意。

16.2　质　量　成　本

16.2.1　质量成本定义

所谓质量成本，指的是为了确保和保证满意的质量而发生的费用以及没有达到满意的质量所造成的损失。也就是说，质量成本包括两个方面的内容，一是指企业为确保产品良好的质量而付出的一切费用；二是指企业由于产品质量没有达到相应的要求，致使企业遭到损失，这种因损失而发生的所有费用都属于质量成本的范畴。

从质量成本的概念可以看出，为取得产品的高质量而投入一定的费用，就可能会降低那些因产品内在质量缺陷所造成的损失，因此，在产品质量方面投入相应的费用并不必然会带来成本的上升，减少了质量的缺陷，就有可能使总的质量成本降到最低。

正如美国质量管理专家克罗斯比所说的那样："质量是免费的，真正费钱的是那些不合质量标准的事情，由于没有在第一次操作时就把事情做对，结果使质量的成本大幅上升。"从这个意义上讲，质量成本的高低一方面要取决于为取得高质量而投入的费用高低；另一方面还要取决于因质量达不到要求而导致的损失的大小。把握住质量成本的这两个影响因素，就把握住了质量成本的实质内涵。

16.2.2　质量成本的构成

质量成本可以分为两个部分：运行质量成本（Operating quality costs）和外部质量保证成本（External assurance quality costs）。其中运行质量成本是企业内部运行而发生的质量费用，又可分为两类：一类是企业为确保和保证满意的质量而发生的各种投入性费用，如预防成本和鉴定成本；另一类是因没有获得满意的质量而导致的各种损失性费用，如内部损失成本和外部损失成本。外部质量保证成本是指根据用户要求，企业为提供客观证据而发生的各种费用。各类成本包含的具体内容分述如下。

1. 运行质量成本

（1）预防成本是指为保证质量符合既定要求而付出的费用，其目的是防止或杜绝不合格产品的出现。

具体包括：质量工作费、质量培训费、质量奖励费、质量改进措施费、质量评审费、质量管理人员的工资及福利费用、质量情报及信息费等。

（2）鉴定成本是指为评定是否符合质量要求而进行的试验、检验和检查的费用。

一般包括：检测试验费用，包括进货检验、工序检验、成品检验费用等；试验材料费用；检验试验设备费用，包括校准维护费、折旧费及相关办公费用；检验、计量人员的工资及福利费用等。

（3）内部损失成本是指产品在出厂交货前因未能满足质量要求所造成的损失。

一般包括：废品损失费；返工、返修损失费；复检费用；因质量问题而造成的停工损失费；质量事故分析、处置费；质量降等、降级损失费等。

（4）外部损失成本是指产品交货后因未能满足质量要求而导致的损失费用。

一般包括：索赔损失、退货或退换损失、保修费用、诉讼费用损失、降价处理损失等。

2．外部质量保证成本

外部质量保证成本是指按合同要求，为向顾客提供所需要的客观证据所支付的费用。一般包括：

（1）向用户提供质量保证措施、程序、数据等所支付的专项措施费用及提供证据费用；

（2）对产品进行的附加的验证试验和评定的费用；

（3）为满足用户要求，进行质量体系认证所发生的费用等。

16.2.3　质量成本的控制

质量成本管理的有效性，在很大程度上取决于企业的质量成本控制能力。与其他控制活动一样，在实施控制以前先要制定一个控制目标。制定目标是计划工作的主要内容，而目标制定得是否科学合理，与质量成本的趋势预测是否准确有关。

1．质量成本预测

质量成本预测是质量成本计划的基础工作，甚至是计划的前提，是企业有关质量问题的重要决策依据。预测时要求综合考虑用户对产品质量的要求、竞争对手的质量水平、本企业的历史资料，以及企业关于产品质量的竞争策略，采用科学的方法对质量成本目标值（长期或短期）做出预测。

2．质量成本计划

质量成本计划是在预测基础上，用货币量形式规定当生产符合质量要求的产品时，所需达到的质量费用消耗计划。主要包括质量成本总额及其降低率、四项质量成本构成的比例，以及保证实现计划的具体措施。

3．质量成本的控制

质量成本控制就是以质量成本计划所制定的目标为依据，通过控制手段把质量成本控制在计划范围内。

1）控制过程

控制过程分为核算、制定控制决策和执行控制决策。

核算是控制活动中的测量环节，通过定期或不定期地对质量成本的责任单位和产品，核算其质量成本计划指标的完成情况，计算实际成本与计划目标的差异，评价质量成本控制的成效。当发现差异量超出控制范围时、需要制定控制决策。在做详尽的分析以后，找出问题的原因，需要及时制定控制决策，决策是由一系列的可执行措施组成。最后由有关的部门或个人执行控制决策。在控制过程中，核算应当与考核结合进行，以增强有关部门和员工的质量意识。

2）质量成本控制管理系统

质量成本发生在产品从生产到消费的整个过程之中，只有建立起一个完整的管理系统才能实现有效控制。要建立质量成本责任制，对每项质量成本实行归口分级管理，将责、权、利落实到各部门，直至有关个人，形成质量成本控制管理网络。根据归口和分工的原则，划清各职能部门、车间、班组对质量成本费用应负的责任和控制权限，把质量成本指标层层分解，并落实到有关部门和人员。

一个功能完善的控制系统应该具有测量机构、决策机构和执行机构，各个机构相对独立，承担自己的职能，又有机地组成一个系统，为整体目标服务，追求整体效果。

3）控制方式

根据控制活动中不同的使用信息的方式分类，可以有三种不同的基本控制方式，即事后控制、事中控制和事前控制。事后控制往往是已经产生了不合格品，损失已经造成，再通过查找原因采取措施，以达到控制目标。这种方式虽然不能及时控制，但由于操作简单，仍然有着广泛的使用价值。事中控制的指导思想是当有迹象表明将要出现质量问题时，及时采取控制措施，避免质量问题的产生，质量控制图就是这种控制方式的具体应用。事前控制的思想是在事情开始以前就采取种种措施，完全避免不利因素的冲击。在质量控制和成本控制中已普遍意识到最好的控制在产品设计阶段，设计阶段的工作可以控制住 60% 的质量问题和产品成本。这是一种防患于未然的思想，是最有效的，但是要能够预见到种种不良的影响因素是不容易的。

4）质量成本优化

质量成本费用的大小与产品质量的合格率之间存在内在的联系，反映这种关系的曲线称为质量成本特性曲线。其基本性状如图 16-1 所示。

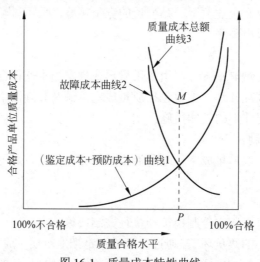

图 16-1　质量成本特性曲线

在图 16-1 中横坐标表示产品质量的合格率，最左端表示 100％不合格，最右端则是 100％合格。曲线 1 代表预防成本和鉴定成本之和，曲线 2 代表内部故障成本和外部故障成本之和，四项质量成本之和就是质量成本总额，由曲线 3 表示（总额中没有包括外部质量保证成本是因为该项成本比较稳定，对质量成本优化的影响不大，所以不予考虑）。从图 16-1 上可以发现质量成本的构成对质量水平影响很大。在 100％不合格的极端情况下，此时的预防成本和鉴定成本几乎为零，说明企业完全放弃了对质量的控制，后果是故障成本极大，企业是无法生存下去的。随着企业对质量问题的日益重视，对质量管理的投入逐步加大，从图 16-1 上可以看出，预防成本和鉴定成本逐步增加，产品合格率上升，同时故障成本明显下降。从图 16-1 中可以看出，当产品合格率达到一定水平以后，如要进一步改善合格率，则预防成本和鉴定成本将会急剧增加，而故障成本的降低率却十分微小。从曲线 3 可以看出存在质量成本的极值点 M，M 点对应着产品质量水平点 P，企业如把质量水平维持在 P 点，则有最小质量成本。

图 16-1 的质量成本特性曲线是在定性分析的基础上推断得到的，无论从理论上还是实践上分析，企业质量成本存在一个最小值的推断是可以接受的。在上述曲线存在条件下，对质量成本最小 M 点附近的范围做研究，可将其分成三个区域。如图 16-2 所示。

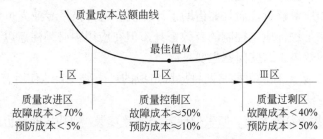

图 16-2　质量成本曲线区域划分

左边区域为质量改进区，此时，质量成本的优化措施是加强质量管理的预防性工作，提高产品质量，可以大幅度降低故障成本，质量总成本也会明显降低。

中间区域为质量控制区。此区域内，质量成本总额是很低的，处于理想状态，这时质量工作的重点是维持和控制在现有的水平上。

右边区域为质量过剩区，相应的质量管理工作重点是适当放宽标限，减少检验程序，维持工序控制能力，可以取得较好的效果。

以上的讨论是在已经具备质量成本曲线区域划分图的前提下进行的，对于大多数准备做质量成本优化分析的企业，还不具备这一条件，需要经过一段时期的实践与总结，才能逐步建立起自己的质量成本模型。在摸索过程中，借助质量成本特性曲线所揭示的规律可以避免盲目性。

16.3　质量管理方法

16.3.1　质量管理的两大类方法

质量管理的方法可以分为两大类：一类是以数理统计方法为基础的质量控制方法；

另一类是建立在全面质量管理思想之上的组织性的质量管理方法。

1. 质量管理中的统计方法

统计质量控制方法以 1924 年美国的休哈特提出的控制图为起点，半个世纪以来有了很大发展，现在包括很多种方法。这些方法可大致分为以下三大类。

（1）常用的统计管理方法。又称为初级统计管理方法。它主要包括控制图、因果图、相关图、排列图、直方图等所谓的"QC 七种工具"。运用这些工具，可以从经常变化的生产过程中，系统地收集与产品质量有关的各种数据，并用统计方法对数据进行整理、加工和分析，进而画出各种图表，计算某些数据指标，从中找出质量变化的规律，实现对质量的控制。日本著名的质量管理专家石川馨曾说过，企业内 95% 的质量管理问题，可通过企业上上下下全体人员活用这七种工具而得到解决。全面质量管理的推行也离不开企业各级、各部门人员对这些工具的掌握。

（2）中级统计管理方法。包括抽样调查方法、抽样检验方法、官能检查方法、试验计划法等。这些方法不一定要企业全体人员都掌握，主要是供有关技术人员和质量管理部门的人使用。

（3）高级统计管理方法。包括高级试验计划法和多变量解析法。这些方法主要用于复杂的工程解析和质量解析，而且要借助于计算机，通常只是专业人员使用这些方法。

统计管理方法是进行质量控制的有效工具，但在应用中必须注意以下几个问题，否则就得不到应有的效果。这些问题主要是：

① 数据有误。数据有误可能是两种原因造成的：一是人为地使用有误数据；二是未真正地掌握统计方法。

② 数据的采集方法不正确。如果抽样方法本身有误，则其后的分析方法再正确也是无用的。

③ 数据的记录、抄写有误。

④ 异常值的处理。通常在生产过程中取得的数据总是含有一些异常值的，它们会导致分析结果有误。

2. 组织性的质量管理方法

组织性的质量管理方法是指从组织结构、业务流程和人员工作方式的角度进行质量管理的方法，它建立在全面质量管理的基础上，主要内容有制定质量管理方针、建立质量保证体系、开展 QC 小组的活动、各部门质量责任的分担、进行质量诊断等。

16.3.2　常用的质量管理工具

从 20 世纪 20 年代休哈特发明控制图开始，统计方法就被广泛应用于质量管理中，随后又出现了许多新的方法，即常说的"老七种工具"和"新七种工具"。限于篇幅，仅做简要介绍，有兴趣的读者可查看相关质量管理文献。

1. 老七种工具

20 世纪 60 年代，日本提出了七种基本质量管理工具——老七种工具。这些工具以数据及因果关系分析为主，以数理统计为支撑技术。

1）调查表检查表法

调查表检查表法又称为统计分析表法等。它是 QC 七大手法中最简单也是使用得最多的手法。是对来自生产过程中的观测数据按调查目的进行整理和粗略分析的一种简易工具，又称统计分析表法。经整理和粗略分析所获得的数据，便于其他分析方法（如排列图和直方图等）的应用。如将调查表与分层法同时使用，可使影响产品质量的因素分析得更加清楚。调查表的形式多种多样，应根据不同的场合、对象和目的，灵活选用合适的形式和项目。以简单的数据，用容易理解的方式，制成图形或表格，必要时记上检查记号，并加以统计整理，作为进一步分析或核对检查之用。目的是记录某种事件发生的频率。

检查表的作用是用来检查有关项目的表格：一是收集数据比较容易；二是数据使用处理起来也比较容易，因此检查表成了非常有用的数据记录工具。

检查表的种类包括工序分布检查表、不合格项检查表、缺陷位置检查表和缺陷原因检查表。如表 16-1 所示。

表 16-1　服务质量调查表

时间 / 投诉次数 / 项目	一月	二月	三月	……	……
服务态度 购物环境 …… 吵架 ……					

2）分层法

分层法就是性质相同的，在同一条件下收集的数据归纳在一起，以便进行比较分析。因为在实际生产中，影响质量变动的因素很多，如果不把这些因素区别开来，难以得出变化的规律。数据分层可根据实际情况按多种方式进行。例如，按不同时间、不同班次进行分层，按使用设备的种类进行分层，按原材料的进料时间、原材料成分进行分层，按检查手段、使用条件进行分层，按不同缺陷项目进行分层等。数据分层法经常与统计分析表结合使用。

如某超市在一个月中共收到表扬信 78 封，我们用分层法分析顾客对超市营业员服务质量的评价，如表 16-2 所示。

表 16-2　服务质量分层分析表

营业员等级数	特级、一级	二级、三级	四级以下	合计
表扬信	18	46	14	78
人数	6	30	20	56

3）排列图

排列图法，又称主次因素分析法、帕累托图法，它是将各个项目从最主要到最次要的顺序进行排列从而找出影响产品质量主要因素的一种简单而有效的图表方法。排列图是根据"关键的少数和次要的多数"的原理而制作的。也就是将影响产品质量的众多影响因素按其对质量影响程度的大小，用直方图形顺序排列，从而找出主要因素。

质量问题是以质量损失（缺陷项目和成本）的形式表现出来的，大多数损失往往是由几种缺陷引起的，而这几种缺陷往往又是少数原因引起的。因此，一旦明确了这些"关键的少数"，就可以消除这些特殊原因，避免由此引起的大量损失。

排列图可分为两种：分析现象用排列图和分析原因用排列图。如图 16-3 所示。

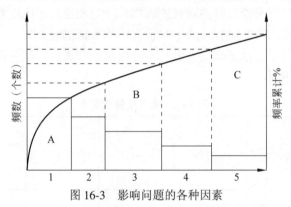

图 16-3　影响问题的各种因素

其结构是由两个纵坐标和一个横坐标，若干个直方形和一条折线构成。左侧纵坐标表示不合格品出现的频数（出现次数或金额等），右侧纵坐标表示不合格品出现的累计频率（用百分比表示），横坐标表示影响质量的各种因素，按影响大小顺序排列，直方形高度表示相应的因素的影响程度（即出现频率为多少），折线表示累计频率（也称帕累托曲线）。通常累计百分比将影响因素分为三类：占 0%～80% 为 A 类因素，也就是主要因素；占 80%～90% 为 B 类因素，是次要因素；占 90%～100% 为 C 类因素，即一般因素。由于 A 类因素占存在问题的 80%，此类因素解决了，质量问题大部分就得到了解决。

4）因果图

1953 年由日本东京大学教授石川馨第一次提出，故又称为石川馨图。因其形状看似鱼刺，也被称为"鱼刺图"。我们知道：导致过程或产品问题的原因可能有很多因素，主要涉及人、材料、机械设备、方法、环境（5M1E），通过对这些因素进行全面系统的观察和分析，通过因果图可以找出其因果关系。绘制因果图的方法主要是利用逻辑推理法、发散整理法来进行。如图 16-4 所示。

5）直方图

直方图法是从总体中随机抽取样本，将从样本中获得的数据进行整理，根据这些数据找出质量波动规律，预测工序质量好坏，估算工序不合格率的一种工具。它是用来分析数据信息的常用工具，它能够直观地显示出数据的分布情况。如图 16-5 所示。

6）散布图

散布图是用来发现和显示两组相关数据之间相关关系的类型和程度，或确认其预期

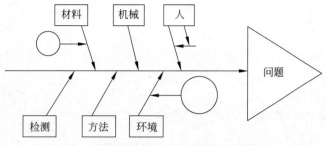

图 16-4　因果分析图

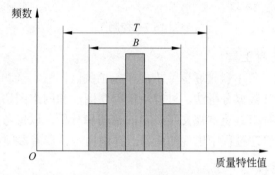

图 16-5　直方图基本图形

关系的一种示图工具。

在质量改进活动中，常常要分析研究两个相应变量是否存在相关关系。散布图的做法就是把由实验或观测得到的统计资料用点在平面图上表示出来，根据散布图，就可以把握两者之间的关系。如图 16-6 所示。

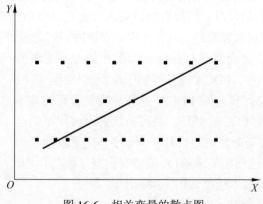

图 16-6　相关变量的散点图

7）控制图或管制图（休哈特图）

控制图被用来对过程状态进行监控，并可度量、诊断和改进过程状态。它是由休哈特于 1924 年提出来的，其目的是消除产品质量形成过程中的异常波动。产品在制造过程中，质量波动是不可避免的，质量波动包括异常波动和正常波动，在质量改进过程中，控制图主要是用来发现过程中的异常波动。如图 16-7 所示。

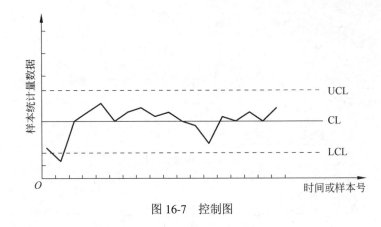

图 16-7　控制图

2．质量管理新七种工具

20 世纪 70 年代，日本科技联盟又推出了包括关联图法、亲和图法（KJ 法）、系统图法、矩阵图法、矩阵数据分析法、过程决策程序图法和网络图法，合称为质量管理的"新七种工具"。这七种工具更重视文字资料的整理和分析，以思考方法作为技术手段，从多个角度解决质量管理过程中出现的问题。详细内容请读者参阅相关资料。

16.3.3　PDCA 循环

PDCA 循环的概念最早是由美国质量管理专家戴明提出来的。PDCA 四个英文字母及其在 PDCA 循环中所代表的含义如下：

P（plan）——计划，确定方针和目标，确定活动计划；

D（do）——执行，实地去做，实现计划中的内容；

C（check）——检查，总结执行计划的结果，注意效果检查出问题；

A（action）——行动，对总结检查的结果进行处理，成功的经验加以肯定并适当推广、标准化；失败的教训加以总结，以免重现，未解决的问题放到下一个 PDCA 循环中。

PDCA 循环实际上是有效进行任何一项工作的合乎逻辑的工作程序。在质量管理中，PDCA 循环得到了广泛的应用，并取得了很好的效果，因此，有人称 PDCA 循环是质量管理的基本方法。之所以将其称为 PDCA 循环，是因为这四个过程不是运行一次就完结，而是要周而复始地进行。一个循环完了解决了一部分问题，可能还有其他问题尚未解决，或者又出现了新的问题，再运行下一次循环，其基本模型如图 16-8 所示。

图 16-8　PDCA 循环

PDCA 循环还有两个如下特点。

1．大环带小环

如图 16-9 所示，如果把整个企业的工作作为一个大的 PDCA 循环，那么各个部门、小组还有各自小的 PDCA 循环，就像一行星轮系一样，大环带动小环，一级带一级，有机地构成一个运转的体系。

2．阶梯式上升

PDCA 循环不是在同一水平上循环，而是每循环一次，就解决一部分问题，取得一部分成果，工作就前进一步，水平就提高一步。到了下一次循环，又有了新的目标和内容，更上一层楼。图 16-10 表示了这个阶梯式上升的过程。

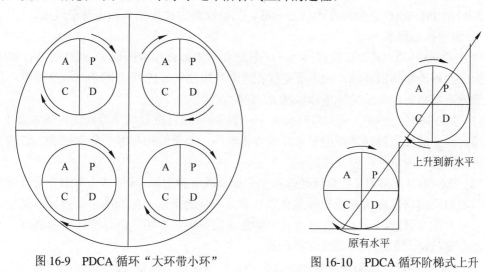

图 16-9 PDCA 循环"大环带小环"   图 16-10 PDCA 循环阶梯式上升

16.4 ISO 9000 系列标准与质量管理体系

16.4.1 ISO 9000 系列标准的简史

1. ISO 9000 系列标准的产生与发展

ISO 9000 系列标准是国际标准化组织（International Organization for Standardization）颁布的关于质量管理方面的世界性标准，ISO 是国际标准化组织的英文简称。ISO 成立于 1946 年，总部设在瑞士的日内瓦，是由 140 多个国家标准化团体联合组成的国际组织，其宗旨是：在世界范围内促进标准化工作的开展，以利于国际物资交流和服务，并扩大在知识、科学、技术和经济方面的合作。

ISO 下设 186 个技术委员会（简称 TC），专门从事国际标准的制定和推广工作。其中，专门从事质量管理和质量保证的技术委员会（ISO/TC 176）于 1979 年开始着手制定 ISO 9000 系列标准，1987 年完成并正式发布。

1990 年，ISO/TC 176 决定对 1987 版的 ISO 9000 系列标准进行有限的技术性修订，1994 年完成并正式发布，统称 1994 版 ISO 9000 系列标准。

随后，ISO/TC 176 决定再次对标准进行彻底的大修订，1996 年在广泛调研顾客对标准的要求和广泛征求标准使用者意见的基础上，提出了标准修订方案，1997 年正式提出以质量管理八项原则为新版标准的设计思想。经过不断地反复修订和征求意见，最后 ISO/TC 176 于 2000 年 12 月 15 日正式发布了 2000 版的 ISO 9000 系列标准中的三个核心标准，ISO 9000：2000《质量管理体系——基础和术语》、ISO 9001：2000《质量管理体系——要求》和 ISO 9004：2000《质量管理体系——业绩改进指南》。

2002 年，ISO/TC 176 和 ISO/TC 207 正式发布了 ISO 9000 系列标准中的另一个核心

标准：ISO 19011：2000《质量和（或）环境管理体系审核指南》。

2．ISO 9000 系列标准

2000 版 ISO 9000 系列标准由核心标准、其他标准、技术报告和小册子组成。

1）四个核心标准

（1）ISO 9000：2000《质量管理体系——基础和术语》。该标准阐明了 2000 版 ISO 9000 系列标准的理论和知识基础，阐述了质量管理的八项原则、12 项有助于对标准理解的质量管理体系基础知识和质量管理领域的 80 个术语。

（2）ISO 9001：2000《质量管理体系——要求》。该标准阐明了旨在满足顾客要求、增强顾客满意的质量管理体系的要求。主要内容为：质量管理体系、管理职责、资源管理、产品实现、测量分析和改进。

（3）ISO 9004：2000《质量管理体系——业绩改进指南》。该标准为考虑开发改进业绩潜能的组织提供提高质量管理体系有效性和效率性的指南。标准的主要目标不仅包括产品质量和顾客满意，还包括其他相关方满意和提高组织业绩。但该标准不是 ISO 9001 标准的实施指南，不用于认证或合同目的。

（4）ISO 19011：2000《质量和（或）环境管理体系审核指南》。该标准为质量和环境管理体系审核的原则、审核方案的管理、质量和环境管理体系审核的实施，以及对审核员的能力要求提供了指南。

2）其他标准

ISO 10012《测量管理体系——测量过程和测量设备要求》。

3）技术报告

ISO/TR 10005《质量管理——质量计划指南》；

ISO/TR 10006《质量管理——项目管理质量指南》；

ISO/TR 10007《质量管理——技术状态管理指南》；

ISO/TR 10013《质量手册编制指南》；

ISO/TR 10014《质量经济性管理指南》；

ISO/TR 10015《质量管理——培训指南》；

ISO/TR 10017《统计技术指南》。

4）小册子

《质量管理原理》；

《选择和使用指南》。

16.4.2 质量管理体系的建立与运行

ISO 9000：2000 系列标准阐明了质量管理体系的基本原理，它将八项质量管理原则应用于质量管理体系，着眼于指导组织如何以正确的思想和方法来建立、实施和持续改进质量管理体系，确保质量管理体系运行的有效性和效率。在质量管理体系所包含的管理职责、资源管理、测量分析及改进、产品实现这四大过程中，以产品实现为主过程，其他三个过程为支持过程。以过程为基础的质量管理体系模式如图 16-11 所示。

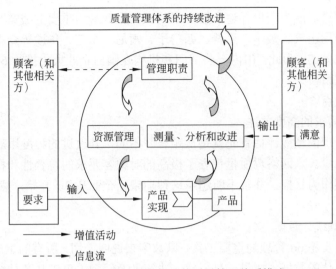

图 16-11 以过程为基础的质量管理体系模式

质量管理体系应建立在客户驱动的基础上，应达到预期目标后继续改进，对文件与结果应同等重视，管理层应进行定期评审以确保达到增加顾客满意度的目的。

16.4.3 质量管理体系的审核

ISO 9000：2000 对质量体系审核所下的定义："为获得审核证据并对其进行客观的评价，以满足审核准则的程度所进行的系统的、独立的并形成文件的过程。"

内部审核，也称第一方审核，用于内部目的，由组织自己或以组织的名义进行，可作为组织自我合格声明的基础。

外部审核包括"第二方审核"和"第三方审核"。

第二方审核由组织的相关方（如顾客）或其他人员以相关方的名义进行。

第三方审核由外部独立的组织进行。这类组织提供符合要求（如 GB/T 19001 和 GB/T 24001—1996）的认证或注册，或 ISO 9000 质量认证与注册。

当质量和环境管理体系被一起审核时，这种情况称为一体化审核。

16.5 6σ 质量管理

16.5.1 6σ 产生及特点

1. 6σ 产生

六西格玛（6σ）概念作为品质管理概念，最早是由摩托罗拉公司的比尔·史密斯于 1986 年提出的，其目的是设计一个目标：在生产过程中降低产品及流程的缺陷次数，防止产品变异，提升品质。6σ 真正流行并发展起来是在通用电气公司的实践，在杰克韦尔奇于 20 世纪 90 年代从全面质量管理方法中提炼出一个高度有效的企业流程设计、改善和优化的技术，并提供了一系列同等地适用于设计、生产和服务的新产品开发工具，并成为了一种提高企业业绩与竞争力的管理模式。继而与 GE 的全球化、服务化、电子商务等战略齐头并进，成为全世界追求管理卓越性的企业最为重要的战略举措。该管理法在摩托罗拉、通用电气、戴尔、惠普、西门子、索尼、东芝、华硕等众多跨国企业的实践证明是卓有成效的。为此，国内一些部门和机构在国内企业大力推行 6σ 管理工作，引导企业开展 6σ 管理。

2．6σ 的特点

1）对顾客需求的高度关注

六西格玛管理的绩效评估首先就是从顾客开始的，其改进的程度用对顾客满意度和价值的影响来衡量。六西格玛质量代表了极高的对顾客要求的符合性和极低的缺陷率。它把顾客的期望作为目标，并且不断超越这种期望。企业从 3σ 开始，然后是 4σ、5σ，最终达到 6σ。

2）高度依赖统计数据

统计数据是实施 6σ 管理的重要工具，以数字来说明一切，所有的生产表现、执行能力等都量化为具体的数据，成果一目了然。决策者及经理人可以从各种统计报表中找出问题在哪里，真实掌握产品不合格情况和顾客抱怨情况等，而改善的成果，如成本节约、利润增加等，也都以统计资料与财务数据为依据。

3）重视改善业务流程

6σ 管理将重点放在产生缺陷的根本原因上，认为质量是靠流程的优化，而不是通过严格地对最终产品的检验来实现的。企业应该把资源放在认识、改善和控制原因上，而不是放在质量检查、售后服务等活动上。质量不是企业内某个部门和某个人的事情，而是每个部门及每个人的工作，追求完美成为企业中每一个成员的行为。6σ 管理有一整套严谨的工具和方法来帮助企业推广实施流程优化工作，识别并排除那些不能给顾客带来价值的成本浪费，消除无附加值活动，缩短生产、经营循环周期。

4）积极开展主动改进型管理

运用 6σ 管理方法使管理者和员工不断地发现生产中存在的缺陷问题，产生质量的不安感。变被动为主动，员工会不断地问自己：现在到达了几个 σ？问题出在哪里？能做到什么程度？通过努力提高了吗？这样，企业就始终处于一种不断改进的过程中。

5）倡导无界限合作

由于 6σ 管理所追求的品质改进是一个永无终止的过程，而这种持续的改进必须以员工素质的不断提高为条件，因此，有助于形成勤于学习的企业氛围、勤于学习的企业文化。6σ 管理扩展了合作的机会，使员工意识到在工作流程中各个部门、各个环节的相互依赖性，加强了部门之间、上下环节之间的合作和配合。导入 6σ 管理的过程，本身就是一个不断培训和学习的过程，通过组建推行 6σ 管理的骨干队伍，对全员进行分层次的培训，使大家都了解和掌握 6σ 管理的要点，充分发挥员工的积极性和创造性，在实践中不断进取。

16.5.2　6σ 的实施程序

1．辨别核心流程和关键顾客

随着企业规模的扩大，顾客细分日益加剧，产品和服务呈现出多标准化，人们对实际工作流程的了解越来越模糊。辨别核心流程（如吸引顾客、订货管理、装货、顾客服务与支持、开发新产品或者新服务、开票收款流程等）与辅助流程（如融资、预算、人力资源管理、信息系统等），获得对现有流程的清晰认识，是实施 6σ 管理的第一步。

2．定义顾客需求

收集顾客数据，掌握顾客需求的发展变化趋势，制定绩效指标及需求说明。缺乏对顾客需求的清晰了解，是无法成功实施 6σ 管理的。即使是内部的辅助部门，如人力资源部，也必须清楚了解其内部顾客——企业员工的需求状况。

3．辨别优先次序，实施流程改进

对需要改进的流程进行区分，找到高潜力的改进机会，优先对其实施改进。如果不确定优先次序，企业多方面出手，就可能分散精力，影响 6σ 管理的实施效果。业务流程改进遵循五步循环改进法，即 DMAIC 模式。

（1）定义（Define）。定义阶段主要是明确问题、目标和流程，需要回答以下问题：应该重点关注哪些问题或机会？应该达到什么结果？何时达到这一结果？正在调查的是什么流程？它主要服务和影响哪些顾客？

（2）评估（Measure）。评估阶段主要是分析问题的焦点是什么，借助关键数据缩小问题的范围，找到导致问题产生的关键原因，明确问题的核心所在。

（3）分析（Analyze）。通过采用逻辑分析法、观察法、访谈法等方法，对已评估出来的导致问题产生的原因进行进一步分析，确认它们之间是否存在因果关系。

（4）改进（Improve）。拟订几个可供选择的改进方案，通过讨论并多方面征求意见，从中挑选出最理想的改进方案付诸实施。实施 6σ 改进，可以是对原有流程进行局部的改进；在原有流程问题较多或惯性较大的情况下，也可以重新进行流程再设计，推出新的业务流程。

（5）控制（Control）。根据改进方案中预先确定的控制标准，在改进过程中，及时解决出现的各种问题，使改进过程不至于偏离预先确定的轨道，发生较大的失误。

4．扩展、整合六西格玛管理系统

当某一六西格玛管理改进方案实现了减少缺陷的目标之后，如何巩固并扩大这一胜利成果就变得至关重要了。因此，应扩展、整合六西格玛管理系统，为质量管理提供连续的评估以支持改进，定义流程负责人及其相应的管理责任，实施闭环管理，不断向 6σ 绩效水平推进。

16.5.3 TQM、ISO 9000 与 6σ 之间的关系

TQM、ISO 9000 与 6σ 都是企业为了加强质量管理所采用的组织性管理方法。从 20 世纪六七十年代开始，很多企业就在推行 TQM 上做了大量的工作，如建立了质量管理机构、形成了质量管理队伍、推广了统计质量管理方法等。这些都为实施 ISO 9000 系统标准打下了基础，一方面使 ISO 9000 系统标准得到了应用与发展；另一方面深化了全面质量管理。随后发展起来的 6σ 质量管理的思想和方法，完全秉承了 TQM 的持续改进的思想，同时克服了 TQM 体系化、规范化不足的弱点，吸收了 ISO 9000 的体系化的长处，通过一套完整的组织架构、明确的量化目标、完善的方法体系来不断推进质量管理活动。

三者具体的联系主要表现在以下几个方面。

（1）目的一样。TQM 的目的是通过企业全体人员及有关部门同心协力，建立产品的研究与开发、设计、生产（作业）、服务等全过程的质量体系，并通过全员参与来实现质量保证和质量的不断提高。ISO 9000 的目的是通过贯彻标准簇，使企业的质量体系有效运行，使其具有持续提供符合要求的产品的能力，而且在质量保证活动中向顾客提供具有这种能力的证实。6σ 的目的则是通过一套严密的组织架构、定量化的分析和考核方法在各项业务中追求完美，精益求精。虽然三者目标的表达形式与方法有细微区别，但最终目的都是要最大限度地提供符合规定要求和用户期望的产品和服务。

（2）系统管理思想一样。TQM 要求全员、全过程、全企业开展质量管理活动，用最经济的手段生产用户满意的产品。ISO 9000 规定，建立质量体系应将与产品质量有关的组织机构、职责、程序、活动、能力和资源等构成一个有机整体，以求得供需双方在考虑风险、成本利益等基础上的最佳质量，使供需双方都得到好处。6σ 强调从流程，而不是从个别环节、个别问题的角度去实施改进。

（3）预防为主的出发点一样。TQM 要求把事后把关变为事先预防，把控制结果变为控制过程，实行超前管理和早期报警。ISO 9000 则强调质量管理是一个有组织落实、有物质保证、有具体工作内容的有机过程，其通过标准的体系使与质量有关的各项活动处于受控状态，预防和避免发生质量问题。同样，6σ 强调通过减少流程的波动和偏差来实现防患于未然。尽管三者具体控制途径不同，但都强调预防为主。

（4）都用事实与数据说话。TQM 与 6σ 都是以统计分析为基础，一切用数据说话，实现质量管理科学化；ISO 9000 强调以客观事实为依据，为了证实建立质量体系的适用性和运行的有效性，要求每个要素都必须以质量文件、质量记录为凭证，有文字依据。

可见，TQM 、ISO 9000 与 6σ 三者在目标上、采用的方法上都是相通的，相互之间不存在替代关系，只是在一些细微之处有差别。如 TQM 与 ISO 9000 都是讲全面质量管理，但 ISO 9000 的质量含义比 TQM 所讲的质量含义更广。ISO 9000 将质量定义为"……特性总和"；TQM 则是指产品的设计质量、制造质量、使用质量、维护质量等，其对象不如 ISO 9000 的领域宽。6σ 强调质量的"量化绩效指标"。此外 ISO 9000 是通用的标准，能够进行国际通用的认证，TQM 和 6σ 则不能。

思考与练习

1. 质量的概念是什么？举例说明现实产品与服务所展现的质量观。
2. 质量管理的内涵是什么？八大原则对质量管理的意义表现在哪里？
3. 质量管理大师的质量观有何联系？
4. 从质量管理演进的历程，你从中得到何种启示？
5. 质量成本的构成是什么？如何进行优化？
6. 查阅相关资料，比较新老七种工具的差别？各工具的应用价值在哪里？
7. PDCA 循环指什么？对质量改进有何作用？
8. 简述 ISO 9000：2000 系列标准的特点。

9. 简述 ISO 9000 与质量管理体系之间的关系。

10. 查阅相关资料，论述 6σ 管理对质量管理的意义。

11. 简述 TQM 、ISO 9000 与 6σ 三者的关系。

日本的质量之路

世界公认："日本之所以能够后来发展成为超级经济强国是同它的优质产品密不可分的。"无论从广度还是深度，20 世纪日本的质量管理活动都是一个典范。

事实上，在 20 世纪 50 年代初以及之前的日本，产品质量很糟糕，可以查阅到的描述："他们出口的玩具玩不了多久就会出现质量问题，他们出口的灯具寿命短得让人无法接受。"此时日本企业界开始意识到它们在产品质量方面的恶劣口碑是日本产品进军国际市场的最大障碍。为了改变这一现状，企业界的有识之士着手年复一年、常抓不懈地实施质量变革。

最开始进行革新的是日本的通信设备制造业，它们从美国引入了现代质量管理的概念和方法，并特别重视质量控制过程中应用的统计方法。而扩展成为全国性的质量变革则紧紧地与一个日本组织和一个美国人联系在一起。成立于 20 世纪 40 年代的日本科学技术联盟（JUSE）从 1949 年开始设立由企业、大学和政府人员构成的质量管理研究小组，并定期开办"质量管理基础课程"，将小组的成果传达给产业界，至 20 世纪 90 年代中期举办约 90 期，约 3 万人参与学习，这些人员成为了日本企业质量管理活动的主力军。JUSE 于 1950 年邀请美国的戴明博士（W. Edwards Deming），一位抽样理论和质量管理专家，访问了日本并为 JUSE 技术专家和各地企业高层举办了质量课程或讲座，通过一年的授课，戴明的理论在日本受到了尊敬和推崇。在 JUSE 的宣传和推动下，日本掀起了质量管理的热潮，定于每年的十一月为"质量管理月"，而戴明捐出了讲义费而设立了"戴明奖"，这一奖项迄今仍是日本企业深受重视的最高质量荣誉。

在头十年，质量管理和统计技术的应用仅限于制造和检验领域，尽管已经取得了良好的效果，但很显然，对于实现顾客满意这一主要质量目标而言，它并非充分条件。为实现这个目标，无疑必须重视制造前的过程，而且还必须强调在检验后的过程中应用质量管理方法。日本从 20 世纪 60 年代初开始将质量管理的概念拓展为全公司质量管理（CWQC），它的特征显而易见：一方面覆盖范围从市场调查到售后服务非常广；另一方面全员参与。在管理活动开展过程中，这种独创的管理体系突出了三个特点：重视教育和培训、进行"方针管理"、注重内部审核或者"质量管理诊断"。众所周知，这些方法甚至术语被 1987 年颁布的 ISO 质量管理体系标准吸收后向全世界推广。

伴随着 CWQC 活动的深入，人们日益认识到一线工人的重要性：没有这些工人的日常努力，就不可能实现所制造产品的符合性质量。具有创造性的质量组织 QC 小组（又称为品管圈）诞生了，从 1962 年 5 月第一个 QC 小组在 JUSE 注册到 20 世纪 90 年代中期，共产生了约 40 万个 QC 小组，注册参与者超过 300 万人。QC 小组组长由工人担任，并建立自主管理体系；小组选择的课题不仅包括减小缺陷、提高生产率、降低制造和检验成本，而且还包括设备维修、生产计划和其他方面的改进；在小组活动中常用的统计工具被称为"七种工具"。随着 CWQC 延伸到服务业，QC 小组活动同样在各类服务业企业中显示出活力和良好的效果。

发轫于 20 世纪 50 年代的日本质量革命是在全公司范围内应用统计质量控制的概念和方法的结果，最终导致日本的产品质量在 20 世纪 70 年代追上了西方世界。对于这场革命为什么在日本相对容易实现，通常有三个方面的解释：一是日本是同种语言同一种族构成的单一的社会；二是日本有一个全面的义务教育体系，总体上教育水准很高；三是日本公司实施终身雇佣制，员工跳槽率低。此外，日本在科学、文化以及技术方面的制度非常健全，比如早在 1885 年实施了《专利法》，也极大促进了日本的质量革命。

日本沿着质量革命的路线继续前行。20 世纪 70 年代的两次石油危机促使日本利用日渐成熟的质量体系开展节能活动，包括生产过程中的节能和开发节能产品。20 世纪 80 年代大部分日本公司尝试开展多角化经营，并始终保持着对新产品和新技术的浓厚兴趣。此时日本的质量奇迹开始震惊世界，日本产品凭借其卓越的质量大量进入美国市场并加剧了美国的质量危机，美国 NBC 甚至于 1980 年 6 月播放了纪录片《日本能，我们为什么不能？》而引发强烈反响，从此美国公司开始利用各种质量管理理念和方法去改善产品竞争力，包括重视戴明、朱兰等在日本成功的本土质量专家的意见，并在 20 世纪末在质量管理方面取得了一定程度的成绩。

进入 21 世纪，在经历了房地产泡沫等国内外经济危机后，部分日本企业特别是海外投资企业在质量理念上出现了一些变化。有报道称，去除过剩质量而"达到顾客能接受的质量门槛即可"已经成为部分企业的质量新观念，这种现象是否具有代表性则有待进一步观察。

总结半个多世纪的质量管理历程，日本不仅创造和延续了一个奇迹，而且为丰富质量管理体系知识系统贡献巨大。日本对来源于美国的质量管理方法进行了发展创新，提出了全公司质量管理（CWQC），首创了 QC 团队质量改进方法、田口质量工程学、5S 现场管理以及 TPM 全面生产维护、QFD 质量功能展开和 JIT 丰田生产方式等，归纳了"老七种""新七种"工具，并普遍用于质量改进和质量控制，使质量管理涵盖了大量新的内容。从此质量管理的手段不再局限于数理统计，而是全面地运用各种管理技术和方法。

（资料来源：http://wenku.baidu.com/view/ad1777214b35eefdc8d333ce.html）

问题

从日本经济的崛起，谈谈你从中得到的关于质量管理的体会。

[1] 〔美〕詹姆斯·B.迪尔沃思. 运作管理：在产品和服务中提供价值[M]. 肖勇波，刘晓玲，译. 北京：中信出版社，2006.

[2] 〔美〕诺曼·盖泽，格雷格·富兰泽尔. 运营管理[M]. 刘庆林，等，译. 北京：人民邮电出版社，2005.

[3] 马士华，崔南方，周水银，等. 生产运作管理[M]. 北京：科学出版社，2005.

[4] 李震，王波，等. 运营管理[M]. 成都：西南财经大学出版社，2010.

[5] 刘丽文. 生产与运作管理[M]. 北京：清华大学出版社，2006.

[6] 刘永悦，王艳亮，等. 生产运作管理[M]. 北京：清华大学出版社，2011.

[7] 包雅茹. 运营管理1001法[M]. 北京：中国国际广播出版社，2004.

[8] 〔美〕杰伊·海泽，巴里·伦德尔. 运作管理原理[M]. 寿涌毅，译. 北京：北京大学出版社，2010.

[9] 〔美〕杰拉德·卡桑，克里斯蒂安·特维施. 运营管理[M]. 任建标，译. 北京：中国财政经济出版社，2006.

[10] 冯根尧. 生产与运作管理[M]. 重庆：重庆大学出版社，2002.

[11] 叶春明. 生产计划与控制[M]. 北京：高等教育出版社，2005.

[12] 孙维琦. 生产与运作管理[M]. 北京：机械工业出版社，2004.

[13] 齐二石，等. 生产与运作管理教程[M]. 北京：清华大学出版社，2006.

[14] 陈荣秋，马士华. 生产与运作管理[M]. 2版. 北京：高等教育出版社，2005.

[15] 陈心德，吴忠. 生产运营管理[M]. 北京：清华大学出版社，2005.

[16] 张林格，等. 企业运营管理[M]. 北京：首都经济贸易大学出版社，2006.

[17] 潘春跃. 投资项目的运营与效应分析[J]. 经济师，2005(12).

[18] 辛雄飞. 设备部规范化管理工具箱[M]. 北京：人民邮电出版社，2010.

[19] 王兰会. 质量管理部规范化管理工具箱[M]. 北京：人民邮电出版社，2010.

[20] 张善海. 质量管理方法及应用[M]. 北京：中国计量出版社，2007.

[21] 黄卫纬. 生产与运营管理[M]. 2版. 北京：中国人民大学出版社，2006.

[22] 陈志祥. 生产运作管理基础[M]. 北京：电子工业出版社，2010.

[23] 尤建新，杜学美，张建同. 质量管理学[M]. 2版. 北京：人民邮电出版社，2008.

[24] 马新国. 现代企业设备管理百科全书（第一卷）[M]. 哈尔滨：哈尔滨地图出版社，2006.

[25] 王汝杰. 现代设备管理[M]. 北京：冶金工业出版社，2007.

[26] 王道平，谭跃雄. 生产运作管理[M]. 长沙：湖南大学出版社，2004.

[27] 陈荣秋，周水银. 生产运作管理的理论与实践[M]. 北京：中国人民大学出版社，2002.

[28] 宋克勤. 生产运作管理教程[M]. 上海：上海财经大学出版社，2002.

[29] 申元月. 生产运作管理[M]. 济南：山东人民出版社，2001.

[30] 王世良. 生产运作管理[M]. 北京：华文出版社，2001.

[31] 赵红梅. 生产与运作管理[M]. 北京：人民邮电出版社，2007.

[32] 程国平. 生产与运作管理[M]. 2版. 武汉：武汉理工大学出版社，2007.

[33] 洪元义，吴亚非，王基建. 生产与运作管理[M]. 武汉：武汉理工大学出版社，2002.

[34] 高鹏兴，等. 生产与运作管理[M]. 北京：科学出版社，2002.

［35］ 马晨晓. 现代质量管理[M]. 郑州：郑州大学出版社，2006.

［36］ 李晓春，曾瑶. 质量管理学[M]. 北京：北京邮电大学出版社，2006.

［37］ 龚益鸣. 质量管理学[M]. 北京：清华大学出版社，2006.

［38］ 岑詠霆. 质量管理教程[M]. 上海：复旦大学出版社，2005.

［39］ ［美］理查德·B. 蔡斯，等. 运营管理[M]. 11 版. 北京：机械工业出版社，2010.

［40］ ［美］戴维·A. 科利尔，等. 运营管理：产品、服务和价值链[M]. 2 版. 北京：北京大学出版社，2009.

［41］ 任建标. 战略运营管理[M]. 北京：清华大学出版社，2005.

［42］ 里基·W. 格里芬. 管理学[M]. 9 版. 北京：中国市场出版社，2008.

［43］ 杨建华，张群，杨新泉. 运营管理[M]. 北京：北京交通大学出版社，2006.

［44］ ［美］威廉·史蒂文森，张群，张杰. 运营管理[M]. 北京：机械工业出版社，2008.

［45］ 刘丽文. 服务运营管理[M]. 北京：清华大学出版社，2004.

［46］ 季建华. 运营管理[M]. 上海：上海交通大学出版社，2008.

［47］ 王丽亚，陈友玲，等. 生产计划与控制[M]. 北京：清华大学出版社，2007.

［48］ 曾伟. 生产运作控制[M]. 北京：中国经济出版社，2007.

［49］ 黄卫伟. 生产与运营管理[M]. 北京：中国人民大学出版社，2006.

［50］ ［美］约翰·O. 麦克莱恩，L. 约瑟夫·托马斯，约瑟夫·B. 马佐拉. 运营管理[M]. 北京：中国人民大学出版社，2001.

［51］ ［法］Derek L Waller. 运营管理——一种供应链方法[M]. 北京：清华大学出版社，2003.

［52］ ［美］Richard B Chase, Nicholas J Aquilano, F Robert Jacobs. 运营管理[M]. 北京：机械工业出版社，2005.

［53］ 周三多，陈传明. 管理学[M]. 北京：高等教育出版社，2010.

［54］ 茅宁，郑称德，缪荣. 现代物流管理概论[M]. 南京：南京大学出版社，2004.

［55］ Roberta S Russell, Bernard W Tayllor. 运营管理：创造供应链价值[M]. 北京：中国人民大学出版社，2010.

［56］ Larry P Ritzman, Lee J Krajewski. 运营管理基础[M]. 北京：中国人民大学出版社，2006.

［57］ 周凯，刘成颖. 现代制造系统[M]. 北京：清华大学出版社，2005.

［58］ 张淑君，林光. 企业运作管理[M]. 北京：清华大学出版社，2004.

［59］ 杜茂康. Excel 与数据处理[M]. 2 版. 北京：电子工业出版社，2012.

［60］ 陈一君. 市场调查与预测[M]. 成都：西南交通大学出版社，2009.

［61］ 陈殿阁. 市场调查与预测[M]. 北京：清华大学出版社，2004.

［62］ 潘家轺，曹德弼. 现代生产管理学[M]. 北京：清华大学出版社，2003.

［63］ 林光. 企业生产运作管理[M]. 北京：清华大学出版社，2010.

［64］ Theodore Levitt. Production-line approach to service[J]. Harvard Business Review, 1972.

［65］ Richard B Chase. Where does the customer fit in a service operation?[J]. Harvard Business Review，1978.

［66］ 闪四清. ERP 系统原理和实施[M]. 北京：清华大学出版社，2008.

［67］ 李健. 企业资源计划（ERP）及其应用[M]. 北京：电子工业出版社，2004.

［68］ 王国文，赵海然，佟立文. 供应链管理——核心与基础[M]. 北京：企业管理出版社，2006.

［69］ 马士华，林勇. 供应链管理[M]. 北京：高等教育出版社，2006.

［70］ 王昭风. 供应链管理[M]. 北京：电子工业出版社，2007.

[71]　Terry P Harrison，　Hau L Lee，　John J Neale. 供应链管理实务[M]. 北京：中国人民大学出版社，2006.

[72]　[美] 约翰·T. 门茨尔. 供应链管理概论[M]. 北京：电子工业出版社，2006.

[73]　[美] 大卫·辛奇-利维，菲利普·卡明斯基，伊迪丝·辛奇-利维. 供应链设计与管理[M]. 北京：中国时政经济出版社，2006.

[74]　郭海峰. 牛鞭效应[M]. 北京：电子工业出版社，2010.

[75]　刘丽文. 运营管理[M]. 北京：中国经济出版社，2002.

[76]　曹嘉晖，张建国. 人力资源管理[M]. 成都：西南财经大学出版社，2010.

[77]　肖兴政，谭征. 组织行为学[M]. 成都：西南财经大学出版社，2009.

[78]　易树平，郭伏. 基础工业工程[M]. 北京：机械工业出版社，2011.

[79]　陈荣秋，马士华. 生产与运作管理[M]. 3 版. 北京：高等教育出版社，2011.

[80]　包菊芳. 生产运营管理[M]. 合肥：安徽大学出版社，2011.

[81]　于俭. 运作管理[M]. 北京：机械工业出版社，2007.

[82]　[美] 威廉·莱文森. 超越约束理论[M]. 任建标，译. 北京：中国财政经济出版社，2010.

[83]　潘春跃，李雨静. 论循环经济理论的细化与实践对策[J]. 商业时代，2009(20).

教师服务

感谢您选用清华大学出版社的教材！为了更好地服务教学，我们为授课教师提供本书的教学辅助资源，以及本学科重点教材信息。请您扫码获取。

▶▶ 教辅获取

本书教辅资源，授课教师扫码获取

▶▶ 样书赠送

管理科学与工程类重点教材，教师扫码获取样书

 清华大学出版社

E-mail: tupfuwu@163.com
电话：010-83470332 / 83470142
地址：北京市海淀区双清路学研大厦 B 座 509

网址：http://www.tup.com.cn/
传真：8610-83470107
邮编：100084